# REVISTA DE DIREITO MERCANTIL

## industrial, econômico e financeiro

## 149/150

Publicação do
Instituto Brasileiro de Direito Comercial Comparado
e Biblioteca Tullio Ascarelli
do Departamento de Direito Comercial
da Faculdade de Direito da Universidade de São Paulo

Ano XLVII (Nova Série)
janeiro-dezembro/2008

MALHEIROS EDITORES

# REVISTA DE DIREITO MERCANTIL
## industrial, econômico e financeiro

Nova Série — Ano XLVII— ns. 149/150 — janeiro dezembro 2008





*REVISTA DE DIREITO MERCANTIL*
publicação trimestral de
MALHEIROS EDITORES LTDA.
Rua Paes de Araújo, 29, conjunto 171
CEP 04531-940
São Paulo, SP - Brasil
Tel. (11) 3078-7205
Fax: (11) 3168-5495

Assinaturas e comercialização:
CATAVENTO DISTRIBUIDORA DE LIVROS S.A.
Rua Conselheiro Ramalho, 928
CEP 01325-000
São Paulo, SP - Brasil
Tel. (11) 3289-0811
Fax: (11) 3251-3756

Diretor Responsável: Álvaro Malheiros
Diretora: Suzana Fleury Malheiros

Supervisão Gráfica: Vânia Lúcia Amato
Composição: *Scripta*

## *NOTA DE ESCLARECIMENTO*

Desde muitos anos a *RDM* vem apresentando uma defasagem entre a data efetiva dos volumes publicados e aquela que aparece como referência temporal em sua capa. Por exemplo, o último exemplar que tomou o n. 148, recentemente publicado, indica como referência o período de outubro-dezembro de 2007. Este fato tem dificultado a verificação e a comprovação da atualidade dos textos publicados, tanto em prejuízo dos interesses dos colaboradores – especialmente os da área acadêmica – quanto dos leitores.

Com o fim de regularizar esta situação, a Direção da *RDM* resolveu publicar dois volumes duplos, 149-150 e 151-152, os quais indicarão, respectivamente, os períodos de janeiro-dezembro de 2008 e janeiro-dezembro de 2009.

Outras medidas deverão ser adotadas em breve para o aprimoramento da *RDM*, que tem recebido grande reconhecimento quanto à sua elevada qualidade pela comunidade jurídica no Brasil e também em alguns outros países.

São Paulo, janeiro de 2010.

HAROLDO MALHEIROS DUCLERC VERÇOSA
*Diretor Executivo*

# SUMÁRIO

## *DOUTRINA*


CONSIDERAÇÕES SOBRE O SISTEMA FINANCEIRO. CRISES. REGULAÇÃO E RE-REGULAÇÃO ........ 9

– Haroldo Malheiros Duclerc Verçosa


## *ATUALIDADES*


O CONTRATO DE REPRESENTAÇÃO COMERCIAL: ANÁLISE DAS QUESTÕES CONTROVERTIDAS NO ÂMBITO DA DOUTRINA E DA JURISPRUDÊNCIA ........ 33

– Marcelo Gazzi Taddei

CONTRATO E INTERVENÇÃO INSTITUCIONAL: UMA ANÁLISE CRÍTICA DO CONTRATO DE CONCESSÃO ........ 66

– Vinícius Marques de Carvalho

*INCOTERMS* E TÉCNICA CONTRATUAL ........ 93

– Emmanuel Jolivet

*AFFECTIO SOCIETATIS*: UM CONCEITO JURÍDICO SUPERADO NO MODERNO DIREITO SOCIETÁRIO PELO CONCEITO DE FIM SOCIAL ........ 108

– Erasmo Valladão Azevedo e Novaes França e Marcelo Vieira von Adamek

A AÇÃO CAUTELAR DE AFASTAMENTO DE ADMINISTRADOR DE SOCIEDADE LIMITADA ........ 131

– Cristiano Gomes de Brito

AQUISIÇÃO DAS PRÓPRIAS AÇÕES E PARTICIPAÇÃO RECÍPROCA ........ 144

– Amir Achcar Bocayuva Cunha e João Pedro Barroso do Nascimento

DO PRINCÍPIO DA DIGNIDADE DA PESSOA JURÍDICA ........ 151

– Vinícius Jose Marques Gontijo

POSSIBILIDADE DE UTILIZAÇÃO DE CRÉDITOS ORIUNDOS DE ADIANTAMENTO SOBRE CONTRATO DE CÂMBIO E ADIANTAMENTO SOBRE CAMBIAIS ENTREGUES COMO LASTRO DE LETRA DE CRÉDITO DO AGRONEGÓCIO ........ 159

– Renato Macedo Buranello, Fábio Giorgi Infante e Danny Soares P. de Oliveira e Silva

RESPONSABILIDADE CIVIL POR DANO DECORRENTE DA PRÁTICA DE ATO LÍCITO: O DANO EMERGENTE DO PROTESTO CAMBIÁRIO ........ 172

– Joyceane Bezerra de Menezes e Uinie Caminha

IMPORTAÇÕES PARALELAS NO BRASIL: A PROPRIEDADE INDUSTRIAL NOS QUADRANTES DOS PRINCÍPIOS CONSTITUCIONAIS ........ 187

– Paula A. Forgioni

INTERVENÇÃO DO ESTADO NA LIBERDADE CONTRATUAL: ANÁLISE DA TEORIA DA UTILIDADE NEGOCIAL ..... 201
– Uinie Caminha e Elisberg Francisco Bessa Lima

A REGULAÇÃO E A CONSTITUIÇÃO BRASILEIRA DE 1988 ..... 218
– Giovani Clark

REGIME DE PARTICIPAÇÃO DE CAPITAL ESTRANGEIRO EM EMPRESAS DE COMUNICAÇÃO SOCIAL ELETRÔNICA: NOTAS SOBRE O PROJETO DE LEI N. 29/2007 E ÂMBITO DE APLICAÇÃO DO ESTATUTO DA IGUALDADE ENTRE BRASIL E PORTUGAL DE 1971 ..... 233
– Fabrício Bertini Pasquot Polido

CONSIDERAÇÕES ACERCA DO RATEIO INTERNACIONAL DE CUSTOS E DESPESAS ..... 252
– Renato Nunes

***ESPAÇO DISCENTE***

A INSTITUCIONALIZAÇÃO DA COOPERAÇÃO INTERNACIONAL: UMA BREVE ANÁLISE DA EVOLUÇÃO HISTÓRICA DO SISTEMA MONETÁRIO INTERNACIONAL ..... 265
– Luiz Ricardo de Miranda

***JURISPRUDÊNCIA COMENTADA***

AINDA O CONCEITO DE BENEFÍCIO PARTICULAR: ANOTAÇÕES AO JULGAMENTO DO PROCESSO CVM N. RJ-2009/5.811 ..... 293
– Erasmo Valladão A. e N. França

CONVOCAÇÃO SIMULTÂNEA DE ASSEMBLÉIA OU REUNIÃO DE SÓCIOS NO DIREITO BRASILEIRO ..... 323
– Marcelo Vieira von Adamek

***PARECERES***

SOBRE O CONCEITO DE OPERAÇÃO DE CÂMBIO ILEGÍTIMA ..... 337
– Luiz Gastão Paes de Barros Leães

# COLABORAM NESTE NÚMERO

AMIR ACHCAR BOCAYUVA CUNHA

Advogado no Rio de Janeiro e em São Paulo.

CRISTIANO GOMES DE BRITO

Doutor e Mestre em Direito Empresarial pela Universidade Federal de Minas Gerais – UFMG. Especialista em Direito Processual Civil pela Universidade Federal de Uberlândia – UFU. Professor na Graduação e Pós-Graduação de Direito Empresarial, Civil e Processual Civil. Advogado.

DANNY SOARES P. DE OLIVEIRA E SILVA

Assistente Jurídico de escritório especializado em financiamento do agronegócio.

ELISBERG FRANCISCO BESSA LIMA

Especialista (MBA) em Direito Empresarial pela Fundação Getúlio Vargas. Especialista em Auditoria pela Universidade Federal do Ceará. Mestrando da Universidade de Fortaleza. Advogado.

EMMANUEL JOLIVET

Doutor em Direito. Conselheiro Geral da Corte Internacional de Arbitragem da Câmara de Comércio Internacional. Professor da *Université de Versailles Saint-Quentin-en-Yvelines* (França).

ERASMO VALLADÃO AZEVEDO E NOVAES FRANÇA

Professor Doutor do Departamento de Direito Comercial da Faculdade de Direito da USP. Mestre e Doutor em Direito Comercial pela Faculdade de Direito da USP. Advogado em São Paulo.

FÁBIO GIORGI INFANTE

Mestrando em Direito Internacional pela Universidade de São Paulo. Advogado.

FABRÍCIO BERTINI PASQUOT POLIDO

Doutorando em Direito Internacional pela Faculdade de Direito da USP. Realizou estudos de graduação na Faculdade de Direito da USP e *Eberhard-Karls-Universität Tübingen*, Alemanha, e *Master of Laws* (LL.M.) pela *Università degli Studi di Torino*, Itália. Professor de Direito Internacional da Faculdade de Direito da Fundação Armando Álvares Penteado – FAAP. Membro do Instituto de Direito do Comércio Internacional e Desenvolvimento – IDCID. Advogado em São Paulo.

GIOVANI CLARK

Doutor em Direito Econômico pela UFMG. Professor dos Cursos de Graduação e Pós-Graduação da PUC/MG. Diretor-Presidente da Fundação Brasileira de Direito Econômico – FBDE.

HAROLDO MALHEIROS DUCLERC VERÇOSA

Mestre e Doutor em Direito Comercial pela USP. Professor de Direito Comercial da USP. Membro do Centro de Mediação e Arbitragem da Câmara do Comércio Brasil-Canadá. Consultor.

JOÃO PEDRO BARROSO DO NASCIMENTO

Pós-Graduado em Direito Empresarial, com concentração em Direito Societário e Mercado de Capitais, pela FGV/RJ. Mestrando em Direito Comercial pela Faculdade de Direito da USP. Advogado no Rio de Janeiro e em São Paulo.

JOYCEANE BEZERRA DE MENEZES

Doutora em Direito pela Universidade Federal de Pernambuco – UFPE. Professora adjunta do Programa de Pós-Graduação *stricto sensu* em Direito da Universidade de Fortaleza – UNIFOR.

Luiz Gastão Paes de Barros Leães

Professor Titular da Faculdade de Direito da Universidade de São Paulo — USP. Advogado.

Luiz Ricardo de Miranda

Aluno do Curso de Pós-Graduação estrito senso da Faculdade de Direito da USP.

Marcelo Gazzi Taddei

Mestre em Direito pela UNESP – Franca/SP. Professor de Direito Empresarial e Direito do Consumidor na UNIP – São José do Rio Preto/SP. Professor de Direito Empresarial no UNIVEM – Marília/SP. Professor de Direito Empresarial na Escola Superior de Advocacia de São José do Rio Preto/SP. Advogado.

Marcelo Vieira von Adamek

Pós-Graduado pelo IBRE/EASP-FGV. Mestre e Doutorando em Direito Comercial pela Faculdade de Direito da USP. Advogado em São Paulo.

Paula A. Forgioni

Professora Titular de Direito Comercial da Faculdade de Direito da Universidade de São Paulo – USP.

Renato Macedo Buranello

Mestre em Direito Comercial pela Pontifícia Universidade Católica de São Paulo – PUC/SP. Membro do Instituto Brasileiro de Direito do Seguro – IBDS, da Academia Nacional de Seguro e Previdência – ANSP e da Associação Internacional de Direito do Seguro – AIDA. Advogado.

Renato Nunes

Doutorando em Direito Tributário pela Pontifícia Universidade Católica de São Paulo – PUC/SP. Mestre em Direito Tributário pela PUC/SP. Especializado em Direito Tributário pela PUC/SP. Bacharel em Direito pela Universidade Paulista. Membro do Centro Internacional de Estudos Tributários – CIEST e do Instituto de Pesquisas Tributárias – IPT.

Uinie Caminha

Doutora em Direito Comercial pela Faculdade de Direito da USP. Professora adjunta do Programa de Pós-Graduação *stricto sensu* em Direito da Universidade de Fortaleza – UNIFOR e da Universidade Federal do Ceará. Advogada.

Vinícius Jose Marques Gontijo

Doutor em Direito Comercial pela Universidade Federal de Minas Gerais. Mestre em Direito Comercial pela UFMG. Professor no Mestrado, na Pós-Graduação *lato sensu* e na Graduação da Faculdade de Direito Milton Campos. Professor na Pós-Graduação *lato sensu* e na Graduação da PUC/MG. Ex-Professor substituto na Faculdade de Direito da UFMG e na Escola de Direito da Universidade Federal de Ouro Preto/MG. Advogado.

Vinícius Marques de Carvalho

Doutor em Direito Comercial pela USP e em Direito Comparado pela Universidade Paris I (*Panthéon-Sorbonne*). Conselheiro do Conselho Administrativo de Defesa Econômica – CADE.

# Doutrina

## CONSIDERAÇÕES SOBRE O SISTEMA FINANCEIRO. CRISES. REGULAÇÃO E RE-REGULAÇÃO

HAROLDO MALHEIROS DUCLERC VERÇOSA

*Introdução. 1. A natureza das operações bancárias e o campo de sua atividade. 2. Aspectos da crise de 2007. 3. Os mecanismos de controle prévio. 4. Os mecanismos de repressão. Os marcos regulatórios do sistema financeiro nacional e internacional. Necessidade e forma. Os bancos centrais e seu papel. 5. A atuação do BCB durante a crise. Reflexões conclusivas.*

### *Introdução*

Nos dias que correm praticamente todas as pessoas (naturais e jurídicas), ou seja, as famílias e as empresas segundo a linguagem da economia, estão umbelicalmente ligadas aos bancos. Podemos não gostar deles, os bancos e/ou os banqueiros, mas não podemos mais viver sem eles. Talvez isto não seja verdade em algum país ou comunidade de economia de mercado inexistente ou estritamente marginal (Coréia do Norte e Cuba, respectivamente a título de comparação), mas, justamente por serem marginais, não contam. E mais dia menos dia, mesmo aquelas pessoas que são hoje *não-clientes* bancários (os *sem-banco*), serão alcançados por serviços oferecidos pelas instituições financeiras desde que venham a existir agentes *doadores* de recursos, de um lado, e agentes *receptores* do outro,[1] aproximados entre si pela intermediação efetuada por aquelas empresas.

Muitas vezes considerados grandes *inimigos sociais* por uma parte mal informada da coletividade, os bancos têm proporcionado enormes vantagens à sua *clientela* ao longo de toda a sua história, que não se resume ao âmbito interno das relações diretas. Conforme foi possível a Pedro P. Romero[2] aquilatar com base em estudos econômicos encontrados no *estado da técnica*, talvez o papel fundamental desempenhado pelos bancos na economia moderna esteja em proporcionar liquidez não apenas em favor de empresários pelo financiamento dos seus projetos, mas entre seus próprios credores ou depositantes, *dos dois lados do balanço*, significativamente a um preço mais baixo do que aquele propiciado, eventualmente, por meio do recurso a outras fontes, em relação às quais o custo de transação será mais elevado. Tra-

1. Recentemente um dos grandes grupos financeiros do País fez a aquisição de uma determinada instituição financeira cuja grande maioria de clientes era classificada como *sem-banco* (ou seja, sequer mantinham conta corrente bancária para a movimentação dos seus recursos), certamente com o intuito de incluí-los tão logo lhe seja possível, para o campo dos *com-banco*.

2. In *Banking Crises and Institutional Arrangements*, disponível em SSRN *http://ssrn.com/abstract=1359702*.

ta-se de aplicar aqui o mesmo conceito estabelecido por Coase[3] quanto aos custos de transação quando se vai ao mercado e quando se organiza uma empresa. A utilizar os mecanismos favorecidos por esta, os custos são sensivelmente mais baixos até por conta de alguma previsibilidade futura.

Observa-se, ainda, que as crises econômicas, como a que agora vivemos nos planos internacional e nacional, acarretam sensível aumento da inadimplência, nascida no sistema financeiro, que dela se retroalimenta também em um processo danoso de círculo vicioso. Um quadro crítico como esse, por sua própria natureza, demanda soluções dotadas de um bom nível de certeza quanto ao direcionamento das decisões e quanto ao tempo em que virão a ser implementadas.

Neste trabalho pretendemos abordar brevemente alguns problemas ligados às operações bancárias no plano sistêmico, procurando tirar lições proveitosas da crise deflagrada em 2007, já passados mais de dois anos de sua eclosão. Nunca é demais destacar a importância nesta área da existência de um diálogo permanente entre a economia e o direito. A primeira fornece os fundamentos sobre os quais o segundo exerce a sua função normativa, nos planos repressivo ou punitivo e preventivo. A primeira abordagem diz respeito à análise de como se enfrentou o problema nas diversas economias afetadas e, quanto à segunda, o que será feito para que fenômeno semelhante não se repita no futuro. Os mais realistas dirão que sempre haverá outras ocorrências da espécie, devendo cuidar-se para que o seu tamanho jamais seja tão grande.

## *1. A natureza das operações bancárias e o campo de sua atividade*

Vejamos em primeiro lugar alguns aspectos da atividade bancária, pertinentes aos objetivos deste estudo.

3. Ronald Coase, *The Firm, the Market and the Law*, 1990.

Como se sabe, nas economias de mercado os bancos atuam na busca de lucros (mesmo os chamados *bancos públicos*, pois a sua atividade não é, e nem pode ser, beneficente, caso contrário, a capacidade operacional se esgotaria imediatamente quando o último centavo do capital fosse entregue a terceiro, sem a obrigação de retorno do principal e de um acréscimo que remunerasse a atividade, os riscos assumidos e que a permitisse crescer de forma contínua mediante apropriação de parte dos resultados). A diferença global entre a porcentagem dos valores em jogo que o banco repassa a terceiros e o que ele recebe de volta é o seu lucro bruto, sobre o qual incidirão diversas despesas e imposições fiscais antes que se apure o lucro líquido.

Sem lucro os bancos desapareceriam. Com lucro mínimo eles tão-somente sobreviveriam, correndo o risco de padecerem de inanição diante de uma crise mesmo pequena, que exaurisse suas parcas reservas. Há um segredo indecifrável no sentido de saber-se qual seria o tamanho *bom* ou *ótimo* de um banco em determinado mercado e numa determinada época. O papel de mago disposto a desvendar este mistério parece que tem sido reivindicado pelo CADE no direito brasileiro, ao entender-se competente para discernir a respeito dos atos de concentração bancária. O problema estará em descobrir uma bola de cristal que funcione. Na dúvida, e evidentemente tendo em conta dados históricos, estima-se necessário um montante bastante elevado de capital para as instituições financeiras, conforme os tipos de operações que elas praticam[4] e, além disto, cercando-o de diversos mecanismos de segurança para a garantia de sua higidez.[5]

4. Operar em câmbio, p. ex., acarreta um significativo aumento no nível mínimo de capital exigido.

5. Entre os quais os depósitos compulsórios e os encaixes obrigatórios, os quais reduzem a capacidade operacional dos bancos, reduzindo os riscos de uma *alavancagem* excessiva de suas operações ativas.

Bancos fortes significam uma economia forte e não é por outra razão que no direito comparado a quebra dos bancos é tratada, de longa data, de forma especial em relação às empresas que operaram em outros mercados. Somente deles se aproximam em relação a um tratamento diferenciado na quebra as seguradoras, as entidades de previdência privada, os planos privados de saúde, entre outras poucas entidades. Todos apresentam como elemento comum uma repercussão negativa intensa no mercado especial em que operam e, em grau decrescente a partir dos bancos, efeitos danosos na economia como um todo.

Observe-se que no Brasil existe uma diferença operacional entre os bancos públicos e os bancos privados. Isto se dá porque, em primeiro lugar, aos primeiros foi outorgada uma competência especial na Lei 4.595/1964, que os constituiu como *órgãos auxiliares da política de crédito do Governo Federal*. Por outro lado, o Banco do Brasil S/A recebeu da mesma lei a responsabilidade pelo desempenho de diversas atribuições específicas, algumas delas posteriormente reformuladas. Por este motivo, esta instituição federal chegou a ser classificada dentro do Sistema Financeiro Federal (SFN) como *banco central de segunda linha*.

Não é o caso de desenvolver o tema neste estudo, mas a história dos bancos públicos tanto federais como estaduais (principalmente estes últimos) ficou marcada pelo seu uso político, com grandes prejuízos gerados ao longo de algumas décadas, os quais geraram a necessidade de enfrentamento do risco sistêmico que eles causaram por meio de um programa de salvamento especial, o PROER.[6]

## 2. *Aspectos da crise de 2007*

Podemos dizer que há tantas explicações para a mencionada crise quanto o número de autores que escreveram sobre ela, embora se possa concluir pelo reconhecimento comum da existência de um núcleo de fatores sobre os quais a grande maioria dos analistas concorda.

Sua profundidade e alcance a colocam sem dúvida no topo do patamar de fenômenos equivalentes na história da economia internacional, tendo recebido alguns epítetos significativos para designá-la como a *aposta que implodiu Wall Street* (*bet that blew up Wall Street*) e a *pior invenção de Wall Street* (*worst Wall Street invention*).[7]

Na opinião Michal Kempa, um pesquisador europeu, três causas operaram em conjunto para a crise, caracterizada no sistema do Euro por uma acumulação de liquidez e pelo aumento do nível da taxa de juros, quais sejam: (i) atritos no comércio; (ii) frustração da liquidez esperada; e (iii) elevado risco de crédito. Na visão daquele analista nenhuma das três causas era capaz de, isoladamente, deflagrar a aludida crise, mas em conjunto elas determinaram tal resultado.[8]

Na descrição do autor citado, um mecanismo *maligno* específico foi posto a funcionar nas condições especiais que se apresentavam pré-crise, inerentes ao fato de que os investidores se viram diante de baixíssimas taxas de juros, passando a buscar altos rendimentos, fazendo aplicações em ativos de maior risco e de alta alavancagem. O aumento significativo da liquidez no mercado gerou o efeito de um perigoso *bumerangue*. Isto porque, na medida em que determinada seção do mercado era objetivada como alvo das operações, o aumento da liquidez reduziu a volatilidade e os ganhos esperados. Desta maneira, os in-

6. A este respeito, v. nosso *Bancos Centrais no Direito Comparado*, pp. 171 e ss.

7. Expressões recolhidas por René M. Stulz, *Credit Default Swap and the Credit Crisis*, *Working paper* 15384, *http://www.nber.org/papers/w15384*.

8. *Liquidity Crisis in the Interbank Market*, acessível em *http://ssrn.com/abstract=1138705*. O autor é pesquisador da *Hanken, Swedish School of Economics and Business Administration and University*, de Helsinki, RUESG.

vestidores foram levados (*forçados*) a se moverem em busca de ativos de risco maior, em busca de maiores ganhos. Ao mesmo tempo, os bancos comerciais, utilizando-se do modelo *originate and distribute*, realizaram operações que lhes permitiram transferir o risco para contrapartes obtendo liquidez para novas operações.[9] Isto se deu em uma cadeia de negócios sucessivos, com diversas securitizações se acumulando umas sobre outras, formando pilhas.

Dentro do quadro acima, observa Michal Kempa, tecnicamente os bancos deveriam ter criado entidades separadas, ou seja, *Structured Investment Vehicles* – SIV (veículos de investimento estruturados), os quais estavam ligados aos bancos que os originaram, mas que não se encontravam registrados nos seus balanços. Podemos acrescentar que esta falta de transparência tornou extremamente problemática a análise dos riscos envolvidos nas operações em geral, os quais somente se tornaram conhecidos, em um caminho inverso, quando da deflagração da crise.

Este modelo operacional não representaria o *fim do mundo*, mesmo porque, segundo o pesquisador em foco, ele vinha sendo largamente utilizado durante muitos anos, permitindo distribuir o risco entre grande número de partes, contribuindo para a estabilidade do sistema. E, adicionalmente, as instituições financeiras sempre podem utilizar novas exposições a risco para diversificar seus portfólios. Mas então, pergunta-se, o que deu errado?

Acontece, explica Michhal Kempa, que os benefícios de tal sistema estão baseados na precificação adequada dos ativos, na avaliação acurada dos riscos envolvidos, na administração apropriada dos ativos subjacentes e em assumir que a securitização não muda a necessidade de se fazer investigação anterior e uma fiscalização póstuma. Inexistentes estes parâmetros, o desastre ocorreria certamente em algum momento futuro, tal como efetivamente se deu.

Dentro de todo este quadro, anota-se que houve a perda da visão de que os ativos originalmente subjacentes correspondiam a operações de longo prazo; que as agências de risco estavam envolvidas apenas nas operações ao tempo do seu nascimento; que, em meio a uma grande demanda, os bancos reduziram sua exposição a riscos para níveis baixos, os quais destruíram o incentivo de monitorar apropriadamente os empréstimos concedidos; e, finalmente, que os bancos com dificuldade de continuarem atuando dentro do modelo *originate and distribute* logo encontraram problemas para manterem o constante fluxo de recursos, tendo isto acarretado a quebra da *corrente financeira* que os ligava. Esta última circunstância foi agravada pelo fato de que os bancos originais deixaram de fazer constar dos balanços as operações em causa.

A partir do momento em que vieram à tona os problemas com os financiamentos imobiliários *subprime*, desencadeou-se um processo de inadimplência provocado pelo risco sistêmico, cuja existência foi então percebida. Segundo analistas, entre os quais Michal Kempa no estudo citado, o gatilho foi acionado quando da reavaliação, feita nos Estados Unidos, daquelas operações de securitização que foram mortalmente feridas pela elevação da taxa de juros. Naquela ocasião, os bancos fortemente alavancados procuraram reduzir sua exposição a riscos em outros mercados, de maneira a poder se enquadrar dentro dos critérios da regulação vigente. Assim sendo, bancos que tiveram perdas em títulos classificados como BBB reduziram sua exposição a títulos da classe BB. Nesse cenário, dado o intenso inter-relacionamento

9. Segundo este modelo, é feita a securitização e venda de empréstimos no mercado financeiro, significando dizer que uma empresa ou instituição financeira concede um empréstimo e transfere o crédito correspondente a terceiros, atuando como um intermediário ativo.

operacional dos bancos no mercado, eles sincronizaram sua reação, transferindo a crise para o mercado mais próximo, o que os forçou a repetir os mesmos passos outra vez. Isto explica porque títulos AAA foram feridos pela crise que começara com papéis de baixa qualidade. Podemos falar figuradamente da existência de uma septicemia financeira generalizada e incontrolável.

De outro lado, houve enorme perda de confiança quanto a todos os produtos estruturados de crédito, com manifestação da generalizada aversão a riscos. Como as entidades nas quais nasceram aquelas operações necessitavam manter o seu fluxo financeiro para continuar a financiá-las, a partir do momento em que a demanda correspondente deixou de existir, começaram a sofrer substancial crise de liquidez, que se alastrou pelos mercados.

É interessante observar, aparentemente de forma paradoxal, como algumas medidas de defesa tomada pelos bancos vieram a agravar ainda mais a situação já extremamente problemática. Isto se deu, por exemplo, pela iniciativa em favor do aumento das reservas destinadas ao atendimento dos saques e resgates de operações, bem acima dos níveis regulamentares exigidos. Deu-se, portanto, um enxugamento ainda maior da liquidez, o que provocou sensíveis efeitos no mercado interbancário.

Um efeito macroeconômico da circunstância acima se deu em relação à atuação dos bancos centrais. Considerando que os bancos comerciais não estavam conseguindo redistribuir a liquidez de uma forma eficiente, as Autoridades Monetárias precisaram aumentar suas reservas de forma a poder atuar no saneamento do mercado a partir de um alvo a ser estabelecido. Esta meta, a propósito, era difícil de mensurar previamente e em situação de extremo estresse, havendo se verificado erros no seu estabelecimento, o que provocou algumas correções de rumo, com o surgimento de novos focos de atrito no mercado.

Por sua vez, com a autoridade de *chairman* da *Financial Services Authority* (FSA)[10] britânica, Adair Turner levantou cinco pontos como os principais relacionados às causas da crise, abaixo examinados.[11]

(i) Dentro de um contexto macroeconômico, grande quantidade de recursos se encontrava fora dos balanços das entidades/empresas/instituições financeiras envolvidas. Este fator, combinado com políticas de taxas de câmbio fixas provocou enorme acumulação de títulos governamentais de baixo risco em instituições financeiras públicas, reduzindo as taxas de juros livres de risco a valores históricos extremamente baixos.

(ii) As taxas reduzidas de juros deram causa a frenética busca de aumento dos lucros em operações de baixo risco. Tal demanda foi atendida por meio de instrumentos de inovação financeira – precisamente a explosão da securitização de créditos, de créditos estruturados e de derivativos de crédito[12] –, ou seja, *a sopa alfabética de "swaps" de derivativos de crédito*; de *obrigações de dívidas garantidas*; e de *obrigações de dívidas garantidas ao quadrado* (*the alphabet soup of Credit Default*

10. Como se sabe, em maio de 1997 foi efetuada uma reforma profunda nos órgãos reguladores ingleses do mercado financeiro, com dois resultados principais: (a) concessão, ao Banco Central da Inglaterra, de maior independência para executar a política monetária, e (b) retirada daquela instituição das funções de supervisão e regulamentação do sistema bancário e sua integração com órgãos reguladores de outros setores (seguros, valores mobiliários, etc.) em uma nova entidade, a *Financial Services Authority* (FSA). Em junho de 1998, a FSA foi oficialmente instituída.

11. *Responding to the Financial Crisis: Challenging Past Assumptions*, discurso proferido na Embaixada Britânica, acessível em *www.fsa.gov.uk*.

12. Sobre os *derivatives* de crédito, v. *Inovação Financeira e Produtos Derivativos* (Parte I), de José Engrácia Antunes, in *Revista de Direito Bancário e do Mercado de Capitais* 45/187.

*Swaps* – CDS; *Collateralized Debt Obligations* – CDOs; *and CDO squareds*).[13]

(iii) As inovações financeiras, combinadas com baixas taxas de juros, redundaram em rápido crescimento do crédito em diversos países, observando-se a redução dos padrões para concessão de crédito em muitos mercados, particularmente no relativo a financiamentos imobiliários residenciais e comerciais.

(iv) Deu-se um crescimento da alavancagem das operações no sistema, dentro das entidades/instituições financeiras envolvidas, que as sufocou com tais produtos.

(v) Ocorreram profundas mudanças na escala e na natureza do prazo de maturação das operações em causa, ligando-se indissoluvelmente a outros fatores, ou seja: (a) a idéia de que, contratualmente, ativos de longo prazo podiam ser considerados líquidos porque eram negociados em mercados líquidos; (b) a potencial volatilidade da captação de recursos por atacado; e (c) aumento na transformação do prazo de vencimento de aplicações fora do balanço, nos balanços dos bancos de investimento e nos fundos mútuos.

Nas palavras de Adair Turner, estes fatores agravaram grandemente o risco sistêmico e tornaram-no altamente suscetível ao surgimento de uma exuberância irracional e altamente vulnerável quando tal exuberância transformou-se em dúvidas e depois em desespero.

Em vista do levantamento acima, uma grande questão a ser respondida consiste em questionar o funcionamento das teorias segundo as quais: (i) os mercados seriam capazes de corrigir-se e equilibrar-se automaticamente, fundada na hipótese do mercado eficiente, no qual o comportamento racional dos agentes levaria necessariamente a resultados benéficos e estáveis; e (ii) as inovações financeiras nascidas em um mercado competitivo seriam úteis por definição.

Ora, em primeiro lugar, quando no discurso em comentário encontram-se o termo *desespero*, já parece que não existe este tão falado *comportamento racional* daqueles agentes ou, na melhor das hipóteses, há um limite para a racionalidade além do qual se dá o *estouro da manada*, comportamento suicida próprio do mito dos lemingues, que, em determinadas situações de estresse, se jogariam coletivamente do alto de um despenhadeiro em direção à morte certa.

Continuando no estudo da análise feita por Aidar Turner, ter-se-ia que o *spread* relativo aos CDS e ao preço das ações no período de 2002 a 2008 (tomando-se por dogma a existência de um mercado eficiente) deveria ter informado os agentes a respeito de expectativas racionais quanto a eventos futuros, provendo dados destinados a permitir decisões melhores e a assegurar a disciplina do mercado. Mas isto não aconteceu. Paradoxalmente verificou-se que a análise dos *spreads* em questão indicava que o sistema financeiro havia alcançado um ponto histórico de baixo risco na primavera de 2007, *precisamente o momento em que, conforme se reconhece agora, o mercado se encontrava no ponto máximo de sua então não revelada fragilidade!*

E, por incrível que possa parecer, nos relata o comentarista em questão, o próprio FMI entrou para o grupo de entidades iludidas pelas informações enganosas a respeito da estabilidade do mercado quando, em um relatório de abril de 2006, espelhava confiança na interpretação do baixo *spread* dos CDS.[14]

13. Os CDO seriam *notas de crédito* com garantia de empréstimos, geral, mas não necessariamente emitidas por uma SPC, com capacidade operacional limitada ao seu portfólio. O CDO *squared*, por sua vez, é o empacotamento de diversos CDOs. É o CDO "ao quadrado", ou seja, um CDO garantido limitadamente por outros CDOs.

14. "There is growing recognition that the dispersion of credit risk by banks to a broader and more

No tocante ao segundo ponto, deve-se reconhecer que, em tese, as inovações financeiras não podem ser analisadas sob prisma maniqueísta como intrinsecamente boas ou más, na sua gênese. Em relação a elas existem dois problemas principais: (i) quando derivativos criados em cascata se distanciam do ativo fundamental que lhes deu origem, negociados sucessivamente por diversas instituições financeiras intermediárias, em dado momento desaparece a possibilidade de se aferir a consistência dos referidos ativos e sua permanência ao longo de tempo; e (ii) não deve ser afastada a possibilidade da criação de inovações financeiras artificiais ou até mesmo fraudulentas, que não preenchem finalidade econômica útil, servindo puramente como instrumento especulativo ou destinado a proporcionar ganhos indevidos em detrimento dos respectivos *proprietários*, ou seja dos seus titulares.

Segundo René M. Stulz, embora não concorde com a assertiva, um dos instrumentos apontados como responsáveis pela *débâcle* teriam sido as operações de *credit default swaps* (CDS), ou seja, "*swaps*" *de crédito*, que se deu pelo período de dez anos em um mercado não regulado e, daí, não se ter conhecimento preciso do seu tamanho e do risco que tais instrumentos poderiam causar.[15]

Isto significa dizer que, feita a emissão de um CDS, passa a circular um título (derivativo) que permite ao seu titular receber uma compensação financeira se vier a ocorrer o inadimplemento em relação ao crédito protegido. Do ponto de vista econômico, há perda de valor na carteira de crédito do beneficiário, perda essa a ser compensada pelo pagamento correspondente, operando-se um *hedge* de crédito.

No Brasil essas operações foram regulamentadas pela Resolução 2.933, de 28.2.2002, do CMN e pela Circular 3.106, de 10.4.2002, do BCB.

Observe-se que estatísticas do *Bank of International Settlements* (BIS) foram levantadas, em relação aos CDS, somente ao final de 2004. Estimativas relativas ao ano de 1998 mostram que as operações em tela não eram relevantes (cerca de US$ 180 bilhões); em 2004 somavam US$ 6 trilhões; mas no final de 2008 já haviam alcançado o montante de US$ 57 trilhões, tendo em conta o seu valor de face (*notional value*). Certamente a inexistência de regulação acarretou uma situação altamente crítica de assimetria de informações, responsável pelo crescimento dos negócios com CDS. E, no mercado do *subprime* imobiliário, a inexistência de fundamento econômico adequado (lastro) ignorado na ponta dos credores, somou milhares e milhares de operações danosas.

Tem sido discutido se o inadimplemento em grande escala no campo dos *swaps* teria sido uma das causas da crise sob exame, assunto que examinaremos brevemente em seguida.

Havendo estudado esta questão, René M. Stulz observa que operações de *swap* foram realizadas em larga escala nos mercados de balcão não organizados, na qualidade de contratos bilaterais envolvendo riscos para a contraparte, do que resultou a facilidade para a especulação, tendo em conta a apreciação negativa da posição financeira de determinadas empresas.[16] Reporta-nos o autor citado que para alguns observadores a crise não teria sido tão pro-

diverse group of investors, rather than warehousing such risk on their balance sheets, has helped make the banking and overall financial system more resilient. The improved resilience may be seen in fewer bank failures and more consistent credit provision. Consequently the commercial banks may be less vulnerable today to credit or economic shocks."

15. A respeito de *swaps* e outras inovações financeiras, v. estudo jurídico pioneiro no Brasil de Rachel Sztajn: *Contrato e Inovação Financeira*. V. tb., *O Contrato Futuro*, de Marcos Paulo de Almeida Salles, pp. 47 e ss.

16. *Credit Default Swap and the Credit Crisis*, *Working Paper* 15384, *http://www.nber.org/papers/w15384*.

funda se as operações vertentes tivessem sido realizadas em bolsas (ou seja, em um mercado regulado). Pelas razões que ele relaciona, as quais abordaremos em seguida, René M. Stulz entende que o mercado de balcão soube lidar adequadamente com o inadimplemento relativo aos *swaps* durante a maior parte do ano inicial da crise, ainda que reconhecendo que teria havido vantagens e custos melhores se praticados em bolsas, com um custo social muito menos significante. Acrescenta aquele autor que os estudiosos ainda deverão caminhar muito mais para poder entender melhor e quantificar adequadamente os ganhos sociais e os custos dos derivativos em geral e os efeitos do seu inadimplemento, no particular.

Segundo Michele Frattiani e Francesco Marchione,[17] um ponto fundamental teria sido a utilização de mecanismos de oferecimento de empréstimos e sua venda a intermediários especializados (*brokers*) que os revendiam no mercado financeiro ou os transferiam a operadores de investimentos estruturados (*Structured Investments Vehicles* – SIV). Nessas operações o problema estava em que os padrões de regulação e de contabilidade exigiam baixo nível de transparência, o que as tornou *opacas* para os investidores e reduziu a estimativa de perdas para as instituições *patrocinadoras*. De seu lado, as agências de risco não estavam preparadas para a tarefa de avaliação daqueles produtos de natureza complexa (conhecidos mais tarde como *ativos tóxicos*), tendo ocorrido sérios erros de julgamento. Haviam se estabelecido, portanto, graves implicações financeiras as quais ficaram fora do balanço das instituições envolvidas, dentro de um processo de círculo vicioso.

A partir do momento em que os investidores finalmente tomaram conhecimento de que as instituições envolvidas encontravam-se muito *alavancadas* em relação ao seu patrimônio, passaram a adotar medidas drásticas na tentativa de salvar o seu capital, o que acarretou, afinal, na quebra generalizada dos participantes daqueles mercados, em vista da impossibilidade do cumprimento de suas obrigações.

O mercado cuidou de re-precificar o risco representado pelos ativos correspondentes, enquanto as empresas envolvidas procuravam *desalavancar* as suas posições, o que poderia ser proporcionado pela venda de ativos e/ou por sua re-capitalização. Os levantamentos efetuados pelos autores em foco indicam que este último caminho, agressivamente buscado pelos interessados, elevou o capital dos bancos envolvidos no montante de US$ 430 bilhões *fresh capital* dentro do período de um ano a partir de setembro de 2007. No entanto, esse patamar revelou-se insuficiente diante do tamanho do *rombo*, o que impossibilitava que tal mecanismo fosse mantido tendo-se buscado, então, a venda de ativos em mercados ilíquidos, do que resultou, naturalmente, uma grande implosão dos preços.

A receita para o desastre estava completa, contando-se entre os mais importantes ingredientes do grande desastre financeiro global: baixa capitalização dos bancos em relação aos riscos assumidos, *alavancagem* extremamente elevada, crédito extinto, ativos ilíquidos, intensa aversão ao risco por investidores, registros contábeis *opacos*, informações muito assimétricas (de que resultava um impenetrável *fog* financeiro) e más notícias diárias em profusão.

Esta série de acontecimentos em direção ao desastre parece ter derrubado definitivamente a chamada *doutrina Greenspan*, segundo a qual um mercado moderno e tecnologicamente avançado seria o melhor instrumento para o seu autopoliciamento, capaz de se refazer por suas próprias forças. Um novo Greespan, agora fora do seu longo período como Presidente do FED, revisitou suas antigas convicções,

17. *Rescuing Banks from the Effects of the Financial Crisis*.

entendendo, então, que o mercado passaria por novo período de crescimento da regulação, que, de nossa parte, entendemos necessária para o *conserto do modelo* até então em vigor.[18] Greenspan reconheceu que a auto-regulação continuaria sendo uma primeira linha de defesa, mas, infere-se, que não se poderia mais tomá-la como suficiente. Desta maneira, disse ele que não via outra alternativa senão a do estabelecimento de uma regulação federal para bancos e de outras instituições financeiras, incluindo a exigência de maior aporte de capital para os primeiros.[19]

### *3. Os mecanismos de controle prévio*

Vejamos agora, sob um ponto de vista metodológico, a questão da necessidade de regulação do mercado financeiro (que, lato senso, engloba o mercado de capitais), tanto no plano nacional, quanto na esfera internacional, tendo em vista a conhecida realidade modernamente intensificada da globalização da economia.

Considerado o perigo generalizado de quebra de empresas integrantes do mercado financeiro, de longa data têm sido implementados sistemas para a sua regulação, na forma unificada (um único órgão central dotado de ampla competência) ou multifacetada (diversas entidades que atuam em campos específicos do mercado, por região ou por competência). O Brasil integra o primeiro modelo, enquanto os Estados Unidos o segundo, neste caso sabidamente em face do princípio federativo, vigente naquele país.

Na Itália, por exemplo, foi estabelecido há longo tempo o regime da liquidação obrigatória administrativa, fixado por uma lei de 1936, objeto de importante obra de Luigi Desiderio.[20]

Entre nós, o tratamento sistêmico do mercado financeiro nasceu com a promulgação da Lei 4.595/1964, instituidora do Sistema Financeiro Nacional (SFN), a partir da supremacia do Conselho Monetário Nacional (CMN) como órgão regulador de cúpula e do Banco Central do Brasil (BCB), este na qualidade de regulador de segundo nível e executor da política determinada pelo primeiro. Mas, mesmo antes do período atual, já se percebia a necessidade de cuidado para com as empresas financeiras e do mercado de capitais, havendo sido, para tanto, criada a Superintendência da Moeda e do Crédito (SUMOC), detentora de competência para autorizar o funcionamento, fiscalizar instituições financeiras (expressão que até então não era corrente, falava-se em bancos, casas bancárias e sociedades de crédito, financiamento e investimentos, entre outros) e nelas intervir por meio do instituto da intervenção estrito senso e da liquidação extrajudicial, as quais afastavam a incidência da falência, ao menos em um primeiro momento.

Paralelamente, o Banco do Brasil ficava como detentor de funções reguladoras importantes, entre as quais a do câmbio.

A intervenção no mercado financeiro foi inaugurada pelo Decreto n. 9.228, de 3.5.1946, relativo à liquidação extrajudicial de bancos e casas bancárias,[21] matéria

18. "All of the sophisticated mathematics and computer wizardry essentially rested on one central premise: that enlightened self interest of owners and managers of financial institutions would lead them to maintain a sufficient buffer against insolvency by actively monitoring and managing their firms' capital and risk positions. The premise failed in the summer of 2007", fato que, conforme ele mesmo reconhece, o deixou "deeply dismayed" (cf. Jon Hilsenrath in "Greenspan *vs.* Greenspan's Doctrine", in *Real Time Economics – Economic Insight and Analysis from the Wall Street Journal*, de 17.2.2009).

19. Textualmente na declaração em apreço, "I see no alternative to a set of heightened federal regulatory rules of behavior for banks and other financial institutions".

20. *La Liquidazione Coatta Ammnistrativa delle Aziende di Credito.*

21. O panorama completo da legislação correspondente pode ser visto em nossa obra *A Responsabilidade Civil Especial dos Administradores*

que se encontra, desde 1974, fundamentalmente, prevista na Lei 6.024, no Decreto-lei 2.321/1987 e na Lei 9.447/1997.

A derrocada de bancos é tão antiga quanto o seu aparecimento na história e mostra-se velha conhecida. A este respeito, George Marcondes Coelho de Souza relata o caso da crise bancária verificada no Rio de Janeiro, em 1864, de significativa gravidade, deflagrada pela quebra da Casa Bancária de Antônio José Alves Souto & Cia., que carregou consigo outros estabelecimentos do gênero. Deste fato resultou a desconfiança dos agentes econômicos não somente daquela praça, havendo repercutido em todo o País. Reportando-se a registros da época, o autor citado relata certo exagero corrente, segundo o qual, até mesmo os papagaios criados nas sedes das propriedades agrícolas mais remotas do Brasil teriam aprendido a repetir o que ouviam com muita freqüência nas rodas formadas pelas vítimas: "*O Souto quebrou*".[22]

Continuando, George Marcondes Coelho de Souza, baseado em suas fontes, informa que a crise então desencadeada levou o povo para as ruas, tropas foram mandadas para guardar a casa do banqueiro falido, deu-se a ocupação militar das ruas nas quais se situavam as sedes dos bancos, tendo sido feita grande pressão junto ao Imperador para que providências urgentes fossem tomadas. Como um dos resultados daquela crise, nas declarações preambulares do Decreto 3.309/1864 (um dos instrumentos legislativos editados para ajudar a debelá-la) ficou dito que a falência de bancos "*não deve ser regulada pela legislação das falências ordinárias*", sendo este, talvez, o germe da futura legislação sobre a intervenção administrativa no campo em tela, com a adoção da liquidação extrajudicial.

*e Controladores de Instituições Financeiras e Consórcios em Liquidação Extrajudicial*, bem como em George Marcondes Coelho de Souza, *Da Liquidação Extrajudicial de Bancos no Direito Brasileiro*, Tese de Doutorado.

22. Ob. cit., pp. 17 e 18.

Como dito acima, o modelo brasileiro para as questões relacionadas às instituições financeiras é o centralizado, a partir das competências estabelecidas em favor do CMN e do BCB nos termos das Leis 4.595/1964 e 6.024/1974 (e as que esta complementou): autorização para o seu funcionamento, fiscalização permanente, aplicação de penalidades face ao descumprimento das normas aplicáveis e, no limite, determinação de algum dos regimes interventivos previstos (intervenção estrito senso, regime de administração especial temporária e liquidação extrajudicial). Atualmente, o BCB mostra preocupação com a reforma da última lei citada, havendo apresentado anteprojeto para sua modificação (Audiência Pública n. 34), cujo texto indica a existência de clara preocupação com o risco sistêmico, ainda não objeto de um tratamento específico, para que seja evitado, minorado e superado.

A autorização para funcionamento de instituição bancária requer o cumprimento de diversos requisitos, entre os quais aqueles voltados para a segurança na realização da sua atividade, tais como: capital mínimo; limites operacionais diversos conforme as carteiras; fixação de provisões destinadas a garantir o inadimplemento de devedores duvidosos; qualidade técnica do corpo administrativo, etc. Um dos maiores cuidados do agente regulador deve ser, como se comprovou na crise recente, a imposição de limites para se evitar indevida *alavancagem* operacional, como, por exemplo, evitar o extravasamento das responsabilidades assumidas pelas instituições além de patamares considerados aceitáveis para garantir sua higidez. A extrema liberdade nessa área, que se permitiu no mercado financeiro internacional, foi causa da quebra de muitas instituições financeiras, que *rolaram* muitas vezes o seu passivo em operações de risco.

Os parâmetros fundamentais fixados para as operações das instituições financeiras são encontrados nas regras do Acordo de Basiléia (*International Convergence of Capital Measurement and Capital Standards*), ao qual se vinculam cerca de cem países que operam no mercado institucional e do qual o Brasil é signatário.

Por iniciativa do Comitê da Basiléia são determinantes os seguintes requisitos:

(i) o objetivo de se criar exigências mínimas de capital dos bancos comerciais, como precaução contra o risco de crédito;

(ii) a previsão de mecanismos de mensuração de risco de crédito; e

(iii) a imposição de exigências de padrão mínimo de capital.

Observam os analistas que as regras iniciais do Acordo (conhecidas como *Basiléia I*, de 1988) não conseguiram evitar inúmeras quebras de instituições financeiras na década de 1990. Este fato determinou a busca por aperfeiçoamento daquelas disposições, tendo-se passado, em 1999, para a fase *Basiléia II*, ora em curso. Esta, por sua vez, foi colocada também em xeque por causa da deflagração da *débâcle* de 2007, encontrando-se em discussão o regulamento que deverá consistir em *Basiléia III*. Neste sentido, *Basiléia II* está calcada em três importantes *pilares*:

(i) Primeiro Pilar:
*Capital Mínimo Requerido, ou seja:*

O capital total de cada banco dividido pela somatória Risco de Crédito + Risco do Mercado + Risco Operacional = % do Capital Mínimo (Mínimo de 8%).

Para o efeito em questão, foi adotada uma nova metodologia de mensuração, análise e administração de *risco de crédito* (risco do banco não receber os empréstimos concedidos) e do *risco operacional* (risco de perdas provocadas por erros de funcionários, falha nos computadores ou fraude), havendo-se mantido inalterado o critério de fixação do *risco de mercado*.

(ii) Segundo Pilar:
*Revisão no Processo de Supervisão*

(ii.1) os bancos centrais de cada país tornam-se responsáveis por avaliar como os bancos devem estimar a adequação de suas necessidades de capital em relação aos riscos assumidos;

(ii.2) os administradores dos bancos devem desenvolver eficiente gerenciamento de risco e processo interno de mensuração de capital de acordo com o perfil de risco e controle de sua instituição;

(ii.3) os processos internos devem submetidos à aprovação da supervisão bancária, podendo haver interferência quando necessário;

(ii.4) cabe ao regulador efetuar o exame do risco de taxas de juros nos registros bancários;

(ii.5) aos fiscalizadores cabe examinar os sistemas internos de mensuração de risco de taxa de juros e controlar se as instituições estão mantendo capital correspondente ao nível de risco de taxas de juros;

(ii.6) é necessário o rígido treinamento dos supervisores bancários.

(iii) Terceiro Pilar:
*Disciplina de Mercado*

(iii.1) criação de estímulo objetivando maior disciplina do mercado;

(iii.2) aumento da transparência dos bancos; e

(iii.3) criação de mecanismos para que os agentes reguladores do mercado sejam mais bem informados e possam entender melhor o perfil de risco dos bancos.

No Brasil notou-se a adoção bastante fiel de *Basiléia II* no regulamento do mercado financeiro, conforme imposto pelo CMN e pelo BCB. Certamente este fator foi extremamente importante para que os bancos que aqui operam não fossem contaminados pela crise internacional. Mas outras circunstâncias relevantes devem ter contribuído para tal situação, as quais, no momento, são objetos de intensa pesquisa. Pode-se avançar, no entanto, que o elevado nível dos depósitos compulsórios[23] aos quais os bancos se encontravam sujeitos serviu de importante circunstância limitadora de sua capacidade de *alavancagem*, que lhes teria dificultado operar em larga escala em negócios de alto risco no campo dos *derivativos tóxicos*.

Diante desse quadro rico e complexo, evidentemente cabe a pergunta sobre porque, mesmo assim, houve uma *débâcle* tão profunda e tão generalizada de bancos pelo mundo afora, sendo perfeitamente imaginável (não esquecidas outras causas possíveis) que o sistema de controle seria falho e incompleto e/ou, que não houve o adequado gerenciamento de sua implementação e obediência sistemática aos seus termos. Trata-se de um assunto a ser explorado neste trabalho.

A partir das competências geradas pela Lei 4.595/1964, o BCB encontra-se a cavaleiro para impor às instituições financeiras o esquema de segurança operacional emanado das normas editadas pelo CMN, mesmo considerando que o BCB não goza de autonomia no nível adequado segundo modelos do direito comparado (a exemplo da Nova Zelândia e Alemanha).

Superadas, em boa parte, as objeções políticas que redundaram em sua antiga e reconhecida subserviência aos governos estaduais controladores de bancos públicos,[24] resta ainda uma importante área de confronto possível diante dos bancos públicos federais, se vier a ser necessária a adoção de medidas drásticas para o caso de problemas de desequilíbrio que venham a enfrentar.

Diante deste cenário, indaga-se a respeito de quais eram, ao tempo da celebração das operações danosas, os marcos regulatórios dos diversos mercados envolvidos, os quais se revelaram insuficientes para prevenir e controlar a crise, do que resultou a necessidade da adoção imediata de soluções econômicas e jurídicas diversas. Além disto, cuida-se, no momento, da reconstrução do aparato regulador, de forma a impedir a repetição desta situação em um futuro próximo ou distante.

Quando se pensa no tamanho da crise de 2007 e em suas causas, pode-se ter uma impressão de que o sistema financeiro internacional apresentaria em si mesmo *alguma coisa de podre*. No entanto, segundo Pedro T. Romero, estudos econômicos indicam que casos de instabilidade nesta área não têm suas causas na natureza mesma dos bancos, mas surgiriam de problemas da organização da *indústria bancária*.

Outra informação absolutamente relevante trazida pelo mesmo autor nos esclarece que ocorreram 124 crises bancárias sistêmicas entre 1970 e 2007, localizadas em 101 países desenvolvidos ou em desenvolvimento (melhor, *emergentes*). Delas, excluindo as perdas verificadas nos Estados Unidos e no Reino Unido, contaram-se 121 crises dessa natureza em 99 países. Ou seja, parece que muitas dessas crises são como alguns terremotos: não as percebemos (ao menos em toda a sua intensidade), mas elas estão por aí. E talvez essa falta de percepção se dê em vista dos mecanismos de seu controle, pelo próprio mercado ou pela atuação dos agentes reguladores, o que é um tema fora do alcance dos nossos atuais propósitos. Se assim aconteceu, pode se dar ao menos em parte razão à *doutrina Greenspan*, no sentido de que existiria uma auto-regulação dentro de um mercado que se revela eficiente.

23. Determinados pelo BCB em níveis elevados para o fim de atender as metas de inflação fixadas pelo seu Comitê de Política Monetária (COPOM).

24. Como se sabe, tais bancos, tornados insolventes a partir de gestões orientadas para fins político-eleitoreiros, causaram grandes prejuízos ao mercado, conforme se pode verificar em notas efetuadas em nosso *Bancos Centrais no Direito Comparado*, pp. 176 e ss.

Pedro P. Romero demonstra, ainda, a importância da existência de um *mercado interbancário*, que por si só seja capaz de extinguir ou reduzir os efeitos de crises financeiras, socorrendo-se as instituições dele integrantes umas às outras dentro de determinados limites. Nesse mercado são criadas *redes* entre as instituições participantes, sejam elas de natureza privada, sejam públicas. Este último era claramente o caso do *Federal Reserve Bank* norte-americano pré-crise, uma vez que a participação de bancos naquele sistema dava-se de forma voluntária em parte, diferentemente do Brasil, no qual todas as instituições financeiras encontram-se subordinadas ao BCB.

Naquele país, os bancos comerciais são divididos em três categorias, conforme sejam ou não membros do FED. São membros natos, por lei, os bancos nacionais autorizados pelo *Office of the Comptroller of the Currency* (OCC) do Departamento do Tesouro. Quanto aos bancos autorizados pelos estados, estes são divididos nos que são membros do FED (*state member banks*) e os que não o são (*state nonmembers Banks*). Os primeiros tornam-se membros voluntários do FED pela submissão aos requisitos estabelecidos pela Junta de Governadores daquele órgão regulador. Informação recolhida na própria página do FED nos diz que em março de 2004 havia aproximadamente 7.700 bancos comerciais, dos quais cerca de 2.900 eram membros do FED, 2.000 destes bancos eram nacionais e 900 estaduais. O fato de que a maior parte de tais bancos encontrava-se fora do sistema do FED pode explicar, em parte, a crise de 2007, pela provável ausência, insuficiência e/ou inadequação da fiscalização de suas atividades pelo regulador.

A par da existência de um mercado interbancário, a presença de um órgão regulador como é o caso de um banco central, torna ainda mais elevada a proteção aos agentes que nele atuam, na medida em que existam ativos suficientes para dar base às operações de socorro. Tais ativos, via de regra, são endógenos ao sistema. Nas situações de crise de insolvência é necessário buscar-se recursos exógenos por via de aumento de capital, de empréstimos do Tesouro ou de entidades financeiras internacionais (estes sempre limitados pelo seu orçamento), pela destinação de impostos especialmente criados para tal finalidade, etc. Tirando a primeira hipótese, todas as outras naturalmente afetam a coletividade que, ao final, *pagará a conta*, com perda geral para a sociedade.

Adair Turner, no discurso citado, sugere as áreas para as quais deve voltar-se a reforma na regulação do sistema financeiro internacional, a partir da observação das causas da crise, acima examinadas:

(i) mudanças na regulação dos níveis de capital e de liquidez do sistema bancário, de maneira a que possa absorver os choques econômicos ao invés de ampliá-los. A idéia está, na esteira do famoso exemplo de Moisés em relação ao tempo das *vacas gordas e das magras*, pela exigência de *mais capital e mais liquidez*, significando dizer, de forma aparentemente paradoxal, a elevação do capital nos tempos bons (enxugamento da liquidez) e sua redução nos tempos ruins (irrigação do mercado na sua *sequidão*);

(ii) atenção especial em tal reforma quanto aos bancos *grandes demais para quebrar*, por meio da exigência de um nível extraordinário de capital mínimo em relação àqueles mais interconectados ao mercado internacional (tendo em vista o agravamento do risco sistêmico);

(iii) criação de mecanismos destinados a proporcionar uma progressiva redução da atividade dos mega-bancos em perigo ou que possam passar a representar uma situação dessa natureza, até, se for o caso, seu completo fechamento (o que seria eventualmente uma demasia);

(iv) estabelecimento de ações voltadas para reduzir a interconexão no mercado de balcão de derivativos, fazendo migrar tantos contratos quanto for possível para centrais de liquidação e custódia, e assegurando capital e garantias adequados contra para as operações que se mantiveram fora do sistema regulado.

Como já foi mencionado acima, é sensível a questão da identificação de capital mínimo obrigatório e suficiente não apenas para proporcionar segurança diante dos riscos *normais* dos bancos, mas também para o fim de garantir riscos de situações *anormais*, tais como a da presente crise. Para Adair Turner, poderia ser proposta uma elevação entre 5% a 20%, intervalo que em si mesmo mostra o grande grau de incerteza quanto ao tema em foco.

No entanto, continua aquele analista, não se pode esquecer que medidas em tal sentido proporcionarão necessariamente um aumento nos custos de intermediação do crédito, com repercussão em toda a economia. Não se pode pensar em alavancagem *ótima* do capital dos bancos sem cogitar na correspondente alavancagem também *ótima* (aqui não no sentido de *boa*, evidentemente, mas de *adequada*) que ocorrerá em custos para as famílias e empresas.

### *4. Os mecanismos de repressão. Os marcos regulatórios do sistema financeiro nacional e internacional. Necessidade e forma. Os bancos centrais e seu papel*

Nos Estados Unidos da América (conforme ocorre também em muitos outros países, inclusive no Brasil, como veremos) os bancos merecem mecanismos especiais diante de sua insolvência, segundo atestou Ronnie J. Phillips, professor de economia na Universidade Estadual do Colorado, havendo escrito um recente artigo sobre as razões pelas quais esta característica se apresenta.[25] Não preocupado, então, com a questão do risco sistêmico, o autor em foco afirmou no texto citado que, enquanto na falência de uma empresa *comum*, na qual o objetivo está em maximizar o valor da firma, na quebra de bancos a meta está em diminuir as perdas do *Federal Deposit Insurance Corporation* (FDIC), responsável pelo socorro aos depositantes em tais circunstâncias.[26] Vale dizer, em reduzir as perdas dos depositantes e/ou aplicadores.

No entanto, diante do tamanho da crise de 2007, ou seja, da extrema *anormalidade do anormal*, a preocupação do governo americano evoluiu de forma significativa, havendo procurado manter o seu sistema financeiro funcionando com credibilidade, para que não houvesse contaminação ainda mais grave da economia, quando poderia ocorrer (e que efetivamente começou a acontecer até o estabelecimento de seu relativo controle) uma sucessão generalizada de falências, em cascata, como o efeito dominó. No caso concreto, mais do que nunca se revelou verdadeiro o aforismo no sentido de que existem empresas individualmente grandes demais para quebrar.[27] E quando, então, o problema passou a envolver um significativo grupo delas, o inimaginável poderia acontecer, ou seja, um *tsunami financeiro* de proporções verdadeiramente catastróficas.

Naquele mesmo país e por causas bem diversas deu-se a insolvência de mon-

25. *Why Are Bank Failures Special? Lessons from U.S. Financial History*, disponível em *http://ssrn.com/abstract=1118097*.

26. "As an example, the goal of corporate bankruptcy is to maximize the value of the firm as a 'going concern' in liquidation to the shareholders. In a bank failure, the goal since the FDIC Improvement Act of 1991 is to minimize the loss to the FDIC. Though the FDIC gives domestic depositors priority in any resolution, uninsured depositors and shareholders may suffer losses since the FDIC resolution is not primarily concerned with recovering assets for those groups."

27. No jargão do mercado, "*too big to fail; too important to fail*".

tadoras americanas de automóveis, as quais foram socorridas com grande volume de dinheiro e por métodos *heterodoxos*, em parte por causa dos efeitos em cascata que sua quebra geraria, ao lado de outras motivações econômicas (aumento do desemprego) e, ao que parece, outras não econômicas vinculadas a um importante grau de sentimento nacionalista, frente às montadoras *estrangeiras*.

O exemplo americano, como se sabe, foi seguido de perto por outros países, como foi o caso daqueles integrantes da União Européia.

Sabe-se que a última grande crise da espécie no plano internacional (e sensivelmente menor e mais localizada), foi a de 1929, deflagrada no mercado de capitais americano. Ora, diante dos gravíssimos problemas iniciados com a bancarrota de bancos nos Estados Unidos, rapidamente alastrados mundo afora, os reguladores do mercado viram-se sensivelmente impotentes, não sabendo que caminhos deveriam ser tomados. A esse respeito são extremamente interessantes as observações feitas por Luca Enriques (professor da Universidade de Bolonha) sobre a opção de se permanecer inerte, ou de procurar algum caminho às pressas para minorar o problema, tal como acontece nas *short sales* daquele modelo jurídico.[28]

Ora, *fazer nada*, aguardando que o mercado se auto-equilibrasse, revelava-se atitude politicamente injustificável, mesmo que se pudesse intuir que medidas urgentes e certamente mal dirigidas frente ao inusitado da crise teriam apenas efeito meramente paliativo. De outro lado, a fim de se evitar pânico em escala mundial, era preciso mostrar que alguma atitude estava sendo tomada, nem que fosse para *mostrar serviço*. Com rara felicidade, o exemplo trazido por Luca Enriques em seu texto evidencia que esta atitude não teria sido original na história.[29]

A crise em curso tem proporcionado reflexões entre todos os agentes do mercado, reguladores e regulados, a começar pela consideração de que alguém falhou em algum momento e em algum lugar; a lição a ser tirada, portanto, é a da correção de tais falhas por meio do aperfeiçoamento da regulação (re-regulação), de maneira que problemas dessa espécie não mais se repitam.

Tanto quanto um médico que não tem muitas opções disponíveis nem, muito menos, soluções novas diante de um quadro grave apresentado por paciente, os órgãos reguladores e os governos encontram-se limitados nas medidas que poderiam e deveriam tomar para socorrer a economia quando fortemente combalida por um problema de risco sistêmico. Em relação a empresas individualmente consideradas *grandes demais para quebrar*, de início corre-se para reforçar o seu caixa de alguma forma. Depois se pensa em soluções de médio e longo prazos. Quanto ao mercado como um todo cabe a tomada de medidas que freiem

28. *Regulator's Response to the Current Crisis and the Upcoming Regulation of Financial Markets: one Reluctant Regulator's View.*

29. O autor citado referiu-se a antigas instruções para que as tripulações dos navios do Reino das Duas Sicílias fizessem bastante movimento e barulho quando recebessem visitas das autoridades: *Regolamento della Real Marina del Regno delle due Sicilie del 1841*, art. 27: "Facite Ammuina. All'ordine Facite Ammuina: tutti chilli che stanno a prora vann' a' poppa e chilli che stann' a poppa vann' a prora: chilli che stann' a dritta vann' a sinistra e chilli che stanno a sinistra vann' a dritta: tutti chilli che stanno abbascio vann' ncoppa e chilli che stanno ncoppa vann' bascio passann' tutti p'o stesso pertuso: chi nun tiene nient' a ffà, s'aremeni a 'cca e a 'llà". Tradução do autor: "*Regulation of the Royal Navy of the Kingdom of the Two Sicilies (1841)*, art. 27: Move noisily around. When ordered, move noisily around: all those standing in prow shall move to the stern and all those standing astern shall move to the prow; all those standing near the starboard shall move to the port and all those standing near the port shall move to the starboard; all those standing at the tree-top shall go down to the hold and all those standing in the hold shall climb to the tree-top; everyone shall pass through the same hatch".

a contaminação geral, enquanto se busca a identificação das causas e o estabelecimento de medidas para o futuro vindouro que impeçam uma repetição da crise.

Sob o aspecto acima, Michele Fratianni e Francesco Marchionne, professores da Universidade Politécnica de Ancona, Itália, analisaram como foi feita a *lição de casa* pelos governos e reguladores diante da crise deflagrada em 2007 no mercado do *subprime* norte-americano, cujas conclusões passaremos a seguir.[30]

Observe-se, inicialmente, que os autores citados limitaram seu estudo aos aspectos fiscais das intervenções efetuadas, deixando de lado propositalmente as ligações com a política monetária.

Do ponto de vista de uma análise mais geral, a ser particularizada logo adiante e segundo Michal Kempa,[31] os bancos centrais logo reconheceram o aumento da pressão nos mercados, o que ficou claramente demonstrado pela fuga das taxas de juros fora das metas estabelecidas. Aquelas instituições, então, decidiram intervir mediante temporária injeção de liquidez, por meio de ofertas extraordinárias de moeda. O princípio básico utilizados por diversos bancos centrais era o mesmo, ou seja, permitir aos bancos comerciais acesso a instrumentos baratos de liquidez. Em um segundo momento, a permanência deste tipo de socorro passou a exigir garantias especiais, que certas instituições não tiveram condições de atender, resultando em suas quebras.

Nos Estados Unidos uma sucessão de quebras foi acudida com medidas imediatas e pontuais, tanto no mercado financeiro propriamente dito, como em mercados paralelos. Neste último caso deu-se socorro às empresas hipotecárias Fannie Mae e Fred Mac (favorecidas com maciças garantias diretas do governo) e ao grupo segurador AIG. Paralelamente grandes bancos foram à bancarrota, alguns deles antes incluídos entre aqueles eternos.

Quanto à crise de liquidez no sistema financeiro, havendo ela se alargando para outros setores, levou o governo norte-americano a passar a exercer papel regulatório próprio dos bancos centrais, como emprestador de última instância (*lander of last resort*).[32] Nessa linha a fusão do Bear Stearns com o JPMorgan foi feita mediante financiamento no valor de vinte e nove bilhões de dólares pelo FED de Nova York.

No Reino Unido ocorreu a nacionalização de Bradford e Bingley, grande operadora do mercado hipotecário. No continente foi a vez do banco belga Fortis, que recebeu fundos emergenciais dos governos da Bélgica, Holanda e Luxemburgo. Nem a Alemanha escapou dos efeitos em onda da crise, havendo sido socorrido pelo governo o Hypo Real State, em uma operação privada de *takeover*.

Como bem observaram os autores, somente a partir de outubro de 2008 é que teve início intervenções dirigidas ao foco das causas sistêmicas da crise, com a adoção, na América, do *Troubled Asset Relief Programm* (TARP), por meio do qual se autorizou que o governo adquirisse ativos ilíquidos de empresas em dificuldades até o limite de setecentos bilhões de dólares.

Diante deste quadro, fala-se, hoje, em *re-regulação*.

No Reino Unido foi instituído um programa voltado para a recapitalização de bancos no montante de 500 bilhões de libras, havendo sido favorecidas oito instituições (Abbey, Barclays, HBOS, HSBC, Lloyds, Nationwide, Royal Bank of Scotland e Standard Chartered). (Esse programa foi criticado por sua índole nacionalizante que, se ao mesmo tempo proporcionava um remédio rápido para a crise, apre-

30. In *Rescuing Banks from the Effects of the Financial Crisis.*

31. Ob. cit.

32. Cf. *Bancos Centrais no Direito Comparado*, ob. cit., pp. 64 a 66.

sentava-se invasivo e traria conseqüências no longo prazo quanto à eficiência futura do sistema bancário.)

Atendidas as questões mais urgentes por meio das medidas emergenciais examinadas, tratou-se, na Inglaterra, de buscar soluções duradouras que servissem para prevenir e/ou afastar crises futuras. Desta forma, foi estabelecido no começo de 2009 (a partir de um plano-piloto executado em julho de 2008), no âmbito do Banco da Inglaterra, conforme noticiado por Sarah Burls, da Divisão de Avaliação de Riscos daquela instituição, mecanismo formal de *Inspeção do Risco Sistêmico* (*Systemic Risk Survey*), de maneira a se suplementar o *diálogo* com os participantes do mercado em questão. Esse recurso pretende trazer à tona a visão daqueles a respeito da perspectiva da estabilidade financeira no Reino Unido.[33]

Reconhece a autora citada que existe uma imposição legal em relação ao Banco da Inglaterra no sentido de identificar, avaliar e perseguir as ameaças ao mercado financeiro, o que é realizado em parte por meio das atividades de supervisão e de inteligência, nas quais o sistema vertente passou a fazer parte.

A fiscalização em tela partiu da identificação: (i) de fontes-chave de riscos no sistema financeiro do Reino Unido e a verificação de como elas eventualmente sofreram alterações; (ii) de fontes de risco que os agentes do mercado entenderam ser mais difíceis de administrar; e (iii) demais riscos capazes de afetar a estabilidade do mercado financeiro no curso e no médio prazo. Houve uma preocupação de que o Banco tivesse a certeza de não haver omitido qualquer risco relevante ou aqueles que viessem a ser entendidos como tal, mas não referidos pelos participantes do mercado. A fiscalização em tela serviu, finalmente, para ajudar o Banco a decidir sobre a oportunidade da realização de outras análises e de pesquisas necessárias ou mesmo úteis ao estabelecimento de alvos e de sua qualificação para o fim de lidar com novas crises. O resultado da fiscalização ora analisada refletiu-se nas tabelas apresentadas no trabalho de Sarah Burls, que não nos interessam neste momento.

No Reino Unido deu-se um fato extremamente relevante e favorável ao estabelecimento do equilíbrio do mercado financeiro, relativo à promulgação da nova lei que o passou a reger, ou seja, a Lei Bancária de 16.7.2009 (*Banking Act 2009*). É de espantar que uma lei tão ampla no seu conteúdo e tão bem sistematizada tenha sido elaborada e promulgada no curto espaço de dois anos a partir da deflagração da crise financeira de 2007, um motivo de orgulho para uns e de amargurada inveja para outros.

A lei em questão – que nos furtamos de analisar no presente momento em toda a sua extensão e profundidade – atravessa todo o campo da atividade bancária, regulando-o exaustivamente. À guisa de exemplo, veja-se que estão previstas diversas soluções para bancos em crise (*Special Resolution Regime*), entre as quais a institucionalização do *banco-ponte* e a *propriedade pública temporária*, que permitirá a aquisição de bancos insolventes e futura re-privatização. Tais instrumentos, certamente, serão extremamente úteis no futuro, caso crises semelhantes se verifiquem, considerando que está presente naquele sistema financeiro um objetivo muito mais adequado, qual seja o de prevenção, com base na fiscalização acima brevemente analisada.

Observando o que havia ocorrido na Itália, Michele Fratianni e Francesco Marchionne lembram que o custo relativamente pequeno no curto prazo para os contribuintes diante de uma solução como esta apresenta aspectos negativos potenciais no longo prazo. Segundo aqueles autores, a re-privatização de bancos italianos socor-

33. *Bank of England Risk Systemic Survey*, disponível em *http://ssrn.com/abstract=1479504*.

ridos dessa forma somente se completou num longo período de cinqüenta anos. Ao contrário, a solução pelo sistema do *equity funding* (que corresponderia a uma nacionalização parcial), se de um lado apresenta menor credibilidade do que a nacionalização, de outra parte representa custo menor dentro de período mais curto de tempo para a re-privatização após a normalização, sempre considerando ser altamente negativa a participação direta do governo no sistema financeiro.

Nos Estados Unidos seguiu-se uma mudança relativa de rumos, nos moldes das medidas adotadas pelo Reino Unido, havendo sido remodelado o TARP, a cujo nome se agregou a expressão *Capital Purchase Program*. O esquema, próximo à uma nacionalização total, permitiu que fossem aplicados recursos de até duzentos e cinqüenta bilhões de dólares em ações preferenciais (*preferred stocks*) de instituições designadas pelo governo para tal finalidade.

Outra modalidade de intervenção passou a ser adotada a partir do início de 2009, buscando-se separar a parte *boa* da parte *ruim* dos bancos insolventes, semelhantemente ao modelo que o Brasil havia aplicado em crises internas pela adoção dos programas PROER e PROES,[34] medidas que os autores em questão não mencionaram provavelmente por desconhecê-las, havendo referido sua aplicação por governos dos países nórdicos.

Segundo Michele Fratianni e Francesco Marchionne, no entanto, uma solução dessa natureza depende do preenchimento de certas condições, como um sistema político transparente, um plano bem elaborado, a existência de práticas bancárias não corrompidas (*uncorrupt bank practices*), um *acordo social* destinado a suportar tal favorecimento aos bancos no plano político, e uma administração competente para gerir as novas instituições. A falta desses requisitos teria sido a causa da falha da utilização desse tipo de socorro no Japão, por ocasião da crise dos anos 90 do século passado.

Os Estados Unidos, mais uma vez capitaneando o socorro às instituições financeiras problemáticas, estabeleceu mais outra forma de sua efetivação, por meio do *Public-Private Investment Program* (PPIP), no montante de até cem bilhões de dólares para cada lado, *aliviando* aquelas instituições de ativos insubsistentes. Tais operações eram suportadas por garantias que não atribuíam responsabilidade pessoal dos emprestadores (*interest-free non-recourse loans*), FDICC e FED.

Conforme noticiam os autores em foco, o programa em tela recebeu diversas críticas de especialistas, como Paul Krugman, Jeffrey Sachs e Joseph Stiglitz que o taxaram de subsídio fiscal, uma nova modalidade *obamiana* de capitalismo e de privatização dos lucros a par da socialização dos prejuízos. A linha comum das críticas é a alegação de que o PPIP proporcionaria uma maciça e desnecessária transferência de riqueza dos contribuintes para o mercado financeiro. Isto porque, quando da normalização da situação dos bancos socorridos, os que neles investiram recursos dentro daquele programa realizariam lucros substanciais. Segundo Stiglitz, citado pelos autores em foco, o plano revelava-se *esperto, complexo e não transparente*. Este último aspecto proporcionaria maior aceitação pela sociedade, tão-somente porque ela não teria conhecimento suficiente do verdadeiro custo que deveria suportar para implementar as medidas correspondentes.

A esse respeito, a observação histórica do custo das crises ensina que sua *solução final* – se é que isto existe – sempre se revela mais custosa do que a mais pessimista das previsões que tenha sido feita em seus primórdios.

Quanto ao papel do BCB na crise vertente, em primeiro lugar, observe-se que a

34. Sobre o tema v. *Bancos Centrais no Direito Comparado*, pp. 171 e ss.

Autoridade Monetária local, por motivos diversos, não enfrentou problemas de mesma envergadura daqueles que alcançaram os Estados Unidos e a Europa, principalmente.[35] A par desta circunstância, parece que o BCB soube agir com sabedoria e eficiência, tendo tomado medidas adequadas ao enfrentamento dos problemas que foram surgindo. E um elogio em tal sentido partiu de técnicos do FMI em texto recentemente divulgado.[36]

### 5. *A atuação do BCB durante a crise*

Melhor do que um natural orgulho nacional importa verificar quais instrumentos foram utilizados pelo BCB na sua atuação tópica em relação àquela crise e se tais ferramentas poderiam ser consideradas *genéricas*, ou seja, aplicáveis de maneira geral e indeterminada durante efervescências dos mercados internacionais (e, portanto, uma contribuição a ser dada na re-regulamentação pretendida) ou se as circunstâncias presentes eram particulares ao cenário interno.

Os autores em questão identificaram as principais ferramentas utilizadas pelo BCB em sua intervenção destinada a lidar com os efeitos da crise no cenário interno. Estrategicamente foi feito intenso trabalho junto à imprensa no sentido de levar ao conhecimento da sociedade que o órgão encontrava-se a postos e trabalhando na elaboração de soluções. Vejamos quais foram os instrumentos aos quais recorreu o BCB:

(i) A realização de operações de "swap" destinadas a suprir a escassez de moedas fortes (principalmente o dólar) nas linhas de crédito destinadas à exportação

Os *swaps* em questão apresentavam duas *pernas*: na primeira, o BCB fez a troca de dólares por reais; e na outra ocorria o reverso, delas resultando a redução dos juros em benefício dos agentes com dívidas em moeda estrangeira. Essas operações compreenderam o período de 19.9.2008 a 29.1.2009, perfazendo o montante de US$ 11 bilhões.

(ii) A venda de moeda estrangeira no mercado à vista a partir de outubro/2008, durante a fase de desequilíbrio do mercado

Nesta fase foram gastos aproximadamente US$ 10 bilhões, os quais, perto do montante de reservas que o BCB então possuía podiam ser considerados uma perda pequena, quando levada em consideração a mesma situação nas crises anteriores (1998/1999 e 2002), em que o volume representou trinta por cento das disponibilidades nacionais.

(iii) Intervenção direta do BCB na BM&F Bovespa pela venda de dólares, objetivando proporcionar fôlego para empresas exportadoras que haviam feito operações especulativas

Os levantamentos efetuados apontam que houve em grande peso nessa operação, havendo a posição líquida do BCB passado no mercado futuro de US$ 22 bilhões positivos para US$ 12 bilhões negativos de 15.12.2008 a dezembro do mesmo ano. Tais empresas haviam assumido posições de curto prazo em derivativos de câmbio, precisando se desfazer delas com urgência. Como se sabe, entre tais empresas se encontravam a Sadia e a Aracruz Celulose.

35. Neste sentido, é impossível não lembrar que o Presidente da República classificou o alcance dos aludidos problemas financeiros internacionais, em relação aos seus efeitos no Brasil como uma *marolinha*. Nem tanto ao mar e nem tanto à terra, mas efetivamente o sistema financeiro nacional sofreu ataques muito menos graves do que alhures.

36. Cf. Mark R. Stone, W. Christopher Walker e Yosuke Yasui, *From Lombard Street to Avenida Paulista: Foreign Exchange Liquidity Easing in Brazil in Response to the Global Shock of 2008-09*, nov./2009.

(i) *Venda pelo BCB de dólares aos bancos, os quais poderiam passar a emprestá-los a empresas exportadoras, sob a condição de que estas oferecessem em garantia papéis titulados em dólar e com boa classificação de risco ou, ainda, contratos de exportação.*

Nesta modalidade de socorro foram utilizados US$ 11 bilhões entre 6 de outubro de 2008 e 14 de janeiro de 2009.

(ii) *Destinação pelo BCB de até US$ 10 bilhões ao financiamento de empresas endividadas em dólar.*

Considerando que os mercados vieram a regularizar-se em um tempo relativamente curto, do limite acima foram usados apenas US$ 2 bilhões.

Em vista desse quadro, de acordo com os analistas do FMI acima referidos, as medidas tomadas pelo BCB revelaram-se: (i) dotadas de segurança (pois foram exigidas contrapartidas e garantias para a sua concessão); (ii) reduziram o estresse do mercado com a restauração na confiança neles depositada; (iii) adotadas no momento adequado (a perfeita logística do *just in time*, diríamos); (iv) inovadoras, havendo o BCB atuado no mercado de derivativos; (v) do *tamanho* ideal, uma vez que foi atendida a demanda de dólares, com limitação das perdas cambiais; (vi) dotadas de clareza e transparência por parte do BCB no mercado, quanto ao exercício da função de promotor de liquidez (o que não ocorreu em relação a outras instituições similares).

Analisando-se retroativamente a atuação do BCB durante a crise pode-se dizer com certeza que foi favorecida pelo grande saldo em reservas cambiais das quais aquela Autoridade Monetária era detentora no período em questão, do que resultou sua expressiva capacidade de manobra, à qual se agregaram iniciativas pioneiras, a partir da grande capacidade técnica do seu pessoal. Observe-se, ainda, haver os autores sob exame identificado a sofisticação do nosso mercado de derivativos como um fator de sucesso nas operações empreendidas pelo BCB.[37]

Retornando aos aspectos gerais do sistema financeiro, veja-se que a sociedade (e os bancos centrais, principalmente) não podem se fiar cegamente nos indicadores econômicos porque surpresas podem vir simplesmente *do nada*, considerando que o conhecimento das informações sobre falhas na estrutura financeira e sua apreensão pelos agentes do mercado muitas vezes apresenta-se crítico, mesmo em mercados sofisticados como é o bancário. A maior evidência destes fatos está, precisamente, na maneira pela qual veio à luz a crise desencadeada a partir da questão dos empréstimos *subprime* na Terra do Tio Sam.

Estas noções podem parecer simplórias para alguns, mas são desconhecidas de grande parte dos operadores do direito[38] ou, o que é pior, a sua negação voluntária a partir de algum viés ideológico (político e/ou jurídico) tem se verificado em diversos julgados das Cortes brasileiras, que já fazem parte do anedotário entre os que atuam no *ramo*. A este respeito, nunca é demais lembrar que do ponto de vista econômico, os bancos são *intermediários* entre quem tem e quem não tem recursos disponíveis. Neste sentido, o capital próprio dos bancos representa tão-somente uma *margem* operacional (cifra de referência) que lhes permite iniciar sua atividade e agüentar alguns *trancos* circunstanciais da economia, que gerem *corridas* aos seus cofres onde, aliás,

37. Sem dúvida alguma isto representa um desafio para a elaboração de um profundo estudo destinado a levantar a história do nascimento e desenvolvimento do mercado em questão no Brasil, a partir da fundação da antiga Bolsa de Mercadorias & Futuros, principalmente no que diz respeito à sistemática criada para dar segurança às suas operações.

38. Já aconteceu que juízes determinaram a penhora de valores nos caixas dos bancos, com o cuidado de que fossem ali identificados para não serem alcançadas, importâncias correspondentes às *reservas bancárias* as quais, por lei, são impenhoráveis. Neste fato está implícita a noção errônea de que existe *dinheiro carimbado*.

existe proporcionalmente pouco *dinheiro sonante*, pois a moeda hoje é, em sua maior parte, de natureza escritural.

Reforce-se, portanto a idéia de intermediação na alocação de recursos de terceiros. Veja-se que, se do ponto de vista jurídico os recursos depositados pelos correntistas nos bancos integram o seu patrimônio porque se caracterizam como modalidade de *depósito irregular* (ou seja, a sua propriedade passa para o banco depositário e este pode utilizá-los nas suas atividades operacionais próprias em seu próprio nome e sob seu próprio risco), nem por isto os bancos poderão negar-se a devolvê-los quando o cliente solicitar, seja a vista, seja no vencimento de uma operação a prazo.

Olhando um pouco mais para a crise atual (que foi chamada de *tempestade perfeita*), tenha-se em conta que Paul A. Samuelson fez as seguintes *descobertas*[39] a seu respeito: "*(1)* O capitalismo puro não pode evitar alguns ciclos econômicos. Tampouco pode-se contar com o 'laissez-faire' dos mercados para cuidar dos próprios males. *(2)* As decisões do FED de elevar ou baixar os juros de curtíssimo prazo a fim de se 'proteger contra os ventos' adversos podem conter indefinidamente a volatilidade da real macroatividade do pequeno investidor. Não é uma quimera acadêmica. Desde 1989, nós e o mundo desfrutamos de fato de uma forma de 'Grande Moderação': altos e baixos mais modestos nos ciclos econômicos. *(3)* Entretanto, nas épocas de turbulência mais profunda, as correções adotadas pelos bancos centrais em suas metas das taxas de juros de curto prazo tornaram-se cada vez mais impotentes. Taxas de juros próximas de zero só servem para encorajar a acumulação e não para gastar dinheiro (...)".

Como se verifica, não há mágica em economia e é uma grande balela pensar-se que taxas de juros mais baixas e maior circulação da moeda caminham juntas, para que haja a possibilidade de maior geração de riqueza por meio da concessão de crédito barato.

Além disto, percebe-se intuitivamente a existência de uma intensa redução da margem de manobra quanto aos bancos centrais, em relação à sua capacidade de praticar política monetária quando a taxa básica da economia (o equivalente à nossa SELIC) encontra-se significativamente reduzida, tal como ocorre presentemente nos Estados Unidos da América. *Enxugar* e *irrigar* o mercado quanto à quantidade de moeda em circulação em tais circunstâncias revela-se uma tarefa extremamente problemática.

### *Reflexões conclusivas*

Não há conclusão, neste estudo, no sentido de que tivesse sido possível chegar a algum resultado minimamente aceitável pela maior parte dos interessados. Os embates continuarão durante muito tempo e certamente jamais chegarão a resultado definitivo. De crise em crise os governos, os reguladores e os agentes privados serão confrontados, novamente, com a necessidade de adoção de medidas saneadoras e preventivas.

Se há entre a grande crise do século passado e a atual cerca de oitenta anos, é muito provável que a próxima se dê dentro de período mais curto. Mas que ela virá, certamente virá. Isto porque, de um lado, sempre existirão investidores dispostos a aceitar grandes riscos se, em contrapartida, tiverem a perspectiva de ganhos consideráveis. De outro, o mercado sempre foi extremamente criativo na fabricação de instrumentos necessários na busca mais eficiente de seus objetivos, dos quais os derivativos hoje representam um exemplo bastante claro. Tanto nos diz a longa história da letra de câmbio, que redundou no estabelecimento da teoria geral dos títulos de

39. "A era de incertezas passa a ser a era de ansiedade", *O Estado de S. Paulo*, 19.9.2008.

crédito, sabidamente uma das mais avançadas criações do direito em todos os tempos.

Não se esqueça que os centros financeiros são extremamente competitivos e não buscam uma integração que não seja mínima, isto é, tão-somente a necessária e suficiente para garantir trânsito homogêneo entre eles, que facilite as operações internacionais, mas que não retire, por si só, o *mando do jogo* daqueles que se encontram no topo da categoria.

Observe-se, ainda, a dúvida hamletiana a respeito do tamanho ótimo dos bancos, se é que se pode identificar qual seja. Um banco menor do que o ideal sofreria maiores riscos de quebra, enquanto um banco muito grande facilita o *moral hazard*, pois o controlador e os administradores poderão entender ser possível assumir riscos anormais, na crença de que se alguma coisa der errada, sempre serão socorridos, nunca quebrando.

Ainda, as posições extremas de mercado inteiramente livre, de um lado, e de mercado estritamente regulado, do outro, revelam-se irrealistas, sabendo-se que certo nível de regulação é necessário. A sua medida adequada é um grande problema a resolver.

De qualquer maneira, diante de menos ou de mais regulação, os órgãos encarregados de a aplicarem deverão sempre revestir-se de uma índole cartesiana, duvidando de tudo. Por mais que haja uma quantidade significativa de informações e por maior credibilidade que elas possam aparentemente demonstrar, jamais se poderá nelas confiar inteiramente, pois podem trazer uma ilusão oposta à da realidade, tal como se verificou quanto ao *spread* dos derivativos, aludido no corpo deste estudo.

Este campo de atividades deve reunir economistas e operadores do direito, entre outros profissionais, os quais devem pensar e agir em conjunto em todo o tempo. Natalino Irti já demonstrou há muito tempo, por exemplo, que o direito precede ao mercado e não o contrário.[40] Neste sentido, verifica-se ser impossível a existência de qualquer mercado na ausência de um mínimo de segurança jurídica, destinada a garantir o cumprimento das obrigações nele assumida. Do ponto de vista acadêmico esta é proverbialmente uma área sensivelmente marginal nos programas dos cursos universitários em geral, especialmente no campo do direito. Veja-se a este respeito a bibliografia utilizada neste trabalho, fundamentalmente formada por autores da área econômica.

(Dezembro/2009)

***Bibliografia***

BURLS, Sarah. *Bank of England Systemic Risk Survey*. Cópia eletrônica disponível em *http://ssrn.com/abstract=1479504*.

COASE, Ronald. *The Firm, the Market and the Law*. Chicago/Londres, University of Chicago Press, 1990.

DESIDERIO, Luigi. *La Liquidazione Coatta Ammnistrativa delle Aziende di Credito*. Milão, Dott. A. Giuffrè Ed., s/d.

ENGRÁCIA ANTUNES, José A. "Inovação Financeira e Produtos Derivativos" (Parte I), in *Revista de Direito Bancário e do Mercado de Capitais* 45, São Paulo, Ed. RT, ano 12 (jul.-set./2009), p. 187.

ENRIQUES, Lucca. *Regulator's Response to the Current Crisis and the Upcoming Regulation of Financial Markets: one Reluctant Regulator's View*.

FRATIANNO, Michele, e MARCHIONNE, Francesco. *Rescuing Banks from the Effects of the Financial Crisis*. Texto de 22.9.2009.

HILSENRATH, Jon. "Greenspan *vs.* the Greenspan's Doctrine", in *Real Time Economics – Economic Insight and Analysis from the Wall Street Journal*, de 17.2.2009.

IRTI, Natalino. *L'Ordine Giuridico del Mercato*. S/l., Ed. Laterza, 1998.

40. *L'Ordine Giuridico del Mercato*.

KEMPA, Michal. *Liquidity Crisis in the Interbank Market*. Acessível em *http://ssrn.com/abstract=1138705*, versão de 3.6.2008.

PHILLIPS, Ronnie J. *Why Are Bank Failures Special? Lessons from U.S. Financial History*. Network Financial Institute, da Universidade Estadual de Indiana, *Working paper* 2008-WP-04, abr./2008. Cópia eletrônica disponível em *http://ssrn.com/abstract=1118097*.

ROMERO, Cristiano. "A ação do BC na crise, segundo o FMI", in *Valor Econômico*, de 2.12.2009.

ROMERO, Pedro. *Banking Crises and Institutional Arrangements*. Disponível em SSRN *http://ssrn.com/abstract=1359702*, abr./2009.

SALLES, Marcos Paulo de Almeida. *O Contrato Futuro*. São Paulo, Cultura, 2000.

SAMUELSON, Paul A. "A era de incertezas passa a ser a era de ansiedade", in *O Estado de S. Paulo*, de 19.9.2008, Caderno de Economia.

SANDS, Peter. *Standard Chartered Chief Peter Sands Says Customers will Bear Cost of Regulation*. In *www.telegraph.co.uk*, acessado em 17.11.2009.

SOUZA, George Marcondes Coelho de Souza. *Da Liquidação Extrajudicial de Bancos no Direito Brasileiro*. Tese de Doutorado apresentada à Faculdade de Direito da USP, em 1973.

STONE, Mark R., WALKER, W. Christopher, e YASUI, Yosuke. *From Lombard Street to Avenida Paulista: Foreign Exchange Liquidity Easing in Brazil in Response to the Global Shock of 2008-09. Working paper* do Fundo Monetário Internacional (WP 09/259), nov./2009.

STULZ, René M. *Credit Default Swap and the Credit Crisis. Working paper* 15384. *http://www.nber.org/papers/w15384*. Massachusetts, Cambridge, National Bureau of Economic Research, MA 02138.

SZTAJN, Rachel. *Contrato e Inovação Financeira – Ensaio sobre Contratos Futuros e "Swaps"*. Tese apresentada em Concurso para Professor Titular de Direito Civil na Faculdade de Direito da USP, 1996.

TURNER, Adair. *Responding to the Financial Crisis: Challenging Past Assumptions*. Discurso proferido na Embaixada Britânica, Paris, 30.11.2009. Acessível em *www.fsa.gov.uk*.

VERÇOSA, Haroldo Malheiros Duclerc. *A Responsabilidade Civil Especial dos Administradores e Controladores de Instituições Financeiras e Consórcios em Liquidação Extrajudicial*. São Paulo, Ed. RT, 1993.

______. *Bancos Centrais no Direito Comparado – O Sistema Financeiro Nacional e o Banco Central do Brasil (o Regime Vigente e as Propostas de Reformulação)*. São Paulo, Malheiros Editores, 2005.

# Atualidades

# O CONTRATO DE REPRESENTAÇÃO COMERCIAL: ANÁLISE DAS QUESTÕES CONTROVERTIDAS NO ÂMBITO DA DOUTRINA E DA JURISPRUDÊNCIA

Marcelo Gazzi Taddei

*1. O direito contratual brasileiro e o Código Civil de 2002. 2. Os contratos interempresariais de cooperação. 3. O Contrato de Representação Comercial: 3.1 Natureza jurídica e tipicidade contratual; 3.2 Definição e elementos configuradores do Contrato de Representação Comercial; 3.3 O registro do representante comercial no Conselho Regional dos Representantes Comerciais; 3.4 Cláusulas obrigatórias do instrumento contratual da Representação Comercial: direitos e obrigações dos contratantes; 3.5 Instrumento contratual incompleto e contrato verbal de Representação Comercial; 3.6 Distinção do Contrato de Representação Comercial de outras espécies contratuais. 4. O Contrato de Agência: 4.1 Definição legal: art. 710, CC/2002; 4.2 A exclusividade no contrato de agência: art. 711, CC/2002; 4.3 Direitos e obrigações das partes; 4.4 Extinção do contrato. 5. Contrato de Representação Comercial "vs." Contrato de Agência: 5.1 Identidade contratual; 5.2 Semelhanças e distinções: a) Definição e caracterização: art. 710, Código Civil de 2002 (CC/2002) "vs." art. 1º, Lei n. 4.886/1965 (LRC); b) Conclusão do negócio pelo agente ou representante mediante mandato: parágrafo único, art. 710, CC/2002 "vs." art. 1º, LRC; c) Registro no Conselho Regional: art. 2º, LRC; d) Exercício exclusivo ou não da atividade: art. 711, CC/2002 "vs." arts. 27 e 31, LRC – "Divergência"; e) Diligência na prestação do serviço: art. 713, CC/2002 "vs." art. 28, LRC; f) Despesas com o exercício da atividade: art. 713, CC/2002; g) Ofensa à exclusividade do colaborador: art. 714, CC/2002 "vs." art. 31, LRC; h) Redução das comissões: art. 715, CC/2002 "vs." arts. 32, § 7º, e 36, LRC; i) Comissão sobre negócios não realizados por culpa do proponente ou representado: art. 716, CC/2002; j) Prazo para a recusa dos pedidos: art. 33, LRC; l) Direito às comissões na extinção do contrato: arts. 717 a 719, CC/2002 e art. 32, § 5º, LRC; m) Indenização decorrente da extinção do contrato: arts. 718 e 720, CC/2002 "vs." arts. 27, "j", § 1º, e 34, LRC; n) Aviso prévio na extinção do contrato: arts. 720, CC/2002 "vs." art. 34, LRC – "Divergência"; o) Motivos justos para a extinção do contrato: art. 715, CC/2002 "vs." arts. 35 e 36, LRC; p) Prazo de vigência do contrato: art. 27, §§ 2º e 3º, LRC; q) Foro competente para o julgamento das controvérsias decorrentes do contrato: art. 39, LRC; r) Força maior: art. 719, CC/2002 "vs." arts. 35, "e", e 36, "e", LRC; 5.3 Conflitos entre os dispositivos legais do contrato de Agência e da Representação Comercial. 6. Conclusão. Referências bibliográficas.*

## *1. O direito contratual brasileiro e o Código Civil de 2002*

A rápida evolução das atividades econômicas gera o surgimento de novos negócios empresariais, exigindo a criação de novos institutos jurídicos ou o aperfeiçoamento e adequação dos já existentes. A teoria jurídica da empresa, de origem italiana, é a responsável pelas importantes transformações ocorridas na disciplina das relações empresariais brasileiras verificadas desde a década de 1970, com o apogeu marcado pelo surgimento do Código Civil de 2002.

A antiga visão da atividade empresarial marcada pela prática habitual de atos de comércio, enumerados na lei segundo fatores históricos ligados à ascensão da burguesia européia, foi totalmente superada pelo sistema italiano. Desde o Código Comercial brasileiro de 1850, a teoria francesa dos atos de comércio, prevista no Código de Comércio Napoleônico de 1807, constituiu a base para a caracterização da matéria empresarial, o que restringia, de forma discricionária, importantes atividades econômicas ao regime civil.

A atividade empresarial na atualidade não se limita apenas à comercialização ou à produção de bens, alcança também a prestação de serviços. O Código Civil brasileiro de 2002 unificou as obrigações empresariais e civis no Livro I da Parte Especial, denominando-o "Do Direito das Obrigações". Atualmente, a teoria geral dos contratos e alguns contratos empresariais encontram-se disciplinados na legislação civil de 2002. Além da unificação mencionada, o Código Civil de 2002 também proporcionou substanciais transformações na teoria geral dos contratos, destacando-se pela acentuada publicização nas relações contratuais, ou seja, pela valorização, em determinados casos, do interesse público em detrimento da autonomia de vontade das partes e do *pacta sunt servanda*. Nesse sentido, destacam-se: a função social do contrato prevista no art. 421, a boa-fé objetiva do art. 422, a interpretação mais favorável à parte mais fraca e a nulidade de cláusula abusiva nos contratos de adesão, tratadas, respectivamente, nos arts. 423 e 424, além da resolução do contrato por onerosidade excessiva, disposta nos arts. 478 a 480.

A necessidade da interferência do Estado nas relações contratuais foi justificada pela total ausência de negociação entre os contratantes na maioria dos contratos celebrados. Os institutos jurídicos contratuais foram desenvolvidos e aplicados para a proteção do aderente contra as cláusulas abusivas e para assegurar o equilíbrio contratual. O Direito cria normas de proteção ao economicamente mais fraco para compensar sua desvantagem. Na visão neoliberal, a liberdade de contratação escraviza o mais fraco, cabendo ao Estado libertá-lo por meio do dirigismo contratual.

O Código Civil de 2002 apresenta importantes traços neoliberais, caracterizando-se por apresentar dispositivos que permitem ao Poder Judiciário restabelecer o equilíbrio entre os contratantes e interpretar as cláusulas contratuais em prestígio aos interesses da parte mais fraca. Nesse sentido, o art. 421 limita a liberdade de contratar ao atendimento da função social do contrato, exige dos contratantes na conclusão e na execução do contrato o atendimento aos princípios da probidade e da boa-fé (art. 422), prevê interpretação mais favorável ao aderente nos contratos de adesão que apresentem cláusulas ambíguas ou contraditórias (art. 424).

Ao tratar do contrato de agência, o legislador de 2002 prestigia o tratamento protetivo previsto em leis especiais ao empresário colaborador, dispondo no art. 721, que se aplicam ao contrato de agência, no que couber, as regras constantes em lei especial. No caso, a lei especial mencionada corresponde à Lei n. 4.886/1965, que disciplina a representação comercial, caracterizando-se pelo tratamento manifestamente protetivo atribuído ao empresário colaborador, considerado a parte mais fraca na relação contratual.

## *2. Os contratos interempresariais de cooperação*

No desenvolvimento da atividade econômica destacam-se os contratos interempresariais, destinados a facilitar a colocação de produtos e serviços no mercado. Para o empresário fornecedor, a finalidade desses contratos de colaboração empresarial é aumentar a fatia de mercado (*market share*) para os seus produtos ou serviços, mediante a conquista de novos clientes pela atuação do empresário colaborador.

Com a finalidade de ampliar as vendas e de assegurar a presença da marca nos mercados distantes do estabelecimento do empresário, existem diversos contratos de intermediação empresarial. Quando um dos empresários assume a obrigação contratual de auxiliar a criação, consolidação ou ampliação do mercado consumidor do produto ou serviço do outro empresário, tem-se o que Fábio Ulhoa Coelho denomina de contrato de colaboração empresarial.[1]

O contrato entre empresários que não apresenta esse elemento não se classifica entre os de colaboração empresarial, por mais convergentes que possam ser os interesses das partes. Segundo Fábio Ulhoa, a importância dessa definição refere-se aos direitos do colaborador ao término do contrato, relativamente à exploração do mercado que ajudou a formar ou desenvolver. Se não existiu entre os empresários o contrato de colaboração, não há nenhum ressarcimento a ser feito ao contratado.[2]

Ulhoa identifica duas formas de colaboração empresarial: colaboração por intermediação e colaboração por aproximação.[3] Na colaboração por intermediação há a aquisição do produto pelo empresário colaborador, ao passo que na colaboração por aproximação, o empresário colaborador apenas aproxima as partes interessadas, não existindo compra e venda para revenda. São exemplos de contratos de colaboração por intermediação os contratos de distribuição-intermediação (contrato atípico) e de concessão. Dentre os contratos de colaboração por aproximação, destacam-se os contratos de mandato, comissão, agência, representação comercial autônoma e distribuição-aproximação.

A forma de remuneração também é diferente. Na colaboração por intermediação o colaborador ganha o lucro decorrente da comercialização dos produtos adquiridos do fornecedor a um preço mais baixo que o vendido, não havendo remuneração direta pelo empresário fornecedor. Já na colaboração por aproximação, o empresário colaborador tem direito à remuneração a ser paga pelo empresário fornecedor na forma de comissão, de forma geralmente proporcional ao preço dos produtos nas vendas por ele viabilizadas.

Importante ressaltar que o elemento comum a qualquer espécie de contrato de colaboração é a subordinação do empresário colaborador ao fornecedor. O colaborador desenvolve suas atividades de acordo com as ordens e orientações do empresário fornecedor, variando o grau de subordinação de acordo com a espécie de contrato, que definirá uma formatação mais ou menos rígida para a atuação do colaborador. Embora se verifique essa espécie de subordinação, o empresário colaborador apresenta autonomia jurídica.

Diante do objeto do contrato de colaboração empresarial (conquista de mercado para os produtos ou serviços do empresário fornecedor) é reconhecida a vulnerabilidade do empresário colaborador, principalmente nos contratos de execução continuada. Referida vulnerabilidade motivou a criação de dispositivos legais fixando prazo mínimo para a celebração do contrato (o art. 27, Lei n. 6.729/1979 prevê que apenas o primeiro contrato de concessão comercial de veículos automotores de via terrestre pode ser por tempo determinado, não inferior a 5 anos, prorrogando-se por tempo indeterminado), a conversão do contrato por tempo determinado em contrato por tempo indeterminado em caso de prorrogação (art. 27, § 2º, Lei n. 4.886/1965, no contrato de representação

1. Fábio Ulhoa Coelho, *Curso de Direito Comercial – Direito de Empresa*, vol. 3, 7ª ed., p. 93.
2. Idem, ibidem.
3. Idem, ibidem.

comercial autônoma), a previsão de valores mínimos de indenização para a extinção do contrato por iniciativa *sem causa* do empresário fornecedor (art. 27, *j*, e § 1º, Lei n. 4.886/1965, no contrato de representação comercial autônoma; art. 718, Código Civil de 2002, no contrato de agência; art. 24, Lei n. 6.729/1979, no contrato de concessão comercial de veículos automotores de via terrestre).

O tratamento legal de defesa do empresário colaborador objetiva impedir que o empresário fornecedor se aproveite do mercado conquistado pelo colaborador, prejudicando-o com a substituição por outro em condições mais vantajosas ou passando a exercer diretamente a atividade no local. Com a finalidade de coibir essa prática, a Lei n. 4.886/1965, por exemplo, garante ao representante comercial autônomo indenização específica, fixando patamar mínimo no caso de extinção do contrato por iniciativa do representado, sem comprovação de justa causa do representante. Trata-se de uma indenização pela perda da oportunidade de continuar explorando o mercado criado, ampliado ou consolidado pelo empresário colaborador.

Partindo dessa premissa, no tocante ao contrato de representação comercial, Fábio Ulhoa Coelho assevera que o representante faz jus à indenização quando perde a possibilidade de explorar o mercado que ele participava no desenvolvimento da sua função de colaborador, o objeto da indenização não constitui compensação pelo trabalho do representante, visa a compensá-lo pelo término da oportunidade de negócio, indeniza-se, assim, o mercado conquistado.[4]

Por essa razão, ao tratar sobre a indenização no contrato de representação comercial, o prestigiado jurista afirma categoricamente:

"o representado só é devedor da indenização na hipótese de continuar explorando (sozinho ou com novos parceiros) o mercado conquistado pela atuação conjunta com o representante. (...).

"Se o representante, uma vez terminado o vínculo, continua, por qualquer razão, a se beneficiar da fatia de mercado angariada para o mesmo produto, ele não tem direito de ser indenizado, exatamente porque nada perdeu. (...).

"Trata-se de mera decorrência lógica dos princípios da responsabilidade contratual estabelecer que o contratante *não* será indenizado por aquilo que não perdeu."[5]

## 3. *O Contrato de Representação Comercial*

### *3.1 Natureza jurídica e tipicidade contratual*

No desenvolvimento da atividade econômica, é comum que os empresários contratem representantes comerciais para mediar a realização de negócios, agenciando propostas ou pedidos e transmitindo-os ao empresário. Não há entre os representados e os representantes relação de emprego. A representação comercial constitui negócio jurídico realizado entre empresários, apresentando natureza jurídica de contrato de colaboração empresarial (por aproximação).

A representação comercial é disciplinada pela Lei n. 4.886, de 9 de dezembro de 1965, alterada pela Lei n. 8.420, de 8 de maio de 1992. Trata-se de contrato típico, estando os direitos e obrigações das partes disciplinados de forma específica na lei. A vulnerabilidade do representante, decorrente da sua função de criador, consolidador ou ampliador de mercado, conforme visto, foi reconhecida pelo legislador, que estabeleceu regras de proteção em decorrência da extinção contratual e respectiva perda do mercado.

4. Idem, p. 121.

5. Idem, pp. 120-21.

Referida lei, com a nova redação determinada em 1992, estabeleceu novas limitações à liberdade das partes na contratação com a finalidade de melhor proteger os interesses do representante, diante da sua condição de "parte mais fraca nessa relação jurídica", como reconhece Rubens Requião.[6] Trata-se, portanto, de uma legislação de caráter neoliberal.

De acordo com Rubens Requião, o direito reconhece a representação comercial como contrato típico, distinto da corretagem, do mandato ou da prestação de serviços, sendo que o Código Civil de 2002 rebatizou o contrato, denominando-o agência. Para Requião, o contrato de representação ou agência pertence ao grupo dos chamados contratos de mediação, destinado a auxiliar o tráfico mercantil.[7]

### *3.2 Definição e elementos configuradores do Contrato de Representação Comercial*

A definição legal está expressa no art. 1º da Lei n. 4.886/1965: "Exerce a representação comercial autônoma a pessoa jurídica ou a pessoa física, sem relação de emprego, que desempenha, em caráter não eventual por conta de uma ou mais pessoas, a mediação para a realização de negócios mercantis, agenciando propostas ou pedidos, para transmiti-los aos representados, praticando ou não atos relacionados com a execução dos negócios".

A análise do art. 1º permite reunir os elementos necessários para a configuração do contrato de representação comercial. O primeiro aspecto refere-se à pessoa do representante comercial. De acordo com a lei, pode ser pessoa física ou pessoa jurídica. A pessoa física corresponde ao empresário individual, que explora a atividade econômica sem sócios, na forma do art. 966 do Código Civil de 2002. A pessoa jurídica é a sociedade empresária (art. 982, CC/2002), que normalmente adota a forma de Sociedade Limitada.

A não eventualidade constitui traço marcante do contrato de representação. O art. 1º o define como uma relação jurídica "não eventual", afastando da sua caracterização as contratações que tenham por objetivo apenas um único negócio ou evento. Quando o ato de mediação de negócio mercantil for isolado, não se pode falar em representação comercial.[8]

Ao definir o contrato de representação comercial, o legislador afasta a relação de emprego entre o representante e o representado, confirmando a natureza empresarial do contrato. Na efetiva relação contratual entre as partes não se encontra o traço característico do vínculo empregatício. Para Arnaldo Süssekind e Délio Maranhão "fere, sem dúvida, o direito afirmar-se a relação de emprego quando o contrato de representação atender aos requisitos da Lei n. 4.886".[9]

Por outro lado, se o contrato de representação for utilizado de forma simulada, para encobrir uma relação de emprego existente entre as partes, onde prevalece a subordinação pessoal e os demais requisitos da relação de emprego, a Justiça do Trabalho aplica o princípio da primazia da realidade e reconhece o vínculo trabalhista, existindo inúmeras decisões dos tribunais brasileiros nesse sentido.[10]

6. Rubens Requião, *Curso de Direito Comercial*, vol. 1, 26ª ed., p. 220.

7. Idem, p. 210.

8. Ricardo Nacim Saad, *Representação Comercial – De Acordo com o Novo Código Civil*, 3ª ed., p. 19.

9. "Representação comercial", *LTR* 53(3)/272 e ss., mar./1989, *apud* Ricardo Nacim Saad, *Representação Comercial*, 3ª ed., cit., p. 16.

10. "Relação de emprego. Contrato de Representação Comercial. O simples fato de o prestador de serviços ser considerado representante comercial autônomo, tendo registro no órgão competente, não afasta a possibilidade do Judiciário, em face do disposto nos autos, concluir pela existência de vínculo de emprego entre as partes, pois, diante do princípio da realidade que rege o direito do trabalho, ao aspecto meramente formal, sobrepõe-se o que ocorre no dia-a-dia da relação jurídica que aproxima o

O representante atua "por conta de uma ou mais pessoas", ou seja, desempenha suas funções sempre de acordo com as orientações do representado, não age por conta própria. Verifica-se aqui a subordinação típica do contrato de representação, mas, não se trata de subordinação de natureza pessoal, que implica direção dos serviços a serem prestados. O representante está subordinado às instruções definidas pelo representado, desenvolvendo suas funções de acordo com as orientações sobre as condições dos negócios oferecidos, como preços, prazos de pagamento, prazo de entrega, entre outras. Vale lembrar que essa *subordinação* existente entre os contratantes está presente em todo contrato de colaboração empresarial.[11]

De acordo com Sílvio de Salvo Venosa:

"Pelo contrato de representação, uma empresa atribui a outrem poderes de representá-la sem subordinação, operando por conta da representada. O representante é autônomo, vincula-se com a empresa contratualmente, mas atua com seus próprios empregados, que não se vinculam à empresa representada. (...).

"A atividade do representante, como se percebe, é de intermediação, sem dependência hierárquica, obedecendo, porém, as instruções do representado."[12]

O representante atua com autonomia na prestação dos serviços, desenvolvendo suas atividades com a liberdade necessária para afastar a configuração da relação de emprego entre as partes. A independência da ação do agente permite distingui-lo do empregado, não havendo subordinação hierárquica na relação do representante com o representado. Não pode haver ingerência no *modus operandi* do representante, nem mesmo a fixação de cotas e metas para ele cumprir, que é empresário no exercício de atividade econômica autônoma e organizada (art. 966, CC/2002). A atividade exercida pelo representante deve ser autenticamente autônoma.

Nesse aspecto, Paulo Emílio Ribeiro de Vilhena, ao se referir ao representante comercial:

"Ao admitir auxiliares, ao ajustar a representação com outras empresas, ao adotar forma de desenvolvimento de sua atividade estará ele dando curso ao requisito básico da autonomia, que é a faculdade conferida ao trabalhador de modificar, ampliar, substituir dos processos técnico-funcionais de seu pessoal empreendimento.

"(...).

"Todavia, haverá necessariamente uma integração das atividades do representante e representado acentuados por certas obrigações funcionais de pessoalidade, tais como o fornecimento de informações sobre o andamento dos negócios, bem como a revelação de reclamações decorrentes do empreendimento, sugestão de soluções, conforme faz crer os arts, 28 e 30 da Lei 4.886/1965. Decorrência lógica será um poder jurídico constante de vigilância do representado sobre o representante comercial,

prestador do tomador de serviços. O contrato de trabalho e o de representação comercial autônoma (regulado pela Lei 4.886/1965) possuem elementos comuns, tais como a natureza continuada e o caráter oneroso da prestação de serviços. No entanto, divergem quanto à existência de subordinação hierárquica e jurídica, posto que esta caracteriza apenas o contrato de trabalho, estando ausente no caso da representação comercial. O trabalho autônomo, segundo a doutrina especializada, só se caracteriza quando há inteira liberdade de ação, ou seja, quando o trabalhador atua como patrão de si mesmo, com os poderes jurídicos de organização própria, por meio dos quais desenvolve o impulso de sua livre iniciativa e presta serviço a mais de uma empresa ou pessoa. A prestação de serviços, 'in casu', conforme ressaltado pelo tribunal 'a quo', ocorreu com subordinação, pessoalidade, exclusividade, além de contar com os outros fatores caracterizadores da relação de emprego. Revista provida" (TST, 4ª T., RR 193.404/95, Ac. 7.996/96, Rel. Ministro Leonaldo Silva, *DJU* 13.12.1996).

11. Fábio Ulhoa Coelho, *Curso de Direito Comercial*, cit., p. 114.

12. Sílvio de Salvo Venosa, *Direito Civil – Contratos em Espécie*, vol. 3, 5ª ed., p. 548.

o que não implica dizer ou fazer crer em subordinação."[13]

No mesmo sentido, Sérgio Pinto Martins: "A característica fundamental do representante comercial autônomo é a sua autonomia, tanto que o art. 1º da Lei 4.886 prevê que não há vínculo de emprego entre as partes. O representante comercial autônomo não é dirigido ou fiscalizado pelo tomador de serviços, não tem obrigação de cumprir horário de trabalho, de produtividade mínima, de comparecer ao serviço, etc. O trabalhador autônomo não tem de obedecer às ordens, de ser submisso às determinações do empregador. Age com autonomia na prestação dos serviços. O Representante comercial autônomo recebe apenas diretivas, orientações ou instruções de como deve desenvolver seu trabalho, não configurando imposição ou sujeição ao tomador dos serviços, mas apenas de como tem de desenvolver seu trabalho, caso queira vender os produtos do representado".[14]

De acordo com Ricardo Nacim Saad, o representante comercial é um trabalhador autônomo, "uma vez que ao representante comercial não se impõem observância de horário de trabalho e, por via de conseqüência, obrigação de comparecimento ao serviço, nem tampouco obediência a ordens patronais impostas ao empregado".[15]

Eduardo Gabriel Saad destaca as circunstâncias caracterizadoras da relação de emprego no desenvolvimento de uma pretensa representação comercial:

"a) a obrigação de o representante, todo mês, comparecer à sede a fim de participar de reuniões de avaliação de suas atividades, de treinamento e de análise das operações que intermediou;

"b) determina o horário de visitas aos clientes e exige a comunicação diária, por fax, carta ou telefone, dos negócios avençados;

"c) exige um mínimo de contatos diários com a clientela;

"d) submete o representante à fiscalização *in loco*;

"e) impõe quota mínima de produção;

"f) substitui o contrato de trabalho por contrato de representação."[16]

Portanto, dentre as distinções existentes entre o contrato de representação comercial e o contrato de trabalho, destacam-se:

a) No contrato de representação comercial o representante presta os serviços por meio de uma organização própria, ao passo que no contrato de trabalho o empregado se apóia na organização patronal.

b) O representante destina o resultado econômico de seu trabalho ao seu proveito próprio, enquanto no contrato de trabalho o empregado o destina a favor exclusivo do empregador.

c) O representante assume os riscos da atividade econômica, ao passo que o empregado não se vincula ao resultado econômico do seu trabalho.

d) A comissão do representante depende do resultado útil de sua atividade, já o empregado tem direito ao salário independentemente do resultado lucrativo ou não do seu trabalho.

e) A autonomia do representante é evidenciada pelos seguintes aspectos: liberdade de itinerário nas visitas à clientela; liberdade de emprego do tempo; ônus pessoal das despesas de sua organização; arquivamento do ato constitutivo na Junta Comercial e inscrição no Conselho Regional dos Representantes Comerciais.

13. Paulo Emílio Ribeiro de Vilhena, *Relação de Emprego – Estrutura Legal*, 2ª ed., p. 503.

14. Sérgio Pinto Martins, *Direito do Trabalho*, 12ª ed., pp. 150-151.

15. Ricardo Nacim Saad, *Representação Comercial*, 3ª ed., cit., p. 16.

16. Eduardo Gabriel Saad, "A CLT e a Representação Comercial", *Suplemento Trabalhista LTr* 169/922, São Paulo, 1997, *apud* Arnaldo Rizzardo, *Contratos*, 4ª ed., p. 751.

Não há no contrato de representação a compra e venda para revenda. Trata-se, na dicção legal, de "mediação para a realização de negócios mercantis, agenciando propostas ou pedidos, para transmiti-los aos representados". O representante encontra pessoas interessadas nos produtos do representado e encaminha para este os pedidos, podendo praticar ou não os atos relacionados à execução do negócio, de acordo com a existência ou não, no contrato de representação, de mandato conferindo poderes para o representante realizar a venda, conforme dispõe o parágrafo único, art. 1º, da Lei n. 4.886/1965.

Ao dispor que o representante desempenha "a mediação para a realização de negócios mercantis", o legislador prestigiou a atuação do representante junto aos negócios empresariais. Nesse contexto, importante saber a abrangência atual dos "negócios mercantis". Sob a égide da teoria da empresa, referida expressão legal envolve a produção ou circulação de bens ou serviços, conforme art. 966 do Código Civil. Portanto, o contrato de representação comercial não se restringe ao agenciamento de pedidos referentes à negociação de bens (móveis ou imóveis, materiais ou imateriais), abrange também a prestação de serviços.

Nesse sentido, Gladston Mamede: "A Lei da Representação Comercial refere-se apenas a intermediação de negócios relativos a artigos e produtos, como se afere dos seus artigos 27, *b*, e 28. É preciso atentar, contudo, que o termo *produto*, aqui, não está empregado na mesma acepção da Lei 8.078/90, onde é utilizado como sinônimo de bens, o que conflitaria com o termo *artigos*, que lhe acompanha no referido artigo 27, *b*. *Fica claro, portanto, que a Lei 4.886/65 aplica-se à representação de qualquer produto, na acepção utilizado pelo mercado, a englobar bens e mesmo a prestação de serviço, desde que atendidos os demais requisitos legalmente estipulados para a contratação*"[17] (grifei).

A representação comercial pode ser definida como o contrato de colaboração empresarial em que um dos empresários contratantes (representante) assume, em caráter não eventual e de forma autônoma, a obrigação de encontrar interessados em adquirir os produtos ou serviços oferecidos regularmente pelo outro contratante (representado), mediante retribuição e de acordo com as instruções do representado, podendo o contrato estabelecer poderes para o representante concluir os negócios, sendo que a exclusividade de zona ou de representação poderá ou não existir, conforme previsão contratual.

Ressalta-se que, apesar da denominação atribuída, não existe representação nessa espécie de contrato, em sua forma pura. O representante não obriga o representado, apenas lhe encaminha pedidos de compra, podendo o representado recusá-los, nos prazos legais. Se houvesse representação, em seu sentido estrito, os atos praticados pelo representante obrigariam o representado, tal como no mandato.

### *3.3 O registro do representante comercial no Conselho Regional dos Representantes Comerciais*

Para o desenvolvimento da atividade de representação comercial, o empresário individual ou a sociedade empresária deverá registrar-se obrigatoriamente no Conselho Regional dos Representantes Comerciais, conforme determinação do art. 2º da Lei n. 4.886/1965. Os Conselhos Regionais foram criados pela referida lei em 1965 e possuem como função principal exercer a fiscalização sobre os representantes comerciais, podendo apli-

17. Gladston Mamede, *Direito Empresarial Brasileiro: Empresa e Atuação Empresarial*, vol. 1, 3ª ed., p. 363.

car multas, determinar a suspensão ou até mesmo o cancelamento do registro, nas hipóteses previstas no art. 19.

A profissão de representante comercial autônomo é regulamentada. O art. 5º, XIII, da Constituição Federal assegura o livre exercício de qualquer trabalho, ofício ou profissão, desde que atendidas as qualificações profissionais que a lei estabelecer. Embora não se trate, no caso, de qualificação profissional, a exigência do art. 2º não contraria a Constituição Federal, estabelecendo o preenchimento de um requisito para o exercício da representação comercial.

No entendimento de Ricardo Nacim Saad, "para o exercício da profissão, mister se faz que o representante comercial, quer seja pessoa jurídica, quer seja pessoa natural, esteja registrado no respectivo Conselho Regional, e esse registro preceda o início da atividade". Para Saad, a falta de registro, além de não habilitar legalmente o representante, aumenta o risco da configuração da relação de emprego e a aplicação, para o representante, de sanções administrativas e penais (art. 47, Lei das Contravenções Penais – Decreto-lei n. 3.688/1941).[18]

Fábio Ulhoa Coelho também ressalta a necessidade do prévio registro no Conselho Regional dos Representantes, mas, entende que o exercício da atividade sem o regular registro importa "apenas sanções administrativas, a serem impostas pelos órgãos profissionais". Segundo Ulhoa, a jurisprudência "já proclamou a inconstitucionalidade do art. 5º da Lei n. 4.886/1965, que condiciona o recebimento da remuneração ao registro profissional".[19]

Questão de grande importância referese à discussão sobre a possibilidade da descaracterização do contrato de representação comercial em decorrência da ausência do registro do representante no Conselho Regional. A exigência do registro expressa no art. 2º da Lei n. 4.886/1965 nos conduz a uma resposta positiva, mas, na jurisprudência prevalece o entendimento atual que a ausência da formalidade exigida na lei não é suficiente para a não caracterização do contrato de representação.

A 4ª Turma do Superior Tribunal de Justiça já considerou que não só o art. 5º da Lei n. 4.886, como também o seu art. 2º seriam incompatíveis com a Constituição Federal:

> (...) Os arts. 2º e 5º da Lei n. 4.886/1965, por incompatíveis com norma constitucional que assegura o livre exercício de qualquer trabalho, ofício ou profissão, não subsistem válidos e dotados de eficácia normativa, sendo de todo descabida a exigência de registro junto ao Conselho Regional dos Representantes Comerciais para que o mediador de negócios mercantis faça jus ao recebimento de remuneração.[20]

O Tribunal de Justiça do Rio Grande do Sul também não considera o registro do representante necessário para a caracterização do contrato de representação, aplicando o entendimento de Rubens Requião:

> *Apelação Cível. Representação Comercial.* I – Preliminar: ausência de prova de registro do representante no Conselho Regional respectivo. 'A lei, com efeito, não poderia, tecnicamente, limitar a remuneração proveniente da mediação de negócio, apenas ao profissional registrado. Hoje, considera-se comerciante quem exerça habitualmente o comércio, esteja ou não inscrito na Junta Comercial. O mesmo acontece com o representante comercial. *Se não estiver registrado no Conselho Regional do centro de suas atividades, não deixará de ser representan-*

18. Ricardo Nacim Saad, *Representação Comercial*, 3ª ed., cit., p. 20.

19. Fábio Ulhoa Coelho, *Curso de Direito Comercial*, cit., p. 115.

20. Ementa citada no corpo do acórdão relativo ao REsp 58.631-3, em Ricardo Nacim Saad, *Representação Comercial*, 3ª ed., cit., p. 29.

*te comercial.* Sofrerá as sanções legais, mas não lhe se poderá negar a remuneração dos seus serviços, não se permitindo o enriquecimento sem causa de quem dele assim se serviu. *E terá, ao nosso ver, direito ao aviso prévio e a indenização legal* (Rubens Requião, *Do Representante Comercial*, pp. 104-105). Precedente. II – No mérito, se a rescisão do contrato foi imotivada, o representante comercial faz jus a indenização prevista em lei, já nela embutidos eventuais prejuízos, porquanto sem efeito a citada *notitia criminis* promovido pela representada somente após ter praticado atos conduzentes a rescisão indireta do contrato verbal de representação comercial. Afastada a preliminar, improveram o apelo. Unânime (TJRS, 15ª CCív., ApCív 70000519223, Rel. Desembargador Otávio Augusto de Freitas Barcellos, j. 23.8.2000) (grifei).

No âmbito da Justiça do Trabalho, a ausência do registro do representante comercial no Conselho Regional também não se mostra relevante para a configuração da representação comercial ou da relação de emprego, conforme se observa nos seguintes julgados do Tribunal Superior do Trabalho:

Agravo de Instrumento. Recurso de Revista. Vínculo de emprego. Representante comercial. Configuração. O julgador *a quo*, pelo exame das provas coligidas aos autos, concluiu que não foram preenchidos os requisitos necessários à configuração do vínculo empregatício, tendo em vista que resultou evidenciada a autonomia com que trabalhava o autor, sem o controle da empresa pelos serviços prestados, demonstrada a liberdade e a ausência de fiscalização em sua rotina de trabalho. Para se concluir de forma diversa, seria necessário o reexame de fatos e provas, intento vedado pela diretriz da Súmula 126/TST. Agravo de instrumento não provido.

(...).

*Voto*

Diga-se, também, que *a inexistência de inscrição no CORE não se presta a descaracterizar o trabalho do autor como autônomo, pois constatado o exercício da função de representante comercial, o mero descumprimento de requisito formal para o exercício da atividade não desnatura nem desqualifica, por si só, o tipo da relação travada* (TST, 1ª T., AIRR-1147/2004-005-04-40.3, Rela. Ministra Dora Maria da Costa, *DJ* 9.11.2007) (grifei).

*Recurso de Revista. Representação Comercial. Requisitos formais. Dispensáveis.* À luz do princípio da primazia da realidade, a verificação da presença ou não dos elementos configuradores da relação de emprego, previstos no art. 3º da CLT, deve ser feita a partir da análise da realidade fática havida entre as partes. *A simples ausência de registro do reclamante no Conselho Regional e/ou a inexistência de um contrato escrito não tem o condão, por si só, de descaracterizar uma relação de representação comercial,* mormente se nos autos existem outros elementos que conduzam à conclusão de que o vínculo havido entre as partes tinha tal natureza. Recurso de Revista conhecido e não provido (TST, 1ª T., RR 754.737, Rel. Ministro conv. Guilherme Bastos, *DJU* 30.5.2003) (grifei).

Relação de emprego. Caracterização. *Princípio da primazia da realidade. Ausência de registro de contrato de representação comercial. Irrelevância.* Dentro do norte inspirado pelo art. 3º da CLT, a relação de emprego poderá ser caracterizada a partir do que for revelado pela realidade do convívio entre as partes envolvidas. *A só ausência de registro de contrato de representação comercial autônoma não produz o efeito de desnaturar tal relação jurídica, transmudando-a em contrato individual de trabalho, quando ausentes os seus elementos definidores.* Recurso de revista conhecido e desprovido (TST, 4ª T., RR 493.573, Rel. Ministro Alberto Luiz Bresciani Pereira, j. 19.4.2002) (grifei).

Portanto, a ausência do registro do representante no Conselho Regional não é decisivo para afastar a configuração do contrato de representação. Entretanto, esse entendimento, embora dominante, não é absoluto na doutrina. Sílvio Venosa entende que o registro no órgão competente é essencial para a caracterização do contrato de representação. Para Venosa, "atividade semelhante exercida por quem não seja representante regular não receberá os benefícios da lei".[21]

No âmbito da Justiça do Trabalho também já se decidiu pela necessidade do registro do representante no Conselho Regional para a caracterização da representação comercial, conforme se observa abaixo:

> Representante comercial. Subordinação. Vínculo de emprego. Lei n. 4.886/1965. A representação comercial exige dois requisitos básicos para a sua configuração, distinguindo-a da relação empregatícia – um formal e um material. *No requisito formal, verifica-se a necessidade de registro no Conselho Regional de Representação Comercial (art. 2º da Lei 4.886/1965).* No requisito material verifica-se a necessidade de autonomia no exercício de sua atividade (TRT-PR, RO 10.064/92, Ac. 1ª T. 13.128-93, Rel. Juiz Iverson Manoel Rocha, TRT 22.10.1993) (grifei).

> Relação de emprego. Para que seja reconhecida a representação comercial autônoma *é necessária a existência de contrato por escrito como, também, o registro do representante no competente Conselho Regional* (TRT-3ª R., 4ª T., RO 424/94, Rel. Juiz Orestes C. Gonçalves, *DJMG* 5.3.1994) (grifei).

### *3.4 Cláusulas obrigatórias do instrumento contratual da Representação Comercial: direitos e obrigações dos contratantes*

A tipicidade do contrato de representação comercial é evidenciada no art. 27 da Lei n. 4.886/1965, que elenca as cláusulas obrigatórias do instrumento contratual:

> Art. 27. Do contrato de representação comercial, além dos elementos comuns e outros, a juízo dos interessados, constarão, obrigatoriamente:
>
> a) condições e requisitos gerais da representação;
>
> b) indicação genérica ou específica dos produtos ou artigos objeto da representação;
>
> c) prazo certo ou indeterminado da representação;
>
> d) indicação da zona ou zonas em que será exercida a representação;
>
> e) garantia ou não, parcial ou total, ou por certo prazo, da exclusividade de zona ou setor de zona;
>
> f) retribuição e época do pagamento, pelo exercício da representação, dependente da efetiva realização dos negócios, e recebimento, ou não, pelo representado, dos valores respectivos;
>
> g) os casos em que se justifique a restrição de zona concedida com exclusividade;
>
> h) obrigações e responsabilidade das partes contratantes;
>
> i) exercício exclusivo ou não da representação a favor do representado;
>
> j) indenização devida ao representante, pela rescisão do contrato fora dos casos previstos no art. 35, cujo montante não poderá ser inferior a 1/12 (um doze avos) do total da retribuição auferida durante o tempo em que exerceu a representação.

O conteúdo do art. 27 é de grande relevância para o contrato de representação comercial porque estabelece as condições mínimas que norteiam as relações entre representantes e representados. Além disso, também constitui importante instrumento para servir de parâmetro para a configuração da relação contratual como representação comercial.

A alínea *a – Condições e requisitos legais da representação* –, é genérica e se mostra redundante diante do conteúdo do art. 27, a ponto de Rubens Requião asseverar "do contrato escrito hão de constar necessariamente as condições e requisitos

21. Sílvio de Salvo Venosa, *Direito Civil*, cit., p. 552.

gerais do negócio, *máxime* quando do corpo do artigo se fala em 'elementos comuns e outros'".[22]

A indicação genérica ou específica dos produtos objeto da representação é de grande importância no aspecto da exclusividade de representação e de zona. A referência contratual dos produtos ou serviços objetos da representação permite identificar a violação aos direitos e obrigações das partes contratantes no tocante à exclusividade.

O prazo da representação pode ser determinado apenas no primeiro contrato, a renovação será sempre por tempo indeterminado. Vencido sem renovação, o novo contrato celebrado nos 6 (seis) meses seguintes será necessariamente por tempo indeterminado, conforme previsto nos §§ 2º e 3º do art. 27, com as alterações realizadas em 1992.

O contrato deve indicar a zona ou zonas do exercício da representação, bem como a garantia ou não, parcial ou total, ou por certo prazo, da exclusividade de zona ou setor de zona. Embora a existência ou não, de exclusividade da atuação do representante esteja prevista como cláusula obrigatória, ocorrendo a inobservância da previsão dessa garantia ao representante no contrato, ele fará jus à comissão pelos negócios realizados diretamente pelo representado ou por terceiros em sua área.

Como se observa, sendo o contrato omisso em relação a uma cláusula *obrigatória*, a mesma lei que a exige dispõe que, nesse caso, a exclusividade da zona é implícita, ou seja, o representado não poderá comercializar seus produtos na zona demarcada de atuação do representante (art. 31). Ausente a exclusividade por previsão contratual, o representado poderá negociar diretamente na área do representante, assim como terceiros também podem, sem que o representante tenha direito, nesse caso, à comissão pelos negócios realizados em sua área.

A lei também determina que o contrato deve disciplinar "o exercício exclusivo ou não da representação a favor do representado" (art. 27, alínea *i*). Nesse aspecto, o parágrafo único do art. 31 prevê que a "exclusividade de representação não se presume na ausência de ajustes expressos".[23] No mesmo sentido, o art. 41 da Lei n. 4.886/1965 dispõe: "Ressalvada expressa vedação contratual, o representante comercial poderá exercer sua atividade para mais de uma empresa e empregá-la em outros misteres ou ramos de negócios".

Mais uma vez a legislação se contradiz quanto à obrigatoriedade de cláusula. Pelo disposto no art. 27, o contrato obrigatoriamente deveria tratar da exclusividade da representação, ao passo que o parágrafo único do art. 31 reconhece a possibilidade de omissão do contrato sobre a questão. Não obstante a incoerência legislativa, "para que o representante esteja impedido de trabalhar para outro ou outros representados, é indispensável que o instrumento contratual ostente expressa cláusula nesse sentido", conclui Fábio Ulhoa.[24]

No contrato de agência a questão referente à exclusividade da representação (agenciamento) é tratada de forma diferente. O art. 711 não permite que o agente trate de negócios do mesmo gênero, à conta de outros proponentes, salvo se existir autorização expressa no contrato. Omisso o contrato de agência sobre a exclusividade da representação, presume-se sua existên-

22. Rubens Requião, *Da Representação Comercial*, 5ª ed., p. 169.

23. Sobre a exclusividade da representação, a seguinte manifestação do STJ: "Comercial. Contrato de Representação. Exclusividade. A exclusividade de representação não se presume (Lei n. 4.886/1965, art. 31, parágrafo único). O ajuste de exclusividade, numa praça, só a esta se aplica, pouco importando que a representação tenha se estendido a outra praça, salvo aditamento expresso a respeito – no caso, inexistente. Recurso especial conhecido e provido em parte" (STJ, 3ª T., REsp 229.761-ES, rel. Ministro Waldemar Zveiter, *DJ* 9.4.2001).

24. Fábio Ulhoa Coelho, *Curso de Direito Comercial*, cit., p. 116.

cia, diferentemente do previsto na Lei da Representação Comercial.

O representante é remunerado por meio de comissão proporcional, em regra, ao valor dos pedidos de compra por ele encaminhados ao representado, devendo ser paga mensalmente, salvo ajuste em contrário (art. 33, § 2º). Para o representante ter direito à remuneração são necessárias duas condições: aceite do pedido e o recebimento do preço pelo representado.

O direito do representante comercial à comissão só se efetiva com a conclusão eficaz do negócio, ou seja, com a realização e execução do contrato entre o representante e o terceiro, salvo cláusula contratual expressa em outro sentido. Nesse sentido, Rubens Requião ressalta que "a comissão não constitui retribuição pelo trabalho prestado, mas contraprestação resultante da utilidade que decorre da mediação efetuada".[25]

O contrato também deve indicar as obrigações e responsabilidades das partes contratantes. O representante tem como obrigação principal realizar a mediação de negócios, agenciando propostas ou pedidos, transmitindo-os para o representado. No desenvolvimento de suas atividades, o representante deve demonstrar empenho e interesse, de forma a não caracterizar as hipóteses de falta previstas no art. 19 e as justificadoras da resolução contratual por culpa sua, arroladas no art. 35.

O desempenho da profissão de representante comercial implica obediência a deveres éticos conforme orientação do Conselho Federal dos Representantes Comerciais. Sílvio Venosa destaca a existência de outras obrigações imanentes à representação, algumas de preponderância ética, como o dever de confidencialidade, de não revelar segredos industriais e mercadológicos.[26]

25. Rubens Requião, *Curso de Direito Comercial*, vol. 1, 26ª ed., p. 219.

26. Sílvio de Salvo Venosa, *Direito Civil*, cit., p. 554.

Dentre os direitos do representante, destacam-se: recebimento da comissão, inclusive sobre os negócios realizados diretamente pelo representado ou por terceiro na sua área, havendo exclusividade; indenização legal em caso de rescisão imotivada por parte do representado; aviso prévio na rescisão imotivada; considerar rescindido o contrato quando o representado reduzir seus direitos dentro do que for contratado, violar direito de exclusividade, fixar de forma abusiva os preços para dificultar ou impossibilitar a atividade do representante ou quando não receber as comissões nas épocas devidas.

A lei veda qualquer alteração contratual que possa implicar, direta ou indiretamente, a redução da média das comissões auferidas pelo representante nos seis últimos meses, contados da alteração. O art. 43 veda a cláusula *del credere* no contrato de representação comercial, impedindo que o representante assuma os riscos pelo inadimplemento da obrigação do comprador.

Ao representado cabe a obrigação de realizar o pagamento das comissões respectivas, dentro do prazo estipulado em contrato, além de oferecer ao representante as condições necessárias ao desenvolvimento e execução dos negócios que lhe cabem. A recusa do pedido deve ser comunicada pelo representado ao representante, na ausência de outro prazo previsto no contrato, nos prazos legais: 15 dias, se domiciliados no mesmo município; 30 dias se em municípios diferentes, mas no mesmo Estado; 60 dias se em Estados diferentes; e 120 dias quando o domicílio do interessado não for no país.

Ocorrendo um dos motivos previstos no art. 36 da Lei da Representação, o representante tem o direito de tomar a iniciativa de denunciar o contrato, fazendo jus à remuneração legal. São motivos justos para a extinção do contrato pelo representante: redução da sua esfera de atividade em desacordo com as cláusulas contratuais; quebra da exclusividade, se essa era prevista no contrato; fixação abusiva de preços, de forma a impossibilitar o desenvolvimento de suas atividades; não pagamento da retribuição devida; força maior (art. 36).

De acordo com o art. 34 da Lei da Representação Comercial, a denúncia por qualquer das partes sem causa justificada do contrato celebrado por tempo indeterminado e que haja vigorado por mais de 6 (seis) meses, obriga o denunciante, salvo outra garantia contratual, à concessão do aviso prévio com antecedência mínima de 30 dias. Não havendo a notificação no prazo legal, o denunciante deve pagar a importância correspondente ao valor de 1/3 das comissões auferidas pelo representante nos três meses anteriores.

Para os contratos de representação comercial celebrados por tempo indeterminado, havendo a extinção do contrato sem justo motivo por iniciativa do representado, a lei assegura ao representante indenização específica, que não pode ser inferior a 1/12 do total das comissões recebidas durante todo o tempo de exercício da representação. Sílvio Venosa ressalta que antes da regulamentação legal, a principal dificuldade era o temor dos representantes da denúncia repentina e imotivada do contrato por parte do representado, diante do investimento realizado pelo representante em estrutura e pessoal.[27]

A indenização é devida ao representante desde que a extinção do contrato por iniciativa do representado não seja motivada por uma das hipóteses previstas no art. 35 da Lei n. 4.886/1965, que constituem motivos justos para a resolução contratual pelo representado. São elas: "a) desídia do representante no cumprimento das obrigações decorrentes do contrato; b) prática de atos que importem em descrédito comercial do representado; c) a falta de cumprimento de quaisquer obrigações inerentes ao contrato de representação comercial; d) condenação definitiva por crime considerado infamante; e) força maior".

Vale lembrar que o pagamento do aviso prévio não exclui o dever do representado pagar a indenização prevista no art. 27, *j*, da Lei n. 4.886/1965, conforme já decidiu o Supremo Tribunal Federal:

> Representação Comercial. O pagamento do pré-aviso, previsto no art. 34 da Lei n. 4.886, de 9.12.1965, no caso de denúncia do contrato por prazo indeterminado, sem justa causa, não isenta o representado da obrigação de indenizar o representante na forma do art. 27, *j*, da citada lei. Recurso extraordinário conhecido e provido (STF, 2ª T., RE 85.767-RJ, Rel. Ministro Leitão de Abreu, j. 17.3.1978, *DJ* 25.4.1978, p. 2.626, ement. vol. 1092-02, p. 503, *RTJ* vol. 86-03, p. 867).

No contrato por tempo determinado, ocorrendo sua extinção antes do prazo determinado por iniciativa do representado, sem justo motivo, a lei prevê indenização ao representante correspondente à média mensal recebida pelo representante até a data da efetiva extinção do contrato, multiplicada pela metade dos meses restantes para o seu término (§ 1º, art. 27). Assim, se a média mensal recebida pelo representante é, por exemplo, de R$ 5.000,00, o prazo do contrato é de 20 meses, a extinção ocorreu no 12º mês, restando oito meses para o fim do contrato, a indenização é definida utilizando-se metade do tempo que falta, ou seja, quatro meses. Nesse caso, temos média mensal × metade dos meses que faltam para o término do contrato = indenização, ou seja, R$ 5.000,00 × 4 meses = R$ 20.000,00 (valor da indenização).

Na hipótese de contrato de representação por tempo determinado, ocorrendo sua extinção pelo decurso do prazo, a ausência de prorrogação pelo representado não dá ensejo à indenização do representante. Nesse sentido:

> Comercial. Contrato de Representação Mercantil. Prazo determinado. Extinção por decurso do termo final. Matéria de fato (Súmulas 5 e 7, STJ). Inteligência

27. Idem, p. 555.

do art. 27, *j*, da Lei n. 4.886/1965. Precedentes do STJ. I – Contrato de representação comercial por prazo certo resulta extinto quando alcança o termo final em que pactuada sua execução e só a rescisão imotivada e unilateral provoca indenização por perdas e danos. II – Matéria de prova e interpretação de contrato impedem a revisão da base fática da demanda, em sede de especial. Súmula n. 5 e 7, STJ. III – Recurso não conhecido (STJ, 3ª T., REsp 108.753-SP, Rel. Ministro Waldemar Zveiter, *DJU* 4.5.1998, p. 153).

De acordo com o parágrafo único, art. 44 da Lei n. 4.886/1965 "prescreve em cinco anos a ação do representante comercial para pleitear a retribuição que lhe é devida e os demais direitos que lhe são garantidos por esta Lei". Para o julgamento das controvérsias decorrentes do contrato de representação é competente a Justiça Comum e o foro do domicílio do representante, conforme disposto no art. 39 da Lei da Representação Comercial.

No caso de falência do representado, os créditos a favor do representante referentes às comissões vencidas e vincendas, indenização e aviso prévio, são considerados créditos da mesma natureza que os créditos trabalhistas. Em relação aos demais credores do falido, os créditos trabalhistas possuem preferência no pagamento até o limite de 150 salários mínimos por trabalhador, sendo o restante do crédito pago juntamente com os credores quirografários, na forma prevista no art. 83 da Lei n. 11.101/2005 (nova Lei de Falência e de Recuperação de Empresas).

### *3.5 Instrumento contratual incompleto e contrato verbal de Representação Comercial*

De acordo com a Lei n. 4.886/1965, o instrumento contratual de representação deveria conter todas as cláusulas previstas no seu art. 27. Entretanto, a lei não prevê sanções específicas para os contratos que não apresentam todas as cláusulas exigidas. Nesse sentido, para Gladston Mamede "a previsão legal de obrigatoriedade fica esvaziada, sem mecanismos de implementação".[28]

Segundo Mamede, as contratações verbais e os contratos escritos que não apresentem todas as cláusulas previstas na lei são válidos. Não existindo contrato escrito, o objeto da representação é definido pelos fatos, pela prova das operações realizadas e aceitas pelas partes, nela se aferindo os objetos dos negócios realizados. O mesmo entendimento vale para a retribuição pelo exercício da representação e a época do pagamento, que pode ser comprovada com base nos fatos existentes durante o período da contratação tácita.[29]

O tratamento legal ao contrato de representação comercial dificulta a sustentação de entendimento diferente, diante da ausência de sanções específicas para as contratações que não apresentam todas as cláusulas obrigatórias. Além disso, a própria lei se mostra controversa nesse aspecto, diante das disposições dos arts. 27 e 31. Conforme exposto, o próprio legislador não atribuiu a importância necessária à obrigatoriedade das cláusulas indicadas no art. 27, reconhecendo, no art. 31, a possibilidade do contrato ser omisso sobre a cláusula da exclusividade de zona e de representação.

Assim, mesmo que o instrumento contratual de representação comercial autônoma não indique a zona ou zonas em que será exercida a representação (art. 27, *d*), o território corresponderá àquele em que o representante efetivamente desempenhe suas funções, sempre que não haja oposição do representado para uma nova área, a indicar que os limites acertados foram ultrapassados.

Para Sílvio Venosa, a redação do art. 27 é criticável, já que a representação não

28. Gladston Mamede, *Direito Empresarial Brasileiro:...*, vol. 1, 3ª ed., cit., p. 365.

29. Idem, p. 365.

possui exigência de forma, podendo-se concluir verbalmente. Sobre a obrigatoriedade das cláusulas, conclui: "*Ora, se a lei coloca elementos obrigatórios no contrato escrito, poder-se-ia concluir que, em sua falta, o contrato é nulo, o que não é verdadeiro. A própria lei se encarrega de disciplinar a relação jurídica na falta dos elementos descritos. Ademais, seria ilógico e injusto entender a relação negocial como nula apenas porque ausente algum dos requisitos ditos obrigatórios, mormente levando-se em contra que o negócio pode ser concluído verbalmente*".[30]

A jurisprudência também não prestigia a obrigatoriedade do contrato escrito de representação comercial:

> Ação de indenização. Contrato de Representação Comercial. *Ausente o contrato escrito de Representação Comercial, necessário que se valorizem outros elementos para conhecer a vontade das partes, ao se ajustarem.* Exclusividade mantida por 19 (dezenove) anos. Rompimento da exclusividade por parte do representante. Desprovimento do Recurso (TJRJ, 14ª CCív., ApCív. 2003.001.35206, Desembargadora Maria Christina Goes, j. 18.10.2005) (grifei).

> Comercial. Contrato de Representação. Ação indenizatória proposta pela empresa representada contra o seu ex-representante, sob a alegação de que este rompeu o vínculo contratual com a autora, passando a atuar como autônomo e então prestando serviços a uma empresa concorrente do mesmo ramo de negócio. *Relação jurídico-contratual entre as partes de natureza verbal e sem cláusula de exclusividade.* Circunstâncias que sinalizam para uma recíproca confiança entre as partes, mas não faz nascer o dever jurídico de exclusividade. Apelo desprovido (TJRJ, 15ª CCív., ApCív. 2005.001.09216, Desembargador Celso Ferreira Filho, j. 14.9. 2005) (grifei).

30. Sílvio de Salvo Venosa, *Direito Civil*, cit., p. 552.

Sobre o tema tratado neste tópico, Ricardo Nacin Saad lembra que na "Exposição de Motivos que acompanhou o projeto que veio a se converter na Lei n. 4.886/1965, o então Ministro da Indústria e Comércio dizia que, entre outros, o objetivo do projeto era o de levar as partes a fixar, espontaneamente e com clareza, as características do contrato de representação comercial, reduzindo-as por escrito e ajustando-se às circunstâncias peculiares a cada caso".[31]

Entretanto, Saad conclui que entre esse objetivo e o texto legal não houve sintonia. A própria Lei n. 4.886/1965 admitia a existência do contrato verbal no *caput* do art. 27, que antes da alteração em 1992, previa "Do contrato de representação comercial, quando celebrado por escrito, além (...)". O parágrafo único do mesmo art. 27, antes da modificação ocorrida em 1992 dispunha "Na falta de contrato escrito, ou sendo este omisso, a indenização será igual a 1/15 (um quinze avos) do total da retribuição auferida no exercício da representação, a partir da vigência desta lei".[32]

A Lei n. 8.420/1992 alterou o art. 27, excluiu do *caput* a expressão "quando celebrado por escrito" e revogou o seu parágrafo único. Para Ricardo Saad, as alterações realizadas colocaram o texto legal dentro dos objetivos do projeto original, de forma que a partir da vigência da Lei n. 8.420/1992, o contrato de representação comercial deverá ser celebrado necessariamente por escrito, com todos os elementos obrigatórios previstos na lei.[33] Entretanto, não é esse o entendimento que prevalece, reconhecendo-se a configuração da representação comercial ainda que o instrumento contratual não apresente todas as cláusulas obrigatórias e até mesmo nas contratações verbais.

31. Ricardo Nacim Saad, *Representação Comercial*, 3ª ed., cit., p. 48.
32. Idem, p. 48.
33. Idem, p. 49.

*3.6 Distinção do Contrato de Representação Comercial de outras espécies contratuais*

O representante comercial, como colaborador do empresário, constitui uma categoria que surgiu mais recentemente que as demais (corretores, comissários, mandatários, etc.). A intensificação dos negócios empresariais motivou o surgimento de novos métodos e mecanismos para facilitar o escoamento dos produtos e serviços na busca de novos clientes, na maioria das vezes, em áreas distantes da sede ou filiais do empresário.

Essa forma de contratação destacou-se em detrimento das demais, foi acolhida pelo legislador e não pode ser confundida com outras modalidades de contratação. Assim, o contrato de representação comercial distingue-se do mandato, da comissão, da corretagem, do contrato de trabalho e da prestação de serviços.

Orlando Gomes estabelece as seguintes distinções em relação ao contrato de representação comercial: "Do mandato pela natureza da atividade exercida pelo agente, extensão de sua responsabilidade e natureza de sua colaboração, que não é ocasional. Do contrato de trabalho, porque a atividade do agente não está subordinada ao poder de comando que tem o empregador sobre o empregado. O trabalho de agente é autônomo, mas nem por isso se confunde com o contrato de prestação de serviço, porque é de caráter duradouro e deve ser encarado globalmente. Da mediação distingue-se, finalmente, porque os encargos do agente têm de ser cumprido habitual, e não eventualmente. Ademais, caracteriza-se a mediação pela imparcialidade e porque o corretor não tem parte ativa no contrato. Por último, se distingue da comissão porque o comissário age em nome próprio por conta de outrem, enquanto o agente não atua em nome próprio, nem por conta própria".[34]

De acordo com Rubens Requião, o contrato de representação comercial ou agência é uma convenção típica que pode conter o mandato, mas com este não se confunde. Segundo as palavras do saudoso mestre paranaense, o contrato de representação: "Não é mandato, com efeito, pois este constitui, segundo a doutrina, uma relação interna entre mandante e mandatário, sendo projetado no mundo exterior pela representação, que com ele foi conjugado no direito brasileiro. A representação comercial deriva do instituto geral da representação nos negócios jurídicos, pela qual uma pessoa age em lugar e no interesse de outra, sem ser atingida pelo ato que pratica. O representante comercial é, assim, um *colaborador jurídico*, que, através da mediação, leva as partes a entabular e concluir negócios. Não é também locação de serviços, pois, como ensinam Planiol e outros autores, o contrato de locação de serviços objetiva levar o locador a realizar, sob a dependência do locatário, serviços materiais, sendo remunerado em atenção à força do trabalho despendida. O contrato de representação comercial situa-se no plano da colaboração na realização de negócio jurídico, acarretando remuneração de conformidade com o seu resultado útil".[35]

De acordo com Sílvio Venosa, a representação comercial difere-se da comissão porque nesta o comissário age em nome próprio, mas por conta do comitente, sendo que os terceiros não precisam conhecer a identidade do comitente. Na comissão, há uma relação interna entre comitente e comissário, ao passo que na representação comercial é de sua natureza a divulgação do nome do representado para a boa consecução dos negócios.[36]

Américo Luiz Martins da Silva, no mesmo sentido, conclui que a "representação comercial não se confunde com o con-

34. Orlando Gomes, *Contratos*, 18ª ed., pp. 3-4.

35. Rubens Requião, *Curso de Direito Comercial*, vol. 1, 26ª ed., p. 211.

36. Sílvio de Salvo Venosa, *Direito Civil*, cit., p. 549.

trato de mandato. Também ela não é um contrato de comissão mercantil nem um mero contrato de locação de serviços, pois, nele, não se remunera o trabalho do agente prestador do serviço de mediação, mas o resultado útil dele decorrente".[37]

## 4. O Contrato de Agência

### *4.1 Definição legal: art. 710, CC/2002*

O contrato de agência está disciplinado nos arts. 710 a 721 do Código Civil de 2002. Trata-se de contrato típico, estando os direitos e obrigações dos contratantes disciplinado de forma específica na lei. Pela definição legal constante no art. 710, agência é o contrato em que "uma pessoa assume, em caráter não eventual e sem vínculos de dependência, a obrigação de promover, à conta de outra, mediante retribuição, a realização de certos negócios, em zona determinada".

Corresponde a um contrato de colaboração empresarial (por aproximação) em que o agente é remunerado por meio de uma comissão sobre o valor dos contratos concluídos. O agente somente adquire poderes para representar o proponente na conclusão dos negócios, se estes forem conferidos pelo agenciado (parágrafo único, art. 710, CC). Para Humberto Theodoro Júnior, "o agente é sempre um prestador de serviços, cuja função econômica e jurídica se localiza no terreno da captação de clientela".[38]

De acordo com Carlos Roberto Gonçalves, "o agente atua como promotor de negócios em favor de uma ou mais empresas, em determinadas praças. Não é corretor, porque não efetua a conclusão dos negócios jurídicos. Não é mandatário, nem procurador, nem tampouco empregado ou prestador de serviço no sentido técnico. Fomenta o negócio do agenciado, mas não o representa, nem com ele possui vínculo trabalhista. Efetua a coleta de propostas ou pedidos para transmiti-los ao representado. Promove o negócio, mas nada obriga que o conclua. Pode até intermediar e fazer jus a comissões, mas tal circunstância não o transforma em corretor nem em mandatário".[39]

O art. 721 do CC/2002 prevê a aplicação das regras concernentes ao mandato e à comissão e as constantes de lei especial ao contrato de agência. No caso, a lei especial corresponde à Lei n. 4.886/1965, que disciplina a representação comercial.

### *4.2 A exclusividade no contrato de agência: art. 711, CC/2002*

São cláusulas implícitas do contrato de agência a exclusividade de zona e de agenciamento, de forma que o agente não pode promover produtos do mesmo gênero que os do proponente (agenciado), que também não pode constituir simultaneamente na mesma zona de atuação, mais de um agente com a mesma incumbência, conforme disposto no art. 711, CC/2002. De acordo com referido dispositivo legal, a exclusividade de zona ou de agenciamento pode ser afastada por meio de previsão contratual ajustada pelas partes.

Em consonância com a exclusividade presumida de zona, o art. 714 prevê que, salvo ajuste contratual, o agente terá direito à remuneração correspondente aos negócios concluídos dentro de sua zona, ainda que sem a sua interferência.

### *4.3 Direitos e obrigações das partes*

O contrato de agência é contrato bilateral, as partes contratantes sujeitam-se

37. Américo Luís da Silva, *Introdução ao Direito Comercial*, p. 323.

38. Humberto Theodoro Júnior, "Do contrato de agência e distribuição no novo Código Civil", *RT* 812/22, p. 23, *apud* Carlos Roberto Gonçalves, *Direito Civil Brasileiro – Contratos e Atos Unilaterais*, vol. 3, 2ª ed., p. 438.

39. Carlos Roberto Gonçalves, *Direito Civil Brasileiro*, cit., p. 437.

aos direitos e obrigações previstos no Código Civil e na Lei n. 4.886/1965 (art. 721, CC/2002). De acordo com o Código Civil, são obrigações do agente: a) respeitar a cláusula de exclusividade de agenciamento (salvo ajuste contratual diverso); b) atuar com toda diligência na promoção do negócio de interesse do proponente; c) desenvolver sua atividade de acordo com as instruções do proponente; d) arcar com todas as despesas para o desempenho de suas atribuições contratuais (salvo estipulação diversa no contrato).

Ao proponente o Código Civil estabelece as seguintes obrigações: a) respeitar a cláusula de exclusividade de zona (salvo ajuste contratual diverso), b) pagar a remuneração devida ao agente; c) indenizar o agente na hipótese de, sem justa causa, cessar o atendimento de propostas ou reduzi-las a níveis que tornam anti-econômica a continuação do contrato; d) indenizar o agente quando o negócio deixar de ser realizado por fato imputável ao proponente; e) pagar a remuneração devida ao agente caso desrespeite a cláusula de exclusividade de zona não ressalvada em contrato; f) em caso de extinção do contrato sem culpa do agente, o proponente deve pagar a remuneração até então devida, inclusive sobre os negócios pendentes, além das indenizações previstas em lei especial.

Na hipótese do contrato celebrado por tempo indeterminado, qualquer das partes poderá denunciá-lo por aviso prévio de pelo menos 90 dias, desde que tenha transcorrido prazo compatível com a natureza e o vulto do investimento exigido do agente. De acordo com o parágrafo único, art. 720 do CC/2002, caberá ao juiz decidir sobre a razoabilidade do prazo e do valor devido, em caso de divergência entre as partes.

### *4.4 Extinção do contrato*

Os arts. 717 à 720 do Código Civil de 2002 tratam de questões atinentes à extinção do contrato de agência. O art. 717 prevê que ainda que dispensado por justa causa, o agente terá direito à remuneração pelos serviços úteis prestados ao proponente, permitindo que as perdas e danos decorrentes dos prejuízos sofridos sejam considerados pelo proponente. Se o agente estiver impossibilitado de continuar o trabalho por motivo de força maior, terá direito à remuneração correspondente aos serviços realizados, cabendo esse direito aos herdeiros no caso de morte, conforme dispõe o art. 719.

Na hipótese da dispensa do agente ocorrer sem culpa sua, o art. 718 prevê que o agente terá direito à remuneração até então devida, inclusive sobre os negócios pendentes, além das indenizações previstas em lei especial, que corresponde à Lei de Representação Comercial. Assim, ocorrendo a resolução do contrato sem culpa do agente, aplicam-se as indenizações previstas na Lei n. 4.886/1965 para o representante comercial.

No contrato de agência celebrado por tempo indeterminado, qualquer das partes "poderá resolvê-lo, mediante aviso prévio de noventa dias, desde que transcorrido prazo compatível com a natureza e o vulto do investimento exigido do agente" (art. 720, CC/2002). Ocorrendo divergências entre as partes, o parágrafo único do art. 720, acrescentado no Senado Federal pela emenda n. 55,[40] atribui ao juiz a tarefa de decidir sobre a razoabilidade do prazo e do valor devido.

## *5. Contrato de Representação Comercial "vs." Contrato de Agência*

### *5.1 Identidade contratual*

O Código Civil de 2002, ao disciplinar o contrato de agência, despertou importante discussão na doutrina nacional, dividindo-a. A doutrina dominante entende que o contrato de agência corresponde a

40. Juarez de Oliveira e Antonio Cláudio da Costa Machado (orgs.), *Novo Código Civil – Projeto Aprovado pelo Senado Federal*, p. 124.

uma nova denominação atribuída pelo legislador de 2002 ao contrato de representação comercial, alterando, em alguns pontos, a Lei n. 4.886/1965. Entretanto, para uma parte da doutrina, o contrato de agência corresponde a uma nova categoria contratual, que embora apresente semelhanças com a representação comercial, com esta não se confunde.

Sílvio de Salvo Venosa, ao tratar da representação comercial, adverte sobre a existência do contrato de agência previsto no Código Civil de 2002. Renomado civilista destaca que os "dispositivos do contrato de agência por vezes coincidem com o de representação comercial e por vezes são paralelos, mencionando a necessidade de harmonização entre os dois diplomas e da definição da jurisprudência". Para o ilustre civilista, "o contrato de agência situa-se, qualitativamente, em plano inferior ao de representação, razão pela qual não podem ser tomados como expressões sinônimas".[41]

O tratar do contrato de agência, Carlos Roberto Gonçalves coloca que o contrato de agência configura-se como representação comercial disciplinada na Lei n. 4.886/1965, "quando o proponente conferir poderes ao agente para que este o represente na conclusão dos contratos". Segundo renomado jurista, na representação comercial, as partes necessariamente serão empresárias, ao passo que no contrato de agência não é necessário que o agente ou o proponente sejam empresários, como se verifica com o agente de um atleta profissional ou de um ator ou cantor.[42]

Para Fábio Ulhoa Coelho, "o Código Civil de 2002 empregou a expressão 'agência' na identificação de contrato de colaboração assemelhado ao da representação comercial".[43] Rubens Requião, ao comentar a distinção entre a Representação Comercial e o contrato de Agência, quando ainda tramitava o projeto de Código Civil no Congresso Nacional, ressaltou que a denominação "agência" decorria da influência do Código Civil italiano, salientando que o sistema legal brasileiro impedia a distinção.

Nas palavras de Requião: "O sistema legal ora adotado em nosso país impede, a não ser complementado por construção doutrinária, que se institua a distinção cuja utilidade e excelência aqui se defendem, ao lado da incontestável autoridade de Pontes de Miranda. Esse propósito talvez esteja frustrado, tendo em vista o parecer da Comissão Revisora do Código Civil, que bane a denominação 'representação comercial'. Com efeito, na Exposição de Motivos desse projeto foi rejeitada a expressão 'representante comercial' como título impróprio".[44]

Na obra Curso de Direito Comercial, de Rubens Requião, atualizada pelo seu filho, Rubens Edmundo Requião, reitera-se referido entendimento, pelo qual, o Código Civil "rebatiza" o contrato de representação comercial, denominando-o de agência.[45]

De acordo com Gladston Mamede, "a representação comercial é hipótese de contrato de agência, razão pela qual também lhe são aplicáveis os artigos 710 a 721 do Código Civil; com efeito a representação comercial encaixa-se com perfeição na definição anotada no artigo 970: 'pelo contrato de agência, uma pessoa assume, em caráter não eventual e sem vínculos de dependência, a obrigação de promover, à conta de outra, mediante retribuição, a realização de certos negócios, em zona determinada, caracterizando-se a distribuição quando o agente tiver à sua disposição a coisa a ser negociada'".[46]

41. Sílvio de Salvo Venosa, *Direito Civil*, cit., pp. 547-48.

42. Carlos Roberto Gonçalves *Direito Civil Brasileiro*, cit., p. 436.

43. Fábio Ulhoa Coelho, *Curso de Direito Comercial*, cit., p. 113.

44. Rubens Requião, *Da Representação Comercial*, 5ª ed., pp. 48-49.

45. Rubens Requião, *Curso de Direito Comercial*, vol. 1, 26ª ed., p. 210.

46. Gladston Mamede, *Direito Empresarial Brasileiro:...*, cit., p. 361.

Fran Martins não distingue o contrato de representação comercial do contrato de agência, para o comercialista cearense são denominações sinônimas de um único contrato, lembrando que alguns códigos já regulamentavam o contrato de representação com o nome de agência (Código Civil italiano de 1942) ou agência comercial (Código Comercial da Colômbia de 1972).[47] Orlando Gomes também utiliza as denominações como sinônimas,[48] sendo este também o entendimento de Waldirio Bulgarelli.[49]

Para Arnaldo Rizzardo, "as expressões 'agência' e 'representação comercial', embora só a primeira utilizada pelo Código Civil, envolvem idêntico conteúdo, e são empregadas indistintamente com a mesma idéia, entendendo, no entanto, Rubens Requião que o *nomen* mais exato e tradicional é 'representação comercial'. O mesmo Código emprega os termos 'agente' para significar 'representante', e 'proponente' no sentido de 'representado'. Embora a distinção do conteúdo de 'representação', de 'representante' e de 'representado', certo que se disseminaram os termos no costume e se firmaram na cultura jurídica, não havendo, pois, inconveniente em continuar o seu uso".[50]

O Ministro do Superior Tribunal de Justiça, José Augusto Delgado, ao escrever sobre o contrato de agência, o identifica como representação comercial:

"Esse tipo de contrato está previsto na Lei 4.886, de 9 de dezembro de 1965, que dispõe sobre a representação comercial. (...).

"O Código Civil, nos arts. 710 a 721, não registra proibições específicas para que alguém firme o contrato de agência e distribuição, pelo que pode parecer que a capacidade plena seja o único requisito necessário. Ocorre que, em face da determinação contida no art. 721 (aplicam-se ao contrato de agência e distribuição, no que couber, as regras concernentes ao mandato e à comissão mercantil e as constantes de lei especial), há de se observar, para que qualquer pessoa possa firmar o contrato de agente, as limitações previstas nos artigos 3º e 4º da Lei n. 4.886, de 9 de dezembro de 1965. (...).

"O agente ou representante terá, obrigatoriamente, de efetuar o registro nos Conselhos Regionais criados para fiscalizar a profissão, nos termos do art. 2º da Lei acima mencionada. O contrato de agência, em nosso ordenamento jurídico, apresenta as seguintes características: é bilateral, oneroso, pessoal, consensual e não solene. O que o identifica é a profissionalidade e a independência do agente. Este atua em uma determinada área fixada pelas partes, onde poderá contar com exclusividade, embora esta não seja absoluta, salvo nos casos previstos em lei. O agente tem como principal direito o de receber a remuneração ajustada pela sua atividade (arts. 714 e 716 a 719). O proponente, por sua vez, goza do direito de resilição do contrato, nos termos do artigo 720."[51]

Segundo Washington de Barros Monteiro, o contrato de agência "nada mais é que o contrato de representação comercial regulado pela Lei n. 4.886/1965".[52] No mesmo sentido, Roberto Senise Lisboa.[53] Para Paulo Nader, o contrato de agência

47. Fran Martins, *Contratos e Obrigações Comerciais*, 15ª ed., p. 269.

48. Orlando Gomes, *Contratos*, 18ª ed., p. 364.

49. Waldirio Bulgarelli, *Contratos e Títulos Empresariais: as Novas Perspectivas*, p. 45.

50. Arnaldo Rizzardo, *Contratos*, 4ª ed., p. 740.

51. José Augusto Delgado, "Do contrato de agência e distribuição no Código Civil de 2002", *apud*, Domingos Franciulli Netto, Gilmar Ferreira Mendes e Ives Gandra da Silva Martins Filho (coords.), *O Novo Código Civil: Homenagem ao Professor Miguel Reale*, 2ª ed., pp. 677-729.

52. Washington de Barros Monteiro, *Curso de Direito Civil – Direito das Obrigações*, 2ª Parte, vol. 5, 34ª ed., p. 309.

53. Roberto Senise Lisboa, *Manual de Direito Civil*, vol. 3, 3ª ed., p. 571.

é análogo à representação comercial, segundo Nader "Diz-se análogo, porque se assemelha e ao mesmo tempo é mais amplo do que a representação comercial. O legislador trouxe para o âmbito civil o modelo comercial, mas sem absorvê-lo inteiramente".[54]

Maria Helena Diniz trata o vocábulo "agência" como sinônimo da expressão "representação comercial". De acordo com a civilista: "A agência é contrato muito comum na seara comercial, regulado no direito brasileiro pelo novel Código Civil (arts. 710 a 721) e pela Lei n. 4.886/1965, com as alterações da Lei n. 8.420/1992 (CC, art. 721), podendo ser redigido pelas cláusulas estipuladas pelos contratantes e, supletivamente, pelas normas do mandato e da comissão".[55]

O Desembargador do Tribunal de Justiça de Pernambuco, Jones Figueiredo Alves, jurista que assessorou a Relatoria Geral da Comissão Especial do novo Código Civil da Câmara dos Deputados, ao comentar o art. 710 do Código Civil de 2002, em obra coordenada por Ricardo Fiúza, conclui que o contrato de agência "é o contrato de representação comercial regulado pela Lei n. 4.886, de 9.12.1965",[56] definindo-o da seguinte forma: "Trata-se de contrato em que o agente ou representante comercial exercita, com a devida remuneração, a promoção de negócios, à conta do agenciado ou representado, em regime de habitualidade e com autonomia nas atividades que se desenvolvem em área previamente definida de atuação".[57]

Sobre a identidade contratual, Ricardo Nacin Saad assevera: "Examinando-se as disposições do Código Civil de 2002, em confronto com a Lei n. 4.886/1965, modificada pela Lei n. 8.420/1992, conclui-se que inexistem praticamente incompatibilidades entre esses diplomas. (...) Primeiro, cumpre observar que a Lei n. 4.886/1965, que regula a atividade do representante comercial autônomo, criou um registro próprio para esses profissionais, instituiu um órgão disciplinador da profissão (Conselhos Regionais e Federal), além de fixar normas relativas aos contratos. O Código Civil de 2002 apenas regula o contrato de agência".[58]

Em que pesem os entendimentos doutrinários contrários, a análise comparativa dos dispositivos legais do Código Civil e da Lei n. 4.886/1965 permite concluir que a agência e a representação comercial tratam-se dos mesmos institutos jurídicos, sob rótulos e sistemas jurídicos distintos. O projeto do Código Civil (Projeto 634-B/75) substituiu a denominação representação comercial por agência, pela sua impropriedade diante da teoria da empresa.

Não obstante as divergências doutrinárias apresentadas sobre a identidade contratual, ressalta-se que o contrato de agência é disciplinado, de acordo com o art. 721 do Código Civil, pelas regras concernentes ao mandato, à comissão e as constantes de lei especial. De acordo com a doutrina, a lei especial aplicada é a Lei n. 4.886/1965, que disciplina a representação comercial.

Considero que a questão de maior relevância em relação à representação comercial e o contrato de agência está no reconhecimento das alterações promovidas pelos dispositivos do Código Civil na Lei n. 4.886/1965, que se mostra pertinente nos pontos divergentes. Nesse contexto, destacam-se as alterações na presunção de exclusividade de agenciamento (art. 711, CC/2002 *vs.* parágrafo único, art. 31, Lei n. 4.886/1965) e no prazo do aviso prévio (art. 720, CC *vs.* art. 34, Lei n. 4.886/1965).

54. Paulo Nader, *Curso de Direito Civil: Contratos*, vol. 3, p. 425.

55. Maria Helena Diniz Diniz, *Tratado Teórico e Prático dos Contratos*, vol. 3, 6ª ed., p. 527.

56. Jones Figueiredo Alves, *Novo Código Civil Comentado*. Ricardo Fiúza (coord.), 3ª ed., p. 656.

57. Idem, ibidem.

58. Ricardo Nacim Saad, *Representação Comercial*..., cit., 3ª ed., p. 4.

*5.2 Semelhanças e distinções*

*a*) Definição e caracterização: art. 710, Código Civil de 2002 (CC/2002) *vs.* art. 1º, Lei n. 4.886/1965 (LRC)

| Código Civil | Lei n. 4.886/1965 |
|---|---|
| **Art. 710**. Pelo contrato de agência, uma pessoa assume, em caráter não eventual e sem vínculos de dependência, a obrigação de promover, à conta de outra, mediante retribuição, a realização de certos negócios, em zona determinada, caracterizando-se a distribuição quando o agente tiver à sua disposição a coisa a ser negociada.<br><br>**Parágrafo único**. O proponente pode conferir poderes ao agente para que este o represente na conclusão dos contratos. | **Art. 1º**. Exerce a representação comercial autônoma a pessoa jurídica ou pessoa física, sem relação de emprego, que desempenha, em caráter não eventual por conta de uma ou mais pessoas, a mediação para a realização de negócios mercantis, agenciando propostas ou pedidos, para, transmiti-los aos representados, praticando ou não atos relacionados com a execução dos negócios.<br><br>**Parágrafo único**. Quando a representação comercial incluir poderes atinentes ao mandato mercantil, serão aplicáveis, quanto ao exercício deste, os preceitos próprios da legislação comercial. |
| **Requisitos para a caracterização** | **Requisitos para a caracterização** |
| a) pessoa;<br>b) sem vínculos de dependência;<br>c) caráter não eventual;<br>d) à conta de outra pessoa;<br>e) realização de certos negócios em zona determinada;<br>f) podem praticar ou não atos de conclusão dos negócios; | a) pessoa jurídica ou física;<br>b) sem relação de emprego;<br>c) caráter não eventual;<br>d) por conta de uma ou mais pessoas;<br>e) mediação para a realização de negócios mercantis, agenciando propostas ou pedidos;<br>f) praticando ou não atos relacionados com a execução dos negócios; |

O confronto realizado demonstra que as características identificadoras do representante e do agente são as mesmas: pessoa (física ou jurídica) que desenvolve atividade não eventual e sem vínculo de dependência, tendo por objetivo a realização de negócios à conta de outra em área determinada.

As variações que surgem na redação dos dispositivos legais confrontados podem ser explicadas pelo momento em que as leis foram redigidas. A LRC surgiu sobre a influência da teoria francesa dos atos de comércio, daí mencionar "negócios *mercantis*" para ressaltar sua aplicação aos negócios realizados pelos comerciantes.

A teoria da empresa, conforme visto, ampliou o regime comercial, denominando-o de empresarial para abranger importantes atividades econômicas, como a prestação de serviços. Assim, quando o Código Civil prescreve no art. 710 tão-somente "certos negócios", alcança as operações desenvolvidas para a produção ou circulação de bens ou serviços, não sendo necessário referir-se à mercantis ou empresariais, porque seria redundante.

Na fase da teoria da empresa, a utilização da denominação "comercial" ou "mercantil" está superada. A própria denominação clássica presente na Lei n. 4.886/1965, "representação comercial autônoma", encontra-se desatualizada pela referência aos termos "comercial" e "autônoma". Hoje, é possível denominá-la simplesmente de "representação" ou, como prefere a doutrina dominante, "agência".

Outra distinção existente refere-se à qualificação do colaborador. O art. 1º da LRC prevê pessoa jurídica ou pessoa física, ao passo que o art. 710 menciona apenas "pessoa". Será que o agente pode ser apenas pessoa física? Ou apenas pessoa jurídica pode qualificar-se como agente? A lei não especifica, portanto, deve ser entendida "pessoa" em seu sentido amplo, como gênero, considerando-a tanto a física como a jurídica, que são as espécies. Assim, não há razões que justifiquem a interpretação restritiva para o art. 710 do Código Civil.

*b*) Conclusão do negócio pelo agente ou representante mediante mandato: parágrafo único, art. 710, CC/2002 *vs.* art. 1º, LRC

O agente e o representante podem concluir o negócio mediante a concessão de poderes para a execução dos negócios. O fechamento do negócio pelo agente ou representante exige que o contrato de agência ou de representação seja complementado pelo mandato conferido pelo proponente ou pelo representado, respectivamente.

*c*) Registro no Conselho Regional: art. 2º, LRC

O art. 2º da LRC prevê a obrigatoriedade do registro dos que exerçam a representação comercial nos Conselhos Regionais. No Código Civil não há previsão da realização de registro em nenhum órgão para o exercício da atividade de agente. Considerando que exercem as mesmas funções e que Agência e Representação Comercial correspondem ao mesmo contrato, com base no art. 721 do Código Civil, o agente está sujeito às mesmas obrigações previstas para o representante, devendo realizar o registro no Conselho Regional.

*d*) Exercício exclusivo ou não da atividade: art. 711, CC/2002 *vs.* arts. 27 e 31, LRC – "Divergência"

Não existindo ajuște expresso no contrato de agência, haverá exclusividade de zona e exclusividade de agenciamento, ou seja, o proponente não pode constituir mais de um agente com idêntica incumbência na mesma zona, nem o agente pode exercer o agenciamento de negócios do mesmo gênero à conta de outros proponentes. A exclusividade de zona ou de agenciamento é presumida, podendo ser afastada por ajuste expresso no contrato.

O art. 27 da LRC exige que o contrato de representação obrigatoriamente indique a "garantia ou não, parcial ou total, ou por certo prazo, da exclusividade de zona ou setor de zona" e o "exercício ou não da representação a favor do representado". Sendo omisso o contrato, o art. 31 da LRC prevê a existência da exclusividade de zona, entretanto, o parágrafo único do art. 31 não presume a exclusividade de representação na ausência de ajustes expressos, sendo, nesse aspecto, divergente em relação ao tratamento atribuído pelo Código Civil de 2002.

*e*) Diligência na prestação do serviço: art. 713, CC/2002 *vs.* art. 28, LRC

O art. 712 do CC/2002 prevê que o agente deve agir no desempenho de suas funções "com toda diligência, atendo-se às instruções recebidas do proponente". A LRC, no art. 28, prevê que o representante deverá dedicar-se à representação, "de forma a expandir os negócios do representado e promover os seus produtos".

*f*) Despesas com o exercício da atividade: art. 713, CC/2002

Salvo estipulação diversa, o CC/2002 estabelece que todas as despesas com a agência correm a cargo do agente. Na Lei n. 4.886/1965 não há dispositivo semelhante, o que não impede, por força do art. 27, *h*, que as partes contratantes, ao disciplinarem suas obrigações e responsabilidades, estabeleçam as condições referentes às despesas com o exercício da representação.

*g)* Ofensa à exclusividade do colaborador: art. 714, CC/2002 *vs*. art. 31, LRC

Havendo negociação direta pelo proponente ou pelo representado, ou ainda por intermédio de terceiro, na área de atuação do agente ou representante, o tratamento legal é idêntico. As previsões do art. 714 do CC/2002 e do art. 31 da LRC não colidem, prevendo o direito do agente ou representante à comissão pelos negócios concluídos dentro de sua zona, ainda que sem a sua interferência.

No caso, verifica-se ofensa à exclusividade de zona, que é implícita tanto na agência como na representação. Referida exclusividade pode ser afastada por previsão contratual expressa nas duas modalidades contratuais sob análise.

*h*) Redução das comissões: art. 715, CC/2002 *vs*. arts. 32, § 7º, e 36, LRC

Na agência, se o proponente, sem justa causa, "cessar o atendimento das propostas ou reduzi-lo tanto que se torna antieconômica a continuação do contrato", o agente tem direito à indenização. Na representação comercial, a LRC veda alterações que impliquem, "direta ou indiretamente, a diminuição da média dos resultados auferidos pelo representante nos últimos seis (6) meses de vigência", sendo que a redução da esfera de atividade do representante em desacordo com as cláusulas do contrato constitui motivo justo para a resolução do contrato.

*i*) Comissão sobre negócios não realizados por culpa do proponente ou representado: art. 716, CC/2002

Quando o negócio deixar de ser realizado por fato imputável ao proponente, o agente fará jus ao recebimento da comissão respectiva. Não existe previsão legal específica sobre isso na LRC, entretanto, o art. 33 da LRC estabelece como e quando o pedido poderá ser recusado pelo representado.

Excluídas as hipóteses previstas na lei para a recusa dos pedidos, o representado ficará obrigado a creditar a comissão respectiva para o representante sempre que o negócio deixar de ser celebrado por sua responsabilidade. Se o negócio, após aceito o pedido, vier a ser rescindido por culpa do próprio representado (ex.: deixar de entregar a mercadoria, sem justo motivo, ou entregá-la com vício), o representante terá direito à remuneração.[59]

*j*) Prazo para a recusa dos pedidos: art. 33, LRC

De acordo com o art. 33 da LRC, a recusa do pedido deve ser comunicada por escrito pelo representado ao representante, na ausência de outro prazo previsto no contrato, no prazo de 15 dias, se domiciliados no mesmo município; 30 dias, se em municípios diferentes, mas no mesmo Estado; 60 dias, se em Estados diferentes; e 120 dias, quando o domicílio do interessado não for no país. Desrespeitada a previsão legal, o representante fará jus ao recebimento das comissões respectivas.

Para o contrato de agência, o Código Civil não especifica prazos para a recusa dos pedidos encaminhados pelo agente, devendo-se, nesse caso, por determinação do art. 721 do CC/2002, aplicar as regras constantes em lei especial, no caso, as previstas no art. 33 da Lei n. 4.886/1965.

*l*) Direito às comissões na extinção do contrato: arts. 717 a 719, CC/2002 e art. 32, § 5º, LRC

O agente tem direito à remuneração pelos serviços úteis prestados, ainda que tenha sido dispensado por justa causa. Se a conduta do agente causou prejuízos ao proponente, serão descontados da comissão devida. Na hipótese da dispensa ocor-

59. Fábio Ulhoa Coelho, *Curso de Direito Comercial*, cit., p. 118.

rer sem a culpa do agente, terá ele direito às comissões até então devidas, inclusive sobre os negócios pendentes, além das indenizações previstas em lei especial.

Na representação comercial, a extinção do contrato por iniciativa do representado, sem motivo justo do representante, gera o vencimento na data da extinção contratual de eventual retribuição pendente, gerada por pedidos em carteira ou em fase de execução e recebimento.

Portanto, o representante e o agente sempre terão direito às comissões devidas, operando-se ou não a extinção contratual por justa causa. O término da relação contratual tem como conseqüência o vencimento antecipado das comissões do agente e do representante.

No contrato de agência, o art. 719 prevê que o agente terá direito á remuneração correspondente aos serviços realizados na hipótese de não conseguir continuar o trabalho por força maior, como o falecimento ou a incapacidade superveniente. O direito ao recebimento das comissões cabe aos herdeiros, no caso de morte.

*m*) Indenização decorrente da extinção do contrato: arts. 718 e 720, CC/2002 *vs*. arts. 27, j, § 1º, e 34, LRC

Na hipótese de extinção do contrato por iniciativa do proponente e sem culpa do agente, o art. 718 do CC/2002 prevê que ele terá direito à remuneração até então devida, inclusive sobre os negócios pendentes, além das indenizações previstas em lei especial. No caso, as indenizações são as previstas na Lei n. 4.886/1965.

Nesse sentido, ao comentar o art. 718, Jones Figueiredo Alves assevera:[60]

"A expressão 'indenizações previstas em lei especial' é bem mais ampla do que falar simplesmente em perdas e danos. Essa indenização tem nítido caráter social, pois constitui a retribuição, a esses profissionais, pelo valor incorpóreo do seu trabalho em prol dos proponentes, e consistente na captação da clientela. Ademais, essa indenização tarifada em leis específicas tem a vantagem de evitar os demorados e onerosos processos de composição de perdas e danos. Esse argumento avulta no instante em que o Poder Judiciário está empenhado seriamente em reduzir o número das demandas, evitando o congestionamento dos Tribunais, já assoberbados com o número excessivo de processos.

"O dispositivo guarda identidade com o tratamento ético do NCC, a exemplo do disposto nos arts. 623 e 705, colimando a obrigação de indenizar em face da ruptura do contrato. A lei especial a que se refere o dispositivo é a de n. 4.886, de 9.12.1965, com as alterações introduzidas pela Lei n. 8.240, de 8.5.1992."

O art. 27, *j*, da LRC prevê indenização ao representante por extinção do contrato por tempo indeterminado, fora dos casos previstos no art. 35, de valor que não poderá ser inferior a 1/12 do total da retribuição auferida durante o tempo em que exerceu a representação. De acordo com o § 1º, art. 27, da LRC, no contrato de representação celebrado por tempo determinado, a indenização corresponderá à importância equivalente à média mensal da retribuição auferida até a data da extinção contratual, multiplicada pela metade dos meses resultantes do prazo contratual.

Além dessas indenizações, a denúncia sem causa justificada, por qualquer das partes, do contrato por tempo indeterminado e que tenha vigorado por mais de 6 meses, obriga o denunciante, salvo outra garantia prevista no contrato, à concessão de aviso prévio com antecedência mínima de 30 dias, ou ao pagamento de valor igual a 1/3 das comissões auferidas pelo representante, nos 3 meses anteriores (art. 34, LRC).[61]

60. Jones Figueiredo Alves, *Novo Código Civil Comentado*, Ricardo Fiúza (Coord.), 3ª ed., p. 656.

61. A concessão do aviso prévio não exclui o direito à indenização de 1/12, nesse sentido o STF:

No contrato de agência, o art. 720, *caput*, prevê a possibilidade da denúncia do contrato por tempo indeterminado ser realizada por qualquer das partes, entretanto, o tempo do aviso prévio é maior, aumentando para 90 dias. A possibilidade de denúncia do contrato exige a verificação da vigência do contrato por tempo compatível com a natureza e o vulto do investimento exigido do agente. Havendo divergência entre as partes, cabe ao juiz decidir sobre a razoabilidade do prazo e do valor devido (parágrafo único, art. 720).

Na hipótese da extinção do contrato partir do agente ou representante, o Código Civil e a Lei n. 4.886/1965 não prevêem parâmetros para a indenização, mas, comprovadas as perdas e danos sofridas pelo proponente ou representado, torna-se cabível o ressarcimento. É o que se constata da leitura do art. 37 da LRC: "Somente ocorrendo motivo justo para a rescisão do contrato, poderá o representado reter comissões devidas ao representante, com o fim de ressarcir-se de danos por estes causados e, bem assim, nas hipóteses do art. 35, a título de compensação". Disposição semelhante encontra-se no final do art. 717, ao prever que na dispensa por justa causa, o agente terá direito a ser remunerado "pelos serviços úteis prestados ao proponente, sem embargo de haver este perdas e danos pelos prejuízos sofridos".

*n*) Aviso prévio na extinção do contrato: arts. 720, CC/2002 *vs*. art. 34, LRC – "Divergência"

Conforme destacado no item anterior, tanto na agência como na representação comercial há previsão legal da necessidade do aviso prévio. No contrato de agência, o art. 720 fixa o prazo em noventa dias, "desde que transcorrido prazo compatível com a natureza e o vulto do investimento exigido do agente". Na LRC, o prazo é de trinta dias, ou, alternadamente, pagamento de importância igual a 1/3 das comissões auferidas pelo representante nos três meses anteriores, isto se o contrato for por tempo indeterminado e haja vigorado por mais de seis meses.

Constata-se que a lei especial estabelece um prazo mínimo de 30 dias, ao passo que o Código Civil prevê um prazo mais elástico, mas que não será, obrigatoriamente, de 90 dias, afinal, deve ser considerado o tempo de vigência do contrato e os investimentos realizados pelo agente. Quanto maiores os investimentos, maior o prazo do aviso. Além disso, deve ser analisada também a natureza do investimento, o que implica na análise da complexidade do estabelecimento organizado pelo agente para o exercício da sua função.

De acordo com Arnaldo Rizzardo, "desde que vultoso o investimento da parte para a implantação da agência, revela-se inconcebível a denúncia alguns meses após, mesmo que se fixe a indenização. Há de se coadunar a estrutura montada com a razoabilidade do espaço de tempo garantido para desenvolver a atividade, de modo a comportar os investimentos realizados. Parece, pois, que veio a propósito a norma do parágrafo único supra".[62]

A possibilidade de flexibilização do prazo poderá gerar insegurança para as partes e o risco sempre presente de conflitos. Havendo divergência entre as partes, caberá ao juiz decidir sobre a razoabilidade do prazo e do valor devido, baseando-se no tempo de vigência do contrato e a natureza e o vulto do investimento realizado pelo agente.

Diante da divergência, Arnaldo Rizzardo destaca que o prazo do aviso prévio

"Representação comercial. O pagamento do pré-aviso, previsto no art. 34 da Lei n. 4.886, de 9.12.1995, no caso de denúncia do contrato por prazo indeterminado, sem justa causa, não isenta o representado da obrigação de indenizar o representante na forma do art. 27, 'j', da citada lei" (STF, 2ª T., RE 85.767-RJ, 17.3.1978).

62. Arnaldo Rizzardo, *Contratos*, 4ª ed., p. 747.

do art. 34 da Lei n. 4.886/1965 foi alterado pelo art. 720 do Código Civil, que o aumentou para 90 dias.[63] No mesmo sentido, Carlos Roberto Gonçalves.[64] Ricardo Nacin Saad, em posição contrária, entende que o Código Civil de 2002 não modifica a Lei n. 4.886/1965, lembrando que o prazo de 90 dias previsto no diploma de 2002 está ligado ao transcurso do prazo do contrato e o investimento realizado pelo agente.[65]

*o*) Motivos justos para a extinção do contrato: art. 715, CC/2002 *vs.* arts. 35 e 36, LRC

A Lei n. 4.886/1965 é mais específica ao estabelecer nos arts. 35 e 36 as hipóteses que constituem motivos justos para a extinção do contrato, por iniciativa do representado e do representante, respectivamente. O art. 715 do Código Civil, nesse aspecto, prevê que o agente tem direito à indenização quando o proponente, sem justa causa, cessa o atendimento das propostas ou o reduz a ponto de tornar-se antieconômica a continuação do contrato.

*p*) Prazo de vigência do contrato: art. 27, §§ 2º e 3º, LRC

De acordo com os §§ 2º e 3º, art. 27, da Lei n. 4.886/1965, o prazo da representação pode ser determinado apenas no primeiro contrato, a renovação será sempre por tempo indeterminado. Vencido sem renovação, o novo contrato celebrado nos 6 (seis) meses seguintes será necessariamente por tempo indeterminado. O Código Civil não possui disposição específica sobre o prazo contratual, aplicando-se o disposto na lei especial.

63. Idem, p. 746.

64. Carlos Roberto Gonçalves, *Direito Civil Brasileiro*, cit., p. 437.

65. Ricardo Nacim Saad, *Representação Comercial...*, 3ª ed., cit., p. 8.

*q*) Foro competente para o julgamento das controvérsias decorrentes do contrato: art. 39, LRC

O art. 39 da LRC, com a alteração determinada pela Lei n. 8.420/1992, determina que para o "julgamento das controvérsias que surgirem entre representante e representado é competente a Justiça Comum e o Foro do domicílio do representante". O Código Civil não trata da questão, sendo complementado nesse ponto pela LRC.

Diante da determinação legal, existe a possibilidade das partes elegerem no instrumento contratual foro diverso do domicílio do representante? A questão é controvertida.

Os Tribunais têm entendido nas questões decorrentes do contrato de Representação Comercial, que o foro competente é o do domicílio do representante, sendo nula a cláusula contratual que apresente disposição diferente. Nesse sentido:

> Agravo Regimental. Contrato de adesão. Súmula 7. Contrato de Representação Comercial. Foro do domicílio do representante.
>
> – *O foro de eleição previsto em contrato de adesão não vale em contrato de representação comercial.* Há disposição legal expressa fixando a competência do foro do domicílio do representante (L. 4.886, art. 39) (STJ, 3ª T., AgRg no REsp 532.545-RS, Ministro Humberto Gomes de Barros, *DJU* 18.12.2006, p. 363) (grifei).
>
> Agravo regimental. Representante comercial. Foro de eleição. *Havendo lei especial que taxativamente determine o foro do domicílio do representante como o local apropriado para dirimir conflitos entre as partes, contrato de adesão não poderá modificá-lo.* Decisão agravada que se mantém pelos seus próprios fundamentos. Agravo regimental desprovido (STJ, 3ª T., AgRg no REsp 473.897-MG, Rel. Ministro Antônio de Pádua Ribeiro, v.u., *DJU* 19.5.2003, p. 229) (grifei).
>
> Recurso Especial. Contrato de Representação. Foro de eleição. Desconside-

ração. Foro de domicílio do representante. Lei n. 4.886/1965, art. 39. Precedentes. Recurso acolhido. A cláusula de eleição de foro inserida em contrato de adesão em princípio, válida e eficaz, salvo: a) se, no momento da celebração, a parte aderente não dispunha de intelecção suficiente para compreender o sentido e as conseqüências da estipulação contratual; b) se da prevalência de tal estipulação resultar inviabilidade ou especial dificuldade de acesso ao Judiciário; c) se tratar de contrato de obrigatória adesão, assim entendido o que tenha por objeto produto ou serviço fornecido com exclusividade por determinada empresa. Não reconhecida qualquer dessas circunstâncias, é de prevalecer o foro eleito. *Em se tratando, todavia, de contrato de representação, a cujo respeito há disposição expressa de lei a determinar o foro do domicílio do representante como sendo o lugar apropriado para a solução do litígio estabelecido entre as partes contratantes (art. 39 da Lei n. 4.886/1965, modificado pela Lei n. 8.420/1992), entende a Turma que não há de prevalecer o foro eleito por adesão* (STJ, REsp 149.759-SP, Rel. Ministro Sálvio de Figueiredo Teixeira, *DJ* 21.9.1998) (grifei).

Entretanto, existe entendimento diferente, evidenciando o conflito jurisprudencial:

Exceção de Incompetência. Contrato de Representação Comercial. Art. 39 da Lei n. 4.886/1965. *Competência relativa. Foro de eleição prevalente. Ausência de prejuízo. A competência estabelecida pelo art. 39 da Lei n. 4.886, com a redação da Lei n. 8.420/1993, é de natureza relativa, permitindo que as partes ajustem o foro de eleição*, o qual deve prevalecer a não ser nos casos em que caracterizada a hipossuficiência. Recurso especial conhecido e provido (STJ, 4ª T., REsp 579.324-SC, Ministro Jorge Scartezzini, *DJ* 7.8.2006 p. 227) (grifei).

Contrato de Representação Comercial. Foro de eleição. Precedente da Segunda Seção. 1. Na forma de precedente da segunda seção, *a competência estabelecida pelo art. 39 da Lei n. 4.886/1965, com a redação dada pela lei n. 8.420/1992, é de natureza relativa, podendo, pois, ser modificada pela vontade das partes*, na forma da parte final do art. 111 do CPC. Recurso especial conhecido e provido (STJ, 3ª T., REsp 255.076-MG, REsp 258.029-MG, Rel. Ministro Carlos Alberto Menezes Direito, j. 15.12.2000, data da publicação 12.3.2001) (grifei).

Sobre a questão, Ricado Nacin Saad destaca a orientação do STF na Súmula 335: "É válida a cláusula de eleição do foro para os processos oriundos do contrato" e a previsão do art. 111 do CPC, que faculta às partes derrogar, por meio de convenção, as competências relativas, pertinentes ao valor e ao território, elegendo o foro onde serão propostas as ações originadas de direitos e obrigações decorrentes de contrato escrito. Para Saad, "as partes podem eleger o foro para o deslinde de questões oriundas do contrato de representação comercial".[66]

Entendo que a natureza interempresarial do contrato permite a prevalência da cláusula de eleição de foro no instrumento contratual de representação comercial ou agência. Embora a legislação de 1965 reconheça e prestigie a vulnerabilidade do representante no exercício de sua atividade, prevendo dispositivos de proteção em caso de extinção do contrato, essa vulnerabilidade não se mostra absoluta em matéria de eleição de foro, podendo as partes estabelecê-lo de forma diferente da previsão legal, embora este não seja o entendimento que prevaleça na jurisprudência.

*r*) Força maior: art. 719, CC/2002 *vs*. arts. 35, *e*, e 36, *e*, LRC

Em caso de força maior que impossibilite o agente de continuar o trabalho, fará jus à remuneração proporcional aos serviços realizados, cabendo esse direito aos herdeiros em caso de morte. A Lei n. 4.886/1965 prevê a força maior como mo-

66. Idem, p. 78.

tivo justo para a extinção do contrato, tanto pelo representado como pelo representante, que, nesse caso, terá direito às respectivas comissões.

### *5.3 Conflitos entre os dispositivos legais do contrato de Agência e da Representação Comercial*

A análise comparativa dos dispositivos legais que disciplinam o contrato de agência e o contrato de representação comercial permite a identificação de vários pontos em comum, em que se verifica perfeita harmonia e correspondência entre a agência e a representação. Verifica-se também que em vários pontos a lei especial complementa o Código Civil para regular o contrato de agência, por determinação do legislador de 2002. Por outro lado, existem dois pontos em que os dispositivos colidem.

Considerando a posição doutrinária dominante, que prestigia a vontade dos elaboradores do projeto do Código Civil e pela qual o contrato de agência corresponde à nova denominação atribuída ao contrato de representação, desponta uma questão importante: nos conflitos legais identificados, o Código Civil modifica a lei especial?

De acordo com o art. 2º, § 2º, da Lei de Introdução ao Código Civil, "A lei nova, que estabeleça disposições gerais ou especiais a par das já existentes, não revoga nem modifica a lei anterior". De acordo com Vicente Ráo:

"A disposição especial não revoga a geral, nem a geral revoga a especial, senão quando a ela, ou ao seu assunto, se referir, alterando-a explícita ou implicitamente. Em conseqüência, a lei nova que estabeleça disposições gerais ou especiais a par das já existentes, não revoga nem modifica a lei anterior. (...).

"Para que a revogação se verifique, preciso é que a disposição nova, geral ou especial, altere explícita (revogação expressa) ou implicitamente (revogação tácita) a disposição antiga, referindo-se a esta, ou ao seu assunto, dispondo sobre a mesma matéria.

"Se as disposições nova e antiga (gerais ou especiais) não forem incompatíveis, podendo prevalecer uma e outras, uma a par de outras, não ocorrerá revogação alguma.

"Quando, porém, a lei nova regular por inteiro a mesma matéria contemplada por lei ou leis anteriores, gerais ou particulares, visando substituir um sistema por outro, uma disciplina total por outra, então todas as leis anteriores sobre a mesma matéria devem ser consideradas revogadas."[67]

O Código Civil, ao tratar do contrato de agência, não resultou na revogação da Lei n. 4.886/1965, já que a nova e posterior lei geral que venha a estabelecer disposições panorâmicas a par das já existentes em lei especial, não a revoga. Do contrário, os arts. 718 e 721 do Código Civil, quando prevêem que o contrato de agência está disciplinado, no que couber, pelas regras previstas em lei especial, não teriam sentido. Correspondendo o contrato de agência à nova denominação atribuída à representação comercial, os dispositivos da Lei n. 4.886/1965 são aplicados ao contrato de agência.

De acordo com Carlos Roberto Gonçalves: "Preceitua o art. 721 do Código Civil que '*aplicam-se ao contrato de agência e distribuição, no que couber, as regras concernentes ao mandato e à comissão e as constantes de lei especial*'. A expressão '*no que couber*' indica que se trata de aplicação subsidiária, preponderando as normas especiais traçadas no novo diploma para os contratos de agência e distribuição. Pode-se afirmar que as regras especiais pelas quais a Lei n. 4.886/1965 disciplinou a profissão e os direitos e deveres do repre-

67. Vicente Ráo, *O Direito e a Vida dos Direitos*, vol. 1, p. 392.

sentante comercial continuam em vigor, uma vez que o Código Civil traçou apenas normas gerais concernentes ao contrato de agência. Apenas quando alguma norma do novo diploma estiver conflitando com preceito da mencionada lei especial é que terá havido revogação parcial desta".[68]

A análise dos dispositivos legais que disciplinam o contrato de representação comercial e o contrato de agência, demonstra que a Lei n. 4.886/1965 apresenta uma abrangência ampla, afinal trata dos Conselhos Federais e Regionais dos representantes comerciais como instrumentos de fiscalização do exercício profissional da representação comercial. O Código Civil é mais sucinto no tratamento da matéria, apenas define o contrato de agência e prevê os principais direitos e obrigações das partes. Nesse aspecto nota-se uma grande diferença, a Lei n. 4.886/1965 regulamentou uma profissão para atender à realidade da época em que foi elaborada. O Código Civil, ao tratar da agência juntamente com o contrato de distribuição, apenas tipifica uma modalidade contratual, atualizando a denominação de um tipo contratual já existente e disciplinado em lei especial.

Portanto, ao tratar da agência, o Código Civil apenas apresenta disposições gerais em face das disposições especiais já previstas na lei de 1965, não se podendo concluir pela revogação da lei especial, conforme permite concluir o § 2º, art. 2º, da Lei de Introdução ao Código Civil. Por outro lado, embora exista entendimento diferente,[69] nos pontos de divergência, a previsão do Código Civil deve prevalecer sobre a da Lei n. 4.886/1965, modificando-a nas questões conflitantes, que, conforme visto, restringem-se, basicamente, ao prazo do aviso prévio e à exclusividade presumida de representação ou agenciamento.

68. Carlos Roberto, Gonçalves *Direito Civil Brasileiro*, cit., p. 437.

69. Ricardo Nacim Saad, *Representação Comercial...*, 3ª ed., cit., p. 8.

## *6. Conclusão*

A evolução proporcionada pelo Código Civil de 2002 ao direito contratual brasileiro despertou novas questões, destacando-se, em relação ao tema sob a análise, a discussão referente à identidade contratual entre a representação comercial e a agência. Conforme visto, trata-se de questão que encontra grande divergência doutrinária, embora prevaleça na doutrina o entendimento que Agência corresponde à nova denominação atribuída ao contrato de Representação Comercial.

A comparação realizada demonstrou grande compatibilidade entre os dispositivos legais da Representação Comercial e da Agência, constatando-se uma perfeita harmonia e correspondência entre a lei especial e a disciplina legal do diploma civil, sendo poucos os pontos divergentes. Por determinação legal (art. 721, CC/2002), a Lei da Representação Comercial complementa os artigos que disciplinam a Agência.

Diante da análise realizada, conclui-se que Agência e Representação Comercial correspondem aos mesmos institutos jurídicos, apresentando-se sob rótulos e sistemas jurídicos distintos. Essa foi, inclusive, a intenção dos elaboradores do projeto do Código Civil (Projeto 634-B/75), que buscaram a atualização da denominação "representação comercial", sob a influência da teoria italiana da empresa.

No Código Civil italiano de 1942 o contrato de agência (*del contratto di agenzia*) está disciplinado nos arts. 1.742 a 1.753, que integram o Capítulo X (*Capo X*) do Livro IV, denominado *Delle obbligazioni (Contratti)*. Referido art. 1.742, ainda em vigor na Itália, apresenta a seguinte definição para agência:

> **1.742**. *Nozione*. Col contratto di agenzia una parte assume stabilmente l'incarico di promuovere, per conto dell'altra, verso retribuzione, la conclusione di contratti in una zona determinata.

> Il contratto deve essere provato per iscritto. Ciascuna parte há diritto di ottenere dall'altra um documento dalla stessa sottoscritto che riproduca il contenuto del contratto e delle clausole aggiuntive. Tale diritto è irrinunciabile.[70]

Segundo o art. 1.742, "Pelo contrato de agência, uma parte assume, estavelmente ('com habitualidade'), a obrigação de promover, por conta de outra, mediante retribuição, a conclusão de contratos em uma zona determinada" (tradução livre). Em relação à definição de Agência prevista no art. 710 do Código Civil brasileiro de 2002, constata-se a distinção em relação à conclusão do contrato pelo agente.

Na Itália, a conclusão do contrato constitui elemento presente na definição de Agência. No direito brasileiro, o art. 710 não prevê a conclusão do contrato como elemento essencial da Agência. O parágrafo único do art. 710 dispõe que "o proponente pode conferir poderes ao agente para que este o represente na conclusão dos contratos". Nesse ponto, verifica-se que o legislador brasileiro adotou para Agência o mesmo tratamento previsto no art. 1º da Lei n. 4.886/1965, confirmando que corresponde à nova denominação da Representação Comercial.

Ao discutir sobre a identidade contratual entre a Representação Comercial e a Agência, ressaltou-se a importância em se valorizar a discussão sobre as alterações promovidas pelo Código Civil na Lei n. 4.886/1965 nos poucos pontos de divergência. Os aspectos controvertidos apresentados referem-se à presunção de exclusividade de agenciamento ou representação (art. 711, CC/2002 *vs.* parágrafo único, art. 31, Lei n. 4.886/1965) e ao prazo do aviso prévio (art. 720, CC *vs.* art. 34, Lei n. 4.886/1965).

Sobre o assunto, vale recordar a lição de Carlos Roberto Gonçalves: "Preceitua o art. 721 do Código Civil que '*aplicam-se ao contrato de agência e distribuição, no que couber, as regras concernentes ao mandato e à comissão e as constantes de lei especial*'. A expressão '*no que couber*' indica que se trata de aplicação subsidiária, preponderando as normas especiais traçadas no novo diploma para os contratos de agência e distribuição. *Pode-se afirmar que as regras especiais pelas quais a Lei n. 4.886/1965 disciplinou a profissão e os direitos e deveres do representante comercial continuam em vigor*, uma vez que o Código Civil traçou apenas normas gerais concernentes ao contrato de agência. *Apenas quando alguma norma do novo diploma estiver conflitando com preceito da mencionada lei especial é que terá havido revogação parcial desta*"[71] (grifei).

Portanto, o Código Civil, por apresentar disposições gerais em face das disposições especiais já previstas na Lei n. 4.886/1965, não a revogou (art. 2º, § 2º, Lei de Introdução ao Código Civil). Nos pontos de divergência existentes, a previsão do Código Civil deve prevalecer sobre a Lei de 1965, modificando-a.

No aspecto prático, a importância da discussão sobre a identidade contratual entre a Representação Comercial e a Agência dissipa-se na previsão do art. 721 do Código Civil, que prevê a aplicação da lei especial em caráter subsidiário. Assim, ainda que considerados contratos distintos, a Agência será regida, no que couber, pelas normas da Lei da Representação Comercial, inclusive em matéria de indenização decorrente da extinção do contrato sem culpa do agente (art. 718, CC/2002).

## *Referências bibliográficas*

ALVES, Jones Figueiredo. *Novo Código Civil Comentado*. FIÚZA, Ricardo (Coord.). 3ª ed., São Paulo, Saraiva, 2004.

BULGARELLI, Waldirio. *Contratos e Títulos Empresariais: as Novas Perspectivas*. São Paulo, Atlas, 2001.

70. *Codice Civile*, p. 249.

71. Carlos Roberto Gonçalves, *Direito Civil*, cit., p. 437.

*Codice Civile.* Milão, Ulrico Hoepli Milano, 2007.

COELHO, Fábio Ulhoa. *Curso de Direito Comercial – Direito de Empresa.* vol. 3, 7ª ed., São Paulo, Saraiva, 2007.

DELGADO, José Augusto. "Do contrato de agência e distribuição no Código Civil de 2002", *apud* FRANCIULLI NETTO, Domingos; MENDES, Gilmar Ferreira; e MARTINS FILHO, Ives Gandra da Silva (coords.). *O Novo Código Civil: Homenagem ao Professor Miguel Reale.* 2ª ed., São Paulo, LTr, 2003, pp. 677-729.

DINIZ, Maria Helena Diniz. *Tratado Teórico e Prático dos Contratos.* vol. 3, 6ª ed., São Paulo, Saraiva, 2006.

GOMES, Orlando. *Contratos.* 18ª ed., Rio de Janeiro, Forense, 1998.

LISBOA, Roberto Senise. *Manual de Direito Civil.* vol. 3, 3ª ed., São Paulo, Ed. RT, 2005.

MAMEDE, Gladston. *Direito Empresarial Brasileiro: Empresa e Atuação Empresarial.* vol. 1, 3ª ed., São Paulo, Atlas, 2007.

MARTINS, Fran. *Contratos e Obrigações Comerciais.* 15ª ed., Rio de Janeiro, Forense, 2001.

MARTINS, Sérgio Pinto. *Direito do Trabalho.* 12ª ed., São Paulo, Atlas.

MONTEIRO, Washington de Barros. *Curso de Direito Civil – Direito das Obrigações.* 2ª Parte, vol. 5, 34ª ed., São Paulo, Saraiva, 2003.

NADER, Paulo. *Curso de Direito Civil: Contratos.* vol. 3, Rio de Janeiro, Forense, 2005.

OLIVEIRA, Juarez de, e MACHADO, Antonio Cláudio da Costa (orgs.). *Novo Código Civil – Projeto Aprovado pelo Senado Federal.* São Paulo, Oliveira Mendes, 1998.

RÁO, Vicente. *O Direito e a Vida dos Direitos.* vol. 1, São Paulo, Max Limonad.

REQUIÃO, Rubens. *Curso de Direito Comercial.* vol. 1, 26ª ed., São Paulo, Saraiva, 2006.

REQUIÃO, Rubens. *Da Representação Comercial.* 5ª ed., Rio de Janeiro, Forense, 1994, pp. 48-49.

RIZZARDO, Arnaldo. *Contratos.* 4ª ed., Rio de Janeiro, Forense, 2005.

SAAD, Ricardo Nacim. *Representação Comercial – De Acordo com o Novo Código Civil.* 3ª ed., São Paulo, Saraiva, 2003.

SILVA, Américo Luís da. *Introdução ao Direito Comercial.* Rio de Janeiro, Forense, 2001.

THEODORO JÚNIOR, Humberto. "Do contrato de agência e distribuição no novo Código Civil", *RT* 812/22, p. 23, *apud* GONÇALVES, Carlos Roberto. *Direito Civil Brasileiro – Contratos e Atos Unilaterais.* vol. 3, 2ª ed., São Paulo, Saraiva, 2006, p. 438.

VENOSA, Sílvio de Salvo. *Direito Civil – Contratos em Espécie.* vol. 3, 5ª ed., São Paulo, Atlas, 2005.

VILHENA, Paulo Emílio Ribeiro de. *Relação de Emprego – Estrutura Legal.* 2ª ed., São Paulo, LTr, 1999.

# Atualidades

# CONTRATO E INTERVENÇÃO INSTITUCIONAL: UMA ANÁLISE CRÍTICA DO CONTRATO DE CONCESSÃO

Vinícius Marques de Carvalho

*l. Introdução. 2. Contrato e intervenção institucional. 3. Teoria jurídica dos contratos e o princípio do equilíbrio contratual: 3.1 Evolução da teoria geral dos contratos e a intervenção estatal; 3.2 Solidariedade, cooperação e equilíbrio na teoria dos contratos. 4. O contrato de concessão e a cooperação na gestão dos serviços públicos: 4.1 Concessão, contrato e serviço público; 4.2 Cooperação na concessão de serviço público: influência da teoria dos contratos e equilíbrio econômico-financeiro. 5. Considerações finais.*

## *1. Introdução*

Com o processo de privatização de empresas estatais no Brasil, surgiu um novo ciclo de concessões de serviços públicos. Se antes o recurso à iniciativa privada revelou-se muito mais um expediente financeiro e administrativo vinculado a uma análise de custo-benefício adstrita a cada setor e localidade específicos, a partir da década de 1990, a concessão de serviço público passou a revestir-se de um caráter de política pública nacional.

Impõe-se, principalmente após a Constituição de 1988, que as concessões, de fato, se configurem como um instrumento de realização das missões de bem-estar social incorporadas aos serviços públicos. Ou seja, aparece de forma mais explícita a necessidade de conciliar interesses privados e públicos por meio do contrato de concessão.

O pensamento jurídico tem enfrentado essa questão, por meio da proposição de uma "nova" forma de se interpretar o contrato de concessão.

O período que se iniciou no Brasil com o advento das privatizações e com o incentivo às concessões de serviços públicos é visto como a manifestação de um novo modelo do Estado Democrático de Direito em que se estimula a harmonia entre atividade estatal e a ação privada.[1]

Essa evolução do direito público seria um reflexo da emergência de um Estado negociador,[2] em que as novas técnicas de coordenação e integração se impõem às antigas técnicas de comando, na busca de

1. Nesse sentido, Caio Tácito assevera: "O Direito Administrativo contemporâneo tende ao abandono da vertente autoritária para valorizar a participação de seus destinatários finais quanto à formação da conduta administrativa. O Direito Administrativo de mão única caminha para modelos de colaboração, acolhidos em modernos textos constitucionais e legais, mediante a perspectiva de iniciativa popular ou de cooperação privada no desempenho de prestações administrativas" (in "Perspectivas do Direito Administrativo no próximo milênio", *Revista Trimestral de Direito Público* 22/8, 1998).

2. Há quem utilize o termo Estado regulador para designar esse o contexto atual, v., nesse sentido, Floriano Marques Neto, *Regulação Estatal e Interesses Públicos*, São Paulo, Malheiros Editores, 2002.

maior eficiência na ação e melhor adesão dos destinatários. A ação pública se tornaria o produto da interação entre vários atores públicos e privados procurando conciliar suas estratégias e harmonizar seus interesses.[3] O Estado negociador seria um produto da crise do Estado de bem-estar social, tendo relação com processos de descentralização e diluição do poder estatal.[4]

Nesse contexto, em que a natureza das intervenções públicas ganha nova roupagem, diagnostica-se o desenvolvimento de uma sociedade multipolar em que os centros de poder são difusos e segmentados e o contrato tem um lugar essencial. Estaríamos, assim, diante de uma sociedade contratual. Ela designa uma ordem social que assegura a promoção de um espaço público de contratualização, tanto em direito público como privado.[5] Tem-se, com isso, a valorização do acordo de vontades em domínios antes proibidos ao contrato. Instaura-se uma complementaridade entre a racionalidade substancial da ordem pública e a procedimental do acordo de vontades, a partir da emergência de um processo contratual de hierarquização de interesses.

A concessão de serviço público é, nesse contexto, uma das principais manifestações de um novo e moderno direito de parceria. A parceria é o modo pelo qual a sociedade civil revê o seu contrato social com o Estado, a fórmula de garantia do equilíbrio entre a economia e os interesses individuais e sociais, entre eficácia e a ética, entre a rigidez do comando e a eqüidade.[6]

Marçal Justen Filho vê, nesse processo, o surgimento de uma nova concessão de serviço público, totalmente em sintonia com os efeitos da constitucionalização e da democratização do Estado e do direito brasileiros. "A concessão passaria, assim, a ser compreendida no âmbito de uma ordem política e jurídica com características diversas daquelas vigentes há cem anos. Em termos mais precisos, a alteração radical das concepções políticas, sociais, econômicas e jurídicas refletiu-se sobre o instituto da concessão."[7]

Estaríamos diante de uma nova forma de encarar a concessão de serviço público, distinta das anteriores. A administração concedente e o concessionário privado aparecem, desse modo, como colaboradores em sentido estrito, comprometidos com a consecução de um mesmo fim, mais do que como antagonistas em uma pura relação de intercâmbio. Seguindo novamente as observações de Marçal Justen Filho: "Não se contraponha que o concessionário, como empresário privado, é vocacionado preponderantemente para o lucro. O intuito lucrativo é o objetivo 'mediato' do concessionário, tal como a satisfação dos interesses coletivos é a finalidade indireta do Estado e da comunidade. O objetivo

3. Mustapha Mekki, *L'Intérêt General et le Contrat*, Paris, LGDJ, 2004, p. 660.

4. As correntes teóricas que visualizam tal transformação nos pressupostos autoritários e unilaterais do Estado moderno, antevendo o surgimento de um Estado negociador ou regulador, filiam-se a uma determinada interpretação sobre as mudanças no capitalismo contemporâneo, geralmente resumida no conceito de globalização econômica. Para uma análise do impacto da chamada globalização econômica sobre o direito brasileiro, segundo a perspectiva ilustrada acima, v. José Eduardo Campos de Oliveira Faria, *O Direito na Economia Globalizada*, São Paulo, Malheiros Editores, 2001. Especificamente sobre o impacto no Direito Administrativo, v. Floriano Azevedo Marques Neto, *Regulação Estatal...*, ob. cit.

5. Visto como modelo de uma ordem liberal e mercantil, o contrato de direito privado é encorajado como técnica de regulação social que se impõe no seio da sociedade contratual. Assim, ele é concebido como sistema de direitos e obrigações entre unidades descentralizadas, que assegura a distribuição de poderes e a auto-regulação da sociedade (Mustapha Mekki, *L'Intérêt...*, ob. cit., p. 657).

6. Arnoldo Wald, Luiza R. Moraes e Alexandre de M. Wald, *O Direito de Parceria e Nova Lei de Concessões*, São Paulo, Ed. RT, 1996, p. 33.

7. Marçal Justen Filho, "As diversas configurações da concessão de serviço público", in *Revista de Direito Público da Economia*, Belo Horizonte, Fórum, 2003, p. 95.

'direto' e 'imediato' de todas as partes é a prestação de serviços públicos satisfatórios. Sob esse prisma, nenhuma diferença se põe entre Estado, Sociedade Civil e concessionário: todos se predispõem a colaborar e a concentrar esforços e recursos para o desempenho satisfatório das atividades que configuram o serviço público".[8]

A retórica cooperativa nos contratos de concessão se apresenta como produto de um processo pelo qual esse contrato passa a ser um instrumento da própria ação administrativa. De mero objeto da intervenção pública, o contrato transforma-se no seu meio insubstituível.[9] Trata-se de uma decorrência lógica da consideração do contrato como pilar de organização das obrigações mútuas numa relação horizontal, menos hierarquizada e mais negociada. O próprio contrato e seu processo de elaboração seria a tradução do interesse público.

Mesmo sem nos aprofundarmos no questionamento dos pressupostos desse diagnóstico de superação do Estado supostamente movido por um direito administrativo autoritário,[10] é preciso tentar explorar o que ocasionou a transformação das motivações dos atores. Isso porque, até recentemente, era pacífico enxergar no contrato de concessão uma contraposição clara de interesses.[11]

Por essa via, resta saber se há caminhos, dentro da teoria jurídica dos contratos, para possibilitar a conciliação entre a autonomia da vontade e o interesse público, começando com a sedimentação do nosso pressuposto teórico, segundo o qual é necessário o fortalecimento da dimensão institucional desses contratos para arrefecer os efeitos dos conflitos de interesse (2). Em seguida, a partir da evolução da teoria contratual estudaremos como essa dimensão institucional interfere na dinâmica das relações afirmando deveres de cooperação que deságuam no princípio do equilíbrio contratual (3). E, por fim, tentaremos contrapor essa evolução ao principal "tipo" contratual relacionado à prestação dos serviços públicos – a concessão de serviço público.

## 2. Contrato e intervenção institucional

O contrato de concessão é o instituto jurídico consagrado para a coordenação das relações público-privadas na gestão dos serviços públicos. Nosso objetivo com esse estudo é avaliar em que medida esse contrato constitui um instrumento de intervenção institucional do Estado.[12]

8. "As diversas...", ob. cit., p. 110.

9. Maria João Estourinho, *Réquiem pelo Contrato Administrativo*, Coimbra, Almedina, 2003, p. 63.

10. Embora não seja esse o objeto central do estudo, entendemos que o estímulo recente às concessões de serviço público não rompe com o padrão diacrônico de relacionamento entre o Estado e a sociedade civil. Nesse contexto, não há o surgimento de um direito das concessões que integre os interesses sociais em jogo, formando um ambiente cooperativo de gestão dos serviços. Ao contrário, o recurso às concessões sugere uma revalorização do direito administrativo clássico, que contrapõe o cidadão e o Estado e enxerga este apenas como um garantidor das relações econômicas. Tanto é assim, que a concessão de serviço público, instituto típico do modelo absenteísta de atuação estatal, ressurge como o paradigma desse novo Estado-garantia. Para cumprir essa função, a concessão seria o instrumento ideal, na medida em que ela antecipa de algum modo o esquema de repartição de responsabilidades em que hoje assenta a execução e a garantia de atividades privadas.

11. Celso Antônio Bandeira de Mello expressa muito bem essa concepção: "Enquanto o particular procura o lucro, o Poder Público busca a satisfação de uma utilidade coletiva. Calha, pois, à Administração atuar em seus contratos com absoluta lisura e integral respeito aos interesses econômicos legítimos de seu contratante, pois não lhe assiste minimizá-los em ordem a colher benefícios econômicos suplementares ao previsto e hauridos em detrimento de outra parte. Para tanto, o que importa, obviamente, não é a aparência de um respeito ao valor contido na equação financeira econômico-financeira, mas o real acatamento dele" (*Curso de Direito Administrativo*, 12ª ed., São Paulo, Malheiros Editores, 2000, p. 560).

12. Restringimo-nos aqui à análise do caso brasileiro, em que a concessão é o instrumento des-

O termo institucional, neste trabalho, pode ser compreendido em duas acepções. Na primeira, ele se apresenta em oposição à idéia de intervenção meramente regulamentadora, no sentido consagrado no Brasil por Alberto Venâncio Filho. Baseando-se nas lições de Bernard Chenot, o jurista brasileiro afirma que o ramo da intervenção regulamentar está associado ao papel exclusivamente normativo que o Estado desempenha. Já, quando se trata da intervenção institucional, o Estado atua diretamente como agente econômico. Nesse caso, ele se transforma em ator da vida econômica e, sob a sua nova fisionomia, a administração utiliza procedimentos de direito público, e, ao mesmo tempo, procedimentos de direito privado para gerir as empresas industriais e comerciais. Segundo essa perspectiva, a concepção clássica do direito institucional seria a do direito dos serviços públicos.[13]

Na segunda acepção, o termo institucional se apresenta como sinônimo de hierarquia e em oposição às idéias de contrato e mercado. Adotando a classificação de Oliver Williamson, trata-se de uma solução baseada na integração das decisões num mecanismo de contratualização *evolutiva*,[14] e não na acomodação dos interesses numa estrutura de contrato de permuta. Essa solução é típica das situações em que o planejamento é essencial. Para que ele seja implementado, é imprescindível a eliminação das assimetrias de informação e dos riscos de oportunismo.

A dimensão evolutiva pode se concretizar por meio de uma governança bilateral, em que a autonomia das partes é mantida ou unificada e em que as transações são integradas no seio de uma única firma.[15] A concessão seria expressão da governança bilateral, de modo que podemos expressar a questão deste estudo nos seguintes termos: em que medida o contrato de concessão de serviço público pode representar a solução de governança bilateral baseada na hierarquia?

Na estrutura contratual evolutiva, os problemas de coordenação contratual são suplantados a partir da cooperação entre as partes que, por sua vez, seria estabelecida num processo de planejamento e negociação perene e presente durante toda a vida do contrato. O ponto de referência da contratualização evolutiva consiste em considerar a relação em seu desenvolvimento ao longo do tempo, em oposição à idéia de que, para se efetuar modificações, é necessário voltar sempre ao momento inicial do contrato.

Trata-se, desse modo, de um modo alternativo de contratualização por meio do qual a cooperação contratual é a responsável por eliminar as assimetrias de informação e, portanto, os riscos de comportamentos oportunistas. A estrutura contratual deve ser capaz de conduzir as ações dos contratantes para a realização do interesse comum de longo prazo e não o interesse pessoal. Ou seja, o contrato teria a missão de gerar a cooperação. Nessa perspectiva,

tinado a formalizar a transferência de parte da gestão dos serviços para a iniciativa privada, conforme dispõe o art. 175 da CF. Não abordaremos a permissão de serviço público porque, além de ser raramente utilizado, dificilmente seria utilizado na prestação de serviços com elevadas exigências de investimentos, devido a sua precariedade, já que não se efetiva por meio de um contrato. Sobre o tema v. Maria Sylvia Zanella Di Pietro, *Parcerias na Administração Pública*, 4ª ed., São Paulo, Atlas, 2002, pp. 128-132.

13. *A Intervenção do Estado no Domínio Econômico*, Rio de Janeiro, Renovar, 1968, pp. 383-384.

14. A inspiração de Williamson está no desenvolvimento da teoria do contrato relacional de Ian MacNeil. Para uma análise do conceito de contrato relacional e das divergências entre a perspectiva de Williamson e MacNeil, v. Ronaldo Porto Macedo Jr., *Contratos Relacionais e Defesa do Consumidor*, São Paulo, Max Limonad, 1998, pp. 235-243.

15. Essa solução significa, no caso dos serviços públicos, a formação de uma empresa estatal que prestasse diretamente o serviço, e que, se contasse com a participação privada, esta se daria numa sociedade de economia mista. Trataremos brevemente desse tema mais adiante.

o contrato traduziria uma "comunidade de interesses entre as partes" ou, uma ordem contratual, em que as partes se engajam no processo de cooperação, por meio de investimentos específicos de retorno no longo prazo.[16]

Segundo essa lógica, o Estado e o agente privado atuam como parceiros no mesmo empreendimento econômico. As partes devem, conseqüentemente, ser tratadas, ao menos num sentido funcional, como sócios de uma mesma empresa. De fato, para que o serviço público realize suas missões, é necessário que todos os agentes, numa medida razoável, estejam imbuídos desses objetivos ou sejam conduzidos à sua realização. Daí a importância da presença de regras que estimulem a cooperação na gestão dos serviços como condição para que os serviços públicos cumpram sua função de coesão social.

Na verdade, pouco importa para nossas reflexões debater o fundamento egoístico ou altruístico do comportamento dos parceiros numa relação contratual que envolva a prestação de serviços públicos. Parece-nos evidente a presença latente de interesses públicos e privados que podem entrar em conflito nessas relações. A questão primordial é averiguar se a estrutura contratual destinada a organizar essa relação – no caso, a concessão – tem sido capaz de promover e transformar a cooperação em elemento primordial de organização da relação. Para que isso acontecesse, seria necessário que o dever acessório de cooperação deixasse de ser um princípio subsidiário na interpretação do contrato, invocado apenas para preencher lacunas, e se tornasse um princípio básico do contrato; e que o dever de solidariedade impusesse a obrigação moral e legal de agir em conformidade com determinados valores comunitários, e não apenas segundo a lógica individualista de maximização de interesses econômicos.[17]

Assim, à dimensão comportamental, em que a cooperação é vista como sinônimo de confiança ou colaboração, agrega-se a dimensão estrutural ou institucional, responsável pela garantia da cooperação. Temos como pressuposto que a cooperação não é um dado das relações sociais e econômicas. Principalmente nessas últimas, ela se apresenta como uma construção, um empreendimento, de modo que a dimensão institucional não assume aqui a função apenas de limitar o comportamento individual, mas, primordialmente, de conformar suas motivações aos objetivos socialmente eleitos. Seguindo aqui a lição de Karl Polanyi, embora as estruturas sociais não sejam resultados de forças misteriosas agindo por fora do comportamento individual, os efeitos sociais deste dependem da presença de condições institucionais determinadas, e estas não resultam do comportamento individual em questão.[18]

Pelo caráter valorativo que o componente institucional assume neste trabalho, nos voltaremos para a análise da cooperação no contrato de concessão de serviço público. Pretendemos demonstrar que a ausência de cooperação se deve à forma pela qual o princípio do equilíbrio contratual se consolidou como regra balizadora nesses contratos.

### *3. Teoria jurídica dos contratos e o princípio do equilíbrio contratual*

Neste item, procuraremos analisar como os princípios da chamada teoria clássica dos contratos foram atingidos pela evolução da intervenção estatal, chegando

16. Mustapha Mekki, *L'Intérêt...*, ob. cit., p. 707.

17. Ronaldo Porto Macedo Jr., *Contratos Relacionais...*, ob. cit., p. 189.

18. Karl Polanyi, "L'économie en tant que procès institutionnalisé", in Karl Polanyi e Conrad Arenberg, *Les Systèmes Économiques dans l'Histoire et dans la Théorie*, Paris, Larousse, 1975, p. 250.

à transposição do dirigismo econômico para o contratual (3.1) e como, a partir dessa evolução, a cooperação foi introduzida no âmbito contratual pelo princípio do equilíbrio contratual (3.2).

### *3.1 Evolução da teoria geral dos contratos e a intervenção estatal*

A evolução da teoria jurídica dos contratos assimilou o mesmo contexto que consagrou o serviço público como instituição habilitada a garantir a inclusão de novos valores de bem-estar social. Assim, as mudanças na organização da produção e distribuição de bens permitiram a transposição do dirigismo econômico para o âmbito dos contratos, configurando-se o dirigismo contratual.[19]

Com isso, a teoria contratual, ainda no começo do século passado, iniciou um percurso de questionamento dos pilares do paradigma clássico, que atingiu seu ápice nas décadas seguintes à Segunda Guerra. Foi a partir desse movimento que a relação entre interesse público e contrato no direito privado passou a ganhar complexidade. Era preciso articular a perspectiva vertical-hierarquizante do interesse geral com a horizontalidade dos contratos.

Para a teoria clássica dos contratos, a relação entre interesse público e contrato[20] nem sequer era objeto de questionamento, pois o interesse público estava sediado nos princípios de autonomia da vontade,[21] de que o contrato faz lei entre as partes (*pacta sunt servanda*) e dos efeitos relativos do contrato.[22] As limitações externas vinculadas ao interesse público circunscreviam-se a questões relativas à moral e aos bons costumes. Nesse contexto, como resultante da livre apreciação dos interesses pelos próprios contratantes, o contrato era sempre justo e o equilíbrio das prestações deveria ser presumido.[23]

A primeira manifestação do dirigismo contratual aparece quando a noção de autonomia privada substitui a de autonomia da vontade, em conseqüência da revisão das concepções voluntaristas do negócio jurídico. A tese voluntarista afirmava que a vontade era um aspecto fundamental que não se pode modificar, pois é autônoma. De outro lado, pode-se advertir que a vontade não é um fenômeno real, porque desde sua conformação está impregnada de regulações jurídicas que lhe conferem sentido. Essas normas modificam, desde o início, a autonomia pressuposta e são também intervencionistas.[24]

Essa afirmação demonstra que a autonomia da vontade sofreu seus maiores abalos quando da submissão da disciplina contratual às normas jurídicas, antes mes-

19. Fábio Konder Comparato, "O indispensável Direito Econômico", in Fábio Konder Comparato, *Ensaios e Pareceres de Direito Empresarial*, São Paulo, Forense, 1978, p. 457.

20. Para uma análise da evolução da relação entre contrato e interesse público, v. Mustapha Mekki, *L'Intérêt...*, ob. cit.

21. A apresentação clássica da teoria geral dos contratos em direito privado é construída em torno da noção de autonomia da vontade. O princípio da autonomia da vontade se refere basicamente aos pressupostos de liberdade e igualdade formais que informavam as relações políticas e econômicas, no período em que a garantia da segurança das trocas dependia apenas de uma postura absenteísta do Estado. Sobre esse tema v.: Darcy Bessone, *Do Contrato. Teoria Geral*, São Paulo, Saraiva, 1997; Judith Martins-Costa, "Mercado e solidariedade social entre cosmos e taxis: a boa-fé nas relações de consumo", in Judith Martins-Costa (org.), *A Reconstrução do Direito Privado*, São Paulo, Ed. RT, 2002; e Jacques Ghestin, "L'utile et le juste dans les contrats", in *Archives de Philosophie du Droit*, vol. 26, Paris, Sirey, 1981, pp. 39-40.

22. Sobre o tema, v. Antonio Junqueira de Azevedo, "Princípios do novo Direito Contratual e desregulamentação do mercado, direito de exclusividade nas relações contratuais de fornecimento, função social do contrato e responsabilidade aquiliana do terceiro que contribui para inadimplemento contratual", in *Revista dos Tribunais* 750/113-120, São Paulo, abr./1998.

23. Darcy Bessone, *Do Contrato...*, ob. cit., p. 25.

24. Ricardo Lorenzetti, "Análisis crítico de la autonomía privada contractual", in *Revista de Direito do Consumidor* 14/6, abr.-jun./1995.

mo do processo de dirigismo contratual mais explícito. Aliás, pode-se afirmar que o dirigismo é um produto da própria supremacia da lei sobre a vontade. Os contratos só seriam válidos e gerariam efeitos jurídicos se estivessem conforme a ordem jurídica vigente, que passa a ser fonte da obrigação.

Mesmo admitindo que a submissão dos contratos a uma ordem jurídica já embutia uma mudança qualitativa em relação aos limites impostos aos particulares, a idéia de autonomia privada foi assimilada como herdeira dos pressupostos da autonomia da vontade. Limitada pelas regulações estatais, a liberdade de contratar foi instituída como fundamento das relações econômicas, sendo que os limites a essa liberdade eram concebidos como exclusivamente negativos, fornecendo, quando muito, fronteiras à ação dos contratantes.

A autonomia privada, como renovação da autonomia da vontade, se estabelecia como uma idéia balizadora das relações contratuais. No entanto, ao submeter-se ao ordenamento jurídico, perdeu relevo como fonte única de constituição de relações contratuais. Além dela, a força obrigatória dos contratos (*pacta sunt servanda*)[25] e os efeitos relativos dos contratos também foram mitigados enquanto normas, devido à necessidade de harmonização entre a autonomia/liberdade individual e os interesses públicos, que surgiam com a sociedade industrial.[26]

Com o desenvolvimento da ordem de produção capitalista e do dirigismo econômico, a relação entre contrato e interesse público ganhou em complexidade, e a teoria do contrato sofreu esses influxos. Ocorre, então, um alargamento da noção de ordem pública, que passa a integrar e levar em conta aspectos econômicos e sociais. A liberdade e igualdade são apreendidas num novo contexto, em que se retira o caráter eminentemente formal dessas noções. Passa-se entender que, para a conclusão livre de um contrato, era necessário repartir de forma eqüitativa a liberdade entre os contratantes.[27] Verifica-se uma mudança qualitativa sensível, já que a ordem jurídica não se constituía mais em mero limite negativo da ação particular, passando a integrar, ou até a submeter a vontade dos contratantes, em alguns casos. A ordem jurídica configura-se, desse modo, como limite positivo[28] à ação privada, ganhando corpo o fenômeno chamado de dirigismo contratual.

O dirigismo contratual surge como uma decorrência lógica do dirigismo econômico e, ao limitar a força obrigatória dos contratos e atenuar os seus efeitos relativos, contribui para que as relações contratuais não acentuem desigualdades materiais decorrentes das situações de desequilíbrio típicas de determinadas relações econômicas, como a de consumo ou a de trabalho.[29] Ele gera efeitos tanto sobre os princípios gerais que governam obrigações e contratos edificados à época do liberalismo, como sobre a própria contratação, compreendendo a formação, a consuma-

25. O princípio do *pacta sunt servanda* indica que, embora impere a liberdade de contratar, a partir da manifestação plena da vontade, ou seja, da constituição do vínculo, os contratos passam a ter força obrigatória. Os contratos são intangíveis, devendo ser cumpridos fielmente. Trata-se de uma manifestação do princípio da segurança jurídica, sempre instrumental para o desenvolvimento das relações econômicas no capitalismo, tendo no Estado sua principal fonte de proteção. O princípio do *pacta sunt servanda* se soma à liberdade contratual.

26. Enzo Roppo, *O Contrato*, Coimbra, Almedina, 1988, pp. 298-299 e Carlos Alberto Bittar, "O dirigismo econômico e o Direito Contratual", in *Revista dos Tribunais* 526/27, ago./1979.

27. Darcy Bessone, *Do Contrato...*, ob. cit., p. 34.

28. Orlando Gomes, *Contratos. Transformações Gerais do Direito das Obrigações*, São Paulo, Ed. RT, 1980, pp. 1, 3, 6, 44 e 47.

29. Jean Waline, "La théorie générale du contrat en Droit Civil et en Droit Administratif", in Gilles Goebeaux *et al.* (orgs.), *Études Offertes à Jacques Ghestin. Le Contrat au Début du XXI Siècle*, Paris, LGDJ, 2001, p. 971.

ção e a execução dos contratos.[30] Assim, as relações contratuais privadas passaram a ser permeadas por uma série de novas regras como: as obrigações de informar e de motivar as decisões, os mecanismos de reequilíbrio das relações de poder nos contratos e o aumento do intervencionismo estatal, além das formas de controle dos comportamentos derivadas do princípio da boa-fé e da contenção do abuso de poder.

Tais princípios são vistos como as coordenadas centrais da estrutura jurídica, fazendo com que as normas contratuais se moldem a eles, na medida em que realizam o acoplamento entre a ordem jurídica e a ordem macro-social. A partir dessa perspectiva, podemos identificar o estabelecimento de uma ordem pública de coordenação e de direção que visam conduzir as relações econômicas à produção de um efeito jurídico determinado, que consiste em garantir o acesso ao consentimento pleno e situar as partes em condições de igualdade material de expressão.[31]

### *3.2 Solidariedade, cooperação e equilíbrio na teoria dos contratos*

A evolução do dirigismo contratual provocou mudanças nas regras limitativas da liberdade contratual. Posteriormente, a intensificação dessas intervenções permitiu o surgimento ou, em alguns casos, a remodelação de princípios que impulsionaram alterações qualitativas na disciplina das relações contratuais. Isso se explica, de um lado, pelo fato de a integração do contrato ao interesse público se fazer de maneira dogmática e substancial, por meio da hierarquia de valores e interesses e, de outro, pela estreita ligação entre a teoria dos contratos e uma determinada ordem de produção, num momento em que o Estado não era mais ator coadjuvante.[32]

30. Carlos Alberto Bittar, "O dirigismo...", ob. cit., p. 26.

31. Ricardo Lorenzetti, "Análisis crítico...", ob. cit., pp. 11-13. Trata-se, na verdade, da conformação de um direito civil constitucionalizado que garanta a regulação geral da ordem econômica por meio de garantias processuais, são elas: (i) garantia subjetiva processual ao consentimento pleno: relaciona-se ao controle comportamental, evitando os vícios de consentimento como o erro, o dolo e a lesão. Visa modificar a vontade real e dar prevalência à declaração; ao legislador interessa cada vez mais os dados objetivos, não as intenções, mas as condutas; (ii) garantia grupal processual de consentimento pleno: trata-se da ordem pública de proteção, se refere ao entorno, às condições econômicas e sociais que instituem uma desigualdade não apenas para um sujeito, mas para uma classe deles – consumidores, locatários, trabalhadores, etc. Nesse caso, ainda que não haja nenhum vício de consentimento que desequilibre a relação, a desigualdade econômica é estrutural e impulsiona uma relação de adesão. É necessário, desse modo, a proteção, também processual, da parte mais fraca. Assim, por decorrer de uma situação estrutural, a intervenção tende a ser permanente e não pretende assegurar igualdade material, mas apenas de oportunidades, para que as partes possam expressar seu consentimento sem interferência das distâncias econômicas e sociais; (iii) garantia a uma ordem pública de coordenação: aqui, o consentimento já foi expresso, trata-se então de controlar sua licitude, sua adequação aos valores essenciais do ordenamento jurídico, ou seja, coordenar a autonomia privada com os valores coletivos, garantindo assim a licitude do objeto e da causa do contrato. Refere-se a princípios mínimos relacionados à pessoa, atributos, moral e bons costumes, à liberdade de comércio, religião, etc. Apresentava-se de forma negativa, proibindo condutas, mas atualmente também passa a fazer exigências lastreadas no princípio de sociabilidade visando ao comportamento diligente das partes e ao exercício regular do direito; (iv) garantia a uma ordem pública de direção: aqui, há a exigência de cumprimento de objetivos econômicos e sociais, aproximando o contrato do planejamento. Torna-se relevante a justiça distributiva e os efeitos sobre terceiros, não importando tanto as partes. O contrato é que deve se amoldar aos objetivos da ordem econômica constitucional. Não prevalece mais a dimensão processual da ordem de proteção que visa à realização da justiça comutativa.

32. Ronaldo Porto Macedo Jr., *Contratos...*, ob. cit., p. 49. Com isso, não se quer afirmar a eliminação dos princípios da teoria clássica dos contratos, mas a sua convivência – freqüentemente conflitiva, é bom ressaltar – com os novos princípios que dinamizam e organizam a vida do contrato (*Contrato...*, ob. cit., p. 33). Adotamos aqui a concepção defendida por Junqueira de Azevedo, para quem esses novos princípios alimentam o surgimento de um ambiente de "complexidade contratual", na medida em que os princípios da teoria clássica dos contratos não foram abolidos, mas somados aos novos princípios de boa-fé objetiva, equilíbrio contratual e fun-

Uma das mudanças mais importantes ocorridas no direito contratual se refere, desse modo, à introdução de valores de bem-estar social na disciplina jurídica das relações contratuais[33] como parte importante das relações sociais em geral.[34]

É fato que essa transformação não é neutra do ponto de vista da alocação de poder e renda.[35] Porém, tal visão da solidariedade social enquanto uma manifestação da vida em sociedade não implica necessariamente uma garantia objetiva de maior justiça social por meio das relações contratuais. Ela seria, na verdade, uma resposta à incompletude dos contratos, a partir da idéia de Durkheim de que nenhuma sociedade pode subsistir apenas com base em constrangimentos, pois a vida social normal supõe espontaneidade. Como aponta Philippe Chanial, a sociedade não poderia se fundar apenas sobre o registro do interesse. Como espaço de troca, ela se definiria como uma ordem moral em que os indivíduos se ligam segundo formas variadas de solidariedade.[36]

O tema da solidariedade tem a idéia de cooperação como sua contraface interna nas relações contratuais. De um lado, a solidariedade se refere a um conjunto de regras mais amplo e complexo, que envolve um certo tipo de vinculação essencial entre as partes, tornando-as articuladas e reciprocamente afetadas a partir da vinculação a uma comunidade externa à relação contratual.[37] De outro, é a cooperação que mantém a relação de troca estável, recíproca, sendo condição processual de realização da primeira e designando uma relação de natureza instrumental e econômica.

Assim, o pressuposto sociológico da solidariedade fez com que ela se materializasse – internamente ao contrato – em regras de cooperação. Não havia compromisso inicial com a geração de efeitos distributivos pela via contratual, mas primordialmente com a manutenção da sociedade e de seus meios de reprodução. Por isso, a cooperação se traduz em princípios de garantia, entre eles o do equilíbrio contratual. Este é talvez o principal produto da evolução do dirigismo contratual em direção ao chamado solidarismo contratual, substituindo a noção de autonomia privada como fundamento e regra de julgamento dos contratos.[38]

ção social do contrato ("Princípios...", ob. cit., pp. 113-120).

33. Ronaldo Porto Macedo Jr., *Contratos...*, ob. cit., pp. 55 e ss.

34. Por esse caminho, a tutela das relações contratuais passa a ser circunscrita à tutela da dignidade da pessoa humana, estruturada em sede constitucional e não vinculada mais aos chamados direitos individuais. Como aponta Teresa Negreiros, "à tutela da dignidade da pessoa humana correspondem não apenas os tradicionais direitos individuais, mas igualmente os chamados 'direitos sociais', que reordenam as relações entre Estado e a sociedade, impondo a todos o ônus de tornar a sociedade mais justa" (*Teoria do Contrato*, Rio de Janeiro, Renovar, 2006, p. 19).

35. Ricardo Lorenzetti, "Análisis crítico...", ob. cit., p. 8. Como assevera também Franz Wieacker, "tornou-se significativo da evolução do direito privado o facto de a solidariedade social não se ter circunscrito à limitação dos direitos privados pelo direito público, mas ter também começado a insinuar-se, através da jurisprudência, na concepção das relações contratuais intersubjetivas, dos direitos patrimoniais e, sobretudo, do direito de propriedade nas suas relações com outros particulares. Também a economia social de mercado – e ela precisamente – concebe o contrato, a compensação dos prejuízos e os limites da propriedade não apenas como um confronto de interesses privados mas, ao mesmo tempo, como uma função económica global" (*História do Direito Privado Moderno*, 3ª ed., Lisboa, Fundação Calouste Gulbenkian, 2004, p. 719).

36. "Renouer les fils de l'alliance: bourgeois, Durkhein et l'incompletude du contrat", in Chistophe Jamin e Denis Mazeaud (dirs.), *La Nouvelle Crise du Contrat*, Paris, Dalloz, 2003, p. 58.

37. Ronaldo Porto Macedo Jr., *Contratos...*, ob. cit., pp. 175-176.

38. Ele não é o único. Como assinala Ricardo Lorenzetti, mesmo antes de se aperfeiçoar o consentimento, há obrigações de informação, lealdade e boa-fé objetiva, cuja origem legal é evidente e cujo descumprimento dá origem à responsabilidade pré-contratual, além, é claro, da função social do contrato. As expectativas passam a ser reguladas e a vincular as partes, fazendo com que a distribuição dos riscos econômicos se dê de modo diferente ao da au-

A importância da noção de equilíbrio como princípio contratual não decorre apenas de sua aplicabilidade prática, que não é desprezível, como veremos adiante. Farto é seu alcance jusfilosófico. Ele pode estar associado à idéia de equivalência de prestações, no sentido de igualdade de valores na troca entre o objeto recebido e a prestação fornecida, e ao critério paretiano, segundo o qual o contrato está objetivamente equilibrado na medida em que ao menos uma das partes vê sua riqueza aumentar, sem que a situação da outra seja alterada.[39]

O princípio jurídico do equilíbrio contratual é considerado fundamental para a compreensão da racionalidade do direito social dos contratos.[40] Admite-se que "a noção de equilíbrio vira a regra de julgamento do direito social, que substitui a regra da autonomia da vontade e instaura uma nova concepção de responsabilidade. Introduz-se, assim, uma nova racionalidade jurídica que pode explicar o novo conteúdo, os novos valores contidos na concepção *welfarista* do contrato".[41]

Em contraste com que se passava no direito contratual clássico, em que sobressaía a fase de formação e manifestação da vontade de contratar, o princípio do equilíbrio como regra de julgamento incide sobre o programa contratual. Ele serve como parâmetro para a avaliação do conteúdo e resultado do contrato, mediante a comparação das vantagens e encargos atribuídos a cada um dos contratantes. O equilíbrio contratual impede que as prestações contratuais expressem um desequilíbrio real e injustificável entre as vantagens obtidas por um e por outro dos contratantes, ou, em outras palavras, veda que se desconsi-

tonomia privada. Outra dimensão desse processo está na disciplina estatal dos efeitos externos do contrato, que passam a ser considerados pelas regulações públicas, exigindo-se que as partes, ou uma delas, sejam responsáveis por internalizar possíveis efeitos negativos sobre terceiros ("Análisis crítico...", ob. cit., p. 7).

39. Laurence Fin-Langer, a partir da constatação das limitações desses dois critérios – no primeiro caso, pela dificuldade de se definir a noção de valor e de se avaliar prestações de natureza diferentes e, no segundo, por se basear irrestritamente numa suposta racionalidade maximizadora dos agentes que não existe na prática – propõe alguns critérios que se complementam e compõem o princípio jurídico do equilíbrio contratual, que influenciou decisivamente a interpretação dos contratos. O autor cita inicialmente o critério da reciprocidade, que se consolida quando existe uma obrigação recíproca entre as partes. Ele deve prevalecer tanto entre os elementos do conteúdo do contrato, quanto na concretização efetiva dos direitos e obrigações das partes. Em seguida, como o fato de se destinar a mesma prerrogativa às duas partes contratantes não é condição para que haja equilíbrio, é preciso a realização do critério da comutatividade. Nesse caso, cada uma das partes se engaja a fornecer ou a fazer uma coisa que é vista como equivalente do que lhe foi dado ou fornecido. Essa definição permite considerar que o critério da comutatividade consiste na procura de uma vantagem ou de uma contrapartida qualquer, independente do seu valor. Os dois critérios acima descritos ainda seriam insuficientes, porque eles permitem somente obter uma noção de equilíbrio quantitativo e não qualitativo, na medida em que medem o número respectivo de direitos e obrigações das partes sem avaliar seu valor respectivo. A contrapartida pode existir, mas ter um valor tal que torne o contrato materialmente desequilibrado. De fato, o valor dependeria da utilidade atribuída à contrapartida. Por isso, a necessidade de agregar um terceiro critério, o da equivalência, que não é outra coisa senão a igualdade de valores de troca entre duas prestações correlatas. Ao se supor um exame do valor de troca, insere-se o aspecto qualitativo. No entanto, como já mencionado, o valor envolve freqüentemente uma análise subjetiva, fundada sobre valores de uso individuais que, por sua vez, podem se modificar ao longo da vida do contrato. Por essa razão, seria necessário, ainda, agregar um último critério, o da proporcionalidade. Ela poderia, num primeiro momento, apresentar-se como uma simples relação matemática entre dois elementos do contrato, definir-se como a qualidade de razoabilidade das prestações contratuais ou, por fim, indicar uma relação de conveniência, de adequação entre dois elementos, o que exige encontrar a finalidade de uma cláusula (*L'Équilibre Contractuel*, Paris, LGDJ, 2002, pp. 202-223).

40. Ronaldo Porto Macedo Jr., *Contratos...*, ob. cit., p. 87.

41. Ronaldo Porto Macedo Jr., *Contratos...*, ob. cit., p. 88.

dere o sinalagma contratual em seu perfil funcional.[42]

Nessa observação, podemos detectar o caráter estrutural que adquire o princípio do equilíbrio contratual, principalmente nos contratos de longa duração.[43] Ele se torna um componente de gestão do contrato, o qual passa a assumir uma dimensão constitucional e processual, regulando comportamentos futuros de longo prazo.[44] Essa face organizativa do contrato só seria possível num ambiente de cooperação, condição essencial para que o contrato conservasse uma certa continuidade, ainda que por meio, muitas vezes, da adaptação de seu conteúdo. Em outros termos, pode-se imaginar o equilíbrio como o fundamento para os processos de adaptação contratual às circunstâncias impostas pela realidade. Isso, muito mais do que o respeito absoluto ao acordo de vontades, garante a estabilidade da relação contratual. Há, aqui, uma preocupação óbvia com a manutenção do contrato como instrumento de realização das trocas econômicas cada vez mais complexas e inter-relacionadas na ordem de produção capitalista.

Todas essas aplicações e implicações do princípio do equilíbrio contratual supõem a existência de relações contratuais estabilizadas e perpetuadas no tempo. No entanto, a própria evolução da ordem de produção capitalista levou à proliferação de relações contratuais baseadas no contato, instantâneas, em que o equilíbrio não poderia ser garantido no processo de cumprimento do contrato. É o caso das relações de consumo em que a proteção do equilíbrio contratual, concretizada pelo instituto jurídico da lesão,[45] é externa à vontade das partes, vinculando-se a um conjunto de regras enraizadas numa política legislativa que visa proteger a parte mais fraca da relação contratual. Com isso, é desconstituída a idéia de que, preservado um contexto de igualdade formal, a liberdade contratual assegura a justiça de cada relação. Passa-se a considerar que a disparidade de condições socioeconômicas, submersa no esquema de igualdade formal, se revela na forma de disparidade de poder contratual, produzindo contratos substancialmente injustos.[46]

Constitui-se, assim, uma relação direta entre inferioridade decorrente da disparidade de poder negocial e desequilíbrio contratual. Emerge, com base na constatação de situações típicas de desequilíbrio, uma ordem de proteção. Nos dizeres de Ricardo Lorenzetti, trata-se de uma *garantia grupal processual de consentimento pleno* que se refere ao entorno, às condições econômicas e sociais que instituem uma desigualdade não apenas de um sujeito, mas de uma classe deles – consumidores, locatá-

42. Teresa Negreiros, *Teoria...*, cit., pp. 157-158.

43. Ronaldo Porto Macedo Jr., *Contratos...*, ob. cit., pp. 87 e ss.

44. Nos contratos de longo prazo, o princípio do equilíbrio possui quatro características principais: (i) designar um tipo de juízo que pondera a relação entre dois ou mais termos, de modo que o problema da equivalência supera a questão do consentimento, daí a preponderância do princípio da boa-fé; (ii) ser flexível e adaptável à mudança social, tendo como exemplo a teoria da imprevisão; (iii) ver a justiça como distribuição e alocação eqüitativa de vantagens e proveitos, sendo que em alguns contratos o equilíbrio ganha caráter mais processual e constitucional, estabelecendo-se padrões de eqüidade e formas de resolução de conflitos; (iv) e a idéia de equilíbrio implica na idéia de escala e contrapeso, pressupondo um modo de avaliação coletivo, um princípio de equivalência, que permita a socialização do julgamento (Ronaldo Porto Macedo Jr., *Contratos...*, ob. cit., p. 81).

45. Para uma análise extensa sobre a evolução do instituto da lesão, notadamente no direito brasileiro, v. Teresa Negreiros, *Teoria...*, ob. cit., pp. 159 e ss. A autora demonstra, a partir da análise desse instituto como vetor do equilíbrio contratual, como ele está relacionado à proteção do contratante débil, na medida em que a lesão ocorre quando uma pessoa, sob a premente necessidade ou por inexperiência, se obriga à prestação manifestamente desproporcional ao valor da prestação oposta (art. 157, Código Civil). Ou seja, circunstâncias subjetivas colocam um contratante em posição de inferioridade, que, nas relações de consumo, é presumida.

46. Enzo Roppo, *O Contrato...*, ob. cit., p. 38.

rios, trabalhadores, etc. Nesse caso, ainda que não haja nenhum vício de consentimento que desequilibre a relação, a desigualdade econômica é estrutural e impulsiona uma relação de adesão, É necessária, assim, a proteção também processual da parte mais fraca. Por decorrer de uma situação estrutural, a intervenção tende a ser permanente e não pretende assegurar a igualdade material, mas apenas de oportunidades, para que as partes possam expressar seu consentimento sem interferência das distâncias econômicas e sociais. Nessa ordem protetiva, há a tendência de se conferir maior relevância aos aspectos subjetivos, vinculados ao papel social que os contratantes exercem naquela relação, do que aos aspectos relacionados à essencialidade dos bens ou serviços transacionados. Ou seja, nesses casos, por mais paradoxal que possa parecer, o equilíbrio contratual não se vincula ao liame objetivo entre as prestações contratuais, mas sim, aos seus aspectos subjetivos.[47]

A constatação de que – nas relações de longo prazo ou naquelas contratuais instantâneas – o princípio do equilíbrio contratual exerce um papel importante na forma pela qual o contrato influencia a alocação de poder e riqueza[48] não conduz à suposição de que essa alocação assegura efeitos distributivos imediatos e diretos.[49]

Nesse sentido, o equilíbrio contratual visa proteger o "consentimento efetivo", realizar a justiça comutativa por meio da regulação do procedimento contratual. Esse supõe não só a ausência de um vício de consentimento, mas também o controle de comportamentos. Nota-se que o caráter protetivo conferido a certas relações contratuais não necessariamente impulsiona o surgimento de um novo paradigma contratual que tenha na solidariedade – como sinônimo de justiça social – o seu centro. Nesse sentido, a perda de centralidade da liberdade contratual evidencia, precisamente, o poder de sobrevivência do contrato, que continua embasando o sistema econômico à medida que este se transforma.[50] As mudanças que levaram ao desprezo pela teoria clássica dos contratos, como a objetivação e a despersonalização do contrato, em nada alteram a essência e o papel que o contrato desempenha.

Por seu turno, as intervenções públicas baseadas em aspectos subjetivos, no sentido de compensar a vulnerabilidade contratual, não agridem tão profundamente quanto se espera o formalismo contratual. Por isso mesmo, elas podem ser questionadas como uma forma de assegurar justiça social por meio dos contratos. Como aponta Wilhelmsson, "The protection of the weaker party is often implemented by norms which use formal person-related concepts. The content of the regulation is an expression of material rationality, but its methodology is still formal, the field is delimited with the help of

47. No mesmo sentido, Calixto Salomão Filho sugere que, nesses casos, é fundamental ter por base disparidades de poder das partes, realizando-se o reequilíbrio por categorias (os consumidores, p. ex.). Conclui, assim, que se trata, necessariamente, de uma política pública de reequilíbrio que deve partir de iniciativas legislativas e ter certo grau de coerência ("Função social do contrato: primeiras anotações", in *Revista dos Tribunais* 483/84, mai./2004).

48. Ronaldo Porto Macedo Jr., *Contratos*..., ob. cit., p. 50.

49. Como afirma Judith Martins-Costa, "se o sinalagma traduz, como é bem verdade, a existência e a configuração dos deveres contrapostos, que devem manter posição de relativo equilíbrio entre si, a violação a uma das prestações nele implicadas caracteriza justamente *uma violação ao sinalagma* que está na estrutura essencial dos contratos bilaterais. Como melhor explicita Menezes Cordeiro, se assim ocorrer, os deveres contrapostos revelados pelo sinalagma nos contratos bilaterais perderiam a identidade e o sentido que os definem" (*A Boa-Fé no Direito Privado*, São Paulo, Ed. RT, 1999, p. 465).

50. Eros Roberto Grau e Paula Forgioni, "Ainda um novo paradigma dos contratos", in Eros Roberto Grau e Paula Forgioni, *O Estado, a Empresa e o Contrato*, São Paulo, Malheiros Editores, 2005, p. 17. Para esses autores, a única premissa básica sobre os contratos é a de que "todo contrato instrumenta a jurisdicização de uma ou mais relações negociais travadas entre as partes que dele participam e por ele se obrigam".

the differentiation between different types of contract. The policy-holder is an insurance contract is protected whether he is weak or strong, a private person or an enterprise. Although such regulations in legal writing are often called 'person-oriented' they only seem to differentiate between persons. The persons protected are completely interchangeable".[51]

Devido a essa limitação, cuja transposição – essa sim – causaria grande impacto na disciplina contratual, já que envolveria uma materialização de suas intervenções, não concebemos o princípio do equilíbrio contratual como fonte de justiça social ou distributiva.[52]

Após todo esse percurso teórico, podemos concluir que a justiça contratual almejada pela superação da teoria clássica se refere à busca de equivalência material na relação, de modo que o equilíbrio formal se transforme num equilíbrio material das prestações. Para tanto, são estatuídas regras que minoram os desequilíbrios de poder, de informação e avaliam os resultados finais da transação. Talvez a idéia de justiça distributiva nos contratos possa ser vista como um contrapeso, ou um limite, à concentração de poder e renda a partir das relações de troca. Nesse sentido, o equilíbrio contratual produz efeitos sobre a distribuição de recursos na sociedade muito mais por barrar um efeito concentrador das relações contratuais do que por ser uma via direta de distribuição de renda. Não é à toa que mesmo numa sociedade mais justa haverá justificativas para mecanismos que equilibrem relações de poder nos contratos. Uma relação de consumo ou de emprego manterá suas características a despeito da renda do empregado ou do consumidor.

Como veremos, tais considerações acerca do equilíbrio contratual têm impacto sobre a introdução da cooperação e da solidariedade nos contratos de concessão de serviços públicos.

### *4. O contrato de concessão e a cooperação na gestão dos serviços públicos*

Como regra geral, pode-se afirmar que a intensificação das intervenções estatais, que provocou um transbordamento das fronteiras típicas de regulação pública da economia no século XIX, refletiu-se de forma peculiar no modo de a administração pública organizar suas decisões e as implementar. Se, para o direito privado, o espaço do contrato em sua concepção clássica arrefeceu, no direito público, a técnica contratual tornou-se instrumento de gestão[53] e o contrato deixou de ser objeto da intervenção pública para ser sujeito.[54]

No entanto, quando analisamos o contrato de concessão de serviço público, percebemos que ele perdeu força no processo de expansão da intervenção pública típica dos Estados de bem-estar social e desenvolvimentistas.[55] Durante a evolução dos processos de intervenção estatal, houve setores, principalmente os serviços públicos, em que o método convencional sofreu um declínio em detrimento dos métodos heterônomos ou das conciliações realizadas no âmbito do próprio poder público.

51. Thomas Wilhelmsson, "Need-rationality in private law?", *apud* Teresa Negreiros, *Teoria*..., ob. cit., p. 322.

52. Em sentido contrário, em Ronaldo Porto Macedo Jr., *Contratos*..., ob. cit., pp. 87 e ss.

53. Como aponta André de Laubadère, o método convencional é, por excelência, o instrumento à disposição do poder público próprio para ações no domínio econômico que envolvam procedimentos de acordo entre a administração e os agentes econômicos privados, desenvolvendo-se como um meio mesmo de ação econômica do Estado. Trata-se de um novo estilo de administração, que é administração pela via contratual, em substituição ao método de ação unilateral (André de Laubadère, Frank Moderne e Pierre Dévolve, *Traité des Contrats Administratifs*, Paris, LGDJ, 1983, p. 20).

54. Enzo Roppo, *O Contrato*..., ob. cit., p. 442.

55. Maria João Estourinho, *Réquiem*..., ob. cit., pp. 53-57.

A concessão de serviço público, depois da grande expansão nos últimos vinte e cinco anos do século XIX e nas primeiras décadas do século XX, perdeu força entre 1940 e 1980, período de apogeu do Estado social, em que vigorava a administração de prestações com máxima responsabilidade pública. Com efeito, a concessão, que sempre foi um instrumento de colaboração entre a administração pública e o setor privado paradigmático do modelo de capitalismo liberal, não encontrou espaço para progredir num modelo de administração voltado para a gestão dos serviços públicos baseada em audaciosos objetivos de desenvolvimento econômico e social.[56] Trata-se, para os fins do nosso estudo, de saber o porquê dessa incompatibilidade a partir das limitações da concessão enquanto instrumento de cooperação público-privada.

A concessão de serviço público no modelo de Estado liberal tem suas origens nas concessões de obras públicas que desempenharam, sem dúvida, um papel substancial na modernização das infra-estruturas econômicas dos Estados.[57] Mais do que um modelo de gestão de serviços públicos, a concessão era essencialmente um expediente de natureza financeira, um modo de instalação de infra-estruturas públicas à custa de recursos privados. Apenas nesse sentido se pode encarar a concessão como uma técnica de publicização de atividades econômicas. De resto, ela é verdadeiramente uma forma de privatização de serviços públicos regulada quase sempre pelo contrato celebrado entre a administração pública, concedente do serviço, e a empresa privada prestadora.[58]

Assim, não é despida de fundamento histórico a compreensão do último processo de concessão de serviços públicos vivenciado no Brasil, na década de 1990, como um processo de privatização, nem a desconfiança sobre a capacidade de esses contratos realizarem a missão contida nos serviços públicos. Por essa razão, cumpre avaliar se além do fundamento histórico, há fundamentos jurídicos para essa apreensão.

Para tanto é preciso verificar se, e em que medida, a teoria dos contratos públicos, mais especificamente a dos contratos de concessão de serviços públicos, foi influenciada pela evolução do direito privado em direção a uma mais ampla intervenção estatal. Os escassos recursos à técnica concessionária, pelo menos nos setores em que se faziam presentes importantes objetivos sociais, fizeram com que a disciplina desse instituto não incorporasse totalmente a lógica do direito social dos contratos.

Nosso objetivo é demonstrar que o maior contato entre a evolução do direito contratual e os contratos de concessão reside na aplicação do princípio do equilíbrio contratual, chamado no direito administrativo de equilíbrio econômico-financeiro. Pretendemos sustentar, a partir da análise do papel do equilíbrio contratual nos contratos de concessão, que esse princípio –

56. Pedro Gonçalves, *A Concessão de Serviços Públicos*, Coimbra, Livraria Almedina, 1999, p. 19.

57. Ibid., p. 102.

58. Consciente dessas características do contrato de concessão, Bilac Pinto deposita nelas a causa do declínio da utilização desse instituto: "A grande vantagem do regime de concessão para o Estado liberal era a de que, por meio dela, o Estado prestava um serviço público essencial sem que tivesse necessidade de inverter recursos do Tesouro e, sobretudo, sem correr os riscos econômicos de toda exploração industrial. (...) Essas características originárias da concessão de serviço público foram, entretanto, sensivelmente alteradas, de começo pelas cláusulas de 'garantia de juros' e mais tarde pela aplicação da 'teoria da imprevisão'. (...) Em razão dessas modificações estruturais do contrato de concessão, entre o concedente e o concessionário como que surgiu uma associação financeira lesiva ao poder público, que, privado dos benefícios eventuais, estava, entretanto, obrigado a participar das perdas da exploração do serviço público concedido. (...) Quando a evolução do instituto chegou a este ponto, o seu declínio se tornou inevitável" (Olavo Bilac Pinto, "O declínio da sociedade de economia mista e o advento das modernas empresas públicas", in *Revista de Direito Administrativo* 32/3, abr.-jun./1953).

ao contrário do que se verifica no direito privado – não pode ser considerado um instrumento de cooperação. Esse fato, por sua vez, dificulta a constituição do contrato de concessão como instrumento de intervenção institucional na gestão dos serviços públicos.

Esse tema merece atenção, pois há atualmente tentativas de interpretação dos contratos de concessão de serviço público segundo os princípios da teoria dos contratos, supostamente vinculados a uma perspectiva cooperativa.[59]

Conduziremos nosso argumento desvendando as relações entre o serviço público, os contratos administrativos e a concessão (4.1). Assim, será possível analisar como a teoria dos contratos, com sede no direito privado, influenciou os contratos de concessão e qual o papel do equilíbrio contratual como princípio basilar desses contratos (4.2).

### *4.1 Concessão, contrato e serviço público*

A teoria dos contratos públicos, mesmo nos países onde não existe uma jurisdição administrativa como o Brasil, foi muito influenciada pela teoria francesa. Nessa, as noções de contrato administrativo e de serviço público evoluíram paralelamente até se encontrarem no momento em que a segunda noção passou a ser o critério delimitador das competências administrativas e, de forma mais ampla, das funções estatais mesmo. Apesar da origem e fundamento processual do contrato administrativo, promoveu-se uma forte aliança entre ele e o serviço público. Isso ocorreu quando esse contrato ganhou fundamento substancial e se estabeleceu, como critério para sua identificação, a presença de um serviço público. Essa união influenciou na configuração do principal instrumento relacionado à prestação dos serviços públicos: a concessão.

Na verdade, a noção de contrato administrativo não designava exatamente um tipo contratual específico, mas um conjunto de critérios de origem legal ou jurisprudencial que permitia associar práticas convencionais da administração à competência da jurisdição administrativa.

O contrato administrativo nasce como produto de duas lógicas. Uma processual, vinculada a essa delimitação de competências entre a jurisdição administrativa e a comum, e outra material,[60] decorrente do ocaso do critério orgânico[61] de delimitação das competências e da procura subseqüente de um critério material.

O primeiro critério material que surgiu para distinguir os contratos administrativos dos contratos privados celebrados pelo poder público foi o do serviço público. A presença de um serviço público como objeto da contratação era motivo suficiente para justificar o recurso a prerrogativas de autoridade que subvertiam a lógica con-

59. São exemplos claros dessa abordagem no Brasil as obras de Arnoldo Wald, Luiza Rangel Moraes e Alexandre de M. Wald, *O Direito de Parceria e a Nova Lei de Concessão*, São Paulo, Ed. RT, 1996; e Marçal Justen Filho, *Teoria Geral das Concessões de Serviço Público*, São Paulo, Dialética, 2003.

60. Percebe-se que o fundamento substantivo ou material para definir o contrato administrativo foi o produto da autonomia processual e não a causa. Como afirma Maria Estourinho, "em matéria de contratos da Administração, o momento da explicação substantiva se verificou posteriormente ao da autonomização processual" (Maria João Estourinho, *Requiém...*, ob. cit., p. 22).

61. A noção de contrato administrativo é, na verdade, sintoma de uma evolução que tornou mais complexa essa delimitação de competências. Enquanto prevaleceu um critério orgânico, em que bastava o litígio envolver o poder público para ser submetido à jurisdição administrativa, não era necessário qualificar o contrato de administrativo, uma vez que a presença do poder público no litígio já seria suficiente para tal enquadramento (Maria João Estourinho, *Requiém...*, ob. cit., pp. 31-32). Sobre o tema do contrato como instrumento de gestão do Estado, v. Eduardo García de Enterría, "La figura del Contrato Administrativo", in, *RAP* 41/99 e ss., 1963, e Eduardo García de Enterría e Tomás-Ramón Fernandez, *Curso de Derecho Administrativo*, vol. 1, 12ª ed., Madrid, Civitas, 2004, pp. 688 e ss.

sensualista imperante nos contratos privados. O direito administrativo moderno passou a repousar sobre o princípio de que qualquer contrato poderia ser considerado administrativo a partir do momento em que ele fosse concluído para a execução de um serviço público e que, devido a sua natureza e forma, somente uma pessoa jurídica de direito público pudesse realizá-lo.[62]

O surgimento do fundamento material provocou o divórcio total entre o contrato privado e o contrato administrativo. Até então, muitos autores argumentavam,[63] com base na aplicação por analogia de algumas regras do direito civil, que entre o contrato administrativo e o civil havia somente uma diferenciação de regimes jurídicos, mas não de noção. Não havia qualquer originalidade no direito dos contratos públicos, que seriam idênticos ao dos contratos civis. Conferia-se pouca importância aos motivos do emprego de regras provenientes do direito civil: a força obrigatória do contrato, a teoria dos vícios de consentimento, a lesão e a responsabilidade contratual seriam provas da existência de uma noção-mãe da qual o contrato administrativo seria uma espécie, caracterizada apenas pela presença do poder público. Tal presença não deturpava a vinculação a uma noção geral de contrato porque a sua unidade derivava do princípio do consensualismo.[64]

A noção de contrato administrativo só consegue assegurar sua autonomia e originalidade – e dá-se o mesmo com qualquer instituto jurídico – quando passa a ter uma finalidade bem delimitada pelo direito. Isso se deu, inicialmente, com a organização de serviços públicos.[65]

A autonomia dos contratos administrativos em relação aos contratos privados ganhou muita força com a configuração do serviço público como critério delimitador da ação estatal. Isso também explica porque o regime de serviço público se confunde com o próprio contrato administrativo,[66] pois este era considerado o mecanismo de efetivação dos princípios que regem a atividade.

A aliança entre serviço público e contrato administrativo parece ter um impacto paradoxal sobre o próprio instrumento que rege a prestação dos serviços públicos.

De um lado, a associação da concessão de serviço público ao contrato administrativo era considerada tão estreita que era costume pensar a concessão como um contrato administrativo por natureza,[67] pois ela pertencia a um conjunto restrito de contratos que excedem as faculdades que o direito privado reconhece aos cidadãos. Sua efetividade dependia da presença da autoridade pública e dos poderes de que ela dispunha. Nesses casos, o acordo de vontades entre a administração e os particulares é apenas acessório em relação à sua condição de ato administrativo, pois é o ato de *puissance publique* que prevalece. É evidente que o primado desse ponto de vista tinha como pressuposto um conceito

62. Benoît Plessix, *L'Utilisation du Droit Civil dans l'Élaboration du Droit Administratif*, Paris, Ed. Université Panthéon-Assas, 1999, p. 739.

63. Benoît Plessix cita dois deles: Rolland Drago e Jean Waline (*L'Utilisation...*, ob. cit., pp. 716-717).

64. Ibid., p. 720.

65. Assim se desenvolveu e evoluiu a disciplina dos contratos administrativos. A aliança entre serviço público e os poderes exorbitantes da administração pública teve um largo campo para prosperar. Sobre o assunto v.: Gaston Jèze, *Principios Generales del Derecho Administrativo*, vol. IV, 1ª e 2ª Partes, Buenos Aires, Depalma, 1950; André de Laubadère, Franck Moderne e Pierre Devolve, *Traité...*, ob. cit., pp. 699 e ss.; e Laurent Richer, *Droit des Contrats Administratifs*, Paris, LGDJ, 2002, pp. 126 e ss.

66. Não é a toa que o pai da definição formal de serviço público, Gaston Jèze, na obra *Les Principes Généraux du Droit Administratif*, foi o primeiro autor a realizar uma verdadeira sistematização do direito dos contratos administrativos.

67. Fazemos referência, neste ponto, a uma classificação utilizada no final do século XIX por Laferrière entre contratos administrativos por determinação da lei e contratos administrativos por natureza. V., sobre o tema, Benoît Plessix, *L'Utilisation...*, ob. cit., p. 739.

amplo de contrato, cuja definição abarcava apenas a circunstância de ser um acordo de vontades gerador de obrigações.

De outro lado, a prevalecer uma concepção mais estrita de contrato – supondo uma relação explícita entre um débito e um crédito e uma vinculação aos princípios clássicos de relatividade dos efeitos e de força obrigatória do ajuste – o distanciamento entre o contrato e a concessão de serviço público é inevitável. E foi o que aconteceu, principalmente a partir das contribuições de Léon Duguit.[68]

É plenamente justificável que o fundador da Escola do Serviço Público, que conferiu à noção uma dimensão material voltada à missão pública de garantir a solidariedade social, tenha também afastado a concessão de serviço público de qualquer submissão à lógica contratual clássica. Para ele, o serviço público era a função pública essencial, indissociável do poder público e, portanto, incompatível com qualquer relação paritária entre o Estado e aquele responsável pela oferta direta do serviço.

A dicotomia entre contrato e regulamento dominou o debate sobre a natureza jurídica da concessão, não só na França, mas também nos países cujo regime de serviço público inspirou-se no modelo francês, ainda que não adotassem a duplicidade de jurisdição, como é o caso brasileiro.

Tratava-se de definir se a concessão era um contrato[69] e, dessa forma, submetida aos princípios que norteavam as relações contratuais ou se a concessão era um regulamento, em que imperava a relação hierárquica do poder público em relação aos particulares, ou, ainda, se era uma mistura das duas perspectivas. Essas visões oscilavam, assim, entre um pensamento mais coletivista e interventivo e um pensamento mais individualista voltado para a doutrina clássica dos contratos.[70] A conjunção dessas duas perspectivas numa doutrina complexa,[71] em que a concessão era vista como uma soma de regras unilaterais – abrigo do interesse público no contrato – e das cláusulas estipuladas livremente, além de conciliar as posições, afastou as concepções anteriores que vinculavam o instituto ao direito civil.[72]

68. *Traité de Droit Constitutionnel*, t. 1, 3ª ed., Paris, Ancienne Librairie Fontemoing, 1927, pp. 329 e ss.

69. No Brasil, Mário Mazagão foi o primeiro a desenvolver essa perspectiva com acuidade. Após a descrição das três teorias sobre a natureza jurídica da concessão – ato administrativo unilateral, produto de dois atos unilaterais, contrato privado, misto ou público e ato administrativo + contrato privado – o autor conclui pela natureza de contrato de direito público, afirmando que o contrato não é figura peculiar ao direito privado. Seu conceito pertence à teoria geral do direito, e, no caso específico das concessões, a anuência do particular não é simples pressuposto, e sim manifestação de vontade que contratualmente se funde com a do concedente, sem a qual a concessão não se pode perfazer. O acordo de vontades é, assim, de um elemento absolutamente essencial integrante da própria substância da concessão, nem de perto descaracterizado pela ausência de discussão das cláusulas sobre as quais a anuência se estabelece (*Natureza Jurídica da Concessão de Serviço Público*, São Paulo, Saraiva, 1933).

70. Para uma análise das diversas teorias sobre a natureza jurídica da concessão, v. André de Laubadère, Franck Moderne e Pierre Devolve, *Traité...*, ob. cit., pp. 1 e ss.; Pedro Gonçalves, *A Concessão...*, ob. cit., pp. 177 e ss.: Oswaldo Aranha Bandeira de Mello, "Natureza jurídica da concessão de serviço público", in *Revista da Faculdade de Direito de Porto Alegre*, vol. 2, 1951 e "Aspecto jurídico-administrativo da concessão de serviço público", in *Revista de Direito Administrativo*, vol. 26, out.-dez./1951; Mário Masagão, *Natureza Jurídica*, ob. cit.; Ruy Cirne Lima, "Contratos administrativos e atos de comércio", in *Revista de Direito Administrativo*, vol. 32, abr.-jun./1953. Atualmente, podemos destacar os trabalhos de Marçal Justen Filho, entre eles, *Teoria Geral...*, ob. cit.

71. Termo adotado por Oswaldo Aranha Bandeira de Mello. Mesmo com essa deferência aos aspectos regulamentares, a concessão se conformaria na forma de um contrato de direito público.

72. A concessão seria composta, assim, por um ato regulamentar do Estado, que fixa unilateralmente as condições de funcionamento, organização e o modo de prestação do serviço; de um ato-condição, por meio do qual o concessionário voluntariamente se inscreve na situação jurídica objetiva estabelecida pelo poder público; e de um contrato, por via do qual se garante a equação econômico-finan-

Conseqüência imediata da conciliação entre o prisma regulamentar e o contratual é a constatação da necessidade de se estabelecer os parâmetros da integração entre o concessionário e o poder público, pois aquele, ao exercer um serviço público, assume funções públicas. No cumprimento dessa missão, interagem perspectivas que priorizam o caráter de subordinação ou paritário (sinalagmático) da relação entre o poder concedente e o concessionário.

### *4.2 Cooperação na concessão de serviço público: influência da teoria dos contratos e equilíbrio econômico-financeiro*

A aproximação entre a concessão de serviço público e o contrato realiza-se por dois movimentos de natureza distinta, porém convergentes em seu resultado.

O primeiro refere-se à própria evolução da teoria dos contratos, já estudada na primeira parte deste estudo, que permitiu a submissão das liberdades formais, que conferiam sentido à prática contratual, à ordem pública de direção, proteção e coordenação.[73] A noção de contrato que imperava e que servia de fundamento para desqualificar a concessão como contrato era a noção clássica, caracterizada pela idéia de força obrigatória dos contratos, pelos seus efeitos relativos e pela livre disponibilidade de seu conteúdo. Enquanto prevalecia essa concepção, imperava uma dicotomia entre a própria idéia de contrato e a missão incorporada pela noção de serviço público, que exigia uma série de medidas hierárquicas.

Com a mitigação dos princípios contratuais clássicos, a teoria dos contratos passou a assimilar os princípios atrelados ao dirigismo contratual a demandas sociais de caráter reequilibrador, possibilitando que várias regras que fundamentavam substancialmente a existência dos contratos administrativos e da própria concessão se tornassem perfeitamente compatíveis com os novos princípios da teoria dos contratos. Nos referimos especialmente ao princípio do equilíbrio contratual que teve e tem aplicação fundamental na concessão de serviço público.

Em tese, como no direito privado, o princípio do equilíbrio contratual, ao impedir a reprodução da desigualdade de poder nas relações contratuais, atuaria como vetor para a cooperação nos contratos administrativos. Isso porque há nos contratos administrativos um componente regulamentar explícito e inegociável como nos contratos de adesão e outros contratos potencialmente leoninos do direito privado.

O segundo movimento, que resultou na atenuação do caráter regulamentar da concessão, foi a consolidação da regra do equilíbrio econômico-financeiro do contrato[74] como principal elemento balizador da relação entre o poder concedente e o concessionário. A concessão contaria com uma parte unilateralmente estabelecida pelo poder público, por meio dos cadernos de encargos (*cahier des charges*), do edital de licitação dos serviços, ou ainda da própria lei, e outra parte contratual em que as cláusulas, ainda que não estabelecidas totalmente pela livre negociação entre as partes, seriam protegidas pelo equilíbrio do contrato.[75]

Se, de um lado, verificamos que o princípio do equilíbrio econômico teve um papel importante no processo de conciliação entre o contrato e a concessão, de ou-

ceira, resguardando os objetivos de lucro do concessionário (in Celso Antônio Bandeira de Mello, *Prestação de Serviços Públicos e Administração Indireta*, 2ª ed., São Paulo, Ed. RT, 1979, p. 37).

73. Referimo-nos, aqui, ao sentido conferido por Ricardo Lorenzetti, v. nota 525.

74. Caio Tácito, "O equilíbrio financeiro na concessão de serviço público", Caps. I, II e III, in *Revista de Direito Administrativo*, vols. 63/64/65, jan.-set./1961.

75. Hely Lopes Meirelles, *Direito Administrativo Brasileiro*, 26ª ed., São Paulo, Malheiros Editores, 2001, p. 362.

tro, não podemos afirmar que ele funcionou como uma via para introdução da cooperação nos contratos de concessão, ao contrário do que ocorreu principalmente nos contratos de longo prazo no direito privado. Por essa razão, esses contratos não se viabilizaram como um instrumento de intervenção institucional do Estado. Ou seja, entendemos que as tentativas de conciliação entre o contrato e os serviços públicos, ao elevarem o princípio do equilíbrio econômico-financeiro à estatura de critério para se avaliar a justiça da relação, dificultam a apreensão dos serviços públicos na sua dimensão de organização e de empreendimento que cumpre papel importante no desenvolvimento econômico e social.

Primeiramente, é preciso explicitar e qualificar como a evolução do direito contratual influenciou, ou reforçou, o papel do princípio do equilíbrio econômico-financeiro na concessão de serviço público. Como já ressaltamos, o surgimento desse princípio no direito civil veio complementar, e em alguns casos até substituir, o princípio do *pacta sunt servanda*. Seu impacto sobre as relações contratuais não foi desprezível especialmente porque, ao assumir o papel de protagonista, conseguiu assimilar duas perspectivas aparentemente inconciliáveis: assegurar que as relações contratuais não degenerassem num mecanismo recorrente e infindável de exploração econômica, garantindo, assim, padrões de justiça nessas relações; e, ao mesmo tempo, manter a funcionalidade do contrato em relação ao modo de produção capitalista. Pode-se atribuir a essa mediação as condições para consolidar o papel de destaque desse princípio.

Como vimos anteriormente, o objetivo do equilíbrio contratual é assegurar a funcionalidade do contrato como instrumento de circulação de riqueza. Nesse sentido, ele visa garantir a justiça comutativa das relações. Tanto é assim que a manifestação desse princípio em termos de política legislativa se fez por meio de garantias processuais que, de um lado, asseguravam o equilíbrio nos contratos, protegendo a parte considerada mais fraca na relação e, de outro, impunham padrões comportamentais, ligados ao princípio da boa-fé objetiva.[76]

A aplicação do princípio do equilíbrio contratual nos contratos de concessão respeitou suas características originais do direito privado, principalmente no que tange ao caráter subjetivo de sua preservação, ou seja, de proteção à parte supostamente mais fraca. E isso foi estimulado pela própria relação típica de autoridade entre o Estado e os cidadãos.

A importância do equilíbrio econômico-financeiro tem raiz na concepção, assaz difundida no direito administrativo, de que há uma relação de desequilíbrio de poder entre o cidadão e o Estado, de modo que garantias devem ser erigidas para compensar esse desnível e limitar o arbítrio e o abuso do poder público. Essa perspectiva foi transposta para a disciplina dos contratos de concessão, pela regra do equilíbrio econômico-financeiro. Tal regra adquiriu tamanha dimensão que, num dos estudos mais completos sobre o tema no Brasil, Caio Tácito afirmou que o equilíbrio econômico-financeiro é condição essencial de legalidade na concessão de serviço público.[77]

Um dos efeitos da incorporação das prerrogativas estatais decorrentes da natureza do poder público foi deslocar o equilíbrio econômico do contrato em si para as pessoas dos contratantes, como se emergisse da relação de concessão de serviço público uma situação de hipossuficiência próxima à do direito do consumidor ou do trabalho. Trata-se da chamada subjetivação da proteção ao equilíbrio, em que a relação desigual se demonstra com base na

76. Sobre o tema da boa-fé objetiva v.: Teresa Negreiros, *Teoria*...., ob. cit., p. 116.

77. "O equilíbrio financeiro na concessão de serviço público", Cap. III, art. cit., p. l.

existência de uma relação de adesão, ou seja, em que há um espectro restrito de escolhas por parte de um dos contratantes. Como já afirmamos, trata-se de uma proteção processual da parte mais fraca, ainda que decorra de uma situação estrutural.

Com isso, o equilíbrio contratual nos contratos de concessão foi apreendido primordialmente no reconhecimento da diferença de poder entre as partes de modo abstrato, como contraponto às prerrogativas públicas. Assim, todas as prerrogativas do poder público[78] são mitigadas pelo direito do concessionário à manutenção do equilíbrio econômico e financeiro do contrato.

Fez-se, como no direito privado, uma transposição automática entre a desigualdade de poder e hipossuficiência, pressupondo-se que as possíveis onerosidades excessivas e os desequilíbrios das prestações se constituem a favor do poder público. Para alguns contratos que envolvem a participação do poder público, essa analogia pode fazer sentido. No entanto, ela não se sustenta para os contratos de concessão de serviços públicos.

Nesses contratos, o padrão de diferenciação entre as partes deve ser atribuído à hierarquia das necessidades humanas. Por se tratar de contratos que regem a prestação de serviços públicos, a própria relevância do objeto da contratação obriga o Estado a ser responsável pela atividade, ou seja, quanto maior a essencialidade do bem, maior a responsabilidade pública. Paradoxalmente, nesses contratos, a identificação entre essencialidade e responsabilidade estatal gerou um efeito inverso do ponto de vista da relação contratual: o concessionário privado é alvo da proteção subjetiva devido exatamente à responsabilidade pública e à essencialidade do serviço objeto do contrato.

No caso dos serviços públicos, a vulnerabilidade contratual não deve ser definida em termos subjetivos, mas sim objetivos, pois não deve decorrer de um estado puramente subjetivo do contratante, mas da qualidade essencial do bem contratado, principalmente se considerarmos que diversos serviços públicos estão vinculados à realização de direitos sociais.

De fato, a regra do equilíbrio econômico-financeiro transformou-se em uma garantia do particular contra o poder público. Ela é aplicada indiscriminadamente a todos os contratos de concessão de serviços públicos, segundo o pressuposto de que é necessário manter as condições iniciais do contrato. Não se consideram as dinâmicas tecnológica, econômica e principalmente social que envolvem o serviço em questão. Tudo isso, somado às dificuldades de se regular um contrato de longo prazo devido aos problemas de assimetrias de informação, causa um desequilíbrio na relação a favor do concessionário, que pode comprometer a prestação adequada dos serviços. Não se afigura, desse modo, uma relação contratual pautada pelo planejamento comum e pelo compartilhamento dos riscos.

A subjetivação do equilíbrio contratual transforma-o num direito fundamental do concessionário e faz com que o equilí-

78. São elas: a existência de cláusulas regulamentares no contrato; a sujeição dos concessionários aos princípios inerentes à prestação de serviços públicos: continuidade, mutabilidade, igualdade dos usuários; o reconhecimento de poderes à administração concedente, como a encampação, a intervenção, o uso compulsório dos recursos humanos e materiais da empresa concessionária, o poder de direção e controle sobre a execução do serviço, o poder de aplicar sanções e decretar a caducidade; a reversão de bens da concessionária para o poder concedente, ao término da concessão; a natureza pública dos bens da concessionária afetados à prestação do serviço; a responsabilidade civil regida por normas publicísticas; os efeitos trilaterais da concessão de serviço público sobre o poder concedente, o concessionário e os usuários. Celso Antônio Bandeira de Mello agrega a essas regras outras típicas do chamado regime de direito público: a submissão estrita ao princípio da legalidade, a utilização de técnicas autoritárias, expressivas da soberania, presunção de legitimidade dos atos praticados, a auto-executoriedade deles, sua revogabilidade e unilateral declaração de nulidade, e a obediência ao principio da isonomia (*Prestação...*, ob. cit., p. 19).

brio seja visto como algo estático, imutável desde a celebração do contrato. É a manifestação inicial da vontade que condiciona toda a vida do contrato,[79] desprezando-se a perspectiva dinâmica do equilíbrio que o relaciona ao programa contratual[80] como um todo. O equilíbrio contratual é visto muito mais como um dado do que como um processo.

Não se nega a importância do equilíbrio econômico-financeiro como princípio contratual. A crítica que apresentamos se dirige ao papel pouco dinâmico que assumiu e à sua cristalização simultaneamente como núcleo do contrato e garantia fundamental do concessionário. Nesse contexto, ele inviabiliza o contrato de concessão como fonte e instrumento de cooperação, aproximando-o de um contrato sinalagmático. Ao invés de aproximar o dirigismo da cooperação, anula-o, retomando a idéia típica do paradigma liberal que vê os contratantes muito mais como competidores do que como munidos de um interesse comum vinculado à organização de uma atividade. Trata-se mesmo de um efeito paradoxal: o dirigismo contratual permitiu tratar a concessão como um contrato, mas o alcance de um dos princípios decorrentes do dirigismo contratual (o equilíbrio econômico) nos contratos de concessão acabou aproximando esses contratos do paradigma clássico.

Podemos ilustrar nossa tese observando a forma pela qual o principal instrumento de reequilíbrio contratual é utilizado nos contratos de concessão.

Referimo-nos à aplicação do *fato do príncipe* e da *teoria da imprevisão*.[81] Em primeiro lugar, a sua extensa aplicação já demonstra duas coisas: o equilíbrio inicial raramente é questionado, a despeito dos contratos serem de longa duração e envolverem serviços cuja evolução é constante e provoca mudanças sensíveis na estrutura de custos; e os desequilíbrios considerados são, geralmente, provenientes de fontes externas à relação, embora possam ser, muitas vezes, atribuídos ao poder público genericamente. Dessa forma, parte-se do pressuposto de que a *álea administrativa* e a *álea econômica* estão sob o controle do poder concedente, de modo que eventuais desequilíbrios, ainda que não diretamente dirigidos ao contrato, ficam sujeitos à responsabilidade deste. Essa situação é uma manifestação clara da ausência de regras estruturais que viabilizam uma cooperação contratual. A obrigação de preservar a continuidade do serviço, ameaçada por um evento externo ao contrato, é inteiramente do poder público. Ou seja, embora o objetivo seja realizar as necessidades públicas vinculadas ao serviço, os riscos não são repartidos, não havendo, assim, um elemento essencial para a configuração do ambiente cooperativo: a consideração do cocontratante.[82]

Desse modo, as mudanças causadas pelas transformações na ordem de mercado e na própria racionalidade jurídica que permitiram, por meio de princípios como o do equilíbrio contratual, a introdução da cooperação nas relações contratuais, não influenciaram as relações e contratos públi-

79. Nesse sentido, Marcel Waline afirma que "dans tous les cas ce cocontratant a un droit fondamental à ce que l'on appelle l'équilibre financier de son contrat, ou encore l'équation financière de son contrat. Cela ne veut d'ailleurs pas dire qu'on lui garantit une exploitation équilibrée ou bénéficiaire, mais le maintien de l'equivalence entre les avantages et les charges telle qu'elle avait été calculée, exactement ou nom, au moment de la conclusion du contract" (*Droit Administratif*, Paris, Sirey, 1959, p. 574).

80. Teresa Negreiros, *Teoria...*, ob. cit., p. 157.

81. Sobre a evolução desse tema na França, v. Celso Antônio Bandeira de Mello, *Prestação...*, ob. cit., pp. 45-46.

82. Agathe Van Lang, "Solidarisme contractuel et contrat administratif: une assotiation impensable", in De Luc Grynbaum e Marc Nicod (dirs.), *Le Solidarisme Contractuel*, Paris, Economica, 2004, p. 149. Como veremos adiante, no caso brasileiro, a teoria da imprevisão é aplicada de forma ainda mais rigorosa contra o poder público do que na França.

cos com a mesma intensidade e natureza. Assim, prevalece a concepção tradicional de contrato nessas relações – a lógica de conjugação de meios e fins de partes opostas. O interesse comum se liga essencialmente à idéia de cooperação antagonista.

Com a prevalência da cooperação antagonista, não se privilegiou a construção de um ambiente institucional que pautasse essas relações em outros princípios. Desprezou-se, com isso, a discussão sobre a necessidade de se inserir a dimensão solidária no centro da relação e de se pensar qual estrutura ou dinâmica contratual é mais eficaz para presidir a relação público-privada na gestão dos serviços públicos. Nesse contexto, todas as esperanças de realização das funções dos serviços foram depositadas nas prerrogativas do Estado. Não por acaso, o regime de serviços públicos pressupõe que o Estado possa transformar os capitalistas em funcionários a serviço do interesse público a partir de sua posição de supremacia.[83]

A título de conclusão parcial, podemos afirmar que, se de um lado a incorporação de critérios de justiça social nas políticas públicas – em que o protagonismo dos serviços públicos é o exemplo mais notório – e na regulação das relações contratuais privadas coincide historicamente, de outro, tal constatação não pode ser transportada automaticamente para os contratos de concessão de serviços públicos. O caráter ambíguo da concessão de serviço público – em que o forte componente de interesse público impediu considerá-la um contrato e a participação privada impossibilitou associá-la a um ato regulamentar – não se dissipou com a afluência do equilíbrio contratual como regra nuclear dessa relação. Ao contrário, em certo sentido, o tratamento subjetivo do equilíbrio contratual até acentuou essa contradição, o que observaremos na análise do caso brasileiro.

No Brasil, a relevância do equilíbrio econômico-financeiro pode ser mensurada pela qualificação que acompanha muitas vezes a sua definição: "princípio geral do direito administrativo";[84] "núcleo e princípio regulador dos contratos de concessão";[85] "pressuposto mesmo do instituto da concessão".[86] Vejamos, então, os caminhos que conformaram tal princípio e, em seguida, qual a sua amplitude e os seus efeitos na gestão dos contratos de concessão.

Embora a primeira lei geral de concessão de serviço público[87] no Brasil seja de 1995, a sua prática remonta ao século XIX, de modo que a consagração constitucional do equilíbrio econômico-financeiro como princípio não tardou a surgir, ainda que não expressamente com esse nome.[88-89]

De acordo com Caio Tácito,[90] a abrangência do equilíbrio econômico-financeiro

83. Nesse sentido v.: Pedro Gonçalves, *A Concessão...*, ob. cit., pp. 175-176.

84. Caio Tácito, "Equilíbrio financeiro nas concessões de energia elétrica", in *Boletim de Direito Administrativo* 8/489, ago./1996.

85. Marçal Justen Filho, *Teoria...*, ob. cit., p. 382.

86. Floriano Azevedo Marques Neto, "Concessão de serviço público: dever de prestar serviço adequado e alteração das condições econômicas. Princípio de atualidade. Reequilíbrio através da prorrogação do prazo de exploração", in *Revista Trimestral de Direito Público* 22/113, 1998.

87. Trata-se da Lei n. 8.987, de 1995, que, em seu art. 10 dispõe: "Sempre que forem atendidas as condições do contrato, considera-se mantido seu equilíbrio econômico-financeiro".

88. Esse histórico é feito por Caio Tácito, "Concessão de energia elétrica. Tarifas. Equilíbrio financeiro", in *Revista de Direito Administrativo* 203/407-408, jan.-mar./1996.

89. A Constituição atual, em seu art. 175, conserva como finalidade da lei a preservação do caráter especial dos contratos de concessão e destaca como de sua essência: a atenção aos direitos dos usuários e a adoção de política tarifária compatível com a prestação de serviço adequado. O equilíbrio econômico-financeiro também é assegurado para as contratações públicas em geral (art. 37). Tal diretriz é reforçada pelo art. 65 da Lei n. 8.666/1993 (Lei de Licitações).

90. Caio Tácito, "O equilíbrio financeiro na concessão de serviço público", ob. cit., p. 8. Do ponto de vista da construção doutrinária, esse estudo

incluía não só a teoria do fato do príncipe, em que a ação do poder concedente direta – por meio de novas imposições contratuais – ou indiretamente atingia a economia contratual, como também a teoria da imprevisão, hipótese em que o prejuízo era oriundo de ato de autoridade administrativa estranha ao contrato.[91] Mesmo nesse caso, caberia ao poder concedente alguma compensação ao concessionário, pois este é obrigado a manter os serviços devido ao princípio da continuidade. A aplicação dessas teorias conforma o equilíbrio econômico-financeiro como fundamento geral da responsabilidade objetiva nos contratos de concessão.

As próprias cláusulas de revisão e reajuste tarifários significam a internalização do princípio da imprevisão baseado na álea econômica. Note-se que, com isso, a teoria da imprevisão, que antes era um mecanismo para garantir a execução contratual em detrimento do *pacta sunt servanda*, passou a fazer parte dele, gerando, inclusive, um direito adquirido embutido na conformação de um ato jurídico perfeito. Na expressão de Laubadère, citada por Caio Tácito, trata-se da "consécration conventionelle de l'imprévision".

No direito brasileiro, a adoção do equilíbrio econômico-financeiro inspira-se no direito francês. Esse equilíbrio consolida-se, como no país de origem, no prato da balança que compensa o peso das prerrogativas do poder público. Pouco se menciona que ele poderia ser visto também como uma garantia do poder concedente, até porque não é absurda a hipótese de o concessionário subverter esse equilíbrio.

Em linhas gerais essa é, *mutatis mutandi*, a concepção de equilíbrio econômico-financeiro que vigora até hoje, tendo o papel de alicerce da relação contratual entre poder público e concessionário, e funcionando como garantia para este último. O fato de a Lei n. 8.987/1995 prever logo em seu art. 2º, II, que o concessionário assume os riscos pela atividade, não significa a negação de tudo o que foi dito acima. Geralmente são considerados riscos, nesse caso, somente aqueles inerentes à atividade empresarial, que são típicos de qualquer empreendimento econômico.

Percebemos, assim, que a influência da doutrina francesa do equilíbrio econômico-financeiro sobre o direito brasileiro é significativa. No entanto, a incapacidade de se assegurar um ambiente cooperativo na gestão dos serviços públicos se intensificou no caso brasileiro. Explica-se.

Sabe-se que uma das características essenciais da evolução do direito contratual, no que concerne à introdução da cooperação nos contratos, é o compartilhamento dos benefícios e ônus da relação contratual entre as partes. Num sentido mais restrito, cooperar é associar-se com outro para benefício mútuo ou para divisão mútua de ônus, sendo que a mutualidade se reporta ao benefício substantivo e não apenas à

sobre o tema do equilíbrio econômico-financeiro é considerado um marco no pensamento jurídico brasileiro.

91. Caio Tácito, "O equilíbrio financeiro na concessão de serviço público", Cap. III, ob. cit., p. 9. O autor ressalta que, quando se trata de medidas de ordem geral que afetam a economia contratual, não é o fato do príncipe que se aplica como fundamento indenizatório, mas sim a teoria da imprevisão, sendo que o fato deve ser anormal, imprevisto e intolerável. Ela está associada tanto a eventos naturais (terremotos, inundações...), intervenções administrativas ou legais (controle de preços, p.ex.) e, primordialmente instabilidade econômica e social (guerras, crises econômicas, desvalorização da moeda). Embora neste trabalho o fato do príncipe seja identificado à álea administrativa, seguindo as lições de Caio Tácito, não abandonamos as observações de Maria Sylvia Di Pietro. Para ela, a álea administrativa abrange três modalidades: uma decorrente do poder de alteração unilateral do contrato administrativo; outra decorrente do fato do príncipe, que seria um ato de autoridade, não diretamente relacionado ao contrato, mas repercutindo indiretamente sobre ele; e, por fim, o fato da administração, entendido como toda conduta desta – não como parte do contrato – que torne impossível para o particular a execução do contrato (in Maria Sylvia Zanella Di Pietro, *Direito Administrativo*, 19ª ed., São Paulo, Atlas, 2006, p. 282). Não nos preocuparemos com essa distinção em nosso estudo porque, nas três situações citadas pela autora, o particular terá o direito à manutenção do equilíbrio econômico do contrato.

existência de uma contrapartida formal.[92] Dessa dimensão depende a configuração do contrato como uma forma de organização de relações econômicas destinadas à realização de uma tarefa comum, sem o que não se pode falar em cooperação.

No entanto, não há nada mais distante dessa configuração do que os contratos de concessão. Como vimos, são fartas as manifestações na doutrina de que, logo o contrato responsável pela realização das funções de solidariedade social expressas nos serviços públicos, baseia-se justamente na contraposição de interesses entre o poder público e o particular para a organização dos serviços.

Na França, ainda há alguns resquícios da dimensão cooperativa, na medida em que o princípio da intangibilidade do equilíbrio econômico-financeiro não é tão absoluto quanto pensamos. Lá, como afirma Eros Grau, tanto o fato do príncipe (álea administrativa) quanto a teoria da imprevisão (álea econômica) são fundamentos suficientes para autorizar a modificação dos chamados contratos administrativos. No entanto – e a isso poucos autores brasileiros se referem explicitamente –, há uma diferença quanto aos efeitos de cada situação. Na primeira hipótese, o poder público está obrigado a indenizar o total das perdas sofridas pelo concessionário, porém na constatação da imprevisão, os ônus deverão ser suportados por ambas as partes, ou seja, compartilhados. No Brasil, essa distinção entre fato do príncipe e teoria da imprevisão perde operacionalidade exatamente porque no nosso sistema jurídico, ao contrário do que acontece na França, as duas hipóteses acarretam o mesmo efeito: o dever de a administração recompor o equilíbrio econômico-financeiro do contrato. Nos dois casos, a revisão se impõe simplesmente porque houve um fato imprevisto – não decorrente do comportamento da concessionária – que abalou a equação econômica original.[93-94]

Dessa forma, a teoria da imprevisão[95] acarreta o total reequilíbrio do contrato pela administração, simplesmente porque se pressupõe que o serviço, por ser público, é de total responsabilidade do Estado. Objetivamente: os benefícios são da concessionária e os ônus são do poder concedente.

Temos assim que, no Brasil, a imutabilidade do equilíbrio econômico-financeiro é reforçada tanto mais quanto se configura como uma garantia privada. Nesse contexto, a frase de Francis-Paul Benoît,[96] de que "o regime de contrato de direito público pode, muito ao contrário, comprovar-se muito mais favorável para os particulares co-contratantes da Administração do que para eles o seria o regime de contrato de direito privado", revela-se mais ilustrativa do sistema legal brasileiro do que do francês. Aqui, as garantias e benefícios ao concessionário revelam-se muito mais uni-

92. Ronaldo Macedo Jr., *Contratos...*, ob. cit., p. 173.

93. "Equilíbrio econômico...", ob. cit., p. 116.

94. Por essa razão, Celso Antônio Bandeira de Mello é enfático ao afirmar que "não se pode extrapolar integralmente para o direito brasileiro as soluções francesas, pois não se ajusta de modo completo a nosso Direito Positivo. Este se orientou de maneira a oferecer ao concessionário uma garantia muito mais ampla do que a que lhe é dispensada na França. (...) No que se referem à álea econômica, quando invocável a teoria da imprevisão, o resguardo do concessionário é completo, e não apenas parcial, como no Direito Francês" (*Curso...*, ob. cit., pp. 634-635).

95. Seus pressupostos são: a imprevisibilidade do evento, com base num panorama de razoabilidade; a inimputabilidade do evento às partes, ou seja, independência entre o fato e a vontade das partes; uma grave modificação nas condições do contrato, sendo necessário que a gravidade e a persistência de um prejuízo excedam aquilo que o contratado podia e devia razoaelmentc prever; e por fim, a ausência de impedimento absoluto, ou seja, o evento não apresenta cunho de definitividade absoluta, até porque isso conduziria a extinção do contrato por força maior (Marçal Justen Filho, *Teoria...*, ob. cit., p. 386).

96. *Le Droit Administratif Français*, Paris, Dalloz, 1968, p. 588, *apud* Marçal Justen Filho, *Teoria...*, ob. cit., p. 391.

laterais e, portanto, mais intensas, do que no direito privado. Na França, como observamos, ainda há formas de se eliminar bilateralmente o risco, introduzindo a cooperação, ainda que de forma incipiente. Já a tradução brasileira do instituto da concessão e de seu princípio fundamental fez jus ao nosso hábito histórico de introduzir soluções estrangeiras, adaptando-as de forma caricatural: transplantando os defeitos para valorizar as supostas virtudes.

## 5. *Considerações finais*

Vinculada à retórica do surgimento de um novo modelo de Estado, a afirmação do modelo convencional em detrimento dos instrumentos de imposição unilateral é vista como um processo rico de potencialidades positivas. Isso porque, a promoção do consenso dos administrados significaria tanto o desenvolvimento de uma ativa e consciente participação como a eficiência do procedimento administrativo. Nesse sentido, o contrato, com os valores que exprime, coloca-se, de certo modo, como símbolo e suporte de um novo e mais avançado modelo de relação entre autoridade e liberdade.

A questão é saber até que ponto, com esse processo, pode-se estabelecer um ambiente de cooperação contratual que permita conciliar e compatibilizar princípios estatutários com negociação nos contratos de concessão de serviços públicos. Parece-nos que a tentativa de comprometer a fórmula de Durkheim, segundo a qual nem tudo que está no contrato é contratualizável, acaba restabelecendo uma noção clássica de contrato. O impacto dessa perspectiva sobre os contratos de concessão de serviços públicos intensifica a forma como eles têm sido implementados.[97]

Explica-se. A inegável interseção entre o direito civil e administrativo[98] não é capaz de produzir os efeitos cooperativos "desejados" pelo processo de contratualização, justamente porque se pretende uma volta ao contrato clássico, em que impera a lógica de contraposição de interesses.

Nesse sentido, pode-se dizer que o principal produto do processo de contratualização dos contratos de concessão – ao sugerir a atenuação da dicotomia entre a regulação hierárquica estatal e a idéia de livre negociação na gestão dos serviços por meio do fortalecimento da segunda – é a acentuação da chamada cooperação antagonista, que já vigora nos contratos de concessão, como ressaltamos acima. Ou seja, além de não introduzir uma dimensão cooperativa, reforça a oposição entre o público e o privado. A idéia de livre negociação contratual, ao pressupor a negociação da própria regra do direito, implica em aproximar o contrato de concessão de serviço público do contrato privado.

Como podemos observar da evolução da integração entre o interesse público e privado nos contratos de concessão, o processo de contratualização destes não altera a dicotomia criada em torno do binômio equilíbrio contratual[99] *versus* prerrogativas

97. De fato, a introdução da lógica do direito contratual privado, em seu paradigma clássico, no direito administrativo, tem levado a uma tentativa de relativização das prerrogativas estatais nos contratos de concessão, principalmente após o movimento de privatização dos serviços públicos. Ao posicionar esse debate no contexto francês, Plessix acentua também a tentativa constante de se transpor as regras do direito civil para o direito administrativo, que leva à aplicação, sem intermédio, do próprio direito civil. No caso francês, tal procedimento serviria para demonstrar, a partir dos empréstimos feitos do direito civil, a ausência de toda originalidade do direito dos contratos públicos, constatando, afinal, a identidade entre o contrato administrativo e o contrato privado (*L'Utilisation...*, ob. cit., p. 718).

98. Maria Sylvia Zanella Di Pietro, *Do Direito Privado na Administração Pública*, São Paulo, Atlas, 1989, p. 135.

99. A própria manutenção do equilíbrio econômico-financeiro como regra basilar desses contratos, nos moldes destacados nessa tese, revela o caráter apenas retórico do discurso cooperativo nas concessões. A não coincidência de interesses permanece pungente, e determinante, confirmando a atualidade da afirmação de Zanobini de que "o fim

estatais. Ou seja, a cooperação não se estabelece porque, além de não prevalecer um interesse comum condutor da relação, não se forma uma organização que internalize os possíveis conflitos.

A inexistência de interesse comum também acarreta a dificuldade de se enxergar o contrato de concessão como um contrato plurilateral, conforme concebido por Tullio Ascarelli.[100] Não é possível transpor para o contrato de concessão as características desse contrato, na medida em que, naquele: (i) o contrato não assume um cunho instrumental quanto à disciplina das sucessivas relações jurídicas das partes; (ii) não se constitui um condomínio sobre os bens destinados à realização da finalidade comum; (iii) os direitos não são do mesmo tipo, são qualitativamente diversos; (iv) é impossível a entrada de novas partes no contrato; (v) os vícios de uma das manifestações de vontade contaminam todo o contrato, enquanto nos plurilaterais há uma distinção clara entre a configuração de vício na adesão de cada parte e o que respeita ao contrato no seu conjunto, de modo que a anulabilidade ou nulidade da manifestação de adesão não importa na anulabilidade ou nulabilidade de todo o contrato; (vi) não prepondera o princípio da conservação do contrato, e a oportunidade de não se estender além do necessário as conseqüências da nulidade ou da anulação de uma das manifestações de vontade;[101] (vii) exige-se que as prestações de cada parte se apresentem numa relação jurídica de equivalência, substituindo-se reciprocamente, no patrimônio de cada uma.

Nos contratos de concessão, não há o surgimento dessa dimensão institucional, que permita escapar da lógica dos direitos subjetivos e dos interesses conflitantes, e a regra de julgamento para resolução dos conflitos de interesses é a do equilíbrio econômico-financeiro. Qualquer alteração

que os concessionários se propõem, através da gestão de um serviço público, não é público, mas privado: a obtenção de um lucro. Analisando as coisas mais de perto, conclui-se que de comum o Estado e os concessionários apresentam, não os fins – que são radicalmente diversos –, mas apenas o meio que serve à realização desses fins; o meio através do qual o Estado e os concessionários conseguem realizar esses fins é único: a gestão e o funcionamento do serviço público" (*L'Esercizio*, p. 438 *apud* Pedro Gonçalves, *A Concessão...*, ob. cit., p. 171).

100. "O contrato plurilateral", in Tullio Ascarelli, *Problemas das Sociedades Anônimas e Direito Comparado*, São Paulo, Bookseller, 2001, pp. 373-438. A principal característica dos contratos plurilaterais é, sem dúvida, a finalidade comum das partes. Para o autor, à pluralidade corresponde a circunstância de que os interesses contrastantes das várias partes devem ser unificados por meio de uma finalidade comum: os contratos plurilaterais aparecem como contratos com comunhão de fins. O conceito de fim ou escopo do contrato passa a ser autônomo em relação ao próprio contrato. Nos demais contratos, a finalidade do contrato, entendida em sentido genérico, identifica-se com a função típica do próprio contrato, quando se pensa, p. ex., na troca de coisa por preço. No entanto, quando o contrato se refere a uma atividade ulterior das partes, a finalidade permanece, em princípio, no campo dos motivos. Sendo assim, o escopo é juridicamente relevante nos contratos plurilaterais, em sua precisa configuração em cada caso concreto. Ele constitui, dessa forma, o elemento comum, unificador das várias adesões, e concorre para determinar o alcance dos direitos e dos deveres das partes. É essa finalidade comum que evidencia o papel instrumental desses contratos, explicitada na idéia de que sua função não termina quando executadas as obrigações das partes. A execução dessas obrigações constitui a premissa para uma atividade ulterior, cuja realização é a finalidade precípua do contrato. Para tanto, é condição essencial a distinção clara entre o que diz respeito à formação do contrato e ao preenchimento da sua função instrumental. Os requisitos exigidos para este último não enxergam apenas o momento da celebração do contrato, mas também a vida da organização e devem, por isso, continuamente subsistir. É a constituição de uma organização que assegura a concretização da finalidade do contrato plurilateral. Essa é a principal forma de garantir a vinculação entre as partes na realização das funções do contrato, muito mais do que a existência inicial de um interesse comum. A relação entre finalidades comuns e instrumentalidade do contrato plurilateral é o que permite a referência a uma atividade ulterior que não se restrinja às relações entre os que participam do contrato plurilateral, abrigando as relações de organização com terceiros ou com associados que recorrem a seus serviços.

101. Tullio Ascarelli, "Contratos...", ob. cit., p. 413.

no comportamento das partes ou de elementos externos que provoquem um rearranjo no contrato pode ensejar o rompimento contratual, o que, sem dúvida, revela-se incompatível com a formação de um ambiente cooperativo.

Após esse estudo, podemos afirmar que o limite da visão do "direito de parceria" está na manutenção, e até intensificação, do equilíbrio contratual como regra reguladora da relação, o que impulsiona o caráter contratual em detrimento do regulamentar. Ela é incapaz de fundar um novo marco institucional para a gestão dos serviços que supere o paradigma da cooperação antagonista.

Certamente, não é imprescindível a coincidência total entre os interesses públicos e privados para que se assegure a prestação adequada de determinados serviços públicos. Em alguns casos, no entanto – exatamente pelo fato de que não há coincidência de interesses –, é necessário que o arcabouço institucional faça com que ambas as partes ajam como se impulsionadas pelo interesse de cumprir os objetivos do serviço público em questão. Para que essa incapacidade de configurar um ambiente cooperativo seja superada, a estrutura de gestão dos serviços deve apresentar natureza organizacional.

O movimento da "nova" concessão segue, na verdade, em sentido oposto. Isso porque estratifica a lógica contratual em seu significado clássico, de eterna contraposição de interesses, supondo, de um lado, que o poder de direção da administração sobre o contrato é compensado pelas garantias privadas, sendo a principal delas a do equilíbrio econômico-financeiro.

# Atualidades

## *INCOTERMS*[1] E TÉCNICA CONTRATUAL[2]

EMMANUEL JOLIVET[3]

*§ 1. INTRODUÇÃO. SEÇÃO I – O recurso ao Incoterm. SUBSEÇÃO I – O recurso na presença do consentimento. § 2. A FORMA DO CONSENTIMENTO. I. O consentimento expresso. II. O consentimento tácito. § 3. A EXTENSÃO DO CONSENTIMENTO. I. A escolha da versão aplicável. II. A escolha do termo. SUBSEÇÃO II – O recurso na ausência do consentimento. § 4. O AUTOR DO RECURSO AO INCOTERM. § 5. A FORMA DO RECURSO AO INCOTERM. SEÇÃO II – O efeito do recurso ao Incoterm. SUBSEÇÃO I – Operações jurídicas regidas pelo Incoterm. § 6. A VENDA COMERCIAL INTERNACIONAL. I. A ausência de definição. II. As classificações das vendas consideradas pelos Incoterms. § 7. OS OUTROS CONTRATOS. SUBSEÇÃO II – Obrigações regidas pelo Incoterm. § 8. A INTERPRETAÇÃO DAS OBRIGAÇÕES. § 9. A CRIAÇÃO DAS OBRIGAÇÕES. I. As obrigações selecionadas. II. As obrigações excluídas.*

### *§ 1. INTRODUÇÃO*

***1.*** Os *Incoterms* 2000,[4] regras da Câmara de Comércio Internacional para a interpretação de termos comerciais, entraram em vigor dia 1º de janeiro de 2000. No momento em que se discute a possibilidade de uma revisão, em nome de uma suposta periodicidade decenal das versões desses termos,[5] um aspecto particular dos *Incoterms*, a saber, as relações entre esses termos e a técnica contratual, merece atenção. O que nos ensina a prática cotidiana dos *Incoterms* em matéria de redação de contratos internacionais? A análise dessa prática parece contribuir de forma útil para o debate sobre a pertinência de uma revisão dos *Incoterms*.

***2.*** Os *Incoterms* continuam sendo objeto de questões práticas colocadas à CCI pelos atores do comércio internacional, sendo utilizados cotidianamente em um grande número de contratos internacionais, recomendados[6] como elementos essenciais em matéria de simplificação dos contratos

1. *Incoterms* é uma marca da Câmara de Comércio Internacional (CCI).

2. N.T.: este artigo foi originalmente publicado em francês ("*Incoterms* et technique contractuelle", in *Incoterms & betalingstechnieken in de internationale handel*, obra coletiva sob a direção de Christophe Dehouck, die Keure, 2007, pp. 247-269). Versão em português elaborada por Leandro Rigueira Rennó Lima, Doutorando pela *Université de Versailles Saint-Quentin-en-Yvelines* (França). Doutorado realizado com o apoio da PUC/MG e do Programa AlBan, Programa de bolsas de estudo de alto nível da União Européia para a América Latina. O tradutor agradece a Srta. Gisela Mation pela preciosa colaboração na revisão do texto traduzido.

3. As opiniões expressas são apenas do autor. As instituições às quais ele está ligado não podem ser responsabilizadas por eventuais inexatidões ou opiniões lançadas nesse artigo.

4. *Incoterms* 2000, pub. CCI n. 560. A primeira edição bilíngüe inglês-francês é de set./1999.

5. Somente com a entrada em vigor das últimas três versões, os *Incoterms* 2000, 1990, 1980 ocorreu um espaço de dez anos. As versões anteriores entraram em vigor em 1936 e 1953. Em 1967 e 1976, novos *Incoterms* foram introduzidos sem ocasionar a modificação da versão.

6. Commission Économique pour l'Europe des Nations-Unies, CEFACT-ONU, Abréviation des *Incoterms*, Code Alphabétique des *Incoterms* 2000,

e de harmonização do direito e consagrados como verdadeira norma jurídica.

*3.* A compreensão do que é um *Incoterm*[7] deve ser a etapa preliminar de qualquer utilização desses termos padronizados.[8] Inicialmente, o *Incoterm* é um conjunto organizado de disposições contratuais relativas às obrigações respectivas de um vendedor e de um comprador no quadro de uma venda internacional de produtos. O *Incoterm* designa, igualmente, uma expressão[9] ou uma "palavra-código".[10] Trata-se de uma metonímia[11] freqüentemente utilizada pelos atores do comércio internacional. Ora, o sentido aceito por esses atores, quando fazem menção a um *Incoterm* em uma operação jurídica, conduz à aplicação de um determinado regime jurídico. O efeito do recurso ao *Incoterm* (seção II) depende diretamente do tipo de recurso ao *Incoterm* (I) que é realizado.

## Seção I – O recurso ao Incoterm

*4.* O recurso a um *Incoterm* pode ser feito de diferentes maneiras. Todavia, parece que uma classificação dos tipos de recursos pode ser feita de acordo com a presença (subseção I) ou a ausência (subseção II) de consentimento dos atores da operação jurídica.

### Subseção I – O recurso na presença do consentimento

*5.* Os atores de uma operação jurídica podem manifestar sua vontade ao fazer menção aos *Incoterms* para reger essa operação. A manifestação, ou seja, a forma (§ 2) do consentimento e a sua extensão (§ 3) devem ser diferenciadas.

### § 2. A forma do consentimento

*6.* De maneira clássica no direito das obrigações, o consentimento expresso (I) deve ser diferenciado do consentimento tácito (II).

#### I. O consentimento expresso

*7.* Quando as partes exprimem de forma expressa sua vontade de recorrer aos *Incoterms*, essa manifestação de vontade pode assumir a forma de uma incorporação *in extenso* do termo comercial escolhido ao contrato. Todas as obrigações do vendedor, agrupadas nos itens A1 a A10, e todas as obrigações do comprador, agrupadas nos itens B1 a B10, seriam assim copiadas no contrato. Essa técnica de redação, ainda que válida juridicamente e permitindo beneficiar de certas vantagens dos *Incoterms* em relação a uma nova redação pelas partes das obrigações estabelecidas por esses termos, não se encontra na prática.

*8.* As partes que desejam fazer menção a um *Incoterm* procedem sistematicamente a uma incorporação "mínima", que pode assumir duas formas distintas. As partes podem fazer menção a um *Incoterm* indicando no contrato a expressão escolhida, ou apenas mencionar a palavra-código que corresponde ao termo escolhido. Essa técnica de incorporação por referência

*Recommandation* n. 5, ECE/TRADE/259, 4ème éd., Genève, mai 2000.

7. Eles são 13 na versão 2000, a saber: "A l'usine (... lieu convenu)", "Franco transporteur (... lieu convenu)", "Franco le long du navire (... port d'embarquement convenu)", "Franco bord (... port d'embarquement convenu)", "Coût et fret (... port de destination convenu)", "Coût, assurance et fret (... port de destination convenu)", "Port payé jusqu'à (... lieu de destination convenu)", "Port payé, assurance comprise, jusqu'à (... lieu de destination convenu)", "Rendu frontière (... lieu convenu)", "Rendu ex ship (... port de destination convenu)", "Rendu à quai (... port de destination convenu)", "Rendu droits non acquittés (... lieu de destination convenu)", "Rendu droits acquittés (... lieu de destination convenu)".

8. Para um estudo geral da noção dos *Incoterms*, v. Emmanuel Jolivet, *Les Incoterms, Étude d'une Norme du Commerce International*, coll. Bibl. du Droit de l'Entr., t. 62, Litec, 2003, 486 p.

9. P. ex., "A l'usine (... lieu convenu)".

10. P. ex., "EXW (... lieu convenu)".

11. N.T.: No texto original, o autor utiliza o termo "synecdoque", que é um tipo particular de metonímia.

apresenta a maior simplicidade de utilização e corresponde à utilização dos *Incoterms* visualizada pela CCI. O contrato pode, dessa forma, conservar uma redação concisa e o risco de erro na realização da cópia na íntegra do *Incoterm* escolhido é inexistente. Essa técnica, apesar de simples, é geralmente mal controlada na prática e ocasiona um certo número de dificuldades na identificação do regime jurídico ao qual as partes desejaram submeter o seu contrato.

*9.* Se a tipografia da palavra-código[12] apresenta pouca dificuldade, a tradução dessa última ou a atribuição de um significado outro que aquele previsto pelos *Incoterms* é fonte de incertezas. As palavras-código são invariáveis e baseadas na expressão inglesa. Apesar de ter sido, às vezes, solicitada e até mesmo imposta[13] a tradução em uma língua específica, tal abordagem deve ser evitada, uma vez que o envio ao *Incoterm* tornar-se-ia ambíguo. O significado das palavras-código é igualmente intangível. Modificar o significado estabelecido pelos *Incoterms*[14] gera dificuldades práticas, que podem chegar até à submissão a um regime jurídico totalmente diferente daquele inicialmente previsto pelos contratantes.[15]

*10.* Uma dificuldade prática pode estar ligada à menção simultânea de muitos *Incoterms* no contrato. As condições gerais de venda podem assim mencionar dois termos comerciais. A intenção do vendedor que faz esse tipo de redação contratual é realizar a escolha final do *Incoterm* em condições particulares. Pode acontecer, entretanto, que essa escolha não seja manifestada expressamente. A identificação do *Incoterm* selecionado pressupõe, então, o exame do comportamento das partes e dos documentos relativos à negociação ou à execução do contrato. A análise desses elementos permitirá o reconhecimento ou a rejeição da existência de uma escolha tácita de um *Incoterm*.

## *II. O consentimento tácito*

*11.* O consentimento tácito para que o contrato seja regido por um *Incoterm* é suscetível de graduações. As partes mencionam, às vezes, um termo comercial no seu contrato sem precisar que se trata de um *Incoterm*. A simples incorporação do termo por referência irá criar uma ambigüidade quando a expressão ou a palavra-código presente no contrato, em razão mesmo da sua formulação incompleta, corresponde a uma expressão ou palavra-código que possa remeter a um *Incoterm* ou a um outro termo comercial, definido, por exemplo, por uma lei[16] ou um uso portuário. Esse problema prático é encontrado freqüentemente com os termos "A l'usine", "FOB",[17] "CIF" e "Coûts et fret".

*12.* A incerteza quanto à menção ou não de um *Incoterm* pode ser maior quando as partes tiverem empregado uma ex-

12. Podem ser empregados em letras maiúsculas, minúsculas, uma maiúscula seguida de minúsculas, separadas ou não por pontos.

13. Para um exemplo a não ser seguido, v. a tabela das condições internacionais de venda publicada no *Journal Officiel de la République Française*, de 24.4.2004, reproduzido in Premier Ministre, Commission Générale de Terminologie et de Néologie, *Vocabulaire de l'Economie et des Finances, Enrichissement de la Langue Française*, 2006.

14. Em um caso recentemente submetido à CCI, as partes haviam utilizado a palavra-código FAS para fazer menção à expressão "Free Along Side" (e não "Free Alongside Ship", como previsto pelos *Incoterms*) em uma venda que não era marítima.

15. A título de exemplo, fazemos menção ao antigo debate na jurisprudência belga sobre o significado da palavra-código FOB. Deve-se adotar "Franco Bord", tal como previsto pelos *Incoterms*, ou "Franco à Bord". No primeiro caso, a transferência dos riscos e custos se efetua na passagem da amurada do navio, no segundo, quando a mercadoria é levada para o porão do navio.

16. P. ex., na França, a Lei n. 69-8, de 3.1.1969, relativa ao armamento e às vendas marítimas, *Journal Officiel de la République Française*, de 5.1. 1969.

17. P. ex., os "FOB" americanos do art. 2, §§ 2-319 a 2-324, do Código Uniforme do Comércio; o "FOB" Dunkerque; o "FOB" Anvers.

pressão ou uma palavra-código que não corresponda a um *Incoterm*. Como na hipótese anterior, o comportamento das partes ou certos elementos periféricos do contrato podem permitir a identificação do *Incoterm* que as partes tiveram a intenção de respeitar.

*13.* A menção expressa ou tácita de um *Incoterm* não elimina toda incerteza quanto às obrigações que as partes quiseram colocar no contrato. A extensão do consentimento deve ser analisada.

### *§ 3. A extensão do consentimento*

*14.* A prática revela que as partes, algumas vezes, manifestam expressamente sua vontade de recorrer aos *Incoterms*, sem que, entretanto, essa manifestação de vontade permita a determinação precisa da extensão das estipulações contratuais. A incerteza pode se referir à escolha da versão dos *Incoterms* aplicável (I), ou à escolha do termo (II).

### *I. A escolha da versão aplicável*

*15.* A CCI recomenda a definição sistemática da versão dos *Incoterms* à qual as partes desejaram submeter seu contrato. Essa definição assume a forma da indicação do ano da versão escolhida. O local dessa indicação importa pouco juridicamente. Entretanto, por razões de simplicidade e de facilidade de leitura do contrato, recomenda-se colocá-la após a expressão ou a palavra-código escolhida.[18]

*16.* A escolha manifestada pode não corresponder à versão em vigor. Pode se tratar, por um lado, de uma situação na qual as partes desejaram submeter seu contrato à versão dos *Incoterms* em vigor na data de entrada em vigor do contrato, e que uma versão dos *Incoterms* posterior àquela escolhida tenha entrado em vigor durante a execução do contrato. Pode se tratar, por outro lado, da escolha de uma versão anterior àquela em vigor na data de entrada em vigor do contrato.

*17.* Em aplicação do princípio da liberdade contratual, nenhuma obrigação jurídica impediria, em princípio, as partes de realizarem uma tal escolha. A entrada em vigor de uma versão dos *Incoterms* é apenas a data na qual a CCI incentiva o recurso a essa versão ao invés da versão anterior. Essa entrada em vigor não revoga de nenhuma maneira as versões anteriores dos *Incoterms*. A referência a essas últimas no contrato permanece válida e os termos escolhidos continuam sendo a "lei entre as partes".[19] Considerações práticas não devem, entretanto, ser negligenciadas. A adoção de uma nova versão dos *Incoterms* pela CCI corresponde a um desejo e a uma demanda dos atores do comércio internacional. Toda versão nova leva em consideração a evolução do comércio internacional. Assim, após a primeira versão dos *Incoterms* em 1936, esses termos foram revisados para assimilarem especialmente o desenvolvimento do transporte aéreo, o transporte de *containers* e multimodal, as rupturas de carga na fronteira. Deixar de escolher um termo em sua última formulação pela CCI deve ser o resultado de uma análise jurídica e prática minuciosa, devendo as conseqüências de uma tal escolha ser visualizadas pelas partes. As partes em um contrato concluído em 2007 poderiam, por exemplo, não selecionar o termo DEQ tal como definido nos *Incoterms* 2000 e preferir a definição dada pelos *Incoterms* 1990, ficando, então, a obrigação de descarga sob a responsabilidade do vendedor. A contribui-

18. Uma incorporação correta de um *Incoterm* seria, p. ex., "A l'usine, aire de stockage 3, entrée G, *Incoterms* 2000".

19. A ausência de questionamento sobre a validade da escolha de um *Incoterm* realizada no momento da conclusão do contrato com base na versão dos *Incoterms* existente naquele momento é particularmente importante em matéria de condições gerais e de contratos-tipo, cuja freqüência de atualização é, às vezes, menor que a dos *Incoterms*.

ção dos *Incoterms* 2000 em matéria de racionalização da formulação dos termos seria, então, descartada.

*18.* A escolha da versão aplicável pode não ser mencionada no contrato, as partes referindo-se apenas a uma expressão ou palavra-código. Quando essa expressão ou palavra-código aparece em apenas uma versão dos *Incoterms*, a identificação da versão dos *Incoterms* aplicável não apresenta dificuldades.[20] Entretanto, é mais comum e delicada a situação na qual a expressão ou a palavra-código figura em muitas e mesmo em todas as versões dos *Incoterms*.[21] Algumas obrigações do contrato, como, por exemplo, a troca de documentos eletrônicos, permite a circunscrição a um número de versões às quais as partes teriam potencialmente se referido. Todavia, não é sempre possível identificar a versão dos *Incoterms* aplicável para a análise das obrigações das partes no contrato. Nessa hipótese, deve-se entender que as partes desejaram se referir à versão da data de entrada em vigor do contrato ou deve-se interpretar o termo em relação à versão em vigor no momento em que a interpretação do contrato torna-se necessária, por exemplo, durante uma disputa? A menção de uma data de entrada em vigor dos termos, assim como sua natureza de "regras de interpretação" proclamadas pela CCI, podem incitar a consideração de que a versão aplicável é aquela em vigor no momento em que surja uma necessidade de interpretação do contrato. Não existiria, então, um risco de questionamento das disposições contratuais, exceto para admitir que as partes tenham consentido a essa aplicação temporal dos *Incoterms*, por exemplo, por se tratar de um uso? Os *Incoterms* não apresentam nenhum elemento de resposta, nenhuma precisão de direito transitório tendo sido dada pela CCI.

*19.* O consentimento para recorrer a uma versão dos *Incoterms* não é suficiente para determinar o regime jurídico do contrato visualizado pelas partes.[22] Deve-se ainda especificar o *Incoterm* aplicável à operação jurídica.[23]

## *II. A escolha do termo*

*20.* O acordo das partes recai normalmente sobre um dos termos enumerados na lista dos *Incoterms* que aparece na versão da publicação da CCI à qual as partes desejaram se referir. Cada versão dos *Incoterms* oferece uma lista limitativa de termos.[24] A existência de palavras-código mais numerosas para algumas versões dos *Incoterms*, em razão da atribuição de palavras-código a certas variantes dos *Incoterms* pela Comissão Econômica para a Europa das Nações Unidas, não deve conduzir à consideração de que existiriam mais *Incoterms* do que aqueles codificados pela CCI.[25]

20. Para uma tabela completa de todas as expressões ou de todas as palavras-código a partir de 1936, v. Emmanuel Jolivet, ob. cit., pp. 475-477.

21. É o caso das palavras-código FAS, FOB e CIF, que estão presentes nas diferentes versões dos *Incoterms* desde 1936.

22. Em um caso recentemente submetido à arbitragem CCI, a cláusula de direito aplicável previa que o direito aplicável seria o direito da República Federal Alemã e afirmava que "As cláusulas comerciais são submetidas às condições internacionais, de acordo com os *Incoterms* 1953, mais o anexo de 1976". Nenhum termo comercial foi estabelecido pelo contrato.

23. Em uma sentença final não publicada, proferida recentemente em uma arbitragem CCI, a cláusula de direito aplicável do contrato objeto do conflito estipulava de maneira patológica que o contrato deveria ser "interpretado pelos *Incoterms* 2000 relativos aos contratos de venda internacional de mercadorias". Um anexo do contrato mencionava o termo "CNF FO". O tribunal arbitral considerou que os *Incoterms* 2000 e especialmente o termo CFR e a CVIM eram aplicáveis à venda.

24. 11 em 1936, 9 em 1953, 14 em 1980, 13 em 1990 e 2000.

25. A CCI é a única autora dos *Incoterms*, nem os contratantes, nem qualquer outro ator do comércio internacional têm condições de elaborar *Incoterms*. Eles podem criar termos novos inspirando-se nos *Incoterms*, que são, então, utilizados como modelos, mas esses termos não têm a natureza jurídica daqueles definidos pela CCI.

A partir do momento em que as partes utilizam um *Incoterm* para definir algumas de suas obrigações, a questão que se coloca é de saber se a escolha recai sobre a integralidade do termo, quer dizer, sobre todas as obrigações, ou apenas sobre algumas delas, a escolha, então, recaindo sobre um termo fragmentado.

*21.* As partes podem se afastar do conteúdo padrão do termo por ignorância. É, então, o desconhecimento de um termo que conduz os contratantes a alterá-lo e a reformulá-lo. Uma tal utilização dos *Incoterms* apresenta um risco jurídico não negligenciável. Não é raro na prática que a subtração de obrigações de responsabilidade das partes no contrato introduza uma incoerência no paralelismo das obrigações estabelecidas pelos *Incoterms*.

*22.* As partes podem igualmente se afastar do conteúdo padrão do termo, pois elas pretendem adaptar o regime jurídico aplicável ao contrato. O exemplo mais freqüente na prática refere-se ao *Incoterm* "FOB (... porto de embarque convencionado)". Um certo número de contratantes modificam o termo e, mais precisamente, o momento da entrega para torná-lo compatível com o transporte de mercadorias por *containers*. Em um grande número de casos, as partes modificam apenas as obrigações que lhes dizem respeito nos itens A4 "Entrega" e B4 "Recebimento da entrega", mas se esquecem de modificar, conseqüentemente, os itens A5 e B5 "Transferência dos riscos" e A6 e B6 "Distribuição dos custos", introduzindo, assim, um lapso entre o momento da entrega e a transferência dos riscos e dos custos.

*23.* A extensão da fragmentação é variável. Ela pode se referir apenas à introdução dos *Incoterms*. A maioria dos atores do comércio internacional, ainda que familiarizados com os *Incoterms* na sua prática cotidiana, ignora o fato de que a introdução dos *Incoterms* 2000 não pode ser dissociada dos termos. Essa introdução foi objeto de um cuidado redacional particular no momento da revisão dos *Incoterms* 1990. Na verdade, pareceu necessário precisar, da maneira mais clara possível, um certo número de pontos comuns a um grande número de termos em um item particular da publicação dos *Incoterms* 2000. A escolha recaiu sobre a elaboração de uma introdução ampliada, a fim de responder às questões mais freqüentes dos usuários dos *Incoterms* e tentar corrigir alguns erros ou incompreensões habituais.

*24.* A fragmentação freqüentemente consiste, da mesma forma, em considerar que os *Incoterms* se reduzem aos preâmbulos, também chamados incorretamente de definições, que anunciam[26] o detalhe das obrigações para cada termo. Esses preâmbulos são os resumos das obrigações que a CCI considera como características de cada termo e podem incluir as definições.[27] O acordo das partes apenas sobre esses preâmbulos não incluirá no campo contratual o detalhe das obrigações do termo escolhido.

*25.* O acordo das partes pode, enfim, afastar do campo contratual obrigações específicas. O preâmbulo do *Incoterm* 2000 "EXW (... local convencionado)" faz a previsão expressa da possibilidade de se afastar o termo padrão e de "fazer com que o vendedor assuma a responsabilidade do carregamento da mercadoria no momento da partida, assim como os riscos e todos os custos daí decorrentes".[28] Da mesma forma, o preâmbulo do *Incoterm* 2000 "FAS (... porto de embarque convencionado)" apresenta a possibilidade das partes modificarem o termo padrão tornando o comprador devedor das obrigações de realizar as operações alfandegárias das mercadorias para a exportação.[29] Esses dois exemplos não devem, todavia, levar à conclusão

26. A partir da versão de 1980 dos *Incoterms*.

27. O preâmbulo do *Incoterm* 2000 "CPT (... lieu de destination convenu)" define o termo transportador, CCI, *Incoterms* 2000, pub. n. 560, 1999, p. 205.

28. CCI, ob. cit., p. 155.

29. CCI, ob. cit., p. 173.

de que os atores do comércio internacional contam com uma total liberdade contratual de modificação dos *Incoterms*. Apenas um número muito limitado de possibilidades de alteração das obrigações impostas pelos *Incoterms* é expressamente prevista pela CCI.

Se é possível para os contratantes modificarem o *Incoterm* que eles pretendem aplicar, essa modificação não deve colocar em questão as obrigações características do termo comercial escolhido. Tal questionamento significaria ou a escolha de um outro *Incoterm* que não fosse aquele cuja aplicação foi inicialmente projetada, supondo-se que as modificações introduzidas correspondam a um outro *Incoterm*, ou a não submissão do contrato aos *Incoterms*, mas a um outro regime jurídico.

*26.* A liberdade inicial de escolha de um *Incoterm* e a possibilidade de adequação do regime jurídico correspondente ao termo comercial escolhido explica que a menção de um *Incoterm* pelas partes seja habitual em um grande número de contratos do comércio internacional. Não se deve, entretanto, ocultar a possibilidade de recurso a um *Incoterm* fora do acordo de todas as partes no contrato.

### *Subseção II – O recurso na ausência do consentimento*

*27.* Quando as partes em um contrato não tiverem consentido, expressa ou tacitamente, com a aplicação de um *Incoterm* na sua operação jurídica, a submissão dessa última ao regime jurídico previsto para esse termo comercial pareceria *a priori* excluída pelo direito das obrigações. Uma tal limitação do emprego dos *Incoterms* seria muito restritiva. O *Incoterm* pode não ser exclusivamente invocado ou aplicado pelas partes em um contrato. O autor do recurso ao *Incoterm* (§ 4) não é necessariamente um dos contratantes e a sua forma (§ 5) é variável.

### *§ 4. O autor do recurso ao Incoterm*

*28.* Apesar da ausência de entrada do *Incoterm* no campo contratual, uma das partes pode buscar a sua aplicação. Não é raro, portanto, que uma das partes em um contrato invoque um *Incoterm* no momento de um procedimento de resolução das disputas, geralmente para solicitar a aplicação do regime jurídico previsto por ele. Essa situação é freqüente nos procedimentos arbitrais internacionais.

*29.* Terceiros ao contrato são também suscetíveis de invocarem um *Incoterm* a fim de conduzi-lo ao regime jurídico previsto por esse termo comercial ou, ao contrário, para ressaltar as divergências entre o regime jurídico escolhido pelos contratantes e aquele que resultaria da aplicação de um *Incoterm* específico. Esses terceiros são, especialmente, os juízes estatais e, de maneira mais freqüente, os árbitros do comércio internacional. Não se deve, entretanto, excluir outros terceiros, os quais interviriam especialmente durante um procedimento de resolução de disputas, tal como os peritos escolhidos pelas partes.

*30.* A diversidade dos autores do recurso a um *Incoterm* que ficam fora do campo contratual tem por corolário a existência de diversas formas possíveis de menção de um termo comercial.

### *§ 5. A forma do recurso ao Incoterm*

*31.* O *Incoterm* pode, inicialmente, ser invocado de maneira unilateral por uma das partes em um contrato. Não é raro que um termo comercial seja mencionado em um contrato sem a indicação de uma menção aos *Incoterms*. Trata-se, então, da simples presença de uma palavra-código ou de uma expressão sem indicação de nenhum ano correspondente a uma versão dos *Incoterms*, essa palavra-código ou essa expressão estando presente nos *Incoterms* e em um outro texto ou na jurisprudência.[30] Quando a interpretação do termo tornar-se necessária, por exemplo, no momento da resolução de uma disputa, uma das partes buscará, às vezes, a aplicação do regime jurídico definido pelo *Incoterm* correspondente, supondo que essa palavra-código ou essa expressão mencionam um *Incoterm* específico. Esse ato unilateral de um dos contratantes é, às vezes, acolhido favoravelmente pela outra parte no contrato. À ausência do consentimento de recorrer aos *Incoterms ab initio*, no momento da negociação e da assinatura do contrato, substitui-se um acordo posterior de menção a esses termos.

O *Incoterm* pode também ser invocado *sua sponte* por um terceiro ao contrato. Em um grande número de sentenças arbitrais publicadas que mencionam um *Incoterm*, a menção desse termo comercial parece ter sido feita de ofício pelos árbitros.[31] Convém, entretanto, amenizar um pouco essa observação, uma vez que as sentenças publicadas geralmente não especificam as condições de implementação dos *Incoterms*.

*32.* A explicação da menção de um dos termos comerciais definidos pela CCI reside na busca de um certo número de efeitos jurídicos ligados ao *Incoterm,* resulte o recurso a um *Incoterm* da vontade unilateral de um dos contratantes ou de um ato espontâneo de um terceiro ao contrato.

30. Trata-se geralmente das palavras-código FOB, C&F, CIF e das expressões correspondentes a "Franco Bord", "Coûts et Fret" e "Coûts, Assurance et Fret". Um problema similar se coloca com a expressão "A l'usine".

31. Veja, p. ex., a Sentença *ad hoc* de 29.5.1979, citada por Pieter Sanders, *International Council for Commercial Arbitration, Yearbook Commercial Arbitration*, vol. VII, 1982, pp. 81-82. No caso, o governo do país no qual o carregamento da mercadoria deveria ocorrer havia aumentado as taxas de exportação, após a conclusão do contrato, mas antes do carregamento. O vendedor, ao qual essas taxas suplementares tinham sido solicitadas, desejava cobrá-las de volta do comprador e invocava um uso comercial em apoio a essa pretensão. Os árbitros afirmaram desconhecer um tal uso e acrescentaram que reconhecer a existência de um tal uso seria contrário às práticas de outros setores de atividade e ao espírito do comércio tal como ele está apresentado pelos Termos comerciais e pelos *Incoterms.*

### *Seção II – O efeito do recurso ao Incoterm*

*33.* A utilização de um *Incoterm* pode ter conseqüências diversas, de ordem processual ou relativas ao direito material. O recurso a um *Incoterm* pelos atores do comércio internacional terá como efeito a submissão de certas operações jurídicas (subseção I) às regras definidas pelo termo comercial. Uma outra categoria de efeitos diz respeito à aplicação de um regime jurídico determinado a certas obrigações (subseção II) decorrentes do contrato projetado ou ligando as partes a esse contrato.

#### *Subseção I – Operações jurídicas regidas pelo Incoterm*

*34.* De acordo com a CCI, "os *Incoterms* são destinados a serem utilizados no contrato de venda entre comprador e vendedor".[32] Convém precisar que se considera somente a venda internacional (§ 6) e que os *Incoterms* não englobam todos os aspectos da venda internacional.[33] Os atores do comércio internacional utilizam, às vezes, os *Incoterms* em outros contratos (§

32. CCI, *Règles d'Or des Incoterms* n. 5 reproduzidas especialmente em CCI, *Press Release*, Annexe 664/870E, traduction française, 27 juin 1995; CCE/ONU, *Recommandation* n. 5, Groupe de Travail sur la Facilitation des Procédures du Commerce International, ECE/TRADE/259, 4ème éd., Genève, mai 2000, pp. 6-7; CCI, *Contrat Modèle CCI de Vente Internationale (Produits Manufacturés Destinés à la Revente)*, pub. n. 556, 1998, p. 30.

33. Esse ponto é expressamente mencionado na introdução dos *Incoterms* 2000, CCI *Incoterms* 2000, pub. n. 560, 1999, p. 129; Frédéric Eisemann observava a respeito dos *Incoterms* 1953 que eles "não regulamentam integralmente o direito da venda comercial internacional", *Rép. Droit International*, v. *Chambre de Commerce Internationale*, n. 68. A análise continua pertinente no que concerne todas as versões posteriores dos *Incoterms.*

7), parecendo, dessa forma, ampliar o campo de aplicação dos termos.

### § 6. A VENDA COMERCIAL INTERNACIONAL

*35.* Os *Incoterms* são termos comerciais que englobam as vendas comerciais internacionais.[34] O recurso a um *Incoterm* em um contrato sugere, então, o questionamento sobre o conceito jurídico de venda e, em especial, seus aspectos comercial e internacional (I). Afirmar que os *Incoterms* se aplicam apenas às vendas comerciais internacionais não é mais suficientemente preciso, tendo em vista que os *Incoterms* referem-se a diversos tipos de vendas internacionais (II).

### I. A ausência de definição

*36.* Os *Incoterms* 2000 não oferecem uma definição da venda comercial internacional.[35] A análise dos termos deixa transparecer que a CCI desejou limitar seu campo de aplicação à organização das obrigações das partes em um contrato oneroso translativo de propriedade. Os itens A1 "Fornecimento da mercadoria em conformidade com o contrato" e B1 "Pagamento do preço" de cada *Incoterm* implicam a entrega de uma mercadoria ao comprador, ou a uma pessoa agindo por sua conta, pelo pagamento ao vendedor de uma soma em dinheiro em contrapartida.

*37.* Os *Incoterms* regem as vendas comerciais. A venda a um consumidor não entra no campo de aplicação desses termos. A CCI apenas leva em consideração as vendas entre um vendedor e um comprador profissional.[36]

*38.* A CCI não define o caráter comercial da venda. A análise dos diversos *Incoterms* permite, entretanto, afirmar que o critério selecionado é um critério econômico. Seria internacional, de acordo com os *Incoterms*, toda venda envolvendo um movimento transfronteiriço da mercadoria, do país de exportação em direção ao país de importação. Uma venda concluída entre partes domiciliadas em um mesmo país, mas que necessite de uma entrega da mercadoria no exterior é internacional, de acordo com os *Incoterms*.

*39.* Não existe nenhuma restrição à aplicação dos *Incoterms* em função do setor de atividades ou da nacionalidade dos contratantes. A grande variedade das operações jurídicas selecionadas pelos *Incoterms* torna necessária a identificação dos tipos de vendas regidos por esses termos.

### II. As classificações das vendas consideradas pelos Incoterms

*40.* As revisões sucessivas dos *Incoterms* refletem a evolução do comércio internacional e o desenvolvimento de novos tipos de vendas. A supremacia dos termos chamados de "marítimos" nos *Incoterms* 1936 desapareceu e os *Incoterms* 2000 levam em consideração tanto esse tipo de venda[37] quanto as vendas prevendo um transporte rodoviário, aéreo ou multimodal.

*41.* Uma primeira classificação das vendas pode se referir ao modo de transporte da mercadoria. As partes realizarão a escolha de um termo em função do caráter exclusivamente marítimo ou fluvial do

34. *Incoterms* 2000, pub. CCI n. 560, 1999, p. 129; CNUDCI, ICC *Incoterms*, 24ème session, Vienne, 10-28 juin 1991, A/CN.9/348, 8 mars 1991, p. 1; CCI, *La CCI au Travail, La Simplification des Contrats Internationaux de Vente, Nouvelles de la CCI*, vol. XXII, n. 8, octobre 1956, p. 2.

35. Segue no mesmo sentido para as versões anteriores dos *Incoterms*.

36. As obrigações de conclusão do contrato, de operações alfandegárias da mercadoria ou do seu descarregamento colocadas a cargo do comprador excluem *a priori* a possibilidade dos *Incoterms* serem validamente estipulados nas vendas com consumidores. Esses últimos não teriam condições de realizar todas as obrigações das quais eles seriam devedores.

37. Cabe notar que os *Incoterms* 2000 estabelecem expressamente que esses termos regem igualmente o transporte fluvial. Veja, p. ex., o item A3 do *Incoterm* "CFR (... port de destination convenu)".

transporte ou do seu caráter multimodal. Aos *Incoterms* "marítimos" se opõem, então, os *Incoterms* "polivalentes", "gerais" ou "multimodais".[38]

***42.*** Uma segunda classificação possível refere-se ao receptor da entrega. Uma entrega chama-se "direta", quando a mercadoria é colocada à disposição do comprador para a sua retirada. Ela é "indireta", quando a mercadoria é entregue a uma pessoa devendo efetuar o transporte internacional por conta do vendedor ou do comprador.

O termo "*A l'usine* (... local convencionado)" é suscetível de pertencer às duas categorias, conforme o receptor da mercadoria seja o comprador ou um transportador por ele designado. Essa classificação das vendas é um pouco ambígua e não é recomendada.

***43.*** Uma terceira classificação das vendas apresentada pelos *Incoterms* está relacionada ao local de execução da obrigação de entrega previsto pelo item A4 "Entrega" e B4 "Recebimento da entrega" de cada termo. É comum, dessa forma, a distinção entre as vendas "na partida" ou vendas "na expedição" e as vendas "na chegada" ou vendas "no destino". A atenção dos atores do comércio internacional deve recair sobre dois pontos.

***44.*** Em primeiro lugar, a distinção entre as vendas "na partida" e as vendas "na chegada" não engloba a classificação realizada pela CCI dos "*Incoterms* na partida" e dos "*Incoterms* na chegada". A partir de 1990, a CCI classifica os *Incoterms* em quarto grupos: grupo E, "partida"; grupo F, "transporte principal não pago"; grupo C, "transporte principal pago"; grupo D, "chegada".[39] Os grupos E, F e C correspondem às vendas "na partida" e apenas o grupo D corresponde às vendas "na chegada". "EXW (... local convencionado)", único *Incoterm* na partida, não é, então, o único termo comercial relacionado a uma venda "na partida".

***45.*** Em segundo lugar, convém evitar um erro muito freqüente que consiste em classificar os quatro *Incoterms* 2000 do "grupo C" na categoria das vendas "na chegada". A explicação desse erro refere-se à necessária menção do local ou porto de destino convencionado, no país de importação da mercadoria, na expressão *Incoterm* ou após a palavra-código.

***46.*** Se o campo de aplicação dos *Incoterms* é, em princípio, limitado à venda comercial internacional, certos contratos ligados à operação de venda ou apresentando certas características da venda poderiam fazer referência de forma válida aos *Incoterms*?

## § 7. *Os outros contratos*

***47.*** A troca, especialmente quando ela é acompanhada da previsão de pagamento da diferença entre os bens,[40] apresenta numerosas semelhanças com a venda. A incorporação de um *Incoterm* no contrato de troca estaria desprovida de efeito pelo simples fato de que o pagamento de uma soma em dinheiro seria uma obrigação essencial dos *Incoterms*? Responder de forma afirmativa nos levaria a efetuar uma leitura muito restrita da obrigação de pagamento do preço sob responsabilidade do comprador no item B1 dos *Incoterms*.

***48.*** O emprego de um *Incoterm* em um contrato dito "misto", quer dizer, submetido simultaneamente ao regime jurídico de vários contratos típicos, é igualmente suscetível de levantar questionamentos. Na prática, essa situação se encontra freqüentemente nas vendas associadas às prestações de serviço. Limitar a aplicação

38. A prática considera que as três noções englobam uma mesma realidade.

39. CCI, *Incoterms* 1990, pub. n. 460, ed. 1992, p. 104.

40. Arts. 1.702 a 1.707, C.Civ. francês. (N.T.: No direito francês, o termo utilizado é "soulte".)

do *Incoterm* a uma venda "pura"[41] é freqüentemente artificial e, às vezes, impossível. A distinção entre a venda e a locação de obra em matéria internacional não é uniforme. Manter a parte preponderante do fornecimento de mão-de-obra nas obrigações da parte devedora da obrigação de fornecimento da mercadoria é a solução colocada pela CVIM,[42] mas numerosas vendas internacionais não estão submetidas a essa convenção.

***49.*** Uma outra dificuldade prática pode se referir à existência de um conjunto de contratos. A apreensão da operação comercial em sua integralidade supõe, então, que a venda submetida a um *Incoterm* não seja visualizada de forma isolada, mas, ao contrário, em relação com os outros contratos participantes da operação. Em aplicação do princípio da relatividade das convenções,[43] o *Incoterm* influencia diretamente as relações obrigatórias das partes na venda e liga apenas elas,[44] mas ele tem, da mesma forma, repercussões sobre terceiros à venda, partes no contrato de transporte, de seguro e na operações alfandegárias e de financiamento. Compete às partes na venda assegurar a compatibilidade das obrigações das quais elas são devedoras e credoras nos diferentes contratos.[45] Um erro comum refere-se à assimilação dos *Incoterms* a certos termos dos contratos de transportes.[46] Esses termos podem apenas criar obrigações para as partes no contrato de transporte.

***50.*** Os atores do comércio internacional, tendo identificado os tipos de contrato suscetíveis de serem regidos por um *Incoterm*, devem em seguida se questionar sobre as obrigações que o termo apreende.

### Subseção II – *Obrigações regidas pelo Incoterm*

***51.*** A CCI afirma que os *Incoterms* são "regras (...) para a interpretação de termos comerciais", reconhecendo-lhes expressamente apenas essa função. A prática contratual reconhece um papel mais amplo aos *Incoterms* e os considera como verdadeiras regras materiais descrevendo as obrigações respectivas das partes em uma venda comercial internacional.

## *§ 8. A interpretação das obrigações*

***52.*** A apresentação dos *Incoterms* 2000, de acordo com a técnica por vezes chamada de "espelho", permite facilmente a determinação do campo de aplicação dos termos. As obrigações do vendedor, identificadas pela letra A, e do comprador, identificadas pela letra B, estão agrupadas em dez itens que se correspondem. Assim, por exemplo, ao item A1 "Fornecimento da mercadoria em conformidade com o contrato" corresponde o item B1 "Pagamento do Preço". Esses dez itens não correspondem a dez obrigações, mas a dez séries de obrigações relativas a um mesmo domínio: o fornecimento da mercadoria em conformidade com o contrato e o pagamento do preço (A1, B1), as licenças, autorizações e formalidades (A2, B2), o contrato de trans-

41. Para uma tal sugestão, veja Yves Derains, obs. sous la sentence rendue en 1993 dans l'affaire n. 6.754, in *Recueil des Sentences Arbitrales de la CCI 1991-1995*, par Jean-Jacques Arnaldez, Yves Derains, Dominique Hascher, pub. n. 553, CCI/Kluwer Law International, 1997, pp. 605-606.

42. Art. 3-2.

43. Estabelecido no direito francês pelo art. 1.165, do C.Civ.

44. CCI, *Incoterms* 2000, pub. n. 560, 1999, p. 129.

45. P. ex., no que concerne os prazos de entrega e, especialmente, as disposições de penalidades de atraso no contrato de venda e no contrato de transporte. Em um caso recentemente submetido à arbitragem CCI, uma parte estava, p. ex., impossibilitada de explicar a qual *Incoterm* as partes tinham desejado fazer menção no seu contrato de venda quando elas haviam estipulado o termo "door to door" emprestado da terminologia do contrato de transporte.

46. Trata-se dos *Incoterms* "CFR (... port de destination convenu)" e "CIF (... port de destination convenu)", aos quais são adicionados os termos do transporte FI ("free in"), FO ("free out") ou FIO ("free in and out").

porte e o seguro (A3, B3), a entrega (A4, B4), a transferência dos riscos (A5, B5), a distribuição dos custos (A6, B6), a notificação (A7, B7), a prova da entrega, os documentos de transporte e as mensagens eletrônicas equivalentes (A8, B8), a verificação da embalagem e a marcação (A9, B9) e as outras obrigações (A10, B10).

***53.*** Os *Incoterms*, sendo regras de interpretação, têm uma dupla função. De um lado, uma função de interpretação direta do contrato e, de outro, uma função de interpretação indireta do contrato.

***54.*** A afirmação do caráter de norma interpretativa dos *Incoterms* pela CCI remete à noção de interpretação direta do contrato. Essa afirmação recai sobre o pressuposto de que esses termos não se destinam a modificar a prática. Eles são o seu "reflexo fiel".[47] A interpretação da prática é feita pela formulação de definições,[48] cujo alcance é incerto. Os *Incoterms* não regem as obrigações das partes na venda.[49] Eles terão apenas um alcance declaratório. Eles contêm "propostas de interpretação"[50] à disposição das partes na venda ou do juiz chamado para resolver um litígio eventual.

***55.*** Ao não admitir que os *Incoterms* sejam uma unificação dos termos comerciais, a CCI parece admitir que existem regras uniformes de interpretação, os *Incoterms*, diferentes das regras materiais relativas aos termos comerciais. O recurso aos *Incoterms* em um contrato resulta de uma vontade comum das partes de interpretação idêntica de um termo comercial.[51] O recurso aos *Incoterms* permite identificar uma solução única e previsível, apesar da divergência das regras materiais.

***56.*** De acordo com a CCI, os *Incoterms* seriam simples regras de interpretação, mas ela não fornece um método de interpretação. Os *Incoterms* não oferecem um método de análise do contrato. O emprego de um *Incoterm* é facultativo, mas quando um termo está presente em um contrato, esse termo é obrigatório, ou seja, produtor de obrigações.

***57.*** Os *Incoterms* são igualmente utilizados na prática pelos árbitros do comércio internacional e pelos juízes estatais para interpretar de maneira indireta o contrato e determinar o regime jurídico aplicável. O recurso a um *Incoterm* pelos árbitros é, por vezes, utilizado pelo juiz estatal ou pelo árbitro como um critério de determinação do direito aplicável.[52] O *Incoterm* não define, então, diretamente as obrigações das partes, mas é um critério de conexão a uma ordem jurídica, que determina as obrigações respectivas dos contratantes.

***58.*** O exame da jurisprudência arbitral e da prática contratual tende a mostrar

47. Frédéric Eisemann, *Rép. Droit International*, 1968, v. *Chambre de Commerce Internationale*, n. 67.

48. CCI, *Incoterms* 1990 on the horizon, Commission on International Commercial Practices, *Rapport Annuel*, 1988, p. 21; René Rodiere, Emmanuel du Pontavice, *Droit Maritime*, Coll. Précis, 12ème éd., Dalloz, 1997, note 2, p. 419; Michael Joachim Bonell, *La Nouvelle Convention des Nations-Unies sur les Contrats de Vente Internationale de Marchandises*, DPCI, t. 7, n. 1, 1981, p. 18.

49. Clive M. Schmitthoff, *Unification of the Law Governing International Sales of Goods. The Comparison and Possible Harmonisation of National and Regional Unification*, Dalloz, 1966, reproduzido em *Clive M. Schmitthoff's Select Essays on International Trade Law*, par Chia-Jui Cheng, Martinus Nijhoff/Graham & Trotman, 1988, p. 284.

50. Ratz citado por Dahmane Ben Abderrahmane, *Le Droit Allemand des Conditions Générales des Contrats dans les Ventes Commerciales Franco-Allemandes*, Coll. Bib. de Droit Privé, t. 186, LGDJ, 1985, p. 85.

51. Nesse sentido, a cláusula de direito aplicável de um contrato concluído em 2003 e recentemente submetido à arbitragem CCI estipulava: "This Contract shall be explained under International Rules for the Interpretation of trade terms (90 version) and the uniform Customs practice for Documentary Credits ICC publication n. 500 (latest version)".

52. V., nesse sentido, as sentenças CCI n. 2.734 e n. 2.840 citadas por Frédéric Eisemann, Yves Derains, *La Pratique des Incoterms, Usages de la Vente Internationale*, Coll. Exporter, 3ème éd., EJA Jupiter, 1988, p. 29.

que os árbitros do comércio internacional e as partes nas vendas internacionais não consideram os *Incoterms* apenas como simples regras de interpretação dos termos comerciais. Esses atores atribuem, por vezes, aos *Incoterms* o valor de uma verdadeira regra material, quer dizer, de uma norma jurídica criadora de obrigações.[53]

### § 9. *A criação das obrigações*

***59.*** Os *Incoterms* 2000 colocam certas obrigações a cargo das partes na venda. A CCI realiza uma escolha entre as obrigações oriundas de um contrato de venda internacional. Os atores do comércio internacional que recorrem aos *Incoterms* devem necessariamente conhecer as obrigações selecionadas (I) e as excluídas (II) por esses termos, a fim de limitar os riscos jurídicos. O exame do contencioso diante das jurisdições estatais ou arbitrais e das questões colocadas à CCI nessa matéria mostram que o conhecimento do campo de aplicação dos *Incoterms* pelos profissionais é geralmente insuficiente.

#### *I. As obrigações selecionadas*

***60.*** As obrigações regidas pelos *Incoterms* podem ser agrupadas de acordo com seu objeto em quatro categorias. A primeira categoria é relativa às obrigações ligadas à entrega: transporte e entrega da mercadoria. A segunda categoria inclui as obrigações ligadas às formalidades administrativas relacionadas à exportação ou importação das mercadorias, ao fornecimento ou solicitação de certificados, autorizações e licenças. A terceira categoria agrupa as obrigações relativas ao transporte e à cobertura de riscos. A quarta categoria é constituída das obrigações de caráter financeiro, quer se trate da transferência dos custos ou do pagamento do preço contratual, do transporte e do seguro eventual.

***61.*** Essas obrigações podem ser modificadas pelas partes na venda ao exercerem sua liberdade contratual. As modificações podem ser de dois tipos.

Pode se tratar, inicialmente, de uma modificação pelo acréscimo de uma cláusula específica.[54] As obrigações estabelecidas pelo *Incoterm* são, assim, completadas por uma obrigação suplementar. A prática agrupa esse tipo de modificação sob a terminologia de "variantes"[55] dos *Incoterms*.

Pode se tratar, em seguida, de associar um *Incoterm* com outros termos comerciais existentes: "*combiterms*",[56] "*liner terms*".[57] A combinação de duas séries de termos e, então, de regimes jurídicos deve incitar os contratantes a redobrarem a prudência. A prática demonstra que a associação harmoniosa das disposições contratuais em tais circunstâncias é uma tarefa árdua. Muitas vezes a redação do contrato peca pela incompatibilidade das disposições, especialmente em matéria de transferência de riscos e divisão dos custos.

53. Uma cláusula de direito aplicável de um contrato recentemente submetido à uma arbitragem CCI estipulava, por exemplo: "Any legal issue relating to this contract, which is not expressly or implicitly settled by the provisions contained in this contract itself or by the relevant terms of the ICC *Incoterms* 2000, shall be governed by the United Nations Convention on Contracts for the International Sale of Goods of 11 April 1980 (...) and to the extent not covered by the CISG, by reference to the law of the country where the Seller has his principle place of business".

54. P. ex., em matéria de operações alfandegárias da mercadoria, modalidades precisas para realizar a operação podem ser estipuladas.

55. Os *Incoterms* 2000 são menos precisos e assimilam sob o termo "variantes" o acréscimo de obrigações e a associação com outros termos comerciais, CCI, *Incoterms* 2000, pub. n. 560, 1999, pp. 145-147.

56. Os "combiterms" são um sistema, inicialmente concebido para o agrupamento de mercadorias, que atribui ao vendedor e ao comprador, para cada *Incoterm* e cada tipo de custo, os custos relacionados aos contratos de vendas internacionais submetidos aos *Incoterms*.

57. Trata-se das condições de transporte das linhas marítimas regulares. Não existe definição uniforme da noção no plano internacional.

*62.* Uma problemática similar existe quando os contratantes decidem não acrescer, mas subtrair algumas obrigações dos *Incoterms*.

## *II. As obrigações excluídas*

*63.* O campo de aplicação dos *Incoterms* pode ser definido de maneira negativa, excluindo-se certas obrigações.

*64.* Trata-se, em primeiro lugar, da transferência de propriedade. Apesar de uma convicção enraizada na prática dos atores do comércio internacional, os *Incoterms* não definem expressamente o momento da transferência da propriedade. Eles podem, entretanto, indiretamente permitir a determinação desse último quando o direito aplicável o faz depender do momento e do local da entrega.[58]

*65.* Os *Incoterms* são, por vezes, considerados como "cláusulas de preço". Uma tal qualificação desconhece a verdadeira natureza desses termos comerciais. Os *Incoterms* não dizem respeito, de forma alguma, às modalidades de fixação do preço[59] da venda da mercadoria e da sua tributação.

*66.* Em matéria de inexecução contratual, o princípio é que os *Incoterms* são omissos.[60] Eles não diferenciam a inexecução voluntária daquela resultando de um caso de força maior, não estando previstos o destino do contrato inexecutado nem a forma de resolução das disputas.[61] Também não está prevista a prescrição das ações em matéria de procedimento e a obrigação de garantia da mercadoria. A sanção de uma inexecução contratual é excepcionalmente prevista pelos *Incoterms*. Por exemplo, os itens B5 e B6 dos *Incoterms* 2000 estabelecem o princípio de uma transferência antecipada dos riscos ao comprador e um aumento de custos suportados por ele em caso de execução tardia de certas obrigações.

*67.* A formação do contrato de venda, com exceção da necessidade de fazer uma referência expressa aos *Incoterms* para permitir algum tipo de aplicação, não entra no campo de aplicação das obrigações selecionadas pelos termos definidos pela CCI.

*68.* As partes em um contrato de venda têm a possibilidade de modificar o regime jurídico previsto por um *Incoterm* ao retirarem desse termo algumas das obrigações que ele prevê. Entretanto, é importante tomar cuidado para não modificar o termo substancialmente e não desnaturá-lo. Então, existiria um risco de requalificação do contrato, assim como a produção de efeitos jurídicos estranhos aos inicialmente desejados quando da conclusão do contrato de venda.

*69.* Os *Incoterms* são um fator de segurança jurídica. A redução das questões colocadas à CCI em matéria de interpretação dos *Incoterms* 2000 e o número insignificante de litígios submetidos à arbitragem CCI, cujo objeto se refere diretamente a um *Incoterm* nos levam a recomendar aos atores do comércio internacional o emprego desses termos padronizados. Esses termos devem ser empregados, pois visualizam de maneira adequada a operação ju-

58. Numerosas ilustrações da influência dos *Incoterms* sobre a transferência de propriedade em vários direitos foram objeto de um estudo comparativo na obra *Transfer of Ownership in International Trade*, sous la dir. d'Alexander von Ziegler, Jette H. Ronoe, Charles Debattista e Odile Plegat-Kerrault, Kluwer Law International, CCI, pub. n. 546, 1999.

59. Para uma visualização da variedade de elementos constitutivos de um preço não diretamente regidos pelos *Incoterms* v. Frédéric Eisemann, Pierre Dolle, *"Incoterms" et Prix de Vente, l'Economie Internationale*, vol. XVII, n. 5, mai 1951, p. 3. Os autores identificaram 22 categorias de custos diferentes a respeito dos *Incoterms* 1936.

60. CCI, *Incoterms* 2000, pub. n. 560, 1999, p. 130.

61. A crença da submissão automática à arbitragem CCI de qualquer disputa em matéria de *Incoterms* conduziu a CCI a mencionar expressamente nos Incoterms 2000 que o recurso à arbitragem CCI necessita a conclusão de uma convenção de arbitragem, v. CCI, ob. cit., p. 153.

rídica projetada pelos contratantes e não pelas simples razões de facilidade de utilização e de definição aproximativa do quadro jurídico de uma venda internacional. A partir do momento em que um *Incoterm* não corresponde de forma pertinente à situação jurídica desejada pelos contratantes, esses últimos devem exercer sua liberdade contratual. A adaptação dos *Incoterms* é permitida e, às vezes, até mesmo desejada pela CCI e evita a revisão muito freqüente dos termos quando nenhum consenso internacional favorável a uma tal revisão tenha sido detectado pela CCI. É possível acrescentar ou retirar obrigações da lista de obrigações "padrão" estabelecida. O limite ao exercício da liberdade contratual deve, entretanto, ser conhecido dos atores do comércio internacional. A segurança jurídica dos contratos de venda internacional e, de maneira mais geral, a segurança do direito da venda comercial internacional no plano mundial dependem do conhecimento dos termos comerciais definidos pela CCI depois de 1936 e do respeito ao seu campo de aplicação e dos requisitos de sua implementação pelos atores do comércio internacional.

# *AFFECTIO SOCIETATIS*: UM CONCEITO JURÍDICO SUPERADO NO MODERNO DIREITO SOCIETÁRIO PELO CONCEITO DE FIM SOCIAL

ERASMO VALLADÃO AZEVEDO E NOVAES FRANÇA

MARCELO VIEIRA VON ADAMEK

*1. Introdução. 2. Origem da expressão no direito romano. 3. "Affectio societatis" em direito comparado e no direito brasileiro. 4. Conceitos e críticas. 5. Rumo ao conceito de fim comum em sentido lato. 6. As críticas às tradicionais aplicações da "affectio societatis" no direito brasileiro e a sua substituição por um novo paradigma: 6.1 "Affectio societatis" e exclusão de sócio; 6.2 "Affectio societatis" e retirada de sócio; 6.3 "Affectio societatis" e sociedade anônima "de pessoas"; 6.4 "Affectio societatis" e caracterização da sociedade. 7. Conclusões: rumo ao conceito de fim comum e aos deveres de lealdade e colaboração.*

## *1. Introdução*

A evolução do pensamento jurídico – é esta uma simples constatação – pode distanciar, de maneira pontual (e, às vezes, até mesmo de forma radical), sistemas jurídicos fraternos, descendentes de uma mesma família, sendo que tal afastamento pode ter as mais variadas causas e, portanto, apenas a análise, de caso em caso, é capaz de denunciá-las. Vezes há que a mudança de filiação de sistema no trato de certo instituto jurídico explica-se pela influência mais intensa que certo país, por condicionantes de ordem política, cultural, geográfica ou econômica, experimenta momentaneamente de outra jurisdição de diversa filiação. Pode, ainda, tal fenômeno resultar de fatores exclusivamente internos do país, a impor a evolução da jurisprudência em certo sentido, distanciando o seu direito interno dos demais da mesma família, nos quais não se tenha imposto a força da mesma realidade social. Ou, ainda, o distanciamento pode ser conseqüência do legítimo interesse do legislador interno em pautar-se por experiências vitoriosas ocorridas alhures, trilhando, assim, caminho já testado. No entanto, vezes também há em que o distanciamento pontual de construções de sistemas jurídicos pertencentes a uma mesma família deve ser, em grande parte, creditado à ausência de sadio e desejável exercício de crítica e reflexão em torno das regras legais vigentes; à reverência acrítica a determinadas construções antigas que, se por ocasião de sua formulação se revelavam adequadas e auspiciosas, com a evolução da ciência universal acabaram por se tornar ultrapassadas – sem que tal particularidade signifique que se deva, pura e simplesmente, abandonar ou ignorar o seu estudo, muito pelo contrário;[1] o que não se deve, apenas,

1. Pois "a memória dos fatos passados pode constituir-se em poderoso aliado do homem presen-

é deixar de analisá-las criticamente, recebendo-as como dogma ou verdade perfeita e acabada.

Em qualquer caso, ademais, a correta compreensão dos institutos de direito vigente não pode se esgotar na análise isolada de textos legais. Pressupõe mais; pressupõe a sua completa apreciação no contexto normativo em que se insere, a fim de que possa, então, e somente então, ser conhecido em sua inteireza. O estudo das questões de direito demanda, sempre, a interpretação sistemática, interpretação essa que, expandindo-se pelo plano espacial (ou territorial), compreende o direito comparado (o qual, nas palavras de René David, emérito comparatista, constituiria a interpretação sistemática levada às últimas conseqüências). Essa mesma análise sistemática, transposta para o plano temporal, abrange o estudo da história do direito.

No entanto, assim como o estudo do direito comparado e a transposição de soluções estrangeiras para o direito nacional devem necessariamente ser feitas *cum grano salis*[2] – eis que normalmente idealizadas para ordens jurídicas diversas –, pela mesma razão, a utilização de soluções forjadas noutros tempos demanda igual ou maior cautela por parte do exegeta, porquanto a aplicação linear e acrítica, na atualidade, de lições e de institutos elaborados em tempos remotos, certamente conduzirá a equívocos ou, pelo menos, a construções pouco esclarecedoras.

Em relação ao tema objeto deste estudo (declaradamente) provocativo – que, longe de ter a pretensão de apresentar construções definitivas, pretende suscitar a controvérsia e convidar os estudiosos à reflexão –, o que se buscará demonstrar é que a aplicação acrítica e abusada da noção de *affectio societatis*, ainda em voga no direito societário brasileiro, é, em larga medida, incompatível com a evolução da ciência jurídica universal (o que se ilustra pela lembrança da inapelável condenação da teoria da vontade do negócio jurídico, a partir de meados do séc. XIX, e pela elaboração da teoria do contrato plurilateral). Em boa parte, a insistência na alusão à *affectio societatis* aparenta ser manifestação de certo imobilismo intelectual, que presta reverência a conceito de origem romana (em que pese o iluminado comando da "Lei da Boa Razão", de 18.8.1769, regra de direito reinol que, ainda hoje, conviria ser relida). Vejamos, pois.

## 2. *Origem da expressão no direito romano*

A origem da expressão *affectio societatis* encontra-se no direito romano e, de modo mais específico, em famoso texto de Ulpiano (Dig., L. 17, Tit. II, 31).[3] Nesta

te. Assim, como já se disse que quem esquece dos erros do passado está condenado a repeti-los, é lícito dizer também que quem se olvida das descobertas do passado está condenado a retrocesso e à penosa repetição do caminho já palmilhado. Mostrando os erros cometidos no passado, a memória previne a sua repetição no presente; revelando as virtudes das soluções corretas, dispensa o trabalho de procurá-las novamente – possibilita ao homem moderno que só despenda suas energias no aperfeiçoamento e na adequação dos frutos do conhecimento acumulado" (José Ignacio Botelho de Mesquita, *Teses, Estudos e Pareceres de Processo Civil*, vol. 1, São Paulo, Ed. RT, 2005, pp. 308-309).

2. A expressão latina, empregada no texto a sinalizar a necessidade de parcimônia ou cautela, é normalmente atribuída a Plínio, mas, aparentemente, não é bem assim: "costuma-se dizer que provém de um trecho de Plínio (*Naturalis historia*, 23, 77, 3), em que se tem *Addito salis grano*, 'acrescento um grão de sal', mas nessa passagem a expressão, ainda que hiperbólica, tem sentido concreto (trata-se de uma receita de remédio); por outro lado, em latim clássico realmente é difundida a expressão *Salis granum* (cf. ThlL 6/2, 2196, 12-19), mas não parece existir *Cum grano salis* com o sentido atual" (Renzo Tosi, *Dicionário de Sentenças Latinas e Gregas*, trad. Ivone Castilho Benedetti, São Paulo, Martins Fontes, 1996, n. 17.775, p. 802). O registro da origem desta expressão é feito apenas para ilustrar que as mudanças de significado ou de conceito de expressões latinas, como a que constitui objeto deste estudo, são assaz freqüentes.

3. D. 17, 2, 31: "Ut sit pro socio actio, societatem intercedere oportet; nec enim sufficit, rem

fonte, porém, a *affectio societatis* (*affectione societatis*) não aparece como elemento próprio e exclusivo da sociedade, mas como um traço distintivo da sociedade em relação à comunhão ou condomínio. O que sucedeu, porém, segundo explica Fábio Konder Comparato, foi que "uma certa doutrina resolveu, posteriormente, tomá-lo por diferença específica do contrato de sociedade, perdendo-se em falsos caminhos que não deixaram de ser denunciados pelos autores contemporâneos: a *affectio societatis* confundir-se-ia com os demais elementos do contrato social, vale dizer, a contribuição dos sócios com esforços ou recursos para a consecução de determinado resultado, visando à partilha dos lucros ou perdas. Não se pode, porém, tomar a expressão, no contexto da sentença de Ulpiano, por mais do que ela aí significa. Se a *affectio societatis* é apresentada como elemento distintivo em relação ao estado de comunhão, nem por isso se pode daí inferir que ela só existiria, enquanto *affectio*, no contrato de sociedade. Ao contrário, as fontes empregam o mesmo vocábulo, tanto em matéria de matrimônio quanto de posse. Como explicou Arangio-Ruiz, a *affectio* é um *consensus*, mas não instantâneo e sim prolongado; um estado de ânimo continuativo, a perseverança no mesmo acordo de vontades".[4]

Frise-se, pois, que, na origem, a *affectio societatis* não surgiu como pretenso elemento constitutivo ou genético do contrato de sociedade, mas somente como traço (e, diríamos nós, como um dos possíveis traços) a diferenciar a sociedade da comunhão, em especial do *consortio inter fratres* – a mais antiga forma de comunhão acidental ou involuntária entre herdeiros (a comunhão universal de bens entre os *filii familias*, que se formava com a morte do *pater familias*).[5] Isso não significava, porém, que a *affectio*, o estado de ânimo continuativo, não pudesse existir noutros institutos, tal como efetivamente existia e ainda hoje existe. Tanto assim que, já no direito romano, ao tratar da posse e dos seus elementos (e, em especial, do elemento subjetivo do *animus*), aludia-se a *affectio tenendi*, como sendo a intenção de deter a coisa. Por outro lado, em matéria de casamento, também era feita referência à *affectio maritalis*, para evidenciar a particularidade de que o consentimento para a constituição do casamento não era apenas aquele inicial, mas o que também se projetava no tempo e determinava a sua permanência.[6]

esse communem, nisi societas intercedat. Communiter autem res agi potest etiam citra societatem, ut puta quum non *affectione societatis* incidimus in communionem, ut evenit in re duobus legata, item si a duobus simul empta res sit, aut si hereditas vel donatio communiter nobis obvenit, aut si a duobus separatim emimus partes eorum, non socii futuri" (tradução livre: para que haja a *actio pro socio*, é preciso que haja sociedade; porque não basta que uma coisa seja comum, se não houve sociedade. Mas pode fazer-se em comum alguma coisa também fora da sociedade, como, por exemplo, quando concorremos em comunhão não por afeição de sociedade, como sucede com a coisa legada a duas pessoas, e também se uma coisa foi comprada por dois simultaneamente, ou se nos coube em comum uma herança, ou uma doação, ou se de dois compramos separadamente as suas partes, não para ser sócios). Há controvérsias, inclusive, sobre se as palavras "non affectione societatis" seriam mesmo do texto de Ulpiano ou se constituiriam uma interpolação (cf.: Vincenzo Arangio-Ruiz, *La Società in Diritto Romano*, reimp. da 1ª ed. de 1965, Nápoles, Jovene Editore, 2006, pp. 50-51 e 68-70).

4. Fábio Konder Comparato, "Restrições à circulação de ações em companhia fechada: *nova et vetera*", in *Novos Ensaios e Pareceres de Direito Empresarial*, Rio de Janeiro, Forense, 1981, pp. 37-38.

5. Para Fábio Konder Comparato, a compreensão da *affectio societatis* como simples estado de ânimo continuativo não se presta sequer a distinguir a sociedade da comunhão: "a *affectio societatis* assim interpretada em nada diferencia, em nosso entender, a sociedade (pelo menos a regulada no Código Civil) da comunhão" (*O Poder de Controle na Sociedade Anônima*, 3ª ed., Rio de Janeiro, Forense, 1983, n. 37, p. 117). Essa opinião foi mantida, explicitamente, na vigência do Código Civil de 2002 (*O Poder de Controle*..., cit., 5ª ed., Rio de Janeiro, Forense, 2008, em co-autoria com Calixto Salomão Filho, n. 37, p. 157).

6. Vincenzo Arangio-Ruiz, *La Società in Diritto Romano*, cit., pp. 66-68. O mesmo sucedia com

### 3. *"Affectio societatis" em direito comparado e no direito brasileiro*

A noção de *affectio societatis* e a sua previsão como elemento constitutivo e característico do contrato de sociedade são, praticamente, ignoradas nos sistemas jurídicos mais modernos. Desconsideradas as invocações meramente secundárias e sem qualquer conteúdo instrumental, o conceito de *affectio societatis* é desprezado pelas obras de direito societário mais conhecidas da Itália,[7] Espanha[8] ou Portugal.[9] É completamente abandonada na Alemanha[10] e na Suíça,[11] onde, evidentemente, as sociedades são conhecidas e, à evidência, não deixam de existir – fato que por si só revela que a *affectio societatis* não é e não pode ser elemento constitutivo ou característico do contrato de sociedade – e onde, pelo contrário, se adota o conceito mais preciso de "fim comum" (*Gemeinsamer Zweck*),[12] adiante mencionado. É tão-somente no direito francês que ainda se encontram maiores referências ao instituto, por força da jurisprudência, mas mesmo lá os autores salientam a sua ambigüidade,[13] propugnando por uma teoria objetiva.[14] Ademais, o conceito é lá empregado, com mais freqüência, para distinguir a sociedade de outras figuras (tarefa essa para a qual a *affectio societatis* também não dá uma resposta definitiva, como o reconhecem os doutrinadores franceses), e não com a abrangência e amplitude de autêntica panacéia com que amiúde desponta em julgados de nossos tribunais.

Ainda assim, no direito brasileiro, a noção de *affectio societatis* continua a ecoar na doutrina, que ora lhe reconhece o atributo de elemento constitutivo do contrato de sociedade, distinto do consentimento

a *societas*, que não era personificada e, portanto, se operava *ad intra*, levando a que o desaparecimento da intenção de constituir e manter a sociedade, conduzisse à sua extinção: "manet autem societas eo usque, donec in eodem consensu perseverant" (Gai. III, 151; tradução livre: "mas dura a sociedade enquanto perseveram os sócios no mesmo consentimento"); "tamdiu societas durat, quamdiu consensus partium integer perseverat" (C, 4, 37, 2; tradução livre: "a sociedade dura enquanto persevera íntegro o consentimento das partes").

7. Cf.: Giuseppe Ferri, *Manuale di Diritto Commerciale*, 8ª ed., Torino, Utet, 1992; Giuseppe Auletta e Niccolò Salanitro, *Diritto Commerciale*, 13ª ed., Milão, Giuffrè, 2001; Francesco Galgano, *Derecho Comercial*, vol. 2, trad. Jorge Guerrero, Colombia, Temis, 1999; e Gastone Cottino, *Diritto Commerciale*, vol. 1º, t. 2º, *Le Società*, 4ª ed., Padova, CEDAM, 1997.

8. Cf.: Joaquín Garrigues, *Curso de Derecho Mercantil*, t. II, Bogotá, Temis, 1987; e Manuel Broseta Pont, *Manual de Derecho Mercantil*, 9ª ed., Madrid, Tecnos, 1991.

9. Cf.: A. Ferrer Correia, *Lições de Direito Comercial*, Coimbra, Lex (reprint), 1994; António Menezes Cordeiro, *Manual de Direito das Sociedades*, vol. I, 2ª ed., Coimbra, Almedina, 2007; António Pereira de Almeida, *Sociedades Comerciais*, Coimbra, Coimbra Editora, 1997, p. 50 (o qual, no entanto, se refere a *affectio societatis* enquanto metro do dever de lealdade); e José de Oliveira Ascensão, *Direito Comercial*, vol. IV, Lisboa, 1993.

10. V.: Herbert Wiedemann, *Gesellschaftsrecht*, Band I: *Grundlagen*, München, C. H. Beck, 1980, § l, I, 1 b, pp. 8-9, e Band II: *Recht der Personengesellschaften*, München, C. H. Beck, 2004, § 3 II 3, pp. 191 e ss.; e Karsten Schmidt, *Gesellschaftsrecht*, 4ª ed., Köln, Carl Heymanns, 2002, § 20 IV, pp. 587-589.

11. V.: Heinrich Honsel, Nedim Peter Vogt e Rolf Watter, *Basler Kommentar zum Schweizerischen Privatrecht – Obligationenrecht II (art. 530-1186 OR)*, 2ª ed., Basel, Helbing & Lichtenhahn, 2002.

12. "Gemeinsamer Zweck", literalmente, fim comum, é conceito que compreende, para alguns, simultaneamente o objeto (ou escopo-meio) e o objetivo (ou escopo-fim) da organização societária. Para outros, entretanto, o objeto seria apenas meio para atingir o escopo-fim e não parte integrante dele (cf. Herbert Wiedemann, *Gesellschaftsrecht*, Band I, cit., p. 155). Na visão dialética com que enfoca o direito societário, Wiedemann acena ainda com uma distinção entre fim social (*Verbandszweck*) e objetivo da empresa (*Unternehmensziel*) (*op. et loc. ult. cits.*). Karsten Schmidt entende que o fim comum torna-se o fim social supra-individual (*überindividuellen Verbandszweck*), elemento constitutivo das sociedades (*Gesellschaftsrecht*, cit., § 4 I 2 b, p. 60).

13. Maurice Cozian, Alain Viandier e Florence Deboissy, *Droit des sociétés*, 18ª ed., Paris, Litec, 2005, n. 141, p. 64; e Yves Guyon, *Droit des affaires*, 12ª ed., Paris, Economica, 2003, n. 124, pp. 130 e ss.

14. Paul Le Cannu, *Droit des Sociétés*, 2ª ed., Paris, Montchrestien, 2003, ns. 167-168, pp. 90-91.

exigido para a celebração de qualquer contrato;[15] ora a ela faz referência para diferenciar a sociedade de outros institutos; ora a ela se refere como elemento definidor da extensão dos deveres dos sócios e dado legitimador da transposição de soluções das sociedades de pessoas para as sociedades ditas de capitais. O quadro torna-se ainda mais nefasto quando se constata que a noção de *affectio societatis* é manejada pelos tribunais, sem qualquer sistematicidade e carregada de um incompreensível empirismo, para justificar soluções as mais díspares possíveis entre si, notadamente em matéria de dissolução parcial de sociedade *lato sensu* (retirada, exclusão e dissolução parcial em sentido estrito), com total alheamento de outros temas fundamentais envolvidos na questão, como os de juízo de proporcionalidade e de análise de imputação de responsabilidade pela quebra de eventuais deveres de sócio.

Nas linhas seguintes, procurar-se-á, primeiramente, demonstrar a imprecisão do conceito de *affectio societatis* para, na seqüência, apontar o verdadeiro elemento cardeal do moderno direito societário e, assim, contrastar a aplicação prática de ambos os institutos, tudo para tentar demonstrar a superioridade do segundo sobre o primeiro.

## *4. Conceitos e críticas*

O conceito de *affectio societatis* é equívoco. A ampliação da função a ela inicialmente reconhecida levou a que os diversos conceitos construídos pela doutrina se tornassem bastante díspares, dependendo da função ou funções que o autor da definição lhe pretenda atribuir.

Na realidade, o problema com o conceito de *affectio societatis* inicia-se, justamente, quando se procura responder à indagação sobre o que a expressão significa. É que, traduzida literalmente, ela é oca e desprovida de alcance, pois o elemento voluntário existe em todo e qualquer contrato, sendo que, para o tradutor, a expressão latina conduz ao paradoxo de pretender caracterizá-la como sendo a intenção, o ânimo, a vontade de constituir sociedade. Contudo, como bem observou Joseph Hamel, semelhante tradução leva a um chocante e inegável círculo vicioso, pois "o contrato de sociedade não pode ter por critério uma *affectio societatis* que seja 'a vontade de constituir uma sociedade'".[16] Para desvencilhar-se deste paralogismo, alguns doutrinadores tentaram descobrir um elemento objetivo, com base no qual fosse possível diferenciar a sociedade dos demais contratos, mas as tentativas iniciais a esse respeito também malograram.

Por fim, prevaleceu na doutrina e nos tribunais franceses o entendimento de que a *affectio societatis* seria "o desejo, a vontade, a intenção de colaboração *voluntária* e *ativa, interessada* e *igualitária*". De acordo com esta visão, os caracteres voluntário e ativo serviriam para diferenciar a sociedade: (i) da indivisão, situação involuntária e de sujeição; e (ii) de diversos contratos com cláusula de participação nos lucros (mútuo, comissão ou mandato, seguro e certas combinações de venda do estabelecimento empresarial). Além disso, o caráter igualitário se prestaria a afastar, da sociedade, o liame de subordinação, que é da essência do contrato de trabalho e serve justamente para recusar a qualidade de sócio ao simples empregado comissionado.

15. Sustentando que a *affectio societatis* seria um elemento específico ou constitutivo do contrato de sociedade: Rubens Requião, *Curso de Direito Comercial*, 1º vol., 27ª ed., São Paulo, Saraiva, 2007, n. 223, p. 277; Fábio Ulhoa Coelho, *A Sociedade Limitada no Novo Código Civil*, São Paulo, Saraiva, 2003, n. 11, p. 33; Ricardo Negrão, *Manual de Direito Comercial e de Empresa*, vol. 1, 5ª ed., São Paulo, Saraiva, 2007, n. 17.9.3, p. 293; Waldirio Bulgarelli, *Sociedades Comerciais: Empresa e Estabelecimento*, 3ª ed., São Paulo, Atlas, 1991, n. 5.5, p. 95; dentre tantos outros.

16. Joseph Hamel, "L'*affectio societatis*", *Revue Trimestrielle de Droit Civil*, 1925, t. 24º, pp. 762-763.

A verdade, porém, é que esta concepção longe está de se revelar satisfatória. Assim, por exemplo, é claramente arbitrário qualificar de colaborador ativo um dentre os milhares de acionistas, que sequer comparecem às assembléias gerais e não têm nenhum conhecimento dos negócios da sociedade, ou mesmo o sócio comanditário – os quais, no entanto, ninguém deixa por isso de reconhecer que são sócios. De outro lado, o caráter igualitário também não existe sempre nas sociedades, nem por ocasião dos aportes iniciais, nem durante a vida societária: um sócio pode ingressar com bens e, outro, com serviços; um sócio pode controlar a sociedade e, o outro, ser apenas minoritário; um sócio pode ter direitos especiais de administração, diversos dos reconhecidos aos demais sócios, ou títulos sociais atributivos de preferências que não se estendem aos demais – e, também aqui, nenhuma destas dessemelhanças nas situações jurídicas dos vários sócios permite excluir a existência de sociedade.

Não passou despercebido a vários autores, por isso mesmo, que o conceito de *affectio societatis* é insuficiente para definir a sociedade e, por efeito, distingui-la de outros contratos. Assim, por exemplo, Joseph Hamel, depois de assinalar as insuficiências do conceito de *affectio societatis*, pugnou pela análise da questão sob o prisma da causa do contrato de sociedade: "quel est le bût poursuivi par les associés? C'est là le point essentiel de la définition de ce contrat".[17] Respondendo a isso, o emérito comercialista francês lembra que a vontade de união seria um dos fatores essenciais da *affectio societatis*, mas não é ela o único elemento nem é exclusivo da sociedade. Esta vontade de união encontrar-se-ia também noutros contratos. Por isso, à vontade de união, à vontade de associar-se, deveria ser acrescentado outro elemento, que seria o de aceitação dos riscos. E conclui: "volonté d'union, volonté d'accepter délibérément certains risques, ce sont là, semble-t-il, les deux éléments dont la juxtaposition constitue l'*affectio societatis*".[18] Por esta visão, portanto, a vontade de ligar-se a contrato de sociedade suporia dos agentes a intenção de (1) união e de (2) aceitação de áleas comuns. A união implicaria, ao mesmo tempo, uma organização coletiva e um paralelismo de interesses; ela não significaria, porém, necessariamente uma colaboração ativa e igualitária (de modo que, por isso, admitir-se-ia facilmente que o comanditário seja efetivamente sócio). Todavia, ela excluiria o liame de subordinação. Por outro lado, quando se menciona a aceitação de áleas comuns, tal álea não se daria no plano das relações entre os sócios, mas no que se refere à produção e à partilha de lucros.

Também esta visão, contudo, é igualmente merecedora de críticas, pois, os traços que ela coloca em realce são apenas aqueles que, com superioridade, a teoria do contrato plurilateral explicou[19] e, em

17. Joseph Hamel, "L'*affectio societatis*", cit., p. 775 (tradução livre: "Qual é o fim perseguido pelos sócios? É este o ponto essencial da definição deste contrato").

18. Joseph Hamel, *op. et loc. cits.* (tradução livre: "vontade de união, vontade de aceitar deliberadamente certos riscos, estes são, parece, os dois elementos cuja justaposição constitui a *affectio societatis*").

19. E isso não passou despercebido ao gênio de Tullio Ascarelli. Com efeito, depois de salientar, com agudeza, que "nos contratos plurilaterais o escopo, em sua precisa configuração em cada caso concreto (por exemplo, constituição de uma sociedade para compra e venda de livros) é juridicamente relevante. Constitui o elemento 'comum' unificador das várias adesões e concorre para determinar o alcance dos direitos e deveres das partes" ("O contrato plurilateral", in *Problemas das Sociedades Anônimas e Direito Comparado*, São Paulo, Saraiva, 1945, p. 291), explicou o mestre italiano que essa atividade ulterior "é, no fundo, o sentido da tese tradicional, que exige a *affectio societatis*. Essa tese costuma ser criticada (cf. Salvadori, *Rivista di Diritto Civile*, 1911), observando que ela imagina quase que uma duplicação do consentimento das partes. Essa tese é, no entanto, exata quando põe em evidência o objetivo comum e a necessidade que o consentimento das partes vise à consecução desse objetivo comum" (*op. cit.*, nota 47, p. 291).

certos pontos, a teoria do contrato associativo aprofundou.[20] Ainda aqui, o conceito de *affectio societatis* aparece como mero critério de distinção da sociedade de outros contratos, e, por ser meramente descritivo, não fornece nenhum instrumento útil para lidar com problemas que digam respeito à dissolução da sociedade ou do vínculo contratual que une o sócio à sociedade, ou os sócios entre si.

Não surpreende, por isso mesmo, que as tentativas de definição da *affectio societatis* pelos doutrinadores pátrios apresentem as mesmas deficiências verificadas na França. Assim, Waldirio Bulgarelli dizia que "*affectio societatis* (ou *animus contrahendi societates* ou *societatis contrahendae causa*) seria a intenção dos sócios de reunir esforços para a realização do fim comum",[21] quando é certo que a intenção da parte, enquanto tal, é dado juridicamente irrelevante, em contraste com a vontade declarada (CC, art. 112); além disso, o consentimento é elemento exigido na conclusão de todo e qualquer contrato; e, por fim, o elemento, que verdadeiramente interessa na definição apresentada, é justamente o de fim comum, e não o de intenção da parte – donde se evidencia o claro desvio de perspectiva, ao qual adiante serão feitas maiores referências.

As críticas que podem se fazer ao conceito de *affectio societatis* são várias.

*A primeira crítica é a de que se trata de conceito equívoco, cuja obscuridade é ainda robustecida pelo emprego da mítica expressão latina.*[22] É que, como visto, alguns autores empregam o conceito de *affectio societatis* para designar e qualificar o consenso exigido dos sócios na celebração do contrato de sociedade. Outros invocam-no para, com isso, apontar elemento constitutivo e essencial do contrato de sociedade e de sua continuidade. Por fim, outros a ele se referem para tratar dos deveres dos sócios. E isso, não obstante, na fonte romana, a sua invocação tenha se dado tão-somente para diferenciar a sociedade da comunhão, sem com isso querer afirmar que o consenso em questão não existiria noutros tipos de contrato.

*A segunda crítica é a de que a* affectio societatis *não é especial modalidade de consentimento, distinta da exigida para a celebração de qualquer contrato*. Embora alguns autores tenham sustentado que a intenção de formar e participar de sociedade supostamente não se confundiria com o consentimento exigido para a conclusão dos contratos em geral,[23] a verdade é que essa posição padece do equívoco de confundir o consentimento, de um lado, com o objeto ou causa do contrato de sociedade, ao qual se dirige a declaração de vontade, de outro. Até mesmo na França, onde a idéia de *affectio societatis* se alastrou em direito societário, estudiosos como Georges Ripert e René Roblot registraram que, "a la vérité, il n'y a pas là un caractére particulier du consentement. Tout se ramene à dire, comme le disait d'ailleurs le droit roman impérial, qu'il faut l'*animus contrahendae societatis*. On pourrait en dire autant pour tous les contrats: le consentement doit être donné en connaissance de la nature du contrat conclu".[24] Entender o

20. Cf.: Paolo Ferro-Luzzi, *I Contratti Associativi*, 3ª ed., Milano, Giuffrè, 2001.

21. Waldirio Bulgarelli, *Sociedades...*, cit., n. 5.5, p. 95.

22. Cf.: Maurice Cozian, Alain Viandier e Florence Deboissy, *Droit...*, cit., n. 141, p. 64.

23. Waldirio Bulgarelli, p. ex., afirmou categoricamente que "essa intenção de formar e participar da sociedade não se confunde com o simples consenso dos contratos em geral, que são em muitos casos supridos até mesmo pelo silêncio. A *affectio societatis*, além de se constituir numa declaração de vontade formal e expressa, revela uma intensidade maior, um *plus*, em relação à dos demais contratos. É que ela pressupõe não apenas a vontade de ingressar na sociedade, mas também de participar, na comunhão do escopo comum" (*Sociedades...*, cit., n. 5.8, pp. 96-97). No mesmo sentido: Rubens Requião, *Curso...*, cit., vol. 1, n. 223, p. 277; e Ricardo Negrão, *Manual...*, cit., vol. 1, n. 17.9.3, p. 293.

24. Georges Ripert e René Roblot, *Traité de Droit Commercial*, t. I, 14ª ed., Paris, LGDJ, 1991, n.

tema de outra forma, levaria ao paradoxo de admitir que existem tantas especiais modalidades de consentimento quanto sejam os negócios jurídicos em geral, típicos ou atípicos...

*A terceira crítica, que consiste em desdobramento da exposta no parágrafo anterior, é a de que a* affectio societatis *não constitui elemento constitutivo do contrato de sociedade.* Sobretudo entre os doutrinadores brasileiros, ainda está em voga a idéia de que, ao lado do requisito geral do consenso, a *affectio societatis* apareceria ainda como elemento específico (e constitutivo) da sociedade. Contudo, tal como acabou de se pôr em evidência, ela não se traduz num elemento essencial autônomo, ou espécie de consentimento, diversa da exigida para a celebração de qualquer negócio jurídico, nem tampouco possui alguma conotação excepcional, que não se faça presente noutros tipos de contrato de duração e colaboração. É certo que o contrato de sociedade é contrato plurilateral (algo que, de resto, hoje se extrai do conceito de sociedade dado pelo art. 981 c.c. os arts. 1.026 a 1.030, todos do Código Civil) e, como tal, apresenta, como um de seus traços distintivos, a comunhão de escopo – elemento unificador das manifestações individuais de cada sócio e elemento determinante para a definição do alcance dos seus direitos e deveres. Ainda assim, não deixa de ser uma simples manifestação própria do consentimento exigido na celebração de qualquer contrato, e não uma duplicação de um mesmo elemento (vale dizer, não é algo que se coloque ao lado e em conjunto com o consentimento em geral). O que se particulariza na sociedade não é o consentimento, mas a causa do contrato, que vem a ser a consecução de um fim comum.

*A quarta crítica é a de que a* affectio societatis *não é elemento que, desaparecendo ao longo da execução do contrato de sociedade, possa determinar a sua automática extinção.* Embora a solução pudesse até ser diversa na *societas* romana,[25] da qual a moderna sociedade em muito difere,[26] a verdade é que a *affectio societatis* também não é elemento essencial para a manutenção da sociedade – como não o é, de regra, para qualquer outro contrato em que não se admita o arrependimento. João Eunápio Borges já afirmava, com todas as

720, p. 598 (em tradução livre: "na verdade, não há um caráter particular do consentimento. Tudo se resume a dizer, como o dizia alhures o direito romano imperial, que é necessário o *animus contrahendae societatis*. Poder-se-ia dizer o mesmo com relação a todos os contratos: o consentimento deve ser dado com conhecimento da natureza do contrato concluído").

25. "No direito romano clássico, não é uma única vez e para sempre que os sócios manifestam o seu consentimento em permanecer naquela sociedade, é continuamente e todos os dias, de tal maneira que, cessando a *affectio*, rompe-se, *ipso facto*, o vínculo contratual que os une" (Fábio Konder Comparato, "Restrições à circulação...", cit., p. 38).

26. António Menezes Cordeiro, a propósito, registra que "a conexão das atuais sociedades fez-se, contudo, com as experiências medievais e não de modo direto, com as romanas. Não era, aliás, função da *societas* criar um ente novo, diferente dos contratos nem, sobretudo, providenciar complexas organizações, onde seriam congregados os esforços ou os capitais de centenas ou milhares de pessoas. *A 'societas' era, simplesmente, um contrato que traduzia uma relação de cooperação, entre duas ou mais pessoas*" (*Manual...*, cit., vol. I, n. 6, p. 51). No mesmo sentido, Francesco Galgano, *Lex Mercatoria*, Bologna, Il Mulino, 2001, pp. 45 e ss. De outra parte, as sociedades por ações não derivaram nem sequer das próprias sociedades medievais, mas têm seus precedentes nas *maone* – empréstimos públicos das cidades-Estado italianas, divididos em quotas-partes de igual valor, transmissíveis e alienáveis, designadas "loca", subscritas pelos membros da comunidade e até estrangeiros –, nas *Rheederein* – associações para armação de navios, em que os interesses da expedição naval eram divididos em quotas-partes de igual valor (também chamadas "loca"), transmissíveis e alienáveis – e nas *corporações eclesiásticas medievais* – p. ex., os mosteiros, que eram "propriedade de Deus" e cujos membros se sucediam sem alteração na titularidade ("corpus mysticus"), donde o embrião da personalidade jurídica (cf. o esplêndido estudo de José Luiz Bulhões Pedreira e Alfredo Lamy Filho, *Notas sobre a História das Companhias*, em *A Lei das S/A*, 1º vol., 3ª ed., Rio de Janeiro, Renovar, 1997, pp. 28-30).

forças, que "para a sociedade moderna, dotada de personalidade jurídica e que, salvo quando contratada por tempo determinado, não se dissolve pela só vontade de um sócio, não tem sentido a contraposição entre a *affectio societatis* e o *consensus*. Manifestado este, inicialmente, em forma regular, como em qualquer contrato, produz desde logo a plenitude de seus efeitos. Mesmo que venha a faltar posteriormente aquele estado de ânimo continuativo que caracterizava a *affectio* e que, uma vez cessado, punha fim à *societas*".[27] Em tempos mais recentes, a lição tornou a ser repetida por Alfredo de Assis Gonçalves Neto, para quem "a *affectio societatis* não é pressuposto algum, nem mesmo para a manutenção da sociedade entre seus sócios ao longo de sua existência. Se o fosse, os sócios em maioria poderiam alijar os detentores da minoria do capital a qualquer tempo, impedindo-os de participar dos bons negócios que se descortinassem para o futuro (...). O querer ou não querer ficar ou permanecer vinculado a um contrato não é uma particularidade própria do ajuste societário. Nos contratos de duração em geral (como de sociedade, locação, fornecimento), a vontade de manter o vínculo contratual é-lhes inerente, sendo autorizada a sua resolução unilateral, a qualquer tempo, quando celebrados por prazo indeterminado".[28] Efetivamente, o desaparecimento da intenção de contratar por parte de um dos contratantes, de regra, não interfere na sociedade. Tanto assim que, o que pode determinar a extinção (total ou parcial) do contrato de sociedade, é a impossibilidade de consecução do fim social ou o seu atingimento (CC, art. 1.034, II; LSA, art. 206, II, *b*); o exercício do direito potestativo de retirada, quando assim admitido (CC, arts. 1.029 e 1.077; LSA, art. 109, V); ou a recusa na prorrogação do prazo de duração do contrato de sociedade (CC, art. 1.033). Fora daí e deixando de lado causas de dissolução estranhas aos sócios, apenas o consenso (unânime ou qualificado) dos sócios pode ter esse efeito (CC, art. 1.033, e II; LSA, arts. 136, X, e 206, I, *c*). Em qualquer caso, a pura e simples vontade de um sócio não tem essa aptidão e, por maior razão, o mero desaparecimento da intenção de continuar na sociedade. No mais, se o desaparecimento da *affectio societatis* fosse fonte do direito de auto- ou hetero-desvinculação de sócio, ter-se-ia que forçosamente admitir que: (i) a exclusão não dependeria de falta grave (CC, arts. 1.030 e 1.085) e poderia se dar pela simples vontade da maioria; e, inversamente, (ii) o direito de retirada não poderia ter quaisquer condicionantes (CC, arts. 1.029 e 1.077; e LSA, art. 137). Além disso, quer-nos parecer que, se a *affectio societatis* fosse elemento constitutivo da sociedade, seria uma *contradictio in adjecto* conceber a constituição de sociedade com sócio absolutamente incapaz (como assim tem sido admitido em sociedades anônimas ou nas limitadas, com capital totalmente integralizado e sem participação do incapaz na administração) ou, pela mesma razão, a manutenção, no quadro social, de sócio que se tornou incapaz.[29] A bem da verdade, a própria participação de sócio pessoa jurídica seria construção artificiosa, por depender ou da admissão de um autêntico *pass-through* volitivo ou da aceitação de ânimo pela pessoa jurídica.

*A quinta crítica é a de que a* affectio societatis *não é baliza ou elemento de determinação da extensão dos deveres dos sócios*. A doutrina, mesmo a mais autorizada, parece afirmar que a *affectio societatis* seria metro balizador dos deveres dos só-

27. João Eunápio Borges, *Curso de Direito Comercial Terrestre*, 5ª ed., 4ª tir., Rio de Janeiro, Forense, 1991, n. 250, p. 271.

28. Alfredo de Assis Gonçalves Neto, *Lições de Direito Societário*, 2ª ed., São Paulo, Juarez de Freitas, 2004, n. 24, p. 54.

29. A incapacidade superveniente, nas sociedades simples, é apenas causa de exclusão judicial, e não de pleno direito (CC, art. 1.030, par. ún.); nas limitadas, é discutível se essa previsão teria aplicação.

cios; critério definidor da intensidade dos direitos dos sócios. Antonio Pereira de Almeida, por exemplo, sustenta que, na sociedade, "o sócio está adstrito a um dever de lealdade e colaboração, que constitui um dever acessório de conduta em matéria contratual e um dever geral de respeito e de agir de boa-fé" e que, portanto, "este dever é tanto mais alargado quanto maior for a *affectio societatis* do tipo societário".[30] Também esta afirmação (que parece decorrer mais de uma tentativa de encontrar alguma utilidade ao velho conceito), não procede e está eivada de vício de perspectiva: não é a *affectio societatis* que define a extensão dos deveres dos sócios; quem o faz é o objetivo comum e, de maneira mais mediata, a forma societária escolhida. Diz-se que há desvio de perspectiva pois, em última análise, não é possível afirmar que os direitos de sócio são mais estritos porque se trata de sociedade onde predomina a *affectio societatis*; o que se pode, ao inverso, é constatar que, por serem os direitos de sócio mais estritos, predomina entre eles a *affectio societatis* (aqui entendida a expressão como sinônimo imperfeito de *intuitus personae*).

Pelo exposto, parece possível concluir, juntamente com Maurice Cozian e Alain Viandier, ser "a *affectio societatis* mais um sentimento do que um conceito jurídico",[31] ou que o termo representa, na verdade, como observa Herbert Wiedemann, uma descrição sociológica das sociedades (*soziologischen Beschreibung der Verbände*), juridicamente compreensível ademais, apenas com relação às sociedades de pessoas ou às associações de caráter ideal.[32] Urge, por isso, corrigir o desvio de perspectiva que se encontra ínsito na sua aplicação, dando enfoque ao que realmente interessa: o conceito de fim comum.

### *5. Rumo ao conceito de fim comum em sentido lato*

Por tudo o que ficou exposto anteriormente, entende-se que o conceito de *affectio societatis*, elaborado para uma outra realidade, merece ser abandonado (ou, quando menos, relegado a quadrante meramente descritivo); a sua superação, na realidade, já deveria ter se dado quando da elaboração da teoria do contrato plurilateral, a qual já pôs às claras o fato de que, diferentemente dos contratos de escambo, no contrato de sociedade as partes têm não apenas interesses contrastantes, no ato de constituição, mas visam sobretudo um fim comum, e esse fim comum é o elemento de convergência das manifestações de vontade dos sócios. Após a teoria do contrato plurilateral, o moderno direito societário caminhou para a elaboração da teoria do contrato associativo, de um lado, e para a depuração do estudo do fim comum, de outro. Neste contexto, a insistência da doutrina pátria em continuar a falar em *affectio societatis* constitui um autêntico retrocesso; uma involução.

O moderno direito societário encontra, no fim social, a sua estrela polar.[33]

30. António Pereira de Almeida, *Sociedades...*, cit., p. 50. De modo algo diverso, Fábio Konder Comparato destacou que "a *affectio societatis* é, portanto, não um elemento exclusivo do contrato de sociedade, distinguindo-o dos demais contratos, mas um critério interpretativo dos deveres e responsabilidades dos sócios entre si, em vista do interesse comum. Quer isto significar que a sociedade não é a única relação jurídica marcada por esse estado de ânimo continuativo, mas que ele comanda, na sociedade, uma exacerbação do cuidado e diligência próprios de um contrato *bonae fidei*" ("Restrições à circulação...", in *Novos Ensaios e Pareceres de Direito Empresarial*, cit., p. 39).

31. Maurice Cozian e Alain Viandier, *Droit des sociétés*, 5ª ed., Paris, Litec, 1992, n. 200, p. 65 (no original: "l'*affectio societatis* est plus un sentiment qu'un concept juridique").

32. Herbert Wiedemann, *Gesellschaftsrecht*, Band I, cit., pp. 8-9.

33. O belo registro é de Herbert Wiedemann: "Die wichtigste Voraussetzung zur Begründung eines Gesellschaftsverhältnisses ist die Vereinbarung eines von allen Beteiligten anerkannten und für alle

Com efeito, a temática do moderno direito societário abrange o estudo das associações em sentido amplo (CC, art. 44, § 2º), isto é, das associações em sentido estrito e das sociedades, e isto pela simples e boa razão de que ambas as espécies de organizações associativas são, antes de tudo, organizações finalísticas, organizações que se caracterizam pelo fenômeno de cooperação entre dois ou mais sujeitos para a consecução de certos fins comuns: "constituem-se as associações pela união de pessoas que se *organizam para fins* não econômicos" (CC, art. 53); e "celebram contrato de sociedade as pessoas que reciprocamente se obrigam a contribuir, com bens ou serviços, *para o exercício de atividade econômica e a partilha, entre si, dos resultados*" (CC, art. 981).

Em sentido amplo, o fim comum abrange o escopo-meio (ou objeto) e o escopo-fim (ou objetivo). Na realidade, o escopo-meio ou objeto (empresa, no caso da sociedade empresária) é a atividade à qual a organização societária se dedica, servindo, entre outras coisas, para distinguir as sociedades empresárias das sociedades não-empresárias (CC, art. 982, *caput*). Por outro lado, o escopo-fim ou finalidade é elemento que serve para distinguir as sociedades das associações em sentido estrito: nas sociedades, a finalidade é a partilha dos resultados da atividade social entre os seus membros (CC, art. 981), algo que não pode jamais suceder na associação (CC, art. 53), sob pena de desnaturá-la em sociedade.

Analisando as funções que o fim comum em sentido amplo exerce nas organizações societárias – equivalente ao *sinalagma* nos contratos bilaterais –, a doutrina aponta ter ele eficácia constitutiva e eficácia funcional.[34]

Diz-se que tem eficácia constitutiva (*konstituierende Wirkung*), na medida em que o fim comum é elemento constitutivo das organizações societárias: não há sociedade ou associação sem fim comum próprio, que não se confunde com o fim individual porventura perseguido pelos seus integrantes (o qual não conflita nem exclui aquele fim comum).[35] O fim social é o motor da união entre duas pessoas, porque duas pessoas fazem melhor do que uma. As partes são livres para estabelecer o fim social, que pode ser econômico, ideal, passageiro, duradouro etc. Também são livres para estabelecer as contribuições, que podem ser das mais variadas espécies de bens ou até, em certos casos, de serviços. Pouco importa o fim que cada um persegue individualmente: isso não interfere com a finalidade comum a todos. Serve o fim social, desse modo, para a definição da forma jurídica da organização societária (se associação ou sociedade) e, portanto, para a definição das disposições normativas aplicáveis. Aliás, justamente porque se trata de

verbindlichen Gesellschaftszwecks. Die gemeinsame Zielvorgabe – der Polarstern des Gesellschaft – ist ein dem übrigen Vertragsrecht fremdes, für das Gesellschaftsverhältnis aber gerade konstituierendes Rechtselement" (*Gesellschaftsrecht*, Band II, cit., § 2 III, 1, p. 122; em tradução livre: "O mais importante pressuposto para a constituição de uma relação societária é o acordo em torno de um fim social aceito por todos os participantes e para todos vinculante. A comum determinação do fim – a estrela polar da sociedade – é um elemento estranho ao restante direito contratual, mas diretamente constitutivo para a relação societária"). A identificação do fim social como a "estrela polar do universo societário" já havia sido apontada por Wiedemann no vol. I do seu *Gesellschaftsrecht* (cit., p. 17). A propósito, v. a tradução do trecho em questão, feita por um dos signatários do presente estudo na *RDM* 143/67.

34. As linhas seguintes baseiam-se na explanação de Herbert Wiedemann (*Gesellschaftsrecht*, Band I, cit., pp. 9-11).

35. A doutrina registra discussões acerca de qual seria o fim comum em sociedades ditas internas e, também, nas sociedades constituídas para deter e administrar o seu próprio patrimônio (sobre o tema: Karsten Schmidt, *Gesellschaftsrecht*, cit., § 4 III, pp. 66-74; e Werner Flume, *Allgemeiner Teil des Bürgerlichen Rechts*, 1er Band – 1er Teil: *Die Personengesellschaft*, Berling/Heidelberg/New York, Springer-Verlag, 1977, § 3 III, pp. 45-48). Os que negam haver aí fim comum recusam sejam elas autênticas sociedades; não afirmam, porém, que haveria sociedade sem fim comum.

elemento constitutivo, o legislador previu mecanismos de seu controle no processo de constituição das organizações societárias, seja por parte dos órgãos encarregados do registro dos atos sociais (Lei n. 8.934/1994, art. 35, I e III; LRP, art. 115; e EA, arts. 1º, I e II, e 16) seja por parte de órgãos de controle do mercado de capitais (CVM) ou pelo controle de atividades reguladas (tais como Conselhos Regionais, Banco Central e agências reguladoras). Sendo elemento constitutivo da organização societária, a ele se refere o legislador, tanto ao tratar da constituição da sociedade (CC, arts. 53, 981, 997, II e VII; LSA, art. 2º), como de sua dissolução (CC, arts. 51, § 2º, e 1.034, II; e LSA, art. 206, II, *b*) – o que permite afirmar que, como elemento constitutivo da sociedade, o fim comum serve de parâmetro dissolutório da sociedade ou dos vínculos individuais que unem os seus membros aos demais e à organização societária. Não é de se estranhar, por isso mesmo, que a continuidade ou permanência da organização societária sujeita-se a controle externo de efetiva permanência do fim comum, de que é exemplo a atribuição de legitimação ativa ao Ministério Público para pedir a dissolução e a liquidação de associações que, de fato, estejam exercendo atividades ilegais (DL n. 61/1966, arts. 2º, I, e 3º). Ainda no tema, vale observar que a consecução ou a impossibilidade de consecução do fim social pode autorizar a dissolução da sociedade, contudo, ainda aqui, a dissolução não é automática (não se trata de hipótese de dissolução de pleno direito, mas apenas de causa de dissolução judicial) e, sim, concedida em consideração ao interesse comum dos sócios, os quais, conforme o caso e em harmonia com o procedimento legalmente previsto, podem optar pela alteração do fim comum, caso o escolhido não possa mais ser atingido, ou a consecução de outro, no caso de atingimento do inicial. A importância do fim social, comum a todos, revela-se claramente, outrossim, na vedação da assim chamada sociedade *leonina* – nenhum sócio pode ser excluído da participação nos lucros (CC, art. 1.008).

Além de ser elemento constitutivo, o fim social também é dotado de eficácia funcional (*funktionelle Wirkung*), pois: (i) fixa as diretrizes da política social; (ii) determina os direitos e deveres dos sócios (em especial a sua intensidade), delimitando, assim, as esferas individual e coletiva; e (iii) dirige os estágios da vida social.

Com efeito, as relações entre os sócios e entre estes e a sociedade é marcada pela finalidade comum.

*Em primeiro lugar*, o fim social fixa as diretrizes da política social, tanto para os órgãos administrativos como para os órgãos deliberativos. Para os primeiros, de forma muito mais acentuada: os administradores têm o dever de perseguir a finalidade social, e não podem deixar de fazê-lo (LSA, art. 154), sob pena de responder por perdas e danos (CC, art. 1.016; e LSA, art. 158). Para os órgãos deliberativos, há maior discricionariedade: em princípio, estão obrigados a seguir as finalidades sociais (havendo até uma presunção de que tal ocorra), mas é claro que tal pode não suceder, e é por isso que a lei permite a anulação de deliberações discrepantes (CC, arts. 48, par. ún, 166, II, e 1.010, § 3º; LSA, arts. 115, § 4º, e 286).[36] No entanto,

36. Segundo Herbert Wiedemann, "representa o fim social um metro normativo para a conduta da administração e dos sócios restantes. Para a administração, ele serve como itinerário [ou guia] e como limite; quem dele abusa age contrariamente ao dever e se torna responsável pelos danos causados. Além disso, o fim social concretiza o desenvolvimento e o dever de lealdade dos sócios individualmente: uma [sua] violação torna ilícitas as deliberações sociais" (*Gesellschaftsrecht*, Band II, cit., 1 III § 2º, p. 123; no original: "Zum zweiten stellt der Gesellschaftszweck einen normativen Masstab für das Verhalten des Geschäftsführung und der übrigen Mitglieder dar. Für die Geschaftsführung dient er als Wegweiser und Wegbegrenzung; wer ihn missachtet, handelt pflichtwidrig und macht sich schadenersatzpflichtig. Darüber hinaus konkretisiert der Gesellschaftszweck die Förderungs- und Treuepfli-

os órgãos deliberativos têm, pelo menos, a possibilidade de alterar o fim social – sendo que, nas sociedades de pessoas, tal mudança pressupõe a unanimidade (ou maioria qualificada nas associações, nas sociedades limitadas, nas sociedades anônimas e nas cooperativas) e isso demonstra que os sócios também estão vinculados ao fim social (é muito discutível se a finalidade social pode ser modificada por maioria; note-se bem, o objetivo, e não o objeto).

Além disso e *em segundo lugar*, ainda no plano funcional, o fim social determina os direitos e deveres dos sócios, e delimita, com isso, a esfera individual da esfera social. Note-se: o conteúdo dos deveres dos sócios, nomeadamente o dever de lealdade (e o seu desdobramento no dever de colaboração) é determinado em função do fim social.[37] É evidente que o dever de lealdade é diverso se se tratar de uma sociedade de pessoas ou sociedade anônima.[38] É claro, de outra parte, que os sócios não estão obrigados a contribuir para o fim social com todas as suas economias, ao contrário do que ocorria com a sociedade universal, que não existe mais no direito brasileiro (CC-1916, arts. 1.367 e 1.368) e, em direito comparado, talvez apenas tenha um paralelo nos *kibutzes* do direito israelita.

*Em terceiro lugar*, o fim social ainda dirige os estágios da vida da sociedade, porque a sociedade em constituição, a sociedade constituída e a sociedade em liquidação requerem providências legais adequadas a cada um desses estágios em vista do fim social – o que bem se evidencia das inúmeras prescrições legais específicas para as etapas de constituição e de liquidação (ex.: LSA, arts. 87, § 2º; 136, VI; e 206, par. ún.).[39]

Deste rápido apanhado, o que se observa é que, muitas das funções que outrora se pretendia reconhecer à *affectio societatis*, efetivamente, nada têm que ver com a intenção ou ânimo das partes contratantes, mas, sim, dizem respeito ao fim comum, que determinou a união das pessoas em vista de sua exploração.

Nas linhas seguintes, procurar-se-á colocar em evidência os equívocos que re-

cht der einzelnen Mitglieder; ein Verstoss macht Gesellschafterbeschlüsse rechtswidrig").

37. Assim, aponta Herbert Wiedemann, que "o dever de lealdade compreende a orientação das relações jurídicas societárias para uma correta colaboração de todos os participantes a fim de atingir o fim social" (*Gesellschaftsrecht*, Band II, cit., 3 II § 3, p. 192; no original: "Die Treuepflicht beinhaltet die Ausrichtung der gesellschaftlichen Rechtsverhältnisse auf ein korrektes Zusammenwirken aller Beteiligten zur Erreichung des Gesellschaftszwecks"). Friedrich Kübler entende, inclusive, que a denominação "dever de lealdade" nem seria das mais significativas, por não realçar adequadamente a relação, esta sim fundamental e necessária, entre os deveres dos sócios e o fim social: "Este deber se ha denominado tradicionalmente 'deber de lealtad'. El término (anclado en la concepción feudal-estamental) no es demasiado afortunado, puesto que non hay que poner el acento en la relación personal entre los socios, sino más bien en el fin común acordado, en las necesidades funcionales de la organización creada para alcanzar colectivamente dicho fin, y en la responsabilidad que se asume dentro de este marco en relación con intereses (patrimoniales) ajenos" (*Derecho de Sociedades*, trad. Michèle Klein, 5ª ed., Madrid, Fundación Cultural del Notariado, 2001, pp. 61-62).

38. A intensidade do dever de lealdade "orienta-se, no caso concreto, de acordo com a real estrutura da organização societária" (Herbert Wiedemann, *Gesellschaftsrecht*, Band II, cit., 3 II § 3, p. 194; no original: "Ihre Intensität (...) richtet sich im Einzelfall nach der Realstruktur des Verbandes").

39. Uma outra interação entre fim social e estágio de dissolução é destacada por Friedrich Kübler, na seguinte passagem de sua conhecida obra: "La disolución de la sociedad implica su transición a la fase de liquidación. Se trata de un procedimiento de modificación del fin social o transformación: no afecta a la identidad de la sociedad (...); pero en lugar del fin social original entra en juego el de la liquidación; la sociedad activa se convierte en una sociedad en liquidación (...). Tras la disolución, pero antes de la extinción, la sociedad en liquidación puede volver a convertirse en una sociedad activa, por medio de la (nueva) modificación contractual del fin social, retomándose el inicialmente pactado o acordándose uno nuevo" (*Derecho de Sociedades*, cit., p. 117). A lição é particularmente interessante, por enquadrar a operação de reversão da liquidação como ato de alteração do fim social, tirando-se daí conseqüências práticas importantíssimas em matéria de *quorum* de deliberação e direito de recesso.

sultam da aplicação do superado critério da *affectio societatis* na solução de problemas concretos e, ao mesmo tempo, apontar de que forma tais problemas poderiam ser melhor equacionados pela sua análise do ponto de vista do fim comum.

### 6. *As críticas às tradicionais aplicações da "affectio societatis" no direito brasileiro e a sua substituição por um novo paradigma*

No direito societário brasileiro, a noção de *affectio societatis* é usualmente invocada, de maneira casuística e sem sistematicidade ou balizas claramente estabelecidas, para genericamente fundamentar decisões envolvendo a exclusão ou a retirada de sócios; legitimar a aplicação de institutos típicos de sociedades de pessoas para certas sociedades anônimas fechadas; e distinguir relações jurídicas societárias de outras de distinta natureza. Nas linhas seguintes, procurar-se-á demonstrar que estas aplicações da noção de *affectio societatis* são equívocas e pouco precisas, razão pela qual, justamente por isso, podem e devem ser estruturadas a partir de outros conceitos, capazes de fornecer soluções mais consentâneas e claras.

#### *6.1 "Affectio societatis" e exclusão de sócio*

A exclusão constitui modalidade de extinção do vínculo societário do sócio em relação à sociedade e aos demais sócios[40] e, de acordo com a doutrina majoritária, uma especial modalidade de resolução do contrato de sociedade por fato imputável ao sócio.[41] Configura medida de direito estrito e de caráter excepcional que, a par de sujeitar-se aos princípios da proporcionalidade e da razoabilidade (obstando, com isso, possa ser utilizado por encomenda contra um sócio específico, tendo por base condutas idênticas às dos demais ou, *a fortiori*, menos graves do que outras toleradas ou consentidas no seio social[42]), só se legi-

40. Significativamente, a exclusão de sócios encontra expressa previsão no art. 1.030 do Código Civil, dentro da "Seção V – Da resolução da sociedade em relação a um sócio" do capítulo da disciplina da sociedade simples; e no art. 1.085 do mesmo código, na "Seção IV – Da resolução da sociedade em relação a sócios minoritários" do capítulo de regência da sociedade limitada.

41. A aproximação do poder de exclusão à teoria da resolução do contrato, na linha do que propugna a doutrina majoritária, é válida do ponto de vista *estrutural* do instituto, mas, de certo, expõe-se a contestações, quando a análise se atém ao prisma *funcional*, conforme bem salientou Carolina Cunha: "Na verdade, enquanto o direito de resolução é atribuído a um sujeito para tutelar o seu interesse em se desvincular, ele próprio, de um contrato, o direito de exclusão de sócio é atribuído a um sujeito para tutelar o seu interesse em operar a desvinculação alheia. O direito de resolução confere ao respectivo titular o poder de se libertar de um vínculo jurídico, aparecendo a extinção da vinculação quanto ao outro contraente como mero reflexo ou conseqüência do exercício desse poder – porque, no âmbito de um contrato bilateral, decaindo a posição jurídica de uma das partes, não tem sentido nem lógica a manutenção da posição jurídica da outra parte (...). Por conseguinte, o instituto da resolução confere a um contraente a faculdade de *auto-desvinculação* e salvaguarda, em boa medida, o interesse da contraparte em permanecer vinculada. Nada mais distante do que sucede no quadro do direito de exclusão, mediante o qual a sociedade produz a *hetero-desvinculação* de um sócio, sacrificando, em toda a linha, o interesse deste em conservar a respectiva posição jurídica. A estabelecer um paralelo no campo do direito das sociedades, o simétrico do direito de resolução deveria ser, isso sim, o direito de exoneração conferido a um sócio, e nunca o direito de exclusão de um sócio" ("A exclusão de sócios em particular nas sociedades por quotas", in *Problemas do Direito das Sociedades*, obra coletiva, Coimbra, Almedina, 2002, p. 216).

42. Na aferição da justa causa, "acima de tudo, há de ser levado simultaneamente em conta, consoante o princípio da igualdade de tratamento, o comportamento dos demais sócios" (Thomas Raiser e Rüdiger Veil, *Recht der Kapitalgesellschaften*, 4ª ed., München, Franz Vahlen, 2006, § 30, n. 73, p. 490). Com análogo registro, em direito comparado: Karsten Schmidt, *Münchener Kommentar zum Handelgesetzbuch*, Band 2: *Handelsgesellschaften und stille Gesellschaft*, 2ª ed., München, C. H. Beck/ Vahlen, 2006, § 140, n. 21, p. 749 (para quem "*não se admitem diferenciações arbitrárias*" na avaliação da justa causa para fins de exclusão); e Friedrich

tima desde que atendidos os pressupostos (materiais e procedimentais) estabelecidos, de maneira cogente, em lei (CC, arts. 1.030 e 1.085) e sempre como *ultima ratio*[43] (cedendo espaço a outras medidas capazes de eliminar o problema verificado no seio social[44]). Em toda hipótese, no atual direito societário brasileiro a exclusão tem, como elemento comum de justificação, o não cumprimento ou a impossibilidade de o sócio adimplir os seus deveres essenciais, inviabilizando ou colocando em risco a continuidade da própria atividade social.[45]

Na vigência da antiga disciplina societária, é verdade, formou-se em nossos tribunais e, por efeito, ecoou em parcela considerável da doutrina, o entendimento de que a quebra da *affectio societatis* seria apta a legitimar a medida extrema de exclusão de sócio. Conquanto essa orientação fosse já então juridicamente claudicante, prosperou, em larga medida, por se apresentar como uma justificativa fácil, genericamente invocável para fundamentar a decisão de qualquer causa, possibilitando, com isso, se deixasse de apreciar e enfrentar as sempre intrincadas particularidades do caso concreto, como isso se impunha.

Pois bem. Com a entrada em vigor do atual Código Civil, que seguramente tornou mais estritas as possibilidades de exclusão de sócio, parte significativa da doutrina pátria mais moderna passou a sustentar, com razão, que não mais basta a sim-

Kübler, *Derecho de Sociedades*, cit., p. 401 (salientando que, "al valorar la concurrencia de una justa causa en la persona del socio en cuestión habrá que tener en cuenta, en su caso, la situación de los demás socios"). No direito brasileiro, v.: Edmar Oliveira de Andrade Filho, *Sociedade de Responsabilidade Limitada*, 2004, n. 9.1, p. 208; Tarsis Nametala Sarlo Jorge, *Manual das Sociedades Limitadas*, Rio de Janeiro, Lumen Juris, 2007, p. 275; e Pontes de Miranda, *Tratado de Direito Privado*, t. I, 2ª ed., Rio de Janeiro, Borsoi, 1954, § 92, n. 5, pp. 394-395 – para quem "existe, para as assembléias e demais corpos de codecisão, princípio de direito privado (...), segundo o qual não se podem tratar diferentemente alguns ou algum membro, se eram todos eles, antes, tratados igualmente (...). É o *princípio de igualdade perante as assembléias, diretoria e demais órgãos*, ou *princípio de igualdade de tratamento social* (...). As deliberações que o infringem são inválidas, por ilícitas". Para outros temas envolvendo o princípio da igualdade de tratamento no direito das sociedades, vale conferir a tese de Juan Ignacio Ruiz Peris (*Igualdad de Trato en Derecho de Sociedades*, Valencia, Tirant lo Blanch, 2007).

43. É o que se tem por absolutamente assente no moderno direito societário alemão (v.: Adolf Baumbach e Alfred Hueck, *GmbH-Gesetz*, 16ª ed., München, C. H. Beck, 1996, Anh § 34, nota 6, p. 412; Adolf Baumbach e Klaus J. Hopt, *Handelsgesetzbuch*, 29ª ed., München, C. H. Beck, 1995, § 140, nota 4, pp. 513-514; Friedrich Kübler, *Derecho...*, cit., p. 123; Karsten Schmidt, *Gesellschaftsrecht...*, cit., § 50 III, pp 1.461-1.462; Herbert Wiedemann, *Gesellschaftsrecht*, Band II, cit., § 5 I 3, p. 406; e Thomas Raiser e Rüdiger Veil, *Recht der Kapitalgesellschaften*, cit., § 30, n. 62, p. 486). E noutros sistemas, como o nosso (cf.: Renato Ventura Ribeiro, *Exclusão de Sócios nas Sociedades Anônimas*, São Paulo, Quartier Latin, 2005, n. 4.3, p. 175).

44. Karsten Schmidt lembra que "a exclusão, mesmo quando exista uma justa causa, não pode ser desproporcionada (proibição do excesso). Um meio mais brando tem primazia, se é de se exigir aos participantes. Este princípio domina até hoje a jurisprudência" (*Münchener Kommentar zum Handelgesetzbuch*, Band 2: *Handelsgesellschaften und stille Gesellschaft*, cit., § 140, n. 28, p. 751). No original: "Die Ausschlieβung darf, auch wenn ein wichtiger Grund vorhanden ist, nicht unverhältnismäβig sein (Übermaβverbot). Ein milderes Mittel hat Vorrang, wenn es den Beteiligten zuzumuten ist. Dieser Grundsatz beherrscht bis heute die Rechtsprechung".

45. A exclusão pressupõe justa causa; falta grave (CC, arts. 1.030 e 1.085); "gravi inadempienze" (CC it., art. 2.286); "wichtigen Grund" (HGB § 140). E esta deve conectar-se necessariamente à relação societária. Para Karsten Schmidt, "a justa causa deve estar relacionada com o prosseguimento da relação societária" (*Münchener Kommentar zum Handelgesetzbuch*, Band 2: *Handelsgesellschaften und stille Gesellschaft*, cit., § 140, n. 17, p. 747; no original: "Auf die Fortsetzung des Gesellschaftverhältnisses muss der wichtigen Grund bezogen sein"). De igual modo, Giuseppe Ferri salientava: "Deve tratar-se de inadimplemento grave e inerente às obrigações que originam para o sócio, como tal, a sua qualidade, e não também a uma condição diversa" (*Manuale di Diritto Commerciale*, cit., n. 163, p. 293; no original: "Deve trattarsi di inadempimento grave e inerente ad obblighi che derivino al socio in tale sua qualità, e non anche in una veste diversa").

ples alegação de quebra da *affectio societatis* para legitimar o afastamento compulsório do sócio,[46] e essa orientação já tem encontrado amparo em boas e corretas decisões de nossos tribunais,[47-48] ainda quando as forças da tradição e da inércia façam reverberar o antigo entendimento.

A nosso ver, a mera quebra da *affectio societatis*, enquanto tal, não pode autorizar a exclusão do sócio, e assim realmente deve ser, pois, a se admiti-la: (1º) estaria, de fato, instalada a possibilidade de exclusão de sócio por mera vontade ou capricho dos demais sócios, não obstante a doutrina sempre tenha, de maneira uníssona, verberado e tachado de ilegal a cláusula contratual que a facultasse;[49] (2º) criar-se-ia, ademais, uma vera situação de subordinação e sujeição da minoria aos desígnios da maioria, em autêntica denegação da própria essência da relação societária, que não é de subordinação, e contra a própria lógica do sistema legal societário – o qual, não por mero acaso, regula, de forma minuciosa, o exercício do poder de controle no âmbito interno da sociedade, disciplina as hipóte-

46. Cf. (alegação de quebra da *affectio societatis* não autoriza a exclusão de sócio): Alfredo de Assis Gonçalves Neto, *Lições...*, cit., n. 128, pp. 297-298, e *Direito de Empresa*, São Paulo, Ed. RT, 2007, n. 405, p. 395; Arnoldo Wald, *Comentários ao Novo Código Civil*, vol. XIV, Rio de Janeiro, Forense, 2005, n. 702, p. 235; Fábio Tokars, *Sociedades Limitadas*, São Paulo, LTr, 2007, n. 2.5.2, p. 364; Fábio Ulhoa Coelho, *A Sociedade...*, cit., n. 46, p. 132, e *Curso de Direito Comercial*, vol. 2, 10ª ed., São Paulo, Saraiva, 2007, n. 4.1, p. 415; Osmar Brina Corrêa-Lima, *Sociedade Limitada*, Rio de Janeiro, Forense, 2006, n. 11, p. 162; e Plínio Paulo Bing, *Sociedade Limitada*, Rio Grande do Sul, Safe, 2006, n. V.12, p. 232. Com orientação substancialmente convergente, Adalberto Simão Filho sustenta que "a simples afirmação de que teria sido rompida a *affectio societatis*, sem qualquer outra explicação no sentido de ser esta ruptura de tal forma grave e expressiva que coloque em risco a continuidade da empresa, não será suficiente para possibilitar uma boa defesa por parte do acusado nem para justificar a causa para a deliberação majoritária com fim resolutório do quadro social" (*A Nova Sociedade Limitada*, São Paulo, Manole, 2004, n. 8.2.1, p. 184). O reparo a ser feito a esta lição é a de que não há propriamente graus de intensidade da quebra da *affectio societatis*, como o período transcrito sugere e, portanto, melhor seria afirmar que existem graus de intensidade de faltas (ou de deveres sociais violados) e que apenas a inequívoca prática de falta grave justifica a exclusão: o que pode ser leve ou grave, expressiva ou inexpressiva, não é a quebra da *affectio societatis*, mas o dever porventura violado, de sorte que, sendo a exclusão a *ultima ratio*, apenas a falta grave é que justificaria, à luz dos primados da razoabilidade e da proporcionalidade, a aplicação da sanção última.

47. Nos tribunais, v.: "Sociedade comercial. Sócio. Exclusão. Apuração de haveres. Cessação da *affectio societatis*. Insuficiência da mera alegação para compelir a retirada do sócio minoritário. Exclusão que não é medida de discricionariedade da maioria societária. *Necessidade de comprovação do descumprimento dos deveres sociais para justificar a medida*. Culpa não comprovada. Inadmissibilidade da exclusão" (TJSP, 8ª Câm. Dir. Priv., Ap. 82.718-4, Rel. Des. Zélia Maria Antunes Alves, v.u., j. 22.11.1999, *RJTJESP* 227/151).

48. O Enunciado n. 67 do CEJ do STJ dispõe: "A quebra de *affectio societatis não é causa para a exclusão de sócio minoritário*, mas apenas para a dissolução (parcial) da sociedade".

49. Cf. (invalidade da cláusula de exclusão vazia ou imotivada): A. J. Avelãs Nunes, *O Direito de Exclusão de Sócios nas Sociedades Comerciais*, 1ª ed., 2ª reimp., Coimbra, Almedina, 2002, pp. 237-252; Alfredo de Assis Gonçalves Neto, *Lições...*, cit., n. 128, p. 297; Giorgio Cian e Alberto Trabucchi, *Commentario Breve al Codice Civile*, 6ª ed., Padova, CEDAM, 2002, p. 2.314; Giuseppe Ferri, "Delle società", in *Commentario del Codice Civile* – a cura di Antonio Scialoja e Giuseppe Branca, Bologna, Nicola Zanichelli editore, 1955, p. 247; Haroldo Malheiros Duclerc Verçosa, *Curso de Direito Comercial*, vol. 2, São Paulo, Malheiros Editores, 2006, n. 1.12.3.3, p. 150; Idevan César Rauen Lopes, *Empresa & Exclusão do Sócio*, 1ª ed., 3ª tir., Curitiba, Juruá, 2005, n. 2.2.2.2, p. 127; José Waldecy Lucena, *Das Sociedades Limitadas*, 5ª ed., Rio de Janeiro, Renovar, 2003, n. 11, pp. 721-723; Miguel Reale, *A Exclusão de Sócio das Sociedades Mercantis e o Registro do Comércio*, in *Nos Quadrantes do Direito Positivo: Estudos e Pareceres*, São Paulo, Gráfica-editora Michalany, 1960, pp. 289-292; Modesto Carvalhosa, *Comentários ao Código Civil*, vol. 13, São Paulo, Saraiva, 2003, pp. 314-315; Pontes de Miranda, *Tratado de Direito Privado*, t. I, cit., § 94, p. 403; Renato Ventura Ribeiro, *Exclusão...*, cit., n. 2.7, pp. 193-194; Robson Zanetti, *Manual da Sociedade Limitada*, Curitiba, Juruá, 2007, p. 257; Rubens Requião, *Curso de Direito Comercial*, 1º vol., cit., n. 238-A, p. 446; e Vera Helena de Mello Franco, *Manual de Direito Comercial*, vol. 1, 2ª ed., São Paulo, Ed. RT, 2004, n. 2.6, p. 246.

ses de conflito de interesses, prevê quóruns qualificados e minorias de bloqueio, e assegura os direitos de minoria e os direitos essenciais, e tantos outros institutos que só se justificam pela necessidade de regular as posições dos sócios e que, logicamente, poderiam ser postos de lado, se tudo estivesse então submetido ao jugo da pura e simples maioria;[50-51] (3º) a própria exclusão da maioria faltosa pela minoria, modernamente aceita sem contestações,[52] constituiria autêntica *contradictio in terminis*; e (4º) a exclusão de sócio, por conseqüência, passaria a ser medida positivamente insindicável na via jurisdicional,[53]

50. Cf. a propósito, o inovador estudo de Lorenz Fastrich, *Raciocínio Jurídico Funcional a Exemplo do Direito Societário*, trad. Nilson Lautenschleger Jr., na *RDM* 140/52, salientando que a cláusula de exclusão sem justa causa, banida do direito societário alemão desde 1977, em decorrência de julgado do *Bundesgerichtshof*, atenta contra a "funcionalidade interna" do sistema societário. A exclusão, por força de comandos expressos de lei, portanto, pressupõe justa causa. Por isso mesmo, "a maioria não tem poder absoluto para determinar a exclusão" (Rubens Requião, *Curso de Direito Comercial*, 1º vol., cit., n. 238-A, p. 448). "A exclusão *ad nutum*, por império e arbítrio da maioria, é rejeitada definitivamente pela doutrina e pela jurisprudência, como se vê" (Rubens Requião, "Exclusão de sócio", in *Aspectos Modernos de Direito Comercial*, 3º vol., São Paulo, Saraiva, 1986, pp. 165-166). Pois, "a não ser assim, os sócios minoritários passariam a ser nada mais do que joguetes nas mãos dos majoritários, aos quais seria dado alijá-los da sociedade quando lhes conviesse, notadamente quando as grandes oportunidades de negócios estivessem por vir. Vigoraria aí a lei do capitalismo selvagem: por que dividir com mais sócios o que pode ser repartido entre um número menor deles?" (Alfredo de Assis Gonçalves, *Direito*..., cit., n. 215, p. 246). Ou seja, "não pode a sociedade gratuitamente expulsar qualquer sócio 'por da cá aquela palha', como se dizia antigamente" (Haroldo Malheiros Duclerc Verçosa, *Curso*..., cit., vol. 2, n. 1.12.3, p. 144). Em suma: "a possibilidade de exclusão de sócio, por simples deliberação majoritária, sem fundamento, como uma espécie de denúncia vazia do contrato social é, a meu ver, incompatível com o estágio atual do direito" (Fábio Konder Comparato, "Exclusão de sócio na sociedade por cotas de responsabilidade limitada", in *RDM* 25/39-47).

51. Nesta linha, vale o registro feito na seguinte respeitável decisão: "Necessário, realmente, distinguir entre o que a maioria *diz* serem os interesses da sociedade e quais os que realmente o são; porque apenas na perspectiva destes cumpre analisar o procedimento do sócio excluído. Neste campo, as contra-razões do recurso trazem afirmação rigorosamente falsa, *verbis*: 'E o referido juízo de conveniência é atribuído à maioria'. Absolutamente diverso o entendimento da doutrina, forte no distinguir entre interesses da sociedade – na verdade a única legitimada à exclusão – e aqueles dos sócios, mesmo compondo, estes, a maioria; o que, aliás, é deduzido da noção comum das coisas, posto que perfeitamente possível que os interesses particulares dos sócios majoritários se contraponham àqueles da sociedade, defendidos, real e efetivamente, pelo sócio minoritário, por isso mesmo excluído como obstáculo aos desígnios últimos dos remanescentes" (TJSP, 9ª CC., Ap. 53.111-2, Rel. Des. Vieira de Souza, v.u., j. 9.6.1983, *RJTJESP* 94/197).

52. Cf. (minoria pode excluir a maioria): Fábio Konder Comparato, "Exclusão...", in *RDM* 25/39-48; Alfredo de Assis Gonçalves Neto, *Lições*..., cit., n. 130, p. 303, e *Direito*..., cit., n. 408, p. 397; Arnoldo Wald, *Comentários*..., cit., vol. XIV, n. 709, p. 237; Haroldo Malheiros Duclerc Verçosa, *Curso*..., cit., vol. 2, n. 1.12.3.4, p. 157; Idevan César Rauen Lopes, *Empresa*..., cit., n. 2.2.2, p. 115; José Waldecy Lucena, *Das Sociedades*..., cit., n. 24, pp. 770-774; Manoel de Queiroz Pereira Calças, *Sociedade Limitada no Novo Código Civil*, São Paulo, Atlas, 2003, n. 6.7, p. 107; Paulo Penalva Santos, *Comentários ao Código Civil Brasileiro*, vol. IX, Rio de Janeiro, Forense, 2005, pp. 461-462; Priscila M. P. Corrêa da Fonseca, *Dissolução Parcial, Retirada e Exclusão de Sócio no Novo Código Civil*, 2ª ed., São Paulo, Atlas, 2003, p. 48; Renato Ventura Ribeiro, *Exclusão*..., cit., n. 4, pp. 198-201; Vera Helena de Mello Franco, *Manual*..., cit., vol. 1, n. 2.6, p. 245; e Plínio Paulo Bing, *Sociedade*..., cit., n. V.12.1, p. 233 (indicando a dissolução parcial, com o afastamento da maioria, como solução). Nos tribunais, por todos, confira-se o *leading case* publicado na *RT* 599/79 (TJSP, 16ª CC., Ap. 88.171-2, Rel. Des. Bueno Magano, v.u., j. 17.4.1985).

53. Analogamente, a convocação da assembléia para deliberar a exclusão de sócio sob a genérica alegação de quebra da *affectio societatis*, sem a indicação de suas causas, inviabiliza o próprio direito de defesa, que a lei expressamente ressalvou ao excluendo (CC, art. 1.085, par. ún.) e que a doutrina e a jurisprudência entendem ser pressuposto de validade do ato. Entende-se, por isso mesmo, que o ato de convocação do excluendo deve ser fundamentado e claro, para permitir a preparação da sua contrariedade (sobre o ponto, v.: Edmar Oliveira de Andrade Filho, *Sociedade*..., cit., n. 9.7.1, p. 220; José Waldecy Lucena, *Das Sociedades*..., cit., n. 20, p. 748; e Renato Ventura Ribeiro, *Exclusão*..., cit., n. 2, p. 283).

visto que, diante da alegação feita pela maioria de que não há mais *affectio societatis* em relação a certo sócio, não teria o juiz quaisquer condições de averiguar a correção do ato, havendo, só por aí, ofensa ao princípio inscrito no art. 5º, XXV, da Constituição Federal, também aplicável às penalidades sociais, que não podem ser subtraídas do controle jurisdicional.[54-55] Os arts. 1.030 e 1.085 do Código Civil exigem a presença de justa causa, caracterizada por falta grave no cumprimento das obrigações de sócio; atos de inegável gravidade que coloquem em risco a continuidade da empresa – atos esses que, não importa o exercício retórico utilizado, não englobam a hipótese de obscura quebra de *affectio societatis*.

Na realidade, a quebra de *affectio societatis* jamais pode ser considerada causa de exclusão. Pelo contrário, a quebra de *affectio societatis* é, quando muito, conseqüência de determinado evento, e tal evento, sim, desde que configure quebra grave dos deveres sociais imputável ao excluendo poderá, como *ultima ratio*, fundamentar o pedido de exclusão de sócio.[56] Em todo caso, será indispensável demonstrar o motivo desta quebra da *affectio societatis*, e não apenas alegar a conseqüência, sem demonstrar a sua origem e o inadimplemento de dever de sócio que aí possa estar.

A quebra da *affectio societatis*, insista-se, não é causa de exclusão de sócio; o que pode eventualmente justificar a exclusão de sócios é a violação dos deveres de lealdade e de colaboração, deveres esses

54. Não obstante a advertência pioneira de Pontes de Miranda, feita ainda sob a égide da Constituição de 1946, de que "a penalidade social é por *inadimplemento de dever social*, de algum dos deveres sociais. O direito – que é estatal – permite que as sociedades particulares, de direito privado ou de direito público, especifiquem deveres de cuja infração resulta a penalidade social". E, mais adiante: "No direito brasileiro, que tem a regra jurídica do art. 141, § 4º, da Constituição de 1946, decisão social que ofenda direito do sócio pode ser apreciada pelo Poder Judiciário", acrescentando ainda, no item seguinte: "Na aplicação da pena é preciso que se respeite o *princípio da audiência do sócio*, que é o correspondente, na vida interna da sociedade, ao princípio *Nemo inauditus damnari potest*, no direito processual civil e no penal. (...) No direito brasileiro, a cláusula que pré-exclua o exame, em ação, pela justiça estatal ofenderia o artigo 141, § 4º, da Constituição de 1946, e seria nula" (*Tratado de Direito Privado*, t. XLIX, 3ª ed., São Paulo, Ed. RT, 1984, § 5.186, ns. 4 e 5, pp. 127-129, grifos nossos).

55. A doutrina entende, sem divergências, que a deliberação de exclusão deve ser fundamentada, para permitir ulterior controle jurisdicional (cf.: A. J. Avelãs Nunes, *O Direito...*, cit., p. 249; Arnoldo Wald, *Comentários...*, cit., vol. XIV, n. 1.619, p. 560; Gastone Cottino, *Diritto Commerciale*, vol. 1º, t. 2º: *Le Società*, cit., n. 45.2, p. 149; Giorgio Cian e Alberto Trabucchi, *Commentario...*, cit., p. 2.314; Idevan César Rauen Lopes, *Empresa & Exclusão do Sócio*, 1ª ed., 3ª tir., Curitiba, Juruá, 2005, n. 2.2.6, p. 144; Marcelo Fortes Barbosa Filho, *Código Civil Comentado* (obra coletiva), coord. Cezar Peluso, São Paulo, Manole, 2007, pp. 904-905; Priscila M. P. Corrêa da Fonseca, "A exclusão de sócio da sociedade por quotas de responsabilidade limitada", in *Sociedades por Quotas de Responsabilidade Limitada*, São Paulo, AASP, s/d, p. 78; Renato Ventura Ribeiro, *Exclusão...*, cit., n. 2.7, p. 197), pois "aceitar-se que a exclusão pudesse ser deliberada sem necessidade de se invocar o motivo que a determina equivaleria, afinal, a negar-se ao sócio excluído o acesso ao controle dos tribunais" (Priscila M. P. Corrêa da Fonseca, *Dissolução Parcial...*, cit., p. 62). Se assim é, poder-se-ia mesmo entender que a pura indicação de quebra de *affectio societatis* preenche o requisito de fundamentação do ato de exclusão (reduzido, em termos práticos, a uma formalidade inócua)?

56. É o que explica o culto magistrado paranaense Fábio Tokars: "Quando se alega que houve o rompimento da *affectio societatis*, não se está propriamente expondo uma justa causa, mas sim uma *eventual conseqüência de um ato originário, que pode ou não ser qualificado como justa causa*. Afinal, no caso de um sócio ser flagrado desviando recursos da sociedade, é evidente que a sua atuação gerará uma quebra do vínculo pessoal entre os sócios, afetando a *affectio societatis* com tal intensidade que a manutenção do sócio pode inviabilizar a manutenção da atividade social. Mas, neste caso, a justa causa não reside na quebra de *affectio societatis*, mas sim no desvio de recursos sociais efetivado por um determinado sócio (...) Acabamos por perceber que o *rompimento da 'affectio societatis' não constitui justa causa para o afastamento de um determinado sócio, mas sim em eventual efeito de um ato originário, que pode ou não ser qualificado como justa causa*" (*Sociedades...*, cit., n. 2.5.2, p. 364).

que, a depender do tipo societário e da sua exata conformação pelo metro do fim social, podem ser mais ou menos alargados. É preciso, pois, evitar o desvio de perspectiva (desvio esse que, muitas vezes, resulta do equívoco de dar ênfase à conseqüência e não à sua origem[57]).

A colocação do tema, dentro de sua correta perspectiva, constitui o primeiro passo necessário à construção de soluções jurídicas harmônicas e coerentes, desprovidas de um obscuro subjetivismo. O que tem gerado grande iniqüidade em matéria de exclusão de sócios é justamente o desvio de perspectiva e a insistência, hodiernamente inexplicável, de querer fundamentar as soluções no requisito da *affectio societatis*, quando correto e técnico seria burilá-las à luz do conceito de fim comum – a partir do qual se estruturam os deveres de sócio, em cada caso.[58] Assim tem sucedido em tantos outros países, que simplesmente desprezam a noção de *affectio* e onde, nem por isso, a exclusão de sócios deixou de existir ou de se estruturar, de forma muito mais equilibrada e racional do que aquela com que se apresenta entre nós.

### 6.2 *"Affectio societatis" e retirada de sócio*

Assim como não se mostra adequada a balizar soluções em matéria de exclusão de sócio, a noção de *affectio societatis* também não se mostra útil subsídio em tema de retirada de sócio[59] – o poder de autodesvinculação que assiste ao sócio nos casos previstos em lei (CC, arts. 1.029 e 1.077), abrangendo, numa acepção mais lata, também as hipóteses de dissolução parcial da sociedade. Na realidade, o que pode embasar o pedido de dissolução parcial da sociedade pelo sócio que deseja se retirar de sociedade, não é propriamente a quebra da *affectio societatis*, mas a inviabilidade de o sócio nela continuar, por efeito de alguma justa causa assim considerada judicialmente (CC, art. 1.029, par. ún.); ou por efeito de descumprimento dos deveres

57. Para a propagação do apontado desvio de perspectiva, contribuem involuntariamente, por vezes, lições doutrinárias corretas na sua essência, mas eventualmente imprecisas na sua expressão vernacular. A ilustre mestra Vera Helena de Mello Franco, p. ex., registra a seguinte lição: "*affectio societatis* significa confiança mútua e vontade de cooperação conjunta, a fim de obter determinado benefício, e o elemento confiança é da essência da sociedade. Por tal razão, é dever do sócio colaborar, mas colaborar lealmente para a consecução do fim comum. Se falta com este dever, rompe-se a *affectio societatis* e a sanção é a exclusão" (*Manual*..., cit., vol. 1, p. 177). A crítica que se deve fazer a tal lição é a de que a exclusão não é sanção pelo rompimento da *affectio societatis*, mas, sim, do descumprimento dos deveres de lealdade e colaboração (ou, no caso do remisso, do dever de contribuição). Por isso, a menção à *affectio societatis*, no caso, é algo supérfluo, que nada de útil acrescenta à solução do problema, antes pelo contrário o envolve numa mítica bruma exegética que, justamente por ser perfeitamente dispensável, deveria ter sido posta de lado, até para dar destaque à conexão, esta sim verdadeira, entre exclusão e descumprimento de deveres sociais relevantes, como o de colaboração (para a consecução do fim comum). E tanto assim é que esta mesma respeitada comercialista, noutra passagem da mesma obra, enfatiza, com absoluta razão, que "a exclusão é admitida desde que o sócio descumpra seus deveres sociais, e isto, a rigor, dever-se-ia aplicar tanto ao majoritário quanto ao minoritário (...). De qualquer forma, a exclusão do sócio, com permanência em vida da sociedade, é medida excepcional que, por seu rigor, deve ser amplamente justificada (...). Vale dizer, é necessária a demonstração do inadimplemento para que tenha lugar a sanção" (*op. cit.*, n. 2.6, p. 245).

58. Tem razão Fábio Konder Comparato ao salientar "que o problema da exclusão do sócio só pode ser equacionado em função desse escopo comum (...). Portanto, tudo é balizado em função desse escopo comum" ("Exclusão...", in *RDM* 25/341).

59. Bem por isso, o Enunciado n. 67 do CEJ do STJ – segundo o qual "a quebra de *affectio societatis não é causa para a exclusão de sócio minoritário*, mas apenas para a dissolução (parcial) da sociedade" –, ao mesmo tempo em que está correto ao proclamar não ser a mera alegação de quebra de *affectio societatis* suficiente para justificar a exclusão de sócio, é equivocado ao assentar que essa quebra poderia autorizar o pedido (pelo sócio) de retirada por justa causa, por meio de ação de dissolução parcial da sociedade.

de lealdade, boa-fé e colaboração pelos demais sócios; ou em razão de qualquer outra hipótese de dissolução total não-impositiva, desejando os demais sócios prosseguir na exploração da atividade social. O que sucede, porém, é que, entre as situações de exclusão, de um lado, e de retirada ou de dissolução parcial, de outro, existem fundamentais diferenças em relação àquele sobre o qual repousa eventualmente a imputação de descumprimento de deveres sociais: na exclusão, recai sobre o sócio que os demais desejam afastar (hetero-desvinculação); na retirada, diversamente, o caráter punitivo desaparece (ou é, em muito, atenuado), concedendo-se apenas o poder de auto-desvinculação do sócio que pleiteia a medida, porque, a tanto, não foi possível chegar amigavelmente, sem prejuízo, em todo caso, da continuidade da exploração da sociedade pelos remanescentes.

Ainda assim, a persistência ou não da intenção, do desejo, do ânimo de associar-se ou se manter associado, é dado irrelevante para conceder ou não a dissolução parcial da sociedade (salvo, evidentemente, quando a lei expressamente conceda o direito de denúncia imotivada pelo sócio, hipótese em que, mesmo assim, o fator determinante da extinção do vínculo societário não será a intenção da parte, mas o efeito que a lei dá à manifestação unilateral e receptícia de vontade do agente). Não fosse assim e, portanto, tivesse a mera alegação de quebra de *affectio societatis* o poder de autorizar a retirada do sócio, ter-se-ia necessariamente que reconhecer a existência do direito de retirada *ad nutum* até mesmo em sociedades por prazo determinado, contra a letra expressa do art. 1.029 do Código Civil (o qual exige a prova em juízo da existência de justa causa), bastando, para tanto, que o interessado alegue não mais haver a afeição social. Verifica-se, por esse modo, que os equívocos da construção do instituto da *affectio societatis* laboram não só contra o sócio excluendo, como acima demonstrado, mas, igualmente, contra a própria sociedade e os sócios remanescentes, nos casos de retirada, por vezes impedindo o próprio prosseguimento da atividade, em razão da liquidação da quota do retirante.

### *6.3 "Affectio societatis" e sociedade anônima "de pessoas"*

A noção de *affectio societatis*, no direito pátrio, é também freqüentemente invocada para evidenciar o traço distintivo entre sociedades de pessoas e sociedades ditas de capital, nomeadamente para, com isso, justificar a excepcional aplicação a estas últimas de institutos próprios daquelas (como a dissolução parcial e a exclusão de sócio[60]). Por essa linha, afirma-se que, nas sociedades de pessoas, prevaleceria a celebração de contrato de sociedade *intuitus personae*, em consideração às qualidades pessoais dos sócios, de modo que os deveres de colaboração e lealdade entre estes seriam mais estritos e marcantes do que nas sociedades ditas de capitais, onde, de regra, sobrelevaria o *intuitus pecuniae* e, portanto, o fenômeno associativo não encontraria nos atributos pessoais dos sócios a sua explicação.[61] Assim, se numa dada sociedade anônima fechada, observa-se a prevalência dos atributos pessoais dos sócios e a presença de regras de reforço das relações entre os sócios, estar-se-ia diante de uma sociedade anônima "de pessoas"[62]

60. Sobre tais temas, v.: Mauro Rodrigues Penteado, *Dissolução e Liquidação de Sociedades*, São Paulo, Saraiva, 2000; Carlos Klein Zanini, *A Dissolução Judicial da Sociedade Anônima*, Rio de Janeiro, Forense, 2005; Francisco Satiro de Souza Jr., "Dissolução de sociedades anônimas", in *Direito Societário: Gestão e Controle* (obra coletiva), coords. Maria Eugênia Reis Finkelstein e José Marcelo Martins Proença, São Paulo, Saraiva, 2008, pp. 174-176; e Renato Ventura Ribeiro, *Exclusão...*, cit.

61. Em situações extremas, diz-se que nelas há reuniões de capitais, de posições acionárias, e não de sócios.

62. Em belíssimo estudo, Fábio Konder Comparato concluiu "ser possível falar, escusado o neologismo jurídico, em 'sociedades anônimas de pessoas', sublinhando-se, pela contradição da primeira das expressões, a importância do *intuitus personae* como pressuposto integrativo do pacto societário

e, por efeito, poder-se-ia excepcionalmente aplicar a ela regras próprias de sociedades de pessoas.

Ainda aqui, porém, a noção de *affectio societatis* é equívoca. A primeira crítica que se poderia fazer é a de que, na espécie, *affectio societatis* se apresenta apenas como sinônimo imperfeito de *intuitus personae*, e nada mais. A segunda crítica, ademais, é a de que, mesmo para a classificação das sociedades em de pessoas e de capitais, a noção de *affectio societatis* não é operacional: é antes descritiva, ao invés de instrumental. Vale dizer, para os fins desta classificação, a noção de *affectio societatis* não surge como algo que possa auxiliar o intérprete a solucionar os problemas concretos, mas, pelo contrário, aparece apenas como fruto de sua constatação, ainda quando porventura ela esteja errada. A aplicação de regras e institutos das sociedades de pessoas a determinadas sociedades anônimas fechadas "de pessoas", a par de ser medida excepcional, é construção a ser elaborada a partir da constatação empírica e *in concreto* da intensidade dos deveres de colaboração e lealdade; da sobrelevação ou não do elemento pessoal na relação jurídica societária. Vai daí que, ao afirmar que numa dada sociedade anônima fechada se evidencia a *affectio societatis* e, por isso, é possível ao sócio requerer a dissolução parcial no caso de desinteligência, o intérprete estará incorrendo apenas num vício de expressão, colocando um dado meramente descritivo como pressuposto para a aplicação de certa disciplina, quando o correto e mais preciso seria dizer que, em dada sociedade, sobrelevam as características pessoais dos sócios na relação jurídica societária e os correlatos deveres de lealdade e colaboração, os quais, se falharem, podem, em determinadas situações limítrofes e excepcionais, justificar a transposição de instrumentos elaborados para outros tipos societários.

### 6.4 *"Affectio societatis" e caracterização da sociedade*

Por último, invoca-se amiúde a noção de *affectio societatis*, dizendo-a essencial ao contrato de sociedade para, com isso, diferenciar certas relações jurídicas do contrato de sociedade. Retoma-se, por esse modo, a mais antiga concepção do instituto em sua função original. No entanto, conforme destacado anteriormente neste estudo, a *affectio societatis* não é elemento constitutivo da sociedade e, portanto, não se presta a diferenciar a sociedade de outras figuras.[63] O que pode servir para tal ta-

(...). A 'sociedade anônima de pessoas' apresenta, assim algumas características peculiares, que a distinguem das demais companhias, tanto abertas quanto fechadas. São elas, comumente: 1) a limitação à circulação das ações, seja no estatuto, seja em acordo de acionistas; 2) *quorum* deliberativo mais elevado do que o legal, para certas e determinadas questões, tanto na assembléia geral, quanto no conselho de administração, o que equivale à atribuição de um poder de veto à minoria; 3) a distribuição eqüitativa dos cargos administrativos entre os grupos associados; 4) a solução arbitral dos litígios societários. Por isso mesmo, já se pôs em dúvida que tais sociedades ainda possam ser consideradas, propriamente, anônimas" ("Restrições...", cit., pp. 33-35).

63. Aliás, cuidando de distinguir as sociedades de fato, Giuseppe Ferri assim observou: "Nell'ambito della categoria delle società irregolari rientrano le cosidette società di fatto, quelle società che si formano senza la stipula de un contratto sociale sulla base di un comportamento concludente di una pluralità di soggetti. Si tratta di fenomeni societari oltremodo comuni in pratica che si realizanno in quanto si determini in fatto la creazione di un fondo comune per l'esercizio in comune di un'attività economica al fine della divisione degli utili. La giurisprudenza esige anche l'*affectio societatis*, che peraltro non è requisito ulteriore, *ma è la rappresentazione soggetiva della prosecuzione dello scopo sociale sulla base dei requisiti oggetivi* e distingue la esistenza della società nei rapporti interni ricollegandola alla effetiva riccorrenza in fatto dei sudetti requisiti, e nei rapporti esterni, ricollegandola alla mera apparenza di un fenomeno societario" (*Le Società*, 2ª ed., Torino, UTET, 1985, pp. 113-114; grifos nossos). Em tradução livre: "No âmbito da categoria das sociedades irregulares entram as assim chamadas sociedades de fato, aquelas sociedades que se formam sem a estipulação de um contrato social, à base de um comportamento concludente de uma pluralidade de sujeitos. Tratam-se de

refa – que é sempre difícil e não conta com um critério objetivo a ser aplicado – é o fim comum; a causa do contrato de sociedade enquanto elemento objetivo do negócio jurídico.[64] No entanto, reconhece-se que, qualquer que seja o critério utilizado, as dificuldades sentidas pelo aplicador da lei não são amainadas pelo emprego de qualquer critério: são elas próprias da natureza das coisas.[65] De todas as aplicações que entre nós se faz da *affectio societatis*, esta seria, pelo menos, a mais legítima e a menos criticável.

### 7. *Conclusões: rumo ao conceito de fim comum e aos deveres de lealdade e colaboração*

Ao cabo deste pequeno estudo, cujo objetivo era apenas o de instigar a reflexão em torno de um dos mais fascinantes temas do moderno direito societário, torna-se possível concluir que a noção de *affectio societatis* é imprecisa e equívoca, pois: (1º) a intenção, ou desejo, da parte contratante é elemento que, frente à declaração de vontade externada pelo agente (CC, art. 112), se traduz em dado juridicamente irrelevante (ou, quando menos, de relevância atenuada na matéria, ressalvado o campo próprio que lhe é reservado em matéria de vícios de consentimento); (2º) a intenção, ou desejo, de o agente associar-se em sociedade não determina nem a conclusão do contrato nem a sua extinção, pois o que pode ter esses efeitos, se assim a lei o determinar, é somente a sua declaração de vontade; (3º) a declaração de vontade, na celebração do contrato de sociedade, em nada difere da declaração de vontade exigida na conclusão de qualquer contrato e, portanto, não tem uma conformação especial naquele primeiro; (4º) as diferenças que existem entre o contrato de sociedade e outras figuras contratuais, assemelhadas ou não, não estão na conformação do elemento volitivo dos agentes, mas, sim e precisamente, na causa do contrato e, de maneira mais específica, na existência de escopo comum, que permite enquadrar a sociedade entre as organizações finalísticas; e (5º) o que permite diferenciar, em cada caso, a existência de contrato de sociedade ou de outras figuras, não é o consenso, mas o negócio jurídico plurilateral de fim comum, ao qual se tenha dirigido o consenso. Segue-se daí que a noção de *affectio societatis* apresenta um desvio de perspectiva, ao dar destaque ao elemento volitivo, quando o correto seria dar enfoque ao fim comum – como disso já tinham se apercebido muitos estudiosos que, ao tratar do consenso, puseram isso em destaque.[66]

fenômenos societários sobremodo comuns na prática, que se realizam enquanto se determine, de fato, a criação de um fundo comum para o exercício em comum de uma atividade econômica com o fim de divisão dos lucros. A jurisprudência exige também a *affectio societatis*, que, de resto, não é requisito ulterior, *mas é a representação subjetiva da persecução do escopo social sob a base dos requisitos objetivos*, e distingue a existência da sociedade nas relações internas, ligando-a à efetiva ocorrência, de fato, dos mencionados requisitos, e nas relações externas, ligando-a à mera aparência de um fenômeno societário".

64. Com razão, Fábio Konder Comparato já sustentava, por isso mesmo, que a distinção entre sociedade e comunhão não residiria na existência de *affectio societatis*; "a distinção deve ser pesquisada na natureza da causa, enquanto elemento objetivo do negócio jurídico" (*O Poder de Controle na Sociedade Anônima*, 3ª ed., Rio de Janeiro, Forense, 1983, n. 37, p. 118).

65. É o que lucidamente registra Herbert Wiedemann: "Die notorischen Abgrenzungsschwierigkeiten des Gesellschaftsbegriff lassen sich nicht, wie man zunächst vermuten können, durch eine verbesserte Gesetzessprache beseitigen, sie liegen in der Sache selbst. Andere Rechtskreise mit unterschiedlichem Ansatz kennen die gleiche Problematik" (*Gesellschaftsrecht*, Band II, cit., § 2 III 1, p. 125; em tradução livre: "As notórias dificuldades de delimitação do conceito de sociedade não se deixam eliminar, como à primeira vista se poderia supor, através de um aperfeiçoamento da linguagem jurídica, elas repousam na própria coisa. Outras esferas jurídicas com diverso princípio conhecem a mesma problemática").

66. Já caminhavam nesta direção J. X. Carvalho de Mendonça (*Tratado de Direito Comercial Brasileiro*, vol. III, 5ª ed., Rio de Janeiro, Freitas Bastos, 1958, n. 529, p. 23) e João Eunápio Borges (*Curso...*, cit., n. 250, pp. 269-270).

Em suas fontes, a *affectio societatis* surgiu apenas como um traço distintivo entre a sociedade e a comunhão, mas sem que fosse colocada como algo exclusivo ou inexistente noutras relações jurídicas. Posteriormente, foi erigida equivocadamente a elemento distintivo do contrato de sociedade, conduzindo, em última análise, a um autêntico paradoxo de definir algo pelo termo definido. Em sistemas jurídicos avançados e, em especial, por efeito da refutação da teoria da vontade, de um lado, e da afirmação da teoria do contrato plurilateral, de outro, o conceito de *affectio societatis* acabou por ser abandonado ou, quando muito, restringido a funções bastante específicas; limitou-se a exercer um papel descritivo, e não propriamente funcional. O que se observa, em última análise, é a tendência de superação do conceito de *affectio societatis* pelo conceito de fim comum ou, talvez mais precisamente ainda, de fim social.[67]

Portanto, o moderno direito societário deve, a bem da evolução da ciência societária e da elaboração de soluções precisas e unívocas, abandonar por completo a idéia de *affectio societatis* e aprofundar a análise da noção de fim comum em sentido amplo (compreendendo o escopo-meio e o escopo-fim da organização societária, e as suas interações com os deveres de lealdade, colaboração e contribuição). Só assim conseguir-se-á realmente avançar no trato da matéria e nas soluções para os seus problemas práticos.

67. Eis que, numa sociedade unipessoal, não se poderia falar, a rigor, de um fim *comum*.

# Atualidades

# A AÇÃO CAUTELAR DE AFASTAMENTO DE ADMINISTRADOR DE SOCIEDADE LIMITADA

Cristiano Gomes de Brito*

*1. Introdução. 2. O afastamento cautelar do administrador. 3. Requisitos para o afastamento cautelar. 4. A sociedade no litígio. 5. A cumulação de pedidos cautelares. 6. A exibição ou busca e apreensão dos livros contábeis e o arrolamento de bens. 7. Conclusão. 8. Bibliografia.*

## *1. Introdução*

Ao unir capital e trabalho, os sócios de uma sociedade visam alcançar o que o homem sozinho nem sempre consegue realizar. Daí, a necessidade de se unir em sociedade, constituída pela a união de uma ou mais pessoas, que aliam esforços visando um fim comum.

Nesse sentido Carlos Fulgêncio da Cunha Peixoto[1] ensina que a sociedade é a mais alta expressão do poder do homem. Tudo o que o indivíduo, isoladamente, não consegue, em sua fraqueza, atingir, é alcançado pela união.

A sociedade constitui-se pela manifestação de vontade de duas ou mais pessoas que assumem a obrigação de contribuir com seus esforços e recursos para exercer atividade econômica e lograr fins comuns.

Essa união é materializada no contrato social, seu ato constitutivo, imprescindível para sua formação, pois vincula juridicamente os sócios, e estes e a sociedade, estabelece regras e cria um sujeito de direitos e obrigações,[2] dotado de personalidade jurídica.[3]

Constituída a sociedade, mister se faz a nomeação de seu representante legal, seu administrador, sócio ou não, que manifestará sua vontade. Investido na função, o administrador assume uma série de encargos, uma vez que irá administrar patrimônio alheio, tendo os sócios o direito de fiscalizar sua gestão, solicitando e exigindo a apresentação dos livros contábeis, comerciais e fiscais e a prestação de contas.

A lei lhe atribui inúmeras obrigações, que não sendo cumpridas, permitem aos sócios destituí-lo do cargo, seja por deliberação, seja por decisão judicial, não obstante a eventual ação de responsabilidade civil[4] ou criminal.

* *professor@cristianobrito.com.br.*

1. *A Sociedade por Quotas de Responsabilidade Limitada*, vol. 1, p. 7.

2. O art. 44 do Código Civil dispõe que são pessoas jurídicas de direito privado: I – as associações; II – as sociedades; III – as fundações; IV – as organizações religiosas; V – os partidos políticos.

3. O art. 45 do Código Civil dispõe que começa a existência legal das pessoas jurídicas de direito privado com a inscrição do ato constitutivo no respectivo registro, precedida, quando necessário, de autorização ou aprovação do Poder Executivo, averbando-se no registro todas as alterações por que passar o ato constitutivo.

4. O administrador tem a função representar e a obrigação de zelar pelos seus negócios da so-

O administrador, durante seu comando, tem várias oportunidades de prestar conta de sua gestão: por meio de reunião de quotistas, obrigatória por determinação legal (arts. 1.065, 1.071, I, e 1.078, do CC), elaboração de balanços sociais e, eventualmente, ação de prestação de contas.

Pela sistemática legal, a sociedade é obrigada a seguir uma ordem uniforme de contabilidade e escrituração, a autenticar no Registro Público de Empresas Mercantis todos os livros e fichas, a conservar em boa guarda toda a escrituração, correspondência e mais papéis pertencentes ao giro de seu comércio, a elaborar anualmente um balanço patrimonial e de resultado econômico.

O art. 1.188 do CC torna obrigatória a fidelidade, a clareza e a realidade do balanço, que deve retratar situação real da empresa. O art. 1.065 do CC impõe que ao término de cada exercício social, proceder-se-á à elaboração do inventário, do balanço patrimonial e do balanço de resultado econômico. Já o art. 1.179 do CC, dispõe que a sociedade é obrigada a seguir um sistema de contabilidade, mecanizado ou não, com base na escrituração uniforme de seus livros.

Por outro lado, o art. 1.071, I, do CC prevê que dependem da deliberação dos sócios, a aprovação das contas da administração, devendo os documentos ser postos à disposição dos sócios que não exerçam a administração. Neste caso a reunião tem uma dúplice função: a prestação e a aprovação das contas da administração.

Especificadamente, cabe ao administrador, ao cabo de cada exercício, a devida prestação de contas, por meio de inventário dos bens e balanços, em atendimento da exigência legal prevista no Código Civil.

A obrigação decorre do próprio exercício do cargo de administrador, reclamando-se, sobretudo, em função de dar ciência da situação aos sócios que não participam da administração.

Desta feita, a falta de prestação de contas e a ausência de convocação da reunião de quotistas para deliberarem sobre a sociedade são fatos extremamente graves, que podem justificar o afastamento do administrador da sociedade.[5]

ciedade, devendo sempre agir no interesse dela. A regra é que não é pessoalmente responsável pelas obrigações que contrair em nome da sociedade e em virtude de ato regular de gestão. Se houver uma falha na decisão ou um erro de supervisão, que não se enquadrem na regra geral, pode gerar aos diretores, administradores e gerentes a responsabilidade pessoal pelos danos causados, no exercício de atividades administrativas, aos acionistas, sócios, empregados, clientes, concorrentes, governo e terceiros com os quais a empresa se relaciona.

Se não cumprir, poderá ser responsabilizado civilmente pelos danos causados a sociedade, aos sócios e a terceiros, podendo os administradores serem destituídos de suas funções judicialmente, quando, *v.g.*, não realizar as escrituração da contabilidade da sociedade ou deixar de levantar o balanço patrimonial. O art. 186 do Código Civil dispõe que aquele que, por ação ou omissão voluntária, negligência ou imprudência, violar direito e causar dano a outrem, ainda que exclusivamente moral, comete ato ilícito. A Lei das Sociedades Anônimas prevê nos arts. 153 e 154 que o administrador deve empregar, no exercício de suas funções, o cuidado e diligência que todo homem ativo e probo costuma empregar na administração dos seus negócios e que deve exercer as atribuições que a lei ou o estatuto lhe conferem para lograr fins e no interesse da companhia, satisfeitas as exigências do bem público e da função social da empresa. Por outro lado, o art. 158 dispõe que o administrador é pessoalmente responsável, civilmente, pelos prejuízos que causar: quando proceder, dentro de suas atribuições ou poderes, com culpa ou dolo; ou com violação da lei ou do estatuto. Seguindo a mesma orientação, nas sociedades limitadas não é diferente, pois o art. 1.016 do Código Civil dispõe que os administradores respondem solidariamente perante a sociedade e os terceiros prejudicados, por culpa no desempenho de suas funções.

5. Interessante destacar que a legislação argentina elenca algumas hipóteses em que se vêem transgredidos os deveres dos administradores e que podem servir como paradigmas orientadores para a decretação do provimento interventivo. Entre elas, podem ser citadas: a) a perda das condições exigidas para o cargo de diretor ou gerente; b) a atuação em interesse contrário à sociedade; c) a realização de atividades de competição com a mesma; d) a não convocação da assembléia social; e) a não confecção do balanço anual ou do memorial sobre o estado da

As regras que devem dirigir a atuação dos administradores podem ser sintetizadas nos deveres de diligência e de lealdade. O art. 1.011 do CC dispõe que o administrador deverá ter, no exercício de suas funções, o cuidado e a diligência que todo homem ativo e probo costuma empregar na administração de seus próprios negócios.

O dever de lealdade significa sinceridade, franqueza e honestidade, derivada da relação de confiança outorgada a uma pessoa para que ela possa administrar bens alheios.

A diligência é um critério de caráter objetivo, porquanto deve ser perquirida de acordo com a capacitação técnica, com a experiência, como os conhecimentos e a amplitude profissional que devem reunir as pessoas que exercem funções de administração em negócios societários ou assemelhados.

Há também o dever de obediência à lei e ao contrato social, uma vez que indica respeito, acatamento, submissão à lei e ao contrato social da sociedade.

Nessa noção estão contidos todos os imperativos que dirigem a atuação dos dirigentes societários, haja vista que, observado o dever de obediência, estes jamais incorrerão em qualquer espécie de conduta ilícita.

Entretanto, quando o sócio administrador negligencia e se omite na realização dessas obrigações legais, causa graves e sérios prejuízos para a sociedade e para os sócios, sendo necessária sua destituição da administração, que pode ocorrer via judicial ou extrajudicial.

Nesse sentido, Nelson Abrão afirma que além da remoção do gerente por deliberação social majoritária, é óbvio que pode ocorrer a judicial, a pedido de qualquer sócio, desde que verificada a justa causa.[6]

Preleciona Ovídio A. Batista da Silva[7] que se tem admitido a ação cautelar de suspensão de administradores de sociedade que tanto seria cabível no campo do direito comercial quanto no direito civil societário.

A extrajudicial dar-se-á por iniciativa dos sócios, mediante alteração do contrato social, quando nomeado neste instrumento, ou mediante destituição em reunião/assembléia de quotista, quando designado em ato separado.[8] Já a judicial ocorrerá mediante um provimento jurisdicional, comumente requerido por sócio minoritário que não detém poder de alterar o contrato social, porém terá legitimidade para propor ação de destituição pelo seu *status* de sócio, devendo provar que o administrador está causando prejuízo para a sociedade ou aos sócios, isto é, havendo justa causa.

## *2. O afastamento cautelar do administrador*

Quando surge a desconfiança a respeito da integridade com a qual age o administrador societário, agravada por delegação da gerência, ausência de reunião de

sociedade (Laura Pena Pérez, *Intervención Judicial de Sociedades Comerciales*, p. 116).

6. *Sociedades por Quotas de Responsabilidade Ltda.*, 3ª ed., p. 91.

7. *Comentários ao CPC*, vol. XI, p. 140.

8. O CC dispõe: "Art. 1.060. A sociedade limitada é administrada por uma ou mais pessoas designadas no contrato social ou em ato separado. Art. 1.061. Se o contrato permitir administradores não sócios, a designação deles dependerá de aprovação da unanimidade dos sócios, enquanto o capital não estiver integralizado, e de dois terços, no mínimo, após a integralização. (...). Art. 1.063. O exercício do cargo de administrador cessa pela destituição, em qualquer tempo, do titular, ou pelo término do prazo se, fixado no contrato ou em ato separado, não houver recondução. § 1º. Tratando-se de sócio nomeado administrador no contrato, sua destituição somente se opera pela aprovação de titulares de quotas correspondentes, no mínimo, a dois terços do capital social, salvo disposição contratual diversa. § 2º. A cessação do exercício do cargo de administrador deve ser averbada no registro competente, mediante requerimento apresentado nos dez dias seguintes ao da ocorrência. § 3º. A renúncia de administrador torna-se eficaz, em relação à sociedade, desde o momento em que esta toma conhecimento da comunicação escrita do renunciante; e, em relação a terceiros, após a averbação e publicação".

quotistas, falta de prestação de contas, inexistência de lucro e, em razão disso, verificam-se suspeitas de dano aos interesses sociais, torna-se imperioso promover a defesa emergencial da pessoa jurídica.[9]

Nessas condições, objetiva os sócios a tutela jurisdicional para destituição do administrador, bem como a nomeação de outro, a fim de impedir a continuidade da conduta ilegal, preservando a empresa, o patrimônio e a integridade dos livros contábeis, até o fim da lide no processo principal. O interesse material do sócio assenta-se sempre na violação dos deveres do administrador, *v.g.*, dever de diligência, e nos direitos a eles conferidos pela legislação societária, como o direito de fiscalizar.

Ademais, torna-se mais evidente a necessidade de destituição quando, a par das ilegalidades e irregularidades na gestão, constata-se que existem desinteligências inconciliáveis entre os sócios, ante a ausência da *affectio societatis*. Mitigada ou quebrada a *affectio* em uma sociedade, os sócios não estarão inclinados aos vínculos societários que haviam estabelecido.[10]

A *affectio societatis* é um dos requisitos para a constituição e desenvolvimento da sociedade, pois quando de sua constituição e desenvolvimento, os sócios nutrem entre si sentimentos de afeição e confiança, preponderando as qualidades pessoais dos sócios sobre o capital aportado.

Esclarece Jorge Lobo[11] que a *affectio societatis* é a vontade firme de os sócios unirem-se, por comungarem de idênticos interesses, manterem-se coesos, motivados por propósitos comuns, e colaborarem, de forma consciente, na consecução do objeto social da sociedade.

Assim, constatada a má-gestão da sociedade, agravada pela ausência da *affectio societatis*, a ensejar graves desavenças entre os sócios, e em face do receio do extravio ou dilapidação dos bens sociais, mister se faz a destituição judicial do administrador, pois preservará os bens da sociedade, evitando, por conseguinte, que o empreendimento seja prejudicado.

9. "Agravo de Instrumento. Busca e apreensão e remoção de administradores de sociedade comercial. Ausência de fundamentação da decisão recorrida. Temática rechaçada. Atendimento ao disposto nos arts. 165 do Código de Ritos e 93, inciso IX, da Carta Magna. Intervenção judicial. Afastamento dos sócios administradores. Interferência judicial plausível. Poder geral de cautela. *Fumus boni iuris* e *periculum in mora* configurados. Preservação dos interesses da autora. Ordem que visa a coibir futuras irregularidades na administração da empresa. Nomeação de terceiro como administrador judicial. Decisão irreprochável. Recurso desprovido" (TJSC, AI n. 2004.009485-0, Rel. Desembargador Fernando Carioni, DDec. 9.9.2004).

10. "Medida cautelar. Pedido de atribuição de efeito suspensivo a recurso em mandado de segurança. Afastamento de sócio majoritário da administração da sociedade. – Enquanto pende de decisão, na Corte Especial do STJ, a pacificação quanto ao cabimento de mandado de segurança para impugnar a decisão que indefere o pedido de efeito suspensivo formulado em agravo de instrumento (decisão essa reputada irrecorrível pela nova redação do art. 527 do CPC), convém, nos pedidos de medida liminar, manter o posicionamento anterior da Terceira Turma, no sentido do cabimento da medida. – As discussões judiciais acerca administração de sociedades limitadas deve caminhar, via de regra, não para a intervenção judicial na empresa, que só ocorrerá em hipóteses excepcionais, mas para a responsabilização do administrador ímprobo, para a anulação de negócios específicos que prejudiquem a sociedade ou, em última análise, para a retirada do sócio dissidente ou dissolução parcial da empresa. – A atuação do Poder Judiciário em causas que versem sobre a administração das sociedades deve pautar-se sempre por um critério de intervenção mínima. A Lei permite o afastamento de sócio majoritário da administração da sociedade, mas isso não implica que ele perca os poderes inerentes à sua condição de sócio, entre os quais está o poder de nomear administrador. Todavia, na hipótese em que o sócio separou-se de sua ex-esposa, sem elementos que dêem conta da realização de partilha, todo o patrimônio do casal permanece em condomínio pró-indiviso, de modo que é razoável a interpretação de que a ex-esposa é detentora de direitos sobre metade das quotas detidas pelo marido. Isso, em princípio, retira do sócio afastado a maioria que lhe permitiria a nomeação de novo administrador. – Com isso, a melhor solução para a hipótese dos autos é a manutenção da decisão recorrida. Medida liminar indeferida, com as ressalvas acima" (MC 14.561-BA, 3ª T., Rela. Ministra Nancy Andrighi, j. 16.9.2008).

11. *Das Sociedades Limitadas*, vol. 1, p. 51.

Nas sociedades, os sócios têm perante os demais e a própria sociedade, um dever de lealdade, inserido na noção geral de colaboração para o sucesso do empreendimento comum, devendo se abster de praticar quaisquer atos prejudiciais a sociedade. Já o administrador tem o dever de lealdade, de diligência e de obediência à lei e ao contrato social.

Sobre a forma de se gerenciar uma empresa, Darcy Arruda Miranda Júnior[12] assevera que os gerentes ou administradores, devem gerir a sociedade com cuidados de um bom pai de família e, portanto, devem exercer as suas funções com atenção, diligência e prudência.

Para Eulâmpio Rodrigues Filho,[13] o direito à destituição do sócio dos poderes de gerência deve decorrer do fato de os promoventes serem partícipes da relação social; da violação por parte do requerido, de normas legais e/ou contratuais, em evidente prejuízo aos interesses maiores da sociedade, também da impossibilidade de convívio entre os sócios no comando dos destinos da mesma, que, enfim, não teria como sobreviver normalmente em meio a conflitos, geradores de danos de graves conseqüências.

Asseverando sobre as causas de suspensão cautelar de administrador de sociedade, Galeno Lacerda afirma "tratar-se de medida também cabível, sempre que a diretoria, ou determinado diretor ou administrador, locupletar-se com os bens sociais, dissipá-los, aliená-los fraudulentamente, negligenciar de maneira grave seus deveres em prejuízo da sociedade, ou usurpar funções mediante eleição ilegal".[14]

Explica Luiz Fernando C. Pereira, com fundamento na doutrina argentina, que há três formas de intervenção judicial na sociedade. A primeira seria a do interventor-observador, em que a pessoa nomeada não intervém propriamente, mas observa o cumprimento de decisão judicial, observando o regular funcionamento da sociedade, quando assim a medida judicial indicar. A segunda seria a do interventor co-gestor, indicado para dar cumprimento à ordem judicial, sendo que, na sua nomeação, o juiz fixaria suas atribuições e encargos, sem afastar completamente os administradores naturais. Por fim, a do interventor-administrador, que teria a função de gerir propriamente o negócio até o encerramento do litígio.[15]

Com o afastamento do administrador, necessário se faz a nomeação de outro, da confiança do juiz, objetivando garantir que a empresa não sofra mais a desordem administrativa ou financeira, preservando o empreendimento.

Ressalta-se que, com a nomeação do administrador, haverá tão-somente gerenciamento e administração da sociedade, até o fim da lide principal, não causando qualquer prejuízo às partes, sendo que as atribuições do interventor não devem extrapolar as lindes do contrato social, a fim de restabelecer a normalidade na gerência do empreendimento.

### *3. Requisitos para o afastamento cautelar*

Preceitua o art. 798 do CPC combinado com o art. 799, que pode o juiz determinar as medidas provisórias que julgar adequadas quando houver fundado receio de uma parte, antes do julgamento da lide, causar ao direito da outra lesão grave e de difícil reparação. Nessa hipótese, poderá o juiz, para evitar o dano, autorizar, vedar ou suspender a prática de determinados atos. Tal dispositivo nasceu e orienta o poder

12. *Curso de Direito Comercial*, 5ª ed., vol. 2, p. 190.

13. "Suspensão cautelar e afastamento de gerente e sociedade por quotas", *Revista Brasileira de Direito Processual Civil* 543/93.

14. *Comentários ao Código de Processo Civil (arts. 796 a 812)*, vol. 8, t. I, pp. 237-238.

15. *Medidas Urgentes no Direito Societário*, pp. 247-255 *passim*.

geral de cautela de que dispõe o juiz na condução dos feitos processuais.

Comentando o art. 799 do CPC, Antônio Cláudio da Costa Machado[16] assevera que a previsão legal sob exame nada mais significa do que uma explicitação daquilo que o magistrado pode fazer, mediante a concessão de liminar ou sentença, em processo e ação instaurados com base no poder cautelar genérico. O rol de atitudes previsto não é taxativo, mas meramente exemplificativo, o que dá margem à criatividade dos advogados na busca de um provimento de conteúdo diferenciado que bem atenda às particularidades do caso concreto. Assim é que à parte é lícito requerer e ao juiz deferir, se lhe parecer adequada a medida à situação factual de emergência. Não há limites para a imaginação no que concerne a medidas cautelares inominadas desde que se respeitem os seus requisitos de admissibilidade.

Os fundamentos fáticos e jurídicos objetivando o afastamento e suspensão do administrador da sociedade, em face das ilegalidades e dos abusos praticadas durante sua gestão, devem ser robustamente provados pelos demais sócios, devendo demonstrar a necessidade da medida, pois tal atitude visa à prevenção contra o risco de dano imediato que afeta o interesse litigioso dos sócios e que compromete a eventual eficácia da tutela definitiva a ser alcançado no processo de mérito, pois irá preservar os interesses econômicos da sociedade e dos sócios, os bens sociais, os empregos gerados e os livros contábeis, comerciais e fiscais.

Para a concessão da medida cautelar, é necessário demonstrar sobejamente a existência do *fumus boni juris* e do *periculum in mora*.[17]

O *fumus boni juris*, segundo Sydney Sanches[18] consiste na probabilidade da existência do direito invocado pelo autor da ação cautelar. Direito a ser examinado aprofundadamente, em termos de certeza, apenas no processo principal a ser instaurado".

Ensina Humberto Theodoro Jr.[19] que não é preciso demonstrar-se cabalmente a existência do direito material em risco, mesmo porque esse, freqüentemente, é litigioso e só trará sua comprovação e declaração no processo principal. Para merecer a tutela cautelar, o direito em risco há de revelar-se apenas como o interesse que justifica o "direito de ação", ou seja, o direito ao processo de mérito. Incertezas ou imprecisões a respeito do direito material do requerente não podem assumir a força de impedir-lhe o acesso à tutela cautelar. Se, à primeira vista, contra a parte com a possibilidade de exercer o direito de ação e se o fato narrado, em tese, lhe assegura provimento de mérito favorável, presente se acha o *fumus boni juris*, em grau suficiente para autorizar a proteção das medidas preventivas.

Em assim sendo, o sócio, por ser detentor de parcela das cotas sociais, possui o direito à destituição do sócio administrador, se este violar normas legais e contratuais, pois haverá evidente prejuízo aos interesses dos sócios e da sociedade, o que ferirá de morte o convívio e a confiança entre os sócios, pois haverá rompimento da *affectio societatis*.[20]

16. *Código de Processo Civil Interpretado*, p. 730.

17. "Medida cautelar. Administração de sociedade. Discórdia entre os sócios. *Fumus boni iuris* e *periculum in mora*. Requisitos presentes. – Discórdia entre os sócios acerca da administração da sociedade. Presentes os requisitos da fumaça do bom direito e do risco da demora, mantém-se a suspensão dos efeitos da tutela antecipatória recursal concedida no julgamento do Ag n. 2707-5 do TJDFT. Agravo regimental desprovido" (4ª T., AgRg na MC 6.674-DF, Rel. Ministro Barros Monteiro, j. 20.4.2004).

18. *Poder Cautelar do Juiz*, p. 43.

19. *Curso de Direito Processual Civil*, vol. I, 16ª ed., pp. 371-372.

20. "Liminar em medida cautelar promovida para afastar o marido da administração de sociedade. Prova de deter o varão mais de 99% do capital social. Inexistência de *fumus boni iuris* e *periculum in mora* a justificar a liminar que coloca a esposa,

Nessas condições, inquestionável o direito a tutela jurisdicional para destituir o administrador, sendo cabível a medida cautelar, pois assegurará, com urgência, a eficácia e a utilidade do processo principal, *v.g.*, ação de dissolução parcial de sociedade, com apuração de haveres, ou ação de indenização.[21]

Portanto, o direito do sócio destituir o administrador ímprobo constitui a denominada *fumaça do bom direito*, que se assenta, por um lado, na condição de partícipe da relação social e, por outro, no regular funcionamento da atividade empresária, mediante garantia de integridade do patrimônio da empresa.

Desta forma, o *fumus boni juris* materializa-se no fato de o sócio administrador, ter praticado atos contrários a lei a e ao contrato social, ferindo, desta forma, o interesse da sociedade, *v.g.*, não levantar o balanço patrimonial da sociedade, não elaborar a correta escrituração dos livros, não prestar contas por meio da reunião de cotistas determinado por lei.

O *periculum in mora* consubstancia no fundado receio de dano irreparável ou de difícil reparação, oriundo da má administração da sociedade.[22]

Em se permitindo a permanência na administração, haverá a manutenção dos prejuízos causados a sociedade, aos sócios e a terceiros, bem como a perpetuação dos atos ilegais e irregulares, havendo ainda risco de que as demais provas, a serem realizadas no curso do processo principal, p. ex., perícia nos livros comerciais, fiscais e contábeis, restem prejudicadas, pois o administrador poderá desaparecer ou ocultar estes documentos ou, ainda, maquiá-los, impedindo a busca da verdade.

Ademais, o *periculum in mora* pode-se mostrar presente em face do clima de hostilidade entre os sócios, em face da ausência da *affectio societatis*, não havendo condições do empreendimento sobreviver em meio a conflitos internos.

Registre-se, outrossim, outra faceta do *periculum in mora*, na visão de Piero Calamandrei.[23] O jurista adverte de que tal não é o perigo de dano jurídico, o qual se pode, em certos casos, obviar com a tutela ordinária, é, sim, o perigo específico daquele ulterior dano marginal que pode derivar-se do atraso, conseqüência inevitável da lentidão do processo ordinário.

Daí que, lembra o autor,[24] a característica de jurisdicionalidade da medida liminar, porque ela existe no interesse da administração da Justiça, pois lhe garante o bom funcionamento e o seu bom nome, ao objetivar a salvaguarda do *imperium iudicis*, ou seja, impede que a soberania do Estado, em sua mais alta expressão, que é aquela da justiça, reduza-se a ser uma tar-

com exclusividade, na administração da sociedade. Provimento" (TJSP, AI 5493964400, Rel. Enio Zuliani, j. 6.3.2008).

21. "Processo civil. Reclamação. Se o tribunal local decreta o afastamento de um dos sócios da administração dos negócios, e essa decisão é mantida pelo Superior Tribunal de Justiça, só um fato novo pode levar a instância ordinária a reintegrá-lo na gestão. Reclamação julgada procedente" (2ª Seção, Rcl 2.164-PR, Rel. Ministro Ari Pargendler, j. 23.5.2007).

22. "Agravo de Instrumento. Medida Cautelar Incidental. Fundamentação concisa. Possibilidade. Pedidos liminares. Ausência dos requisitos. Indeferimento. – Não cabe ao Poder Judiciário intervir na administração da empresa para anular, sem ouvir um dos sócios, uma cláusula contratual que foi por eles firmada de comum acordo. – O pró-labore é uma remuneração destinada àquele sócio que exerce efetivamente o múnus de gerir a sociedade, sendo, destarte, seu verdadeiro administrador. Portanto, somente aquele sócio que prestar serviços de gerência à sociedade é que fará jus a perceber mensalmente tal remuneração. – O afastamento do sócio da administração da empresa constitui providência drástica, que exige, para o seu deferimento, a presença de elementos concretos a justificar a medida. – Ausentes os requisitos autorizadores da concessão da liminar na Medida Cautelar proposta, quais sejam, o *periculum in mora* e o *fumus boni iuris*, tem-se o seu indeferimento" (TJMG, AI 1.0024.06.058501-5/001(1), Rel. Lucas Pereira, j. 18.10.2007).

23. *Introduzione allo Studio Sistemático dei Provvendiment Cautelari*, p. 18.

24. Ob. cit., p. 144.

dia e inútil expressão verbal, uma vã ostentação de lentos mecanismos destinados, como a guarda da ópera bufa, a chegar sempre demasiado tarde.

Destarte, o afastamento pode ser o único meio capaz de tutelar com celeridade e eficiência os direitos do sócio e da sociedade,[25] que podem ser lesados por atos ilícitos do administrador.[26]

## *4. A sociedade no litígio*

Um argumento que pode influenciar na destituição do administrador, refere-se ao fato de o afastamento não acarretar prejuízo para a sociedade e para os demais sócios, pois, a princípio, a empresa continuará em pleno funcionamento, recebendo e pagando suas contas, comprando e vendendo seus produtos ou prestando seus serviços, como se fosse administrada por um leal e competente, o que se fará na pessoa nomeada pelo juiz.

Ressalta-se que a intervenção judicial em sociedade não comprometerá a existência da empresa, mas se, mesmo assim, a sociedade vier a se extinguir em decorrência de fatores outros que não a ingerência em sua administração, a oportuna nomeação de interventor garantirá um processo de dissolução salutar e eqüitativo. Isso porque eliminará o risco de ocorrência de desvios que podem vitimar o patrimônio social.[27]

O que irá mudar é justamente administração, pois até julgamento do mérito da ação principal, a sociedade poderá vir a ingressar em estado de insolvência, bem como o administrador desaparecer com outras provas existentes no estabelecimento comercial, e ainda, manter a prática reiterada de má gestão e de dilapidação do patrimônio social.

A intromissão do Poder Judiciário na direção societária se alicerça na proteção dos interesses da sociedade que, ao serem lesados, produzem prejuízos à sociedade, aos sócios e à coletividade, englobando seus parceiros comerciais, o fisco e os trabalhadores.

Ressalta-se por oportuno, que a eventual destituição do administrador deve também ser analisada sob a ótica da função social da sociedade, uma vez que a medida cautelar também se faz necessária pelo fato de se preservar a empresa em face das desinteligências entre os sócios.

Para Eduardo Tomasevicius Filho,[28] a função social consiste na destinação eco-

25. "Dissolução parcial de sociedade. Nomeação de administrador judicial em primeira instância, dado o estado de flagrante litigiosidade entre as partes, a impedir a gestão normal da sociedade. Sentença afinal prolatada, determinando a saída dos agravantes. Medida cautelar proposta em segundo grau, com liminar aqui deferida para a mantença do administrador judicial, até o julgamento de mérito do apelo interposto. Juízo de primeiro grau, todavia, a permitir a administração conjunta do agravado e do administrador judicial. Agravo interposto. Provimento, a decisão atacada implicando em descumprimento, por via oblíqua, do quanto aqui se decidiu, no sentido do afastamento de todos os sócios da administração" (TJSP, AI 5626074400, Rel. Luiz Ambra, j. 15.5.2008).

26. "Agravo de Instrumento. Interesse de recorrer de sócio em ação de dissolução parcial de sociedade. Decisão que afasta sócio da administração da sociedade. Quebra de *affectio societatis*. Existência de outras lides envolvendo os mesmos sócios. Indícios de desvio de patrimônio. Manutenção de decisão que destitui ambos sócios e indisponibiliza o patrimônio fixo da empresa. – O sócio de sociedade que é objeto de ação de dissolução parcial tem interesse em recorrer de decisão que o afasta da administração da sociedade. – É acertada a decisão que afasta ambos sócios de empresa que é objeto de dissolução de sociedade quando há indícios de desvio de patrimônio da empresa consubstanciado na criação de empresa concorrente pelos filhos de um dos sócios, bem como decisões judiciais em outros processos, também nomeando administrador provisório" (TJMG, AI 2.0000.00.508583-6/000(1), Rel. Pedro Bernardes, j. 22.11.2005).

27. "Tratando-se de dissolução total da sociedade composta por apenas duas sócias, o mais racional é o afastamento de ambas, para que não se verifiquem conflitos de interesses que possibilitem, inclusive, o desate da controvérsia, com a permanência de apenas um deles, gerindo a empresa" (TJRJ, AI 2004.002.14881, Rela. Desembargadora Helena Bekhor, j. 12.1.2005).

28. "A função social da empresa", *RT* 810/43-44.

nômica socialmente mais vantajosa para a coletividade. Em seguida o autor afirma que o conteúdo da função social da empresa está no dever de exercício justo da atividade empresarial.

Cumpre ainda destacar que a nomeação do interventor na sociedade terá a função apaziguadora, pois normalizará a atividade empresária, garantindo sua continuidade e evitado possíveis danos durante a tramitação do processo principal.

Nesse ritmo de considerações, devese intervir na sociedade sempre que, em razão dos ilícitos praticados pelo administrador, a convivência pacífica entre os sócios restar comprometida, visando um fim maior que é a sociedade, devendo o magistrado eliminar ou, ao menos, minorar os conflitos existentes entre os sócios, situação que coloca em risco a existência da sociedade.[29]

A destituição atingirá o justo equilíbrio dos interesses em litígio, respeitando os objetivos perseguidos pela sociedade e sócios, evitando, de um lado, a ingerência infundada nos negócios sociais e, de outro, a nomeação intempestiva de administrador, a ser realizada somente após o desmoronamento do ente.

Soma-se a isso, que o perigo que paira sobre o patrimônio social pode advir não apenas da conduta do administrador, mas da conduta de seus comparsas, ou mesmo da própria dinâmica do mercado que esteja a exigir a intromissão urgente do Judiciário na direção societária para salvaguardar os interesses em jogo.[30]

## *5. A cumulação de pedidos cautelares*

A atividade cautelar é preordenada a evitar que o dano oriundo da inobservância do direito fosse agravado pelo inevitável retardamento do remédio jurisdicional. Por isso, a cautelar tem como escopo garantia da eficácia do processo principal.

Porém, o afastamento e a suspensão do administrador podem não ser suficientes para garantir a tutela no processo principal. Pode ser necessário ainda, a exibição ou busca e apreensão dos livros contábeis, comerciais e fiscais, bem como o arrolamento dos bens pertencentes a sociedade.

Pelo princípio da economia processual, em que processo deverá ser estruturado para render ao máximo, com a menor atividade processual possível, tudo para maior celeridade da tutela jurisdicional, e preenchido os requisitos do art. 292, *caput*, do

29. "Agravo de Instrumento. Dissolução de sociedade. Cautelar inominada. Liminar concedida para afastar o sócio da gerência, nomeado terceiro para o cargo de administrador. Fundamentado no alto grau de litigiosidade, o magistrado decidiu nomear terceiro para administração, o que se apresenta bastante viável, considerando a situação exposta. Decisão mantida. Negado provimento ao recurso" (TJRS, AI 70008584534, 6ª Câm. Civ., Rel. Artur Arnildo Ludwig, j. 23.6.2004).

"Agravo de Instrumento. Cautelar inominada. Dissolução de sociedade. Nomeação de administrador judicial. Confirmação da medida. Flagrante o rompimento da *affectio societatis*, a ensejar graves desavenças entre os sócios, correta esta a nomeação de administrador judicial para a gerência da empresa até o deslinde da controvérsia, evitando, assim, que o empreendimento seja prejudicado pela administração comum" (TJRS, AI70002599694, Rel. João Pedro Pires Freire, j. 1.8.2001).

"Nomeação de administrador. Em se tratando de sociedade comercial com dois sócios que se desentenderam e já não confiam um no outro, a nomeação de terceiro desinteressado para avaliar a possibilidade de continuação do negócio e geri-lo se for caso, é medida perfeitamente legítima e prudente" (TJRS, AI 591063037, Rel. Adroaldo Furtado Fabrício, j. 17.9.1991).

30. "Agravo de Instrumento. Dissolução e liquidação de sociedade. Ação cautelar inominada. Liminar deferida para nomeação de administrador judicial. A melhor decisão para o momento é a nomeação de terceira pessoa, imparcial, para administrar a empresa com a fiscalização do juízo, até que restem definitivamente decididas as questões sobre a dissolução e liquidação da empresa. Sendo nomeado como administrador algum dos sócios, as acusações perdurariam infinitamente, sem propiciar um ambiente favorável ao desfecho da controvérsia. Decisão mantida" (TJRS, AI 70009719071, Rel. Artur Arnildo Ludwig, j. 10.11.2004).

CPC, é possível de cumulação de pedidos cautelares. O artigo permite a cumulação, num único processo, contra o mesmo réu, de vários pedidos, ainda que entre eles não haja conexão.[31]

Nos termos do art. 292, § 1º, do CPC, os pedidos devem ser compatíveis entre si, ou seja, aqueles juridicamente conciliáveis, que podem coexistir, e que não se excluem mutuamente. Deve ainda ser competente para conhecer dele o mesmo juízo. Logo, será competente para apreciação da cautelar de busca e apreensão dos livros contábeis, comerciais e fiscais, o mesmo juízo da cautelar de suspensão e afastamento do administrador. Por fim, o pedido deve ser adequado para todos os tipos de procedimento.

### *6. A exibição ou busca e apreensão dos livros contábeis e o arrolamento de bens*

O art. 839 do CPC estabelece que o juiz pode decretar a busca e apreensão de pessoas ou de coisas. Esta medida visa a preservação de um objeto de grande importância para apuração de fatos no processo principal. *In casu*, objetiva complementar e assegurar a própria cautelar de afastamento de sócio, bem como garantir a eficácia da tutela definitiva a ser alcançada no processo de mérito.

Interessante destacar que os livros comerciais fazem prova plena contra seus proprietários. Devem eles registrar toda a escrituração contábil da empresa e escriturar todas as suas operações, bem como os atos de comércio.

Havendo desordem na administração e na contabilidade, refletido nos livros contábeis, comerciais e fiscais da sociedade, que são provas cabais e robustas que podem demonstrar a má gestão da sociedade praticadas pelo administrador, mister se faz determinar sua busca e apreensão, a fim de se evitar a perda de provas relevantes para o processo principal.[32]

Segundo Rubens Requião[33] os livros do comerciante constituem valioso repositório de prova, de inestimável valor, e são a consciência dos comerciantes. Para se ter a noção da importância dos livros comerciais, explica o autor[34] que "a comissão redatora do Código Napoleônico, de 1807, declarava: 'a consciência do comerciante está escrita nos seus livros; neles é que o comerciante registra todas as suas ações; são para ele, uma espécie de garantia. É pelos livros que se conhece o resultado de seus trabalhos, quando recorre à autoridade do magistrado, é à sua consciência que ele se dirige, é aos seus livros que se reporta'".

Os livros comerciais provam contra o seu autor. Tal disposição é prevista no art. 378 do CPC, nos arts. 1.179 *usque* 1.195 do Código Civil e na Lei de Sociedades

31. *Mutatis mutantis*, este é o posicionamento da jurisprudência: "Medida Cautelar. Exibição de documentos. Cumulação com pedido liminar de busca e apreensão do mesmo. Admissibilidade. Irrelevância de seguirem procedimentos diversos, eis que adaptáveis ao rito previsto no art. 803 do CPC. Hipótese, ademais, em que a busca e apreensão tem caráter satisfativo, exaurindo a medida. Aplicação do princípio da economia processual" (*RT* 625/85).

32. "Recurso especial. Cautelar preparatória. Exibição integral de livros comerciais e documentos do arquivo. Pedido extenso, mas não genérico. Interesse de agir. 1. A quantidade de documentos cuja exibição é pretendida, por maior que seja, não impede o exercício da ação. É que cabe ao magistrado, autorizada a medida, ordenar o processo de exibição, de forma a atender o autor sem comprometer as atividades da ré. 2. A indicação de muitos documentos a serem exibidos não traduz pedido genérico, quando estão todos identificados por natureza e período. 3. O art. 18 do Código Comercial não foi revogado pelo art. 381 do CPC. Ao contrário, ele trata de uma das hipóteses legais de exibição integral da contabilidade da empresa, referida no próprio art. 381, III, do CPC. 4. Mesmo depois de revogado o art. 18 do Código Comercial pelo novo Código Civil, sua norma subsiste no ordenamento, porque repetido no art. 1.191, *caput*, do Código Civil de 2002" (STJ, 3ª T., REsp 796.729-SP, Rel. Ministro Humberto Gomes de Barros, j. 13.2.2007, *DJ* 12.3.2007, p. 231).

33. *Curso de Direito Comercial*, vol. 1, 22ª ed., p. 133.

34. Ob. cit., p. 133.

Anônimas, art. 100. Desta forma, vislumbra-se a importância em se preservar o máximo possível os livros da sociedade. Para tanto, devem estar presentes os requisitos do *periculum in mora* e *fumus boni juris*.[35]

O *periculum in mora* se materializa na possibilidade de o administrador poder alterar ou "mascarar" os dados, inserir informações, apagar elementos probatórios da sua prática ilícita ou ainda extraviá-los. Já o *fumus boni juris* se caracteriza pelo interesse processual na segurança da situação de fato, ou seja, na garantia da eficácia do processo principal. Como já dito, os livros comerciais fazem prova plena contra os seus proprietários.[36]

Por outro lado, é sabido que a mera condição de sócio cotista traz consigo vários direitos, dentre eles o de participar do resultado social, fiscalizar a gestão da empresa, contribuir para as deliberações sociais e retirar-se da sociedade.[37]

Portanto, a busca e apreensão dos livros contábeis, comerciais e fiscais da sociedade materializa o direito de fiscalização da administração pelo sócio.

Sobre o exercício do direito de fiscalização da gerência pelo sócio que dela não participa, assevera Fábio Ulhoa Coelho que as informações econômicas e financeiras atinentes à exploração da empresa social são indispensáveis para o sócio avaliar a propriedade das decisões gerenciais adotadas na condução da sociedade. No tratamento do acesso às informações, o direito societário brasileiro é muito insatisfatório. A lei, é certo, assegura ao sócio da limitada informações mínimas, ao dispor sobre o direito de consulta aos livros fiscais da sociedade.[38]

Em se permitindo a permanência dos livros com o administrador, as demais provas, que serão realizadas no curso do processo principal, p. ex., perícia, certamente restará prejudicada, pois poderá desaparecer com estes documentos.[39]

Pode-se ainda, nos termos do art. 855, do CPC, proceder ao arrolamento sempre que houver fundado receio de extravio ou de dissipação de bens.

Haverá fundado receio de que o administrador dilapide o patrimônio da sociedade, o que levará a ineficácia do pro-

35. "Processual civil. Medida cautelar de cunho satisfativo. Exibição judicial de documentos. Possibilidade. A jurisprudência tem admitido, em caráter excepcional, diante das nuances do caso concreto, medidas liminares de caráter satisfativo desde que presentes os pressupostos específicos do *fumus boni iuris* e o *periculum in mora* e sempre que a previsão requerida seja indispensável à preservação de uma situação de fato que se revele incompatível com a demora na prestação jurisdicional. *In casu*, há de se prestigiar o deferimento da medida, até porque a exibição dos documentos não trará nenhum prejuízo à recorrida, cujo objetivo é apenas a apresentação, em juízo, das fichas de custo de produtos comercializados, pelo tempo necessário à reprografia. Recurso especial provido" (STJ, 3ª T., REsp 513.707-SC, Rel. p/ Acórdão Ministro Castro Filho, j. 14.2.2006, *DJ* 30.6.2006, p. 214).

36. "Liminar que almeja destituir sócio majoritário da administração da sociedade. Inadmissibilidade de se conceder tal providência *inaudita altera parte*. Necessidade de se estabelecer o contraditório, até porque não se confirmou, com segurança cabal, o *periculum in mora* que resulta de sua manutenção no cargo que lhe foi confiado por disposição contratual. Não provimento" (TJSP, AI 5733184000, Rel. Enio Zuliani, j. 26.6.2008).

37. O extinto egrégio Tribunal de Alçada de Minas Gerais decidiu que a dinâmica atual do Direito brasileiro é a proteção dos sócios minoritários, completamente desprotegidos perante o desempenho das empresas, cabendo-lhes tão-somente uma pálida fiscalização que, na prática é de nenhum efeito (AI 399.003-0, Rel. Juiz Batista Franco, *DOMG* 25.1.2003).

38. *Curso de Direito Comercial*, vol. 2, 2ª ed., p. 417.

39. "Agravo de Instrumento. Cautelar de exibição de documentos preparatória de dissolução parcial da sociedade. Apuração de haveres. Cabimento. A ação cautelar proposta pelo sócio cotista objetivando a exibição de livros e documentos contábeis da sociedade comercial com vistas a instruir e assegurar a efetividade da ação onde pretende a dissolução parcial da sociedade com a apuração de haveres, tem lugar como procedimento preparatório previsto no art. 844 do CPC" (TJMG, AI 2.0000.00.370525-9/000(1), Rel. Edilson Fernandes, j. 5.6.2002).

cesso principal de dissolução parcial de sociedade com apuração de haveres[40] ou de indenização.[41]

O receio de extravio dos bens pode ser ainda se justificar pela má administração da sociedade, com a ausência de balanço, e por conseqüência a falta de inventário dos bens pertencentes à sociedade, à falta de escrituração, a ausência de prestação de contas, dentre outras.[42]

## 7. *Conclusão*

Como se demonstrou, o administrador da sociedade desempenha uma função relevante e complexa, devendo ser exercida de maneira transparente, nos termos da legislação, sob pena de ser destituído do

40. "Arrolamento de bens. Nomeação de preposto indicado pelo autor da ação cautelar para fiscalização e co-gestão da empresa da qual é sócio juntamente com a ré. Cônjuges que também litigam em ação de separação judicial, com reflexos na atividade empresarial comum. Necessidade de se preservar o patrimônio social, até a dissolução parcial da sociedade, mediante pagamento de haveres ao sócio retirante. Possibilidade de conceder ao recorrente apenas a prerrogativa de indicar preposto de sua escolha para exercer a função de fiscalização da sociedade, com acesso a dependências da loja durante horário comercial, exame de livros e documentação contábil, extratos bancários e outras informações ao cumprimento de seu mister. Ação cautelar de arrolamento de natureza eminentemente probatória, a dispensar o ajuizamento da ação principal em trinta dias. Recurso parcialmente provido" (TJSP, AI 5512624300, Rel. Francisco Loureiro, j. 9.10.2008).

41. "Caracterizada a ausência de interesse do recorrente em insurgir-se contra parte da sentença, o recurso apresentado deve ser conhecido parcialmente. – Ausente a comprovação do momento em que, efetivamente, se deu o afastamento da sócia-retirante da sociedade, e tendo sido deferida liminar de arrolamento de bens em medida cautelar, a apuração de haveres da mesma deve ser feita tendo por base a data do trânsito em julgado da sentença que decreta a dissolução parcial. – Dá-se a impossibilidade jurídica do pedido quando o ordenamento jurídico objetivo, de modo abstrato, não prevê providência ou pedido como formulado no caso concreto. – Havendo fundado receio de que sócios da sociedade dissolvenda poderão, em um futuro próximo, virem a ser responsabilizados pessoalmente por atos de sua gestão, não ofende o direito de propriedade a decisão que determina a manutenção do atual estado de Direito da empresa assim como o arrolamento de seus bens" (TJMG, Ap.Civ. 2.0000.00.357410-5/000(1), Rel. Osmando Almeida, j. 30.4.2002).

42. "Medida cautelar. Arrolamento de bens. Cabimento. É cabível medida cautelar, de caráter conservativo, para o arrolamento de bens da empresa de que foi a requerente excluída da gerência por seus sócios, através de alteração contratual em assembléia geral da qual não participou, buscando se precaver de possíveis prejuízos que lhe possam ser causados pela dilapidação do patrimônio societário, salvaguardando seus direitos que vierem a ser apurados em ação de dissolução de sociedade. Implica o pedido de arrolamento em medida constritiva sobre os bens, não havendo que se falar em irregularidade na determinação de reserva e depósito de 1/3 deles em mãos da requerente da medida" (TJMG, Ap.Civ. 2.0000.00.400072-4/000(1), Rel. D. Viçoso Rodrigues, data pub. 11.6.2003).

*Ementa*: "Agravo de instrumento. Medida cautelar de arrolamento de bens. Liminar deferida. Presença dos requisitos. Decisão mantida. Tendo a parte demonstrado a satisfação dos requisitos do *fumus boni iuris* e do *periculum in mora*, essenciais à concessão da liminar, há que ser mantida a decisão que deferiu aquele pedido" (AI 1.0024.05.843801-1/001, Rel. Osmando Almeida, data pub. 8.4.2006).

"Cautelar. Arrolamento de bens. Legitimidade ativa. Interesse de agir. Sociedade. Dissolução parcial. Patrimônio. Fundado receio de dano. Conservação. 1. Não há que se falar em ilegitimidade da parte quando restar comprovado que, no momento da propositura da ação, existia a relação jurídica de direito material em que se fundou sua pretensão. 2. Na dissolução extrajudicial, faz-se necessária a total concordância dos sócios, tanto em relação à dissolução propriamente dita, quanto em relação à liquidação e partilha do saldo remanescente, subsistindo o interesse de agir para aquele que discordar da forma de apuração dos haveres sociais. 3. Havendo demonstração de fundado receio de dano, como extravio ou dilapidação do patrimônio da sociedade, aliado ao interesse processual da parte na conservação desse patrimônio, deve ser deferida a medida cautelar de arrolamento" (TJMG, Ap.Civ. 1.0024.01.549504-7/001(1), Rel. Guilherme Luciano Baeta Nunes, j. 26.2.2008).

"Cautelar. Arrolamento de bens. Sociedade comercial. Perda da *affectio societatis*. Receio de extravio ou dilapidação do acervo patrimonial da sociedade. Necessidade de conservação. É viável o ajuizamento de ação cautelar de arrolamento de bens pelo sócio que pretende exercer direito de recesso em razão da perda da *affectio societatis*. O objetivo da medida é a conservação do acervo patrimonial da sociedade comercial, evitando-se extravios e dilapidação decorrente de gestão ruinosa" (TJMG, Ap.Civ. 1.0701.05.115949-2/001(1), Rel. D. Viçoso Rodrigues, j. 20.10.2005).

cargo via judicial, uma vez preenchido os requisitos da ação cautelar, não obstante eventual ação de indenização decorrente dos prejuízos causados à sociedade, aos sócios e a terceiros.

## 8. *Bibliografia*


ABRÃO, Nelson. *Sociedades por Quotas de Responsabilidade Ltda.* 3ª ed., Saraiva, 1983.

BRITO, Cristiano Gomes de. *Sociedade Limitada & Cessão de Quotas.* Curitiba, Juruá, 2007.

______. "Dissolução parcial de sociedade anônima", *Revista de Direito Mercantil, Industrial, Econômico e Financeiro* 123/147-159, São Paulo, Malheiros Editores, jul.-set./2001.

CALAMANDREI, Piero. *Introduzione allo Studio Sistemático dei Provvendiment Cautelari.* Pádua, 1936.

COELHO, Fábio Ulhoa. *Curso de Direito Comercial.* vol. 2, 2ª ed., São Paulo, Saraiva, p. 417.

LACERDA, Galeno. *Comentários ao Código de Processo Civil (arts. 796 a 812).* vol. 8, t. I, Rio de Janeiro, Forense, 1994.

LOBO, Jorge. *Das Sociedades Limitadas.* vol. 1, Rio de Janeiro, Forense, 2004.

LUCENA, José Waldecy. *Das Sociedades Limitadas.* 5ª ed., São Paulo, Renovar, 2003.

MACHADO, Antônio Cláudio da Costa. *Código de Processo Civil Interpretado.* Saraiva.

PENA, Laura Pérez. *Intervención Judicial de Sociedades Comerciales.* Buenos Aires, Ad-hoc, 2005, p. 116.

PEREIRA, Luiz Fernando C. *Medidas Urgentes no Direito Societário.* São Paulo, Ed. RT, 2002.

REQUIÃO, Rubens. *Curso de Direito Comercial.* vol. 1, 22ª ed., p. 133.

RODRIGUES FILHO, Eulâmpio. "Suspensão cautelar e afastamento de gerente e sociedade por quotas", *Revista Brasileira de Direito Processual Civil* 543. Uberaba.

SANCHES, Sydney. *Poder Cautelar do Juiz.* Ed. RT.

SILVA, Ovídio A. Batista da. *Comentários ao CPC.* vol. XI. Porto Alegre, Le Jur, 1985.

THEODORO JR., Humberto. *Curso de Direito Processual Civil.* vol. I, 16ª ed.

TOMASEVICIUS FILHO, Eduardo. "A função social da empresa", *Revista dos Tribunais* 810/43-44. São Paulo.

# Atualidades

## AQUISIÇÃO DAS PRÓPRIAS AÇÕES E PARTICIPAÇÃO RECÍPROCA

AMIR ACHCAR BOCAYUVA CUNHA
JOÃO PEDRO BARROSO DO NASCIMENTO

*1. Considerações preliminares. 2. Aquisição de ações por sociedade controlada e participação recíproca. 3. Conclusão. 4. Bibliografia.*

### *1. Considerações preliminares*

O atual momento de crise econômica mundial traz à baila assunto de especial relevância para o direito societário. Diante da redução significativa do valor de cotação das ações em bolsa de valores, inúmeras companhias abertas têm divulgado intenção de adquirir ações de sua própria emissão. São várias as razões que levam as companhias abertas a realizarem tais operações. No atual cenário mundial, destacam-se, dentre as mais comuns, a avaliação de que o preço de cotação das ações em bolsa de valores está substancialmente aquém do valor considerado justo pela companhia e a intenção de sinalizar ao mercado confiança na recuperação do preço do papel.

Ocorre que, no Brasil — a exemplo do que se passa em outros países — vigora a regra de que as companhias são proibidas de negociar com as suas próprias ações (art. 30, *caput*, da Lei n. 6.404/1976). A vedação, que decorre do princípio da imutabilidade[1] do capital social, não é absoluta e a lei prescreve hipóteses excepcionais em que tal negociação é permitida. Essas exceções estão previstas no § 1º do art. 30 da Lei n. 6.404/1976,[2] dentre as quais res-

1. O princípio da imutabilidade do capital social informa que o capital social é, em regra, fixo e só pode ser alterado, em operações de aumento e redução de capital, seguindo as solenidades da legislação. Neste sentido, é a lição de Tullio Ascarelli: "O capital social é 'fixo', isto é, a modificação de sua importância não pode verificar-se senão em virtude de uma reforma estatutária; portanto as variações do capital social constituem uma modificação estatutária; estão sujeitas às normas que dizem respeito a estas alterações; à publicidade respectiva" (Tullio Ascarelli, *Problemas das Sociedades Anônimas e Direito Comparado*, pp. 478-479). E ainda, a lição de Mauro Rodrigues Penteado: "Ao contrário do patrimônio, sujeito a um contínuo processo de modificação, o capital social caracteriza-se pela fixidez; formado com as contribuições dos sócios, por ocasião da constituição da sociedade e ao longo da existência desta, e integrado, também, pelas reservas geradas internamente pela empresa, é representado por uma cifra constante do estatuto (Lei n. 6.404/1976, art. 5º) ou consignada, mediante averbação, no registro do comércio (idem, art. 166, § 1º), cifra essa somente alterável nas hipóteses minuciosamente disciplinadas em lei" (Mauro Rodrigues Penteado, *Aumentos de Capital das Sociedades Anônimas*, p. 14).

2. "Art. 30. A companhia não poderá negociar com as próprias ações. § 1º. Nessa proibição não se compreendem: (a) as operações de resgate, reembolso ou amortização previstas em lei; (b) a aquisição, para permanência em tesouraria ou cancelamento, desde que até o valor do saldo de lucros ou reservas, exceto a legal, e sem diminuição do capital social, ou por doação; (c) a alienação das ações adquiridas

saltamos a aquisição para permanência em tesouraria, posterior alienação ou cancelamento.

Portanto, desde que o faça até o valor do saldo de lucros ou reservas disponíveis e sem diminuição do capital social, a companhia pode adquirir suas próprias ações para manutenção em tesouraria e posterior alienação ou cancelamento. Estes são pressupostos essenciais e inafastáveis para autorizar tais operações.

Em relação às companhias abertas, além do disposto no art. 30 da Lei n. 6.404/1976, aplica-se a Instrução CVM n. 10/1980 às aquisições de ações de sua própria emissão, para cancelamento ou permanência em tesouraria, e respectiva alienação. A este respeito, o art. 3º da Instrução CVM n. 10/1980 estabelece que "não poderão ser mantidas em tesouraria ações de própria emissão em quantidade superior a 10% (dez por cento) de cada classe de ações em circulação no mercado, incluídas neste percentual as ações existentes, mantidas em tesouraria por sociedades controladas e coligadas".

## 2. *Aquisição de ações por sociedade controlada e participação recíproca*

A questão que se propõe aqui abordar é: a companhia aberta que não dispuser de saldo de lucros ou reservas disponíveis poderia adquirir suas próprias ações por meio de sociedade controlada, na hipótese desta última dispor dos lucros ou reservas necessárias?

A aquisição de ações por sociedade controlada resulta no fenômeno denominado "participação recíproca", que ocorre toda vez em que duas sociedades possuem, de forma simultânea, ações uma da outra.

nos termos da alínea *b* e mantidas em tesouraria; (d) a compra quando, resolvida a redução do capital mediante restituição, em dinheiro, de parte do valor das ações, o preço destas em bolsa for inferior ou igual à importância que deve ser restituída."

Em respeito aos mesmos princípios que proíbem as operações com as próprias ações, a participação recíproca também é, em regra, vedada por lei (art. 244 da Lei n. 6.404/1976).[3] Entretanto, há previsão expressa (art. 244, § 1º, da Lei n. 6.404/1976) de que essa vedação não compreende os casos em que é permitida a aquisição das próprias ações.

Importante frisar que o referido § 1º do art. 244 da Lei n. 6.404/1976 afasta a vedação contida no *caput* ao estabelecer que a proibição à participação recíproca "(...) *não se aplica ao caso em que ao menos uma das sociedades participa da outra com observância das condições em que a lei autoriza a aquisição das próprias ações (art. 30, § 1º, alínea 'b')*" (grifo nosso).

Ou seja, para se verificar a possibilidade de se estabelecer uma participação recíproca, faz-se necessário examinar as hipóteses em que a sociedade pode adquirir suas próprias ações.[4] Além disso, o exame atento do teor do dispositivo legal em questão permite concluir que, sendo a participação recíproca um fenômeno que envolve duas sociedades, basta que uma delas atenda aos requisitos que autorizam a aquisição com as próprias ações para que a

3. Fran Martins ensina que "as participações recíprocas entre sociedades anônimas têm sido combatidas pelo fato de, através delas, poderem ser ludibriados acionistas minoritários, terceiros e credores sociais de referidas sociedades, principalmente por possibilitarem uma falsa impressão sobre a verdadeira situação do patrimônio das empresas" (Fran Martins, "Participações recíprocas entre sociedades coligadas", in *Novos Estudos de Direito Societário (Sociedades Anônimas e Sociedades por Quotas)*, p. 201).

4. Fátima Fernandes Rodrigues de Souza e Geraldo Faço Vidigal afirmam que: "é permitida a participação recíproca nas mesmas condições em que se permite a compra das próprias ações (art. 30, § 1º, 'b'), o que significa excepcionar o princípio em relação aos lucros acumulados e reservas, não computada a reserva legal, o que se justifica, dado que, neste caso, não ocorre a superposição enganosa de capitais" (in Geraldo de Camargo Vidigal e Ives Gandra da Silva Martins (coords.), *Comentários à Lei das Sociedades por Ações (Lei 6.404/1976)*, 1ª ed., p. 804).

operação se enquadre na hipótese contemplada no § 1º do art. 244.

O tratamento legal das operações de sociedades anônimas com ações de sua própria emissão sofreu, com o passar dos anos e o conseqüente desenvolvimento dos mercados de capitais, notável evolução no Brasil e no exterior,[5] sempre caminhando no sentido de flexibilizar as possibilidades de realização de tais operações, desde que atendidos certos requisitos.

A esse respeito, em brevíssimo resumo sobre o desenvolvimento da legislação pátria sobre a matéria, pode-se dizer que: (a) o Decreto-lei n. 2.627/1940 estabelecia, de forma rígida, em seu art. 15, que a companhia não poderia negociar com as suas próprias ações, a não ser em operações de resgate, reembolso e amortização; (b) na esteira evolutiva, a Lei n. 4.768/1965, em seu art. 47, ampliou o rol das exceções estendendo a admissibilidade de negociação com as próprias ações para as sociedades anônimas de capital autorizado, autorizando-as a adquirir suas próprias ações mediante a aplicação de lucros acumulados ou capital excedente, e sem redução do capital subscrito, ou por doação; e (c) a atual legislação acionária, Lei n. 6.404/1976, mantém a regra geral que proíbe a negociação da companhia com suas próprias ações, bem como o rol de exceções até então vigente, inovando em relação à Lei n. 4.768/1965 ao prever que a possibilidade de aquisição de ações de sua própria emissão não se restringe às companhias de capital autorizado.

Conforme acima exposto, em regra, as operações da companhia com as ações de sua própria emissão são proibidas, a teor do que dispõe o *caput* do art. 30 da Lei n. 6.404/1976. Esta proibição visa a impedir que a companhia, mediante a aquisição das suas próprias ações, promova, por via indireta, redução de capital, com restituição de recursos aos sócios, reduzindo a garantia oferecida aos credores sem a observância das disposições destinadas à proteção dos credores nas operações de redução do capital social.[6]

A aquisição das ações de emissão da própria companhia para manutenção em tesouraria constitui uma das exceções previstas no § 1º do art. 30 da Lei n. 6.404/1976, em que a companhia pode realizar operação com ações de sua própria emissão, desde que: (a) apenas com o saldo de lucros ou reservas, exceto a legal; e (b) sem diminuição do capital social.

Conforme exposto acima, a aquisição das próprias ações foi regulamentada pela Instrução CVM n. 10/1980. Tal regulamento também é aplicável à operação de aquisição de ações da companhia aberta por sua coligada ou controlada, a teor do que dispõem seus arts. 2º e 22.[7]

Por meio da Instrução CVM n. 10/1980, a CVM estabeleceu os procedimentos que devem ser adotados pelas companhias para negociarem com suas próprias

5. Sobre o tema, referir-se a Carlos Eduardo Bulhões, "Estudo sobre o artigo 30 da Lei das S/A", in *Opiniões Jurídicas*, pp. 27-54, e ao autor português Raúl Ventura, *Participações Recíprocas de Sociedades em Sociedades*, notadamente nas pp. 3-15.

6. Esta é a lição da doutrina sobre a matéria, com destaque para: Trajano de Miranda Valverde, *Sociedades por Ações – Comentários ao Decreto-lei n. 2.627, de 26 de setembro de 1940*, vol. I, 2ª ed., p. 87; Luiz Gastão Paes de Barros Leães, "A negociação com as próprias ações por sociedade anônima de capital aberto", in *Direito Comercial: Textos e Pretextos*, p. 39; Carlos Eduardo Bulhões, "Estudo sobre o artigo 30 da Lei das S/A", cit., p. 30; e Philomeno J. da Costa, *Operações da Anônima com as Ações do seu Capital*, pp. 1-7.

7. A Instrução CVM n. 10/1980 também é aplicável à operação de aquisição de ações da companhia aberta por sua coligada ou controlada, a teor do que dispõe o art. 2º da Instrução CVM n. 10/1980, ao prever que "a aquisição, *de modo direto ou indireto*, de ações de emissão da companhia para permanência em tesouraria ou cancelamento (...)"; e do que estabelece o art. 22 no sentido de que "*as disposições desta Instrução aplicam-se no que couber, aos seguintes casos:* (a) *aquisição de ações de companhia aberta por suas coligadas e controladas com o fim de mantê-las em tesouraria, bem como à alienação destas ações.* (...)".

ações visando, principalmente, a coibir a criação de condições artificiais em relação à negociação das ações e a violação do princípio da imutabilidade do capital social, bem como a assegurar a ampla divulgação da operação.

O art. 2º da Instrução CVM n. 10/1980 proíbe a aquisição direta ou indireta (*i.e.*, por sociedade controlada ou coligada) de ações de emissão da própria companhia quando (i) importar diminuição do capital social; (ii) requerer a utilização de recursos superiores ao saldo de lucros ou reservas disponíveis, constantes do último balanço; (iii) criar por ação ou omissão, direta ou indiretamente, condições artificiais de demanda, oferta ou preço das ações ou envolver práticas não eqüitativas; (iv) tiver por objeto ações não integralizadas ou pertencentes ao acionista controlador; ou (v) estiver em curso oferta pública de aquisição de suas ações.

*A contrario sensu*, respeitadas as restrições acima referidas, as companhias abertas cujo estatuto social atribua ao Conselho de Administração poderes para autorizar a operação em questão, poderão adquirir ações de sua própria emissão, de acordo com o art. 1º da Instrução CVM n. 10/1980,[8] desde que (i) seja obtida a necessária aprovação do Conselho de Administração; (ii) seja dada a devida divulgação ao mercado; e (iii) sejam respeitadas as determinações da Instrução CVM n. 10/1980, notadamente aquelas referidas no art. 2º.

Observa-se que as condições que autorizam a realização desta operação estão diretamente ligadas com o propósito de manter intangível e inalterado o capital social da companhia, que, na acepção jurídica, constitui a garantia dos credores da companhia.[9]

Depreende-se do exame das normas legais (§ 1º do art. 244 da Lei n. 6.404/1976) e regulamentares (Instrução CVM n. 10/1980) aplicáveis que a participação recíproca é admitida quando a sociedade coligada ou controlada, mediante a aplicação de lucros ou reservas[10] de sua titularidade, adquire ações de emissão de sua coligada ou controladora, sem que se exija, destas últimas, que também disponham de saldo de lucros ou reservas. Em outras palavras, a existência de saldo de lucros ou reservas

8. Art. 1º da Instrução CVM n. 10/1980: "Poderão adquirir ações de sua emissão, para efeito de cancelamento ou permanência em tesouraria, e posteriormente aliená-las, as companhias abertas cujo estatuto social atribuir ao conselho de administração poderes para autorizar tal procedimento".

9. Em trabalho jurídico recente, Erasmo Valladão A. e N. França e Marcelo Vieira von Adamek sintetizam que "o capital social representa uma garantia indireta para os credores porque a lei assegura, em primeiro lugar, que, uma vez subscrito pelos acionistas, ele deverá ser necessariamente integralizado (ou realizado). (...) A lei assegura ao credor, em segundo lugar, que a integralização corresponda, efetivamente, à cifra nominal em dinheiro declarada como capital nos estatutos sociais. (...) A lei assegura, em terceiro lugar, que o capital será intangível. Isso significa que as contribuições dos sócios correspondentes à integralização do capital, que passam a integrar o patrimônio da sociedade, somente poderão ser utilizadas na atividade social, não podendo ser a eles restituídas (...). É exatamente por isso, aliás, que a lei não permite – salvo as exceções expressamente previstas no art. 30 da LSA – que a companhia, por exemplo, vá à Bolsa de Valores e adquira as próprias ações. Porque, se assim o fizer, ela estará restituindo aos acionistas que as venderem o valor com o qual eles integralizaram o capital. (...) A lei assegura, em quarto lugar, que o capital social só poderá ser alterado nas hipóteses que ela minuciosamente prevê tanto para o seu aumento quanto para a sua redução (arts. 166 a 174)" (Erasmo Valladão A. e Novaes França e Marcelo Vieira von Adamek, "A proteção aos credores e aos acionistas no aumento de capital", *Revista do Advogado* v. 28, n. 96). Ainda sobre o tema do capital social como garantia dos credores, é interessante a lição de Tullio Ascarelli: "A garantia dos terceiros está, afinal, nos bens da sociedade, ou seja, no patrimônio social; o valor real da ação se prende, por seu turno, ao patrimônio líquido social. O capital é, porém, um 'índice' do patrimônio líquido social" (Tullio Ascarelli, *Problemas das Sociedades Anônimas e Direito Comparado*, pp. 467-468).

10. Exceção feita, como visto anteriormente, à reserva legal, que não pode ser utilizada para essa finalidade.

é um requisito a ser verificado na sociedade que pretender adquirir ações e não um requisito a ser cumulativamente preenchido por ambas as sociedades envolvidas na participação recíproca que se vier a estabelecer em conseqüência de tal aquisição.

Em obra clássica da literatura jurídica, Philomeno J. da Costa faz importantes advertências em relação à aquisição de ações de emissão de companhia controladora por sua controlada e pondera que "segundo decorre da extensão objetiva do disposto no art. 15 *[do Decreto-lei n. 2.627/ 1940]*, fixador da regra geral da interdição de operações pelas companhias com as ações da respectiva emissão, aquela que alguma fizer com as frações do capital da anônima controladora (*holding company*) não representa uma negociação com as próprias ações e constitui sim uma operação com ações do capital de 'outra' sociedade. Inexiste então proibição alguma. Verifica-se, no entanto, que essa forma de atividade pode ter uma feição tradutora de uma devolução verdadeira de capital pela sociedade filiada à sociedade-matriz. Esta investiu no capital daquela uma tal soma, com a qual consegue nela, quando desejar, uma deliberação em benefício de suas conveniências; determina que a sociedade-filiada lhe adquira um tanto de ações do seu capital. Este 'quantum' é devolução do capital à sociedade-matriz (...)".[11]

Extrai-se destas lições, de um lado, a conclusão de que, preenchidos os requisitos legais, a operação é perfeitamente possível e, de outro, que há precauções importantes a serem adotadas em aquisições, por sociedade controlada, de ações de emissão de companhia controladora, a fim de evitar discussões sobre simulação.

Idealmente, a sociedade controlada deve possuir atividade operacional e os recursos a serem utilizados para adquirir as ações de emissão da companhia controladora devem ser decorrentes de saldos de lucros da operação da sociedade controlada ou de reservas de capital legitimamente criadas, não sendo aceitável, a nosso ver, que os recursos necessários para a aquisição sejam transferidos pela controladora especificamente para essa finalidade.

Importante lembrar que a Comissão de Valores Mobiliários (CVM) já abordou o tema, ainda que por via indireta. Com efeito, o Colegiado da CVM, no julgamento do Processo Administrativo n. RJ-2007/ 11.413, ocorrido em 15 de abril de 2008 e relatado pelo Diretor Marcos Barbosa Pinto, decidiu que uma sociedade controlada não poderia adquirir ação de emissão de sua controladora,[12] esta uma companhia aberta, pelo fato de a controlada não dispor de lucros acumulados ou reservas que a permitissem realizar a operação.

Interpretando a referida decisão, *a contrario sensu*, conclui-se que se a sociedade controlada dispuser de saldo de lucros ou reservas suficientes, poderá adquirir ações de emissão de sua controladora.

Por fim, interessante notar, em relação às companhias abertas que tenham aderido aos segmentos especiais de negociação criados pela Bolsa de Valores de São Paulo e denominados "Novo Mercado", "Nível 1" e "Nível 2", que uma dúvida poderia surgir quanto ao limite de ações passíveis de aquisição para tesouraria e que, por conseqüência, se reflete diretamente no limite para as participações recíprocas.

Isso porque, se, de um lado, o art. 5º da Instrução CVM n. 10/1980 define a expressão "ações em circulação no mercado" como sendo todas as ações representativas do capital da companhia menos as de propriedade do acionista controlador, de outro, os Regulamentos do Novo Mercado,

11. Philomeno J. da Costa, *Operações da Anônima com as Ações do seu Capital*, p. 24.

12. Na verdade, a hipótese examinada no processo em epígrafe referia-se à aquisição, pela controlada, de debêntures conversíveis em ações da controladora. Todavia, tal fato não altera nossa conclusão a respeito do tema.

Nível 1 e Nível 2 da BM&F-Bovespa, de adesão obrigatória para as companhias que pretendem negociar suas ações em tais segmentos especiais, definem o termo "ações em circulação" como sendo todas as ações emitidas pela companhia, excetuadas as ações detidas pelo acionista controlador, por pessoas a ele vinculadas, por administradores da companhia, aquelas em tesouraria e preferenciais de classe especial que tenham por fim garantir direitos políticos diferenciados, sejam intransferíveis e de propriedade exclusiva do ente desestatizante.[13]

Há, portanto, neste ponto, potencial conflito entre normas de auto-regulação a que se submeteram, voluntariamente, as companhias abertas com ações em negociação em tais segmentos especiais da BM&F-Bovespa e o art. 5º da Instrução CVM n. 10/1980.

Como se pode notar, os Regulamentos do Novo Mercado, Nível 1 e Nível 2 da BM&F-Bovespa tornam mais estrito o conceito de "ações em circulação", excluindo aquelas que, por exemplo, são de titularidade de administradores, reduzindo a quantidade máxima de ações próprias que pode ser objeto de aquisição pelas companhias e suas controladas, caso se opte por adotar o conceito de ações em circulação previsto em tais regulamentos em detrimento daquele previsto na Instrução CVM n. 10/1980.

Todavia, por se tratar, a Instrução CVM n. 10/1980, de norma específica expedida pela CVM, por delegação legal, com a finalidade de regular as operações de aquisição das próprias ações por companhias abertas, entendemos que os parâmetros que devem reger tais operações são aqueles previstos na Instrução CVM n. 10/1980, de maneira que o conceito de "ações em circulação" a ser adotado é aquele do art. 5º da citada Instrução CVM n. 10/1980 e não o previsto nos regulamentos Novo Mercado, Nível 1 e Nível 2.

Naturalmente, a conclusão acima exposta não afasta, a nosso ver, a obrigatoriedade das companhias abertas que tenham aderido aos segmentos de negociação acima referidos e, conseqüentemente, concordado em cumprir os regulamentos que lhes são aplicáveis, de respeitar as regras que exigem a manutenção de um percentual mínimo de ações em circulação, adotando, para fim específico desse cálculo, os conceitos vigentes nos citados regulamentos e tomando as medidas cabíveis para a recomposição desse percentual mínimo, sempre que necessário, inclusive quando essa necessidade decorrer, por exemplo, de aquisição das próprias ações ou de participação recíproca, realizadas nos termos da Instrução CVM n. 10/1980.

### 3. *Conclusões*

Diante do exposto acima, pode-se entender que uma sociedade que disponha de saldo de lucros ou reservas disponíveis, constituídas legitimamente, pode adquirir ações de sua controladora ou coligada, desde que com observância das determinações legais aplicáveis (especialmente o art. 30, § 1º, e o art. 244 da Lei n. 6.404/1976 e a Instrução CVM n. 10/1980), não sendo necessário, para a legitimidade da operação, que a sociedade controladora ou coligada cujas ações serão adquiridas disponha de saldo de lucros ou reservas disponíveis.

Por fim, cabe alertar que a aquisição de ações de que resulte participação recíproca com violação ao disposto no art. 244, além de caracterizar infração grave nos termos da Instrução CVM n. 10/1980, importa responsabilidade civil solidária e criminal dos administradores da sociedade (art. 244, § 6º).

Nesse sentido, havendo participação recíproca com violação da lei, os adminis-

13. A esse respeito, referir-se aos termos definidos constantes do item 2.1 dos Regulamentos do Novo Mercado, Nível 1 e Nível 2 da BM&F-Bovespa.

tradores da sociedade infratora responderão civilmente, nos termos do art. 158 da Lei n. 6.404/1976, e criminalmente, nos termos do ar. 177, § 1º, inciso IV, do Código Penal de 1940, segundo o qual está sujeito à pena de reclusão, de um a quatro anos, e multa "o diretor ou gerente que compra ou vende, por conta da sociedade, ações por ela emitidas, salvo quando a lei o permite".[14]

## 4. *Bibliografia*


ASCARELLI, Tullio. *Problemas das Sociedades Anônimas e Direito Comparado.* Campinas, Bookseller, 1999.

BULHÕES, Carlos Eduardo. "Estudo sobre o artigo 30 da Lei das S/A", in *Opiniões Jurídicas.* Rio de Janeiro, Forense, 2004, pp. 27-54.

COSTA, Philomeno J. da. *Operações da Anônima com as Ações do seu Capital.* São Paulo, 1965, pp. 1-7.

FRANÇA, Erasmo Valladão A. e N.; e ADAMEK, Marcelo Vieira von. "A proteção aos credores e aos acionistas no aumento de capital", *Revista do Advogado*, vol. 28, n. 96, mar./2008.

LEÃES, Luiz Gastão Paes de Barros. "A negociação com as próprias ações por sociedade anônima de capital aberto", in *Direito Comercial: Textos e Pretextos.* São Paulo, José Bushatsky, 1976, p. 39.

MARTINS, Fran. "Participações recíprocas entre sociedades coligadas", in *Novos Estudos de Direito Societário (Sociedades Anônimas e Sociedades por Quotas).* São Paulo, Saraiva, 1988, pp. 201-208.

PENTEADO, Mauro Rodrigues. *Aumentos de Capital das Sociedades Anônimas.* São Paulo, Saraiva, 1988.

VALVERDE, Trajano de Miranda. *Sociedades por Ações – Comentários ao Decreto-lei n. 2.627, de 26 de setembro de 1940.* vol. I, 2ª ed., Rio de Janeiro, Revista Forense, 1953, p. 87.

VENTURA, Raúl. *Participações Recíprocas de Sociedades em Sociedades.* Braga, Livraria Cruz, 1978.

VIDIGAL, Geraldo de Camargo; MARTINS, Ives Gandra da Silva (coords.). *Comentários à Lei das Sociedades por Ações (Lei 6.404/ 1976).* 1ª ed., São Paulo, Forense Universitária Biblioteca Jurídica, 1999.


14. No mesmo sentido, referir-se às conclusões de Fran Martins sobre a violação às determinações legais aplicáveis às participações recíprocas (Fran Martins, "Participações recíprocas entre sociedades coligadas", in *Novos Estudos de Direito Societário (Sociedades Anônimas e Sociedades por Quotas)*, pp. 201-208).

# Atualidades

## DO PRINCÍPIO DA DIGNIDADE DA PESSOA JURÍDICA

VINÍCIUS JOSE MARQUES GONTIJO

*1. Introdução. 2. Pessoas: jurídica e humana. 3. Aplicação dos direitos da personalidade à pessoa jurídica em sentido estrito. 4. O princípio da dignidade da pessoa jurídica. 5. O abuso na aplicação da teoria da desconsideração da personalidade jurídica como violador do princípio da dignidade da pessoa jurídica. 6. Conclusão. 7. Bibliografia.*

### *1. Introdução*

Ultimamente, temos assistido a uma escalada no desconhecimento de institutos jurídicos. Pior, muitos aplicam teorias e institutos que mal conhecem trazendo prejuízos a eles e instalando uma confusão técnica e insegurança jurídica, que são prejudiciais não apenas ao sistema jurídico, mas também ao destinatário da norma e ao próprio Estado brasileiro.

Dentre estes institutos está a figura técnica da "pessoa" que muitos insistem em confundir com seres humanos, olvidando o art. 1º do Código Civil brasileiro.

Neste nosso artigo, pretendemos demonstrar a existência de um "Princípio da Dignidade da Pessoa Jurídica", alertando para sua violação reiterada no meio jurídico e apontando a insegurança jurídica daí decorrente, principalmente em razão da aplicação abusiva da teoria da desconsideração da personalidade jurídica.

### *2. Pessoas: jurídica e humana*

Conforme já demonstrava Pontes de Miranda, "pessoa é o titular de direito, o sujeito de direito".[1] Portanto, nas palavras de Nestor Duarte: "Pessoa é o ente que pode ser sujeito de relações jurídicas".[2]

Com efeito, o art. 1º do Código Civil brasileiro prescreve que a pessoa é o sujeito de direito e deveres na ordem civil. Assim, liga-se "à pessoa a idéia de personalidade, que exprime a aptidão genérica para adquirir direitos e contrair deveres".[3] Nesse sentido, lembra-nos César Fiuza: "Característica essencial dos sujeitos dos direitos é a personalidade. Parece redundante dizer que a personalidade é atributo jurídico que dá a um ser *status* de pessoa".[4]

A pessoa *humana* (também chamada pessoa natural ou física) somente é "pessoa" porque a ordem jurídica o quis, na medida em que esta é uma expressão técnica. Para tanto, basta que nos lembremos que em tempos idos e ingratos nem todos os serem humanos eram pessoas na ordem

1. Francisco Cavalcanti Pontes de Miranda, *Tratado de Direito Privado*, t. 1, 2ª ed., p. 209.

2. Nestor Duarte, *Código Civil Comentado*, 3ª ed., p. 15, coord. Cezar Peluso.

3. Maria Helena Diniz, *Código Civil Anotado*, 14ª ed., p. 32.

4. César Fiuza, *Direito Civil*, 10ª ed., p. 123.

jurídica nacional, veja-se a título de exemplo a execrável situação vivida pelos escravos.

Dentro desta precisão técnica é que se pode afirmar que *todas* as pessoas são *jurídicas*, na medida em que o são segundo a ordem jurídica do País. Pode-se aqui usar a precisa lição de Pontes de Miranda: "Pessoa física ou natural é o ser humano. A pessoa a que não corresponde tão-só ser humano diz-se pessoa jurídica. A expressão 'jurídica' está, aí, empregada em sentido estrito, porquanto pessoas físicas e pessoas jurídicas são igualmente jurídicas".[5]

E ele ainda arremata afirmando: "Não só o ente humano tem personalidade. Portanto não só ele é pessoa. Outras entidades podem ser sujeitos de direito; portanto, ser pessoa, ter personalidade. A tais entidades, para se não confundirem com as pessoas-homens, dá-se o nome de pessoas jurídicas, ou morais, ou fictícias, ou fingidas. Em verdade, de modo nenhum se fingem: a personalidade jurídica é atribuída pelo direito; é o sistema jurídico que determina quais são os entes que têm por pessoas".[6]

Evidentemente, as "pessoas, naturais ou jurídicas, são os sujeitos dos direitos subjetivos. É em sua função que existe a ordem jurídica".[7]

Constatado que *pessoas* são aquelas capazes de direito e deveres segundo a ordem jurídica do País e, portanto, sofrendo variações de um país para outro, podemos agora discorrer acerca da aplicação dos direitos da personalidade às pessoas "naturais" e "jurídicas".

### *3. Aplicação dos direitos da personalidade à pessoa jurídica em sentido estrito*

Sabidamente, os direitos da pessoa podem ser classificados em dois grandes grupos, a saber: *1º*) aqueles que se destacam dela e *2º*) aqueles que lhe são inerentes. Este último, por sua vez, poderá se referir à integridade física (tais como: à sua vida e ao seu corpo) ou à integridade moral da pessoa (tais como: à sua imagem e à sua honra).[8] São aqueles que se podem classificar como direitos da personalidade.

Diante disso, o art. 52 do Código Civil prescreveu coerentemente com a acepção técnica da expressão *pessoa*, a extensão dos direitos da personalidade às pessoas "jurídicas", a partir daqui usada na sua acepção estrita, querendo dizer os entes públicos (tais como a União, os Estados e o Distrito Federal – art. 41, CC) e os privados (tais como as sociedades, fundações e partidos políticos – art. 44, CC), evidentemente naquilo em que couber, até porque, por exemplo, não tendo a pessoa "jurídica" um corpo humano, dele não poderia mesmo dispor (art. 13, CC). Nesse sentido, já era a lição de Pontes de Miranda quando afirmava, *verbis*: "Ser pessoa é ser capaz de direitos e deveres. Ser pessoa jurídica é ser capaz de direitos e deveres, separadamente; isto é, distinguidos o seu patrimônio e os patrimônios dos que a compõem, ou dirigem. Se há direito da entidade, antes de ser pessoa jurídica, à personificação, dependente do direito positivo, em toda a sua escala (direito das gentes, direito constitucional estatal, direito administrativo, direito privado). No direito brasileiro, a pessoa jurídica é capaz de todos os direitos, salvo, está visto, aqueles que resultam de fatos jurídicos em cujo suporte fático há elemento que ela não pode satisfazer (*e.g.*, ser parente, para suceder legitimamente, ou ter pretensão a alimentos). O direito público por vezes lhe atribui direitos subjetivos, pretensões, ações e exceções, como acontece aos partidos políticos e aos sindicatos".[9]

5. Francisco Cavalcanti Pontes de Miranda, *Tratado de Direito Privado*, t. 1, 2ª ed., p. 210.
6. Idem, ibidem.
7. César Fiuza, *Direito Civil*, 10ª ed., p. 123.
8. Arnaldo Rizzardo, *Parte Geral do Código Civil*, 3ª ed., pp. 151 e 152.
9. Francisco Cavalcanti Pontes de Miranda, *Tratado de Direito Privado*, t. 1, 2ª ed., p. 353.

Naturalmente, conforme vimos por Pontes de Miranda, se a entidade tem direito subjetivo assegurado pela ordem jurídica à personificação, que se dá por sua constituição e registro (art. 45, CC), deve mesmo lhe ser assegurado os direitos da personalidade que possam ter suporte fático nos elementos que ela pode satisfazer.

Se há autores refratários à extensão dos direitos da personalidade às pessoas jurídicas, restringido-os às pessoas humanas – mormente os direitos fundamentais,[10] constatamos que isso não tem suporte na legislação brasileira (cf. art. 52 do CC), sendo que tal discriminação não se conjuga nem mesmo com a Constituição da República, que assegura a todos o Princípio da Igualdade (cf. *caput* do art. 5º da CR/1988), aqui compreendido, evidentemente, no sentido material, ou seja, pelo suporte fático-jurídico que autorize sua implementação.[11]

Da mesma maneira, a doutrina[12] e a jurisprudência, inclusive do Superior Tribunal de Justiça, vem revelando a possibilidade de se estender às pessoas jurídicas os direitos da personalidade, inclusive alguns que até recentemente se questionava se eram exclusivos da pessoa "humana", como, por exemplo, a honra objetiva. Para tanto, aquela Corte editou a Súmula n. 227 que reconhece a possibilidade da pessoa jurídica sofrer danos morais, exatamente por violação à sua honra: *objetiva*.

A já clássica doutrina francesa de Pierre Kayser também leciona: "As pessoas morais são também investidas de direitos análogos aos direitos da personalidade. Elas são somente privadas dos direitos cuja existência está ligada necessariamente à personalidade humana" (Pierre Kayser, *Revue Trimestrielle de Droit Civil* 69/445).

A doutrina portuguesa vai além, aplicando à pessoa jurídica os direitos fundamentais, compatíveis com a sua natureza, ou, por outras palavras, cujo suporte fático, ela tenha elementos que a autorizem a gozar desses direitos: "Por pessoas coletivas entendem-se aqui diferentes 'unidades organizatórias': pessoas colectivas nacionais e estrangeiras e pessoas colectivas de direito privado e de direito público (associações, fundações). A extensão dos direitos e deveres fundamentais às pessoas colectivas (pessoas jurídicas) significa que alguns direitos não são 'direitos do homem', podendo haver titularidade de direitos fundamentais e capacidade de exercício por parte de pessoas jurídicas não identificadas com cidadãos de 'carne e osso'".[13]

Da mesma maneira, a mais moderna doutrina leciona: "Não há, em princípio, impedimento a que pessoas jurídicas venham, também, a ser consideradas titulares de direito fundamentais, não obstante estes, originalmente, terem por referência a pessoa física. Acha-se superada a doutrina de que os direitos fundamentais se dirigem apenas às pessoas humanas. Os direitos fundamentais suscetíveis, por sua natureza, de serem exercidos por pessoas jurídicas podem tê-las por titular".[14]

Diante do exposto, pode-se afirmar em conclusão a aplicabilidade dos direitos da personalidade e mesmo os direitos fun-

10. Nesse sentido, colha-se: "A natureza desses direito *[fundamentais]*, em certo sentido, já ficou insinuada antes, quando procuramos mostrar que a expressão *direitos fundamentais do homem* são situações jurídicas, objetivas e subjetivas, definidas no direito positivo, em prol da dignidade, igualdade e liberdade da pessoa humana" (José Afonso da Silva, *Curso de Direito Constitucional Positivo*, 13ª ed., p. 178.)

11. Robert Alexy, *Teoria dos Direitos Fundamentais*, pp. 393 *et seq.*

12. Alexandre Assumpção, *A Pessoa Jurídica e os Direitos da Personalidade*, 1998; Celso Ribeiro Bastos, *Curso de Direito Constitucional*, 13ª ed., p. 164.

13. J. J. Gomes Canotilho, *Direito Constitucional e Teoria da Constituição*, 7ª ed., 4ª reimp., p. 421.

14. Gilmar Ferreira Mendes *et alii*, *Curso de Direito Constitucional*, 3ª ed., p. 271.

damentais a todas as pessoas, inclusive às jurídicas, segundo a sua natureza e seu suporte fático-jurídico.

### 4. *O princípio da dignidade da pessoa jurídica*

Alfredo de Assis Gonçalves Neto[15] afirma que não podemos perder de vista que, quando da edição do Código Comercial de 1850 estava em vigor a Constituição Imperial de 1824 e, naturalmente, desde então se verificaram diversas modificações constitucionais relativas não somente ao Estado, mas também às suas diretrizes jurídicas, econômicas, sociais e políticas.

As modificações havidas ao longo dos anos nas Cartas Políticas brasileiras trouxeram consigo alterações não apenas nos fundamentos do Direito Empresarial, mas talvez, principalmente, no vetor hermenêutico desde ramo jurídico.

Tullio Ascarelli[16] observou que "a crise entre o instrumental teórico e as formas jurídicas do individualismo pré-industrial, de um lado; e, de outro, a realidade econômica industrial ou pós-industrial, que repelem o individualismo" denotavam a necessidade de se entabular novas perspectivas de orientação e aplicação para o Direito Privado, trazendo a alteração na dogmática do Direito Empresarial.

De fato, as Constituições assumem compromissos a serem implementados pelo legislador ordinário, vinculando-o. Aos poucos e evolutivamente, as Cartas definem princípios relacionados a temas antes reservados exclusivamente à lei mercantil e ao império da vontade das partes, tais como: os limites da atividade econômica e a preservação da empresa. Isso, por óbvio, impactou a própria edição da lei infraconstitucional e sua hermenêutica, sem que, no entanto, isso implique deixar de se orientar pelo vetor de hermenêutica do ramo empresarial.[17]

Esta perspectiva constitucional que questiona a validade da norma e mesmo impõe ao intérprete uma hermenêutica conforme a Constituição da República se divorcia por completo da clássica interpretação do Direito Comercial,[18] que era mais confrontada com a interpretação do Direito Civil, o outro grande ramo componente do Direito Privado.

Conforme já tivemos a oportunidade de demonstrar,[19] da mesma maneira que nos outros ramos do Direito, aplica-se ao Direito Empresarial o vetor básico que orienta a hermenêutica jurídica como procedimento integrativo e interpretativo do fenômeno jurídico, com seus sistemas e escolas. Assim, conquanto na exegese do Direito Empresarial se aplique o procedimento interpretativo geral, há que se atentar para uma especificidade do ramo: ele existe para a tutela dos interesses e a regulamentação das relações jurídicas de uma classe, qual seja: dos empresários; claro: pessoas naturais ou jurídicas. Portanto, agrega-se-lhe certo enfoque valorativo, ou seja, uma jurisprudência axiológica.

O foco da tutela do ramo deve ser o empresário e a empresa, como, reitere-se, vetores axiológicos de hermenêutica e fundamentos da existência do próprio ramo jurídico: Direito Empresarial.

Em suma: não se pode interpretar o Direito Empresarial, mesmo dentro dos fundamentos e direitos constitucionais ou ainda em conjugação com outros ramos ju-

15. Alfredo de Assis Gonçalves Neto, *Direito de Empresa*, p. 59.

16. Tullio Ascarelli, "Norma giuridica e realità sociale", in *Diritto dell'Economia*, p. 179.

17. De maneira análoga, para o Direito Civil, tem-se: Gustavo Tepedino, *Temas de Direito Civil*, 4ª ed., pp. 1 a 23.

18. Para tanto, basta examinar o erudito e clássico Carlos Maximiliano (*Hermenêutica e Aplicação do Direito*, 16ª ed., pp. 316 a 319), que nenhuma referência faz à perspectiva de validade da norma empresarial no contexto constitucional.

19. Vinícius Jose Marques Gontijo, "O empresário no Código Civil brasileiro", *RT* 831/147 e *RDM* 135/76.

rídicos, senão para otimizar a razão de sua existência e o foco de sua tutela e regulamentação: o empresário e a empresa, sob pena de se mitigar o ramo jurídico.

A interpretação do Direito Empresarial deve se dar de maneira a otimizar, ou seja, tornar ótima a existência, aplicação e fundamentos do ramo empresarial, como razão de sua existência.

Aliás, na perspectiva constitucional do Direito Empresarial, colha-se:

"Nossa Lei Fundamental destaca, dentre os fundamentos do Estado Democrático de Direito que adotou, a livre iniciativa (art. 1º, IV), a liberdade de trabalho, ofício e profissão (art. 5º, XIII) e a defesa dos direitos do consumidor (art. 5º, XXXII). Mais adiante, ao regular a atividade econômica, garante a propriedade privada dos meios de produção, a livre concorrência, a defesa do meio ambiente e a busca do pleno emprego (art. 170 e incisos), e da construção de uma sociedade justa (art. 3º, I). Do conjunto dessas disposições extrai-se o princípio constitucional *da preservação da empresa*, como forma de assegurar seu cumprimento.

"Esses são, sem dúvida, os esteios do regime capitalista e liberal adotado, que culmina por assegurar 'a todos o *livre exercício de qualquer atividade econômica*, independentemente de autorização de órgãos públicos, salvo nos casos previstos em lei' (art. 170, parágrafo único)."[20]

A partir da constatação da aplicação dos direitos fundamentais e da personalidade à pessoa jurídica, temos que examinar acerca da admissibilidade, ou não, de se lhe estender também o Princípio da Dignidade. Por outras palavras: resta sabermos se as pessoas jurídicas têm direito a uma existência digna e protegida.

Pensamos que sim, até porque a ordem jurídica nacional lhe assegura o direito de existir e se personificar; a pessoa jurídica é reconhecida pela ordem jurídica brasileira, na medida em que a entidade, antes mesmo de ser pessoa, tem o direito subjetivo à personificação assegurada *in abstrato* pela ordem legal. Ela tem direito de existir, de ser pessoa pela ordem jurídica nacional, evidentemente esta existência tem de ser digna.

Com efeito, o inciso III do art. 1º da Constituição da República, de 5 de outubro de 1988, cuida de assegurar a dignidade da pessoa *humana*. Por outro lado, o *caput* do art. 170 da mesma Lei Fundamental assegura a "*todos*" a existência digna.

Na hermenêutica da Constituição, tem-se de laborar de maneira sistêmica e completa, buscando o exegeta a aplicação eficaz e útil da norma constitucional a fim de validar o preceito eleito pelo legislador constitucional, por isso mesmo Michel Temer afirma: "Por isso, a interpretação de uma norma constitucional levará em conta todos os sistema, tal como positivado, dando-se ênfase, porém, para os princípios que foram valorizados pelo constituinte. Também não se pode deixar de verificar qual o sentido que o constituinte atribui às palavras do texto constitucional, perquirição que só é possível pelo exame do todo normativo, após a correta apreensão da principiologia que ampara aquelas palavras".[21]

Naturalmente, não há palavras inúteis na lei (e, muito menos, na Constituição de um país – que se presume técnica). Portanto, se o inciso III do art. 1º da Constituição da República tratou da dignidade da pessoa *humana*, o *caput* do art. 170 (inserido no Título "Da Ordem Econômica e Financeira") do mesmo Diploma somente pode se tratar da outra modalidade de pessoa, qual seja: a *jurídica*, quando dispõe sobre a dignidade assegurada.

Soma-se a isso o fato de que o inciso IX do art. 170 da Carta de 1988 se refere

20. Alfredo de Assis Gonçalves Neto, *Direito de Empresa*, p. 59.

21. Michel Temer, *Elementos de Direito Constitucional*, 12ª ed., p. 23.

ao tratamento favorecido que deve ser assegurado às microempresas e empresas de pequeno porte; por óbvio, sem distinção entre as pessoas naturais ou jurídicas. Com isso, o legislador constitucional brasileiro externou de maneira expressa que à lógica sistêmica do dispositivo, uma vez que o inciso deve ser interpretado segundo o vetor definido no *caput*. O artigo deve ser interpretado como um todo completo e harmônico, assim, se o *caput* prescreveu a existência digna de todos, deve-se interpretar como assegurada à pessoa jurídica tal preceito fundamental.

Logo, há um Princípio Constitucional da Dignidade da Pessoa Humana e também da Jurídica que, se não for observado, implicará negativa de vigência ao preceito constitucional definido no *caput* do art. 170 da Constituição da República de 5 de outubro de 1988, até porque a pessoa jurídica tem os elementos fático-jurídicos de sua natureza que permitem o direito subjetivo a uma existência digna.

## 5. *O abuso da aplicação da teoria da desconsideração da personalidade jurídica como violador do princípio da dignidade da pessoa jurídica*

Na perspectiva constitucional do Direito Empresarial e preservando sua hermenêutica (*in dubio pro mercatore*), surge a desconsideração da personalidade jurídica, como instituto que se fundamenta na própria preservação da pessoa jurídica.[22]

Dois são os princípios que informam a vida das sociedades: *1º*) as pessoas jurídicas têm existência própria e diversa da dos seus membros e mesmo das pessoas que compõem seus órgãos; e *2º*) o patrimônio (ativo e passivo) das pessoas jurídicas, de seus membros e das pessoas que compõem seus órgãos não se confundem. Do somatório desses dois princípios surte "o efeito benéfico de encorajar o aparecimento e estimular o desenvolvimento da empresa privada nacional".[23] Lembrando-se ainda que, conforme afirmamos neste artigo, a pessoa jurídica tem direito subjetivo à personificação e à existência digna asseguradas pela ordem jurídica ordinária e constitucional brasileiras.

Com efeito, ninguém se disporia a expor todo o seu patrimônio em um empreendimento empresarial, cuja atividade se caracteriza pelo risco que muitas vezes extrapola os próprios limites dos empreendedores, tais como crises sistêmicas, atos e omissões do próprio Estado e variações abruptas da economia. Foi assim que já afirmamos em outra ocasião:

"A aplicação da desconsideração da personalidade jurídica necessita ser criteriosamente utilizada, sob pena de se vulnerar o instituto societário, cuja finalidade a *disregard doctrine* visa exatamente a proteger.

"A personalidade jurídica e a limitação da responsabilidade dos sócios permitem proteger o empreendedor de riscos não aceitáveis no empreendimento societário, prefixando sua participação nos prejuízos da sociedade, sendo que, se isso não se desse, a maioria das pessoas não se disporia a atuar no mercado, trazendo, como conseqüência, aumento no desemprego e na criminalidade, mitigação no desenvolvimento do País, menor contribuição fiscal, etc."[24]

A desconsideração da personalidade jurídica é instituto de Direito Empresarial cuja hermenêutica se faz segundo a perspectiva deste ramo jurídico (ainda que aplicado por outros ramos do Direito) e em prol da própria pessoa jurídica, cuja perso-

22. Alexandre Couto Silva, *Direito de Empresa no Novo Código Civil*, pp. 431 e 432, coord. Frederico Viana Rodrigues.

23. Osmar Brina Corrêa-Lima, *Responsabilidade Civil dos Administradores de Sociedade Anônima*, p. 140.

24. Vinícius Jose Marques Gontijio, "Responsabilização no direito societário de terceiro por obrigação da sociedade", *RT* 854/48.

nalidade, segundo prova cabal havida nos autos de um processo judicial, esteja sendo mal usada por sócios e membros de órgãos sociais.

A teoria não se presta à pura e simples busca desenfreada de superproteção a qualquer credor, nem mesmo ao empregado. A sua aplicação não-técnica, indiscriminada e abusiva não merece guarida no Direito. E, de fato, viola a Constituição da República do Brasil, na medida em que implica violação ao seu direito à personificação e à sua existência digna.

A partir da constatação de que a pessoa jurídica tem o direito subjetivo aos direitos da personalidade e aos direitos fundamentais assegurados pela Constituição da República de 1988, cujos suportes fático-jurídicos nela se encontrem, verifica-se que a aplicação indiscriminada e fora da técnica do Direito Empresarial da *disregard of legal entity* viola o Princípio da Dignidade da Pessoa Jurídica.

A sociedade personificada tem direito subjetivo próprio a uma existência digna e a desconsideração de sua personalidade em afronta aos limites e pressupostos da teoria da desconsideração da personalidade jurídica, tal como foi concebida e desenvolvida na própria hermenêutica do Direito Empresarial, enquanto ramo jurídico autônomo, implica violação ao seu direito de existência digna.

Destarte, assistimos a deformação ilícita na aplicação da teoria da desconsideração da personalidade jurídica, como se esta representasse uma maneira final de pagamento a credores, como se ela se tratasse de uma teoria assecuratória de adimplência *objetiva* (uma espécie de responsabilidade objetiva) das obrigações da real devedora, qual seja, a pessoa jurídica. Porém, pensamos que isso se deve, muitas vezes, ao desconhecimento da teoria por parte seus próprios aplicadores e mesmo por desconhecimento da própria Constituição da República de 1988, que acaba sendo reiteradas vezes violada.

## *6. Conclusão*

Ante tudo o quanto expusemos e demonstramos neste nosso artigo, podemos concluir que a pessoa jurídica tem os direitos da personalidade e os direitos fundamentais compatíveis com os seus elementos fático-jurídicos, dentre os quais o de uma existência digna.

A desconsideração da personalidade jurídica visa à proteção da própria sociedade contra seu mau uso e, não, para assegurar exclusivamente adimplência de obrigações contratadas e executadas regularmente em nome da pessoa jurídica. Por outras palavras: a desconsideração da personalidade jurídica não se presta a assegurar responsabilidade objetiva de sócios, administradores e outros membros de órgãos sociais perante credores da sociedade.

A aplicação abusiva, não-técnica e indiscriminada da teoria da desconsideração da personalidade jurídica implica violação ao Princípio da Dignidade da Pessoa Jurídica, violando o *caput* do art. 170 da Constituição da República, caracterizando-se, portanto, como inconstitucional.

## *7. Bibliografia*


ALEXY, Robert. *Teoria dos Direito Fundamentais*. São Paulo, Malheiros Editores, 2008.

ASCARELLI, Tullio. "Norma giuridica e realità sociale", in *Diritto dell'Economia*. 1955.

ASSUMPÇÃO, Alexandre. *A Pessoa Jurídica e os Direitos da Personalidade*. Rio de Janeiro, Renovar, 1998.

BASTOS, Celso Ribeiro. *Curso de Direito Constitucional*. 13ª ed., São Paulo, Saraiva, 1990.

CANOTILHO, J. J. Gomes. *Direito Constitucional e Teoria da Constituição*. 7ª ed., 4ª reimpr., Coimbra, Almedina, s/d.

CORRÊA-LIMA, Osmar Brina. *Responsabilidade Civil dos Administradores de Sociedade Anônima*. Rio de Janeiro, Aide, 1989.

DINIZ, Maria Helena. *Código Civil Anotado.* 14ª ed., São Paulo, Saraiva, 2009.

DUARTE, Nestor. *Código Civil Comentado.* 3ª ed., Barueri, Manole, 2009. Coord. PELUSO, Cezar.

FIUZA, César. *Direito Civil.* 10ª ed., Belo Horizonte, Del Rey, 2007.

GONÇALVES NETO, Alfredo de Assis. *Direito de Empresa.* São Paulo, Ed. RT, 2007.

GONTIJO, Vinícius Jose Marques. "O empresário no Código Civil brasileiro", *Revista dos Tribunais* 831/147 e *Revista de Direito Mercantil* 135/76.

______. "Responsabilização no direito societário de terceiro por obrigação da sociedade", *Revista dos Tribunais* 854/38.

KAYSER, Pierre. "Les droits de la personnalité – Aspects théorique et pratiques", *Revue Trimestrielle de Droit Civil* 69/445.

MAXIMILIANO, Carlos. *Hermenêutica e Aplicação do Direito.* 16ª ed., Rio de Janeiro, Forense, 1996.

MENDES, Gilmar Ferreira *et alii. Curso de Direito Constitucional.* 3ª ed., São Paulo, Saraiva, 2008.

MIRANDA, Francisco Cavalcanti Pontes de. *Tratado de Direito Privado.* t. 1, 2ª ed., Campinas, Bookseller, 2000.

RIZZARDO, Arnaldo. *Parte Geral do Código Civil.* 3ª ed., Rio de Janeiro, Forense, 2005.

SILVA, Alexandre Couto. *Direito de Empresa no Novo Código Civil.* Rio de Janeiro, Forense, 2004. Coord. RODRIGUES, Frederico Viana.

SILVA, José Afonso da. *Curso de Direito Constitucional Positivo.* 13ª ed., São Paulo, Malheiros Editores, 1997.

TEMER, Michel. *Elementos de Direito Constitucional.* 12ª ed., São Paulo, Malheiros Editores, 1996.

TEPEDINO, Gustavo. *Temas de Direito Civil.* 4ª ed., Rio de Janeiro, Renovar, 2008.

## Atualidades

# POSSIBILIDADE DE UTILIZAÇÃO DE CRÉDITOS ORIUNDOS DE ADIANTAMENTO SOBRE CONTRATO DE CÂMBIO E ADIANTAMENTO SOBRE CAMBIAIS ENTREGUES COMO LASTRO DE LETRA DE CRÉDITO DO AGRONEGÓCIO


RENATO MACEDO BURANELLO

FÁBIO GIORGI INFANTE

DANNY SOARES P. DE OLIVEIRA E SILVA


*I – Introdução – Aspectos econômicos atuais e justificativa. II – Características dos contratos de câmbio, ACCs e ACEs: (a) Contratos de câmbio; (b) Adiantamentos sobre Contrato de Câmbio e Adiantamentos sobre Cambiais Entregues; (c) Da existência de créditos oriundos das operações de ACC e ACE; (d) Origem do direito creditório e momento de existência. III – Requisitos para utilização de créditos oriundos de ACCs e ACEs como lastro de LCAs. IV – Inadimplemento sob operações de ACC e ACE: (a) Inadimplemento da empresa exportadora; (b) Falência ou recuperação judicial da empresa exportadora. V – Conclusão.*

O presente estudo tem como objetivo verificar a possibilidade de utilização de créditos oriundos de Adiantamento sobre Contrato de Câmbio (ACC) e Adiantamento sobre Cambiais Entregues (ACE) como lastro de Letra de Crédito do Agronegócio (LCA), bem como descrever suas características relevantes e implicações em relação ao descumprimento das obrigações oriundas de tais operações, como em caso de eventual pedido ou decretação de recuperação judicial e/ou falência por parte da empresa exportadora.

### *I – Introdução – Aspectos econômicos atuais e justificativa*

É digno de louvor o desempenho do Brasil frente à crise mundial corrente. Com um mecanismo de funcionamento diferente do norte-americano, o sistema bancário brasileiro possui regulamentação mais rígida no que se refere à concessão e controle da expansão de crédito. O processo de expansão desenfreada de concessão de crédito foi responsável pela volatilização da economia norte-americana e, de forma reflexa, pela de diversos países cujos mercados estão a ela interligados, como, por exemplo, grande parte do mercado europeu. Tais conseqüências não se verificaram no Brasil que, bem mais contido em sua política de concessão de crédito, possui um total de crédito disponível equivalente a 40% do seu PIB, muito inferior aos números encontrados nos Estados Unidos, por exemplo, em que a relação crédito/PIB é seis vezes maior.

As reservas brasileiras em moeda forte – em torno de 200 milhões de dólares – também são um importante fator a ser destacado, já que sua existência evita que o Brasil tenha que recorrer a empréstimos internacionais para saldar suas contas externas, o que acarretaria em aumento da inflação e conseqüente abalo da estabilidade financeira do país.

Tudo isso garantiu ao Brasil uma posição privilegiada no cenário mundial. Entretanto, num mundo globalizado, não há como um país sair incólume de uma crise da magnitude da que se faz presente, capaz de levar a maior economia do mundo, a dos Estados Unidos, à recessão. Logo, mesmo que de forma atenuada, a crise tem diversos reflexos em nossa economia, como uma imediata redução na concessão de crédito, tornando demasiadamente difícil a obtenção de financiamentos no Brasil: estamos diante de uma crise de liquidez.

Assim declarou o presidente do Banco Central, Henrique Meirelles, em entrevista concedida ao jornal *Gazeta Mercantil*: "Os países que dependem muito de exportações para os Estados Unidos e Europa serão muito afetados e devem adotar medidas para incentivar o consumo doméstico. Este não é o caso do Brasil. Nos países com problemas de crédito muito graves, o governo tem comprado ativos das instituições financeiras. Este também não é o caso do Brasil. A crise no Brasil é de liquidez".[1] A crise de liquidez ocorre quando o fluxo de circulação de recursos na economia é interrompido ou reduzido severamente. Em um cenário conturbado como o atual, os recursos de que os bancos dispõem são drasticamente reduzidos, fazendo com que eles se mostrem receosos em repassá-los, ou seja, em conceder financiamentos, pois temem que o tomador não tenha condições de futuramente saldar a dívida contraída.

Considerando-se a importância do agronegócio para o Brasil, possuidor da maior fronteira agrícola do mundo, com 355 milhões de hectares aráveis, respondendo por 36,3% das exportações[2] e por mais de 37% dos empregos gerados no país, o impacto de uma crise de liquidez pode atingir dimensões alarmantes, afetando o equilíbrio da balança comercial e ocasionando aumento do desemprego, além de exigir altos investimentos públicos do governo.

O vice-presidente de Agronegócio do Banco do Brasil, Luís Carlos Guedes Pinto, destaca que, atualmente, os recursos do governo usados para financiar a produção são recursos orçamentários e, portanto, limitados. Outra parte dos recursos era proveniente das empresas estrangeiras. "A crise produziu o efeito de redução do crédito que essas empresas, as chamadas *tradings*, davam à agricultura brasileira na forma de fornecimento de insumos ou compra antecipada da colheita",[3] explica. A presente necessidade de se recorrer ao financiamento público representa um retrocesso para o setor que, nas últimas décadas, tem passado por um período de transição de sua fonte financiadora, dependendo cada vez mais do sistema financeiro privado e menos de recursos do governo.

Essa foi a estratégia adotada pelo governo que, constrangido pela dívida agrícola e pressionado pelos agricultores com demanda de crédito insatisfeita, passou a empreender esforços para "modernizar" as formas de financiamento da agricultura. Entende-se que tal modernização consiste na transferência do encargo ao sistema financeiro privado, visando possibilitar a

1. Depoimento publicado na edição eletrônica de 11.11.2008, *indexet.gazetamercantil.com.br/arquivo/2008/11/11/67/Brasil-sofre-crise-de-liquidez,-diz-Meirelles.html*, acessado em 24.3.2009.

2. Conforme dados publicados em 9.1.2009 pela Confederação da Agricultura e Pecuária do Brasil (*www.cna.org.br/site/agencia/?n=20726*, acessado em 30.3.2009).

3. Conforme dados publicados em 18.3.2009 pela Confederação da Agricultura e Pecuária do Brasil, *www.cna.org.br/site/noticia.php?n=21009*, acessado em 30.3.2009.

concessão de financiamento do setor via mercado financeiro e de capitais, principalmente por bancos privados e fundos de investimento nacionais e internacionais.

A estratégia surtiu o efeito esperado: a formação dos preços, antes viciada pela influência do governo, principal financiador do agronegócio até então, hoje ganhou liberdade e reflete o ponto de equilíbrio entre oferta e demanda, adequando-se à realidade do mercado. A inserção do investidor privado no mercado de derivativos foi viabilizada pela criação de sólidos títulos de crédito aptos a garantir o retorno de seu investimento, merecendo destaque a Cédula de Produto Rural, criada em 1994 e adaptada às tendências do mercado no ano de 2001, quando se passou a admitir sua liquidação financeira, bem como os modernos títulos trazidos pela Lei 11.076, de 30 de dezembro de 2004.

Diante do exposto, é preocupante a volta do setor à dependência de recursos públicos, uma vez considerado o avanço que o financiamento privado representou para o agronegócio, possibilitando sua adequação às diretrizes do mercado mundial e tornando-o muito mais competitivo.

## *II – Características dos contratos de câmbio, ACCs e ACEs*

Na presente seção, será descrita a natureza jurídica dos contratos de câmbio, seguindo-se para a caracterização de ACCs e ACEs. Finalmente, será justificada a existência de créditos oriundos de referidas operações de adiantamento.

### (a) *Contratos de câmbio*

Conforme determinado por lei,[4] apenas à moeda nacional é conferido o poder liberatório, ou seja, o poder de liberar dívidas e extinguir obrigações, seja na circulação de bens ou de serviços. Dessa forma, é mandatório para as empresas sediadas no Brasil, que desejam ou necessitam ingressar recursos auferidos em moeda estrangeira no país, que providenciem a conversão dos valores expressos em moeda estrangeira para valores expressos em moeda nacional. É a motivação nuclear das operações de câmbio, representadas por contratos específicos regrados pelo Banco Central do Brasil (Bacen).

No que pese a definição fornecida pelo Regulamento do Mercado de Câmbio e de Capitais Internacionais[5] (RMCCI), os contratos de câmbio são acordos de vontades firmados por partes determinadas com o intuito preciso de compra e venda de moeda estrangeira. A modalidade a ser especificamente estudada neste ponto é a dos contratos de câmbio de exportação, cujas partes serão, necessariamente, a empresa exportadora[6] e a instituição financeira autorizada pelo Bacen a operar no mercado de câmbio.

Tais contratos representam obrigações recíprocas e complementares entre as partes. Em razão das características intrínsecas do tipo contratual selecionado para

4. Nesse sentido, atualmente, encontra-se em vigência a Lei n. 8.880, de 27.5.1994, que instituiu a Unidade Real de Valor (URV), dentre outras disposições. A respeito da utilização exclusiva do Real (R$) na liberação de obrigações expressas em pecúnia, verifique-se adiante o conteúdo os arts. 2º e 10 do diploma legal retrocitado: "Art. 2º. A URV será dotada de poder liberatório, a partir de sua emissão pelo Banco Central do Brasil, quando passará a denominar-se Real"; "Art. 10. Os valores das obrigações pecuniárias de qualquer natureza, contraídas a partir de 15 de março de 1994, inclusive, para serem cumpridas ou liquidadas com prazo superior a trinta dias, serão, obrigatoriamente, expressos em URV, observado o disposto nos arts. 8º, 16, 19 e 22".

5. Define o RMCCI, em seu Título 1, Capítulo 3, Seção 1: "Contrato de câmbio é o instrumento específico firmado entre o vendedor e o comprador de moeda estrangeira, no qual são estabelecidas as características e as condições sob as quais se realiza a operação de câmbio".

6. No que cabe o presente estudo, o perfil das empresas contratantes do câmbio de exportação será minuciado no item III adiante.

análise, o papel da empresa exportadora será representado sempre pela venda, mediante transferência direta ou indireta, de moeda estrangeira à instituição financeira. Conseqüentemente, o dever da instituição financeira será, invariavelmente, o da entrega do preço acordado pela moeda estrangeira à empresa exportadora que, por definição lógica, deverá ser realizado em moeda corrente nacional, convertida com base em índices cambiais oficiais.

Destarte, caracteriza-se o contrato de câmbio de exportação como uma *compra e venda a termo*, vale dizer, ao vendedor é criado o dever de transferência de domínio sobre determinado objeto contra o recebimento do preço correspondente pelo comprador. No presente estudo, identificam-se: (i) como partes: a instituição financeira como compradora e a empresa exportadora como vendedora; (ii) como objeto: determinada soma de moeda estrangeira conversível; e (iii) como preço: o valor em moeda corrente nacional, determinado ou determinável a partir de índices cambiais oficiais.

Note-se que o contrato de câmbio é firmado entre as partes anteriormente à transferência da moeda estrangeira pelo exportador (vendedor da moeda) à instituição financeira (compradora da moeda), existindo, portanto, certo lapso temporal entre a assinatura e a liquidação[7] do contrato. Durante este lapso temporal,[8] a relação jurídica firmada entre as partes não se encontra terminada.

*Termo* é cláusula acessória nos contratos que submete os efeitos do negócio jurídico a acontecimento futuro, mas certo. O acontecimento futuro e certo que subordina os efeitos absolutos dos contratos de câmbio é a transferência da moeda estrangeira à instituição financeira. Assim, o limite temporal existente entre a assinatura e a liquidação do contrato de câmbio intervém em sua eficácia plena. Não obstante, é de suma relevância observar que, embora a instituição financeira, compradora da moeda estrangeira, não esteja no domínio do objeto comprado, já adquiriu o direito de tê-lo em domínio desde a assinatura do contrato.

Dessa forma, será considerado, para todos os efeitos, o inadimplemento da empresa exportadora perante a instituição financeira no que se refere à não transferência da determinada soma em moeda estrangeira, não obstante eventual alegação daquela quanto à falta de pagamento sob contrato de exportação firmado com importador sediado no exterior.[9] Verifica-se tal afirmação, pois, conforme explicado acima, a aquisição da moeda estrangeira pela instituição financeira é suspensa por prazo certo, não sendo, de forma alguma, condicionada à eventualidade do recebimento pela empresa exportadora de valores que extrapolem os limites jurídicos do contrato de câmbio, como aqueles provenientes de contrato de exportação firmado entre a empresa exportadora e o importador estrangeiro.[10]

7. Conforme definição constante no RMCCI, em seu Título 1, Capítulo 3, Seção 5: "A liquidação de contrato de câmbio ocorre quando da entrega de ambas as moedas, nacional e estrangeira, objeto da contratação ou de títulos que as representem".

8. O limite temporal, assim entendido como conteúdo nuclear do *termo*, aplicado aos direitos "indica o lapso preciso de tempo durante ou após cujo decurso eles podem ou devem ser exercidos, ou cumpridas as correspondentes obrigações" (Vicente Rao, *Ato Jurídico. Noção, Pressupostos, Elementos Essenciais e Acidentais. O Problema do Conflito entre os Elementos Volitivos e a Declaração*, 4ª ed., São Paulo, Ed. RT, 1999, p. 308).

9. "Não há, pois, como se pretender que o contrato de câmbio de exportação se ajuste como ***condição resolutiva***, na dependência do bom ou mau cumprimento, *pelo importador estrangeiro, de outro negócio jurídico distinto*, o de compra e venda mercantil internacional. O contrato de câmbio de exportação, em que há compra e venda de divisas, não se confunde e nada tem a ver com o contrato de compra e venda mercantil internacional" (Fernando Geraldo Mendes Cavalcanti, *Contrato de Câmbio de Exportação em Juízo*, 1ª ed., Rio de Janeiro, Renovar, 1989, p. 43).

10. A respeito da independência do curso dos contratos de câmbio e dos contratos de exportação,

Em conclusão, *termo* difere de *condição* e esta diferença precisa ser ratificada,[11] ainda que de forma exaustiva, pois tal fator é determinante para que seja assegurado à instituição financeira sucesso em eventual contenda contra a empresa exportadora, mormente nos casos em que o inadimplemento existir pela não realização da exportação ou pela falta de pagamento do importador.

(b) *Adiantamentos sobre Contrato de Câmbio e Adiantamentos sobre Cambiais Entregues*

Ao contrário do que pode ser inferido, ACCs e ACEs não são tipos contratuais novos e independentes quando considerados frente a contratos de câmbio. Vale dizer, não são negócios jurídicos nuclearmente distintos dos contratos de câmbio, restando apenas como variações específicas destes.

Conforme já mencionado na introdução do presente estudo, tais variações contratuais foram criadas para estimular as exportações brasileiras, na medida em que fornecem antecipadamente ao exportador os valores que, inicialmente, só lhe seriam percebidos na liquidação da operação de câmbio.[12] Ocupam, destarte, mecanismo de destaque na cadeia produtiva exportadora,[13] porquanto são instrumentos de que as instituições financeiras se utilizam para fornecer recursos às empresas exportadoras a taxas remuneratórias calculadas sob parâmetros internacionais, que resultam em custos inferiores aos praticados no mercado interno.

Dessa forma, os contratos de câmbio firmados pelo exportador frente a determinada instituição financeira podem ser averbados com disposição que fixe o adiantamento de certo montante em decorrência da compra e venda de moeda estrangeira. O adiantamento em referência será realizado considerando-se deságio sobre o valor da exportação efetuada pela vendedora da moeda estrangeira. Sua averbação poderá ocorrer concomitantemente à celebração do contrato de câmbio ou em momento posterior.

Caso a averbação de referido adiantamento seja efetuada em momento anterior ao embarque das mercadorias (em até 180 dias antes do embarque, podendo ser esten-

segue ementa: "Direito Comercial. Falência. Contrato de câmbio. Possibilidade de instrução do pedido. Dívida líquida. Contrato perfeito e acabado a partir do consenso dos contratantes e de sua assinatura no termo. Irrelevância de não ter ocorrido a exportação. Recurso desprovido. I – o contrato de câmbio, desde que protestado, é título hábil a instruir pedido de falência, dada a sua liquidez. A simples conversão da moeda estrangeira e a apuração da diferença entre o valor convertido e a amortização da dívida não desnaturam a liquidez do título. II – a natureza jurídica de compra–e–venda do contrato de câmbio com adiantamento do preço impõe a sua conclusão com o consenso e a assinatura dos contratantes, a partir de quando se considera perfeito e acabado, *sendo irrelevante a não realização da exportação a ele vinculada*" (STJ, 4ª T., REsp n. 30.516-MG, Rel. Ministro Sálvio de Figueiredo, j. 9.4.1996 – grifos nossos).

11. Ao contrário do que pode parecer, termo e condição guardam relevantes distinções, que obscurecem a importância de suas semelhanças. Tais semelhanças encontram-se no fato de ambas as cláusulas serem modificativas de direitos e subordinarem tais direitos a eventos futuros. Ressalte-se que, conforme definição, termo não comporta a existência de eventualidade, ao contrário do que ocorre com a condição, onde a eventualidade é fator nuclear.

12. "O recebimento antecipado do valor de exportação, por conta dos futuros recebimentos, no exterior, do preço da mercadoria exportada, é importantíssimo para que o vendedor, o exportador, refaça seus capitais e continue produzindo" (Geraldo de Camargo Vidigal, *Restituição de Adiantamento por Conta de Contrato de Câmbio de Exportação* in *1º Ciclo de Estudos em Direito Econômico*, São Paulo, IBCB, 1993, p. 177).

13. "O sistema bancário presta, ao aparelho exportador, serviços de grande relevância. As operações celebradas entre os bancos e os exportadores são também fundamentais para a boa evolução das exportações, como o próprio esforço de produção dos bens exportáveis e os de colocação dos produtos, no exterior" (Vidigal, *Restituição de Adiantamento por Conta de Contrato de Câmbio*, p. 181).

dido a 360 dias, para liquidação do câmbio), será denominado ACC. Em sentido estrito, é o adiantamento efetuado pela instituição financeira do preço acordado sobre certa quantia em moeda estrangeira, a ser recebida no futuro através do pagamento pelo importador sob a compra e venda mercantil internacional.[14] É efetuado tão-somente com base no contrato de câmbio firmado, não sendo obrigatória à empresa exportadora a demonstração imediata à instituição financeira dos demais documentos comprobatórios da exportação.

Por sua vez, quando o adiantamento for realizado em momento posterior ao embarque das mercadorias (até 60 dias após o embarque, podendo o prazo ser estendido até 180 dias), momento este que pressupõe a emissão e posse por parte da empresa exportadora dos documentos representativos do embarque dos bens exportados, será denominado ACE. Esta espécie de adiantamento demanda que a empresa exportadora demonstre à instituição financeira a existência das cambiais de exportação, as quais podem, a critério das partes, serem retidas pela instituição financeira para posterior liquidação junto ao importador (procedimento mais comum) ou encaminhadas diretamente pela empresa exportadora ao importador para realização direta da liberação das mercadorias. O último procedimento foi citado apenas a título ilustrativo, pois carece de segurança, uma vez que permite ao importador receber a mercadoria sem efetuar o pagamento como condição precedente.

A grande vantagem do ACE perante o ACC é a diminuição do risco de inadimplência da operação, uma vez que se adiantam valores em momento que sucede o risco de exportação da empresa, sujeitando, a princípio, a liquidação da operação apenas ao pagamento pelo importador dos valores cedidos à instituição financeira.

Seja qual for a variação de contrato de câmbio escolhida pelas partes no adiantamento dos valores acordados, a natureza jurídica da operação não será alterada. É uma compra e venda a termo, contendo adiantamento total ou parcial do preço pelo comprador, cuja liquidação ocorrerá mediante o pagamento pelo importador dos créditos cedidos pela empresa exportadora à instituição financeira. Tal crédito é oriundo de uma compra e venda mercantil internacional realizada independentemente entre a empresa exportadora e sua contraparte, o importador.

No item adiante, serão retratadas todas as nuanças das operações de adiantamento frente à existência do crédito e sua possibilidade de cessão, além de sua utilização como lastro de títulos de crédito do agronegócio.

Finalmente, no que cumpre traçar as características determinantes de ACCs e ACEs, deve-se refutar os argumentos existentes na doutrina[15] que buscam defini-los como espécies de mútuo mercantil, financiamento ou empréstimo. Os ACCs e ACEs devem ser afastados destes moldes jurídicos inadequados e aproximados à idéia central que permeia todo o curso da opera-

14. Define o RMCCI, em seu Título 1, Capítulo 3, Seção 3: "O adiantamento sobre contrato de câmbio constitui antecipação parcial ou total por conta do preço em moeda nacional da moeda estrangeira comprada para entrega futura, podendo ser concedido a qualquer tempo, a critério das partes".

15. Conforme definições encontradas na doutrina nacional: "O adiantamento é, por definição, um contrato de empréstimo. É uma antecipação por conta da realização do câmbio" (Geraldo de Camargo Vidigal, "Debates sobre o tema restituição de adiantamento por conta de contrato de câmbio de exportação", in *1º Ciclo de Estudos em Direito Econômico*, São Paulo, IBCB, 1993, p. 195). Em sentido similar, especificamente sobre ACCs: "(...) percebe-se que as características do negócio em causa são inconfundivelmente as de mútuo, no caso, qualificado como mercantil (arts. 1.265 do CC e 247 do Ccomercial). O adiantamento funciona, na prática, como um 'desconto' do contrato de câmbio junto à instituição bancária concedente" (Haroldo Malheiros Duclerc Verçosa, "A restituição falimentar do adiantamento sobre contrato de câmbio", *Revista dos Tribunais*, ano 69, v. 536, jun./1980, p. 248).

ção de câmbio, qual seja, o de sua caracterização como adiantamento de valor em contrato de compra e venda a termo,[16] conforme se pôde verificar acima na seção referente aos contratos de câmbio. Explica-se a importância de tal assertiva.

Conforme será melhor descrito no item IV abaixo, que tratará especificamente das questões atinentes às alternativas e soluções em casos de inadimplemento da empresa exportadora, ao admitir-se ACCs e ACEs como espécies de mútuo mercantil, por exemplo, seria prejudicado sobremaneira o processo de recuperação dos valores adiantados no curso de um eventual procedimento de falência ou recuperação judicial da empresa exportadora, uma vez que tais créditos seriam classificados como quirografários e, portanto, sob ordem de pagamento desfavorecida.

(c) *Da existência de créditos oriundos das operações de ACC e ACE*

A principal dúvida que se aponta no estudo de ACCs e ACEs é acerca da existência de créditos a partir da celebração dessas operações. Para tanto, faz-se necessário perquirir de maneira detida cada etapa, para se afirmar convictamente sua existência e possibilidade de cessão ou utilização como lastro de títulos de crédito.

Primeiramente, a partir das definições acima, deve-se retomar alguns conceitos relevantes, quais sejam:

(i) contratos de câmbio possuem a natureza jurídica da compra e venda a termo;

(ii) o adiantamento efetuado sobre o contrato de câmbio ou sobre as cambiais entregues não altera sua característica original; e

(iii) a liquidação dos adiantamentos citados no item (ii) acima ocorrerá, respectivamente, através de pagamento direto a ser efetuado pelo importador em conta no exterior de controle da instituição financeira e através da apresentação das cambiais pela instituição financeira na praça de pagamento cabível.

Todas as operações de ACC e ACE têm origem similar. Em teoria, inicialmente, a empresa exportadora celebra contrato de compra e venda mercantil internacional com o importador. Em momento posterior, por exigência legal já discutida acima, deve buscar junto à instituição financeira habilitada a operar em mercado de câmbio a venda da moeda estrangeira que irá auferir no momento do pagamento pelo importador. A instituição financeira e a empresa exportadora podem acordar sobre o adiantamento do valor da moeda estrangeira. São os termos básicos de tais operações.

Ocorre que, embora os contratos de câmbio representem compra e venda a termo celebrada entre a instituição financeira e a empresa exportadora, sua liquidação ocorrerá mediante pagamento direto a ser efetuado pelo importador em favor da instituição financeira, consoante cessão de créditos detidos pela empresa exportadora em razão da exportação realizada ou a se realizar. É compra e venda que, pela natureza da própria operação de câmbio, necessita compreender a transmissão de crédito mencionada. Note-se que o transplante dessa estrutura de liquidação para as operações de adiantamento não encontra distinção substancial, mas apenas reduzidas adaptações, conforme segue abaixo.

16. "O adiantamento sobre contrato de câmbio não se confunde com o desconto de cambial de exportação, porque é concluído antes mesmo do recebimento, pelo exportador, desse título de crédito de responsabilidade do importador. *O adiantamento corresponde, portanto, a uma aquisição a crédito de moeda estrangeira: o banco paga o preço antes de receber a coisa comprada*" (Fábio Konder Comparato, "O contrato de câmbio", *Revista dos Tribunais*, ano 72, v. 575, set./1983, p. 56 grifos nossos). No mesmo sentido: "(...) não se trata de ***operação de crédito***, não podendo o adiantamento ser confundido com um financiamento concedido ao exportador. (...) Financiamento fosse e caberia a habilitação quirografária. Ademais, por não se tratar de financiamento é que, nos contratos de câmbio, não se fala em ***juros*** incidentes sobre o adiantamento e sim em ***deságio***" (Cavalcanti, *Contrato de Câmbio*, pp. 52-53).

Nos ACCs, é possível falar-se em cessão de crédito (onerosa) em sentido estrito, pois a liquidação da operação ocorrerá mediante o pagamento pelo importador do crédito originalmente devido à empresa exportadora, agora cedido à instituição financeira. Favor notar que, em tal fase, ainda não existe a emissão e a entrega do conjunto completo de documentos de embarque à instituição financeira.

No caso dos ACEs, havendo a entrega dos documentos de embarque pela empresa exportadora e outorga de mandato irrevogável sobre estes em favor da instituição financeira para liquidação, pode-se falar em cessão de crédito em sentido amplo, a ocorrer indiretamente, pois referida liquidação ocorrerá através da apresentação destes documentos pela instituição financeira a banco utilizado no exterior para conclusão da operação. O processo de recebimento não seria totalmente passivo e automático como nos ACCs, exigindo da instituição financeira ação no exterior para recebimento do crédito.

(d) *Origem do direito creditório e momento de existência*

Pois bem, é admitida na doutrina[17] e jurisprudência[18] a existência de créditos dentro das operações de adiantamento, ao menos no que concerne a seus mecanismos de liquidação (crédito a ser auferido pela exportadora pelo contrato firmado com o importador). Entretanto, permanece anuviada a questão se os adiantamentos em si geram crédito direto em favor da instituição financeira, ou se tais créditos, entendidos em sentido amplo, surgem em momento anterior.

Afirma-se, de plano, que os adiantamentos concedidos pelas instituições financeiras às empresas exportadoras *não representam operação de crédito e, portanto, não geram crédito*, pois são apenas o adiantamento da fase de execução da compra e venda de moeda estrangeira. Os recursos adiantados e em poder da empresa exportadora são de propriedade da instituição financeira até que esta receba a transferência da moeda estrangeira no exterior. Reitera-se que a assertiva acima é basilar para a manutenção do conceito de ACCs e ACEs como fontes de crédito preferencial em eventual falência ou recuperação judicial da empresa exportadora.

A partir das afirmações acima, poderia ser concluído, prematuramente, que não é possível a utilização de ACCs ou ACEs como lastro de títulos de crédito. Ocorre que, conforme será demonstrado, tal óbice não se comprova pela própria natureza da operação de adiantamento vista em sua integralidade.

Pela própria sistemática das operações de câmbio, o adiantamento fornecido pela instituição financeira à exportadora depende da existência do contrato de câmbio e, portanto, da compra e venda mercantil avençada pela exportadora com o importador. Percebe-se, a partir da verificação do caminho contratual desenhado acima, que todas as etapas anteriores ao adiantamento sobre o contrato de câmbio são necessárias à sua existência e, portan-

17. "No contrato de câmbio à exportação, a venda da moeda estrangeira se opera pela cessão de um crédito que o exportador tem para com o importador, no país estrangeiro. Ora, esse crédito constitui, necessariamente, uma obrigação líquida, isto é, certa quanto à sua existência e determinada quanto ao seu objeto (CC, art. 1.533). A venda de câmbio fundada em créditos fictícios em moeda estrangeira configura negócio fraudulento" (Comparato, "O contrato de câmbio", p. 57). Em sentido diametralmente oposto, verificar Haroldo Malheiros Duclerc Verçosa, "O inadimplemento do contrato de câmbio de exportação", RDM 67/61, ano XXVI, jul.-set./1987.

18. "Como se vê, o contrato de câmbio celebrado para liquidação após o recebimento da moeda estrangeira se apresenta como modalidade peculiar de cessão de crédito. Tanto assim que o importador paga diretamente ao banco, e não ao exportador para este depois repasse a moeda estrangeira à instituição bancária" (STJ, 4ª T., REsp n. 11.291-0-SP, Rel. Ministro Sálvio de Figueiredo, j. 6.4.1993).

to, partes componentes de um todo indivisível.

Destarte, embora não se possa extrair crédito para lastrear títulos diretamente de ACCs e ACEs, ou seja, diretamente de adiantamentos de valores em si, pode-se fazê-lo indiretamente, através da utilização do crédito transmitido pela exportadora à instituição financeira para a liquidação da operação de câmbio. Faz-se necessário compreender que este é o crédito existente e que deverá ser utilizado pela instituição financeira como lastro para a emissão de títulos.

A origem deste crédito remonta à celebração do contrato de compra e venda mercantil internacional entre a exportadora e o importador. Surge em conjunto com a etapa final de formação do contrato de compra e venda mencionado, qual seja, o momento em que surgiu a aceitação final[19] entre as partes (exportador e importador) quanto aos termos da avença. A partir deste momento, tornou-se a exportadora titular do direito de recebimento do preço pelo importador e, assim, capaz de ceder tal direito a terceiros.[20]

Surge, então, a operação de câmbio e, dada a sistemática operacional em discussão, a empresa exportadora cede os direitos de recebimento do preço à instituição financeira. Esta passa a ser titular dos direitos de crédito cedidos.[21] Em poder do título representativo do direito de crédito[22] e do direito de crédito em si, a instituição financeira é livre para utilizá-lo como lastro de títulos de sua emissão.

## *III – Requisitos para utilização de créditos oriundos de ACCs e ACEs como lastro de LCAs*

Em consonância com os parâmetros de criação da Lei 11.076/2004,[23] através da

19. O efeito jurídico da aceitação válida é a formação efetiva do vínculo, ou seja, a perfeição do contrato desejado inicialmente entre as partes. A partir desse momento, tanto aceitante quanto proponente encontram-se vinculados ao contrato. Todas as disposições negociadas e acordadas tornam-se imutáveis, sendo passíveis de alteração somente através de novo acordo entre as partes com referido objetivo específico. Esse é o modelo jurídico de formação dos contratos consensuais. A existência do crédito e a possibilidade de sua cessão, surgem, portanto, da assinatura do contrato: "*O crédito existe tão logo contraída a obrigação*, enquanto a *pretensão* nasce no momento em que a prestação se torna exigível, isto é, quando a dívida está vencida" (Orlando Gomes, *Obrigações*, 16ª ed., Rio de Janeiro, Forense, 2005, p. 26 – grifos nossos).

20. É possível a cessão pela empresa exportadora de apenas o direito de recebimento do preço correspondente ao produto exportado. A impossibilidade de cessão, que recai sobre os contratos sinalagmáticos, só deve reter-se às obrigações da empresa exportadora perante o importador, confira-se: "Assim sendo, vejamos quais são os direitos incedíveis: (a) em geral, os direitos sem valor patrimonial, como os direitos políticos, a cidadania, etc.; (b) os créditos de alimentos; (c) aqueles que legalmente são insuscetíveis de cessão, salvo acordo da outra parte contratante, como se dá na cessão de locação; (d) *nos contratos sinalagmáticos, onde se encontram fundidos direitos e obrigações recíprocas, não podem ser cedidas as obrigações e* ***tão só os direitos, e isto no caso de serem estes cindíveis das primeiras***" (Miguel Maria de Serpa Lopes, *Curso de Direito Civil*, vol. II, 4ª ed., Rio de Janeiro, Freitas Bastos, 1966, p. 461 – grifos nossos).

21. "A cessão é um negócio jurídico bilateral que, além de não prescindir de consentimento, representa ato de disposição, *por força do qual o crédito sai do patrimônio do cedente para se incorporar ao do cessionário*" (Maria Helena Diniz, *Curso de Direito Civil Brasileiro, 2. Teoria Geral das Obrigações*, 22ª ed., São Paulo, Saraiva, 2007, p. 437 grifos nossos).

22. É de grande relevância que a instituição financeira permaneça em custódia dos títulos representativos do crédito a si cedido para que se certifique de sua existência e validade, fator que é potencializado quando os documentos representativos de crédito forem as cambiais de exportação, devido à natureza de título de crédito. Além disso, deve manter tais documentos em seu poder para que lhe seja assegurada preferência no recebimento do crédito em caso de fraude da exportadora, conforme segue disposição do Código Civil: "Art. 291. Ocorrendo várias cessões do mesmo crédito, *prevalece a que se completar com a tradição do título do crédito cedido*" (grifos nossos).

23. De acordo com os princípios do Plano Agrícola e Pecuário 2004/2005, a Lei 11.076, de 30.12.2004, instituiu os novos títulos para financiamento privado do agronegócio.

qual foi criada a LCA,[24] é requisito de existência de tal título sua utilização para financiamento da cadeia produtiva do agronegócio.

Em maior ou menor grau de proximidade com o produtor agropecuário primário, o objetivo da lei acima mencionada e, conseqüentemente, o dos títulos por si criados, é a destinação de recursos para desenvolvimento do planejamento agropecuário brasileiro. Dessa forma, característica intrínseca às LCAs é sua emissão tendo em vista o estímulo de referida atividade econômica.

Considerados os limites do presente estudo, deve-se buscar definir quando créditos oriundos de operações de ACC e ACE serão classificados como recursos destinados ao agronegócio, uma vez que serão estes, em sentido amplo, a origem do conteúdo valorativo das LCAs. Para tanto, é necessário que seja verificado se as empresas (como, por exemplo, empresas comerciais exportadoras e *trading companies*) beneficiadas com referido tipo de operação efetuado pelas instituições financeiras enquadram-se na cadeia produtiva agropecuária, conforme os moldes da Política Nacional de Desenvolvimento da Produção Agropecuária.[25] A título ilustrativo, dentre os objetivos da política de financiamento nacional, encontram-se o crédito de custeio, o crédito de investimento e o crédito de comercialização.[26]

Realizado o exercício de classificação acima descrito com resultado positivo, ou seja, configurada a utilização dos adiantamentos sobre operações de câmbio para auxílio da cadeia produtiva do agronegócio, não obstante o seja diretamente apenas para o agente exportador, afirma-se sua possibilidade de utilização como lastro de LCAs, guardadas as conclusões do item II (d) acima quanto à espécie de crédito a ser considerada como lastro nessas operações.

## *IV – Inadimplemento sob operações de ACC e ACE*

Para que seja identificado o cenário de inadimplemento em operações de ACC e ACE e as respectivas alternativas guardadas às instituições financeiras, é necessário que seja a presente seção dividida em duas partes distintas. Em primeiro lugar, será traçado o panorama de inadimplemento da empresa exportadora, seja por ações de sua responsabilidade direta, ou por responsabilidade indireta, na medida em que haja não cumprimento por parte do importador. Em continuação, serão tratadas as medidas a tomar em caso específico de falência ou recuperação judicial da empresa exportadora.

24. Define a lei 11.076/2004: "Art. 26. A Letra de Crédito do Agronegócio – LCA é título de crédito nominativo, de livre negociação, representativo de promessa de pagamento em dinheiro e constitui título executivo extrajudicial. Parágrafo único. A LCA é de emissão exclusiva de instituições financeiras públicas ou privadas".

25. "A partir da vigência da Lei 4.829/65, o crédito rural passou a ser concedido em sintonia com a Política Nacional de Desenvolvimento da Produção Agropecuária. A concessão de crédito rural é efetuada sob o controle técnico, jurídico e funcional, sendo atendido por equipes nas instituições financeiras especialmente formadas e que não pode se descuidar da observância rigorosa das condições, requisitos e finalidades de sua estrutura funcional. O crédito rural é o suprimento de recursos financeiros para aplicação nas finalidades e condições estabelecidas no Manual de Crédito Rural (MCR), utilizado por produtores rurais (pessoa física ou jurídica) e suas associações, por cooperativas de produtores rurais e por pessoa física ou jurídica que se dedique a atividades correlatas às atividades agrárias (...)" (Renato Macedo Buranello, *Sistema Privado de Financiamento do Agronegócio – Regime Jurídico*, 1ª ed., São Paulo, Quartier Latin, 2009, p. 320).

26. "(...) o MCR prevê que o crédito rural pode ter as seguintes finalidades: (i) *crédito de custeio*, destinado a cobrir despesas normais dos ciclos produtivos; (ii) *crédito de investimento*, destinado à aplicação em bens ou serviços cujo desfrute se estende por vários períodos de produção; e (iii) *crédito de comercialização*, destinado a cobrir despesas próprias da fase posterior à colheita ou a converter em espécie os títulos oriundos de sua venda ou entrega pelos produtores ou suas cooperativas" (Buranello, *Sistema Privado de Financiamento do Agronegócio*, p. 320 – grifos nossos).

(a) *Inadimplemento da empresa exportadora*

Conforme mencionado, a empresa exportadora poderá ser responsabilizada por não cumprimento direto ou indireto da operação de câmbio. Agirá de forma direta na medida em que, por culpa ou dolo,[27] não realizar a exportação nos exatos termos acordados com o importador, causando, assim, o não pagamento por parte deste e a quebra da estrutura de recebimento da qual seria beneficiada a instituição financeira.

Neste caso, é certa a ação reservada à instituição financeira contra a empresa exportadora por não cumprimento da operação de câmbio em sentido amplo.[28] Não cumprirá com os termos do contrato de compra e venda firmado com o importador e, portanto, com a cessão de crédito mediante a qual a instituição financeira receberia o pagamento do importador. Conseqüentemente, não providenciará a quantia em moeda estrangeira objeto do contrato de câmbio, frustrando a expectativa da instituição financeira em haver o montante para posterior negociação.

Em contrapartida, o inadimplemento da empresa exportadora quanto aos termos do contrato de câmbio (entrega do numerário em moeda estrangeira) poderá ocorrer de forma indireta, na hipótese de não cumprimento do contrato de compra e venda pelo importador, não obstante a realização da exportação pela empresa nos termos acordados. Neste caso, para que se possa responsabilizar a empresa exportadora e afastar a necessidade de busca do crédito perante o importador, é de suma relevância que aquela, cedente do crédito, assuma expressamente o encargo pelo cumprimento da obrigação do importador, na falta deste.[29]

O fundamento de tal assertiva encontra-se no Código Civil, que determina que, salvo disposição expressa constante nos termos do contrato de cessão de crédito, o cedente somente se responsabilizará pela existência do contrato originador do crédito cedido.[30] Dessa forma, é necessário que seja incluída na cessão de crédito disposição expressa por parte do cedente quanto ao cumprimento da obrigação.

27. Nesse sentido, é relevante mencionar em conjunto os arts. 186 e 927 do Código Civil, caracterizadores da responsabilidade civil: "Art. 186. Aquele que, por ação ou omissão voluntária, negligência ou imprudência, violar direito ou causar dano a outrem, ainda que exclusivamente moral, comete ato ilícito"; "Art. 927. Aquele que por ato ilícito, causar dano a outrem, fica obrigado a repará-lo".

28. A respeito de um caso de inadimplemento em ACC, segue trecho de acórdão do extinto 1º Tribunal de Alçada Cível do Estado de São Paulo: "Como já se salientou, o contrato, nos moldes em que está redigido, não espelha a realidade: a firma de calçados não os exportou, recebendo dólares, que está vendendo ao Banco. Promete exportar calçados, procura o Banco, para receber, adiantadamente, em reais, os dólares que receberá com a exportação; a instituição financeira adianta esse numerário, mas evidentemente cobrando encargos por essa operação e fica no aguardo da entrega dos documentos referentes à exportação, para poder receber os dólares. Se a exportação ocorrer, o Banco, com os documentos relacionados com a exportação, receberá as divisas negociadas, pois o importador estrangeiro pagará as mercadorias e o contrato ficará concluído. *Mas, se não houver a exportação das mercadorias ou se o importador não pagar por elas, o Banco ficará sem receber os dólares que adiantou à exportadora. E, nesse caso, esta responderá pelo inadimplemento.* (...) o inadimplemento se reduz a uma só espécie: do vencimento do contrato, sem satisfação da dívida, o que implica que o vendedor de divisas fique sujeito ao pagamento dos custos financeiros do contrato, tais como, diferença de taxa, juros contratados e de mora, deságio, despesas de protesto, etc." (Apelação Cível n. 785.495-7, 2ª C., Rel. Juiz Alberto Tedesco, j. 1.9.1999 – grifos nossos).

29. "Para que o cedente se responsabilize também pela solvência do cedido, é indispensável que o instrumento de cessão contemple cláusula expressa prevendo tal responsabilidade. Se omisso o documento representativo da cessão acerca da matéria, o cedente terá responsabilidade apenas pela existência do direito que transmitira ao cessionário ao tempo da cessão" (Fábio Ulhoa Coelho, *Curso de Direito Civil*, vol. 2, 2ª ed., São Paulo, Saraiva, 2005, p. 98).

30. Segue o artigo em referência: "Art. 296. Salvo estipulação em contrário, o cedente não responde pela solvência do devedor".

Assim, frustrado o recebimento da quantia em moeda estrangeira, seja por não cumprimento contratual do importador ou da empresa exportadora, a instituição financeira não necessitará buscar o ressarcimento referente perante o importador, ficando-lhe assegurado o direito de recebimento dos valores devidos frente à empresa exportadora, em âmbito nacional.

Por fim, note-se que o valor a ser percebido pela instituição financeira quando do inadimplemento da exportadora ou do importador deverá ser o do crédito cedido[31] e não aquele do montante adiantado através do ACC ou ACE. Justifica-se a menção a tal fator, pois, ordinariamente, o adiantamento estendido não representa a integralidade do crédito cedido, comportando deságio. Em sentido contrário, caberia à instituição financeira apenas o recebimento do crédito de adiantamento, inferior ao montante cedido pela exportadora, dada a natureza da operação.

(b) *Falência ou recuperação judicial da empresa exportadora*

A presente seção tem por objetivo demonstrar as vantagens na utilização de ACCs e ACEs quando da falência ou recuperação judicial da empresa exportadora.

Considerada a política nacional de fomento às exportações, a recuperação de valores oriundos de ACCs e ACEs encontra tratamento especial na legislação falimentar em vigor (Lei n. 11.101, de 9 de fevereiro de 2005), em consonância com a legislação que disciplina o mercado de capitais (Lei n. 4.728, de 14 de julho de 1965).[32]

Dessa forma, a Lei de Falências trata os créditos de operações de ACC e ACE como extraconcursais, ou seja, não sujeitos ao concurso de credores e aos demais efeitos da falência e recuperação judicial do devedor.[33] Assim, a forma de ressarcimento dos valores adiantados sob a égide de tais operações é de um pedido de restituição em dinheiro, a ser realizada em momento anterior à satisfação dos demais credores em concurso. Além disso, de maneira radical, conforme posição doutrinária atual,[34] o ressarcimento dos valores adiantados não deveria estar sujeito sequer ao pedido de restituição por parte das instituições financeiras, devendo ser realizado de ofício pelo administrador judicial.

31. "Quando assumir, por declaração de vontade, a responsabilidade também pela solvência do cedido, o cedente deve pagar ao cessionário o valor do crédito transmitido, na hipótese de cair insolvente o devedor" (Ulhoa, *Curso de Direito Civil*, pp. 98-99).

32. "Contrato de Câmbio. Concordata. Pedido de Restituição. I – A finalidade do § 3º do art. 75 da Lei 4.728, de 1965, foi facilitar o financiamento da exportação do País e, assim, armou os créditos oriundos desses contratos de câmbio de uma garantia maior do que as comuns, permitindo que, no caso de falência ou concordata, o credor não tenha a necessidade de habilitar-se, sendo-lhe lícito o pedido de restituição" (STJ, REsp n. 1.888-SC, Rel. Ministro Waldemar Zveiter, publicado em 4.6.1990).

33. Seguem os artigos referentes a, respectivamente, cenário de recuperação judicial (art. 49) e de falência (art. 86) da Lei de Falências: "Art. 49. Estão sujeitos à recuperação judicial todos os créditos existentes na data do pedido, ainda que não vencidos. (...) § 4º. Não se sujeitará aos efeitos da recuperação judicial a importância a que se refere o inciso II do art. 86 desta Lei"; e "Art. 86. Proceder-se-á à restituição em dinheiro: (...) II – da importância entregue ao devedor, em moeda corrente nacional, decorrente de adiantamento a contrato de câmbio para exportação, na forma do art. 75, §§ 3º e 4º, da Lei n. 4.728, de 14 de julho de 1965, desde que o prazo total da operação, inclusive eventuais prorrogações, não exceda o previsto nas normas específicas da autoridade competente".

34. "Particularmente em relação às restituições fundadas no art. 75, § 4º, da Lei 4.728/1965, não há sentido em submeter o atendimento do direito material ao procedimento do pedido de restituição. Ao administrador judicial cabe, assim, verificar a presença do único pressuposto de existência do direito – vinculação da operação financeira entre o banco estrangeiro e o nacional ao financiamento de exportador via ACC – e proceder à restituição" (Fábio Ulhoa Coelho, "O direito à restituição de recursos fornecidos por bancos estrangeiros", *Revista de Direito Bancário e do Mercado de Capitais*, ano 10, n. 36, abr.-jun./2007, pp. 210-211).

Por força dos ditames legais mencionados, no caso de falência ou recuperação judicial da empresa exportadora, é demasiadamente provável o recebimento por parte das instituições financeiras dos valores adiantados sob ACCs e ACEs, porquanto extraconcursais. É bem verdade que se a exportação já tiver sido realizada e o valor for pago pelo importador após a decretação da falência ou da recuperação judicial, carecerão de aplicabilidade os artigos da Lei de Falências, uma vez que a instituição financeira receberá o crédito diretamente do importador. Somente é possível tal recebimento, não obstante a situação crítica da empresa exportadora, pois a cessão de crédito realizada fora do alcance dos efeitos da Lei de Falências transfere absolutamente a propriedade dos recebíveis ao cessionário,[35] no caso, a instituição financeira.

No entanto, é relevante observar que, caso o importador não pague os valores que deve, seja por responsabilidade própria ou da empresa exportadora, será assegurado à instituição financeira o recebimento extraconcursal apenas dos valores que adiantou sob os ACCs e ACEs, independentemente da empresa exportadora responsabilizar-se pelo cumprimento da obrigação do importador, pois tais obrigações da importadora são consideradas créditos obrigacionais (quirografários) e, portanto, sujeitos ao concurso de credores nos termos da Lei de Falências.

## *V – Conclusão*

A partir das premissas expostas ao longo do presente trabalho, é possível concluir-se que:

(i) As operações de ACC e ACE não representam, por conta do adiantamento de numerário da instituição financeira à empresa exportadora, crédito. O crédito contido em tais operações é aquele oriundo da cessão realizada pela empresa exportadora à instituição financeira, originado do contrato de compra e venda mercantil celebrado com o importador.

(ii) O crédito passível de utilização como lastro em títulos de emissão das instituições financeiras é, conforme exaustivamente exposto, aquele devido pelo importador e cedido à instituição financeira. Não obstante, é parte componente das operações de ACC e ACE, assim considerado como mecanismo de liquidação destas.

(iii) Nos termos da política de financiamento do agronegócio e dos princípios norteadores da criação da Lei 11.076/2004, o lastro das LCAs, no caso, o direcionamento das operações de ACC e ACE, deve guardar relação estreita com o desenvolvimento da cadeia produtiva agropecuária.

(iv) O inadimplemento do contrato de câmbio pela empresa exportadora, direta ou indiretamente, ocorrido no curso normal de suas atividades, sujeita-a ao ressarcimento integral do crédito cedido à instituição financeira. Para tanto, deve ser observada a formalização adequada do contrato de cessão de crédito, considerada, assim, aquela que compreende, dentre outros termos, disposição expressa quanto à responsabilidade da empresa exportadora pelo inadimplemento do importador e notificação ao importador quanto aos termos da cessão.

(v) No caso de falência ou recuperação judicial da empresa exportadora, os créditos originados em operações de ACC e ACE serão considerados extraconcursais, representando privilégio de recebimento por parte das instituições financeiras. Quando houver adimplemento por parte do importador, fica prejudicado o pedido de restituição dos valores, conforme estabelecido na Lei de Falências. Todavia, caso não haja pagamento por parte do importador, fica a instituição financeira possibilitada de receber em caráter extraconcursal apenas a quantia adiantada.

35. Sobre o caráter de alienação do crédito mediante cessão, segue posição doutrinária: "Inspirada nessa tendência, surgiu uma outra teoria, sustentando a transmissão *definitiva* ao cessionário, perdendo o cedente, por fôrça da cessão, todo o direito que lhe assistia, do mesmo modo como se fosse um alienante qualquer" (Serpa Lopes, *Curso de Direito Civil*, p. 454).

# RESPONSABILIDADE CIVIL POR DANO DECORRENTE DA PRÁTICA DE ATO LÍCITO: O DANO EMERGENTE DO PROTESTO CAMBIÁRIO

Joyceane Bezerra de Menezes

Uinie Caminha

*Introdução. 1. Da responsabilidade civil – Da culpa à reparação efetiva dos danos: 1.1 Responsabilidade civil por dano decorrente de atividade lícita. 2. A responsabilidade do apresentante no protesto cambiário: 2.1 Conceito de protesto; 2.2 Finalidade do protesto; 2.3 O dano emergente do protesto e sua reparação: 2.3.1 Entendimento do Superior Tribunal de Justiça. 3. Considerações finais.*

## *Introdução*

O substrato ético da responsabilidade civil não se confina apenas no dever de indenizar o dano decorrente de uma violação dolosa ou culposa de direito. A diversidade das atividades econômicas na sociedade moderna foi capaz de ampliar as ocorrências lesivas a ponto de suscitar o problema do dano anônimo, do dano sem culpa e ainda do dano decorrente da prática de ato lícito. Assim, para garantir o direito ao ressarcimento efetivo do lesado, admitiu-se a responsabilidade civil por dano decorrente da prática de ato lícito, dispensando completamente o elemento culpa.

No que toca às atividades empresariais há uma incidência marcante da responsabilidade civil objetiva, assim compreendida como aquela que dispensa a culpabilidade e até mesmo a antijuridicidade para concentrar a atenção no dano. No Brasil, o Código de Defesa do Consumidor é emblemático na imposição da responsabilidade sem culpa para assegurar o ressarcimento ao cidadão consumidor ou equiparado, vítima de fato danoso. O Código Civil de 2002 trouxe dispositivo com o mesmo ânimo, como se verifica no art. 931.

Isto em face da constatação de que as atividades econômicas se desenvolvem com a possibilidade de ofensa danosa, mesmo quando o exercente haja tomado todas as medidas acautelatórias de segurança. São as *externalidades* que o processo produtivo industrial não consegue reduzir a zero, findando por lesionar o adquirente ou outro cidadão, nominado pela doutrina americana de *bystander*. Na dicção de Ulrich Beck (1998), vive-se a sociedade de risco, cuja característica central são os perigos invisíveis, transnacionais e transgeracionais gerados pela sociedade mega-industrial.

No contexto da sociedade de riscos, a responsabilidade civil não pode permanecer com os mesmos paradigmas oitocentistas e, finda por migrar para uma disciplina da reparação dos danos. Do que resultam as seguintes indagações: o fornecedor (empresário) poderia, no exercício de sua atividade econômica, regular e lícita, ser chamado a responder por dano causado ao consumidor? Que tipo dano suscitaria esta responsabilidade? Tratar-se-á de uma responsabilidade extracontratual ou contratual? Considerando a cláusula geral da boa-fé a que os contratos de consumo estão sujeitos, e os conseqüentes deveres anexos de segurança, informação e zelo, bem como o dever de garantir-se a segurança ao consumidor, imposto pelo art. 8º do CDC, eventual dano ao consumidor configuraria descumprimento do dever legal e/ou contratual e assim, importaria em dano decorrente de ilícito?

Este artigo discute o tema sob uma estruturação formal e material voltado à busca de respostas a estas indagações para, ao final, concentrar atenção na licitude do protesto cambiário. Parte de uma análise da teoria geral da responsabilidade civil, enfocando as hipóteses de responsabilidade civil por ato lícito, mesmo quando sua prática é admitida por lei. Por ilustração discute-se eventual dano emergente do protesto cambiário.

## *1. Responsabilidade civil – Da culpa à reparação efetiva dos danos*

Os autores são concordes em que o verbete *responsabilidade* é bastante polissêmico. A raiz latina da palavra *spondeo* representava o vínculo existente entre os contratantes verbais, no direito romano (Aguiar, 2006, p. 4). Houaiss apresenta a seguinte definição: "(...) Em campos diversos como a moral, a filosofia e o direito, o vocábulo *responsabilidade* pode ser empregado, como o dever que tem o sujeito de arcar com os efeitos de seus atos e omissões".

Embora haja certa conexão entre o conteúdo da norma moral e da norma jurídica relativamente à responsabilidade pela reparação do dano, ao Direito interessa a manutenção da paz social e não necessariamente a perfeição espiritual do homem. Importa-lhe, muito mais, o efeito concreto das ações ou omissões do homem em face do outro e/ou da sociedade – qual seja, o dano que turba a vida social e atinge o indivíduo e/ou a coletividade. A norma jurídica deve impor a responsabilidade pela reparação, no campo civil, e aplicar ao ofensor, no campo do direito penal, a devida sanção.

No plano filosófico, a responsabilidade civil está profundamente relacionada ao elemento culpa. No Direito, esteve, tradicionalmente, associada ao dever de reparação por dano decorrente da prática de ato ilícito, em cuja definição está a culpabilidade.[1] Os pressupostos da responsabilidade subjetiva seriam o dano, o ato ilícito, a imputabilidade e o nexo causal entre os dois primeiros. Como não há responsabilidade sem dano, imperiosa seria a sua ocorrência, manifesta pelo prejuízo material ao patrimônio do lesado ou por uma ofensa a valores não patrimoniais que lhe são caros. Mas a causa motriz do dano indenizável, nesta primeira análise, teria de ser uma ação ou omissão culposa de alguém dotado de sanidade suficiente para perceber a ilicitude do ato ou fato lesivo.

No Código francês de 1804, a culpa alimenta a responsabilidade civil. E nisto, essa codificação foi seguida por tantas outras que compõem a família romano-germânica, a exemplo dos Códigos da Espanha (1889), de Portugal (1967) e do Brasil, em 1916, sob o reflexo do intenso individualismo político e econômico da doutrina liberal burguesa.

O Código Civil brasileiro, de 2002, manteve a regra geral da responsabilidade civil subjetiva, pautada na culpa do agente, muito embora preveja a responsabilidade civil sem culpa nos casos em que lei especial impõe, nas hipóteses de atividade de

1. No Brasil, a culpa sempre esteve ínsita ao conceito de ato ilícito (Stoco, p. 113).

risco e em alguns casos pontuais que enumera.[2]

No Brasil, a culpa ainda integra o conceito de ato ilícito, conforme se depreende da dicção do art. 186.[3] Os pressupostos do ato ilícito são a violação de direito por culpa associada à causação de dano patrimonial ou não patrimonial. Portanto, ato ilícito é a violação de direito decorrente de lei ou de instrumento contratual, por ação ou omissão voluntária (dolo), negligência, imperícia ou imprudência (culpa). A mera violação de direito não é suficiente para configurar o ato ilícito, é necessário que esta violação dolosa/culposa seja a causa determinante de um dano de natureza patrimonial ou não patrimonial, ou seja, é necessário o nexo causal entre a violação culposa ou dolosa e o dano.

Procurando extirpar a concepção individualista de um liberalismo ultrapassado defensor de um direito subjetivo absoluto, o atual Código Civil qualificou o abuso de direito como uma modalidade de ato ilícito, com o fim de assegurar a reparação dos danos dali decorrentes.[4] Configura abuso de direito, o exercício do direito manifestamente excessivo em relação aos limites impostos pelo seu fim econômico ou social, pela boa-fé ou pelos bons costumes (art. 187).

Pedro Baptista Martins (1941, pp. 57-58) advertia sobre a importância da análise da função social dos direitos subjetivos, na qualificação do abuso. Pois na medida em que o exercício do direito subjetivo se desligasse da sua finalidade social ou econômica, ter-se-ia um exercício antifuncional, uma confiança legítima enganada, de modo que fugiam ao aspecto teleológico da norma protetiva, e apenas dissimulavam uma aparência de legalidade. A percepção do autor é absolutamente atual, e já materializava os ares da boa-fé que alimenta a disciplina das relações privadas com a tônica da solidariedade e eticidade.

Para atender a demandas atuais, que cresceram com o avanço do progresso tecnológico e industrial, e mesmo assim alcançam a legitimação do princípio romano do *neminem laedere*, a tradicional disciplina da responsabilidade civil se dilarga para representar a disciplina do ressarcimento, uma sistemática do direito dos danos. Da culpa provada, passou-se a admitir a culpa presumida[5] para, posteriormente, dispensar-se a culpa na imputação da responsabilidade civil, permitindo a ocorrência daquilo que Savatier designou por hipertrofia da responsabilidade civil (Aguiar, 2006, p. 16). A responsabilidade civil absorveu toda a matéria de reparação de danos.

Inverteu-se a lógica da responsabilização: é imperioso não apenas evitar os danos, mas também minimizar os riscos (Andrade, 2005, p. 158). Ocorrido o dano, o importante não é identificar o culpado, mas

2. Tepedino entende que (2004, p. 195) o Código Civil de 2002 estabeleceu um modelo dualista no qual convivem regras de responsabilidade civil subjetiva e objetiva. Stoco (2007, p. 131) discorda deste posicionamento, argumentando que manteve-se a cláusula geral de responsabilidade subjetiva com a previsão de casos pontuais em que se aplicam a responsabilidade objetiva.

3. "Art. 186. Aquele que, por ação ou omissão voluntária, negligência ou imprudência, violar direito e causar dano a outrem, ainda que exclusivamente moral, comete ato ilícito."

4. É certo que a tipificação do abuso de direito como ato ilícito vai de encontro a moderna teoria do direito civil, para a qual na configuração do abuso de direito não há que perquirir-se sobre a culpa (Calixto, 2008, p. 175). Vejam-se as práticas comerciais abusivas previstas no CDC, na sua configuração não há que perscrutar-se sobre a culpa do fornecedor.

5. A partir do final do século XIX, constatou-se que o ônus da prova que se impunha à vítima findava por impossibilitar a reparação, *fundamentando* o surgimento das primeiras teorias favoráveis à presunção da culpa do ofensor pelos danos causados por sua conduta (Calixto, 2008, p. 150). O presumível ofensor poderia afastar a culpa, provando que o resultado danoso não guarda qualquer relação com a sua conduta. Coube às teorias da presunção da culpa transformar a culpa extracontratual em culpa contratual, justificando que determinados tipos contratuais seriam geradores de uma obrigação de resultado, como, p. ex., a garantia de integridade física do transportado no contrato de transporte.

localizar quem não evitou os riscos ou quem deverá repará-lo. O grande desafio da atual sociedade é a gestão dos riscos.

*1.1 Responsabilidade civil por dano decorrente de atividade lícita*

A ampliação da responsabilidade civil objetiva tem fundamento no princípio da dignidade da pessoa humana, princípio constitucional conformador e na concepção socializadora do direito dos danos. Mas como justificar o dever de reparar danos causados a terceiros, no exercício regular de um direito, em face do Direito Civil?

San Tiago Dantas (2001, pp. 309-309) e Ordoqui Castilla (1996, p. 13) entendem que o dever de reparar prevalece, mas não como responsabilidade civil e sim como obrigação de compensar dano decorrente de ato lícito.[6] Pois a responsabilidade civil se caracteriza como um dever jurídico sucessivo que emerge da violação de um dever jurídico originário caracterizador da obrigação. Note-se que esta conceituação está profundamente imbricada ao conceito de ato ilícito (dever decorrente da violação de um dever jurídico originário).

A par das críticas formais apresentadas pelos civilistas acima, importa notar que a locução *responsabilidade civil* é empregada em várias codificações para também albergar o dever de reparação do dano causado por conduta lícita. Não importa aos ditames da justiça o aprisionamento do direito às categorias, produto abstrato da razão, afinal o direito existe para a sociedade e deve acompanhar às suas demandas, movido por um largo e profundo sentimento de solidariedade social (Martins, 1941, pp. 12-13; v. também Fachin, 2000, p. 90).

É certo que nem sempre haverá lugar para a reparação do dano decorrente de ato lícito. O locatário que pretende retomar o seu imóvel para vender, por exemplo, respeitando o direito de preferência do inquilino, está no exercício regular do direito de propriedade e, este ato, por si só, não induzirá a reparação do dano que o inquilino sofrerá, pelos incômodos da sua mudança. Assim é importante tentar um esclarecimento sobre os contornos do dano passível de reparação nessas circunstâncias.

O Código Civil italiano faz referência ao dano injusto. O Código Civil argentino[7] prevê o exercício abusivo do direito, quando contraria o fim estabelecido pela boa-fé, pela moral e pelos bons costumes. À semelhança do Brasil, na Argentina o exercício do direito tem a tutela reservada aos limites da boa-fé, o que inequivocamente inclui a função socioeconômica. Fernando Noronha (2003, p. 373) adverte que o fato do ato ser lícito não significa, por isso, que não seja *antijurídico*, na medida em que as suas conseqüências sejam lesivas a terceiros.

Texto esclarecedor da obra do português João de Matos Antunes Varela, apresentado por Calixto (2008, p. 167), diz sobre a matéria que: "o ato pode ser lícito, expressamente autorizado ou não reprovado por lei, e obrigar, todavia, sem a menor quebra da lógica jurídica, o agente a ressarcir o terceiro do prejuízo que o ato eventualmente lhe causou. O ato, apesar de danoso, pode ser lícito, por visar a satisfação de um interesse coletivo ou de um interesse qualificado de qualquer particular. Mas

6. Sob esse argumento defende que o dano decorrente de ato lícito não se compreende no conceito de responsabilidade civil, mas se expresse como uma *obrigação de compensar os danos causados por condutas lícitas*. Em sua locução "no podemos admitir que el mismo término se utilice para individualizar fenómenos jurídicos que son antagónicos totalmente, en la fuente de la obligación, en sus elementos estructurales y funcionales" (Castilla, 1996, pp. 11-13).

7. "Articulo 1.071. El ejercicio regular de un derecho propio o el cumplimiento de una obligación legal no puede constituir como ilícito ningún acto. La ley no ampara el ejercicio abusivo de los derechos. Se considerará tal al que contraríe los fines que aquélla tuvo en mira al reconocerlos o al que exceda los límites impuestos por la buena fe, la moral y las buenas costumbres."

pode, ao mesmo tempo, não ser justo que ao interesse coletivo ou qualificado, justificado do ato, se sacrifiquem, sem nenhuma compensação, os direitos ou os bens da pessoa por ele concretamente atingida".

Por apego à teoria tradicional francesa da responsabilidade civil pautada no ato ilícito, autores como Cavalieri Filho (2007, pp. 31-33) defendem uma dupla dimensão da ilicitude: uma ampla e outra restrita. Em sentido amplo, o ilícito tem por foco o ato em si, por contrário ao direito, sem qualquer atenção ao elemento intencional ou psicológico. Seria o que Noronha (2003) designa por antijurídico. O ilícito em sentido restrito seria aquele bem tipificado no art. 186 do Código Civil brasileiro, correlato à idéia de responsabilidade civil subjetiva. Já o ato ilícito em sentido amplo daria ensejo à responsabilidade civil objetiva, como observa Cavalieri (2007).

Calixto (2008, p. 170) não vê necessidade na bipartição do ato ilícito para justificar ou fundamentar a responsabilidade civil objetiva, como se aquele fosse fundamento único da responsabilidade. Entende que a causa motriz da responsabilidade objetiva é o dano e não a conduta do agente. De fato, toda a classificação acima tem como pano de fundo a idéia de que a responsabilidade civil não subsiste sem a figura do ato ilícito. No entanto, é oportuno lembrar a lição de Clóvis Beviláqua (1957, p. 226) para quem o ilícito não é capaz de esgotar as causas da responsabilidade civil.

A corrente solidarista do direito civil contemporâneo impõe a ampliação do ressarcimento, enfocando atenção no dano e não na culpa do agente. Nestes termos, importa ver a dimensão jurídica do dano. Castilla (1996, p. 14) classifica os danos em: *dano sem relevância ressarcitória*, oferecendo o exemplo, da destruição de bem próprio de pequeno valor, e, *dano com relevância aos efeitos ressarcitórios ou compensatórios*, aqui considerado como resultante de atividade lícita ou ilícita para o qual a norma aplica uma resposta repressiva (ressarcitória) ou compensatória.

Para Castilla (1996, p. 14), na medida em que o ato lícito[8] provocar dano na esfera patrimonial ou não patrimonial de pessoa diversa do autor da conduta, o ordenamento jurídico determinará, em alguns casos, a obrigação de compensar. Sob a perspectiva da vítima este dano não é justificável, trouxe-lhe o prejuízo injusto e assim, gerou uma situação antijurídica. Embora o direito permita o exercício de certas atividades potencialmente perigosas, não pode legitimar os prejuízos que eventualmente causarem a terceiros. Na construção desse entendimento, Castilla se ancora no argumento do argentino Vazquez Ferreyra (1996, p. 15), segundo o qual,

"En estos casos la responsabilidad no nace porque el acto esté prohibido por la ley expresamente, sino porque está vedada la ejecución u omisión de conductas que pueden interferir en la esfera patrimonial o moral de otra persona, generando el entuerto perjudicial o dañoso, lo cual es así en virtud de que la ejecución de una actividad lícita no conlleva, como indispensable corolario, la licitud de todas las consecuencias resultantes, ni legitima indiscriminadamente todos los perjuicios causados.

"Una cosa es que se justifique el causar daño a una persona (por ej. al sacar un tesoro) y otra es calificar esa conducta como antijurídica a los efectos civiles en la medida en que ella ocasiona un daño. Este daño desde el punto de vista de la víctima no encuentra justificativo. Cuando una conducta permitida causa un daño, genera una situación antijurídica."

O Brasil admite, historicamente, o dever de reparação de danos causados por ato lícito nas hipóteses dos arts. 929[9] e 930[10] do Código Civil/2002, quando esses danos

8. Age no campo da licitude aquele cuja conduta ou omissão não infringe conteúdo normativo.

9. "Art. 929. Se a pessoa lesada, ou o dono da coisa, no caso do inciso II do art. 188, não forem culpados do perigo, assistir-lhes-á direito à indenização do prejuízo que sofreram."

10. "Art. 930. No caso do inciso II do art. 188, se o perigo ocorrer por culpa de terceiro, contra este

são causados para remoção de perigo iminente. A atuação destrutiva é considerada lícita em face da excludente de ilicitude prevista no art. 188,[11] mas nem por isso, elimina a possibilidade de reparação do dano causado a terceiro. A adoção da teoria do risco também faz emergir o dever de reparar o dano, mesmo decorrente de atividade lícita. Voga a teoria do risco-proveito segundo a qual, havendo nexo causal entre a atividade e o dano, emerge o dever de reparar o lesado (art. 927, parágrafo único). O agente responde em função do dano correlacionado à atividade de risco que desenvolve; e assim ocorre pelo fato da natureza da atividade desenvolvida implicar em riscos para os direitos de outrem. Caberá excludente de responsabilidade se o autor demonstrar a inocorrência ou a quebra do nexo causal entre o dano e a atividade, levantando a culpa exclusiva da vítima ou de terceiro, a força maior ou o caso fortuito.

A teoria do risco integral, modalidade específica, impõe a reparação independentemente de qualquer excludente. A responsabilidade civil do Estado também pode ocorrer na hipótese de o agente atuar no estrito cumprimento do dever legal. Porém, o escopo deste artigo leva a análise mais apurada da responsabilidade do apresentante do título no caso de protesto. Cabe indenização por dano decorrente de protesto cambiário quando o ato se corporifica em exercício regular de direto? Antes, contudo, de abordarem-se os efeitos danosos do protesto, há que se estabelecer algumas notas importantes sobre a natureza e finalidade desse ato jurídico.

terá o autor do dano ação regressiva para haver a importância que tiver ressarcido ao lesado."

11. "Art. 188. Não constituem atos ilícitos: I – os praticados em legítima defesa ou no exercício regular de um direito reconhecido; II – a deterioração ou destruição da coisa alheia, ou a lesão a pessoa, a fim de remover perigo iminente. Parágrafo único. No caso do inciso II, o ato será legítimo somente quando as circunstâncias o tornarem absolutamente necessário, não excedendo os limites do indispensável para a remoção do perigo."

## *2. A responsabilidade do apresentante no protesto cambiário*

### *2.1 Conceito de protesto*

Conforme o art. 1º da Lei n. 9.492/1997: "Protesto é o ato formal e solene pelo qual se prova a inadimplência e o descumprimento de obrigação originada em títulos e em outros documentos de dívida".

O conceito descrito possibilita a extração de algumas características do protesto, quais sejam: (i) ato formal e solene, (ii) prova da inadimplência e do descumprimento e, ainda, (iii) obrigação originada em títulos e em outros documentos de dívida.

Ato formal é aquele cuja forma de constituição é determinada por lei. Esta prescreve todo o procedimento a ser adotado na concepção do ato, a fim de que possua validade. Assim, para o protesto ser registrado, faz-se necessária a obediência aos ditames da lei reguladora do seu procedimento.

O art. 104 do Código Civil (CC) dispõe sobre a forma como um dos requisitos de validade do negócio jurídico: "A validade do negócio jurídico requer: (...); III – forma prescrita ou não defesa em lei".

Apesar de o artigo acima referir-se à validade do negócio jurídico, esses requisitos também são necessários para a validade dos atos jurídicos, que é o caso do protesto, por força do art. 185, CC, que determina serem aplicáveis aos atos jurídicos lícitos as disposições referentes aos negócios jurídicos. Conforme o art. 185: "Aos atos jurídicos lícitos, que não sejam negócios jurídicos, aplicam-se, no que couber, as disposições do Título anterior".

Ato solene é aquele que a lei, por sua importância, prevê um ritual a ser respeitado para a sua constituição. A solenidade do protesto está contida em sua formalidade, já que a obrigatoriedade do seu registro ser efetivado junto a uma Serventia de Protesto, perante o tabelião competente é uma prescrição legal, o que deve ser respeitado.

O segundo ponto a ser analisado sobre o conceito de protesto refere-se à expressão "prova da inadimplência e do descumprimento" de obrigação contida em títulos e em outros documentos de dívida. Originariamente, o protesto era restrito aos títulos de crédito. Porém, com o advento da Lei n. 9.492/1997 surgiu a possibilidade de se registrar o protesto para outros documentos passíveis de execução pela via judicial.

Juridicamente, a distinção entre descumprimento e inadimplência é irrelevante, pois a inadimplência pressupõe o não-cumprimento de obrigação, seja de pagar, de fazer ou de entregar. Sílvio Rodrigues (2002, p. 124), ao explicar a idéia de adimplemento, explica: "Aqui se encontra fixada a idéia de cumprimento, ou adimplemento da obrigação. O adimplemento é ato jurídico que extingue a obrigação, realizando-lhe o conteúdo".

O Código Civil, em seu Título IV, trata do inadimplemento das obrigações, e, ao disciplinar o assunto em seus artigos, utiliza as palavras inadimplemento e descumprimento de forma sinônima, ou melhor, trata o inadimplemento como o não-cumprimento. Nas disposições gerais sobre o inadimplemento prevê: "Art. 389. Não cumprida a obrigação, responde o devedor (...)". O inadimplemento é, portanto, o descumprimento de uma obrigação.

A expressão "prova da inadimplência e do descumprimento" possui estrita relação com outros documentos de dívidas. Cite-se como exemplo o contrato assinado por duas testemunhas, título executivo extrajudicial, é um documento protestável. Todavia, no caso dos títulos de crédito, provar a inadimplência e o descumprimento nem sempre expressa o objetivo do protesto.

Dessa forma, quando se tratar de protesto de outros documentos, em tese, encontra-se a possibilidade de inadimplemento ou descumprimento de obrigação. Em se tratando de títulos de crédito a situação não é a mesma.

Não se pode relacionar, em todos os casos, o protesto ao inadimplemento, pois nem sempre aquele que é apontado a cumprir determinada obrigação está vinculado ao seu adimplemento. É o caso do sacado de uma letra de câmbio que não está obrigado ao aceite nem ao pagamento da mesma.

O protesto cambiário pode se dar por falta de aceite, falta de data de aceite, falta de devolução, e o mais comum, por falta de pagamento. A depender do tipo de protesto, este pode ter finalidade diversa daquela descrita em seu conceito, ou seja, nem sempre tem o escopo de provar o inadimplemento.

Nesse contexto, pode-se dizer que o conceito de protesto descrito na Lei n. 9.492/1997 consagra as hipóteses relacionadas a outros documentos de dívida, aplicando-se parcialmente aos títulos de crédito, por não conseguir abranger todos os tipos de protesto cambiário.

Assim, faz-se necessário trazer à tona o entendimento de alguns estudiosos a respeito do assunto. Amador Paes de Almeida (2006, p. 385, grifos originais), ao iniciar suas explicações a respeito do protesto, o trata como meio assecuratório do exercício do direito e explica: "A lei assegura ao titular do direito uma série de meios que tornem efetivo o seu exercício. Alguns desses meios podem ser utilizados antes que ocorra qualquer violação do direito, outros devem ser utilizados na ocorrência desse fato. Visando a conservação e ressalva do direito surge o *protesto* que pode ser conceituado como *o ato formal extrajudicial, que objetiva conservar e ressalvar direitos*".

Fran Martins (1997, p. 199, grifo original), no capítulo dedicado ao estudo da letra de câmbio, assevera que: "Entende-se por *protesto* o ato solene destinado principalmente a comprovar a falta ou recusa do aceite ou do pagamento da letra. (...) a sua finalidade maior é comprovar a falta ou recusa do aceite ou do pagamento, sendo assim, um *meio de prova*". E continua: "Convém, entretanto, esclarecer que o protesto cambial não cria direitos. Meio de prova especialíssimo, próprio dos títulos cambiários, ele apenas atesta um fato, a falta ou recusa do aceite oú do pagamento".

Fábio Ulhoa Coelho (2002, p. 422), ao iniciar sua explicação sobre protesto, apresenta o conceito descrito na Lei n. 9.492/1997, a fim de expor sua crítica a respeito do mesmo. Em seguida, explica: "Esse conceito de protesto, embora legal, não é o correto. Há protestos que nele não se podem enquadrar, como o de falta de aceite da letra de câmbio. (...) Na verdade, o protesto deve-se definir como ato praticado pelo credor, perante o competente cartório, para fins de incorporar ao título de crédito a prova de fato relevante para as relações cambiais. (...) Através desse ato, por outro lado, o credor formaliza a prova de fato jurídico, cuja ocorrência traz implicações às relações creditícias representadas pela cambial".

Essa definição revela a principal crítica feita ao conceito legal de protesto: o fato de o protesto ser entendido como prova do inadimplemento. Conforme destaca Fábio Ulhoa (2002), o conceito adotado pela disciplina legal do protesto contém uma impropriedade em seu bojo, pois não consegue englobar todas as espécies de protesto extrajudicial.

Domingos Franciulli Netto (2006, p. 753), conclui a respeito do protesto: "O protesto é, então, evento, prova, nunca fonte ou forma criadora de expressão de direito. (...) Em resumo, é a vontade do portador que determina a conservação ou extinção de direitos e obrigações cambiários. O protesto ou não-protesto é o veículo probatório da revelação da dita vontade".

Em geral, a doutrina coaduna do entendimento de que o protesto é um ato formal e solene, que serve como meio de prova e preservação de direitos. Destaque-se que esse conceito é construído a partir do estudo e análise dos principais títulos de crédito. Assim, pode-se dizer que se trata do conceito de protesto relacionado aos títulos cambiários.

### *2.2 Finalidade do protesto*

Protesto cambiário é o ato formalizado pelo tabelião, a pedido do apresentante, mas praticado pelo credor de um título de crédito, que objetiva provar algum fato de relevância na relação cambial, a fim de que o credor, por ter esse ônus, possa exercer seu direito de crédito em relação a qualquer um dos obrigados no título.

O principal aspecto do conceito de protesto cambiário refere-se ao seu objetivo: provar um acontecimento. Esse acontecimento pode ser a falta de pagamento, a falta de aceite, a falta de data de aceite ou mesmo a falta de devolução, este, não tão comum nos dias de hoje.[12] São fatos de extrema importância para o exercício do direito de crédito pelo credor.

Nesse contexto, pode-se dizer que, havendo coobrigação no título, o protesto cambiário é um ônus, e não uma faculdade, pois se o credor não registrá-lo, a legislação cambiária prevê uma conseqüência para a omissão: a perda do direito de crédito em relação aos coobrigados do título. Em alguns casos, o protesto é necessário mesmo para executar o obrigado principal, é o caso da duplicata com aceite presumido.

Giuseppe Chiovenda (2002, p. 430), ao tratar sobre os direitos e deveres das partes na disciplina processual, não se furta a expor o significado de ônus no sentido jurídico, que não se limita ao direito pro-

12. O protesto por falta de devolução da duplicata ocorre quando o título é enviado ao sacado para aceite e não é devolvido. Neste caso, o credor aponta o título a protesto por indicação. Em virtude da possibilidade de aceite presumido na duplicata, que se verifica quando o credor possui o comprovante da entrega das mercadorias, o envio de duplicata para aceite ordinário, expresso no título, tornou-se dispensável.

cessual: "De outra parte, não há confundir com o dever a *necessidade* de agir por determinado modo, com a qual uma pessoa pode ver-se a braços quando se propuser obter certo resultado. A condição, em que pode uma pessoa encontrar-se, de ter de agir de certa maneira para alcançar certo resultado ou evitar certa conseqüência danosa toma a denominação de ônus, (...). Ainda nestes casos, a vontade do sujeito é vinculada, não porém (como na obrigação) a favor de um interesse alheio e sim antes, a favor de um interesse próprio, que a eventual omissão prejudicaria objetivamente" (grifo original).

Nesse sentido, pode-se dizer que o protesto, quando representar uma necessidade para o credor, sua prática será um ônus, cuja inércia, nas palavras de Chiovenda (2002), o prejudica objetivamente.

Apesar da figura do ônus ter maior relevo no direito processual, como o conhecido ônus da prova, o certo é que o direito substancial também disponibiliza o direito à prática de determinados atos para que o seu titular atinja determinado fim, que somente lhe diz respeito, caso o efetive. Porém, a não-concretização do ato traz como efeito algo que danifica o seu patrimônio jurídico.

Cite-se como exemplo de ônus material, a necessidade de o adquirente de bem imóvel registrar o título translativo no Registro de Imóvel para a constituição do direito real. Dessa forma, conforme o art. 1.245, § 1º, do Código Civil: "Enquanto não se registrar o título translativo, o alienante continua a ser havido como dono do imóvel". Dessa forma, se o adquirente não praticar o ato de registro junto à serventia competente, a conseqüência é que o alienante continua sendo o titular do direito real.

José Maria Rosa Tesheiner (1976, *on line*) expõe de forma esclarecedora a figura do ônus existente tanto no direito processual quanto no direito material, dizendo que: "Do processo, a idéia de ônus saltou para o direito material".

O ônus de protestar, previsto no direito material, na legislação específica de cada título é um ato autorizado pela lei a ser praticado pelo credor. Porém, essa possibilidade não pode ser entendida como sinônimo de faculdade. A prática do ato está à disposição do credor, que pode praticá-lo ou não. Existe a hipótese de uma atitude omissiva. Porém, a inércia do credor traz como resultado a perda do exercício de um direito.

Fran Martins (1997, p. 206), ao explicar os efeitos do protesto, expõe: "(...) não se trata de *protesto obrigatório*: o que a lei afirma é que a comprovação da recusa do aceite ou do pagamento deve ser feita mediante o protesto do título, protesto esse, entretanto, que fica ao arbítrio do portador. Caso este não a promova, o fato pode acarretar conseqüências desastrosas, cabendo assim, ao portador arcar com os prejuízos que porventura advenham de sua abstenção" (grifo original).

Na citação acima, o autor coloca que o protesto não é obrigatório, no sentido de que ele pode não ser praticado. Nesse sentido, o ideal é que o protesto seja chamado de necessário quando existirem coobrigados no título, por ser imprescindível ao exercício de crédito pelo credor em face dos mesmos.

O direito de crédito em face de um coobrigado já existe, decorre da autonomia das obrigações cambiárias. Todavia, a falta do protesto faz com que a obrigação já existente seja exonerada. Nesse sentido, o protesto não constitui direito algum. A sua falta sim, acarreta conseqüências na esfera jurídica do credor: a perda de um direito já existente em decorrência da sua omissão, por isso, existindo devedores indiretos, o credor tem o ônus de protestar o título.

Sobre a natureza jurídica do protesto, Pontes de Miranda (1989, p. 64) afirma: "Ato formal, o protesto é essencialmente probatório. (...) Fora do título, não se lhe atribui constituição de direitos, nem por ele alguma das pessoas presentes dispõe. O seu papel único é o de documentar o exercício do direito constante do título".

Domingos Franciulli Netto (2006) expõe seu estudo sobre o assunto e admite que a natureza jurídica do protesto cambiário é meio de prova. Mas, além disso, serve como pressuposto processual, já que é necessário para o exercício do direito de regresso em face dos coobrigados.

Assim, tem-se que protesto cambiário é um meio de prova, cujo ônus cabe ao credor para preservação do seu direito de crédito em face dos coobrigados[13] em um título de crédito.

A finalidade do protesto cambiário confunde-se com a sua natureza jurídica, ou seja, servir como meio de prova para preservação dos direitos do credor. Porém, em alguns casos, essa prova, que se dá através do protesto, não é imprescindível para a preservação de direitos. A depender da necessidade ou não dessa comprovação, o protesto, quanto à sua finalidade, pode ser necessário ou facultativo. Necessidade esta que será constatada, em cada caso, a depender da pessoa em face de quem se pretende executar.

### *2.3 O dano emergente do protesto e sua reparação*

Uma vez entendida a natureza jurídica do protesto, tem-se que ele não é tirado *contra* uma pessoa ou pessoas específicas. O protesto é do próprio título, com a finalidade de apor-lhe prova de acontecimento relevante.

Pode-se afirmar que o credor, possuindo o direito de protestar o título, tem, conseqüentemente, o direito de exercê-lo. Verifica-se, dessa forma, a licitude do protesto. Apesar disso, não se pode esquecer que as conseqüências para aquele que figura como obrigado no título protestado também podem ser danosas.

O prejuízo se dá, especialmente, em virtude das informações enviadas às entidades representativas do comércio ou vinculadas à proteção do crédito. Destaque-se que o envio é autorizado pelo art. 29 da Lei n. 9.492/1997:

> Art. 29. Os Cartórios fornecerão às entidades representativas da indústria e do comércio ou àquelas vinculadas à proteção do crédito, quando solicitada, certidão diária, em forma de relação, dos protestos tirados e dos cancelamentos efetuados, com a nota de se cuidar de informação reservada, da qual não se poderá dar publicidade pela imprensa, nem mesmo parcialmente.

Considerando-se a finalidade cambiária do protesto e sua natureza jurídica tem-se que ele é meio de prova para preservação dos direitos do credor. Esta é a sua finalidade originária, tanto que, antes do advento da lei retrocitada, o protesto só era destinado aos títulos de crédito. Com a ampliação dos documentos passíveis de protesto, isto é, a sua abrangência para outros documentos de dívida, o protesto passou a desempenhar uma outra finalidade que é fática: servir como meio de pressão. Chama-se fática esta finalidade por não desempenhar uma finalidade jurídica, já que esta é servir como meio de prova.

Antes do advento da Lei n. 9.492/1997, conforme explicou Pontes de Miranda (1984), o protesto já trazia, de forma fática, conseqüências indesejadas para o seu destinatário. Porém, este não era o principal motivo que levava o credor a protestar o título, e sim, por causa da sua necessidade.

Todavia, com a permissão para protestar outros documentos, essa finalidade fática ganhou maior conotação, pois o protesto pode ser registrado sem ser necessário para a preservação dos direitos do credor.

13. A necessidade do protesto para preservação de direitos em face dos coobrigados é a regra. Destaque-se, porém, a exceção que se refere à duplicata na hipótese de aceite presumido. Neste caso, mesmo para se promover uma execução em face do obrigado principal há necessidade do protesto.

Esta facultatividade já existia para o obrigado principal de um título. Entretanto, atualmente é permitido pela lei o protesto para outros documentos de dívida. Este ato está à disposição do credor, porém a sua omissão não traz conseqüência jurídica, por isso a sua configuração como ato facultativo. Todavia, há possibilidade desta pessoa sofrer sérios danos em decorrência de seu nome figurar em um título protestado.

Surge a problemática: se o credor leva o título a protesto, ato que lhe é facultado, tem-se que, em tese, a sua prática é lícita, permitida pela lei. Porém, aquele que teve um título protestado sofre um dano, já que seu nome está na lista dos que têm título protestado.

Se uma pessoa pratica um ato lícito, pode ela ser responsabilizada civilmente por um dano decorrente? Neste caso específico, se se considerar a responsabilidade subjetiva, tem-se que a resposta é negativa. Conforme explicação anterior, na responsabilidade subjetiva, o autor do ato só tem o dever de reparar algum dano se o ato praticado foi ilícito ou praticado com abuso de direito.

Portanto, se o ato praticado é lícito, no exercício regular de um direito, não há que se falar em reparação. Apesar do destinatário do protesto ter sofrido um dano, a pessoa que o praticou, o fez dentro dos limites legais e, muitas vezes, em decorrência da necessidade de sua prática. Dessa forma, não pode ser chamada a reparar um dano de um ato que não foi praticado com culpa, nem de forma abusiva.

Nesse sentido, o ato é praticado para o resguardo de um direito próprio e, eventual inércia do credor pode trazer conseqüências prejudiciais a sua esfera jurídica. Sobre a impossibilidade de se atribuir responsabilidade pela prática de ato necessário, Carlos Roberto Gonçalves (2003, p. 550), expõe: "Do mesmo modo, não se incluem na esfera do dano moral certas situações que, embora desagradáveis, mostram-se necessárias ao desempenho de determinadas atividades, como por exemplo, o exame de malas e bagagens de passageiros na alfândega".

Utilizando-se da explicação acima se pode dizer que a prática do protesto, diante da necessidade de sua prática, é lícita.[14] Portanto, o abalo sofrido pelo seu destinatário não pode ser atribuído ao sujeito que necessita praticar o ato, não para desempenhar uma atividade, mas para resguardar seu próprio direito.

Assim, tem-se que o exercício regular de um direito é um ato lícito. Dessa forma, se o protesto for praticado dentro dos limites legais, embora traga danos ao seu destinatário, não se encontra presente um dos requisitos da responsabilidade civil. Sem um dos pressupostos, que fazem emergir a obrigação de reparar o dano, aquele que praticou o ato não pode ser responsabilizado.

Não há, no procedimento do protesto, análise da situação material do crédito, uma vez que, obviamente, não cabe contraditório, sendo um ato unilateral de seu credor, por si, ou representante.

Assim, o protesto apenas prova que algo, como por exemplo, que o pagamento não ocorreu, mas não prova que deveria ter ocorrido. Cite-se, como exemplo, o protesto de um título cuja assinatura fora falsificada. Efetivamente o título não foi pago, e é isso que o protesto prova. Porém, é de se notar que, uma vez que a assinatura constante do título não seja de seu suposto devedor, ele realmente não deveria ter sido pago.

Por sua finalidade e por ser ato unilateral do apresentante, não deveria gerar efeitos na esfera jurídica do suposto devedor. Porém, não é isso que se observa no mundo negocial.

14. A licitude dessa prática é a regra, mas existe possibilidade de prática abusiva, que dá ensejo à obrigação de indenizar.

O protesto, para além de sua finalidade teórica, gera efeitos práticos na esfera jurídica daquele indicado como devedor além das determinadas em lei. Com efeito, é comum a exigência de certidões dos cartórios de protesto para a efetivação de diversos negócios jurídicos, sendo a certidão positiva considerada praticamente uma prova de inidoneidade.

É de se notar que, no caso daquele que efetivamente é devedor, o dano causado deriva de ato exclusivo seu, qual seja, o não pagamento de valor devido na data aprazada. Assim, apesar de, certamente, presente o dano e o nexo, não haveria de se falar em indenização.

Todavia, outras vezes há em que o título é apresentado para protesto visando exclusivamente pressionar o pagamento por parte do suposto devedor, mesmo tendo consciência o credor de que o título não é, ou não é mais, exigível. Isso por que o cartório não tem como verificar a materialidade do crédito, ou mesmo a autenticidade das assinaturas. E ainda, de acordo com a Lei n. 9.492/1997, não verifica a prescrição do crédito ali representado.

Assim, apesar de se tratar de ato unilateral, de natureza lícita do credor, o protesto pode se configurar em abuso de direito, já que, em alguns casos, como o acima exposto, não tem o credor a intenção de resguardar direitos, nem de apor prova ao título de não pagamento ou não aceite. O dano, nesse caso, seria indenizável.

### 2.3.1 Entendimento do Superior Tribunal de Justiça

A jurisprudência vem consolidando o entendimento de que "o protesto indevido gera dano moral". Expressão esta que aparece constantemente nos julgados do Superior Tribunal de Justiça – STJ.

A problemática se refere à identificação da situação em que a prática do protesto é indevida, pois a regra, conforme explicação anterior, é a sua licitude. A identificação, no caso concreto, vai depender do tipo de protesto utilizado e da sua necessidade. Nesse sentido, tem-se como exemplo a seguinte ementa:

> *Comercial. Direito cambiário. Duplicata. Endosso. Protesto necessário.* I – O endossatário que protesta título vencido não comete ato ilícito. Ele, simplesmente cumpre determinação legal. II – O protesto de título endossado é necessário, porque "o portador que não tira, em tempo útil e de forma regular, o instrumento do protesto da letra, perde o direito de regresso contra o sacador, endossadores e avalistas" (art. 32 do Dec. 2.044/1908) (AgRg no agravo de instrumento n. 683.941-RJ (2005/0091335-1)).

Ainda em relação a esse mesmo acórdão, o Relator explicita de forma contundente a licitude do protesto, principalmente quando se trata de um protesto necessário, afirmando ainda que, mesmo a sustação de protesto, que é judicial, pode ser ilícita quando se está diante de um protesto necessário.

Contempla ainda o princípio da inoponibilidade de exceções pessoais a terceiros de boa-fé ao fundamentar a decisão com as seguintes afirmações: "O desfazimento do negócio, por acordo com o vendedor, não livra o comprador de honrar a letra, em mãos de terceiro endossatário". E ainda: "Mesmo após desfeita a venda, a compradora continua responsável, perante o endossatário da respectiva duplicata. Terá, contudo, direito de regresso contra o vendedor emitente do título".

Toda essa fundamentação trata, principalmente, da licitude do protesto cambiário como exercício regular de um direito. Licitude que se manifesta, com maior ênfase, quando o protesto é dito necessário, pois se não for registrado, o credor terá sua esfera jurídica afetada: perderá o direito expresso no título em face dos coobrigados. Dessa forma, tem-se que, quanto ao registro do protesto, a regra é a sua licitude.

O acórdão a seguir, de outubro de 2007, demonstra uma atitude que está se propagando: a provocação do Judiciário para decidir sobre a licitude ou ilicitude do protesto. Atualmente, em decorrência do entendimento de que o protesto indevido gera dano moral, torna-se comum o estímulo às ações de reparação de danos, cujas causas de pedir fundam-se numa suposta utilização indevida do protesto.

Situação mais agravante ocorre quando sequer o protesto foi registrado, como é o caso do acórdão assim ementado:

> *Recurso especial. Dano moral. Pessoa jurídica. Necessidade de publicidade e repercussão. Protesto indevido. Cautelar de sustação que impediu o registro. Inexistência de publicidade.*
>
> 1. A pessoa jurídica não pode ser ofendida subjetivamente. O chamado dano moral que se lhe pode afligir é a repercussão negativa sobre sua imagem. Em resumo: é o abalo de seu bom-nome.
>
> 2. Não há dano moral a ser indenizado quando o protesto indevido é evitado de forma eficaz, ainda que por força de medida judicial.

Dessa forma, a decisão acima ratifica a idéia de que, para a existência de responsabilidade devem estar presentes os seus requisitos, isto é, ação ou omissão, nexo causal, dano e culpa. Nesse caso específico nenhum deles se concretizou, pois não houve o registro do protesto, portanto, inexiste o primeiro requisito: a ação. Isso prejudica a demonstração do nexo causal entre eventual dano e o ato do demandado.

Apesar de não ter sido suscitado no acórdão o direito e a necessidade do credor em protestar o título, o relator faz referência a este fato, no bojo de seu voto, para demonstrar que a atitude do credor possui amparo legal. Assim, tem-se ratificada a idéia de que, em regra, o protesto é lícito.

Outro acórdão data de junho de 2007. Apesar de o motivo do recurso ser o valor da indenização, com a leitura do relatório e do voto do ministro relator, depreende-se a ocorrência da prática ilícita do protesto. Dispõe a ementa do acórdão:

> Civil e processual. Ação de indenização. Protesto indevido. Dano moral. Multiplicação do valor apontado. Critério inadequado. *Quantum* do resarcimento. Razoabilidade.
>
> I. Dano moral fixado de modo proporcional à lesão, a fim de evitar enriquecimento sem causa, considerando-se, também, as peculiaridades da espécie retratada.
>
> II. Critério indenizatório de multiplicação do valor dos títulos por determinado fator que se revela inadequado, por aleatório.
>
> III. Dissídio jurisprudencial, ademais, não demonstrando, ante a ausência de rigorosa similitude entre as espécies confrontadas.
>
> IV. Recurso especial não conhecido.

Demonstra-se aqui um evidente caso de protesto ilícito. Primeiro, a causa da emissão das novas duplicatas não foram aquelas previstas na lei, isto é, compra e venda mercantil ou prestação de serviços. Percebe-se, dessa forma, que não só o protesto fora indevido, mas principalmente o título não poderia sequer ser emitido. O ilícito tem início logo da emissão da duplicata, caracterizando-se como duplicata simulada ou, como é conhecida, duplicata fria.

Nesse caso específico, a duplicata não se abstrai da causa que lhe deu origem, já que não ocorrera o aceite nem o título circulou através de endosso. Nesse sentido, o credor das duplicatas não se configura como endossatário de boa-fé. Tampouco precisa registrar o protesto para garantir o direito de crédito contra coobrigados.

Portanto, resta frustrada a demonstração de um exercício regular de um direito, o que caracterizaria um protesto lícito. Nesse caso, ao contrário, tem-se, além da prática ilícita de emissão de duplicata simulada, a má-fé do autor do protesto, pois almejava enriquecer ilicitamente ao efetuar a cobrança de um objeto que já fora pago, uma vez que era componente de um produto já quitado.

Assim, pode-se dizer que, somente no caso concreto, é possível a identificação de um protesto indevido, pois irá depender da sua necessidade, ou mesmo quando não for configurado como necessário, poderá ser um direito do credor em praticá-lo, nos casos de protesto facultativo, e nos dois casos, tem-se a licitude do protesto.

### *3. Considerações finais*

A licitude do protesto apresenta-se como regra à luz de sua finalidade originária. Quanto à finalidade fática, isto é, como instrumento de pressão, pode-se afirmar que a sua prática também é lícita, já que autorizada pela Lei n. 9.492/1997, desde que a obrigação exista.

Assim, pode-se dizer que com o advento da Lei n. 9.492/1997, a utilização do protesto como meio de se forçar o cumprimento da obrigação se tornou uma prática de maior repercussão. Dessa forma, é lícita a utilização do protesto como instrumento de pressão ao cumprimento de obrigação, desde que esta seja exigível. O protesto é lícito, portanto, quando empregado conforme as finalidades jurídica e/ou fática.

Como instrumento lícito, o eventual dano decorrente do protesto não poderá ser imputado àquele que o praticou no exercício regular de um direito, seja para preservação de seus direitos, seja apenas para exercer um direito facultado pela lei. Tratando-se de responsabilidade subjetiva, esta só emerge de ato ilícito ou de abuso de direito.

Todavia, admite-se a responsabilidade oriunda de ato lícito, e, portanto, torna-se necessário determinar quando o protesto, apesar de lícito, pode gerar obrigação de indenizar. Em princípio, pode-se dizer que um protesto torna-se indevido quando se distancia de sua finalidade. Destaque-se, porém, que pode existir uma excludente de responsabilidade no caso específico, como por exemplo, a culpa exclusiva da vítima.

Analisar o protesto cambiário sob os dois aspectos de sua finalidade requer atenção, pois se trata de um tema de atual repercussão no Superior Tribunal de Justiça, frente ao entendimento jurisprudencial firmado de que o protesto indevido gera dano moral.

Em decorrência desse entendimento presente em muitas decisões judiciais prolatadas em ações que tratam do assunto, tem-se um grande estímulo a caracterizar o protesto como indevido, principalmente quando da sua prática decorre um dano.

Assim, no caso concreto, deve-se distinguir o protesto cambiário do protesto de outros documentos de dívida. Neste último, a ilicitude de sua prática se torna mais evidente, pois, em tese, o protesto será ilícito quando não houver inadimplemento.

No caso do protesto cambiário, a prática indevida do protesto não é identificada facilmente, pois se deve atentar para alguns aspectos relevantes explicitados no desenvolvimento do estudo, entre eles: o protesto como ônus ou necessidade do credor e a disponibilidade de sua prática como ato facultativo em alguns casos.

Dessa forma, quando o credor protesta o título, em princípio, o faz para resguardar seu direito. Portanto, o dano decorrente, não lhe pode ser imputado, pois é conseqüência de uma autorização legal, que é o envio do nome do destinatário para os serviços de proteção ao crédito.

Todavia, quando não há intenção de resguardar direitos ou fazer prova, a finalidade do protesto cambiários é desnaturada, podendo, assim, gerar obrigação de indenizar, ainda que se trate de ato lícito. Note-se que o protesto não deve ser, de antemão, caracterizado como indevido simplesmente pelo fato de ter dado causa a algum dano, pois o apresentante ou o credor do título pode estar apenas exercendo um direito de registrar o protesto, dentro de sua finalidade legal.

***Referências***


ANDRADE, Fernando Dias (2005). "Responsabilidade civil e ética em Espinosa", *Revista EPD – Escola Paulista de Direito: Direito Civil*. São Paulo, EPD, ano 1, n. I, pp. 157-180.

ASCARELLI, T. (1943). *Teoria Geral dos Títulos de Crédito*. Trad. Nicolau Nazo. São Paulo, Saraiva.

BECK, Ulrich (1998). *La Sociedad del Riesgo. Hacia uma nueva modernidad*. Barcelona, Paidós.

BEVILÁQUA, Clóvis (1957). *Código Civil dos Estados Unidos do Brasil Comentado*. vol. V. Rio de Janeiro, Francisco Alves.

BRASIL (1966). Decreto n. 57.663, de 24.1.1966. *Promulga as conversões para adoção de uma lei uniforme em matéria de letras de câmbio e notas promissórias*. Disponível em *http://www.planalto.gov.br/ccivil_03/decreto/Antigos/D57663.htm*.

______ (2005). Lei n. 11.105, de 9.2.2005. *Regula a recuperação judicial, a extrajudicial e a falência do empresário e da sociedade empresária*. Disponível em *http://www.planalto.gov.br/ccivil_03/_Ato2004-2006/2005/Lei/L11101.htm*.

CALIXTO, Marcelo Junqueira (2008). *A Culpa na Responsabilidade Civil*. Rio de Janeiro, Renovar.

CASTILLA, Gustavo Ordoqui (1996). "Obligación de compensar daños causados por conductas lícitas", *Revista dos Tribunais* 726/11-23, ano 85, abr./1996.

DAIUTE, Reynaldo Ribeiro (1995). *Introdução ao Estudo do Contrato*. São Paulo, Atlas.

DANTAS, San Tiago (2001). *Programa de Direito Civil: Teoria Geral*. Atual. de Gustavo Tepedino, Antonio Carlos de Sá, Carlos Edison do Rego Monteiro Filho e Renan Saad. Rio de Janeiro, Forense.

DIAS, José de Aguiar (2006). *Da Responsabilidade Civil*. Rev., atual. e ampl. por Rui Berford Dias. Rio de Janeiro, Renovar.

FACHIN, Luiz Edson (2000). *Teoria Crítica do Direito Civil*. Rio de Janeiro, Renovar.

MACHADO NETO, A. L. (1987). *Sociologia Jurídica*. 6ª ed., São Paulo, Saraiva.

MARTINS, Pedro Baptista (1941). *O Abuso do Direito e o Ato Ilícito*. Rio de Janeiro, Freitas Bastos.

NORONHA, Fernando (2003). *Direito das Obrigações*. vol. 1. São Paulo, Saraiva.

STOCO, Rui (2007). *Tratado de Responsabilidade Civil: Doutrina e Jurisprudência*. São Paulo, Ed. RT.

TABOSA, Agerson (2003). *Direito Romano*. 2ª ed., Fortaleza, Fa7.

TEPEDINO, Gustavo (2004). "A evolução da responsabilidade civil no direito brasileiro e suas controvérsias na atividade estatal". *Temas de Direito Civil*. Rio de Janeiro, Renovar, pp. 191-216.

# Atualidades

# IMPORTAÇÕES PARALELAS NO BRASIL: A PROPRIEDADE INDUSTRIAL NOS QUADRANTES DOS PRINCÍPIOS CONSTITUCIONAIS

PAULA A. FORGIONI

*I. Introdução. As importações paralelas e os princípios constitucionais brasileiros. II. As importações paralelas e a Lei de Propriedade Industrial: II.1 O art. 129 da Lei de Propriedade Industrial; II.2 O art. 132, III, da Lei de Propriedade Industrial. III. Importação paralela e proteção do consumidor. IV. A produção de efeitos perante terceiros. V. Importador paralelo: oportunista ou fator de equilíbrio do mercado em prol do consumidor? Os "free riders". VI. A relevância dos caminhos a serem trilhados pela jurisprudência brasileira para a garantia do bem-estar social. VII. Conclusão.*

## *I. Introdução. As importações paralelas e os princípios constitucionais brasileiros*

*1.* O debate sobre a licitude das importações paralelas há muito transbordou os estreitos limites da Lei da Propriedade Industrial. O atual estágio de evolução de nosso direito exige que essa análise desdobre-se a partir dos princípios constitucionais da livre iniciativa, da livre concorrência e da proteção ao consumidor.[1]

Tudo está em saber se, à luz desses princípios constitucionais, é permitido ao titular da marca, alegando seu direito de uso exclusivo, impedir que terceiro por ele não expressamente autorizado realize a importação e a comercialização, no Brasil, de produtos marcados originais, licitamente adquiridos no exterior.[2]

*2.* Ascarelli advertiu-nos que, no estudo de institutos estrangeiros, as "premissas implícitas" próprias de cada ordenamento jurídico devem necessariamente ser tomadas em conta de consideração. No entanto, essa singela recomendação não é sempre atendida, de sorte que alguns simplesmente entornam a experiência estrangeira sobre nosso sistema, pretendendo imprimir direcionamento que lhe é estranho.

A aplicação do direito brasileiro não pode abraçar princípios diversos daqueles

1. Os interesses comerciais envolvidos nessa contenda não podem ser desprezados. De um lado, empresas detentoras de marcas "fortes", que pretendem obter o máximo lucro na comercialização de seus produtos; de outro, os consumidores, a quem interessa o pagamento do menor preço.

2. Karin Grau-Kuntz e Newton Silveira assim colocam a questão: "O problema das importações paralelas pode ser formulado de maneira simples: poderá o titular de uma marca, alegando o seu direito de uso exclusivo, impedir a introdução não autorizada de produtos por ele mesmo produzidos, ou produzidos e assinalados com a mesma marca por uma terceira empresa a ele jurídica ou economicamente vinculada, no território que lhe concedeu aquele direito de uso exclusivo?" ("A exaustão do direito de marcas na União Européia e o Mercosul", *Revista da ABPI* 25/6, nov.-dez./1996).

estabelecidos em *nossa* Constituição, sob pena de dar lugar a açodado transplante, incompatível com nossa realidade.

Nessa toada, muitas vezes as opiniões sobre as importações paralelas não passam de mera reprodução de idéias alienígenas, talhadas no processo de interpretação/aplicação de *outro* direito que não o nosso; de *outra* constituição, que não a brasileira.[3]

*3.* A Constituição do Brasil *exige* o abandono da visão excessivamente privatista da matéria, que atribui máxima amplitude aos poderes do titular da propriedade industrial, desconsiderando outros interesses hoje também tutelados pelo direito brasileiro.[4]

De um lado, a Constituição assegura "aos autores de inventos industriais privilégio temporário para sua utilização, bem como proteção às criações industriais, à propriedade das marcas, aos nomes de empresas e a outros signos distintivos".[5] Mas, ao mesmo tempo, demanda que essa proteção seja feita "tendo em vista o interesse social e o desenvolvimento tecnológico e econômico do País".[6]

Ademais, a propriedade há de ser exercida de acordo com os princípios insculpidos no art. 170 da Constituição.

*4.* De início, determina o *caput* do art. 170 que *o respeito à livre iniciativa* e à *valorização do trabalho humano* sejam os principais vetores da análise a ser aqui empreendida.

Sobre a livre iniciativa, muito já foi escrito. Deixando de lado os agonísticos debates, o traço comum da doutrina parece residir na ligação do princípio com a *liberdade*, sempre *instrumental* e limitada pelo bem público.[7-8] Ao agente econômico deve ser assegurada a possibilidade de atuar no mercado.[9] A livre iniciativa ata-se à "liberdade de comércio e de indústria", à "liberdade econômica" ou, na dicção de Eros Roberto Grau, à "liberdade de iniciativa econômica, cujo titular é a empresa".[10]

A concreção do princípio da livre iniciativa exige o respeito da garantia imposta pelo art. 5º, II, da Constituição: "II – ninguém será obrigado a fazer ou deixar de

3. Com Eros Roberto Grau observei: "É certo, no entanto, que embora o recurso à doutrina e à jurisprudência estrangeiras possa mostrar-se fonte de subsídios útil, nem uma nem outra podem ser tomadas como absolutas. Vale dizer: elas não devem ser transplantadas para a realidade brasileira sem que sejam consideradas as particularidades do nosso mercado e do nosso sistema jurídico. A indiscriminada transposição de teorias e modelos pode mostrar-se inadequada e mesmo perigosa, colocando em risco a efetividade e a eficácia do direito brasileiro, conduzindo-nos por caminhos com ele incompatíveis" (Prefácio, *O Estado, a Empresa e o Contrato*, São Paulo, Malheiros Editores, 2005, p. 12).

4. Devemos afastar o que Luiz Olavo Baptista chama de modelo "paleo liberal", no qual a disciplina da concorrência é vista como proteção da propriedade, "portanto o objeto aí é a propriedade, a tutela dos direitos sobre os bens imateriais ou de monopólio, em especial a marca" ("Origens do direito da concorrência", *Revista da Faculdade de Direito* 91/10, 1996).

5. Cf. art. 5º, XXIX, primeira parte.

6. Cf. art. 5º, XXIX, segunda parte

7. "A liberdade de iniciativa, entendida como liberdade de criação empresarial ou de livre acesso ao mercado, somente é protegida enquanto favorece o desenvolvimento nacional e a justiça social. Trata-se, portanto, de uma liberdade meio ou liberdade condicional" (Fábio Konder Comparato, "A reforma da empresa", *Direito Empresarial*, São Paulo, Saraiva, 1990, pp. 6-7).

8. Nunca é demais lembrar que a Constituição do Brasil tem por pilar o princípio *social* da livre iniciativa. Com efeito, o art. 1º da Constituição do Brasil consagra o "valor *social* da livre iniciativa". O art. 170, por sua vez, declara-a fundamento da ordem econômica, cujo fim é "assegurar a todos existência digna, conforme os ditames da justiça social". Isso tudo significa que "a livre iniciativa não é tomada, enquanto fundamento da República Federativa do Brasil, como expressão individualista, mas sim no quanto expressa de socialmente valioso" (Eros Roberto Grau, *A Ordem Econômica na Constituição de 1988*, 11ª ed., São Paulo, Malheiros Editores, 2006, p. 200). Daí também a afirmação de que os princípios econômicos – centrais no sistema de mercado, como vimos – são *instrumentais*, ou seja, constituem ferramenta para que seja alcançada a dignidade da pessoa humana e os princípios insculpidos no art. 3º da CF.

9. As fronteiras à liberdade de atuação inspiram-se em "razões de utilidade social", para usarmos a expressão de De Page, difundida entre nós por Orlando Gomes (*Contratos*, 11ª ed., Rio de Janeiro, Forense, 1986, p. 27).

10. Eros Roberto Grau, *A Ordem Econômica da Constituição de 1988*, cit., p. 203.

fazer alguma coisa senão em virtude de lei". À empresa é facultado atuar no mercado, podendo essa sua atividade ser limitada "em virtude de lei".

*5.* Bem vincado esse pressuposto interpretativo, consideremos a *livre concorrência*, desdobramento direto do princípio da livre iniciativa. Às empresas assiste a liberdade de concorrer, ou seja, de disputar oportunidades de troca com outros agentes econômicos. Sobre seu epicentrismo em nosso ordenamento, assume destaque a lição do Supremo Tribunal Federal, na dicção do Ministro Carlos Velloso: "(...) esclareça-se que a ordem econômica, segundo o modelo constitucional brasileiro, fundada na valorização do trabalho humano e na livre iniciativa, tem por finalidade assegurar a todos existência digna, no rumo da justiça social, objetivos que deverão ser atingidos mediante a observância dos princípios enumerados nos incisos I a IX do art. 170 da Constituição. Um desses princípios, por isso mesmo *viga-mestra do sistema econômico*, é o da livre concorrência. Quer dizer, *tudo aquilo que possa embaraçar ou de qualquer modo impedir o livre exercício da concorrência é ofensivo à Constituição*. Bem por isso, essa mesma Constituição, no § 4º do art. 173, dispõe que 'a lei reprimirá o abuso do poder econômico que vise à dominação dos mercados, à eliminação da concorrência e ao aumento arbitrário de lucros'".[11]

*6.* Afirmei em outros estudos[12] que a concorrência prejudica o agente econômico, obrigando-o a diminuir preços e a aumentar a qualidade dos bens que oferece ao mercado. Explica-se, assim, a célebre frase de Jhering no sentido de que a concorrência é o "regulador espontâneo do egoísmo".[13] Deixada no exercício de sua atividade sem qualquer fronteira, a empresa tende a obter o maior lucro possível, explorando o público adquirente.

A livre concorrência coloca-se, portanto, como elemento de *proteção da coletividade*, de *busca do bem-estar social* – e não como princípio que visa a tutelar o viés oportunista e egoísta do agente econômico. Repita-se: a concorrência acolhida pela nossa Constituição é *instrumental*, ou seja, não é um fim em si mesma; ao contrário, presta-se a atingir os fins maiores insculpidos no *caput* do art. 170 e nos arts. 1º e 3º.

*7.* A livre iniciativa e seu corolário, a livre concorrência – *sempre em seu viés instrumental, repita-se* – compõe *regra geral* que preside o funcionamento do mercado; suas limitações são *exceções*, sempre admitidas para a consecução dos fins *constitucionais* acima apontados.

*8.* Os direitos de propriedade industrial constituem verdadeiras "ilhas de proteção", que asseguram a exclusividade de sua exploração.[14-15] Os direitos de propriedade industrial corporificam *privilégios* que tendem a diminuir o grau de concorrência em determinado setor da economia, restringindo a livre iniciativa.

Poder-se-ia argumentar, então, que os direitos de propriedade industrial encerrariam verdadeira "contradição" no seio do sistema capitalista, ao admitirem a obstrução do livre tráfico. Essa assertiva não seria, contudo, verdadeira. Mediante a instituição das "ilhas de proteção", as regras sobre a propriedade industrial colocam à disposição das empresas *instrumentos que*

11. ADI, Medida Liminar 1.094-8-DF, j. 21.9.1995 (o destaque não é do original).

12. Paula A. Forgioni, *Os Fundamentos do Antitruste*, 3ª ed., São Paulo, Ed. RT, 2008, pp. 396-397.

13. Rudolf von Jhering, *A Evolução do Direito*, Salvador, Progresso, 1953, p. 140.

14. Note-se que a concessão do monopólio da exploração do direito de propriedade intelectual não significa necessariamente que o agente econômico não enfrentará concorrência. P. ex., o eletrodoméstico da marca A (ou produzido conforme a patente detida por A) competirá com o eletrodoméstico da marca B, pois ambos satisfazem a mesma necessidade dos adquirentes.

15. Sobre a relação entre o direito de uso exclusivo da propriedade imaterial e a política concorrencial, v. Karin Grau-Kuntz, "Direito de autor e concorrência", texto fornecido pela autora.

*se prestam à luta concorrencial*,[16] impedindo que a vantagem competitiva de um agente econômico seja incorporada indevidamente por outro. Nesse sentido, os direitos de propriedade industrial protegem o progresso tecnológico e, conseqüentemente, o sistema produtivo.[17-18]

***9.*** Mas note-se bem: o incentivo ao desenvolvimento dá-se porque os direitos de propriedade industrial, mediante o estabelecimento de exclusividades de uso, costumam possibilitar aos respectivos titulares a obtenção de retorno econômico vantajoso (*i.e.*, a prática de preços mais elevados).[19]

O atraente retorno financeiro decorre da *exclusividade de uso concedida* e, portanto, da *ausência de força concorrencial* que pressionaria a redução dos preços e o aumento da qualidade; o titular do direito de propriedade industrial consegue impor aos consumidores preços mais altos do que aqueles que praticaria caso enfrentasse a competição.

Portanto, os direitos de propriedade industrial, na medida em que asseguram a *exclusividade* de exploração, de uma banda estimulam o desenvolvimento, mas, de outra, podem sujeitar os consumidores às agruras dos preços de monopólio.[20]

16. Frignani e Waelbroeck, *Disciplina della Concorrenza nella CEE*, 3ª ed., Napoli, Jovene, 1983, p. 337.

17. V. Eros Roberto Grau e Paula A. Forgioni, "A negociação coletiva de direitos de execução de obras musicais e a lei antitruste", *O Estado, a Empresa e o Contrato*, cit., p. 254.

18. Posner ilustra o problema da seguinte forma: "Suppose that it costs $ 10 million to invent a new type of food blender, the marginal cost of producing and selling the blender once it is invented is $50, and the estimated demand is for 1 million of the blenders (we can for present purposes ignore the fact that demand will vary with the blender's price). Unless the manufacturer can charge $ 60 per blender, he will not recoup his costs of invention. But if other manufacturers face the same marginal cost as he, competition will (in the absence of patents) bid the price down to $ 50, the effort at recoupment will fail, and anticipating this the manufacturer will not make the invention in the first place; he will not sow if he won't be able to reap. Moreover, in a world without patents, such inventive activity as did occur would be heavily based toward inventions that could be kept secret, in just the same way that a complete absence of property rights would bias production toward things that involve minimum preparatory investment" (*Economic Analysis of Law*, 4ª ed., Boston, Little, Brown and Company, 1992, pp. 38-39).

19. Somente haverá investimento por parte do agente econômico se o resultado a ser granjeado for compensador. Nas palavras de Hovenkamp: "in a private market economy, individuals will not invest sufficiently in invention or creation unless the expected return from doing so exceeds the cost of doing so" (Herbert Hovenkamp *et al.*, *IP and Antitrust. An Analysis of Antitrust Principles Applied to Intellectual Property Law*, New York, Aspen, atual. de 2006, § 1.1). Ou, na opinião de Landes e Posner: "The dynamic benefit of a property right is the incentive that possession of such a right imparts to invest in the creation or improvement of a resource in period 1 (for example, planting a crop), given that no one else can appropriate the resource in period 2 (harvest time)" (*The Economic Structure of Intellectual Property Law*, Cambridge, Harvard Press, 2003, p. 13).

20. A esse respeito, a explicação de Karin Grau-Kuntz é precisa: "A questão é simples: a lei garante proteção exclusiva aos bens imateriais com base no argumento de que a inovação é conveniente para o mercado (inovação = aumento da concorrência = aumento do bem-estar). Em um primeiro momento, a concorrência é limitada pela propriedade industrial; entretanto, essa limitação gera concorrência, pois ambos os institutos são complementares e não antagônicos. O estímulo à inovação dá-se por meio da atribuição de proveito econômico, ou seja, àquele que inovou é assegurado o direito de não ser imitado, o que implica vantagem concorrencial. Essa vantagem cristalizar-se-á no mercado, no processo de formação do preço do bem protegido, uma vez que o titular do direito exclusivo o determinará levando necessariamente em conta a concorrência oferecida pelos outros produtos substituíveis existentes no mercado. Ou seja, os limites e a dimensão da vantagem que lhe assiste por ser titular do direito exclusivo serão determinados pela concorrência no mercado. Dizendo-o de outro modo: uma vez que o preço do produto será formado pelo processo concorrencial, a dimensão da vantagem garantida por esse direito exclusivo sobre o bem imaterial – a dimensão do estímulo – é formada pela situação de concorrência no mercado. Quanto mais inovativo for o produto, maior será o lucro do titular do direito exclusivo. Assim, se a propriedade intelectual garante o prêmio, a concorrência estipula o *quantum* desse prêmio. Esse o pensamento tradicional sobre a propriedade intelectual. No entanto, note-se que ele

*10.* Voltemos ao que restou dito linhas acima: porque constituem "garantia de exclusividade", restringindo a livre iniciativa, os direitos de propriedade industrial devem ser encarados como *exceção.*[21] A interpretação que a eles se dá será *restritiva* e não *extensiva.*[22]

Ademais, por serem princípios, devem orientar a interpretação das regras; jamais a aplicação de dispositivo jurídico poderá violar a ordem de princípios constitucionalmente estabelecida. Parafraseando e rejuvenescendo a conhecida máxima: "Tudo na Constituição, nada fora da Constituição, nada contra a Constituição".

## *II. As importações paralelas e a Lei de Propriedade Industrial*

*11.* Evidenciado que os direitos de propriedade industrial constituem *exceção* aos princípios da livre iniciativa e da livre concorrência (e que, portanto, demandam *limitação* nos quadrantes constitucionais), cumpre-nos agora analisar os dispositivos da Lei da Propriedade Industrial (Lei n. 9.279, de 14 de maio de 1996) que interessam à análise da licitude das importações paralelas, quais sejam seus arts. 129 e 132, III.

### *II.1 O art. 129 da Lei de Propriedade Industrial*

*12.* Dispõe o art. 129 da Lei n. 9.279, de 1996, *in verbis*:

> Art. 129. A propriedade da marca adquire-se pelo registro validamente expedido, conforme as disposições desta Lei, sendo assegurado ao titular seu *uso exclusivo em todo o território nacional* (...).

A compreensão do art. 129 exige que se tenha em mente a *função* desempenhada pelas marcas; para tal fim, valho-me de uma das mais clássicas obras da matéria: *Teoria della Concorrenza e dei Beni Immateriali*, de Tullio Ascarelli. Sua lição é simples: "Il marchio (...) contraddistingue il prodotto".[23] Por conta dessa função distintiva – é sempre Ascarelli quem afirma –, a marca (i) "permette al consumatore di risalire dal prodotto al fabbricante" e (ii) constitui "collettore di clientela".[24-25]

pressupõe a existência de concorrência no mercado pois, como visto, a natureza do prêmio pela inovação é obrigatoriamente concorrencial. Se o titular do direito exclusivo possui a exclusividade e não está sujeito à concorrência, seu prêmio não será de natureza competitiva, mas monopolista. Ocorre que esse prêmio que não é determinado ou limitado pela concorrência mostra-se absoluto e sem dimensões, é contrário à natureza estimuladora da competição da propriedade intelectual, aviltando-a" (*O Desenho Industrial como Instrumento de Controle Econômico do Mercado Secundário de Peças de Reposição de Automóveis*, no prelo).

21. A doutrina estadunidense tende a atribuir maior proteção à propriedade e aos direitos dela decorrentes. P. ex., v. Richard Posner, *The Law & Economics of Intellectual Property*, 2002. Disponível em *http://www.amacad.org/publications/spring2002/posner.pdf.* Acesso mar./2008.

22. Ilustrativa, a esse respeito, a sempre atual e precisa lição de Carlos Maximiliano, inspirada em Coelho da Rocha: "Quando um ato dispensa de praticar o estabelecido em lei, regulamento, ou ordem geral, assume o caráter de exceção, interpreta-se em tom limitativo, aplica-se às pessoas e aos casos e tempos expressos, exclusivamente" (*Hermenêutica e Aplicação do Direito*, 4ª ed., Rio de Janeiro, Freitas Bastos, 1947, p. 285).

23. *Teoria della Concorrenza e dei Beni Immateriali; Istituzioni di Diritto Industriale*, 3ª ed., Milano, Giuffrè, 1960, p. 299.

24. *Teoria della Concorrenza e dei Beni Immateriali; Istituzioni di Diritto Industriale*, cit., p. 301. Ou, na terminologia peninsular mais recente, desempenha "função atrativa" (v. Gianfranco Campobasso, *Diritto Commerciale – Diritto dell'Impresa*, vol. I, 3ª ed., Torino, Utet, 1997, p. 171).

25. A lição do professor italiano é seguida pela doutrina nacional. Por todos, Gama Cerqueira, em seu *Tratado da Propriedade Industrial*: "No campo da concorrência industrial ou comercial, o fabricante que consegue impor os produtos de sua indústria à preferência dos consumidores e o comerciante que logra acreditar as suas mercadorias e firmar boa reputação e seriedade de seu estabelecimento têm o máximo interesse em individualizar e distinguir os artigos que produz ou vende, a fim de que se não confundam com outros similares. Daí o uso e a utilidade das marcas industriais". Além disso, "em relação aos consumidores e ao público em geral,

Pois bem. Se a marca identifica o produto, é de se concluir que o uso exclusivo a que se refere o art. 129 diz respeito à sua *aposição nos produtos, visando a identificá-los*; apenas o titular da marca (ou alguém por ele autorizado) pode utilizá-la para atribuir caráter especial às mercadorias, diferenciando-as das demais. "A atribuição, pela lei, de um direito exclusivo (ao titular da marca) implica que nenhum outro sujeito poderá colocar no comércio produtos do mesmo gênero diferenciados com a mesma marca".[26]

Eis o evidente sentido do texto normativo.

***13.*** No entanto, há quem sustente que, ao garantir a exclusividade do uso da marca, o art. 129 daria a seu titular o poder de restringir também a circulação do *produto por ela diferenciado*.[27] Essa interpretação há de ser veementemente repelida, pois não podem ser confundidas (i) a aposição de marca ao produto, visando a diferenciá-lo dos concorrentes (*i.e.*, função típica da marca) e (ii) sua comercialização posteriormente à sua colocação no comércio pelo titular da marca.

Desta feita, o direito à exclusividade da utilização do sinal distintivo não significa o direito à exclusividade na comercialização do produto, muito embora as marcas circulem "com os produtos aos quais são apostas".[28-29] Conseqüentemente, a *utilização da marca* para diferenciar o produto é *restrita ao respectivo titular* (art. 129); já a *comercialização do produto marcado* é livre.[30-31]

Nesse sentido, é expresso o art. 132, I:

> Art. 132. O titular da marca não poderá:
>
> I – impedir que comerciantes ou distribuidores utilizem sinais distintivos que lhes são próprios, juntamente com a marca do produto, na sua promoção e comercialização; (...).

A respeito do tema, já afirmava o Supremo Tribunal Federal no ano de 1959:

> Não há como confundir, *data venia*, a propriedade e o direito ao uso exclusivo da marca, com o pretendido direito de comércio exclusivo dos produtos legitimamente marcados.[32]
>
> Isso porque os atos praticados por terceiros, que importam violação do uso exclusivo da marca, são entre nós aqueles que constituem infração do registro, a que se dá o nome genérico de contrafação.

também desempenham as marcas importante papel, permitindo a identificação do produto, servindo de atestado da fabricação ou da escolha e seleção dos artigos postos no comércio e impedindo que comerciantes desonestos façam passar uns artigos por outros, iludindo a boa-fé dos consumidores" (Rio de Janeiro, Forense, 1946, p. 346).

26 Giorgio Floridia, *Il Marchio e gli altri Segni Distintivi*, Padova, Cedam, 1982, p. 45. No original: "Con specifico riferimento al marchio, il conferimento da parte della legge di un diritto esclusivo al suo titolare comporta que nessun altro soggetto possa mettere in commercio prodotti dello stesso genere contrasegnati dal medesimo marchio".

27. Isso não impede que o titular da marca atue de forma a impedir seu aviltamento no processo de comercialização, com base no disposto no art. 130, III, da Lei de Propriedade Industrial: "Ao titular da marca ou ao depositante é ainda assegurado o direito de: (...) III – zelar pela sua integridade material ou reputação".

28. J. X. Carvalho de Mendonça, *Tratado de Direito Comercial Brasileiro*, vol. 5, 5ª ed., Parte I, Rio de Janeiro, Freitas Bastos, 1955, p. 222.

29. "É importante considerar que o sinal ou nome não é o produto, acresce-se a ele" (Newton Silveira, *A Propriedade Intelectual e as Novas Leis Autorais*, São Paulo, Saraiva, 1998, p. 16).

30. Desde que essa comercialização não cause prejuízos à marca.

31. Note-se, a esse respeito, que a Lei de Propriedade Industrial não aponta, entre os direitos do titular da marca, aquele de impedir a comercialização do produto com ela diferenciado: "Art. 130. Ao titular da marca ou ao depositante é ainda assegurado o direito de: I – ceder seu registro ou pedido de registro; II – licenciar seu uso; III – zelar pela sua integridade material ou reputação".

32. Segue o STF: "Se alguém adquirisse das próprias autoras alguns motores (...) e passasse a revendê-los, evidentemente não estaria fazendo uso da marca" (RE 36.415-SP, Rel. Ministro Henrique d'Ávila, j. 27.11.1959).

O art. 187 do Código de Propriedade Industrial só se entende com a garantia específica da marca. Não assegura, como é óbvio, o monopólio de venda do produto no País, por determinadas firmas ou pessoas credenciadas ou não pelo respectivo fabricante.[33]

*14.* Bem fixadas as funções da marca e os interesses que sua proteção tutela, verifica-se que, nas importações paralelas, nenhum vetor jurídico é desrespeitado:

(i) a marca segue diferenciando o produto, impedindo que haja confusão com outros similares e permitindo que o esforço de diferenciação do fabricante seja recompensado; e

(ii) o consumidor identifica imediatamente o fabricante do produto, elidindo seu eventual logro.

### *II.2 O art. 132, III, da Lei de Propriedade Industrial*

*15.* Destrincemos, agora, o texto do art. 132, III, da mesma Lei de Propriedade Industrial:

> Art. 132. O titular da marca não poderá:
>
> (...).
>
> III – impedir a livre circulação de produto colocado no mercado interno, por si ou por outrem com seu consentimento; (...).

A todo sentir, esse dispositivo atribui expressamente ao titular da marca o poder de vetar a comercialização de *produtos contrafeitos* no Brasil. Ao mesmo tempo, dá guarida ao princípio da livre concorrência e da livre iniciativa: o produto marcado poderá circular livremente no mercado interno, a menos que o titular da marca a isso tenha se oposto.

*16.* Ora, a partir do momento em que, no exterior, o titular da marca vendeu o produto a terceiro, colocando-o em circulação, não pode impedir que esse comprador revenda-o, direta ou indiretamente, para agente econômico situado no Brasil, evitando que passe a ser comercializado em nosso mercado.

O ato de alienação ocorrido no exterior é, incontestavelmente, a autorização a que se refere o art. 132, III, da Lei de Propriedade Industrial.

*17.* Pouco importa se as empresas interpostas entre a titular da marca e a empresa que comercializa os produtos no Brasil integram ou não a chamada "rede oficial", ou seja, se elas mantêm contrato de licença de uso de marca com a fabricante. O fato é que *o produto foi posto no mercado por vontade da titular da marca*; a primeira venda foi por ela feita; é irrelevante que o produto marcado tenha ou não escoado pela "rede oficial".

Em uma frase: tratando-se de *produtos originais*, a autorização da fabricante pode ser *presumida* a partir da realização da primeira venda regular para seu distribuidor, que colocou o produto em circulação no mercado.

*18.* Lembremos mais uma vez: a outorga a uma empresa do direito de obstruir a circulação de mercadorias concorrentes somente poderia se dar em virtude de lei e, ainda assim, visando à consecução dos fins maiores definidos pela Constituição. Inexistindo autorização expressa para essa restrição, impera a regra geral, fixada no inciso I do mesmo art. 132:

33. "A marca cumpre uma função econômica. O monopólio de seu uso é concedido para possibilitar uma concorrência leal e premiar seu titular pelo seu esforço e trabalho que nela se exterioriza. Se à marca o legislador concedesse um direito absoluto, o seu titular poderia colocar seu produto marcado no mercado e impedir que, por exemplo, fosse feita uma revenda. Imagine-se o produtor do zíper que vende a sua mercadoria para uma indústria de confecções: se seu direito de marca fosse absoluto poderia ele impedir a venda do vestido onde se encontra costurado o seu zíper, ou ainda poderia cobrar *royalties* sobre cada revenda ou uso de seu produto. Ora, este direito absoluto vai de encontro com a própria razão de concessão do monopólio que, repetindo mais uma vez, é a de possibilitar a concorrência leal" (Karin Grau-Kuntz e Newton Silveira, "A exaustão do direito de marcas na União Européia e o Mercosul", cit., p. 16).

Art. 132. O titular da marca não poderá:

I – impedir que comerciantes ou distribuidores utilizem sinais distintivos que lhes são próprios, juntamente com a marca do produto, na sua promoção e comercialização.

Sobre o tema, afirmei em outra ocasião que:

"A Lei 9.279, de 1996 (conhecida como 'Lei de Patentes'), em seu art. 132, III, dispõe expressamente que 'o titular da marca não poderá (...) impedir a livre circulação de produto colocado no mercado interno, por si ou por outrem com seu consentimento (...)'.

"Ou seja, uma vez importado o bem, quer pelo fabricante ou por seu distribuidor autorizado, *é garantida a sua livre circulação, que não poderá ser impedida pelo titular da marca. Em estando o produto no mercado interno*, na hipótese de o território exclusivo de um distribuidor ser invadido por produtos comercializados por terceiros (que não são partes da relação contratual), nem o fornecedor, tampouco o distribuidor, poderão tomar medidas destinadas a coibir tal prática.

"(...).

"Assim, ao contrário do que se pode pensar, nosso ordenamento tutela de forma expressa a importação paralela, de sorte que devem ser consideradas ilegais todas as cláusulas apostas nos contratos de distribuição que procurem coibi-la, direta ou indiretamente. Não podemos olvidar que a garantia de comercialização paralela é uma eficaz maneira de se erodir o poder de mercado derivado das garantias próprias aos direitos de propriedade industrial.

"O consentimento do titular da marca a que se refere o art. 132 requer que o produto comercializado em território brasileiro não seja contrafeito (caso em que o titular da marca teria direito de impedir a comercialização); a marca foi regularmente aposta no produto adquirido fora do território por um terceiro alheio às relações da rede de distribuição. A Lei de Propriedade Industrial não concede ao titular da marca o poder de impedir que o produto colocado regularmente no mercado venha a ser comercializado por agente econômico não integrante de sua rede de distribuição."[34]

Veja-se, também, a opinião do Prof. Calixto Salomão Filho, Titular de Direito Comercial da Faculdade de Direito da Universidade de São Paulo: "No Brasil, as regras da lei de propriedade industrial são bem pouco claras no que diz respeito à importação paralela. Não há um regime expresso sobre importação paralela em caso de patentes, diferentemente do que ocorre com as marcas. Para estas, prevê o art. 132, inciso III, a fórmula própria ao exaurimento, segundo a qual a importação paralela é permitida, desde que seja feita pelo ou com o consentimento do titular da marca".[35-36]

### *III. Importação paralela e proteção do consumidor*

***19.*** A doutrina, quer favorável quer contrária às importações paralelas, é prati-

34. Paula A. Forgioni, *Contrato de Distribuição*, 2ª ed., São Paulo, Ed. RT, 2008, pp. 246-248.

35. "United Nations Conference on Trade and Development", *Comércio Internacional e Desenvolvimento*, United Nations, 2003, p. 86.

36. Cláudia Maria Adiers, em artigo específico sobre as importações paralelas no direito brasileiro, conclui que, "partindo-se da premissa que a função designativa de proveniência tenha sido fielmente cumprida, pensamos que conceder ao titular o poder de impedir as importações paralelas de produtos ostentando sua marca extrapolaria as limitações territoriais oriundas do caráter nacional da sua proteção. Desta forma, com base no direito de marcas, parece-nos impróprio que o titular invoque o seu direito exclusivo para impedir as importações de produtos que ele mesmo pôs no mercado estrangeiro, posto que ele invoca um direito que ele esgotou quando introduziu estes produtos no mercado. (...) A LPI brasileira adotou a exaustão nacional de direito de marca; logo, ocorrendo a primeira venda no Brasil, com seu consentimento, o direito do titular exauriu-se, limitando suas postulações com base no direito de marca" ("As importações paralelas à luz do princípio de exaustão do direito de marca e seus reflexos nos direitos contratual e concorrencial", *Revista de Direito Mercantil* 127/161-162, 2002).

camente uníssona ao afirmar que elas causam a *diminuição dos preços para os consumidores*. Isso porque esse tipo de comercialização somente tem lugar se:

(i) o mesmo produto é vendido a preços diferentes em dois mercados;

(ii) a importação do produto concretiza-se mediante sua aquisição de terceiro que não o titular da marca;

(iii) o terceiro consegue colocar o produto no mercado interno por preço inferior ao que nele já é praticado.

***20.*** Tomemos como exemplo a seguinte situação: determinado fabricante vende por US$ 80 seus produtos para dois distribuidores, A e B, situados em diferentes países. Em seu mercado, A enfrenta a concorrência de C, de forma que o preço máximo de venda ao consumidor final que consegue praticar equivale a US$ 95. Mas B, que não têm concorrentes, oferece o preço de US$ 120. Frise-se o óbvio: *B consegue praticar preço superior ao de A porque não está sujeito à força concorrencial*, ou seja, ao consumidor do mercado de B não é dada opção: caso deseje adquirir o produto, deverá pagar US$ 120.

Vejamos a mesma situação introduzindo, porém, novo elemento: a importação paralela.

A empresa D decide iniciar sua atuação no mercado de B. Para tanto, adquire os produtos de A pelo preço de US$ 90. Importando-os, consegue revendê-los em seu mercado (que é o mesmo de B) pelo preço de US$ 110. Logo se vê, portanto, que:

(i) B, que não estava sujeito à concorrência, passa a enfrentá-la;

(ii) D consegue auferir lucros com a operação;

(iii) D oferece ao consumidor preço inferior àquele de B, desviando-lhe a clientela;

(iv) os consumidores da região em que B e D atuam podem adquirir o produto por preço inferior ao que era anteriormente praticado, quando havia apenas B no mercado.

A conclusão a que se chega é inexorável: a opção do sistema jurídico pela admissão das importações paralelas *reverte a favor do consumidor, protegendo-o contra eventuais abusos*.

### *IV. A produção de efeitos perante terceiros*

***21.*** A "relatividade dos pactos" é um dos principais vetores da disciplina contratual, de forma que, em princípio, o negócio não pode vincular terceiros além das partes. "(A) eficácia do contrato é, naturalmente, limitada à esfera jurídica dos contratantes".[37-38]

O fundamento desse princípio é a *liberdade de contratar*: salvo casos excepcionais,[39] no campo do direito privado, o sujeito somente assumirá obrigação em virtude de ato de vontade próprio. Da dicção de Orlando Gomes: "ninguém pode tornar-se credor ou devedor contra a vontade se dele depende o nascimento do crédito ou da dívida".[40-41]

37. Antonio Cautadella, *I Contratti*, 2ª ed., Torino, Giappichelli, 2000, p. 214.

38. Por óbvio, o contrato pode produzir efeitos *fáticos* perante terceiros, que serão afetados pelas chamadas "externalidades". Mas isso não elide o princípio de que, em regra, as partes somente restam obrigadas (vinculadas) por ato próprio de vontade.

39. Como ocorre no caso dos contratos coativos, estudados pelo Direito Econômico.

40. *Contratos*, cit., p. 43.

41. Pothier, no célebre *Tratado das Obrigações Pessoaes*, ensina: "huma convenção não tem effeito, senão a respeito das cousas, que fizerão objecto da convenção, e sómente entre as partes contratantes. A razão da primeira parte deste princípio he evidente. A convenção sendo formada pela vontade das partes contrahentes, não póde ter effeito senão sobre o que os contrahentes quizerão e tiverão em vista. (...) A razão da segunda parte daquelle principio, não he menos evidente. A obrigação que nasce das convenções, e o direito que dellas resulta, sendo formadas pelo consenso, e concurso das vontades das partes, não póde obrigar hum terceiro, nem dar direito a terceiro, cuja vontade não concorreo para formar a convenção" (*Tratado das Obrigações Pessoaes e*

*22.* Daí que, se A vende a B uma farmácia garantindo-lhe que será a única da região, isso não impede que C se instale na mesma rua e no mesmo ramo de comércio. O máximo que A pode fazer é comprometer-se, ele próprio, a não oferecer concorrência a B. Impedir C de abrir sua farmácia seria, na realidade, torná-lo vassalo de obrigação que não contratou.

Após a venda da mercadoria no exterior pelo titular da marca, poderá o adquirente – *i.e.*, o novo proprietário do bem – dar-lhe o destino que melhor lhe aprouver, sendo defeso ao titular da marca limitar essa liberdade alegando a existência de contrato que asseguraria a exclusividade a alguém; *o bem que vendeu não mais lhe pertence*.

*23.* Admita-se, ainda, que não é possível a alguém transferir mais direitos do que possui. Se, como visto, o titular da marca não tem o poder de controlar as alienações futuras (*i.e.*, que seguem a primeira operação de compra e venda por ele engendrada), não se pode cogitar da transferência desse "poder" a terceiro.

Esse quadro não é alterado pelo fato de o contrato de cessão estar, eventualmente, averbado no Instituto Nacional da Propriedade Industrial – INPI, nos termos do art. 62 da lei específica. Não assistindo ao próprio titular da marca o direito de impedir a comercialização posterior do bem que vendeu a terceiro, o registro no INPI não atribui esse poder nem a ele e muito menos ao distribuidor "oficial".

### *V. Importador paralelo: oportunista ou fator de equilíbrio do mercado em prol do consumidor? Os "free riders"*

*24.* As importações paralelas estão cercadas de discussões sobre a atuação dos chamados *free riders*; trata-se de alegação recorrente,[42] da qual lançam mão os titulares das marcas visando a obstruir a atuação de agentes econômicos com quem não mantêm acordo de distribuição. "(O) fenômeno do *free rider* ocorre quando um adquirente recebe, sem qualquer custo, indicações ou serviços de um distribuidor (*i.e.*, é estimulado ao consumo por um distribuidor diligente), mas compra, por preço inferior, o bem desejado de outro que não lhe proporciona iguais facilidades. Isso é possível porque o segundo distribuidor não incorre nos mesmos dispêndios do primeiro".[43-44]

Alega-se que o importador, ao colocar no mercado interno produtos mais baratos do que a rede tradicional de venda, oferece *concorrência desleal* e prejudica as empresas dessa cadeia, aproveitando-se dos investimentos por ela realizados. Os *free riders* seriam "caronistas", "oportunistas" ou "parasitas". Mas, se fosse o caso de fazer ironia, no caso das importações paralelas diríamos, em uníssono com o Bruxo do Cosme Velho, que "ninguém ignora que o salteador, na arte, é um caráter generoso e nobre".

*25.* Como ressaltei em outra ocasião,[45] a teoria do *free rider* foi desenvolvida pela

*Reciprocas nos Pactos, Contratos, Convenções &c.*, trad. portuguesa de José Homem Correa Telles, Lisboa, Imprensa Nevesiana, 1835, pp. 67-68).

42. Com efeito, as discussões costumam gravitar em torno dos mesmos temas. Como assinala Allan Fels: "In essence, those in favour of retaining the importation right argue that it is necessary to ensure the effective exercise of exclusive rights granted to intellectual property rights holders. The arguments in favour of retaining an importation right vary from product to product but generally relate to concerns about piracy, product safety and censorship, free riding on investments in sales and promotions and protection of local industry" (*Intellectual Property, Competition & Trade Policy Implications of Parallel Import Restrictions*, 2001. Disponível em *http://www.accc.gov.au/content/index.phtml/itemId/255604*. Acesso mar./2008).

43. Cf. Robert Steiner, "Manufacturers' promotional allowances, free riders and vertical restraints", *The Antitrust Bulletin* 36/383 e 385, Summer 1991.

44. Paula A. Forgioni, *Direito Concorrencial e Restrições Verticais*, São Paulo, Ed. RT, 2007, pp. 140 e ss.

45. Paula A. Forgioni, *Contrato de Distribuição*, cit., pp. 321 e ss.

doutrina norte-americana visando a justificar cláusulas contratuais que restringem a atuação dos distribuidores e que lhes impõem, por exemplo, a prática de determinado preço de revenda.

No entanto, ao contrário do que querem muitos, não há regra geral que possa ser assumida de antemão: do ponto de vista econômico, a conveniência ou não da atuação de *free riders* dependerá das circunstâncias específicas das hipóteses concretas.

Em determinados mercados, a proibição de sua atuação pode mostrar-se adequada e eficaz. Tomem-se como exemplo os produtos de luxo, cuja distribuição demanda investimentos para garantia da sofisticação da rede que transmitirá imagem de *glamour* condizente com a marca. Igualmente, a garantia da prestação adequada de certos serviços pode demandar gastos por parte da "rede oficial", cuja realização seria desestimulada pela atuação dos *free riders*.

Mas outra facção da doutrina contesta essa linha argumentativa.[46] A principal crítica aponta que, na realidade, a teoria do *free rider* presta-se a justificar serviços que não poderiam ser cobrados isoladamente dos consumidores. Ou, na súmula de Areeda e Kaplow: "The most common free rider argument emphasizes costly services that some dealers provide but cannot charge for separately".[47] Seguindo a mesma esteira, Comanor entende que há práticas benéficas para o consumidor (tais como concessão de crédito e expedição do produto) que serão implementadas pelos distribuidores, havendo ou não a atuação de *free riders*.

Consoante outros autores, os efeitos indesejáveis dos *free riders* não são eliminados mediante a diminuição da competição na revenda, pois *a tendência dos distribuidores é tomar para si o ganho que o enfraquecimento da concorrência traz, e não investir na maior eficiência do sistema ou na promoção do produto* (apropriação de margem de lucro ou *mark-up*).[48]

*26.* Apesar dessas discussões, há de se convir que os preços menores praticados pelo importador paralelo muitas vezes decorrem de economias feitas não na atividade de distribuição do produto, mas na sua *aquisição*. Não é incomum que os *free riders* vendam mais barato simplesmente porque adquirem a mercadoria no exterior por preços inferiores aos do mercado interno.

## *VI. A relevância dos caminhos a serem trilhados pela jurisprudência brasileira para a garantia do bem-estar social*

*27.* No ano de 1959, o Supremo Tribunal Federal manifestou-se favoravelmente às importações paralelas, em acórdão com relatoria do Ministro Henrique d'Avila, a que fizemos referência.

Esse julgado, embora indispensável à compreensão da matéria, é antigo; aguarda-se, atualmente, a manifestação das Altas Cortes, que fincarão a interpretação do art. 132, III, da Lei da Propriedade Industrial.

A questão é controvertida; a jurisprudência ondeia.

46. Como salientado por Nathan Lewin, a discussão sobre as importações paralelas são "freqüentemente expressadas com fervor religioso". No original: "frequently expressed with religious fervor" ("The ten commandments of parallel importation", *International Law Journal of Georgetown University Law Center*, n. 1, vol. 18, p. 217, 1986). Não bastasse, constitui forte elemento de tensão entre nações desenvolvidas e em desenvolvimento. As empresas detentoras de marcas "fortes" provêm de países industrializados, levando-os a assumirem posição contrária à importação paralela. Mas os países em desenvolvimento, visando a garantir menores preços a seus consumidores, tendem a colocar-se favoravelmente à prática.

47. Phillip Areeda e Louis Kaplow, *Antitrust Analysis – Problems, Text, Cases*, 4ª ed., Boston, Little, Brown and Company, 1988, p. 630.

48. Lawrence Sullivan e Warren S. Grimes, *The Law of Antitrust: an Integrated Handbook*, Saint Paul, The West Group, 2000, pp. 305-306.

*28.* Analisando as decisões dos Tribunais de Justiça, percebemos que aqueles contrários à importação paralela valem-se de argumentação extremamente simplista: o titular da marca, apenas por ser dela proprietário, teria o direito de impedir a comercialização do bem marcado em todos os elos da cadeia de distribuição.

Ocorre que, como demonstrado, esse pressuposto é ilegal e inconstitucional. Repise-se mais uma vez: o ordenamento jurídico atribui o direito exclusivo de utilização da marca para a *diferenciação do produto*, e não o monopólio da comercialização após a colocação desse mesmo produto no mercado.

Normalmente, os acórdãos dessa linha sequer abordam os princípios constitucionais da livre iniciativa, da livre concorrência e da proteção ao consumidor. A garantia da propriedade é tomada como norte supremo, sobrepondo-se aos demais princípios constitucionais.

*29.* Mais recentemente, percebemos consistente linha de acórdãos do Tribunal de Justiça do Estado de São Paulo que determinam ser *legal* a importação paralela. Refiro-me aos casos (i) vinho Bolla, (i) vodca Wyborowa e (iii) charutos Havana.

Em 1986, decidiu o TJSP a respeito da importação paralela dos conhecidos vinhos italianos da marca Bolla:

> *Propriedade Industrial.* Marca. Contrafação. Inocorrência. Importação de produto junto a distribuidora, para fins de venda, existindo no Brasil representante exclusivo. Admissibilidade. Exclusividade que não pode ser oposta a terceiros. Ação improcedente. Recurso provido para esse fim.
>
> (...).
>
> (A) demandante é proprietária da marca "Bolla", na classe de produtos 35.10 (bebidas, xaropes e sucos concentrados) (...). Por outro lado, comprovou-se que a ré expunha à venda garrafas de vinho "Bolla", de procedência italiana, por ela importadas não diretamente do produtor. Finalmente, é dos autos que a autora é representante exclusiva no Brasil dos produtores do citado vinho.
>
> (...).
>
> O vinho com essa marca, repita-se, é importado da Itália e a recorrente simplesmente o vende no Brasil, após importação que faz por conta própria.
>
> (...).
>
> É verdade que, segundo consta, a apelada é representante exclusiva dos vinhos "Bolla" no Brasil; mas tal exclusividade não pode ser oposta a terceiros, tanto mais que a apelante não importou o produto diretamente junto aos fabricantes, mas de empresa distribuidora. E se importou os vinhos, em atividade evidentemente lícita, é claro que o fez com vistas à sua venda no Brasil, o que não se reveste de atividade violadora ou de contrafação à referida marca. Note-se, como se frisou no aresto acima lembrado (...) que não se trata de reprodução da marca, ou do seu nome comercial.
>
> (...)
>
> O julgamento teve a participação dos Senhores Desembargadores Álvaro Lazzarini (Presidente) e Rangel Dinamarco, com votos vencedores.[49]

No ano 2000, já na vigência da nova Lei de Patentes, determinou o mesmo TJSP, em acórdão de relatoria do Desembargador Carlos Alberto Gonçalves, conhecido como caso da "vodca Wyborowa":

> *Propriedade industrial.* Marca. Importação de produtos junto a um dos inúmeros fabricantes no exterior. Argüição de contrafação formulada por proprietária do registro da marca nominativa no Brasil. Inocorrência. Representação exclusiva que não pode ser oposta a terceiros. Improcedência da ação. Recurso improvido.
>
> (...).
>
> A apelada não fabrica a vodca Wyborowa. Apenas a importa da Polônia e a vende no Brasil. Não falar-se, pois, em contrafação, mesmo sendo a apelante

49. TJSP, Apelação 75.002-1, *RJTJSP* 106/135.

proprietária da marca nominativa e representante exclusiva no Brasil do referido produto.[50]

Por fim, vale mencionar julgado de 2006 sobre a importação paralela de charutos cubanos, com relatoria de Enio Zuliani, que se destaca pela erudição e pela precisão na aplicação dos princípios constitucionais da livre iniciativa e da livre concorrência. Aqui, impõe-se a transcrição, ainda que longa, das principais passagens da decisão que enobrece o Poder Judiciário Paulista:

> Concorrência desleal. Charutos cubanos. Para que os fabricantes submetidos a um concentrado sistema de distribuição possam atuar contra os comerciantes brasileiros que revendem os produtos, é mister que se prove a contrafação, o que não ocorre com aquele que importa, de forma regular e permitida, mercadorias estrangeiras, pois o fato de não ceder ao monopólio da distribuição exclusiva direcionado no território brasileiro, não pressupõe que haja contrabando ou pirataria. Não incidência do art. 132, III, da Lei 9.276. Precedentes no Tribunal no caso da vodca Wyborowa e do vinho Bolla. Não provimento.
>
> (...).
>
> A perícia concluiu que a Tabacaria Ranieri, nome fantasia da loja da apelada, vende charutos cubanos legítimos, com regularidade documental e fiscal (importação).
>
> (...).
>
> A Constituição Federal estabelece que há liberdade de iniciativa (art. 170), estimulando a prática de atividade comercial (parágrafo único, do art. 170). E a própria Carta proíbe a dominação de mercado e a eliminação da concorrência (§ 4º, do art. 173). Esses dois dispositivos permitem afirmar que os poderes econômicos privados, quando unificados como mecanismo de política de exclusão de concorrentes, contrariam a livre iniciativa. O Estado e o Judiciário devem atuar para impedir que comportamentos e ideologias dominem o mercado e prejudiquem o comerciante de praticar atos que a lei não proíbe (art. 5º, II, da CF).
>
> (...) está nítido que, por detrás da proposta de restringir a venda de charutos nas prateleiras da loja da apelada, está escondida a intenção de romper as estruturas do livre mercado.
>
> (...).
>
> Nada obsta que as lojas de tabacaria do País exponham, para venda, charutos cubanos que são adquiridos legalmente, pelo regime de importação, porque a lei do comércio não obriga a que as empresas do ramo adquiram essas mercadorias da distribuidora autorizada pela Corporación Habanos S/A, pois o que se admite, como estratégia da defesa da origem consagrada do produto, são mecanismos contra a contrafação. A luta que se dignifica nesse setor visa proteger não somente os interesses dos fabricantes, mas, especialmente, assegurar o consumo seguro e honesto aos clientes, exatamente porque a prática criminosa de adulteração de mercadorias é sempre acompanhada de contrabando e falsidade, um trio que lesa o comércio, a marca notória e o gosto dos consumidores.
>
> (...) será que as autoras estão querendo que todas as vendas de charutos cubanos, no Brasil, ocorram com expressa autorização delas?
>
> A insistência mais parece uma tentativa exagerada de controle de nosso sistema de importação ou de averiguação da venda e consumo de produtos estrangeiros, como se as apelantes pretendessem fiscalizar e restringir, em todo território nacional, a venda e comercialização de charutos cubanos legítimos. O que se permite, com razão, já se declarou, é que as apelantes ajam contra a contrafação, evitando que a pirataria ou a imitação prejudiquem a credibilidade da marca única dos produtos cubanos. No caso dos autos, porém, não há prova de que a requerida exponha à venda charutos fabricados em outros locais ou países, com a marca dos produtos cubanos, o que impede que o

50. TJSP, Apelação 90.538-3, *JTJ-Lex* 229/136.

Judiciário intervenha para proibir que o comerciante exerça o seu comércio, um direito constitucional (art. 170, da CF).[51]

De qualquer forma, embora o quadro jurisprudencial ainda não tenha sido de todo pacificado, é obrigatória a seguinte constatação: no direito brasileiro, quer seja dado relevo aos princípios constitucionais, quer aos estritos termos da Lei de Propriedade Industrial, *não há regra ou princípio jurídico que impeça o agente econômico de realizar importações paralelas; a legislação protege-o e também o consumidor*.

## *VII. Conclusão*

***30.*** Nada há de ilícito na atividade de importação paralela. Com efeito:

(i) por força dos princípios da livre iniciativa e da livre concorrência, insculpidos no art. 170 da Constituição do Brasil, a atividade econômica somente pode ser impedida por força de expressa disposição legal;

(ii) inexiste em nosso ordenamento jurídico dispositivo que impeça as importações paralelas;

(iii) a exclusividade do uso da marca, conferida por lei (art. 129 da Lei de Propriedade Industrial), refere-se à possibilidade de sua utilização para a diferenciação de produtos; nada tem que ver com a atribuição de exclusividade para a comercialização do bem marcado, após sua regular colocação no comércio pela própria titular da marca; a *utilização da marca* para diferenciar o produto é *restrita ao respectivo titular*, mas a *comercialização do produto marcado* é livre;

(iv) a partir do momento em que a titular da marca aliena o produto diferenciado a terceiro, colocando-o no fluxo mercantil, autoriza seu tráfico posterior, conforme exigido pelo art. 132, III, da Lei de Propriedade Industrial;

(v) as importações paralelas beneficiam os consumidores, pois portam consigo o efeito de aumentar a concorrência existente no mercado interno e, conseqüentemente, diminuir os preços nele praticados;

(vi) a vedação das importações paralelas no Brasil implicaria, indubitavelmente:

(vi.i) violação dos princípios constitucionais da livre iniciativa, da livre concorrência e de proteção do consumidor;

(vi.ii) adoção de visão exclusivamente privatista dos direitos de propriedade intelectual, admitindo-os como poder natural e absoluto, não sujeito às restrições decorrentes de sua função social; e

(vi.iii) imposição a terceiros dos efeitos de contrato do qual não participou.

51. TJSP, 4ª Câm. de Direito Privado, Apelação com Revisão 419.571-4/0-00, j. 27.4.2006.

## Atualidades

# INTERVENÇÃO DO ESTADO NA LIBERDADE CONTRATUAL: ANÁLISE DA TEORIA DA UTILIDADE NEGOCIAL


UINIE CAMINHA

ELISBERG FRANCISCO BESSA LIMA


*1. Evolução do contrato diante da transformação do Estado Liberal em Estado Social: 1.1 Dos ideais liberais para os sociais: reflexos na função dos contratos; 1.2 Evolução dos princípios e das classificações contratuais. 2. Concepção econômica dos contratos: eficiência e custo de transação 3. A Teoria da Utilidade Negocial como instrumento de desqualificação de contrato para fins fiscais. Conclusão.*

O presente artigo tem por escopo aferir os reflexos do extremismo da atual concepção social dos contratos, ressaltando os riscos de um retrocesso nas relações entre o Poder Público e os seus cidadãos. Demonstra-se que direitos e garantias individuais passam a ser relativizados em nome de uma ordem social, promovendo desmedidas intervenções estatais na autonomia privada do cidadão.

A evolução histórica da ordem contratual brasileira evidencia a natureza cultural do instituto jurídico denominado *contrato*, ou seja, atribui-lhe valor gerado pelos dinâmicos anseios e interesses sociais. Após a superação do liberalismo econômico instituidor do Estado Liberal do século XIX, por não mais condizer com a aspiração da sociedade do século XX, instauram-se a ordem social e suas vertentes, fundando-se, com isso, o Estado Social.

Os reflexos dessa alteração são incorporados pelo Direito, especialmente em sua ordem contratual, na qual passa a prevalecer a função social dos contratos, em detrimento da sua essência jurídico-econômica. Nesse contexto, critérios legais não bastam para aferir a validade de um contrato por parte do Poder Público, necessariamente, além de sua legalidade, passa a ser exigida a sua legitimidade.

As manifestações de vontade dispostas nos contratos passam a se submeter a análises que vão além do aferimento da legalidade, estabelecendo-se, também, subjetivos critérios de legitimidade social das disposições acordadas.

Exemplifica-se a presente problemática com a Teoria da Utilidade Negocial, aplicada pelo Poder Público no exercício do seu poder de tributar, pela qual são desqualificados contratos, em razão da alegada falta de propósito comercial e de exclusivo interesse de promover elisão fiscal, o que, na ótica do fisco, o instrumento contratual ilegítimo.

Sendo assim, no decorrer deste trabalho, analisam-se a atual concepção social do contrato e seus reflexos para a ordem econômica e para a relação entre o Poder

Público e o cidadão, especialmente na seara tributária. Citam-se algumas indagações orientadoras: a transformação histórica dos anseios sociais gerados pela gradativa evolução do Estado Liberal para o Estado Social influenciou nas concepções e nos princípio da ordem contratual brasileira? Qual a implicação da preponderância da função social dos contratos à ordem jurídica e econômica? A relação entre os sujeitos tributários sofre alguma influência em razão da relativização das disposições contratuais promovida pelo aferimento da legitimidade social dos contratos? Para tanto, o presente trabalho é desenvolvido pelos tópicos abaixo descritos:

Inicialmente, busca-se evidenciar o contrato como valor cultural, ou seja, fruto das transformações sociais e das relações intersubjetivas, em que a dinamicidade das necessidades humanas promove-lhes diversas concepções: social, econômica, política e jurídica. Para tanto, explana-se acerca das concepções dos contratos, partindo do Estado Liberal para o Estado Social, com objetivo de evidenciar a atual preponderância da função social dos contratos em detrimento das suas características jurídico-econômicas.

Evidenciam-se, também, os reflexos da atual predominância da função social dos contratos nos princípios e nas classificações contratuais, ressaltando as suas características e os seus institutos jurídicos.

Discorre-se, ainda, sobre a concepção econômica dos contratos e a sua relação com o princípio da função social, notadamente diante de uma acentuada publicização do ordenamento civil brasileiro. Os impactos dessa socialização dos contratos são analisados sob a perspectiva dos custos de transação negociais.

Ultima-se o presente trabalho exemplificando os riscos gerados por uma acentuada concepção social dos contratos, mediante a aplicação da Teoria da Utilidade Negocial por parte do Estado no exercício do seu poder de tributar, mesmo sem qualquer respaldo legal.

Por conseguinte, este trabalho visa ressaltar o necessário comedimento na integração das funções social e econômica dos contratos, em respeito à natureza jurídica destes, resguardando os direitos e garantias individuais, especialmente a livre iniciativa e a liberdade contratual e de contratação.

## *1. Evolução do contrato diante da transformação do Estado Liberal em Estado Social*

As instituições contratuais de uma determinada sociedade espelham os traços socioculturais nesta existentes. As relações intersubjetivas são amparadas por regramentos, sejam de ordem pública ou privada, compostos de ideais caracterizadores dos mutantes anseios vividos em cada época, por cada coletividade.

O caráter instrumental do contrato que o torna uma ferramenta de realização dos interesses dos indivíduos faz deste instituto espelho da realidade social, econômica e política na qual ele é desenvolvido. Os cambiantes valores culturais, por expressarem evolução das vontades humanas, tornam o contrato um instituto jurídico necessariamente dinâmico.

A instrumentalidade do contrato guarda uma perspectiva variante, pois é concebida pelo determinismo cultural, adaptando-se às instáveis necessidades socioeconômicas dos homens. Se o predomínio cultural de uma coletividade é o religioso, necessariamente feições religiosas terão os contratos; se é o econômico, características econômicas neles prevalecerão; se é social, funções sociais por eles serão assumidas.

Tal realidade se torna mais evidente a partir da concepção de contrato, aparentemente simplista, porém clarividente, de Jefferson Daibert (1977, p. 16), quando expressa: "Concluímos, pois que o que caracteriza *[o contrato]* é o acordo simultâneo de vontades, seja qual for a maneira destas se manifestarem". Percebe-se, pois que, nessa expressão, assume o contrato o instrumento que reflete a maneira como os indivíduos interagem entre si, espelhando assim os traços socioculturais do ambiente em que disciplina.

Jorge Mosset Iturraspe (1998, p. 11), baseando-se no Código Civil argentino, conceitua contrato: "El contrato, definido en el artículo 1.137 del Código Civil como el acuerdo de varias personas sobre una declaración de voluntad común destinada a reglar sus derechos, es una de las especies dentro del género acto o negocio jurídico". Ou seja, o autor define o contrato como acordo de vontade comum destinada a regrar seus direitos, sendo uma das espécies dentro do gênero negócio jurídico. Ressaltando semelhantes características, como negócio jurídico e manifestação da vontade, Silvio Rodrigues (2002, p. 9) conceitua contrato da seguinte forma: "Negócios jurídicos bilaterais, isto é, os que decorrem de acordo de mais de uma vontade. (...) Foi o que fez Clóvis Beviláqua, nem sempre com aplausos de todos, ao afirmar que 'o contrato é acordo de vontades para o fim de adquirir, resguardar, modificar, ou extinguir direitos'. Por conseguinte, cada vez que a formação do negócio jurídico depender da conjunção de duas vontades, encontramo-nos na presença de um contrato, que é, pois o acordo de duas ou mais vontades, em vista de produzir efeitos jurídicos".

Já sob a concepção econômica do contrato, Pinheiro (2007, p. 113) evidencia a incorporação dos valores da segurança jurídica e da eficiência econômica para a efetivação da função contratual na sociedade, conforme se expressa abaixo: "Apenas por meio dos contratos é que se podem realizar investimentos com vistas a reduzir riscos no futuro, tema de que vamos nos ocupar mais adiante. A natureza do contrato é a promessa de cumprimento recíproco – prometer vem do latim *promitere,* que significa 'atirar longe', obrigar-se verbalmente ou por escrito a fazer ou dar. Só há eficiência em uma economia quando é possível assegurar que tais promessas serão cumpridas. Ou seja, nos exemplos acima, só valeriam como verdadeiros contratos se pudessem ser de alguma forma liquidados ou, em oposição, se não houvesse o cumprimento de promessa, se algo pudesse ser feito para induzir aquele que prometeu a cumprir a palavra".

Em todas as referidas abordagens acerca de contrato, a manifestação de vontade é evidenciada como característica inerente a este instrumento. Logo, para uma substancial compreensão dos contemporâneos institutos da teoria contratual, especialmente dos seus princípios e das suas concepções econômicas, faz-se necessária uma breve análise histórica das manifestações das vontades que contextualizaram o contrato na passagem do Estado Liberal para o Estado Social.

### *1.1 Dos ideais liberais para os sociais: reflexos na função dos contratos*

O processo evolutivo dos contratos é reflexo das transformações sociais, econômicas e políticas vividas pela civilização humana, particularmente a partir do século XVIII, quando a influência do medievo religioso cede espaço para valores que comporiam as forças capitalistas, como a liberdade econômica e a institucionalização do lucro.

Rodrigues Junior (2002, p. 27), acerca da superação das concepções medievais, que gerou o denominado Estado Moderno, afirma que: "O Feudalismo e seus espectros, dentre os quais a ideologia da Igreja, as lições da Escolástica e da Patrícia, a vedação à usura e ao anatocismo, são lentamente expurgados ou combatidos no panorama europeu. O ponto de culminância de todo esse processo é a Revolução Francesa de 1789, quando o absolutismo deixa de ser útil aos capitalistas. O rei, após disputar com forças feudais e unificar o estado, perde sua importância, pois não mais interessavam à burguesia a manutenção das corporações de ofício e a intervenção direta nos assuntos econômicos".

Os rígidos ditames aristocráticos, característicos do absolutismo monárquico, foram superados pela era do valor individual e da acumulação de riqueza, fortalecendo as bases para que, no século XIX, o Liberalismo atingisse o seu apogeu.

Nessa transição, dois fatos marcaram a história da humanidade, a Revolução Industrial, aproximadamente, do ano de 1740 e a Revolução Francesa de 1789, mediante os quais novos paradigmas foram instituídos e arcaicas concepções foram transformadas em nome de um ideal liberal-burguês. Saldanha (2000, p. 74) assim ressalta essas transformações revolucionárias: "As revoluções liberal-burguesas situaram um modelo de esquema revolucionário, do qual se alimentaram os conceitos posteriores, e neste ponto a experiência francesa foi de fato o modelo principal. Não mais apenas a 'resistência' como nos tempos de Manegold ou nos de Hotman: não mais apenas, também, a idéia platônico-polibiana de um rodízio de formas de governo ou a concepção aristotélica de mutações nas instituições. Doravante se entenderia como revolução a mudança de estrutura e de perspectiva no todo da sociedade, estando a mudança política em compromisso com a mudança no domínio de classe, ou nos valores, ou em algo bastante essencial, e mais: sendo as mudanças algo definitivo, algo a que o entendimento hegeliano oportunamente aplicaria o conceito de *Aufhebung*: superação-incorporação".

A tais transformações sociais, políticas e econômicas não poderia o Direito ficar inerte. A evolução normativa se fazia necessária, pois valores foram superados e outros foram incorporados, especialmente pela valorização do individualismo liberal. A liberdade individual e autonomia da vontade foram incorporadas às regras, o que gerou, no âmbito contratual, a doutrina voluntarista.

A liberdade econômica fazia-se a expressão do ambiente sociopolítico da época. Nos contratos, a doutrina voluntarista fez nascer a idéia de que os homens têm o direito de fazer o que desejar com o que lhes pertencer. As imposições e limitações régias não mais poderiam oprimir a autonomia da vontade de cada indivíduo.

Mediante batalhas e revoluções, o pêndulo social da história se voltaria para a proteção da liberdade humana, deslocando-se de um extremo, Estado Monárquico-absolutista, para o outro, Estado Liberal-burguês. Para tanto, evidencia Santos (2004, p. 34) acerca dessa transformação social e o seu impacto na seara contratual: "Uma seqüência de acontecimentos políticos, com repercussão na atividade econômica, ocorrida entre os séculos XVI e XIX, modificou a civilização européia. Em substancioso trabalho, Valespinos traça o arcabouço do contrato na Idade Moderna, aduzindo que o triunfo da autonomia da vontade como concepção soberana de todos os direitos e obrigações surgiu com tamanha força naquela época *[séculos XVI a XIX]*, que o sistema contratual recebeu impulso tão transcendente que passou a ser o centro de todo o regime jurídico. Para manter esse extremo da autonomia da vontade, foi necessária a conjunção de numerosos fatores que, junto ao espírito rebelde da época, destruíram todo o sistema político, social e econômico medieval implantando-se individualismo jurídico baseado nas idéias de liberdade".

O contrato, na fase áurea do liberalismo econômico, tornou-se um instrumento de maior representatividade da liberdade civil. O ambiente de plena autonomia da vontade privada contribuiu para evolução nos institutos contratuais, pois as pessoas estavam livres para manifestar as suas vontades, mediante disposições contratuais feitas e realizadas exclusivamente nos termos dos seus interesses.

No entanto, extremismos e exacerbações, provocadas por concepções clássicas trazidas pelo Estado Liberal, tais como: individualismo sem limites, senso de igualdade plena dos contratantes e autonomia privada absoluta, evidenciaram-se a ponto de transparecer a necessidade de uma intervenção do Estado nas convenções particulares.

Em meados do século XX, as atenções se voltam para o dirigismo contratual e para o protecionismo social, pois o liberalismo econômico se demonstrou falho e incapaz de gerar equilíbrio social. As concepções político-econômicas do Estado Liberal passam a ter outro foco, o interesse social, tendo como objetivo a realização da segurança jurídica social.

O Estado volta-se para a sua concepção social, em que a liberdade contratual se torna limitada, em nome do protecionismo do interesse coletivo e de um substancial equilíbrio entre os contratantes. A subordinação econômica dos contratos é demonstrada, sob o argumento de que a igualdade jurídica não pode prevalecer diante da desigualdade fático-econômica. Logo, necessário se tornaria o dirigismo contratual por parte do Poder Público, para assegurar equilíbrio de forças entre os particulares.

Sobre a referida substituição da ordem liberal clássica pela concepção social do Estado e evidenciando a necessidade de uma intervenção estatal nos contratos em nome da legitimidade social, Santos (2004, p. 43) ressalta que: "As conseqüências da subordinação econômica dos contratos clama pela revisão de sua doutrina clássica, porque existe igualdade jurídica, mas forte desigualdade econômica; a liberdade jurídica diante de subordinação econômica e o excessivo individualismo de épocas anteriores, perante as exigências da solidariedade social e funcionalismo no exercício das prerrogativas individuais, especialmente no que atende à faculdade de contratar ou não contratar. Por isso, atualmente, se fala em solidariedade, ou em princípio da sociabilidade. Também se deve falar em humanização do direito de probidade no cumprimento do contrato, ou seja, *fair play*, jogo limpo".

Com esse contexto tendente à sociabilidade, em resposta ao individualismo exacerbado do período clássico-liberal, o direito positivo brasileiro determinou, por intermédio do Código Civil de 2002, a função social do contrato, especialmente em seu art. 421, em que expressa: "A Liberdade de contratar será exercida em razão e nos limites da função social do contrato".

Por conseguinte, evidente foi a incorporação, na vertente contratual do Ordenamento Jurídico Brasileiro, dos valores amparados pela segurança jurídica social, quedando-se, em segundo plano, a individualidade e a autonomia da vontade. No entanto, ainda persistem questionamentos e inquietações acerca do impacto da ordem social dos contratos, nos seus princípios e na sua precípua função econômica.

### *1.2 Evolução dos princípios e das classificações contratuais*

Os princípios básicos do direito contratual são o da autonomia da vontade, o da força vinculante do contrato e o da relatividade das convenções. As transformações sociais, econômicas e políticas dos últimos três séculos provocaram formas diferenciadas de interpretação e aplicação dessas bases contratuais.

O princípio da autonomia privada está baseado na faculdade que têm os indivíduos de criar relações jurídicas entre si, determinando direitos e deveres mútuos, com a finalidade de ter satisfeita a sua vontade. Para Veras (2005, p. 45), a autonomia privada poder ser caracterizada da seguinte forma: "O princípio da autonomia da vontade traduz-se no princípio da autodisciplina dos próprios interesses de maneira que a liberdade de contratar é uma faculdade que as partes têm de contrair ou não vínculo obrigacional, ao passo que a liberdade contratual possibilita estruturar o conteúdo do contrato de maneira a atender aos interesses das partes interessadas em determinado negócio".

Percebe-se que a autonomia privada, ou mesmo, autonomia da vontade, tem por fundamento a autodisciplina, ou seja, a prerrogativa dos particulares de disciplinarem as suas relações intersubjetivas, sem a intervenção estatal. Tal regramento impõe-se no Ordenamento Jurídico Brasileiro especialmente pelo art. 5º, *caput*, da vigente Constituição Federal do país, como se evidencia: "Todos são iguais perante a lei, sem distinção de qualquer natureza, garantindo-se aos brasileiros e aos estrangeiros residentes no País a inviolabilidade do direito à vida, à liberdade, à igualdade, à segurança e à propriedade, (...)".

A liberdade, portanto, é enaltecida no supracitado princípio constitucional, dando-lhe uma formatação consubstanciada na individualidade e no interesse particular. Por esta razão, a autonomia da vontade teve, no Estado Liberal, o ambiente perfeito para o seu apogeu. A liberdade humana tendente a sua plenitude, como pregava o liberalismo econômico do século XIX, equiparou a autonomia da vontade à lei.

No entanto, com a historicamente comprovada incapacidade do Estado Liberal de harmonizar interesses pessoais em prol da coletividade, o princípio da autonomia da vontade sofre limitações, em nome do interesse social. Santos (2004, p. 47), argumenta que tal princípio não foi, nem mesmo na sua concepção liberal, absoluto, assim descrevendo: "Apesar de imbricar o econômico como direito positivo, é observado que a autonomia da vontade como algo intangível sempre teve relevância no aspecto filosófico. No que toca ao direito positivo, ela sofre temperamentos, afastando aquela rigidez dos canonistas, teólogos, economistas e filósofos. A soberania da vontade sempre recebeu flexibilidade. A onipotência da vontade nem sempre é tão onipotente assim, quando se está diante da exigência de que o contrato tenha objeto lícito, que o contratante seja capaz e que as convenções não afetem a moral e os bons costumes. O legislador sempre considerou que a soberania da vontade não era tão rígida como dá a entender à primeira vista".

A flexibilidade do princípio da autonomia privada se torna ainda mais evidente no Estado Social, no qual a ilimitada proteção de interesses difusos e sociais inibiu a concepção de liberdade individual. Não apenas as normas cogentes passariam a ter esta função mitigadora, mas também valores principiológicos, como o da boa-fé, o da moral e o dos bons costumes.

Por conseguinte, flexibilidade deste princípio é patente na hodierna ordem social dos contratos, resta saber até que ponto a individualidade pode ser submissa à coletividade. Nessa ordem, vislumbra-se um certo extremismo das ações estatal, em nome da famigerada função social dos contratos, ceifando valores individuais conquistados com grandes sacrifícios.

O enaltecimento dos valores sociais nas instituições contratuais não pode ter o condão de gerar insegurança nas relações intersubjetivas, sob pena de retroceder a períodos em que arbítrios eram cometidos. A exacerbação da concepção social dos contratos pode ser tão prejudicial quanto foram os extremismos cometidos no Estado Liberal.

Diante das novas exigências sociais em relação à função dos contratos, os princípios da força vinculante dos contratos e o da relatividade das convenções também são alterados.

A força vinculante dos contratos apresentava-se de forma absoluta, desde que respeitados os requisitos mínimos legais, no liberalismo do século XIX, período em que se estabelecia a idéia de que as partes contratavam de forma livre e consciente, logo sujeitas estariam às regras acordadas. Rodrigues Junior (2002, p. 18), lecionando acerca da concepção clássica desse princípio, expressa: "O liberalismo do século XIX justifica o princípio na idéia de que, se as partes alienaram livremente sua liberdade, devem cumprir o prometido, ainda que daí lhes advenha considerável prejuízo. Pois, quem diz contratual, diz justo. O princípio da obrigatoriedade das convenções encontra um limite na regra de que a obrigação se extingue se vier a se impossibilitar por força maior ou caso fortuito. Mas, dentro da concepção clássica, essa é a única limitação à norma da obrigatoriedade do contrato".

Com essa concepção clássica da obrigação contratual, o liberalismo econômico especialmente do século XIX, tornava absoluta a força vinculante dos contratos, fazendo com que as partes se sujeitassem obrigatoriamente às cláusulas contratuais, sem espaço para alterações. Estabelecia-se, assim, a aceitação do *pacta sunt servanda*, ou seja, pactos devem ser cumpridos na literalidade de seus termos.

No entanto, desequilíbrios foram evidenciados com essa concepção clássica da força vinculante dos contratos, pois seus pressupostos, quais sejam: liberdade contratual absoluta e igualdade entre as partes não resistiram aos fatos.

Diante de uma realidade em que uma parte não estaria plenamente livre para impor sua vontade nos contratos, pois encontraria, em outra, força suficiente para desequilibrar a relação contratual, a liberdade e igualdade das partes foram desconsideradas. Geravam-se, pois, desequilíbrios obrigacionais e injustiças, deturpando a natureza conciliatória do contrato.

Invocam-se, com isso, novos valores orientados por uma ordem jurídica em que o contrato deve exercer a sua função social e, portanto, não pode ter conteúdo que provoque desequilíbrios. Assim, a força vinculante dos contratos fora cedendo espaço para a necessidade de adequação social, mesmo que para isso, fosse necessária a revisão do que inicialmente fora pactuado.

Os contratos passam a vincular às partes de forma relativa, pois se houver alterações substanciais da situação dos contratantes, alheias as suas vontades, geradoras de desequilíbrios e submetidas à imprevisão, possível seria a sua revisão. A cláusula *pacta sunt servanda* cede espaço para a cláusula *rebus sic stantibus*. Neste passo, expressa Santos (2004, p. 47): "A obrigação perpétua é inconcebível socialmente. Os contratos cativos, de trato sucessivo ou de duração indeterminada, podem ser rescindidos unilateralmente, preenchidas certas condições quando previstas em lei. As regras que disciplinam a lesão como motivo para anulação e revisão dos contratos, a onerosidade excessiva, a boa-fé, que é princípio geral de direito e foi erigida a grau de positivação jurídica, como se vê nos arts. 133 e 422 do Código Civil de 2002, e a função social do contrato, que não pode ser aludida pela parte, sob o pretexto de que o contrato é claro o suficiente e que a parte aceitou cláusula que vulnerou dito princípio *[CC, art. 2.035, parágrafo único]*".

Conseqüentemente, o princípio da relatividade das convenções, que Rodrigues Junior (2002, p. 16) afirma ser "a idéia de que os efeitos do contrato só se manifestam entre as partes, não aproveitando nem prejudicando terceiros", recebe novos contornos diante dos valores sociais a que os contratos hodiernamente estão sujeitos. Para a concepção contemporânea, os efeitos contratuais, ainda que indiretamente, atingem a sociedade, não apenas as partes contratantes, ampliando-se assim a abrangência do princípio da relatividade dos contratos.

Conclui-se, assim, que as transformações sociais, econômicas e políticas que originaram a passagem do Estado Liberal, pautado pelo liberalismo econômico, para o Estado Social, provocaram novas concepções nos princípios contratuais, tornando-os propensos aos interesses sociais e coletivos, em detrimentos da autonomia privada. No entanto, a concepção econômica do contrato não deve ser deturpada, por sua função social, sob pena de ser descaracterizada a sua natureza de instrumento de circulação de riqueza.

## 2. *Concepção econômica dos contratos: eficiência e custo de transação*

A acepção contemporânea das normas contratuais torna prevalecentes ditames de ordem social, em detrimento dos interesses dos particulares. Tal realidade, se não for conduzida com razoabilidade, notadamente pelas autoridades públicas, poderá ensejar desequilíbrios socioeconômicos, pois se desvirtuaria a concepção precípua dos contratos que é de ordem econômica.

O contrato é o instrumento de harmonização dos interesses dos agentes econômicos, estabelecendo entre estes ligações pontuais, que formarão, em uma perspectiva macro, a estrutura econômica de um determinado mercado. Portanto, o contrato é a ferramenta que viabiliza a própria economia, pois é meio pelo qual os agentes econômicos estabelecem troca de interesses.

Acerca da concepção econômica do contrato Pinheiro (2005, p. 112) expressa, "a noção do contrato como um acordo de vontades tem sua acepção econômica em três processos diferentes: a oferta e a contrapartida da oferta, a aceitação da oferta e da contrapartida, e a liquidação da promessa".

Percebe-se, pois, que, em um primeiro momento, o acordo de vontades está no encontro de interesses aparentemente antagônicos, ou seja, uma manifestação de vontade interage com outra, mediante a oferta e a sua contrapartida. Seria o vendedor interagindo com o comprador, cujas vontades estariam satisfeitas se houver o cumprimento das promessas de ambos.

Nesse aspecto, entende-se o contrato como meio de incentivo às interações econômicas, por viabilizar o encontro das antagônicas manifestações de vontades dos agentes econômicos. Haveria a compra e venda, por exemplo, por se estipular, em um contrato, a forma com que se dará a oferta, a sua contrapartida e, especialmente o cumprimento de ambas.

Ao expressar acerca da concepção econômica dos contratos e dos componentes circunstâncias para a sua efetivação, Sztajn (2005, p. 104) assim leciona: "Sob a ótica da Economia das Organizações, um contrato significa uma maneira de coordenar as transações, provendo incentivos para os agentes atuarem de maneira coordenada na produção, o que permite planejamento de longo prazo e, em especial, permitindo que agentes independentes tenham incentivos para se engajarem em esforços conjuntos de produção. A teoria da escolha contratual prevê que os contratos poderão variar em termos de eficiência, conforme o seu desenho defina incentivos para os agentes atingirem objetivos predefinidos. Os arranjos institucionais (contratos) somados ao ambiente institucional definirão diferentes mecanismos de incentivos, assim como os remédios para o não cumprimento das promessas".

Observa-se que a autora expressa algumas condicionantes para que os agentes econômicos se sintam incentivados a interagir entre si e cumprir com as suas promessas. Além dos arranjos institucionais, ou seja, o conteúdo do próprio contrato como meio de motivação, haveria também os ambientes em que eles estariam envolvidos.

Não basta, portanto, contrato economicamente eficiente, ou seja, capaz de motivar a interação entre os agentes econômicos, deve haver, também, um ambiente institucional que incentive às relações econômicas, especialmente por parte Poder Judiciário, que tem a função de fazer cumprir as determinações contratuais. Nesse passo, expressa Pinheiro (2005, p. 118): "Os contratos são promessas que contêm um componente do ambiente institucional para aplicar sanção na hipótese de descumprimento. São contratos somente aquelas relações humanas que o sistema jurisdicional (o Poder Judiciário e as Leis) entende e às quais pode aplicar sanção, caso necessário".

Por conseguinte, o Poder Judiciário, como importante componente do ambiente institucional da concepção econômica do contrato, concorreria para a eficiência contratual, se atuasse na aplicação de sanções nos casos de inadimplência das obrigações contratuais.

O incentivo dos agentes econômicos nas relações de trocas está amparado na possibilidade de as promessas contratuais serem cobradas e cumpridas, ou seja, está baseada na eficiência contratual.

Tal eficiência seria a razão da existência do contrato, sobre o qual afirma Masten (1998, p. 4): "Beyond this basic commitment-enhancing function, contract theorists generally associate three broad motives with contracting: risk transfer, incentive alignment, and transaction cost economizing". Isso significa que além da básica função de acentuar confiança, teóricos do contrato geralmente associam três principais motivos à contratação: transferência de risco, alinhamento de incentivos e economia dos custos de transação.

A alocação eficiente de riscos nos contratos, em que se fundamenta a teoria da agência, assume a existência de informações assimétricas, defendendo, portanto, a aferição de riscos e a implementação de ações mitigadoras. Sendo assim, considera objetivos conflitantes entre contratantes, em que um, denominado agente, alocará o risco inerente ao interesse conflitante do outro, que seria o principal. Quanto a essa teoria, assim expõe Pinheiro (2005, p. 108): "A Teoria da Agência foi bem descrita por Berle e Means já em 1933. Em síntese, o problema da agência se resume a uma situação em que os interesses de uma pessoa (o principal) dependem das ações de outra (o agente) – com a qual não compartilha os objetivos –, conforme regulado por um contrato entre as duas. O principal deseja que o agente se comporte de forma a favorecer seus interesses (do principal), mas não possui as informações completas nem para definir exatamente o que o agente deve fazer, nem para monitorar o que ele de fato faz. Além disso, há incertezas externas à relação entre os dois que afetam o resultado final do agente; por essa razão, o principal não tem como saber se um resultado menos favorável do que ele desejaria se deve a um comportamento não ideal do agente ou a outro fator externo. Isto é, não possibilidade de individualizar o efeito da ação do agente, impedindo o principal de saber com certeza qual foi conduta do agente".

Diante de tal dificuldade, tornam-se imprescindíveis as estipulações contratuais que visem estimular os contratantes a cumprir com o acordado, mesmo quando aqueles estão impossibilitados de promover uma fiscalização mútua. Tem-se assim a teoria dos incentivos que defende o convencimento, por parte dos próprios contratantes, que é mais economicamente eficiente o cumprimento do contrato nos termos estabelecidos, do que o seu inadimplemento. Nesse passo, evidencia Pinheiro (2005, p. 140): "Portanto, um elemento fundamental no desenho dos contratos é o estabelecimento de incentivos que estimulem as partes a cumpri-lo, em uma situação em que a outra não pode monitorar ou verificar (*ex post*) com precisão se a outra se comportou conforme o prometido. O direito é prescritivo uma vez que estabelece normas de conduta que devem ser seguidas por todos e se vale de mecanismos de coação e sanção no seu descumprimento".

Percebe-se que tais teorias ressaltam a utilização de mecanismos capazes de promover a eficiência econômica dos contratos. Alocar riscos e estabelecer incentivos são instrumentos que visam o cumprimento contratual, porém de forma compensatória, diante de uma análise de custo/benefício entre o adimplemento e o inadimplemento contratual.

Objetiva-se, com isso, a economia dos custos de transação, ou seja, o contrato estabeleceria disposições determinantes para o seu cumprimento, sendo formalizados meios de coação para a sua realização, com intuito de mitigar riscos para os contratantes e, assim, reduzir os custos de uma determinada operação econômica. Tem-se, assim, análise econômica do contrato enaltecendo a sua primordial função que é instrumentalizar a circulação de riquezas, visando maximizar a satisfação dos agentes econômicos.

No entanto, tal concepção está atualmente ameaçada por uma visão exacerbada da função social do contrato, em detrimento da sua essência jurídico-econômica. Conforme anteriormente visto, o extremismo da preponderância de valores sociais, em nome do distanciamento do Estado Liberal para o alcance do Estado Social e suas vertentes, desfigura a concepção econômica do contrato, afastando-o da segurança jurídica e da economia dos custos de transação.

Ressaltando-se o impacto da prevalência da ordem social sobre a ordem jurídica, notadamente quando diz respeito a alterações do Direito Civil na seara contratual, ditadas pelos contemporâneos valores que enaltecem a legitimidade, em detrimento da legalidade, expressa Fachin (2003, pp. 95 e 225):

"O Direito vai progressivamente se abrindo para uma certa porosidade, no sentido de apreender essas relações, dar relevância jurídica, inclusive na lacuna da lei e, às vezes, até mesmo contra o sentido literal da regra, quando aplicação desse sentido não conduz a resultado justo e razoável num caso concreto.

"(...).

"Nos contratos, há a valorização de elementos como boa-fé e confiança, os quais revelam uma transformação dessa ordem de idéias. A tutela da aparência confronta-se com aquele ideal abstrato de segurança jurídica que o sistema perseguia, no qual, só excepcionalmente, se admitia a relevância da aparência, em hipóteses previamente regulamentadas como a do credor putativo. Porém, quando a aparência, na verdade, espelha também um estado interior e está recoberta pela boa-fé, a proteção coloca-se acima da suposta segurança jurídica que emana de regras gerais e abstratas."

Constata-se, com isso, que a declaração da vontade dos contratantes está sujeita, com a denominada porosidade do Direito da era do Estado Social, não só aos regramentos positivamente preestabelecidos, mas também a valores e conceito indeterminados de legitimidade e boa-fé. O extremismo dessa concepção pode acarretar graves conseqüências à segurança jurídica das relações contratuais, especialmente quando o subjetivismo passa a interessar a parte detentora de maior poder.

Tal problemática pode ser evidenciada nas desqualificações, exercidas pelo próprio Estado no exercício do seu poder de tributar, de negócios jurídicos realizados entre partes contratantes plenamente capacitadas, sob a alegação de falta de legitimidade da relação contratual, mesmo sendo esta lícita.

O Estado-fisco, amparado pela hodierna preponderância dos valores sociais do contrato, invade a esfera dos seus cidadãos-contribuintes, para desconsiderar negócios lícitos, porém ilegítimos, segundo a sua subjetiva óptica de legitimidade.

Passa-se, assim, a analisar a Teoria da Utilidade Negocial, aplicada pelo Estado-fisco em nome da socialização do direito privado, para desqualificar contratos estabelecidos por seus cidadãos-contribuintes, como reflexo da atual predominância da concepção de legitimidade social dos contratos, em detrimento da sua natureza jurídico-econômica.

### *3. A Teoria da Utilidade Negocial como instrumento de desqualificação de contrato para fins fiscais*

A problemática da socialização exacerbada da ordem contratual brasileira, que enfraquece o acordado entre os particulares em nome da subjetiva noção de legitimidade social, é evidenciada nas relações entre os sujeitos tributários. De um lado, o direito à liberdade contratual do cidadão-contribuinte; do outro, o Estado-fisco no exercício do seu poder de tributar, ambos se relacionando sob perspectiva não mais adstrita à legalidade, mas alargada por valores abstratos e indeterminados.

A liberdade contratual do cidadão-contribuinte, embora mitigada pela concepção social do Estado, ainda é um direito fundamental contemplado na Ordem Constitucional Brasileira, especialmente assegurado nos valores constitucionais da liberdade, da propriedade privada, da livre iniciativa, da legalidade e da segurança jurídica. A função social não pode ser aplicada em detrimento daqueles valores, mas, sim, para orientá-los, preservando a harmonia entre interesses privados e públicos.

No entanto, percebe-se que, com o pressuposto de ser instrumento de socialização dos contratos, o Estado-fisco desrespeita o exercício lícito da liberdade contratual e da livre iniciativa do cidadão-contribuinte, ao desqualificar negócios jurídicos realizados, sob o argumento de serem objetos de ilegítimo planejamento tributário. A administração tributária invoca para tal fim, a Teoria da Utilidade Negocial como instrumento de combate à economia de tributo, ainda que esta seja realizada por meio de contratos lícitos.

Antes de se prosseguir com a análise jurídica da referida teoria e a sua contextualização na atual ordem contratual, necessário se faz conceituar planejamento tributário e distinguir a elisão fiscal da evasão fiscal.

Planejamento tributário é o exercício da liberdade dos contribuintes de se auto-organizarem, mediante ato comissivo ou omissivo que vise à concreção de negócios jurídicos com o menor custo tributário possível. Logo, trata-se de economia lícita de tributo, fundada na autonomia privada e na livre manifestação da vontade dos sujeitos passivos da tributação. Define Fabretti (2005, p. 152) planejamento tributário nos seguintes termos:

"Planejamento tributário é atividade que estuda a priori os atos e negócios jurídicos que o agente econômico (empresa, instituição financeira, cooperativa, associação) pretende realizar. Sua finalidade é obter a maior economia fiscal possível, reduzindo a carga tributária para o valor realmente exigido por lei.

"Devem-se pesquisar, antes de cada operação, suas conseqüências econômicas e jurídicas, porque uma vez concretizadas, considera-se ocorrido o fato gerador e existentes seus efeitos (art. 116 do CTN), surgindo a obrigação tributária.

"Portanto, devem-se estudar e identificar todas as alternativas legais aplicáveis ao caso ou a existência de lacunas 'brechas' na lei, que possibilitem realizar a operação pretendida, da forma menos onerosa possível para o contribuinte, sem contrariar a lei."

Entende-se, com a referida explanação, que o planejamento tributário tem por objeto o estrito cumprimento das obrigações tributárias acessórias, bem como a eficiência no adimplemento das obrigações tributárias principais, valendo-se do princípio da estrita legalidade tributária para economizar custos com a tributação. Cumprir rigorosamente a lei ou fazer o que esta não proíbe é parâmetro basilar da licitude do planejamento tributário.

Destaca-se, assim, que a diferença entre o planejamento tributário lícito e o ilícito, denominados doutrinariamente de elisão e evasão fiscal respectivamente, é evidenciada nos aspectos da licitude e da legalidade. Enquanto na evasão fiscal existe a sonegação de tributos, ou seja, a ilicitude; na elisão tributária, há economia lícita de tributos, mediante o estrito cumprimento das regras que a norma tributária exige. Expressa Huck (1997, p. 326) tal diferenciação: "A evasão é sempre ilegal. A fuga do imposto devido, manifestada sob a forma de fraude, simulação ou embuste de qualquer natureza, sofre condenação em todos os sistemas jurídicos nacionais. Elisão, elusão ou evasão lícita é a subtração ao tributo de manifestação de capacidade contributiva originalmente sujeita a ele, mediante a utilização de atos lícitos, ainda que não congruente como objetivo da lei. Em essência, surge como uma forma jurídica alternativa, não prevista na lei tributária, de alcançar o mesmo resultado negocial originalmente previsto, sem o ônus do tributo".

Pacificado, doutrinária e jurisprudencialmente, está o entendimento acerca do instituto da elisão fiscal como planejamento tributário lícito, e da evasão fiscal como ofensa à legislação tributária. Não há, portanto, divergências substanciais quanto à concepção da legalidade que diferencia tais institutos; há, sim, discussões acadêmica e forense em relação à conceituação de elisão fiscal ilegítima. Quanto à análise da legitimidade de planejamentos tributários, Abraham (2007, p. 229) assim determina: "De fato, o planejamento tributário pode se dar através da adoção de variadas formas, maneiras configurações, utilizando-se do sistema tributário nacional ou internacional, segundo as necessidades, os interesses e as condições do contribuinte, seja ele uma pessoa física ou uma pessoa jurídica. Conforme o seu desenho e posterior resultado, ganhará uma denominação: evasão fiscal; elisão fiscal ilícita ou; elisão fiscal lícita. Nos extremos, temos, de um lado, os atos ilegais e do outro os plenamente lícitos, enquanto que no meio termo uma área controvertida e que ora será analisada, debatida e testada, a fim de efetivamente configurá-la de maneira correta".

É por esse "meio termo" expresso pelo citado autor, que o Estado-fisco invoca a Teoria da Utilidade Negocial, para desqualificar contratos lícitos; porém, segundo sua subjetiva análise, socialmente ilegítimos. Tudo em nome da arrecadação, mesmo que haja ofensa a direitos fundamentais do cidadão-contribuinte, como o da liberdade contratual, legalidade tributária estrita e segurança jurídica.

A Teoria da Utilidade Negocial teve origem no Direito norte-americano e no Direito suíço e prevê, fundamentalmente, que, ao realizar um contrato que proporcione uma redução da carga tributária deve o cidadão-contribuinte demonstrar que o propósito do negócio jurídico realizado não era, exclusivamente, a economia fiscal, mas sim a concreção de um intento mercantil. Necessário, portanto, seria provar a finalidade comercial do contrato realizado, sob pena de ser considerado ilegítimo para efeitos fiscais. Fossati (2006, p. 91) assim expressa acerca desse instrumento antielisivo: "Também conhecida como *Business or Corporate Purpose Theory,* esta doutrina foi desenvolvida no Direito suíço e no Direito norte-americano. Postulava que, como justificativa da prática elisiva, o contribuinte deveria demonstrar necessariamente a existência de intenção, propósito ou utilidade do negócio de natureza material ou mercantil, ou seja, o simples objetivo de evitar ou de reduzir o tributo – buscando a economia fiscal – incidente na operação, não seria suficiente para legitimar a conduta elisiva".

Percebe-se que o elemento subjetivo e intencional da realização do contrato é aferido pelo Estado-fisco, que passa a exigir não apenas a legalidade ou licitude do contrato realizado, mas a legitimidade da sua motivação. Somente se fossem preenchidos os critérios objetivos de licitude e os subjetivos de legitimidade é que o planejamento tributário teria o caráter de elisão fiscal para as autoridades fazendárias.

A autoridade fiscal, por essa doutrina, teria o poder de intervir na autonomia privada do cidadão-contribuinte, não apenas verificando a legalidade de suas ações, mas também a sua vontade substancial. Agrega-se, com essa teoria, um forte instrumento antielisivo ao Estado-fisco, qual seja: poder de desqualificar contratos, mediante o aferimento da real vontade do cidadão-contribuinte na realização de um instrumento contratual.

Para Dória (1977, p. 90), a teoria poderia ser aplicada se: "a) A forma de Direito Civil eleita pelas partes é insólita e não corresponde à situação econômica. b) A tal fato se acresce uma apreciável economia de impostos. c) Ficar patente que tal estado de coisas não tem outra explicação senão a redução da carga fiscal". Por conseguinte, contratos poderiam ser desqualificados, caso o Estado-fisco entendesse haver incoerência entre a finalidade do negócio jurídico realizado e a realidade econômica por este alcançada.

A aplicação dos referidos critérios da Teoria da Utilidade Negocial pode ser evidenciada em reorganizações empresariais atacadas pelo Estado-fisco, sob o fundamento de não serem duradouras, de não proporcionarem vantagens comerciais e de terem finalidade substancial exclusiva a de reduzir tributos.

Nesse passo, observa-se que a aplicação dessa Teoria no Ordenamento Tributário Brasileiro autorizaria ao Estado-fisco a interpretar as normas tributárias, mediante critérios econômicos, em detrimento de sua natureza estritamente jurídica. A relação tributária está amparada pelo princípio constitucional da estrita legalidade tributária e por sua vertente tipicidade fechada, em razão das quais todos elementos que constituem um tributo devem ser expressos em lei.

Consoante aos supracitados preceitos constitucional e infraconstitucional da tributação brasileira, Fossati (2006, p. 93) expressa o seu repúdio à aplicação da referida Teoria pela administração tributária do Brasil, como abaixo se evidencia: "Consideramos que a doutrina em apreço não tem guarida no Direito brasileiro, porquanto não encontra amparo nos princípios constitucionais e nas garantias fundamentais dos contribuintes. Toda e qualquer tentativa de cercear a livre necessidade de transação e reorganização negocial – desde que sempre nos moldes da legislação permissiva ou não-proibitiva – é inconstitucional e nitidamente prejudicial à economia e ao desenvolvimento do Estado. Atrelar a viabilidade de operações societárias à formação unicamente de benefícios trazidos à sociedade diversos dos benefícios fiscais é totalmente incoerente ao cerne da sobrevivência e da minimização dos custos operacionais das empresas, bem como representa entrave a qualquer nível de expansão empresarial, seja a título de novas contratações ou a título de intensificação da produção".

Invoca o supracitado autor que além do prejuízo à ordem jurídica, a aplicação da Teoria da Utilidade Negocial implica em sérias conseqüências econômicas, pois potencializa os custos de transação no ambiente empresarial brasileiro. A insegurança jurídica gerada aos agentes econômicos, em razão de uma intervenção estatal embasada em critérios subjetivos, desvirtua uma das funções precípuas do direito, qual seja: promover a eficiência econômica.

No entanto, a Teoria da Utilidade Negocial tem sido não só doutrinariamente aceita por alguns juristas, especialmente os vinculados às fazendas públicas, mas também aplicada no Brasil, seja pelo Poder Judiciário ou por órgãos fazendários, mesmo sem respaldo legal, já que tentativas de expressá-la no texto da lei foram infrutíferas, como exemplifica a não conversão em lei do art. 14 da Medida Provisória 66, de 29 de agosto de 2002, que expressava:

> Art. 14. São passíveis de desconsideração os atos ou negócios jurídicos que visem a reduzir o valor de tributo, a evitar ou a postergar o seu pagamento ou a ocultar os verdadeiros aspectos do fato gerador ou a real natureza dos elementos constitutivos da obrigação tributária.
>
> § 1º. Para a desconsideração de ato ou negócio jurídico dever-se-á levar em conta, entre outras, a ocorrência de:
>
> I – falta de propósito negocial; ou
>
> II – abuso de forma.
>
> § 2º. Considera-se indicativo de falta de propósito negocial a opção pela forma mais complexa ou mais onerosa, para

os envolvidos, entre duas ou mais formas para a prática de determinado ato.

§ 3º Para o efeito do disposto no inciso II do § 1º, considera-se abuso de forma jurídica a prática de ato ou negócio jurídico indireto que produza o mesmo resultado econômico do ato ou negócio jurídico dissimulado.

Na esfera judicial, pode-se destacar o conflito ainda gerado pela desqualificação do contrato de *leasing* exercida por alguns julgadores que teimam em transfigurá-lo em contrato de compra e venda, para efeitos fiscais.

Embora atualmente a Súmula 293 do Superior Tribunal de Justiça expresse que: "A cobrança antecipada do valor residual garantido (VRG) não descaracteriza o contrato de arrendamento mercantil", determinados magistrados ainda interpretam o contrato de *leasing* sob ótica da falta de propósito negocial, em que a real intenção dos cidadãos-contribuintes contratantes seria de vender e comprar determinado bem, não de arrendá-lo.

Ademais, para os defensores da desqualificação do contrato de *leasing*, com cobrança antecipada do Valor Residual Garantido, em contrato de compra e venda, estar-se-ia utilizando o contrato de *leasing* apenas para diminuir a carga tributária, não sendo substancial para a realização da operação comercial.

Nesse passo, a descaracterização do contrato de *leasing* em nome do contrato de compra e venda é expressa no recente julgado da 14ª Câmara Cível, Tribunal de Justiça do RS, Relator Dorval Bráulio Marques, Apelação Cível n. 70024930844:

*Ementa*: Ação Revisional. Arrendamento Mercantil. Aplicação do CDC. Descaracterização do contrato. Juros remuneratórios. Capitalização. Comissão de permanência. Índice de atualização monetária. Encargos moratórios. Compensação e/ou repetição do indébito. Título de crédito. Tarifa de emissão de boleto bancário. Taxa de abertura de crédito. Cadastro de restrição ao crédito. Manutenção na posse do bem. Autorização para depósito. IOF. Prequestionamento. Honorários advocatícios. I – Agravo retido. Recurso desprovido, as liminares foram mantidas na sentença e é o entendimento da Colenda Câmara que: (...) 2. Descaracterização do contrato. O pagamento antecipado do VRG descaracteriza o contrato de arrendamento mercantil para compra e venda parcelada. Disposição de ofício (...). 12. Imposto sobre Operações Financeiras – IOF. A cobrança do IOF não é considerada prática abusiva, a vantagem excessiva ostentada pela instituição financeira se dá através da sua forma de cobrança sobre as parcelas do financiamento, pois ao valor cobrado a esse título vêm agregados os demais encargos contratuais, contrariando assim o art. 51, IV, do CDC. Não é de ser conhecido o apelo do banco nesta parte, pela falta de interesse recursal. (...) Agravo retido desprovido, apelo do banco conhecido em parte, e nesta desprovido, apelo do autor parcialmente provido, com disposições de ofício.

Já no ambiente do contencioso administrativo tributário, a aplicação da Teoria da Utilidade Negocial é evidenciada, especialmente quando a administração fazendária autua determinado contribuinte, fundamentada no aferimento da real intenção dos contratantes em um determinado contrato. Pode-se citar como exemplo, a decisão do Conselho dos Contribuintes do Rio Grande do Sul, em 22 de junho de 2006.

Ministério da Fazenda. 1º Conselho de Contribuintes. 4ª Câmara. Processo n. 11080.008017/2004-11. Recurso n. 145.963. Matéria: IRPF – Ex(s): 2000 Recorrente: Luiz Flaviano Girardi Feijó. Recorrida: 4ª Turma/DRJ-Porto Alegre/RS. Acórdão n. 104-21.675. *Simulação. Conjunto probatório*. Se o conjunto probatório evidencia que os atos formais praticados (reorganização societária) divergiam da real intenção subjacente (compra e venda), caracteriza-se a simulação, cujo elemento principal não é a ocultação do objetivo real, mas sim a existência de objetivo diverso daquele configurado pelos atos praticados, seja ele claro ou oculto.

*Ausência de motivação extratributária.* O princípio da liberdade de auto-organização, mitigado que foi pelos princípios constitucionais da isonomia tributária e da capacidade contributiva, não mais endossa a prática de atos sem motivação negocial, sob o argumento de exercício de planejamento tributário. *Omissão de ganhos de capital na alienação de participação societária. Simulação. Multa qualificada.* Constatada a prática de simulação, perpetrada mediante a articulação de operações com o intuito de evitar a ocorrência do fato gerador do Imposto de Renda, é cabível a exigência do tributo, acrescido de multa qualificada.

Percebe-se que, mesmo não sendo expressa a terminologia Teoria da Utilidade Negocial nas supracitadas decisões, visualiza-se a utilização dos seus fundamentos pelo Poder Judiciário e pela Administração Tributária nacional, para intervir diretamente nas relações privadas, desconsiderando-as, em nome de valores subjetivos e abstratos, afastando-se da objetividade normativa que a relação tributária requer.

Os critérios que embasam a aplicação da Teoria da Utilidade Negocial, especialmente a falta de razão comercial no contrato realizado e o seu exclusivo interesse fiscal, passam a ser incorporados por determinados julgadores, mesmo diante de patentes desrespeitos aos direitos fundamentais dos cidadãos-contribuintes e inexistência de respaldo legal dessa teoria no Ordenamento Jurídico Brasileiro.

Por conseguinte, é dever dos Tribunais Superiores do país tolher abusos do próprio Poder Público, seja em sua função administrativa ou legiferante, em nome de uma ordem constitucional que preza pela livre iniciativa e pela liberdade individual. A socialização do direito privado, especialmente em sua ordem contratual, não pode fundamentar o tolhimento de direitos individuais constitucionalmente consagrados, sob pena de um retrocesso em que a relação entre os indivíduos e seus governantes deixa de ser jurídica e volta a ser de poder.

## *Conclusão*

Como evidenciado, a atual concepção social dos contratos, no vigente Ordenamento Jurídico, é reflexo da evolução dos ideais da sociedade brasileira, sobretudo quando parte de um individualismo do Estado Liberal para uma desmedida socialização dos institutos privados, especialmente dos contratos.

Tal transformação tende a exageros que põem em risco direitos e garantias fundamentais do indivíduo, sobretudo pela forma subjetiva com que o Poder Público passa a intervir e limitar a liberdade contratual e a autonomia privada do cidadão. A segurança jurídica é ameaçada em nome do propósito que se diz social, mas que, se praticado em desrespeito à individualidade, poderá promover retrocessos na relação entre o poder estatal e seus administrados.

Ademais, pode-se afirmar que a função econômica do contrato é desconsiderada, pois se sobreleva a sua finalidade social, tornando o contrato instrumento juridicamente inseguro. Tal fato gera custos nas transações negociais, pois a imprevisibilidade no cumprimento contratual passa a ser internalizada no processo decisório dos contratantes, refletindo no valor da operação comercial.

Exemplo dos riscos econômicos e jurídicos provocados pela exacerbada socialização da ordem contratual brasileira pode ser expresso na relação entre os sujeitos tributários, em que a intervenção do Estado-fisco na autonomia privada dos cidadãos-contribuintes passa a ser disciplinada por valores abstratos e indeterminados. A aplicação da Teoria da Utilidade Negocial por parte do Poder Público para desqualificar contratos lícitos, porém ilegítimos na visão do fisco, representa a insegurança jurídica gerada por uma ordem contratual enfraquecida, diante da sobrevalorização função social dos contratos.

Neste contexto, ficou demonstrado, por meio do estudo da concepção social dos contratos e da intervenção estatal na autonomia privada do cidadão, que extremismos sociais podem ser tão prejudiciais quanto foram os exageros da ordem liberal. Direito e garantias individuais podem ser desrespeitadas em nome de uma subjetiva legitimidade social, notadamente quando o Poder Público atua sem regras objetivas no exercício do seu poder de tributar.

Quanto aos pressupostos norteadores deste estudo, pode-se afirmar que a ordem contratual brasileira incorporou novos valores com a passagem do Estado Liberal para o Estado Social. Ademais, entende-se que a preponderância da função social dos contratos, em detrimento dos seus institutos econômicos e jurídicos potencializa os custos de transação no ambiente empresarial brasileiro. E, por fim, conclui-se que a relação entre os sujeitos tributários sofre reflexos em razão da intervenção do Poder Público nos contratos realizados pelos seus cidadãos-contribuintes, conforme evidencia a aplicação da Teoria da Utilidade Negocial para desqualificar contratos, em nome da arrecadação fiscal.

Conclui-se, portanto que a função social dos contratos não pode ser aplicada em detrimento dos institutos econômico-jurídicos destes, sob pena de enfraquecer as relações privadas e fortalecer desregradamente a intervenção do Poder Público na individualidade dos cidadãos. A relação de direitos e deveres estabelecidos entre os particulares deve ser amparada pelo ambiente institucional brasileiro, especialmente diante de objetivos critérios relacionados à tributação, pois só assim o interesse privado promoverá o interesse público.

## *Referências*


ABRAHAM, Marcus (2007). *Planejamento Tributário e o Direito Privado*. São Paulo, Quartier Latin.

BRASIL. Código Civil (2002). *Código Civil Brasileiro*. Brasília, Distrito Federal, Senado.

______ (2006). Ministério da Fazenda. Processo administrativo n. 11080.008017/2004-11, 1º Conselho de Contribuintes. Porto Alegre/RS, 22.6.2006. Disponível em *http:www.conjur.com.br*, acesso 11.10.2008.

______. Superior Tribunal de Justiça. Súmula n. 293: *A cobrança antecipada do valor residual garantido (VRG) não descaracteriza o contrato de arrendamento mercantil*. Disponível em *http://www.stj.gov.br*, acesso 15.10.2008.

______ (2008). Tribunal de Justiça do Rio Grande do Sul. Apelação Cível n. 70024930844, 10ª Quarta Câmara Cível, TJRS, Porto Alegre/RS, 10.9.2008. Disponível em *http:www.jus.com.br*, acesso 24.10.2008.

DAIBERT, Jefferson (1977). *Dos Contratos: Parte Especial das Obrigações*. Rio de Janeiro, Forense.

DÓRIA, Roberto Sampaio (1977). *Elisão e Evasão Fiscal*. 2ª ed., São Paulo, José Bushatsky, p. 90.

FACHIN, Luiz Edson (2003). *Teoria Crítica do Direito Civil*. Rio de Janeiro, Renovar.

FOSSATI, Gustavo (2006). *Planejamento Tributário e Interpretação Econômica*. Porto Alegre, Livraria do Advogado.

FRABRETTI, Láudio Camargo (2005). *Fusões, Aquisições, Participações e outros Instrumentos de Gestão de Negócios: Tratamento Jurídico, Tributário e Contábil*. São Paulo, Atlas.

HUCK, Hermes Marcelo (1997). *Evasão e Elisão: Rotas Nacionais e Internacionais*. São Paulo, Saraiva.

ITURRASPE, J. Mosset (1994). *Contrato*. Buenos Aires, Rubinzal.

MASTEN, S. E. (2008). "Contractual Choice". *Enciclopedia of Law & Economic*. Michigan, ago./1998. Disponível em *http://papers.ssrn.com/paper.taf?abstract_id=142933*, acesso 6.2.2009.

PINHEIRO, Armando Castelar; SADDI, Jairo (2005). *Direito, Economia e Mercado*. Rio de Janeiro, Elsevier.

RODRIGUES, Silvio (2002). *Direito Civil: dos Contratos e das Declarações Unilaterais da Vontade*. São Paulo, Saraiva.

RODRIGUES JUNIOR, Otávio Luiz (2002). *Revisão Judicial dos Contratos: Autonomia da Vontade e Teoria da Imprevisão.* São Paulo, Atlas.

SALDANHA, Nelson (2000). *Formação da Teoria Constitucional.* 2ª ed., Rio de Janeiro, Renovar.

SANTOS, Antônio Jeová (2004). *Função Social do Contrato.* São Paulo, Método.

VERAS, Ney Alves (2005). *Revisão Judicial dos Contratos.* São Paulo, Editora de Direito.

ZYLBERSTAJN, D.; SZTAJN, R. (2005). *Direito e Economia.* Rio de Janeiro, Elsevier.

# A REGULAÇÃO E A CONSTITUIÇÃO BRASILEIRA DE 1988

GIOVANI CLARK

*I – Introdução. II – Regulação enquanto técnica de intervenção. III – A Escola da Análise Econômica do Direito. IV – A regulação no Brasil. V – A regulação e a Constituição de 1988. VI – Conclusões. VII – Referências bibliográficas.*

## *I – Introdução*

Nas três últimas décadas do século XX e no início do século XXI diversos estudiosos e políticos pregaram a saída dos Estados do domínio econômico e social como solução para debelar as crises cíclicas das economias de mercado, minimizar o flagelo social contemporâneo e liquidar os déficits orçamentários dos Estados sociais consolidados ou não. Nesse sentido, políticas econômicas foram postas em prática, iniciando-se nos Estados Unidos e na Inglaterra, mas disseminadas posteriormente por outros Estados nacionais.

Em ambiente mundial propício e conforme os anseios do capital, a badalada "retração" estatal da vida econômica ganhou força no mundo e obteve algumas denominações, até "consolidar-se" como regulação, ou neoliberalismo de regulação. Logicamente, no intuito de diferenciar do neoliberalismo anterior, chamado de regulamentação, usa-se aquela nomenclatura (regulação), inclusive porque a forma de atuação dos poderes públicos é distinta.

Porém, a realidade desses nossos tempos nós apresenta outra, ou seja, a presença do Estado na vida econômica (mão visível) continua intensa em inúmeras esferas, seja através de incentivos à agricultura, na política estatal de crédito e de câmbio ou nos reajustes de tarifas pelas agências de regulação. Também existem atitudes estatais, inclusive cobradas pelos ardorosos defensores da regulação, em casos de abusos do poder econômico, promovido pelos cartéis; ou na execução de obras de infra-estrutura em setores vitais, a fim de alcançar o crescimento modernizante ou o desenvolvimento sustentável.

"Não restam dúvidas, porém, que, na ordem de valores actualmente aceite no espaço cultural ocidental europeu, a intervenção do Estado na sociedade se afirma como um dado palpável e adquirido. Efectivamente, o retorno a uma absoluta não intervenção do Estado no social e, especificamente, no econômico (regresso a Adam Smith), inspirado nas teses neoliberais dos economistas de Chicago, como o conhecido Milton Freidman, não corresponde em parte alguma a uma realidade. (...) É que a opção que hoje se apresenta aos cidadãos (eleitores) não aparece em termos dilemáticos absolutos (intervenção ou absoluta não intervenção), mas em termos gradualísticos (maior ou menor intervenção)" (Vaz, 1998, p. 63).

A realidade fática do século XXI é bem distinta da propaganda pelos teóricos da regulação, inclusive quanto aos seus efeitos, perversos nos Estados em desenvolvimento e nas populações pobres, visto que os poderes públicos não saíram de cena da vida socioeconômica, aliás, pelo contrário, apenas apresentaram uma técnica diferenciada de ação.

Encarnando a face contemporânea do neoliberalismo e seguindo a batuta do capital, sobretudo do financeiro, realizamos, no Brasil, significativas mudanças em nossa Carta Política de 1988, como também fizeram os portugueses na Constituição de 1976, bem como outras Nações, implantando comandos constitucionais viabilizadores da regulação.

Obviamente a nossa legislação infraconstitucional foi modificada freneticamente, a fim de moldar-se a nova forma de atuação estatal, determinada pela Lei n. 8.987, de 13.2.1995 (*Dispõe sobre a Concessão e Permissão de Serviços Públicos*), Lei n. 9.472, de 16.7.1997 (*Cria a Agência Nacional de Telecomunicação – Anatel*), Lei Complementar n. 101, de 4.5.2000 (*Fixa Normas de Finanças Públicas voltadas para a Responsabilidade na Gestão Fiscal*), Lei n. 11.079, de 30.12.2004 (*Normas Gerais de Parceria Pública-Privada*), etc.

## *II – A regulação enquanto técnica de intervenção*

A mitológica retirada estatal da vida econômica e social, ou seja, o retorno do "paraíso perdido" do *laissez faire* de Adam Smith na contemporaneidade, teve como principal base teórica as idéias da Escola americana de Chicago, liderada por Milton Friedman. Aquelas fincaram os alicerces do neoliberalismo de regulação.

Sobre as premissas de uma mínima ação do Estado na realidade socioeconômico foi construído o Consenso de Washington em 1990, norteador das políticas econômicas voltadas a tais fins, denominadas *reguladoras*, que se baseava na suposta eficiência da iniciativa privada no mercado e na pseudo incompetência gerencial do Estado social na economia. A bandeira da ilusão era menos Estado e mais mercado.

Para tanto, deveria criar-se um Estado mínimo com restritas funções no âmbito da prestação dos serviços públicos e das atividades econômicas, deixando as forças do mercado regê-lo, digo, os poderes econômicos privados impondo as normas para o processo produtivo e social. Em síntese, substituir, ao máximo, o Estado pelo setor privado. Escreve Alan Greenspan sobre o início da regulação nos Estados Unidos, no governo do Presidente Gerald Ford, em meados dos anos 70 do século passado:

"(...) A escolha de Chicago não foi por acaso: o raciocínio econômico por trás da desregulamentação foi desenvolvido basicamente por Milton Friedman e por outros transviados da chamada Escola de Chicago. Esses economistas elaboram volumoso trabalho sobre a teoria de que os mercados e preços, não os planejadores centrais, eram os melhores distribuidores dos recursos da sociedade. As premissas Keynesianas que haviam dominado Washington desde o governo Kennedy sustentavam a possibilidade da gestão ativa da economia; os economistas de Chicago argumentavam que o governo deve intervir menos, não mais, pois a regulamentação científica não passava de mito. Agora, depois de anos de estagflação e do fracasso recente dos controles de preços e salários, políticos de ambos os lados estavam propensos a concordar que a microgestão por parte do governo havia ido longe demais. Chegara a hora de tentar algo novo.

"Com efeito, desenvolveu-se em Washington notável consenso sobre política econômica – uma convergência de atitudes entre a esquerda liberal e a direita conservadora. De repente, todos procuravam conter a inflação, reduzir os gastos deficitários, atenuar a regulamentação e estimular os investimentos. A campanha de desregulamentação de Ford de inicio mirou as rodovias, o frete em caminhões e a aviação civil. E, não obstante a maciça oposição por parte de empresas e sindicatos, em poucos anos o Congresso desregulamentou os três setores" (Greenspan, 2007, p. 68).

A implantação do neoliberalismo de regulação pelo mundo contou com alterações dos textos constitucionais, privatizações e desestatizações das empresas estatais, redução de direitos sociais, facilitações para a movimentação de capitais, criação de agências reguladoras, reestruturação do comércio internacional, etc.

Na realidade a chamada saída do Estado do domínio econômico e social como se propagou na mídia, jamais aconteceu, e não era o objetivo da regulação. Essa nada mais é do que uma técnica de intervenção estatal na vida socioeconômica com as mutações ditadas pelo capitalismo contemporâneo.

"Estas transformações têm vindo a atravessar todo o sistema mundial, ainda que com intensidade desigual consoante a posição dos países no sistema mundial. As implicações destas transformações para as políticas económicas nacionais podem ser resumidas nas seguintes orientações ou exigências: as economias nacionais devem abrir-se ao mercado mundial e os preços locais devem tendencialmente adequar-se aos preços internacionais; deve ser dada prioridade à economia de exportação; as políticas monetárias e fiscais devem ser orientadas para a redução da inflação e da divida pública e para a vigilância sobre a balança de pagamentos; os direitos de propriedade privada devem ser claros e invioláveis; o sector empresarial do Estado deve ser privatizado; a tomada de decisão privada, apoiada por preços estáveis, deve ditar os padrões nacionais de especialização, a mobilidade dos recursos, dos investimentos e dos lucros; a regulação estatal da economia deve ser mínima; deve reduzir-se o peso das políticas sociais no orçamento do Estado, reduzindo o montante das transferências sociais, eliminando a sua universalidade, e transformando-as em meras medidas compensatórias em relação aos estratos sociais inequivocamente vulnerabilizados pela actuação do mercado" (Santos, 2002, p. 35).

Os Estados nacionais foram criados para possibilitar o desenvolvimento do mercado e o fortalecimento do capital. Aqueles sempre agiram na vida socioeconômica, seja no mercantilismo do século XVIII, no neoliberalismo de regulamentação do século XX, e até mesmo no liberalismo do século XIX (Aguillar, 2006).

Dentro da própria ideologia liberal, outrossim, partindo do pressuposto da escassez dos bens e da configuração da propriedade como justa recompensa aos laboriosos, o Estado se colocava como o principal garante da situação dos poucos beneficiados contra a inveja dos muitos que nada tinham, para utilizar a expressão de Adam Smith (Camargo, 2007, p. 33).

Diverso do senso comum, no liberalismo os Estados agiam na vida econômica, seja limitando a importação de certos produtos em nome da proteção da indústria nacional, seja fragilizando as corporações de ofício em prol do mercado trabalho. Por sinal, um dos pais do liberalismo, Adam Smith, em sua obra *A Riqueza das Nações*, admite a ação estatal no curso natural da economia (oferta e procura), sobretudo para alimentar os trabalhadores e fornecer carvão para as máquinas (Coelho, 2007). Outrossim, em caso de desinteresse, omissão e incapacidade do setor privado, os liberais admitiam a intervenção estatal na economia.

Reforçando o pensamento anterior, bem lembra o autor lusitano Boaventura Santos da criação das instituições públicas no Estado de Direito e de sua legislação econômica e social a fim de implementar o liberalismo. E arremata o citado jurista português: "Isto significa que as políticas do *laissez faire* foram aplicadas, em grande medida, através duma activa intervenção estatal. Por outras palavras, o Estado teve de intervir para não intervir" (Santos, 2005, p. 119).

Assim sendo, não passa de uma ilusão a completa omissão do Estado (mão invisível) na vida econômica e social. Estudos sobre as políticas econômicas estatais através dos tempos comprovam o contrário (Hubeman, 1986). Sempre existiu uma densa participação dos órgãos públicos em diversos setores, inclusive no atual neoliberalismo de regulação, porém, em moldes diferenciados, como, por exemplo, na regulamentação, onde o Estado se fazia presente através das empresas estatais, o chamado Estado empresário (intervenção direta), e das normas legais (intervenção indireta), incluindo as de planejamento.

O neoliberalismo, novo pacto, foi uma solução para a crise do liberalismo enfrentada a partir das três primeiras décadas do século XX. A nova técnica de ação regulamentadora do Estado no domínio socioeconômico teve como marcos históricos o *New Deal* americano e as ações estatais durante e após as guerras mundiais.

Aquele é um velho conhecido, não nasceu no final do século passado, como querem transparecer alguns, e um dos seus grandes teóricos foi John Maynard Keynes, defensor da planejada ação estatal na vida econômica. Portanto, o neoliberalismo possui duas fases distintas, o da regulamentação transcorrido em boa parte do século XX e o de regulação dos dias atuais.

No neoliberalismo de regulação possuímos as agências de regulação (intervenção intermediária), estabelecendo normas jurídicas produzidas simultaneamente aos comandos estabelecidos pelos Estados comunitários (União Européia), entes internacionais (Organização Mundial do Comércio, Fundo Monetário Internacional) e empresas transnacionais. Paralelamente, os poderes públicos também agem por intermédio da legislação advinda dos Poderes Legislativo e Executivo, fixando impostos, derrubando barreiras comerciais, estabelecendo investimentos, etc.

### *III – A Escola da Análise Econômica do Direito*

As teorias sobre a regulação foram abraçadas e construídas pela Escola da Análise Econômica do Direito (AED). Esta possui como premissas as idéias da Escola de Chicago e os questionamentos de seus estudiosos sobre os altos custos da intervenção estatal na vida socioeconômica e de sua eficiência na promoção do bem-estar social.

"(...) Ou seja, era a partir das necessidades teóricas de fundamentação do Direito que se busca subsídios na teoria econômica. Com a AED, verifica-se uma inversão nessa sistemática, partindo-se da teoria econômica e de analises empíricas dos efeitos dos institutos jurídicos sobre a economia, para buscar uma transformação ou reformulação do direito. (...).

"(...) Portanto, a idéia é empreender uma análise das conseqüências do ordenamento jurídico vigente num dado momento histórico, incluindo normas constitucionais, infraconstitucionais e decisões judiciais (jurisprudência) sobre a economia, notadamente em relação à alocação de recursos escassos, para, então, proceder a uma adequação dos institutos jurídicos aos critérios da racionalidade econômica, sobretudo no que se refere à eficiência e à maximização da riqueza" (Florenzano, 2004, pp. 36-37).

No pensamento da dita Escola, o Direito não deve moldar imaginariamente a vida econômica, mas sim os fatos e atos econômicos devem fixar os comandos normativos para aquela. Nesse caso, o vetor prevalente é o desenvolvimento eficiente da economia pelo seu curso "natural" ditado pelo mercado (oferta e procura), cabendo ao Direito moldar-se à necessidade daquele.

Em síntese, é a adoção das teses jurídico-econômicas ultraliberais de Richard Posner, dentre outros, do Estado mínimo e da regulação econômica e social. Preleciona a Profa. Guiomar T. Estrella Faria, em sua obra Interpretação Econômica do Direito, a respeito de uma das linhas de raciocínio teórico da Escola da Análise Econômica do Direito, partindo da obra Roscoe Pound: "Ao longo das trinta páginas de seu artigo, como já foi analisado acima, a maior preocupação do renomado jurista americano foi demonstrar a não interferência das condições econômicas das partes e dos julgadores no caráter e no sentido das decisões dos casos concretos no sistema do common law. Esse ângulo de observação da teoria estudada torna evidente ter o comentarista considerado a Interpretação Econômica do Direito como uma maneira de, criando a norma concreta para o caso, atender a fatores econômicos, ou seja (como já assinalamos na Introdução deste trabalho), ao deduzir a norma para o caso, atender a fatores metajurídicos, pertencentes ao universo econômico, vale dizer, a análise do caso, pelo juiz, sob um enfoque econômico" (Faria, 1994, pp. 28-29).

A Escola da Análise Econômica do Direito, apesar de suas variações doutrinárias (Flores Filho, 2006), fundamenta teoricamente no âmbito do Direito as teses do Consenso de Washington de 1990, digo, a regulação. E em regra, ela resultou somente efeitos positivos aos donos do dinheiro e aos Estados desenvolvidos.

É importante ressaltar que as Emendas Constitucionais à Carta Magna Brasileira de 1988, voltadas para a inserção do neoliberalismo de regulação em meados dos anos 1990, foram escoradas, logicamente, nas argumentações jurídicas da Escola da Análise Econômica do Direito.

## *IV – A regulação no Brasil*

Apesar de algumas tentativas anteriores, como a criação do Programa Nacional de Desestatização (Lei n. 8.031, de 12.4.1990), a implantação da regulação no Brasil efetivou-se na prática com o "Plano Real", datado de 1994, que objetivava *a priori* combater as pressões inflacionárias. Como escreve Batista Jr. (2005), no referido "Plano" abriu-se, de forma indiscriminada, as portas para a entrada dos produtos importados, estabeleceu a paridade cambial entre o dólar e o real, facilitou a entrada de capital estrangeiro, entre outras medidas.

Tivemos a queda da inflação, mas paralelamente conquistamos a redução do tamanho da indústria nacional, sobretudo das pequenas; aceleramos o desemprego estrutural; aumentamos o déficit da balança comercial e aprofundamos a nossa dependência econômica. Era a chegada do neoliberalismo de regulação, antes mesmo de qualquer alteração na Carta Política de 1988.

"No Brasil, o processo de imposição da ordem neoliberal foi mais complexo e tardio. As lutas sociais, desde o final dos anos 1970, estavam na base da derrubada da ditadura militar e da construção de instrumentos políticos e organizativos – o PT em 1980, a CUT em 1983, o MST em 1984 – que buscavam a transformação social do ponto de vista democrático e popular. Assim, o que foi implantado em vários países da América do Sul, nos anos 1980, versões do neoliberalismo na periferia, no Brasil foi interditado, em grande medida, até o inicio dos anos 1990. Mesmo a vitória de Collor, em 1989, não significou a imposição do conjunto do ditador neoliberal. O neoliberalismo instalar-se-á no Brasil, com todas as suas conseqüências, em 1994" (Paula, 2005, p. 32).

Não tardaram muito as alterações na Constituição brasileira atual, por intermédio das emendas, a partir de 1995, a fim de enraizar a implantação da regulação. Todavia, contrariou a ideologia constitucional adotada (Souza, 2005) em nossa Carta Magna, "liquidando" o nacionalismo existente, em virtude do término da distinção entre empresa brasileira e empresa brasileira de capital nacional (Emenda Constitucional n. 6, de 15.8.1995); do fim da restrição de exploração da pesquisa e lavra de recursos minerais e o aproveitamento de potenciais hidráulicos, mediante autorização ou concessão pela União, a brasileiros ou a empresa brasileira de capital nacional (Emenda Constitucional n. 6, de 15.8.1995).

E ainda, dentre outras alterações, quebrou-se o monopólio da empresa estatal – Petrobrás – sobre o petróleo (Emenda Constitucional n. 9, de 10.11.1995); retirou-se a exigência da predominância dos armadores nacionais e navios de bandeira e registros brasileiros no transporte de cargo no país (Emenda Constitucional n. 7, de 15.8.1995); e em anos mais recentes, exterminamos a fixação dos juros reais de 12% ao ano (Emenda Constitucional n. 40, de 29.5.2003).

Em síntese, as citadas emendas, assim como outras, realizaram uma parcial desconstrução (Scaff, 2004) da Constituição Econômica original, chocando-se com os fundamentos, fins e princípios da mesma (art. 170 da CR), revogando seus limites implícitos (Clark, 2001) e impossibilitando a eficácia da Carta Política brasileira de 1988, sobretudo no tocante à execução dos comandos destinados à mutação de nossa realidade socioeconômica perversa, injusta e autoritária.

Também as privatizações e a desestatização de serviços públicos e atividades econômicas geridas pelo Estado, em regime de monopólio ou de concorrência, foram colocadas em prática. As empresas estatais detentoras daqueles serviços e atividades foram transferidas ao capital privado, internacional, em regra, por preços vis e pagas em moedas podres (parcialmente), sem qualquer preocupação com os ditames da Constituição Econômica brasileira.

"No fim do século XX e no início do século XXI, as políticas neoliberais de regulamentação passaram a restringir a expansão e a mobilidade do capital. O novo ambiente mundial de fim da guerra fria, queda do socialismo real e de alta evolução tecnológica resulta em pressões por outras políticas econômicas ao gosto dos donos do capital. Os Estados nacionais passam a executar o neoliberalismo de regulação, transferindo serviços e atividades à iniciativa privada (via privatização e desestatização) agora, atraentes ao capital, em face dos avanços científicos e da 'redução' dos ganhos com a indústria bélica da guerra fria. A tecnologia tornou lucrativos setores que anteriormente tinham baixa lucratividade, ou não tinham, e estavam nas mãos do Estado" (Clark, 2006, p. 241).

As vergonhosas privatizações nacionais, por exemplo, sempre maculadas por suspeitas, desrespeitaram o mandamento constitucional de soberania econômica (art. 170, I, da Constituição da República) "transferindo" as riquezas nacionais ao capital estrangeiro, inviabilizando assim a nossa autodeterminação sobre aquelas (preços, exploração, preservação), enfraquecendo a posição brasileira nas trocas internacionais, porque não temos mais o controle exploratório dos nossos principais produtos de exportação (recursos naturais). Diferentemente, as nações desenvolvidas continuam com os segredos dos cadeados das caixas pretas de suas tecnologias, principal produto de exportação daqueles países.

A defesa do consumidor (art. 170, V, da CR) também foi deixada de lado, dentre outros comandos constitucionais. Diante dos diversos oligopólios privados, dos antigos serviços estatais, os consumidores possuem seus direitos aviltados, seja pela duvidosa qualidade dos serviços prestados, ou seja, pelas escorchantes tarifas cobradas pelos mesmos. Logicamente, tudo com o beneplácito das agências reguladoras que deveriam coibir quaisquer abusos.

As políticas econômicas regulatórias não se limitaram a transferir cobiçadas atividades e serviços estatais, via privatização e desestatização, para a iniciativa privada, criou ainda "novos mercados" para ela, dilatando os seus lucros. Os setores que continuaram nas mãos dos poderes públicos, digo, não sofreram claras ações de privatização, exemplificando, no caso brasileiro, as áreas de educação, saúde, previdência social e segurança pública, tiveram seus serviços sucateados e desprovidos dos investimentos governamentais, ampliando, ainda mais, os mercados para os donos do dinheiro.

Portanto, o Estado Democrático de Direito, com suas políticas econômicas de regulação, não só transferiu diretamente seus serviços e atividades econômicas ao setor privado, mas, também, age concomitantemente precarizando e reduzindo a sua inserção em setores de sua responsabilidade. Todavia, a iniciativa privada "atende", apenas, aos consumidores capazes de pagarem os preços exigidos por ela, ficando os sofridos serviços públicos para as camadas pobres e miseráveis da população.

### *V – A regulação e a Constituição de 1988*

A regulação é uma técnica de intervenção estatal na estrutura econômica e social adotada na contemporaneidade e assim sendo, deve seguir as normas fixadas pela Carta Magna brasileira de 1988. Portanto, as ações e programas executados pela União, Estados-membros, Distrito Federal e Municípios devem estar dentro dos parâmetros de planejamento constitucionalmente previstos (art. 174, *caput*, da CR), destacando-se nesse sentido, a Lei do Plano Plurianual (art. 165, I, da CR), a Lei de Diretrizes Orçamentárias (art. 165, II, da CR) e a Lei do Orçamento anual (art. 165, III, da CR).

As diversas formas de intervenção, sejam elas diretas, indiretas, ou intermediárias, se apresentam no Brasil como mecanismos de atuação pública na vida econômica, mesmo nesses tempos de regulação (adota preferencialmente as duas últimas). Essas modalidades de ação estatal apresentam-se no Texto Constitucional brasileiro de 1988, principalmente, nos arts. 173, *caput*, e 175, *caput*, da CR (direta); arts. 174, *caput*, e 173, § 4º, da CR (indireta) e arts. 21, XI; 175 e seu parágrafo único, da CR (intermediária).

Em nosso território detectamos a intervenção indireta (produção de normas jurídicas do Legislativo ou do Executivo) quando a União produz lei para viabilizar as pequenas empresas no mercado, criando ambiente para sobrevivência das mesmas (Lei Complementar n. 123, de 14.12.2006); ou então, algum município renuncia parte do imposto sobre propriedade predial e territorial urbana (art. 156, I, da CR), desejando a revitalização/reforma do patrimônio histórico da cidade em mãos dos particulares, buscando o progresso do turismo.

Em relação à ação direta, atuação estatal via empresas que operam no mercado em regime de monopólio ou de concorrência, continuamos com algumas, tais como: Banco do Brasil, Empresa Brasileira de Correios e Telégrafos, Companhia Energética de Minas Gerais, etc. Essas podem fortalecer o mercado interno e democratizar o consumo de bens e serviços.

As políticas econômicas de regulação no Brasil por diversos motivos, entre eles, pelas pressões dos movimentos sociais, não conseguiram liquidar por completo as empresas públicas e as sociedades de economia mista que representavam, fundamentalmente, o Estado empresário. Após as privatizações nacionais, restaram, ainda, minguadas empresas estatais produtoras de bens e serviços. Por vezes, até se cria alguma, como é o caso da Empresa de Pesquisa Energética (Lei n. 10.847/2004) datada de 15 de março de 2004.

Quanto à intervenção intermediária no Brasil, uma das festejadas pelos defensores da regulação, esta é representada pelas agências reguladoras, ensina Souza (2005). Nela cria-se o ente estatal, a agência, e ela possui, ainda, a competência legal para editar "normas técnicas" de qualidade, quantidade e expansão, bem como para definir reajustes de tarifas, fiscalizar e punir, administrativamente, a iniciativa privada sujeita aos seus marcos regulatórios.

É importante ressaltar que as agências possuem poder distinto das empresas estatais para influenciar no mundo dos negócios e nos destinos das nações, no caso, bem mais tênue, porque elas apenas regulam, não produzem bens e nem serviços como o Estado empresário. Este sim possui uma força executória e capacidade realizadora maior na estrutura produtiva e no tecido social.

Sem qualquer incompatibilidade com as modalidades de intervenção apresentadas (direta, indireta e intermediária), ao contrário, articulam-se, apresentaremos outras, a fim de aprimorar o estudo do tema proposto.

Seguindo o ensinamento de Savy (1977) e também os nossos escritos (Clark, 2001), temos ainda a intervenção geral e a setorial, previstas na Carta Magna brasileira de 1988. Também admitidas no neoliberalismo de regulamentação e de regulação.

O texto da Constituição da República Federativa do Brasil possui comandos, principalmente na Constituição Econômica, redigidos dentro dos moldes do *Standard* Jurídico (Souza, 2005), admitindo no plano teórico, somente, a adoção das técnicas intervencionistas de regulamentação ou de regulação, apesar das modificações constitucionais promovidas serem no sentindo de implantar essa última.

"A solução do '*standard* jurídico' apresenta-se como expediente que inspira um tipo de lei no sentido mais genérico, mais abrangente, sem a rigidez habitual das demais leis e que permite a adaptação constante à realidade, buscando aperfeiçoar o aspecto dinâmico da legislação, referente ao econômico" (Souza, 2005, pp. 141-142).

Na intervenção geral, encontramos a política econômica conjuntural (política fiscal e orçamentária, política de moeda e crédito, política de preço e a política externa), a política econômica a médio prazo (política de concorrência, política de emprego e política de rendimento) e a política econômica estrutural (investimentos). Já a intervenção setorial é quando se adota uma política econômica específica envolvendo um ou mais segmentos econômicos, independentemente ou não da intervenção geral.

Ressaltamos, novamente, que o Texto Constitucional de 1988 impõe o poder/dever da União, Estados-membros, Distrito Federal e Municípios de realizarem suas políticas econômicas inseridos na racionalidade do planejamento. Não é por outro motivo a imposição dos mandamentos, dentre outros, dos arts. 21, IX; 25, § 3º; 30, VIII; 48, IV; 84, XXIII; 165; 166; 174, *caput*, e § 1º, da Constituição da República, articulando-se a intervenção geral (art. 174, *caput*, e § 1º, da CR) com a setorial (art. 187, *caput*, da CR).

Portanto, o neoliberalismo de regulação no Brasil deve agir no domínio socioeconômico nacional seguindo as normas legais de planejamento (Lei do Plano Plurianual, principalmente), viabilizando os fins e materializando os princípios da Carta Magna.

Na política econômica conjuntural, inicialmente temos a política fiscal e orçamentária onde a União, Estados e Municípios agem assiduamente no domínio econômico e social. O aumento, a diminuição ou criação de impostos, exemplificando, podem resultar na expansão do setor de serviços ou na retração da indústria de móveis. Assim como a elevação acentuada da carga tributária a determinados contribuintes pode ajudar a dilatar os gastos públicos com a dívida social, fazendo, paralelamente, a justiça distributiva. Outrossim, o mesmo remédio, acréscimo de tributos à população em geral, pode levar a estagnação econômica.

A Carta Política brasileira atual, no capítulo "Do Sistema Tributário Nacional" (arts. 145 a 162) impõe aos poderes públicos a missão de atuar na vida socioeconômica através dos tributos. A União (arts.

153 e 154 da CR) pode agir via os impostos de exportação e de importação, aumentando o primeiro e diminuindo o segundo, sufocando inflação sazonal de demanda; ou então, reduzindo o imposto incidente sobre determinado produto industrializado ecologicamente correto (chuveiro com energia alternativa).

Os Estados-membros (art. 155 da CR) manejam os impostos sobre circulação de mercadorias e sobre propriedade de veículos automotores, por exemplo, podendo, portanto, induzir ou inibir um setor econômico (de bens recicláveis), conforme a alíquota do primeiro tributo; ou ainda, estimular a compra de veículos automotivos alternativos (uso de combustíveis renováveis), em face da baixa tributação dos referidos impostos.

Os Municípios (art. 156 da CR) também intervêm na vida econômica por intermédio dos tributos, reduzindo, temporariamente, para algumas espécies de imóveis, o imposto sobre a propriedade predial e territorial urbana, a fim de estimular novas edificações e automaticamente estimular o turismo de águas marinhas. O poder local tem ainda a possibilidade de taxar os serviços de qualquer natureza e, através dele, ampliar o número de empresas prestadoras de serviços, diminuindo o desemprego na cidade.

Apesar de termos um federalismo perverso e centralizado, onde a União concentra a maioria das competências tributárias e o maior volume de sua arrecadação, tanto a União quanto os Estados e Municípios atuam no âmbito econômico e social, através da política fiscal. Isso independentemente dos tributos terem uma destinação "originariamente" fiscal ou extrafiscal, eles realizam tal missão.

Ademais, a Carta Magna brasileira de 1988, quanto impõe a seletividade dos produtos industrializados (art. 153, § 3º, I, da CR) e de circulação de mercadorias e serviços (art. 155, § 2º, III, da CR) em função da essencialidade dos mesmos, explicita, mais uma vez, o papel intervencionista dos poderes públicos, especificamente da União e dos Estados, respectivamente, nos exemplos em tela.

Outrossim, não se pode pensar em política fiscal desvinculada da orçamentária. Essa é uma peça fundamental na vida das nações e dos negócios privados, estando configurada fundamentalmente na Lei Orçamentária Anual (art. 165, III, da CR) entre nós. A mesma é elaborada pelos Municípios, Estados e pela União, seguindo os comandos legais estabelecidos pela Lei do Plano Plurianual (art. 165, I, da CR) e pela Lei de Diretrizes Orçamentárias (art. 165, II, da CR), podendo causar inflação, por exemplo, devido à falta de investimentos em setores de energia e transportes, vitais para a produção agrícola e industrial; ou então, gerar retração econômica, proveniente de gastos públicos excessivos no pagamento das dívidas governamentais previstas no orçamento, em detrimento de investimentos estatais em infra-estrutura básica. Logicamente, as leis de orçamento não podem escapar dos limites ditados pela Lei de Responsabilidade Fiscal (Lei Complementar n. 101/2000).

Ainda dentro da política econômica conjuntural, temos as políticas de moeda e a crédito. Elas são de competência da União (arts. 21, VII e VIII; 22, VI e VII, da CR) e influenciam no dia-a-dia das empresas e dos cidadãos. O volume de moeda (papel, metálica ou plástica) no mercado gera inflação, em caso de excesso, resultando na limitação do consumo de bens à população; ou ainda, na deflação, originada pela pequena quantidade de moeda no mercado, levando a redução dos preços dos produtos, abaixo de seus valores de custo, causando o desaparecimento dos bens e a possível falência dos fornecedores.

A política de crédito pode ser manejada, dentre outras maneiras, através da concessão de dinheiro mais barato a micros e pequenos negócios existentes no país, reduzindo-se o imposto sobre operações de crédito (art. 153, V, da CR), aquecendo assim a oferta de bens e serviços no mercado consumidor e dilatando a criação de empregos formais. Pode, a União, acarrear recursos de seus bancos oficiais para as classes não abastadas do país adquirirem, ampliarem e reformarem suas propriedades rurais ou urbanas.

Logicamente, todas as ações acima irão influenciar o setor financeiro e obviamente a atuação dos bancos privados, levando os mesmos a diminuírem seus ganhos com os juros, devido à oferta de crédito acessível à população e às empresas pelo Estado.

Já em relação à política de preço, a nossa Constituição de 1988 estabelece poderes para a União e os Estados legislarem concorrentemente sobre Direito Econômico, produção e consumo (art. 24, I e V, da CR). Outrossim, os Poderes Locais também podem legislar sobre as mesmas matérias (Clark, 2001), quando aquela possibilita aos Municípios a atuarem sobre assuntos de interesse local e suplementar a legislação federal e estadual no que couber (art. 30, I e II, da CR).

No preço está embutida a margem de lucro do setor, pode o primeiro possibilitar o consumo a inúmeras classes sociais ou apenas das mais ricas. A União pode estabelecer preços máximos a certos bens no intuito de controlar as margens de ganho de setores oligopolizados; aos Estados é permitido garantir preço mínimo aos produtores de leite, em face do poderio econômico das indústrias processadoras e da importância do alimento na dieta das crianças. Os Municípios podem, ainda, fomentar o preço pactuado, via seu Conselho de Desenvolvimento Econômico e Social, onde os diversos segmentos sociais estão representados, garantindo a manutenção do valor de determinado serviço, por um ano, por causa da inflação setorial.

Finalmente, em relação à política de preços, existe ainda a possibilidade de a União lançar mão da Lei Delegada n. 4, de 26.9.1962, para tabelar preços e serviços em virtude de alta dos mesmos, provocada pela ditadura dos cartéis, monopólios e oligopólios privados, em instante de crise na economia de mercado, buscando a consagração do consumo popular. Aliás, o Supremo Tribunal Federal julgou a constitucionalidade da dita Lei Delegada, apoiando-se, fundamentalmente, nos arts. 173, § 4º, e 174, *caput*, da Carta Constitucional brasileira (Souza e Clark, 2008).

Ainda, quanto à política econômica conjuntural, temos a política externa onde a União (art. 22, VII, da CR) atua no domínio econômico e social pelos mecanismos de entrada e saída de bens, serviços, capitais e tecnologia. Conforme as políticas econômicas desenvolvidas no Brasil no comércio internacional, teremos maior ou menor independência perante os fornecedores estrangeiros e a efetividade da soberania econômica ditada pelo art. 170, I, da Constituição de 1988.

Dessa forma, a União pode incentivar a importação de alguns produtos destinados a inibir o uso do tabaco, preservando a saúde dos brasileiros fumantes e não fumantes e diminuir os gastos públicos com os efeitos negativos produzidos por aquele; também é possível desestimular a exportação de bens em alta de preços no Brasil, refreando o dragão da inflação. Na execução de tais medidas, em ambos os casos, podemos abrir linhas de crédito especiais ou reduzir as barreiras burocráticas.

Em relação à entrada e saída de capitais (art. 172 da CR), a União pode seduzir investimento estrangeiro em alguns setores produtivo, alargando o percentual de remessa de lucros ao país da empresa investidora, mas paralelamente vincular uma maior absorção de mão-de-obra formal. Nada impede que se adotem medidas tributárias para desestimular os nacionais a aplicarem no exterior.

No campo da tecnologia (arts. 218 e 219 da CR), essência no mundo do século XXI, para findar com a espoliação das nações desenvolvidas e de seus capitais sobre as nações em desenvolvimento e suas populações, e não mais continuarmos adquiri-las no exterior, como fazemos a mais de 500 anos, devemos mudar a rota, como por exemplo, reforçar os caixas das instituições públicas e comunitárias de pesquisa e ensino, objetivando produzir tecnologia endogenamente ou em conjunto com outras nações em desenvolvimento.

Outrossim, o Texto Constitucional de 1988 determina aos poderes públicos a missão de promover e incentivar a ciência e a tecnologia, possibilitando claramente, ainda, a aplicação de recursos dos Estados-membros e do Distrito Federal no setor (art. 218, § 5º, da CR).

Saindo da política econômica conjuntural, onde o Estado atua de forma instantânea na estrutura econômica e social, através das ações supracitadas, passaremos para a política econômica à médio prazo (política de concorrência, de emprego e de rendimento). A política de concorrência é cogitada pela Carta Magna de 1988, em seu art. 173, § 4º, estabelecendo: "A lei reprimirá o abuso do poder econômico que vise à dominação dos mercados, à eliminação da concorrência e ao aumento arbitrário dos lucros".

A Lei n. 8.884, de 11.6.1994, que dispõe sobre a prevenção e repressão às infrações contra a ordem econômica, impondo ao Conselho Administrativo de Defesa Econômica (CADE), autarquia federal, a missão de punir administrativamente (multas, cisão da empresa, publicação da condenação em jornal de circulação) os infratores da ordem econômica, podendo ser eles pessoas físicas e/ou jurídicas. No âmbito penal, temos a Lei n. 8.137, de 27.12.1990, definidora dos crimes contra a ordem tributária, econômica e as relações de consumo, fixadora das sanções penais aos seus transgressores. Em matéria de abuso do poder econômico podem existir conjuntamente as sanções administrativas e penais, bem como a responsabilidade civil dos infratores.

Como em todo mundo capitalista, no Brasil, a legislação, como a acima referida, não veda a existência do poder econômico, apenas limita a sua atuação e o uso ilegal de seu poder no sistema econômico. Assim sendo, quando agimos de forma contundente e eficaz na prevenção e repressão dos atos de abuso do poder econômico por intermédio de políticas públicas cumpridoras das leis existentes, estaremos inviabilizando os altos preços exigidos pelos cartéis e ampliando o poder de compra dos consumidores.

Infelizmente, no Brasil vivemos em estágio de Fetiche das Leis (Souza e Clark, 2008), no tocante ao abuso do poder econômico. A completa falta de eficácia daquelas gera entre nós o paraíso dos oligopólios e o inferno dos consumidores.

Dentro da política econômica a médio prazo, possuímos ainda a política de emprego. É de competência da União, legislar sobre direito do trabalho (art. 22, I e XVI, da CR) e sua intervenção indireta (via normas jurídicas) nas relações laborais pode ser no sentido de reduzir a jornada de trabalho amainando o subemprego e o desemprego; criar incentivos tributários em busca do citado objetivo; ou fixar "reajustes" anuais nos salários dos trabalhadores da iniciativa privada, recompondo as perdas da inflação, acrescidos de aumentos reais, buscando assim maior justiça na eterna disputa desigual entre capital e trabalho.

Apesar dos Municípios e Estados-membros não possuírem competência para atuarem no direito do trabalho, estes devem, juntamente com a União, agir para garantir o pleno emprego (art. 170, VIII, da CR), via suas políticas econômicas dirigidas ao turismo, à agropecuária, ou à indústria, seja através de linhas de créditos, renúncia tributária ou de obras de infraestrutura, onde a expansão do emprego esteja embutida em suas finalidades.

Finalizando, na política econômica a médio prazo temos a política de rendimento. Ela versa sobre as diversas formas de distribuição dos ganhos, digo, de remuneração dos "fatores da produção" (Souza, 2005), ou seja, o salário advindo do trabalho, a renda auferida das propriedades, o lucro surgido da produção e os juros originados do capital.

No campo do salário, tipo de remuneração estabelecida ao trabalhador possuidor de emprego, uma das espécies de trabalho, temos o salário mínimo e o salário família, garantidos constitucionalmente (art. 7º, IV e XII, da CR), que devem ser usados pelos governantes para valorizar o trabalho humano (art. 170, *caput*, da CR) e viabilizar o direito ao trabalho (art. 6º da CR). Conforme os valores fixados para aqueles (salários mínimo e família), pela União (art. 22, I, da CR), em sua política salarial, se efetiva os ditames acima do Texto Constitucional, remunerando corretamente os trabalhadores pelos serviços prestados e lhes possibilitando uma vida digna, ou se perpetuará o aumento dos lucros.

Uma das formas de auferir ganhos é por intermédio de renda originada dos aluguéis de imóveis urbanos e rurais ou de máquinas. Mesmo a nossa Carta Política de 1988 garantindo o direito à propriedade privada (arts. 5º, XXII, e 170, II, da CR), sobre ela recai uma função social, tanto as de consumo (art. 5º, XIII, da CR), como as de produção (art. 170, III, da CR). Dessa forma, diante das dificuldades habitacionais vividas em nosso país, marcante nos grandes centros urbanos, a União atua de forma indireta (Lei 8.245, de 18.10.1991) estabelecendo parâmetros legais para os locadores de imóveis residenciais requererem os mesmos sem motivação (30 meses) e veda os reajustes dos aluguéis vinculados às variações do salário mínimo ou do câmbio.

O Estado, ao desenvolver políticas de renda (impositiva), interferindo na propriedade residencial, cuida da distribuição dos ganhos e da justiça social, logo não deve permitir o desestímulo dos proprietários, motivado pelos baixos valores dos aluguéis, nem o esmagamento dos inquilinos, devidos aos valores proibitivos daqueles.

O lucro é adquirido por todo aquele que reúne os fatores da produção (capital, matéria-prima, trabalho e organização). A Constituição de 1988 permite o mesmo, mas veda o seu aumento de forma arbitrária (art. 173, § 4º, da CR). No capitalismo o lucro é um "plus" conquistado pela empresa ou pelo empresário pelo seu "esforço de empreender uma atividade".

No caso do lucro, a política econômica pode taxar fortemente um segmento poluidor através do imposto sobre a propriedade industrial de competência da União (art. 153, IV, da CR), a fim de estimular o uso de energia limpa, ou ainda tabelar preços de alguns bens via a Lei Delegada n. 4/1962, dominado por oligopólio praticante de cartel, possibilitando o consumo do trabalhador. Em ambas as hipóteses, iremos restringir os lucros, mas, com outras medidas, poderíamos ampliá-lo.

Já em relação aos juros (arts. 21, VIII, e 22, VII, da CR), apesar da lastimável revogação do comando constitucional que o taxava em 12% ao ano (Emenda Constitucional n. 40, de 29.5.2003), qualquer tipo de propriedade, inclusive a do capital, está sujeita a uma função social (art. 170, III, da CR). Assim sendo, a política econômica destinada aos juros deve perseguir os fins da Constituição econômica, não podendo ampliar extraordinariamente os ganhos dos bancos nem, muito menos, empobrecer e subordinar os que dependem de seus empréstimos e serviços.

Quando a União aumenta a emissão de títulos da dívida pública no mercado, tais títulos governamentais irão concorrer com a necessidade dos particulares em obter dinheiro, resultando em uma maior demanda por capital e, conseqüentemente elevando o montante de juros pagos aos banqueiros. A União, também, pode incentivar a compra a crédito de imóveis, ofertando empréstimo com juros baixos nos bancos oficiais, dilatando assim o volume de recursos destinados ao setor, reduzindo, por conseguinte, a margem de ganho do sistema financeiro em virtude da concorrência.

Por derradeiro, dentro da política econômica geral, possuímos a política estrutural, nela o Estado (União, Estados-membros, Municípios) investe recursos originados de seu orçamento ou dos ganhos das empresas estatais em fundos de desenvolvimento, obras de infra-estrutura, compra de bens tecnológicos, interferindo em todo o sistema econômico, gerando desenvolvimento sustentável ou o crescimento modernizante. Pode contar, ainda, com recursos privados de pessoas jurídicas, por intermédio de aplicações direta, em parceria com o Estado (Lei n. 11.079/2004 da Parceria Público-Privada).

Algumas obras estatais em ferrovias e portos podem diminuir o custo da produção, agilizando o transporte dos bens e aumentando o seu consumo, motivado pela redução dos preços. Investimentos governamentais em regiões pobres podem resultar em redistribuição da população urbana e melhor nível de vida, a criação de uma empresa pública, por exemplo, transformadora do lixo pode alimentar as indústrias de matéria-prima reciclada, trazendo mutações no processo produtivo e no tecido social.

A política econômica setorial é a ação estatal em um ou mais setores da vida econômica e social, seja na produção de frutas, no turismo regional ou na indústria de base. Ela deve ser coerente e harmônica com a política econômica geral e as três esferas de poder territorial (União, Estados-membros, Municípios) podem executá-la.

A política econômica setorial pode exigir obras de infra-estrutura, criação de empresas estatais, estatização de empresas privadas, incentivos tributários, fundos de investimentos, concessão de terras públicas e todos os demais mecanismos acima descritos de atuação governamental, a fim de efetivar a justiça social fixada pela Constituição brasileira atual.

Resumidamente, em nossa Nação a ação estatal no domínio econômico e social deve ter como base constitucional os comandos referidos acima. Logicamente, outros tipos de atuação são protagonizados com base em outros artigos de nossa Lei Máxima, seja na produção, na circulação, na repartição ou no consumo.

Contudo, a regulação no Brasil significou, a partir da última década do século XX, o manejo "contido" das políticas econômicas, como assenta o capital privado e organismos internacionais (Fundo Monetário Internacional, Banco Mundial, etc.) às nações em desenvolvimento. Aquela se exprime como uma atuação estatal conservadora por intermédio da política econômica conjuntural, prioritariamente, "esquecendo-se" das políticas econômicas de médio prazo e das estruturais.

Em detrimento do Texto Constitucional brasileiro atual e embasado nas teses da Escola da Análise Econômica do Direito, deixamos ao sabor dos donos dos dinheiros a política de concorrência, fundamental para repreensão ao abuso do poder econômico; a política de repartição, essencial na distribuição dos ganhos entre capital e trabalho; bem como a política estrutural, por deixarmos de fazer investimentos em setores estratégicos na miragem de saldar uma dívida pública secular e não auditada.

Inclusive, na atualidade (anos de 2008 e 2009), o neoliberalismo de regulação demonstra objetivamente, mais uma vez, o seu lado destruidor, seja no Brasil ou nas demais Nações. Em virtude da "contida" atuação estatal no domínio econômico, todavia sempre em prol da multiplicação dos ganhos do capital, instalou-se uma aguda crise socioeconômica mundial iniciada nos setores imobiliário e financeiro dos Estados Unidos. A irresponsabilidade e a ineficácia das políticas econômicas reguladoras públicas e privadas estão resultando em recessão, dilatação dos níveis de desempregados e em mortos, ou seja, na "pandemia reguladora".

### *V – Conclusões*

A regulação é uma técnica de intervenção estatal na vida socioeconômica imposta à economia de mercado do século XXI, perpetuadora do modelo pós-colonial para as chamadas Nações em desenvolvimento, como o Brasil, e multiplicadora de poderes e ganhos ao mega capital internacional "global".

Realizamos uma série de alterações (emendas) no texto da Constituição brasileira de 1988, apesar de seus comandos possuírem uma redação genérica (*Standard* Jurídico), sendo teoricamente (somente) admissíveis à regulamentação e a regulação; aprimoramos suas normas à segunda, já que o mesmo foi construído dentro de uma realidade de regulamentação.

Contudo, o neoliberalismo de regulação mostrou-se incompatível para a efetivação de nossa Carta Magna, ou seja, de seu preâmbulo; dos fundamentos do Estado Democrático de Direito (art. 1º da CR); dos objetivos fundamentais da República (art. 3º da CR); e ainda com os fundamentos, fins e princípios da Constituição Econômica (art. 170 da CR), porque retira a força executória e a capacidade realizadora estatal no sistema produtivo e no tecido social, como exigem os ditames constitucionais e a própria realidade nacional.

Tendo em vista as raízes históricas brasileiras, de Nação colonizada e explorada, inclusive nesse século, é de fundamental importância a atuação estatal nas estruturas socioeconômicas, através de seu poder econômico e do aparato institucional legal.

Não temos uma visão romântica do Estado como ente isento e de condutas racionais, mas sim uma visão dialética, já que os poderes públicos possuem suas ações ditadas pelos conflitos de classes e pelos interesses antagônicos de uma sociedade complexa. Assim sendo, quando a regulação restringe a atuação estatal e repassa o regramento social para o mercado, digo, ao poder econômico privado, refreia e amaina as demandas e pressões sociais, junto à máquina governamental, pelo cumprimento dos ditames constitucionais mudancistas, bem como esvazia um dos espaços de conquistas sociais (o Estado).

O Texto Constitucional de 1988 impõe o poder/dever do Estado em agir no domínio econômico e social de forma planejada, a fim de transformar o nosso oceano de injustiças e materializar plenamente o desenvolvimento sustentável, a existência digna, a função social das propriedades, a soberania nacional, a defesa do consumidor, etc. Por conseguinte, o neoliberalismo de regulação colide com tais comandos.

Portanto, a regulação no Brasil, assim como nas demais nações, não significa a não ação governamental no sistema econômico e social. Isso é um mito. Como no passado, atualmente os poderes públicos (União, Estados-membros e Municípios) agem constantemente nas realidades, através de investimentos, legislação e agências de regulação.

Por fim, nesses dias de 2009, na efervescência da crise econômica internacional, novamente todos os Estados nacionais são chamados para salvar o capitalismo, e prioritariamente o grande capital, modificando as suas formas anteriores de atuação no processo econômico. Até alguns meses atrás o aparato estatal era incompetente, caro e "rechaçado" da vida econômica. Agora é o Príncipe Salvador que estatiza bancos, concede empréstimos milionários ao setor automobilístico, reduz tributos, realiza obras indutoras a fim de estancar os efeitos da crise e efetivar a convulsão social. Em síntese, o neoliberalismo de regulação também é incompatível para a continuidade do capitalismo no tempo e no espaço.

### *VII – Referências bibliográficas*

AGUILLAR, Fernando Herren (2006). *Direito Econômico: do Direito Nacional ao Direito Supra Nacional*. São Paulo, Atlas, 407 pp.

BATISTA JR., Paulo Nogueira (2005). *A Economia como ela É...* 3ª ed., São Paulo, Boitempo Editorial, 441 pp.

BERCOVICI, Gilberto (2005). *Constituição Econômica e Desenvolvimento: uma Leitura a partir da Constituição de 1988*. São Paulo, Malheiros Editores, 190 pp.

CAMARGO, Ricardo Antônio Lucas (2007). *Direito Econômico, Direitos Humanos e Segurança Coletiva*. Porte Alegre, Núria Fabris Editora, 408 pp.

CLARK, Giovani (2001). *O Município em Face do Direito Econômico*. Belo Horizonte, Del Rey, 266 pp.

_____ (2006). "Política Econômica e Estado", in GALUPPO, Marcelo Campos. *O Brasil que Queremos. Reflexões sobre o Estado Democrático de Direito*. Belo Horizonte, Ed. PUC/Minas, pp. 239-248.

COELHO, Wladimir Tadeu Silveira (2007). *Política Econômica do Petróleo no Brasil*. Dissertação de Mestrado em Direito das Instituições Políticas, defendida na Faculdade de Ciências Humanas da Universidade FUMEC, Belo Horizonte, 133 pp.

FARIA, Guiomar T. Estrella (1994). *Interpretação Econômica do Direito*. Porto Alegre, Livraria do Advogado, 111 pp.

FLORENZANO, Vincenzo D. (2004). *Sistema Financeiro e Responsabilidade Social: uma Proposta de Regulação Fundamentada na Teoria da Justiça e na Análise Econômica do Direito*. São Paulo, Textonovo, 210 pp.

FLORES FILHO, Edgar Gaston Jacobs (2006). "A Nova Escola de Chicago e as modalidades de regulação: tendências do *Law and Economics* e aplicações para o direito brasileiro", *Revista da Faculdade Mineira de Direito*, Belo Horizonte, v. 9, n. 18, pp. 43-69, jul./2006.

FURTADO, Celso (2001). *O Capitalismo Global*. 5ª ed., São Paulo, Paz e Terra, 83 pp.

GREENSPAN, Alan (2008). *A Era da Turbulência: Aventuras em um Novo Mundo*. Trad. Afonso Celso da Cunha Serra. Rio de Janeiro, Elsevier, 520 pp.

HOBSBAWN, Eric (2002). *Tempos Interessantes: uma Vida no Século XX*. Trad. S. Duarte. São Paulo, Cia. das Letras, 482 pp.

HUBERMAN, Leo (1986). *História da Riqueza do Homem*. Trad. Waltensir Dutra. 21 ed., Rio de Janeiro, Guanabara, 313 pp.

PAULA, João Antonio de (2005). "A longa servidão: a trajetória do capitalismo no Brasil", in PAULA, João Antonio de (org.). *Adeus ao Desenvolvimento: a Opção do Governo Lula*. Belo Horizonte, Autêntica, Parte I, pp. 17-35.

SANTOS, Boaventura de Souza (2005). *Pela Mão de Alice: o Social e o Político na Pós-Modernidade*. 10ª ed., São Paulo, Cortez, 348 pp.

______ (2002). "Os processos da globalização", in SANTOS, Boaventura de Souza (org). *Globalização: Fatalidade ou Utopia*. 2ª ed., Afrontamento, Porto, pp. 31-106.

SAVY, Robert (1977). *Direito Público Económico*. Trad. Raul Afonso. Lisboa, Editorial Notícias, 176 pp.

SCAFF, Fernando Facury (2004). "A Constituição Econômica Brasileira em 15 anos", *Revista da Academia Brasileira de Direito Constitucional* 5/113-167, Curitiba.

SOUZA, Washington Peluso Albino de (2005). *Primeiras Linhas de Direito Econômico*. 6ª ed., São Paulo, LTr, 603 pp.

______, e CLARK, Giovani (2008). *Questões Polêmicas de Direito Econômico*. São Paulo, LTr, 102 pp.

SOUZA JUNIOR, Cezar Saldanha (2002). *Consenso e Tipos de Estado no Ocidente*. Porto Alegre, Sagra Luzzatto, 190 pp.

VAZ, Manuel Afonso (1998). *Direito Econômico: a Ordem Económica Portuguesa*. 4ª ed., Coimbra, Coimbra Editora, 387 pp.

# REGIME DE PARTICIPAÇÃO DE CAPITAL ESTRANGEIRO EM EMPRESAS DE COMUNICAÇÃO SOCIAL ELETRÔNICA: NOTAS SOBRE O PROJETO DE LEI N. 29/2007 E ÂMBITO DE APLICAÇÃO DO ESTATUTO DA IGUALDADE ENTRE BRASIL E PORTUGAL DE 1971*

FABRÍCIO BERTINI PASQUOT POLIDO

*1. Notas introdutórias: participação de capital estrangeiro e segmentos de comunicação social eletrônica. 2. O PL n. 29/2007 e quadro da política legislativa relativa à comunicação social eletrônica no Brasil. 3. Comentários sobre a tramitação do PL n. 29/2007 no Congresso Nacional e perspectivas do processo legislativo. 4. Regime de participação de capital estrangeiro em empresas jornalísticas e de radiodifusão no direito brasileiro. 5. Interpretação extensiva e aplicação do Estatuto da Igualdade entre Portugal e Brasil ao regime de participação societária por portugueses em empresas jornalísticas e de radiodifusão. 6. Conclusões.*

## 1. Notas introdutórias: participação de capital estrangeiro e segmentos de comunicação social eletrônica

1.1 Entre as delicadas questões em torno da liberalização do mercado de serviços de comunicação eletrônica no Brasil encontram-se empoeiradas e insustentáveis premissas. Ao incauto jurista, esse tema poderia retomar a velha lógica da preservação da "nacionalidade" da propriedade de certas empresas atuantes nos segmentos de radiodifusão sonora e de sons e imagens, como mesmo prevê a regra contida no art. 222 da Constituição Federal de 1988.[1]

* O presente artigo é resultado da versão adaptada de Parecer emitido pelo autor abordando os aspectos jurídicos da participação do capital estrangeiro em empresas atuantes nos segmentos de comunicação no mercado brasileiro e a aplicação de dispositivos do Estatuto da Igualdade entre Brasil e Portugal de 1971. Aqui são discutidos, igualmente, os principais aspectos da criação de um quadro normativo para a disciplina das comunicações sociais eletrônicas no contexto doméstico, como objetivado pelo Projeto de Lei n. 29, de 5.2.2007, atualmente em tramitação no Congresso Nacional.

1. Sobre o tema, cf. J. A. Silva, *Curso de Direito Constitucional Positivo*, 26ª ed., São Paulo, Malheiros Editores, 2006, p. 339; A. Moraes, *Direito Constitucional*, 20ª ed., São Paulo, Atlas, 2006, pp. 206 e ss. (observando os contornos dos limites constitucionais sobre a participação de estrangeiros no capital de empresas jornalísticas e de radiodifusão sonora e de sons e imagens e sobre a administração e orientação intelectual dessas empresas). V., ainda, C. R. Bastos e I. G. Martins, *Comentários à Constituição do Brasil*, vol. 8, São Paulo, Saraiva, 1998, pp. 854 a 856, que destacam que o art. 222 da

1.2 Em suma, o dispositivo estabelece uma série de limitações constitucionais à participação do capital estrangeiro na propriedade de empresas jornalísticas e de radiodifusão de sons e imagens, considerando-a exclusiva de brasileiros natos ou naturalizados há mais de dez anos ou de pessoas jurídicas sediadas no Brasil, nas quais pelos menos 70% do capital votante seja detido, direta ou indiretamente, a brasileiros natos ou naturalizados há mais de dez anos.[2]

1.3 Entre suas contradições e conteúdos ideologizantes, o debate sobre a participação de capital estrangeiro em empresas prestadoras de serviços de comunicação social eletrônica encontra-se hoje apoiado nos desdobramentos da tramitação do Projeto de Lei n. 29, de 5 de fevereiro de 2007 (PL n. 29/2007), que prevê a criação de um quadro normativo concernente às comunicações sociais eletrônicas no contexto doméstico. A iniciativa legislativa comentada propõe alterar importantes normas que disciplinam a oferta de serviços de TV por assinatura e serviços audiovisuais eletrônicos no mercado brasileiro, com importantes conseqüências para a produção nacional e independente de conteúdo televisivo e eletrônico.

1.4 Em seus principais dispositivos, o PL n. 29/2007 oferece alternativas para que empresas prestadoras de serviços de telefonia fixa e móvel passem a produzir e distribuir conteúdo eletrônico no domínio das "comunicação social", desde que elas sejam sociedades empresárias constituídas e sediadas no Brasil e nas quais a maioria do capital social e votante seja detida por nacionais brasileiros ou naturalizados há mais de dez anos. Nesse cenário, as emissoras de rádio e de televisão brasileiras têm sustentado a exclusividade na prestação dos serviços de comunicação social eletrônica, com base em uma interpretação ampliativa das limitações estabelecidas na Constituição Federal de 1988. No limite, trata-se de evidente conflito de concepções no campo da política normativa para regulamentação de setores muito distintos e que no fundo estão diretamente relacionados com o interesse público no acesso e democratização da informação.

1.5 Por outro lado, o Projeto estabelece que as mesmas normas constitucionais e infraconstitucionais vigentes para a regulação dos serviços de comunicação social prestados por emissoras de televisão, sobretudo quanto à criação, produção e distribuição de conteúdo, serão aplicáveis também para as empresas atuantes nos segmentos de telefonia fixa e móvel. Dentre elas destacam-se a preferência a finalidades educativas, artísticas, culturais e informativas; promoção da cultura nacional e regional e estímulo à produção independente que objetive divulgação entre o público; re-

Constituição busca assegurar, aos meios de comunicação nacionais, a certeza de que a cultura e a informação não sejam "manipuladas por políticos ou interesses" de outros Estados. Segundo os autores, o dispositivo apontaria para a existência de um princípio geral a garantir que a "informação e a defesa da cultura" no Brasil estejam asseguradas por meios de comunicação sob o controle de brasileiros natos ou naturalizados.

2. "Art. 222. A propriedade de empresa jornalística e de radiodifusão sonora e de sons e imagens é privativa de brasileiros natos ou naturalizados há mais de dez anos, ou de pessoas jurídicas constituídas sob as leis brasileiras e que tenham sede no País. § 1º. Em qualquer caso, pelo menos setenta por cento do capital total e do capital votante das empresas jornalísticas e de radiodifusão sonora e de sons e imagens deverá pertencer, direta ou indiretamente, a brasileiros natos ou naturalizados há mais de dez anos, que exercerão obrigatoriamente a gestão das atividades e estabelecerão o conteúdo da programação. § 2º. A responsabilidade editorial e as atividades de seleção e direção da programação veiculada são privativas de brasileiros natos ou naturalizados há mais de dez anos, em qualquer meio de comunicação social. § 3º. Os meios de comunicação social eletrônica, independentemente da tecnologia utilizada para a prestação do serviço, deverão observar os princípios enunciados no art. 221, na forma de lei específica, que também garantirá a prioridade de profissionais brasileiros na execução de produções nacionais. § 4º. Lei disciplinará a participação de capital estrangeiro nas empresas de que trata o § 1º. § 5º. As alterações de controle societário das empresas de que trata o § 1º serão comunicadas ao Congresso Nacional."

gionalização da produção cultural, artística e jornalística, de acordo com percentuais a fixados em lei; e respeito aos valores éticos e sociais da pessoa e da família.

1.6 O PL n. 29/2007, assim, expõe a questão de determinar se diferentes percentuais, ou limites de participação de capital estrangeiro na estrutura societária de empresas atuantes nos segmentos de comunicação audiovisual eletrônica, estariam em conformidade com as normas pertinentes às matérias veiculadas nos arts. 220 e ss. da Constituição Federal de 1988, que dispõem, especificamente, sobre o regime jurídico da comunicação social no direito brasileiro. Aqui são discutidas, mais uma vez, opções de participação de capital estrangeiro em empresas de TV por assinatura, tanto por pessoas naturais como pessoas jurídicas, as limitações legais estabelecidas pelo ordenamento brasileiro à participação do capital estrangeiro em empresas de TV a cabo e as competências do Poder Executivo na regulação do setor. Em destaque estão ainda a consideração da atuação de pessoas jurídicas de direito estrangeiro no Brasil (e suas questões no Direito Internacional Privado) e a aplicação das normas de tratados bilaterais firmados entre o Brasil e Portugal para reconhecimento mútuo de direitos civis, políticos e econômicos, com inegáveis reflexos sobre o ordenamento constitucional doméstico.

1.7 O presente estudo busca analisar os principais aspectos do regime da participação de capital estrangeiro em empresas atuantes nos segmentos de comunicação eletrônica. O item 2 apresenta um sumário executivo do PL n. 29/2007, com a descrição de suas principais normas, definições e alternativas propostas pela iniciativa legislativa quanto à participação de capital estrangeiro em empresas atuantes nos segmentos de comunicação social eletrônica, em especial nas provedoras de serviços de TV a cabo. No item 3, são analisados os desdobramentos do processo legislativo em curso no Congresso Nacional, além das implicações do PL n. 29/2007 sobre a Lei brasileira da TV a Cabo de 1995. Os aspectos gerais da disciplina jurídica relativa à participação de capital estrangeiro em empresas jornalísticas e de radiodifusão também são revisitados no item 4, que inclui observações sobre o controle concreto por órgãos brasileiros de registro comercial de atos societários envolvendo participações societárias estrangeiras em empresas atuantes no território brasileiro. No item 5, são abordados os principais aspectos da aplicação extensiva do Estatuto da Igualdade entre portugueses e brasileiros de 1971. As conclusões do presente estudo são apresentadas no item 6.

## *2. O PL n. 29/2007 e quadro da política legislativa relativa à comunicação social eletrônica no Brasil*

2.1 Em 5 de fevereiro de 2007 o Deputado Paulo Bornhausen (do Partido dos Democratas/SC) apresentou o Projeto de Lei n. 29, que estabelece normas relativas à "organização e exploração das atividades de comunicação social eletrônica" no Brasil.[3] Em realidade, o Projeto pretende consolidar um marco jurídico complementar para o setor de telecomunicações no Brasil, atendendo às demandas especificas das tecnologias de internet e redes digitais. Importante destacar que o texto apresentado faz referência direta às matérias constantes dos arts. 220 a 224 da Constituição Federal de 1988 (relativas à "Comunicação Social"), prevendo a revogação de dispositivos da Lei n. 8.977, de 6 de janeiro de 1995 ("Lei da TV a Cabo") concernentes às restrições de participação do capital estrangeiro em empresas concessionárias de serviços de telecomunicações no Brasil, incluindo aquelas prestadoras de serviços de TV a cabo.[4]

3. Para informações sobre o *status* atualizado da tramitação legislativa do PL 29/2007, v. *http://www.camara.gov.br/internet/sileg/Prop_Detalhe.asp?id=339998*.

4. O art. 7º da Lei n. 8.977/1995 estabelece que a concessão para o serviço de TV a cabo será

2.2 O Projeto em análise encontra-se em regime de tramitação ordinária no Congresso Nacional brasileiro, submetido à apreciação conclusiva pelas Comissões da Câmara dos Deputados.[5] À iniciativa legislativa representada pelo PL n. 29/2007 estão apensados outros Projetos de Lei correlatos, nomeadamente o PL n. 70/2007,[6] PL n. 332/2007[7] e PL n. 1.908/2007,[8] bem como as Emendas ns. 1 a 12 e 1º a 25, apresentadas, respectivamente, à Comissão de Desenvolvimento Econômico, Indústria e Comércio (CDEIC) e à CCTCI, como propostas de substitutivos para alteração do texto do projeto original.

2.3 Dentre os dispositivos originalmente estabelecidos pelo PL n. 29/2007, destacam-se o art. 2º, relativo à liberdade de produção, programação, oferta e comercialização de conteúdo eletrônico no território nacional, que é definido como o "conjunto de símbolos, caracteres, sinais, escritos, imagens sons e informações de qualquer natureza, contendo material de natureza informativa, educativa ou de entretenimento",[9] e o art. 5º, que especifica os serviços de telecomunicações associados à distribuição de conteúdo eletrônico no Brasil:

(i) serviço de radiodifusão sonora;

(ii) serviço de radiodifusão de sons e imagens;

(iii) serviço de TV a cabo;

(iv) serviço de distribuição de sinais de televisão e de áudio por assinatura via satélite (DTH);

(v) serviço de distribuição de sinais multiponto multicanal (MMDS); e

(vi) outros serviços de acordo com a regulamentação da ANATEL.

2.4 O Projeto define igualmente "distribuição de conteúdo eletrônico" como "a disponibilização *(sic)* ou fornecimento de conteúdo eletrônico, de forma livre ao público em geral ou mediante contrato aos usuários finais, por intermédio de um dos serviços de telecomunicações abrangidos pelo art. 5º desta Lei". E em seu art. 1º existe uma referência indireta à aplicação do Código Brasileiro de Telecomunicações (Lei n. 4.117, de 27 de agosto de 1962), considerando radiodifusão como modalidade de serviço de telecomunicações. Uma das conseqüências imediatas do PL n. 29/2007 seria a de submeter a organização e o regime dos serviços de radiodifusão (inclusive no que tange à distribuição de conteúdo) à esfera de competências da Agência Nacional de Telecomunicações (ANATEL) relativas ao setor de telecomunicações. Assim, todas as atividades implicadas no domínio da "comunicação social

dada exclusivamente à pessoa jurídica de direito privado cuja atuação principal seja a prestação desse serviço, com sede no Brasil e com pelo menos 51% (cinqüenta e um por cento) do capital social, com direito a voto, pertencente a brasileiros natos ou naturalizados há mais de dez anos, ou, ainda a sociedade sediada em território nacional, cujo controle pertença a brasileiros natos ou naturalizados há mais de dez anos.

5. Art. 24, I, do Regimento Interno da Câmara dos Deputados (referindo-se à discussão e voto, pelas Comissões Permanentes, das proposições legislativas sujeitas à aprovação do Plenário). O PL n. 29/2007 já obteve parecer favorável da Comissão de Ciência e Tecnologia, Comunicação e Informática (CCTCI) e da Comissão de Desenvolvimento Econômico, Indústria e Comércio.

6. Projeto de Lei n. 70, de 7.2.2007, que dispõe sobre a produção e programação e provimento de conteúdo nacional e dá outras providências, de autoria do Deputado Nelson Marquezelli (PTB/SP). Disponível em *http://www.camara.gov.br/sileg/Prop_Detalhe.asp?id=340222*.

7. Projeto de Lei n. 332, de 7.3.2007, que dispõe sobre a produção, programação, provimento e empacotamento e distribuição de comunicação social eletrônica, de autoria dos Deputados Paulo Teixeira (PT/SP) e Walter Pinheiro (PT/BA). Disponível em *http://www.camara.gov.br/sileg/MostrarIntegra.asp?CodTeor=440185*.

8. Projeto de Lei 1.908, de 29.8.2007, que dispõe sobre o serviço de comunicação eletrônica de massa e dá outras providências, de autoria do Deputado João Maia (PR/RN). Disponível em *http://www.camara.gov.br/sileg/Prop_Detalhe.asp?id=365094*.

9. Cf. art. 4º, III, do PL n. 29/2007.

eletrônica" estariam aos poderes de polícia e regulação pela Agência.[10]

2.5 A possibilidade de distribuição de conteúdo eletrônico por intermédio de outros serviços de telecomunicações, tais como Serviço de Comunicação Multimídia (SMC) e Serviço Móvel Pessoal (SMP), também é contemplada no art. 5º, parágrafo único, do PL n. 29/2007. As justificativas apresentadas na proposição legislativa ressalvam, contudo, as competências da ANATEL para orientar a distribuição de conteúdo eletrônico pelas prestadoras de SMC e SMP.

2.6 Em relação ao tratamento dispensado para as empresas prestadoras de serviços de telecomunicações no segmento de "distribuição de conteúdo eletrônico", o Projeto parece apontar para a distinção de dois regimes jurídicos, assegurando às empresas "o direito de, no todo ou em parte, produzir, programar, prover e distribuir conteúdo eletrônico, sujeito à regulamentação desses serviços".

2.7 Quanto à participação do capital estrangeiro em tais empresas, diferentes formulações podem ser consideradas. Para as prestadoras de serviços de radiodifusão sonora e de sons e imagens, o PL n. 29/2007 faz referência à aplicação das normas do capítulo da Constituição Federal de 1988,[11] em especial a regra do *caput* do art. 222 da CF/1988, que prevê limitação de participação de capital estrangeiro em empresas jornalísticas e de radiodifusão sonora e de sons e imagens.[12]

2.8 Para as demais empresas prestadoras de serviços de telecomunicações, às quais também se atribui "o direito de, no todo ou em parte, produzir, programar, prover e distribuir conteúdo eletrônico", tais como TV a cabo, serviço de distribuição de sinais de televisão e de áudio por assinatura via satélite (DTH), serviços MMDS, serviços de comunicação multimídia, móvel pessoal e outros serviços regulados pela ANATEL,[13] o PL n. 29/2007 recorre a aplicação da regra do art. 222, § 3º, da Constituição de 1988. Este dispositivo, em particular, prevê a observância de princípios concernentes à produção e programação de emissoras de rádio e TV atuantes no Brasil, nomeadamente: (i) preferência a finalidades educativas, artísticas, culturais e informativas; (ii) promoção da cultura nacional e regional; (iii) regionalização da produção cultural, artística e jornalística; e (iv) respeito aos valores éticos, e sociais da pessoa e da família.[14]

2.9 Para tais empresas (o que inclui imediatamente *provedoras de serviços de TV por assinatura*), o art. 8º, § 3º, do PL n. 29/2007, prevê que concessões, permissões e autorizações para exploração dos serviços de telecomunicações poderão ser outorgadas e expedidas somente a: (i) empresas constituídas de acordo com as leis brasileiras, com sede e administração no Brasil, em que a maioria das quotas (quando sociedade limitada), ou das ações (quando sociedade anônima), atributivas de direitos de voto, pertença a pessoas naturais residentes no Brasil ou (ii) empresas cons-

10. Cf. especificamente o art. 1º, parágrafo único, do PL n. 29/2007, referindo-se à organização, pela ANATEL, do regime e fiscalização de "atividades de comunicação social eletrônica" relativas à (i) programação e provimento de conteúdo eletrônico, no que configure infração à ordem econômica no setor de telecomunicações, e (ii) distribuição de conteúdo eletrônico por intermédio dos serviços de telecomunicações abrangidos pelo disposto no art. 5º do Projeto (cf. item 2.3 *supra*). Cf. também art. 6º, do PL n. 29/2007, que mantém a outorga de serviços de radiodifusão sonora e de sons e imagens na competência do Poder Executivo, reservando à ANATEL, no entanto, o poder de fiscalização – quanto aos aspectos técnicos – das "estações dos serviços de radiodifusão".

11. Art. 8º, § 1º, do PL n. 29/2007.

12. "Art. 222. A propriedade de empresa jornalística e de radiodifusão sonora e de sons e imagens é privativa de brasileiros natos ou naturalizados há mais de dez anos, ou de pessoas jurídicas constituídas sob as leis brasileiras e que tenham sede no País."

13. Art. 8º, § 2º, do PL n. 29/2007.

14. Cf. art. 221 da CF/1988.

tituídas de acordo com as leis brasileiras e com sede e administração no território nacional.[15] Sob a perspectiva de uma análise formal, as duas distinções sugeridas pela propositura parecem não atender a nenhum critério específico em matéria de direito de sociedades, apontando para a imprecisão da técnica adotada pelo legislador.

2.10 O Projeto comentado ressalva, igualmente, um segundo limite para a participação de capital estrangeiro na estrutura societária de empresas prestadoras dos serviços de telecomunicação compreendidos no art. 8º, § 3º. Segundo o dispositivo contido no art. 8º, § 4º, ato ou decisão do Poder Executivo poderá limitar tais participações societárias nas empresas em questão: "O Poder Executivo, levando em conta os interesses do País, poderá estabelecer limites à participação estrangeira no capital de prestadora do serviço de telecomunicações abrangidos pelo disposto no § 3º deste artigo".

2.11 De fato, para todas as hipóteses anteriormente descritas, o Projeto assegura o direito da empresa prestadora de serviço de telecomunicações de, no todo ou em parte, produzir, programar, oferecer e distribuir conteúdo eletrônico, independentemente da presença de participação de capital estrangeiro na estrutura societária da prestadora.[16] Por outro lado, para empresas *provedoras de serviços de acesso à internet e provedores de serviços de internet*, o PL n. 29/2007 dispensa necessidade de obtenção de qualquer espécie de licença para prestação de tais serviços (de valor adicionado) e também prevê a inexistência de qualquer limitação à participação de capital estrangeiro na estrutura societária da empresa provedora.[17]

2.12 Em seu Capítulo III relativo às disposições finais e transitórias, o Projeto reitera ainda a incidência do regime especial de participação societária de capital estrangeiro segundo seu art. 8º (especificamente seus §§ 3º e 4º) para serviços de TV a cabo e prevê a revogação expressa dos arts. 7º, II, e 15, da Lei n. 8.977/1995, e demais "disposições em contrário quanto às restrições ao capital estrangeiro em concessionárias de telecomunicações impostas ao Serviço de TV a cabo".[18]

2.13 O quadro a seguir apresenta um sumário sobre os principais dispositivos constantes do PL n. 29/2007:

| *Dispositivos* | *Teor normativo* |
|---|---|
| Art. 1º | • Competência da União/ANATEL para organizar a exploração das atividades de comunicação social eletrônica, no que se refere às telecomunicações. |
| Art. 2º | • Livre manifestação do pensamento, criação, liberdade de expressão e acesso à informação; liberdade de produção, de conteúdo eletrônico no território nacional; liberdade de programação, provimento e comercialização de conteúdo eletrônico por e para qualquer prestadora de serviços de telecomunicações, nos termos desta Lei, para posterior distribuição ao usuário final. |

15 Art. 8º, § 3º, do PL n. 29/2007: "As concessões, permissões e autorizações para exploração de serviços de telecomunicações abrangidas nos incisos de III a VI do *caput* do art. 5º, e nos incisos de I a III do parágrafo único do art. 5º desta Lei poderão ser outorgadas ou expedidas somente a empresas constituídas sob as leis brasileiras, com sede e administração no País, em que a maioria das cotas ou ações com direito a voto pertença a pessoas naturais residentes no Brasil ou a empresas constituídas sob as leis brasileiras e com sede e administração no País".

16. Cf. art. 8º, § 5º, do PL n. 29/2007.

17. "Art. 9º. Ao provedor de Serviço de acesso à Internet e ao provedor de Serviços Internet não é necessária a obtenção de qualquer espécie de licença para a prestação desse serviço de valor adicionado, nem haverá qualquer limitação à participação de capital estrangeiro na composição societária desse provedor. Parágrafo único. Ao provedor de Serviços Internet é permitida a distribuição de conteúdo eletrônico, observada a legislação pátria e, no que couber, o disposto no § 3º do art. 222 da Constituição Federal."

18. Cf. art. 12 do PL n. 29/2007.

| *Dispositivos* | *Teor normativo* |
|---|---|
| Art. 3º | • Observância de princípios constitucionais no contexto das atividades de comunicação social eletrônica: liberdade de expressão; promoção da língua, da cultura e dos valores nacionais; promoção da diversidade cultural e de fontes de informação e de canais de distribuição, bem como a preservação do patrimônio cultural brasileiro; proibição de monopólios ou oligopólios nos meios de comunicação social eletrônica; livre iniciativa e no direito à livre concorrência na ordem econômica; controle, prevenção e repressão das infrações da ordem econômica no setor de telecomunicações; livre acesso à informação; livre, ampla e justa competição entre todos os prestadores de serviços de telecomunicações habilitados a distribuir comunicação social eletrônica. |
| Art. 4º | • Definições aplicáveis: I – comunicação social eletrônica; II – atividade de comunicação social eletrônica; III – conteúdo eletrônico; IV – produção de conteúdo eletrônico; V – programação de conteúdo eletrônico; VI – provimento de conteúdo eletrônico; VII – distribuição de conteúdo eletrônico; VIII – internet; IX – provimento de serviço de acesso à internet; X – serviço internet. |
| Art. 5º | • Rol dos serviços de telecomunicações envolvendo a distribuição de conteúdo eletrônico: radiodifusão sonora; radiodifusão de sons e imagens; TV a cabo; serviço distribuição de sinais de televisão e de áudio por assinatura via satélite (DTH); serviço de distribuição de sinais multiponto multicanal (MMDS); serviços regulados pela Anatel; serviço de comunicação multimídia (SCM); serviço móvel pessoal (SMP). |
| Art. 6º | • Competência do Poder Executivo para outorga de serviços de radiodifusão sonora e de sons e imagens e competência da ANATEL para elaborar e manter os respectivos planos de distribuição de canais, levando em conta, inclusive, os aspectos concernentes à evolução tecnológica. |
| Art. 6º, par. único | • Competência da ANATEL para fiscalização, quanto aos aspectos técnicos, das estações dos serviços de radiodifusão sonora e de sons e imagens. |
| Art. 7º | • Regime jurídico aplicável à "organização das atividades de comunicação social eletrônica" – referência expressa à aplicação dos incs. IV, V, X, XIII e XIV do art. 5º e arts. 220, 221, 222, 223 e 224 da Constituição Federal (Capítulo "Da Comunicação Social"). |
| Art. 8º | • Direito de empresas prestadoras dos serviços de telecomunicações de, no todo ou em parte, *produzir, programar, prover e distribuir conteúdo eletrônico*. |
| Art. 8º, § 1º | • Aplicação das normas constantes do Capítulo "Da Comunicação Social" da Constituição Federal às empresas de radiodifusão sonora e de sons e imagens, em especial quanto ao *caput* do art. 222. |
| Art. 8º, § 2º | • As prestadoras de serviços de telecomunicações abrangidas nos incs. I a VI do *caput* do art. 5º, e, quando distribuem conteúdo eletrônico, nos incs. I a III do parágrafo único do art. 5º desta Lei atenderão ao disposto no § 3º do art. 222 da Constituição Federal. |
| Art. 8º, § 3º | • Outorga de concessões, permissões e autorizações para exploração de serviços de telecomunicações envolvendo TV a cabo, distribuição de sinais de televisão e de áudio por assinatura via satélite (DTH); distribuição de sinais multiponto multicanal (MMDS); serviço de comunicação multimídia (SCM); serviço móvel pessoal (SMP) e demais serviços estabelecidos pela ANATEL para empresas constituídas sob as leis brasileiras, com sede e administração no País, em que a maioria das cotas ou ações com direito a voto pertença a pessoas naturais residentes no Brasil ou a empresas constituídas sob as leis brasileiras e com sede e administração no País. |
| Art. 8º, § 4º | • Competência do Poder Executivo para estabelecer limites à participação estrangeira no capital de prestadora do serviço de telecomunicações em razão de interesse nacional. |
| Art. 8º, § 5º | • Garantia de direito previsto no *caput* do art. 8º para qualquer empresa de telecomunicações, independentes da participação de capital estrangeiro em suas estruturas societárias. |
| Art. 9º | • Dispensa de licenças para provedores de serviço de acesso à internet e ao provedor de serviços de internet para prestação de tais serviços de valor adicionado; inexistência de limitação à participação de capital estrangeiro na composição societária desse provedor. |

| *Dispositivos* | *Teor normativo* |
|---|---|
| Art. 10 | • Regime de participação de capital estrangeiro na estrutura societária de empresas de TV a cabo: aplicação dos §§ 3º e 4º do art. 8º do PL. |
| Art. 11 | • Normas sobre concessionárias de Serviço Telefônico Fixo Comutado (empresas de telefonia fixa): concessão para exploração de serviço de TV por assinatura em qualquer localidade (onde não haja outorga de serviço de TV a cabo na data de entrada em vigor da Lei e onde já tenha sido outorgada concessão de serviço de TV a cabo há, pelo menos, um ano). |
| Art. 12 | • Revogação expressa dos arts. 7º, II, e art. 15, da Lei n. 8.977/1995 (Lei da TV a cabo) e demais "disposições em contrário quanto às restrições ao capital estrangeiro em concessionárias de telecomunicações impostas ao Serviço de TV a Cabo". |

## *3. Comentários sobre a tramitação do PL n. 29/2007 no Congresso Nacional e perspectivas do processo legislativo*

3.1 O PL n. 29/2007 tramita em regime ordinário na Câmara dos Deputados e foi preliminarmente analisado pela Comissão de Desenvolvimento Econômico, Indústria e Comércio (CDEIC), pela Comissão de Ciência e Tecnologia, Comunicação e Informática (CCTCI) e pela Comissão de Defesa do Consumidor (CDC). As versões finais dos substitutivos apresentados em tais Comissões serão ainda revistas pelas próprias comissões que os produziram e pela Comissão de Constituição e Justiça e de Cidadania (CCJC) antes de sua aprovação pelo Plenário, e subseqüente apreciação do Senado Federal.[19]

3.2 Importante destacar que, pela pertinência temática com o PL n. 29/2007, foram reunidos outros projetos de lei no processo legislativo em curso, especificamente o PL n. 70/2007, do Deputado Nelson Marquezelli (PTB/SP), o Projeto de Lei n. 332/2007, dos Deputados Paulo Teixeira (PT/SP) e Walter Pinheiro (PT/BA) e o Projeto de Lei 1.908/2007, do Deputado João Maia (PR/RN), que tratam da produção, programação e transmissão de conteúdo audiovisual eletrônico por telefonia, internet e outras plataformas de comunicação.[20]

3.3 Em grande medida, tais projetos divergem entre si quanto às abordagens em torno da maior ou menor abertura do setor de comunicação audiovisual eletrônica no mercado brasileiro; emissoras de rádio e TV argumentam que à outorga de concessões para empresas de telefonia e outras provedoras de serviços de internet, cujo controle societário não seja privativo de brasileiros natos ou naturalizados há mais de dez anos, violaria normas constitucionais que limitam a participação de capital estrangeiro no Brasil para o setor da comunicação social (distribuição de informações e programações).[21]

3.4 A Comissão de Desenvolvimento Econômico, Indústria e Comércio (CDEIC) emitiu parecer favorável ao PL n. 29/2007, com o voto do Deputado Wellington Fagundes rejeitando algumas emendas apresentadas na Comissão de Ciência e Tecnologia, Comunicação e Informática (CCTCI) que buscavam estender a regra do *caput* do art. 222 da CF/88, relativa à limitação de participação de capital estrangeiro em estrutura societária de empresas jornalísticas e de radiodifusão, às empresas pro-

19. V. *status* atualizado da tramitação legislativa do PL 29/2007 em *http://www.camara.gov.br/internet/sileg/Prop_Detalhe.asp?id=339998.*

20. Cf. item 2.2 *supra.*

21. Sobre isso, v. reportagem da Agência Câmara, "Projeto assegura a teles o direito de produzir conteúdo", de 4.5.2007, disponível em *http://www2.camara.gov.br/homeagencia/materias.html?pk=102585.*

vedoras de serviços de TV a cabo.[22] Em seu Parecer, a CDEIC justifica os inconvenientes da limitação da participação do capital estrangeiro para as empresas atuantes no segmento de TV a cabo no Brasil, com a equiparação do regime constitucional aplicável às emissoras de rádio e TV aberta e empresas jornalísticas: "Apenas no que se refere às emendas de números 5, 6 e 9 apresentadas na Comissão de Ciência e Tecnologia, Comunicação e Informática, entendemos que a proposta de extensão do limite ao capital estrangeiro constante na Constituição Federal para o setor de radiodifusão às empresas de distribuição de TV por assinatura poderá trazer limites excessivos não apenas ao desenvolvimento do setor, mas restrições à integração das normas que regulam as atividades de telecomunicações, motivo pelo qual somos pela sua rejeição".[23]

3.5 No Substitutivo apresentado pela CDEIC ao PL n. 29/2007, delimita-se o escopo da norma, que seria o de regular a *comunicação audiovisual eletrônica por assinatura*, com exclusão dos serviços de radiodifusão sonora e de sons e imagens e os conteúdos distribuídos por meio da rede mundial de computadores (internet).[24] O texto apresentado define-a como o "complexo de atividades de comunicação que resulta na distribuição, por quaisquer meios eletrônicos, de conteúdo audiovisual eletrônico aos usuários que contrataram serviço audiovisual por assinatura".[25] O art. 2º, inciso VI, do Substitutivo, estabelece os parâmetros para a atuação de empresas provedoras de conteúdo audiovisual eletrônico no Brasil:

> Art. 2º. Para os efeitos desta Lei, considera-se:
>
> (...).
>
> VI – Conteúdo nacional: conteúdo audiovisual eletrônico que atende a um dos seguintes requisitos, observado o disposto no § 1º deste artigo:
>
> a) ser produzido por empresa produtora brasileira registrada na Agência Nacional de Cinema (ANCINE), ser dirigido por diretor brasileiro ou estrangeiro residente no País há mais de 3 (três) anos, e utilizar para sua produção, no mínimo, 2/3 (dois terços) de artistas brasileiros ou residentes no Brasil há mais de 5 (cinco) anos;
>
> b) ser realizado por empresa produtora brasileira registrada na ANCINE, em associação com empresas de outros países com os quais o Brasil mantenha acordo de co-produção cinematográfica e em consonância com os mesmos;
>
> c) ser realizado, em regime de co-produção, por empresa produtora brasileira registrada na ANCINE em associação com empresas de outros países com os quais o Brasil não mantenha acordo de co-produção, assegurada a titularidade de, no mínimo, 40% (quarenta por cento) dos direitos patrimoniais do conteúdo à empresa produtora brasileira, e utilizar para sua produção, no mínimo, 2/3 (dois terços) de artistas brasileiros ou residentes no Brasil há mais de 3 (três) anos.
>
> d) possuir conteúdo audiovisual eletrônico de eventos realizados no território nacional, em especial daqueles que apresentem caráter cultural, artístico, político, esportivo, religioso, científico ou educacional, bem como de eventos, ainda que realizados no exterior, que remetam à cultura ou ciência brasileira e dos quais participem, de forma preponderante, cidadãos brasileiros.

3.6 A noção de "empresa produtora brasileira", provedora/ofertante dos serviços de conteúdo audiovisual eletrônico, é

22. Parecer da Comissão de Desenvolvimento Econômico, Indústria e Comércio no PL n. 29/2007, de 22.11.2007, disponível em *http://www.camara.gov.br/sileg/Prop_Detalhe.asp?id=339998*.

23. Idem, p. 10.

24. Art. 1º do Substitutivo ao PL n. 29/2007, de 22.11.2007.

25. Segundo o art. 2º, inc. III, do Substitutivo, o serviço de comunicação audiovisual eletrônica por assinatura é o "serviço de telecomunicações, de interesse coletivo, prestado no regime privado, de distribuição de conteúdo audiovisual eletrônico, de origem onerosa ou gratuita, cuja recepção é condicionada à contratação prévia".

definida como sociedade constituída sob o direito brasileiro, com sede e administração no Brasil, "cuja maioria dos capitais total e votante seja de titularidade direta ou indireta de brasileiros natos ou naturalizados há mais de 10 (dez) anos, os quais devem exercer de fato e de direito o poder decisório da empresa".[26]

3.7 Posteriormente, na Comissão de Ciência e Tecnologia, Comunicação e Informática, o PL n. 29/2007 recebeu parecer favorável sob o voto do Deputado Jorge Bittar, que também apresentou Substitutivo ao Projeto, consolidando e rejeitando alterações formuladas pelas emendas submetidas às Comissões por outros parlamentares. Em especial, destacam-se as Emendas ns. 5 e 6, do Deputado Gerson Peres, que condicionam as empresas provedoras de serviços de conteúdo eletrônico aos mesmos limites de propriedade impostos às empresas de radiodifusão e restrições à participação de capital estrangeiro nas empresas de telecomunicações.[27]

3.8 As Emendas ns. 7 a 10, de autoria do Deputado Zenaldo Coutinho, por seu turno, sugerem a alteração do art. 1º do PL 29/2007, estabelecendo: (i) inclusão da atividade de distribuição de conteúdo no rol das competências da ANATEL; (ii) quotas de 30% de conteúdo nacional a ser distribuído pelas empresas de telecomunicações; (iii) aplicação extensiva do art. 222, § 1º, da Constituição Federal de 1988, às empresas atuantes na produção, oferta e distribuição de conteúdo eletrônico; e (iv) e fiscalização pelo Poder Público da observância da norma constitucional em questão.

3.9 Partindo-se dessa primeira análise, é possível constatar que um dos pontos mais atacados do Projeto foi justamente aquele da revogação de dispositivos da Lei n. 8.977/1995 (Lei da TV a Cabo), o que resultaria em uma mudança de abordagem no direito brasileiro quanto à participação de capital estrangeiro na estrutura societária das empresas provedoras de serviços de TV a cabo. Ainda que suprimisse os patamares previstos da Lei n. 8.977/1995, o PL n. 29/2007 atribui ao Poder Executivo o poder de restringir tal participação sob o fundamento do *interesse nacional*, suscitando a possibilidade de *controle concreto de negócios societários internacionais* envolvendo a aquisição e incorporação de empresas provedoras de serviços de TV a cabo atuantes no Brasil.[28]

3.10 O Substitutivo apresentado pelo Deputado Jorge Bittar, no Parecer da CCTCI, de 7 de dezembro de 2007, no entanto, buscou oferecer uma composição dos diferentes interesses em disputa no processo legislativo (entre as empresas de telecomunicações e as emissoras de rádio e TV), sobretudo quanto à necessidade de expansão da oferta de conteúdo audiovisual eletrônico, sugerindo uma potencial abertura do setor para a participação estrangeira.[29] O texto produzido complementa a proposta anterior aprovada na CDEIC e propõe "alterar o modelo de negócios do setor e fo-

26. Cf. art. 2º, § 1º, do Substitutivo ao PL n. 29/2007, de 22.11.2007.

27. Parecer da Comissão de Ciência e Tecnologia, Comunicação e Informática sobre o PL 29/2007 e apensados PL 70/2007, do PL 332/2007, e do PL 1908/2007, e das Emendas ns. 1 a 12, de 7.12.2007, disponível em *http://www.camara.gov.br/sileg/Prop_Detalhe.asp?id=339998.*

28. V. item 1.7 supra. V. ainda relato do Deputado Jorge Bittar no Parecer da Comissão de Ciência e Tecnologia, Comunicação e Informática sobre o PL 29/2007, p. 2: "No caso das operadoras do serviço de televisão a cabo, propõe-se revogar o limite ao capital estrangeiro previsto na Lei do Cabo. A proposição dispõe ainda que o controle societário das empresas de TV a cabo deve pertencer a pessoas residentes ou a empresas constituídas no país, embora reserve ao Poder Executivo a possibilidade de estabelecer limites de participação ao capital estrangeiro, como já ocorre para os demais serviços de telecomunicações (inclusive para as demais modalidades de televisão por assinatura), segundo o que dispõe o parágrafo único do art. 18 da LGT".

29. Sobre isso, v. reportagem da Agência Câmara, "Projeto assegura a teles o direito de produzir conteúdo", de 4.5.2007, disponível em *http://www2.camara.gov.br/homeagencia/materias.html?pk= 102585.*

mentar a produção de audiovisual no País, propiciando a circulação de conteúdo nacional". Segundo o Parecer, a entrada de novas empresas no segmento de comunicação audiovisual eletrônica justificaria maior "competição entre os distribuidores de conteúdo, forçando queda nos preços e aumento da base de assinantes".[30]

3.11 Quanto aos limites de participação estrangeira no capital das empresas provedoras de conteúdo audiovisual eletrônico, o Substitutivo ao PL n. 29/2007 proposto pela CCTCI apresenta algumas regras especiais. Em caso de empresas de telecomunicações que se interconectem à rede pública de telefonia pública, o Substitutivo veda a participação representativa da maioria do capital votante de empresas de produção e de programação, e vice-versa. Para serem consideradas "produtoras brasileiras" ou "programadoras brasileiras", a maioria do capital votante dessas empresas deverá ser de titularidade de brasileiros, resguardados os direitos de empresas estrangeiras de exercerem atividades de produção e programação. A gestão de programadoras e empacotadoras deveria ser atribuída a brasileiros; no caso de produtoras, essa gestão é livre.

30. Parecer da Comissão de Ciência e Tecnologia, Comunicação e Informática sobre o PL 29/2007, cit., pp. 15-16: "O Substitutivo proposto, ao mesmo tempo que visa preencher as lacunas legais existentes e eliminar as assimetrias regulatórias entre prestadoras que empregam tecnologias distintas, também busca alterar o modelo de negócios do setor e fomentar a produção de audiovisual no País, propiciando a circulação de conteúdo nacional. Dessa forma, entende-se que haverá maior competição entre os distribuidores de conteúdo, forçando queda nos preços e aumento da base de assinantes. Essa lógica da introdução da competição, presentes tanto nesta proposta quanto na do Deputado Wellington Fagundes, e hoje tênue no segmento de televisão por assinatura, é semelhante à realizada quando da introdução da Lei Geral das Comunicações, em 1997. Como resultado daquela abertura, houve significativa expansão do setor das telecomunicações no País, o que se espera que também acontecerá para a atividade de televisão paga, não só no que tange à distribuição de sinais, mas também na produção de conteúdo audiovisual".

3.12 A definição atribuída à "produtora nacional", segundo o texto do Substitutivo ao PL n. 29/2007 consolidado pela CCTCI (cf. art. 2º, XV), diz respeito à pessoa natural de nacionalidade brasileira (nato ou naturalizado há mais de dez anos) ou empresa que produza conteúdo audiovisual eletrônico reunindo as seguintes condições, cumulativamente: a) ser constituída sob as leis brasileiras; b) ter sede e administração no País; c) a maioria do capital votante deve ter titularidade, direta ou indireta, de brasileiros natos ou naturalizados há mais de 10 (dez) anos; d) a gestão das atividades da empresa, a responsabilidade editorial e a seleção e direção dos conteúdos produzidos são privativas de brasileiros natos ou naturalizados há mais de 10 (dez) anos. O Substitutivo ainda estabelece, em relação à produção, programação e empacotamento de conteúdo audiovisual, que tais atividades sejam "livres para empresas constituídas sob as leis brasileiras e com sede e administração no País", observadas as restrições legais.

3.13 Especificamente quanto à distribuição de conteúdo pelas prestadoras do serviço de acesso condicionado, o art. 23 do Substitutivo estabelece: "A atividade de distribuição é livre para empresas constituídas sob as leis brasileiras, com sede e administração no País, observadas as restrições previstas nesta Lei e na Lei n. 9.472, de 16 de julho de 1997". Com isso, submete-se também a atividade de distribuição à competência de regulação da ANATEL. O Parecer da CCTCI enfatiza o objetivo do Substitutivo proposto para o PL 29/2007 de estimular e acelerar a migração das atuais concessionárias de TV a Cabo (TVC) e do Serviço Especial de Televisão por Assinatura (TVA) para a prestação do Serviço de Acesso Condicionado.[31] Essa modalidade de serviço, no campo das comunicações sociais eletrônicas, é definida como o "serviço de telecomuni-

31. Idem, p. 22.

cações de interesse coletivo, prestado no regime privado, de distribuição de conteúdo audiovisual eletrônico através de tecnologias, processos, meios eletrônicos e protocolos de comunicação quaisquer, nas modalidades linear e não linear, cuja recepção é condicionada à contratação remunerada prévia por assinantes".[32]

3.14 *Implicações do PL n. 29/2007 sobre a Lei da TV a Cabo de 1995*. A Lei n. 8.977/1995 já flexibilizava os limites de participação do capital estrangeiro na estrutura societária das empresas provedoras de serviços de TV a cabo, para além daquela norma geral contida no art. 86 da Lei Geral de Telecomunicações (Lei n. 9.472, de 16 de julho de 1996), que estabelece que "a concessão somente poderá ser outorgada a empresa constituída segundo as leis brasileiras, com sede e administração no País, criada para explorar exclusivamente os serviços de telecomunicações objeto da concessão".[33]

3.15 Como observado no item 2, o texto original do PL n. 29/2008 prevê a revogação expressa de dispositivos da Lei brasileira de TV a Cabo de 1995, sobretudo quanto à supressão do limite de 51% de participação detida por brasileiros natos ou naturalizados há mais de dez anos. Assim, ele parece criar um *regime ou tratamento específico* (quando não "preferencial") para determinadas empresas atuantes nos segmentos de serviços de comunicação social eletrônica, quando sejam empresas provedoras de serviços de TV por assinatura, de Distribuição de Sinais de Televisão e de Áudio por Assinatura via Satélite (DTH); Serviço de Distribuição de Sinais Multiponto Multicanal (MMDS); Serviço de Comunicação Multimídia (SCM) e Serviço Móvel Pessoal. Esse regime seria distinto daquele dispensado para empresas jornalísticas e de radiodifusão, que continuariam – na visão do PL n. 29/2007 – submetidas à limitação fixada no art. 222, *caput*, da Constituição Federal de 2008.

3.16 Os Substitutivos ao Projeto introduzem, no entanto, um modelo mais restritivo do que aquele adotado em seu texto original, retomando a própria lógica da Lei de TV a Cabo para as participações de capital estrangeiro em empresas atuantes nesse segmento no Brasil. O último Substitutivo apresentado pela CCTCI estabelece que a oferta de serviços audiovisuais eletrônicos seja feita por "produtoras nacionais", i.e, empresas constituídas sob as leis brasileiras, com sede e administração no País, e com "maioria do capital votante de titularidade, direta ou indireta, de brasileiros natos ou naturalizados há mais de 10 (dez) anos", nas quais a gestão das atividades, a responsabilidade editorial e a seleção e direção dos conteúdos produzidos sejam "privativas de brasileiros natos ou naturalizados há mais de 10 (dez) anos" (cf. art. 2º, XV).[34]

3.17 É importante destacar que a matéria da "comunicação social", ao ser diretamente disciplina pela Constituição Federal de 1988 (arts. 220 a 224), pode ser objeto de questionamento na análise levada a cabo pela Comissão de Constituição, Justiça e Cidadania ou mesmo nas Comissões do Senado Federal. E dentre tantos pontos polêmicos do PL n. 29/2007 estaria justamente a questão de saber se a norma constitucional relativa à limitação de participa-

32. Cf. art. 2º, inc. XX, do Substitutivo ao PL n. 29, de 22.11.2007.

33. Vale ressaltar que a LGT confere poderes para o Executivo brasileiro limitar a participação de capital estrangeiro na estrutura societária de empresas provedoras de serviços de telecomunicações (art. 18, parágrafo único: "O Poder Executivo, levando em conta os interesses do País no contexto de suas relações com os demais países, poderá estabelecer limites à participação estrangeira no capital de prestadora de serviços de telecomunicações").

34. O art. 34 do Substitutivo ao PL n. 29/2007, de 22.11.2007, prevê a revogação da Lei n. 8.977, de 6.1.1995, e o art. 212, da Lei n. 9.472, de 16.7.1997 ("Art. 212. O serviço de TV a Cabo, inclusive quanto aos atos, condições e procedimentos de outorga, continuará regido pela Lei n. 8.977, de 6.1.1995, ficando transferidas à Agência as competências atribuídas pela referida Lei ao Poder Executivo").

ção de capital estrangeiro em empresas jornalísticas e de radiodifusão sonora e de sons e imagens também seria aplicável aos demais segmentos das comunicações audiovisuais eletrônicas ou comunicações sociais eletrônicas.

3.18 Os diferentes projetos apensados ao PL n.29/2007 e as emendas já apresentadas durante o processo legislativo em curso exprimem muito bem esse dado contextual. Considerando, ainda, os diferentes interesses envolvidos na abertura dos setores de comunicação social eletrônica e a resistência das emissoras de TV e de rádio no país, é bem provável que certas entidades legitimadas apresentem ações de inconstitucionalidade assim que a lei entre em vigor.

### *4. Regime de participação de capital estrangeiro em empresas jornalísticas e de radiodifusão no direito brasileiro*

4.1 O art. 222 da Constituição Federal de 1988 estabelece limitações normativas à participação de capital estrangeiro na estrutura societária de empresas atuantes nos segmentos de jornalismo e de radiodifusão, que o diploma constitucional brasileiro inclui no rol das instituições da denominada "*Comunicação Social*" (Capítulo V do Título VIII sobre a Ordem Social). De acordo com o modelo estabelecido desde a Constituição de 1934 (e mantido em sua generalidade nas Constituições de 1937, 1946, 1967, 1969 e 1988), a proibição refere-se amplamente à titularidade de ações ou quotas por pessoas naturais ou jurídicas estrangeiras sobre o capital social de "empresas jornalísticas e noticiosas", ou "empresas jornalísticas ou de radiodifusão sonora e de sons e imagens", que deve ser exclusivamente atribuída a brasileiros natos ou naturalizados há mais de dez anos.[35]

4.2 A Emenda Constitucional n. 36, de 28 de maio de 2002, alterou a norma contida no art. 222 da Constituição de 1988, estabelecendo justamente a possibilidade de participação do capital estrangeiro em um limite de 30% sobre o capital de empresas brasileiras jornalísticas ou de radiodifusão. A medida parece ter sido a resposta parlamentar brasileira às demandas de financiamento externo de muitas empresas atuantes nos segmentos de radiodifusão e jornalismo, como emissoras de TV e rádio e jornais de grande circulação no território nacional. A reforma do dispositivo, sobretudo em seu *caput*, inclui a expressão "pessoas jurídicas constituídas sob as leis brasileiras e que tenham sede no Brasil" na lista dos potenciais titulares da propriedade acionária de empresas dessa natureza.[36] O § 1º do art. 222, por sua vez, fixa justamente um patamar mínimo obrigatório de participação societária para brasileiros natos ou naturalizados, que devem deter, direta ou indiretamente, 70% (setenta por cento) do capital social de empresas jornalísticas ou de radiodifusão.[37]

4.3 Posteriormente, a promulgação da Lei n. 10.610, de 20 de dezembro de 2002, buscou regulamentar o regime de participação de capital estrangeiro em empresas de jornalismo e de radiodifusão no direito brasileiro,[38] adotando expressamente o pa-

35. Cf. J. A. Silva, *Curso de Direito Constitucional Positivo*, cit., p. 339; C. R. Bastos e I. G. Martins, *Comentários a Constituição do Brasil*, cit., pp. 854 e ss.

36. "A propriedade de empresa jornalística e de radiodifusão sonora e de sons e imagens é privativa de brasileiros natos ou naturalizados há mais de dez anos, ou de pessoas jurídicas constituídas sob as leis brasileiras e que tenham sede no País."

37. Art. 2º, da Lei 10.610/2002: "A participação de estrangeiros ou de brasileiros naturalizados há menos de dez anos no capital social de empresas jornalísticas e de radiodifusão não poderá exceder a trinta por cento do capital total e do capital votante dessas empresas e somente se dará de forma indireta, por intermédio de pessoa jurídica constituída sob as leis brasileiras e que tenha sede no País". A esse respeito, v., ainda, as anotações do Prof. J. Dolinger, *Direito Internacional Privado*, Parte Geral, 7ª ed., Rio de Janeiro, Renovar, 2003, pp. 510 e ss.

38. A Lei 10.610/2002 é resultado da conversão da Medida Provisória n. 70, de 1º.10.2002, com base na competência reservada pelo art. 222, § 4º,

tamar máximo de 30% (trinta por cento) do capital total e capital votante como limite para aquisição de propriedade acionária por *estrangeiros e brasileiros não naturalizados há menos de dez anos* e unicamente sob a *forma indireta*, i.e, mediante pessoa jurídica constituída sob as leis brasileiras e com sede no Brasil. A Lei n. 10.610/2002 prevê, assim, a participação de capital estrangeiro nas empresas jornalísticas e de radiodifusão por intermédio de participação societária detida por empresa brasileira, em referência mediata, inclusive, à disciplina da Lei brasileira de Sociedade por Ações (Lei n. 6.404/1976).[39]

4.4 Outras regras importantes foram estabelecidas pela Lei n. 10.610/2002, dentre as quais se destacam aquelas concernentes à obrigação de notificação ao Congresso Nacional de alterações de controle societário (art. 3º); obrigação de apresentação, pelas empresas jornalísticas, de declaração relativa à composição do capital social aos órgãos de registro comercial ou de registro civil das pessoas jurídicas, inclusive a nomeação dos brasileiros natos ou naturalizados há mais de dez anos que sejam titulares, direta ou indiretamente, de pelo menos 70% do capital social e do capital votante (art. 4º); proibição de registro ou arquivamento dos atos constitutivos ou quaisquer atos societários de tais empresas pelos órgãos de registro comercial ou de registro civil de pessoas jurídicas, bem como nulidade de atos registrais ou de arquivamento praticados em violação ao limite máximo de 30% para participação de capital estrangeiro (art. 5º); e nulidade de negócios societários celebrados por acionistas ou quotistas, ou quaisquer outros negócios contratuais praticados em violação do patamar máximo de participação do capital estrangeiro nas empresas jornalísticas e de radiodifusão (art. 6º), incluindo aqueles que confiram ou visem conferir "aos sócios estrangeiros ou brasileiros naturalizados há menos de dez anos a responsabilidade editorial, seleção e direção da programação veiculada e a gestão de atividades" das empresas desses setores da comunicação social.[40]

4.5 No caso brasileiro, importante destacar, os órgãos com competência para o registro de comércio em território nacional também estão vinculados ao *controle concreto de atos societários* envolvendo a participação de pessoas naturais e jurídicas estrangeiras que sejam objeto de pedidos de arquivamento formulados pelas sociedades empresárias. Segundo a Instrução Normativa n. 76, de 28 de dezembro de 1998,[41] do Departamento Nacional de Registro de Comércio (DNRC), as juntas comerciais deverão verificar se as atividades

da Constituição de 1988, que prevê a necessidade de lei infraconstitucional específica para regulamentar participação de capital estrangeiro nas empresas jornalísticas e de radiodifusão sonora e de sons e imagens.

39. Cf. fundamentalmente art. 300, da Lei 6.404/1976, que expressamente ressalva a vigência da norma geral contida no art. 60 do Decreto-lei 2.627, de 26.9.1940 ("São nacionais as sociedades organizadas na conformidade da lei brasileira e que têm no país a sede de sua administração"). Sobre a questão da atuação da pessoa jurídica de direito estrangeiro no Brasil, cf. M. Basso e F. Polido, "Comentários aos arts. 7º a 19 da Lei de Introdução ao Código Civil de 1942", in R. Lotufo e G. E. Nanni (orgs.), *Teoria Geral do Direito Civil*, São Paulo, Atlas, 2008, pp. 114-185.

40. "Art. 6º. Será nulo de pleno direito qualquer acordo entre sócios, acionistas ou cotistas, ou qualquer ato, contrato ou outra forma de avença que, direta ou indiretamente, confira ou objetive conferir, a estrangeiros ou a brasileiros naturalizados há menos de dez anos, participação no capital total e no capital votante de empresas jornalísticas e de radiodifusão, em percentual acima do previsto no art. 2º, ou que tenha por objeto o estabelecimento, de direito ou de fato, de igualdade ou superioridade de poderes desses sócios em relação aos sócios brasileiros natos ou naturalizados há mais de dez anos. § 1º. Será também nulo qualquer acordo, ato, contrato ou outra forma de avença que, direta ou indiretamente, de direito ou de fato, confira ou objetive conferir aos sócios estrangeiros ou brasileiros naturalizados há menos de dez anos a responsabilidade editorial, a seleção e direção da programação veiculada e a gestão das atividades das empresas referidas neste artigo."

41. Disponível em *http://www.dnrc.gov.br/Legislacao/normativa/in76.htm* (último acesso em 31.3.2008).

das empresas requerentes não se incluem nas limitações e impedimentos legais à participação de capital estrangeiro; entre elas destacam-se as sociedades empresárias cujos objetos sejam: (i) assistência à saúde, (ii) navegação de cabotagem, (iii) atividade jornalística e de radiodifusão de sons e imagens, (iv) serviço de TV a cabo, (v) mineração e energia hidráulica, (vi) transportes rodoviários de carga, (vii) aviação civil e (viii) empresas em faixa de fronteira.[42]

4.6 Essas limitações recaem concretamente sobre a atuação de pessoas naturais e jurídicas estrangeiras no território brasileiro, sobretudo quanto à realização de atividades empresárias que, em principio, guardariam relação com um estrito interesse nacional. O contexto atual de abertura do segmento de comunicação social eletrônica nos países, no entanto, tem reclamado muito mais a possibilidade de elevação dos fluxos de investimentos estrangeiros, sobretudo nas áreas de produção de conteúdo, publicidade, recursos de mídia, além de ampliação de novas linhas de financiamento para empresas e concorrência entre os agentes econômicos nos mercados. Essa realidade exige, portanto, uma mudança de abordagem na própria concepção normativa em torno da regulamentação da participação do capital estrangeiro em empresas de comunicação social eletrônica – hoje em evidente anacronismo em relação ao tratamento jurídico dispensado às empresas de radiodifusão e jornalísticas.

## 5. *Interpretação extensiva e aplicação do Estatuto da Igualdade entre Portugal e Brasil ao regime de participação societária por portugueses em empresas jornalísticas e de radiodifusão*

5.1 A Convenção sobre Igualdade de Direitos e Deveres entre brasileiros e portugueses, de 7 de setembro de 1971, concluída entre Brasil e Portugal, também conhecida como "Estatuto da Igualdade", é um tratado bilateral destinado à criação de normas e princípios relativos à assimilação ou equiparação de direitos e obrigações civis e exercício de direitos políticos entre nacionais brasileiros e portugueses.[43-44] Em 22 de abril de 2000, os países adotaram o Tratado de Amizade, Cooperação e Consulta, celebrado em Porto Seguro[45] expressamente revogando o Estatuto de 1971. O Tratado de 2000 prevê uma seção específica sobre a disciplina da assimilação de direitos entre brasileiros e portugueses, em seus arts. 12 a 22, em que são estabelecidas as condições de reconhecimento e aquisição de direitos civis e políticos por nacionais brasileiros e portugueses.[46]

42. Cf. Anexo à Instrução Normativa n. 76, de 28.12.1998.

43. A Convenção sobre a Igualdade de 1972 foi incorporada ao ordenamento jurídico brasileiro pelo Decreto n. 70.391, de 12.4.1972, e entrou em vigor em 22.4.1972. Texto integral disponível em *http://www.planalto.gov.br/ccivil/decreto/D70391.htm* (último acesso em 31.3.2008).

44. Cf., igualmente, art. 199 da Emenda Constitucional n. 1/1969, que estabelece que com exceção dos cargos públicos privativos de brasileiros natos (parágrafo único do art. 145 da Emenda), as "pessoas naturais de nacionalidade portuguesa não sofrerão qualquer restrição em virtude da condição de nascimento, se admitida a reciprocidade em favor de brasileiros".

45. Incorporado ao ordenamento brasileiro pelo Decreto n. 3.927, de 19.9.2001. Disponível em *http://www2.mre.gov.br/dai/b_port_139_3927.htm* (último acesso em 31.3.2008). V., ainda, art. 78, letra "f", do Tratado de Amizade de 2000: "Art. 78. O presente Tratado revoga ou ab-roga os seguintes instrumentos jurídicos bilaterais: (...); f) Convenção sobre Igualdade de Direitos e Deveres entre Brasileiros e Portugueses, celebrada em Brasília, aos 7 dias do mês de setembro de 1971".

46. O Tratado de Amizade, Cooperação e Consulta de 2000 recepciona normas internacionais já contidas em tratados bilaterais entre Brasil e Portugal pré-existentes, dentre os quais se destacam: o Acordo entre os Estados Unidos do Brasil e Portugal para supressão de vistos e passaportes diplomáticos especiais, celebrado em Lisboa, em 15.10.1951; Tratado de Amizade e Consulta entre o Brasil e Portugal, concluído no Rio de Janeiro, em 16.11.1953; Acordo sobre vistos e passaportes comuns entre o Brasil e Portugal, concluído em Lis-

5.2 Esse regime, importante destacar, compatibiliza-se com a *cláusula constitucional da assimilação de direitos* entre portugueses e brasileiros, prevista no art. 12, § 1º, da Constituição de 1988,[47] cujo conteúdo normativo está fundado no desenvolvimento histórico sistemático do constitucionalismo interno. A promulgação da primeira Constituição brasileira em 1824 concebeu a criação de um regime jurídico privilegiado para tratamento dos nacionais portugueses em território nacional. O próprio cidadão nascido em Portugal que não fosse opositor à Independência era considerado brasileiro nato.[48] Após a proclamação da República, a Constituição de 1891 estendeu a nacionalização automática para portugueses, de acordo com a regra contida em seu art. 69. Segundo o dispositivo, são cidadãos brasileiros "os estrangeiros que, achando-se no Brasil aos 15 de novembro de 1889, não declararem, dentro de seis meses depois de entrar em vigor a Constituição, o ânimo de conservar a nacionalidade de origem", bem como "os estrangeiros que possuírem bens imóveis no Brasil, e forem casados com brasileiras ou tiverem filhos brasileiros, contanto que residam no Brasil, salvo se manifestarem a intenção de não mudar de nacionalidade".[49]

5.3 Do ponto de vista da normativa constitucional, o art. 12, § 1º, da Constituição de 1988, delimita justamente a *condição jurídica do estrangeiro* português no Brasil relativamente ao tratamento que é dispensado a *brasileiros naturalizados*. O dispositivo assegura um *status* "privilegiado", pois permite que o português, que tenha residência permanente no Brasil (quando exista reciprocidade em favor dos brasileiros em Portugal), usufrua de todos os direitos conferidos aos brasileiros naturalizados, sem perder sua nacionalidade de origem.[50]

5.4 Entre as principais normas do Tratado de Amizade, Cooperação e Consulta de 2000, destacam-se aquelas destinadas a regular as relações de cooperação no campo da política e esquemas básicos de consulta entre as Partes; cooperação cultural, científica e tecnológica, com previsão sobre a concessão anual de bolsas de estudo para os cidadãos dos países; cooperação nas áreas de ensino e pesquisa; reconhecimento de títulos universitários; meio ambiente e ordenamento do território; segurança social; administração da justiça; práticas consulares. No que concerne ao Estatuto de Igualdade, especificamente, brasileiros e portugueses beneficiários podem exercer os mesmos direitos e serão desti-

boa, em 9.8.1960; Acordo Cultural entre o Brasil e Portugal, celebrado em Lisboa, em 7.9.1966; Protocolo Adicional ao Acordo cultural, de 7.9.1966, celebrado em Lisboa, em 22.4.1971; a Convenção de Igualdade de Direitos e Deveres entre brasileiros e portugueses, de 7.9.1971; Acordo entre Brasil e Portugal para Abolição do Pagamento de Taxa de Residência pelos nacionais de cada um dos países residentes no território do outro, celebrado em Brasília, em 17.7.1979; Acordo Quadro de Cooperação entre o Governo da República Federativa do Brasil e o Governo da República portuguesa, celebrado em Brasília, em 7.5.1991; e Acordo Cooperação entre o Governo da República Federativa do Brasil e o Governo da República portuguesa relativo à isenção de vistos, concluído em Brasília, em 15.4.1996.

47. "Aos portugueses com residência permanente no País, se houver reciprocidade em favor dos brasileiros, serão atribuídos os direitos inerentes ao brasileiro nato, salvo os casos previstos nesta Constituição."

48. O art. 6º, inc. IV, da Constituição de 1824, estabelecia: "Todos os nascidos em Portugal, e suas Possessões, que sendo já residentes no Brasil na época em que se proclamou a Independência nas Províncias, onde habitavam, aderiram a esta, expressa ou tacitamente, pela continuação da sua residência".

49. A Constituição de 1946 assegurava condição jurídica especial às pessoas de nacionalidade portuguesa em seu art. 129, IV, considerando brasileiros "os naturalizados pela forma que a lei estabelecer, exigidas aos portugueses apenas residência no país por um ano ininterrupto, idoneidade moral e sanidade física". A regra assegurando o benefício de assimilação aos nacionais portugueses foi mantida pela Constituição de 1967, seguida pela Emenda de 1969, com distinção entre brasileiros natos e naturalizados (art. 145, inc. II, alínea "b", 3).

50. Sobre isso, v. anotações de C. R. Bastos e I. G. Martins, *Comentários a Constituição do Brasil*, cit., pp. 558 e ss.

natários dos mesmos deveres dos nacionais dos Estados.

5.5 Especificamente quanto ao tratamento dispensado aos portugueses no Brasil, o Decreto n. 70.436, de 18 de abril de 1972, que regulamenta a aquisição dos direitos e obrigações previstos no Estatuto da Igualdade de 1971 prevê a equiparação de direitos e obrigações civis entre brasileiros e portugueses, com a observância de determinados requisitos pela parte requerente, que deve ter: (i) capacidade civil regulada de acordo com a lei brasileira; (ii) residência permanente no território nacional; e (iii) nacionalidade portuguesa.[51]

5.6 Os pedidos de reconhecimento de igualdade ou assimilação de direitos civis pelos cidadãos portugueses devem ser apresentados ao Ministério da Justiça brasileiro, que se manifestará mediante decisão após análise do Diretor de seu Departamento de Justiça.[52] Eles são inicialmente processados pela Polícia Federal, a qual se encontra submetida diretamente à esfera de competências do Ministério. O Tratado de Amizade, Cooperação e Consulta de 2000 também prevê que o estatuto de igualdade seja "atribuído mediante decisão do Ministério da Justiça, no Brasil, e do Ministério da Administração Interna, em Portugal, aos brasileiros e portugueses que o requeiram, desde que civilmente capazes e com residência habitual no país em que ele é requerido" (art. 15).

5.7 A decisão do Ministério da Justiça produz efeitos aquisitivos para a parte requerente, de nacionalidade portuguesa, relativamente à igualdade ou equiparação de direitos civis. Isso se aplica, inclusive, ao exercício de "direitos e obrigações na ordem econômica e social". O art. 14, *caput*, do Decreto n. 70.436/1972, prevê expressamente o exercício de direitos civis e também aqueles relativos ao "comércio, indústria, a agricultura e o magistério em qualquer grau" por qualquer cidadão português que tenha se habilitado de acordo com o procedimento estabelecido nos arts. 2º e ss. do mesmo diploma normativo.

5.8 Segundo a classificação que admite a Constituição de 1988, em seu art. 12, § 1º, o português *equiparado* ou *assimilado* ao brasileiro nato não se confunde com o português naturalizado, pois mantém aquele nacionalidade portuguesa concomitantemente com certas prerrogativas destinadas apenas a nacionalidade brasileira. Segundo a doutrina, trata-se da atribuição de efeitos constitucionais à nacionalidade portuguesa no ordenamento doméstico brasileiro, como resultado da unidade e fraternidade que cimentam a criação da comunidade luso-brasileira.[53]

5.9 Sob tais condições, como previstas no antigo Estatuto da Igualdade de 1971, o português assimilado ou equiparado também poderia ser "proprietário de empresas jornalísticas de qualquer espécie, inclusive de televisão e de radiodifusão, ou acionista de sociedade anônima proprietária dessas empresas".[54] A única proibição recairia especificamente sobre "a responsabilidade e orientação intelectual e administrativa" de tais empresas, que não podem ser atribuídas a portugueses no Brasil.[55]

5.10 Considerando a recepção das normas do Estatuto da Igualdade de 1971 pelo Tratado de Amizade, Cooperação e

51. Cf. art. 2º do Decreto n. 70.436, de 18.4.1972, que regulamenta a aquisição pelos portugueses, no Brasil, dos direitos e obrigações previstos no Estatuto da Igualdade. Disponível em *http://www.planalto.gov.br/ccivil/decreto/Antigos/D70436.htm*.

52. Cf. arts. 7º e 8º do Decreto n. 70.436, de 18.4.1972.

53. V., p. ex., C. R. Bastos e I. G. Martins, *Comentários a Constituição do Brasil*, cit., p. 860.

54. Art. 14, § 1º, inc. I, do Decreto n. 70.436/1972.

55. Cf. art. 14, § 2º, do Decreto n. 70.436/1972. A mesma regra é aplicável extensivamente (e por referência expressa) pelo Anexo da Instrução Normativa n. 76/1998 do Departamento Nacional de Registro do Comércio, que dispõe sobre o arquivamento de atos de empresas mercantis ou de cooperativas em que participem estrangeiros residentes e domiciliados no Brasil (cf. nota 42 *supra*).

Consulta de 2000, os procedimentos parecem estar consolidados sob um único tratamento que agora é dispensado aos pedidos de igualdade ou assimilação a serem processados pelo Ministério da Justiça brasileiro. Embora o Tratado de 2000 não tenha aprofundado uma disciplina comum de proteção de direitos fundamentais nas relações internacionais entre Portugal e Brasil,[56] o regime de igualdade é um dos capítulos mais importantes do tratado e que repousa, especialmente, no aprofundamento de uma *identidade cultural* para a criação de uma autêntica comunidade luso-brasileira.

5.11 Por outro lado, quanto ao amplo conjunto de direitos e obrigações civis entre brasileiros e portugueses, seria difícil estabelecer uma interpretação extensiva das normas do Estatuto da Igualdade à disciplina jurídica relativa à participação de capital estrangeiro em empresas jornalísticas e de radiodifusão no Brasil, sobretudo à luz do que dispõe o vigente art. 222 da Constituição Federal de 1988. Assim, em uma abordagem mais conservadora, a legitimação de portugueses dependeria, em larga medida, da observância dos requisitos constitucionais – e dentre eles, o processo de naturalização, com período mínimo de 10 anos, e a alternativa de aquisição de participação societária no limite de 30% do capital total e capital votante das empresas jornalísticas e de radiodifusão no Brasil.

5.12 Subsistiria, no entanto, uma lacuna evidente na regulação da participação de pessoas estrangeiras em sociedades atuantes no segmento de comunicação social eletrônica, as quais, por analogia não poderiam ser simplesmente equiparadas àquela categoria de empresas especificadas no art. 222 da Constituição de 1988, sobretudo porque o alcance da norma constitucional, nesse caso, deve ser concebido em seu escopo restritivo e não ampliativo.

## *6. Conclusões*

6.1 O direito brasileiro oferece significativas limitações à participação de capital estrangeiro em empresas atuantes nos segmentos jornalísticos, de radiodifusão sonora e de sons e imagens e de TV por assinatura, em diferentes níveis. A Lei n. 10.610/2002 especifica o patamar máximo de participação societária relevante nas empresas jornalísticas e de radiodifusão detida por estrangeiros ou brasileiros naturalizados há menos de dez anos, que não pode exceder 30% do capital total e do capital votante – titularidade que se exerce indiretamente por intermédio "de pessoa jurídica constituída sob as leis brasileiras e com sede no território nacional".

6.2 Para as empresas provedoras de serviços de TV a Cabo, a Lei 8.977, de 6 de janeiro de 1995, fixa justamente o mínimo de 51% de participação societária relevante para brasileiros natos e naturalizados há mais de dez anos, ou por sociedades empresárias sediadas em território nacional e constituída sob as leis brasileiras, cujo controle pertença a brasileiros natos ou naturalizados.[57] Para participação de capital estrangeiro nessas empresas, portanto, é permitida a participação de 49% no capital social e capital votante.

6.3 A aprovação do PL n. 29/2007 encontra dificuldades concretas em sua tramitação atual, sobretudo pelo número de emendas apresentadas nas Comissões permanentes da Câmara dos Deputados para alteração dos substitutivos já propostos ao texto original do projeto. Enquanto ele veicule matérias diretamente endereçadas pela

56. Sobre isso, v. critica pontual do Prof. J. O. Ascensão, "Direitos humanos: uma lacuna no Tratado de Amizade Luso-brasileiro", in *Revista da Faculdade de Direito da Universidade de Lisboa*, vol. 43, n. 1, 2002, pp. 27 ss. (assim observando: "Seria uma tarefa ociosa estar a acrescentar, a tantas listas de direitos humanos, uma nova, que só criaria problemas de acomodação em relação aos elencos preexistentes").

57. Cf. nota 1 *supra*.

Constituição Federal de 1988 (especificamente aquelas constantes do capítulo "Da Comunicação Social"), existe probabilidade de questionamento de sua validade em sede de controle concentrado de constitucionalidade perante o Supremo Tribunal Federal.

6.4 Se o PL n. 29/2007 for aprovado nas duas Casas e sancionado e promulgado pelo Presidente em sua versão original, as limitações estabelecidas na Lei da TV a Cabo de 1995 serão suprimidas, já que o projeto propõe a revogação deste diploma normativo. E a concessão, permissão e autorização para a exploração de serviços de telecomunicações – nos quais está incluída a TV por assinatura –, poderá ser outorgada a "empresas constituídas sob as leis brasileiras e com sede e administração no País", sem qualquer especificação quanto à composição do capital social.

6.5 Por outro lado, o PL reitera a limitação imposta pelo art. 222, *caput*, da CF/1988, para "empresas de radiodifusão sonora e de radiodifusão de sons e imagens" (art. 8º, § 1º). Ressalta-se, ainda, que a participação de capital estrangeiro, em todos os casos, ficará a critério do Poder Executivo, conforme previsão do art. 8º, § 4º, do Projeto. Em caso de aprovação dos últimos substitutivos apresentados pela CCTCI, permanecerá o limite vigente nos moldes do art. 222 da CF/1988 (fixado em 30%) para a participação de capital estrangeiro nas empresas provedoras de serviços de comunicação social eletrônica (dentre as quais se incluem as empresas de radiodifusão e TV a cabo).

# CONSIDERAÇÕES ACERCA DO RATEIO INTERNACIONAL DE CUSTOS E DESPESAS

Renato Nunes

*1. Introdução. 2. Sobre o contrato de rateio de custos e despesas: 2.1 Inexistência de preço no contrato de rateio; 2.2 Contraponto entre contrato de rateio e negócios com causa semelhante – Sociedade e consórcio; 2.3 Contraponto entre contrato de rateio e negócios com forma de operacionalização semelhante – Mandato e comissão. 3. Objeto possível do contrato de compartilhamento: 3.1 Custo e despesa; 3.2 Espécie de custo e despesa que pode ser objeto de contrato de rateio. 4. Partes possíveis do contrato de rateio. 5. Métodos de rateio. 6. Efeitos patrimoniais decorrentes do rateio de custos e despesas.*

## *1. Introdução*

O rateio de custos e despesas entre pessoas que tenham interesses comuns é prática que vem ganhando cada vez mais adeptos, tendo em vista constituir eficiente ferramenta para a melhora de resultados.

No caso de empresas, é imperativo a busca incessante de eficiência na gestão de custos e despesas, porquanto a geração de lucro é ainda o principal componente de sua função social, já que fundamento último para o desempenho da atividade econômica.[1]

O rateio evita que se incorra em custos e despesas além do que efetivamente a empresa necessita, contribuindo para o aumento da lucratividade e da própria qualidade da atividade, bem ou direito compartilhado, já que acaba merecendo maior atenção, tendo em vista a existência de uma pluralidade de empresas interessadas.

Não é de hoje que legislador, doutrina e jurisprudência se ocupam do tema, tendo havido bastante evolução no seu trato. Contudo, o rateio acompanha o dinamismo da atividade econômica, o que faz com que sejam incessantes as questões que cercam o assunto, notadamente quando cuidamos de negócios praticados entre empresas sujeitas a jurisdições distintas.

Tradicionalmente relacionado ao desenvolvimento de tecnologia e de atividades de meio para as empresas contratantes do rateio (serviços jurídicos, contábeis, *marketing* etc.), seu âmbito de aplicação vem se revelando cada vez mais amplo.

Em vista disso, nada obstante a existência de farta jurisprudência administrativa, doutrina nacional e estrangeira de inegável qualidade, cremos importante manter aceso o debate sobre o assunto, o que faremos com maior afinco quanto ao rateio *internacional* de custos e despesas.

1. "Mas o objetivo específico do contrato de sociedade é, sempre, a produção e partilha de lucros entre os sócios; ou melhor, a distribuição dos lucros sociais" (Fábio Konder Comparato, "O direito ao lucro nos contratos sociais", *Direito Empresarial: Estudos e Pareceres*, São Paulo, Saraiva, 1995, p. 151).

## 2. *Sobre o contrato de rateio de custos e despesas*

O negócio jurídico de rateio de custos e despesas não encontra regulação legal específica no Direito brasileiro, tendo uma de suas modalidades, o compartilhamento de custos com pesquisa e desenvolvimento de novas tecnologias entre empresas localizadas no Brasil ou neste país e em outros, sido tratado administrativamente pelo Instituto Nacional de Propriedade Intelectual (INPI).[2]

Podemos mencionar também como exemplo a regulação do negócio jurídico de rateio em sede administrativa, promovido pela Agência Nacional de Telecomunicações (ANATEL),[3] relativamente ao compartilhamento de infra-estrutura entre as empresas prestadoras de serviços de telecomunicação.

Nesta esteira, o que verificamos são regulações infralegais e que versam sobre modalidades de rateio, inexistindo, pois, um tratamento dos aspectos determinantes do regime jurídico geral de tal categoria negocial.

A ausência de regulação própria não é óbice, contudo, à criação de novos negócios pelas pessoas. Deveras, no Direito brasileiro, em matéria de assuntos que interessam mais de perto às pessoas neles envolvidas, nos quais ainda se sobressai o cunho egoístico, a autonomia da vontade é consagrada constitucionalmente, consistindo verdadeiro princípio.[4]

O Direito brasileiro outorga às pessoas, mediante exercício da autonomia da vontade, competência para regular suas relações através de tipos pré-estatuídos juridicamente – negócios típicos – ou por meio de regulações sem previsão legal específica – negócios atípicos.[5]

Na primeira situação, restam aplicáveis tanto os requisitos gerais previstos para a celebração de negócios jurídicos quanto os específicos, atinentes ao tipo legalmente previsto (ex.: compra e venda, doação, permuta etc.). Já na segunda, o cumprimento dos requisitos gerais legitima as partes contratantes a celebrar negócios não previstos em lei.

O contrato de rateio é um exemplo de negócio atípico, eis que, conforme registramos, este tipo negocial não encontra previsão legal, o que de nenhuma forma constitui impedimento à sua celebração.[6]

De uma maneira geral, os contratos de rateio têm como causa (finalidade)[7] o

2. V. Ato Normativo INPI n. 116, de 27.10.1993 e Ato Normativo INPI n. 120, de 17.12.1993, que regulavam a averbação de *cost sharing agreements* no INPI. Ambos os atos foram revogados pelo Ato Normativo n. 135, de 15.4.1997, que determinou, dentre outras coisas, serem registráveis em tal órgão somente os contratos que resultem em transferência de tecnologia.

3. Resolução ANATEL n. 274, de 5.9.de 2001.

4. Heleno Taveira Tôrres empreendeu valiosíssimo estudo de tal princípio, conforme pode se verificar da obra *Direito Tributário e Direito Privado: Autonomia Privada, Simulação, Elusão Tributária*, São Paulo, Ed. RT, 2003, pp. 107 e ss.

5. "Além dos contratos que têm seus requisitos intrínsecos específicos, devidamente disciplinados pela lei (ditos, por isso, nominados ou típicos), outros há que, com base na autonomia privada, são livremente concebidos pelas partes; por isso, são chamados *inominados* ou *atípicos*" (Waldirio Bulgarelli, *Contratos Mercantis*, 9ª ed., São Paulo, Atlas, 1997, p. 85 – destaques do autor).

6. Natanael Martins, "Rateio de custos/despesas entre empresas sob controle comum – Tratamento tributário aplicável", in Valdir de Oliveira Rocha (coord.), *Planejamento Fiscal – Teoria e Prática*, São Paulo, Dialética, 1995, p. 144.

7. "Como hoje vigora o princípio da função social do contrato, a noção de força obrigatória segue perdendo espaço em favor de diversas restrições legais, porquanto nos modelos constitucional e civil vigentes, justificam-se, ao lado do princípio da liberdade contratual, outros princípios que lhe são correlatos, como: i) consensualismo; ii) exigência da causa, pela qual cada transferência patrimonial necessita de uma razão, de uma justificativa lícita e merecedora de proteção; (...)" (Heleno Taveira Tôrres, *Direito Tributário e Direito Privado:...*, cit.,, p. 124). Sobre o assunto, dentre outros, v. tb.: Antonio Junqueira de Azevedo, *Negócio Jurídico: Existência, Validade e Eficácia*, 4ª ed., São Paulo, Saraiva, 2002, pp. 149-151; Emílio Betti, *Teoria Geral do Negócio Jurídico*, t. I, trad. Ricardo Rodrigues

desejo de partes compartilharem esforços, o que dá lugar à divisão dos custos e despesas sobre os quais possuam interesse comum.[8]

Neste aspecto, pensamos que a causa do contrato de rateio é similar à que geralmente prepondera no contrato de sociedade,[9] que é a comunhão de interesses em torno da exploração determinada atividade, conforme nos ensina Fábio Konder Comparato:[10] "Característica fundamental do negócio jurídico de sociedade é a convergência de todos os atos ou prestações para um fim comum, considerado de interesse social e, portanto, distinto do interesse individual dos sócios".

Esta característica da causa do contrato de rateio imprime um traço bastante particular à relação jurídica decorrente, qual seja, os interesses preponderantes das partes não serem contrapostos, e sim comuns, no intuito de cooperação, colaboração.[11]

Numa relação jurídica assimétrica,[12] os interesses das partes são comuns quanto à realização do objeto do contrato, mas não sobre as prestações correspondentes. Num contrato de compra de venda, a realização desta é interesse comum das partes envolvidas. Já não podemos afirmar o mesmo quanto às prestações, porquanto o comprador quer receber o bem e o vendedor, o preço.

Nos negócios em que os interesses das partes são preponderantemente comuns, a *contraposição* passa a ser secundária com relação à *comunhão*.[13] Disso, concluímos ser nota imprescindível à caracterização do contrato de rateio a circunstância de todas as partes envolvidas beneficiarem-se efetiva ou potencialmente do bem, direito ou atividade compartilhada.

É claro que há também no rateio contraposição de interesses quanto ao dever da empresa centralizadora de disponibilizar de determinado bem, direito ou atividade em favor das demais partes, o qual tem como

Gama, Campinas, LZN, 2003, p. 248; Fábio Konder Comparato, "Crédito direto a consumidor. Objeto e causa do negócio. A questão do aval condicionado", *Ensaios e Pareceres de Direito Empresarial*, Rio de Janeiro, Forense, 1978, pp. 398-399; Orlando Gomes, *Introdução ao Direito Civil*, 17ª ed., Rio de Janeiro, Forense, 2000, pp. 371 e ss.; Francisco Cavalcanti Pontes de Miranda, *Tratado de Direito Privado*, t. III, 2ª ed., Parte Geral, Campinas, Bookseller, 2001, pp. 106-146; Gustavo Tepedino, Heloísa Helena Barboza e Maria Celina Bodin de Moraes, *Código Civil Interpretado*, vol. II, Rio de Janeiro, Renovar, 2006, pp. 12-13.

8. Luciana Rosanova Galhardo, *Rateio de Despesas no Direito Tributário*, São Paulo, Quartier Latin, 2004, p. 24.

9. Código Civil, art. 981. Isto nos faz concluir que o contrato de rateio é espécie de contrato plurilateral ou de comunhão de escopo. Segundo Pontes de Miranda: "No negócio jurídico plurilateral, o que importa é não se tratar de figurantes frente a frente: os figurantes como que convergem para um ponto, ou acertam em caminhar juntos" (Francisco Cavalcanti Pontes de Miranda, *Tratado de Direito Privado*, t. XXXVIII, Parte Especial, Campinas, Bookseller, 2005, p. 32).

10. Fábio Konder Comparato, "Valor de reembolso das ações do acionista dissidente", *Direito Empresarial: Estudos e Pareceres*, cit.,, p. 225. Sobre o assunto, v. tb., dentre outros: José Edwaldo Tavares Borba, *Direito Societário*, 10ª ed., Rio de Janeiro, Forense, 2007, p. 32; Egberto Lacerda Teixeira, *Das Sociedades por Quotas de Responsabilidade Limitada*, 2ª ed., São Paulo, Quartier Latin, 2007, p. 38.

11. Sobre o assunto, são valiosas as lições de Heleno Taveira Tôrres: "Não se deve confundir 'convergência de interesses' (todos os sócios consentem quanto ao fim comum da sociedade), onde os sujeitos estão em *posição própria*, com a comutatividade das manifestações de vontade, esta somente presente em contratos de intercâmbio (compra e venda etc.), onde os sujeitos se distribuem nos pólos de divergência prestacional, pela irreflexidade e assimetria natural destas relações (Heleno Taveira Tôrres, *Direito Tributário Internacional – Planejamento Tributário e Operações Transnacionais*, São Paulo, Ed. RT, 2001, p. 456 – destaques do autor).

12. Lourival Vilanova, *As Estruturas Lógicas e o Sistema do Direito Positivo*, 2ª ed., São Paulo, Max Limonad, 1997, p. 157.

13. Orlando Gomes é muito preciso quanto a tal aspecto: "A função econômica dos *contratos associativos* é manifestamente diversa da dos *negócios de troca*. Basta atentar na circunstância de que os negócios concertados para a realização de fim comum não se destinam a promover diretamente a circulação de riqueza" (Orlando Gomes, *Contratos*, 18ª ed., Rio de Janeiro, Forense, 1999, p. 88 – destaques do autor).

desdobramento o dever de estas restituírem àquela sua quota-parte nos custos e despesas correspondentes.

O que prepondera, no entanto, é o fato de que a empresa centralizadora não simplesmente disponibiliza um bem, direito ou atividade, mas também é beneficiária efetiva ou potencial do item objeto de compartilhamento.

Assim, num grupo econômico em que uma *holding* centralize os profissionais da área jurídica, para se falar em compartilhamento dos serviços dos respectivos profissionais com as demais empresas, todas, inclusive e especialmente a controladora, devem ser beneficiárias efetivas ou potenciais das atividades.

No caso específico de a contratante dos profissionais não poder ser tida como beneficiária, mesmo que potencial, não se terá compartilhamento, mas sim prestação de serviços jurídicos, que passará a constituir atividade-fim da controladora, mesmo que não contemplada expressamente em seu objeto social.

Não haverá, em tal situação, um negócio jurídico de rateio; haverá sim a prática de atividade de forma ilegítima, posto não estar contemplada no estatuto ou contrato da sociedade, e também exercício irregular de profissão, pelo fato de se tratar de prestação de serviços jurídicos, reservada em caráter exclusivo a advogados e sociedades de advogados.[14]

### *2.1 Inexistência de preço no contrato de rateio*

É característica fundamental do contrato de rateio o fato de ao menos uma das partes realizar dispêndios com algo compartilhado com a outra ou outras partes e estas deverem pagar sua quota-parte a quem tenha efetuado o desembolso.

Há divergência doutrinária[15] sobre a natureza do pagamento em causa, comumente denominado *reembolso*, se esta é a de preço ou se de simples medida compensatória.

Preço é a soma em dinheiro objeto do pagamento em contraprestação pela aquisição de um bem ou direito ou tomada de um serviço (em regime civil ou empresarial).[16]

No Direito brasileiro, o pagamento somente tem como objeto o preço nos negócios que dão lugar a uma relação jurídica assimétrica, isto é, em que os interesses preponderantes das partes sejam contrapostos.[17]

Desta forma, entendemos que a remuneração paga à empresa centralizadora do custo ou despesa não tem a natureza de *preço*,[18] mas sim de simples medida com-

14. Lei n. 8.906, de 4.7.1994, art. 3º – *Estatuto da Advocacia.*

15. A divergência pode ser verificada no entendimento de dois autores que cuidaram do assunto. Alberto Xavier entende que o valor recebido pela empresa centralizadora constitui preço, ao passo que Luciana Rosanova Galhardo entende que esta figura associa-se unicamente aos negócios que dão lugar a entradas capazes de modificar o patrimônio da empresa centralizadora. Para tanto, v.: Luciana Rosanova Galhardo, *Rateio de Despesas no Direito Tributário*, cit., p. 32; Alberto Xavier, "Aspectos fiscais de *cost-sharing agreement*", *Revista Dialética de Direito Tributário* 23/12, São Paulo, Dialética, 1997.

16. Francisco Cavalcanti Pontes de Miranda, *Tratado de Direito Privado*, 1ª ed., Parte Especial, 2005, p. 63.

17. "Do fato de admitir-se que tem *causa onerosa* não se deve inferir que seja contrato sinalagmático, até porque a *comunidade* de fim possui relevância jurídica, sobretudo por eliminar importante conseqüência do sinalagma entre as obrigações e prestações em seu valor funcional" (Orlando Gomes, *Contratos*, 18ª ed., cit., p. 88 – destaques do autor). Sobre o assunto, v. tb.: Livia de Carli Germano, "Regime tributário dos contratos de compartilhamento de custos e despesas", in Heleno Taveira Tôrres, *Direito Tributário Internacional Aplicado*, vol. III, São Paulo, Quartier Latin, 2005, p. 794.

18. Roque Antonio Carrazza, "Grupo de empresas – Autocontrato – Não-incidência de ISS – Questões conexas", *Revista Dialética de Direito Tributário* 94/131, São Paulo, Dialética, 2003; Bernardo Ribeiro de Morais, *Doutrina e Prática do Im-*

pensatória,[19] razão pela a palavra *reembolso* ou *adiantamento*, no caso de custo ou despesa a incorrer, nos parecem bastante apropriadas.

### *2.2 Contraponto entre contrato de rateio e negócios com causa semelhante – Sociedade e consórcio*

A comunhão de interesses é nota presente em outros tipos negociais, mas que, em função de suas peculiaridades, não se confundem com o negócio de rateio.

No contrato de sociedade, por exemplo, há uma comunhão de esforços de no mínimo duas partes, com vistas à consecução de um determinado objeto, obtenção e repartição de lucro entre os sócios.

Os traços que, a nosso ver, diferenciam com clareza a causa do contrato de rateio do contrato de sociedade consistem no fato de que naquele, primeiramente, a comunhão dá-se em torno de um bem, direito ou atividade, enquanto que no segundo, a comunhão volta-se unicamente ao último destes itens.

Além disso, no compartilhamento de atividade, esta é voltada unicamente para as próprias partes do rateio, e não para terceiros, como ocorre com a sociedade.[20] Nesta, a atividade é desempenhada em favor da coletividade que com a sociedade contratar, o que eventualmente pode incluir os próprios sócios, e sempre com a finalidade de geração de lucro. No rateio, o lucro não é objetivo imediato do contrato, porquanto será verificado ou não no âmbito particular de cada parte contratante.

Diferente também é o contrato de rateio do de consórcio. A causa deste também é a comunhão de interesses. Contudo, isto restringe-se à consecução de atividade ou atividades (empreendimento), e não ao compartilhamento de bem ou direito.

Ademais, no consórcio, por determinação legal,[21] todas as consorciadas relacionam-se com terceiros em nome próprio, por sua própria conta ou por meio da empresa líder, como mandatária daquelas na porção que lhes caiba.[22] No contrato de rateio isso não necessariamente se verifica, podendo as contratações serem promovidas pela centralizadora em nome próprio ou em nome das demais partes contratantes, o que vai depender de como essas acordarem.

Por fim, devemos mencionar que o consórcio deve ter por objeto a consecução de um empreendimento específico, o que faz, a nosso ver, com que com essa figura seja necessariamente temporária,[23] em oposição ao rateio, que tem como característica a perenidade.

### *2.3 Contraponto entre contrato de rateio e negócios com forma de operacionalização semelhante – Mandato e comissão*

A execução do contrato de rateio, dependendo do acordo das partes contratantes, pode guardar semelhança com o con-

*posto sobre Serviços*, São Paulo, Ed. RT, 1975, p. 529.

19. "Tributário. ISS. Serviços não prestados pela devedora tributária. Reembolsos de importâncias que não se enquadram como serviços prestados. Não-incidência. 1. 'A base de cálculo do ISS é o preço do serviço, não sendo possível incluir nesse valor importâncias que não serão revertidas para o prestador, mas simplesmente repassadas a terceiros, mediante posterior reembolso. Precedentes: REsp n. 411.580-SP, Rel. Min. Luiz Fux, *DJ* 16.12.2002 e REsp n. 224.813-SP, Rel. Min. José Delgado, *DJ* 28.2.2000, REsp n. 618.772, Rel. Min. Francisco Falcão, *DJ* 19.12.2005' (STJ, 2ª T., REsp 621.067-/SP, rel. Min. João Otávio de Noronha, *DJ* 25.4.2007). Tal entendimento, como podemos depreender da ementa e dos precedentes citados, é tanto da 1ª quanto da 2ª Turma do Superior Tribunal de Justiça. 2. Recurso especial improvido."

20. José Edwaldo Tavares Borba, *Direito Societário*, 10ª ed., cit., p. 30.

21. Lei n. 6.404, de 15.12.1976, art. 278.

22. Alberto Xavier, "Consórcio: natureza jurídica e regime tributário", *Revista Dialética de Direito Tributário* 64/17, São Paulo, Dialética, 2001.

23. Idem, p. 11.

trato de mandato e de comissão. Contudo, independentemente de como seja executado, o contrato de rateio não se confunde com estas duas últimas espécies. Senão, vejamos.

Prevê o Código Civil, art. 653, que: "Opera-se o mandato quando alguém recebe de outrem poderes para, em seu nome, praticar atos ou administrar interesses".

Segundo Gustavo Tepedino, Heloísa Helena Barboza e Maria Celina Bodin de Moraes:[24] "Da expressão 'em seu nome', constante no dispositivo em tela, decorre o mecanismo de representação, ou seja, a atuação do mandatário em nome do mandante. Deste modo, o mandatário, ao contratar com terceiros, vincula diretamente o mandante como se ele próprio tivesse praticado pessoalmente o ato".

Sobre o contrato de comissão, o Código Civil, art. 693, estabelece que este "(...) tem por objeto a aquisição ou a venda de bens pelo comissário, em seu próprio nome, à conta do comitente".

Mais uma vez faremos uso das lições dos autores acima citados[25] para elucidarmos o artigo em causa: "Nos termos do preceito em exame, ter-se-á por caracterizada a comissão se alguém, à conta de outrem, se obriga a realizar negócio de compra e venda em nome próprio, independentemente da natureza da operação (comercial ou civil) ou, ainda, sem considerar a qualidade de comerciante de qualquer das partes".

Como dissemos, o contrato de rateio não possui regulação específica, mas alguns pontos gerais que nos permitem delinear seu regime jurídico. Consiste tal negócio no compartilhamento de bem, direito ou atividade por uma empresa titular dos dois primeiros ou contratante do último com outra ou outras que comunguem do mesmo interesse sobre estes itens, assim como o conseqüente rateio do custo ou despesa correspondente.

Não necessariamente a empresa centralizadora primeiro celebra o contrato de rateio e depois incorre no custo ou despesa. Nesta hipótese, terá feito em nome e por conta própria, cuidando apenas de ressarcir-se do custo ou despesa por ocasião do compartilhamento efetivo ou da simples celebração do contrato correspondente. Neste caso, o contrato de rateio não guarda qualquer semelhança, quer com o mandato, quer com a comissão.

Já na hipótese de o contrato de rateio preceder ao custo e despesa, este poderá ou não estar coligado a um mandato ou guardar similaridade com o contrato de comissão dependendo de como restar estabelecido pelas partes contratantes.

Com efeito, as partes podem dispor como se dá no consórcio, em que todas obrigam-se perante terceiros na aquisição de bem ou direito ou na tomada de serviços. Nesta hipótese, se as partes outorgarem a uma empresa (centralizadora) poderes para tal tarefa, o contrato de rateio, então, restará coligado a um contrato de mandato no que tange à quota-parte da outra ou demais partes, já que aquela agirá em nome e por conta e ordem destas. Mas não há nada que obrigue as partes a proceder desta forma.

Podem as partes pactuar que uma das empresas (centralizadora) contratará em nome próprio os itens objeto de compartilhamento, mas o fará, no que se refira à quota-parte das demais, por conta e ordem destas. A forma de execução do contrato guardará semelhança com o contrato de comissão, mas com este não se confundirá, haja vista o comissário prestar um serviço para o comitente, cujo objeto é a aquisição de bem ou bens em nome próprio, mas em benefício e por conta e ordem deste.

Acrescemos a tal constatação o fato de que a atividade do comissário restringe-se à compra ou venda de *bem* em nome

24. Gustavo Tepedino, Heloísa Helena Barboza e Maria Celina Bodin de Moraes, *Código Civil Interpretado*, vol. II, cit., p. 419.

25. Idem, vol. II, p. 473-474.

próprio, mas por conta e ordem do comitente, enquanto que o compartilhamento no contrato de rateio pode versar sobre bem, direito ou atividade.

Por fim, a nosso ver, a comissão não é negócio do tipo plurilateral ou de comunhão de escopo. Na relação jurídica entre as partes (comissário e comitente) seus interesses são contrapostos,[26] o que afasta qualquer possibilidade de o contrato de rateio confundir-se com a modalidade negocial em causa.

### 3. *Objeto possível do contrato de compartilhamento*

Ponto de extrema complexidade para analisarmos é o que diz respeito aos limites do que pode constituir objeto de compartilhamento.

De pronto, registramos que o compartilhamento e conseqüente rateio pode versar sobre bem, direito ou atividade, custo ou despesa efetivamente incorrido ou a ser incorrido.

Contudo, como nossa assertiva acima não é suficiente para se compreender com maior profundidade os limites do objeto do contrato de rateio, discorreremos sobre alguns itens que cremos facilitará essa tarefa.

#### *3.1 Custo e despesa*

É pertinente verificarmos quando estaremos diante de um rateio de custo ou de despesa, eis que isto surte efeitos na apuração de resultados das partes contratantes, bem como no âmbito fiscal, notadamente do Imposto sobre a Renda da Pessoa Jurídica (IRPJ), Contribuição Social sobre o Lucro (CSL), quando apurados segundo a sistemática denominada "lucro real", e das Contribuições ao Programa de Integração Social (PIS) e para Financiamento da Seguridade Social (COFINS), sujeitas ao chamado regime de *não-cumulatividade*, conforme verificaremos adiante.

Custo é a aplicação de capital em elemento do ativo e permanece como tal no patrimônio da empresa.[27] Neste diapasão, temos que o custo somente gera efeitos no resultado quando realizado o ativo correspondente, mediante baixa a qualquer título, depreciação, amortização ou exaustão.[28]

Por sua vez, despesa constitui mutação no patrimônio da pessoa que representa um consumo de ativo (exs.: realização de um ativo que não tenha como contrapartida a aquisição de outro ou a baixa de um passivo ou de um item do patrimônio líquido da empresa; registro de um passivo sem ter como contrapartida a baixa de outro ou a aquisição de um ativo).[29] A despesa, diferentemente do custo, onera o resultado tão logo incorrida.[30]

Feitas as devidas colocações, temos que, quando o compartilhamento versar sobre custo, o rateio sempre conterá em seu bojo um negócio de mandato, eis que todas as partes contratantes serão partes na aquisição de bem ou direito ou tomada de serviços e, portanto, co-titulares destes itens, sendo, contudo, representadas pela empresa centralizadora na celebração dos negócios correspondentes.

Cada parte, então, registrará como ativo próprio sua quota-parte do bem, direito ou atividade compartilhada.

Por sua vez, no rateio de despesas, isso não dará lugar à aquisição de nada pelas empresas contratantes. Cada uma terá

26. Fran Martins, *Contratos e Obrigações Comerciais*, 14ª ed., Rio de Janeiro, Forense, 1996, p. 288.

27. Luciana Rosanova Galhardo, *Rateio de Despesas no Direito Tributário*, cit., p. 40.

28. Ricardo Mariz de Oliveira, *Fundamentos do Imposto de Renda*, São Paulo, Quartier Latin, 2008, p. 674.

29. Idem, p. 671; José Luiz Bulhões Pedreira, *Imposto sobre a Renda das Pessoas Jurídicas*, Rio de Janeiro, vol. 1, ADCOAS/JUSTEC, 1979, p. 369.

30. Ricardo Mariz de Oliveira, *Fundamentos do Imposto de Renda*, cit., p. 674.

seu resultado diminuído no montante de sua quota-parte no rateio.

Importante lembrarmos que no rateio de despesas as partes podem acordar diferentes formas de a empresa centralizadora relacionar-se com as demais; recebendo poderes de representação destas, mediante negócio de mandato; atuando em nome próprio, mas por conta e ordem das demais; ou atuando em nome e por conta própria.

### *3.2 Espécie de custo e despesa que pode ser objeto de contrato de rateio*

Os custos e despesas podem ser classificados de inúmeras formas, dependendo do elemento eleito como referência para se identificar os gêneros e, por conseqüência, de suas espécies.

Assim, o custo e a despesa podem ser operacionais ou não operacionais, a medida que sejam ou não pertinentes ao objeto social da empresa. Podem ser necessários ou não, conforme contribuam para a consecução das atividades da empresa ou sua manutenção, e assim por diante.

Os custos e despesas também podem ser classificados tendo como parâmetro o interesse que a empresa tenha sobre tais itens. Com efeito, o custo ou despesa pode interessar exclusivamente à empresa que os incorra ou pode ser, no todo ou em parte, do interesse exclusivo de alguém com quem essa empresa se relacione.

O ponto fundamental para se definir se um determinado custo ou despesa incorrido ou a incorrer é reembolsável ou não, portanto, é se foi efetuado ou não no interesse exclusivo de outra ou outras partes.[31]

No contrato de rateio especificamente, o custo ou despesa deve interessar à empresa centralizadora e às outras partes contratantes, na medida do método de rateio eleito. Neste sentido, temos que a parcela do custo ou despesa alocada para cada contratante deve interessar exclusivamente à ela. Por exemplo, se 5 (cinco) empresas celebram contrato de rateio referente às despesas o departamento jurídico de uma delas à razão de 1/5 para cada uma, cada porção de 1/5 interessará exclusivamente a uma das contratantes. Para a porção da empresa titular do departamento jurídico, 1/5 das despesas interessará exclusivamente à ela, de tal sorte que somente os 4/5 remanescentes seriam passível de reembolso.

Verificamos, então, que são duas as condições para que um custo ou despesa possa ser objeto de rateio. Primeira, a circunstância de o custo ou despesa poder ser de interesse exclusivo de alguém. Segunda, que parte do custo ou despesa possa interessar exclusivamente à empresa centralizadora.

A condição de que a empresa centralizadora também se beneficie do bem, direito ou atividade compartilhada pode gerar dificuldade quando o item for pertinente à *atividade-fim* da empresa centralizadora.

Nada obstante ser em menor número do que as possibilidades pertinentes às chamadas *atividades-meio*, entendemos que não há óbice para o compartilhamento de *atividade-fim*, conquanto a empresa centralizadora possa beneficiar-se do bem, direito ou atividade compartilhada.

Tomemos como exemplo um grupo econômico que concentre diversas atividades, dentre as quais a fabricação de veículos. Imaginemos que o grupo possui um departamento de cobrança centralizado so-

31. Alberto Xavier nos dá conta de um interesse exemplo que elucida bem a questão, tratado no âmbito da OCDE: "Considera-se que são ônus exclusivo da Sociedade-Mãe aqueles que o Relatório de 1984 designa como 'despesas do acionista' e que se referem às despesas incorridas para gerir e proteger os seus próprios investimentos, como é o caso dos encargos contraídos com vista à preparação da assembléia dos acionistas, à consolidação dos resultados dos membros do grupo, ou a título de despesas de administração, com vista ao fornecimento dos meios de financiamento necessários à expansão deste" (Alberto Xavier, "Aspectos fiscais de *cost-sharing agreement*", *Revista Dialética de Direito Tributário* 23/12, cit.),

bre o qual haja um contrato de rateio de custos e despesas e que este promova tal atividade inclusive em benefício da montadora de automóveis.

Os administradores das empresas contratantes do rateio chegam à conclusão que seria importante haver um automóvel disponível para o departamento em causa, julgando absolutamente razoável a montadora absorver um veículo de sua fabricação como ativo imobilizado e ratear o custo do veículo, que terá como proprietários todas as partes do contrato de rateio, ou a despesa com depreciação deste.

Exemplo mais comum ao qual podemos recorrer é o de cessão de empregados alocados *na atividade-fim* de uma determinada empresa, por período determinado ou em parte da jornada de trabalho, para outra ou outras empresas do mesmo grupo econômico ou de sociedades, cuja atividade-fim seja também a da empresa cedente.[32] Imaginemos um grupo econômico de empresas de estacionamento que tenha uma demanda maior e específica numa delas, em função, por exemplo, de um grande evento. É absolutamente legítimo que uma das empresas, cuja mão-de-obra prevê-se estará atuando aquém de sua capacidade na data em causa, ceda empregados seus à outra, rateando as despesas com salários e encargos correspondentes.

Pensamos ser estas situações absolutamente legítimas, nada obstante o item compartilhado ser inerente à *atividade-fim* da empresa centralizadora.[33-34]

### *4. Partes possíveis do contrato de rateio*

Como vimos asseverando, o contrato de rateio tem por objeto o compartilhamento, e conseqüente rateio dos custos e despesas correspondentes, de bem, direito ou atividade sobre os quais possa haver interesse comum de pelo menos duas pessoas, sendo ao menos uma das partes a centralizadora do item compartilhado.

Este interesse comum é facilmente aferível no âmbito de grupos econômicos e de sociedades – neste último inclusive por expressa determinação legal –, em que é facilmente justificável a inexistência de busca de resultado nas relações intragrupo.

Contudo, não vemos óbice à existência de interesse comum entre empresas que não sejam do mesmo grupo de socieda-

32. O STJ, em decisão versando sobre o Imposto sobre Serviços, já decidiu não se tratar de prestação de serviços a cessão de empregados por uma empresa à outra, não constituindo, pois, base de cálculo desse Imposto o valor do reembolso com despesas de salários e encargos sociais: "Tributário. ISS. Empresa pública. Cessão de servidores a outras entidades da Administração. Ressarcimento por salários e encargos sociais. Não incidência. I – Contribuinte do ISS é quem se insere no mercado, para exercer determinado serviço, dele retirando proveito econômico (DL 206/1968, arts. 9º e 10). II – Não é contribuinte do ISS a empresa pública que empresta seus servidores a outras entidades estatais, obtendo delas mero ressarcimento pelos salários e demais encargos pagos por ela aos empregados cedidos" (1ª T., REsp n. 190.771-BA, rel. Min. Humberto Gomes de Barros, j. 11.4.2000, *DJ* 22.5.2000). Sobre o assunto julgamos importante colacionar trecho do voto do relator: "Co (*sic*) efeito, o art. 9º do DL 406 adota como base de cálculo, 'o preço do serviço'. Vale dizer: o ISS incide quando o serviço é remunerado. *Se assim ocorre, o escopo de retirar proveito econômico constitui elemento diferencial na conceituarão (sic) do contribuinte. Se o desprezarmos, seremos levados, agredindo o DL 406, a inserir no rol dos contribuintes de ISS, os chamados 'clubes de serviço' (comunidades eclesiais de base, Rotary, Lions)*" (grifamos).

33. Em sentido contrário ao por nós defendido, v.: José Henrique Longo, "Natureza jurídica do ressarcimento no rateio de despesas", *Revista Dialética de Direito Tributário* 77/69, São Paulo, Dialética, 2002; Sérgio André Rocha, "Aspectos fiscais do reembolso de despesas e do compartilhamento de custos", *Revista Dialética de Direito Tributário* 132/99, São Paulo, Dialética, 2006.

34. O Conselho de Contribuintes também possui julgados no sentido de que, para efeitos de rateio, a empresa que assumiu a despesa relativa a terceiros não pode ter como objeto social o exercício da atividade causadora do dispêndio. Como exemplo, v. 2º Conselho de Contribuintes, 3ª Câmara, Recurso Voluntário n. 123.599, rela. Cons. Maria Teresa Martínez López, j. 7.7.2004, Acórdão n. 203-09674.

des[35] ou até econômico.[36-37] Isso é absolutamente factível no âmbito de compartilhamento de esforços em ações que resultem benefício para todos os interessados.

Vinícius Branco,[38] em estudo de extrema valia sobre o assunto, nos dá alguns exemplos em que o rateio entre empresas desvinculadas é absolutamente legítimo, indicando inclusive julgado[39] do Conselho de Contribuintes na mesma esteira: "Importante notar que a técnica do rateio de despesas não se restringe a empresas do mesmo grupo, podendo ser objeto de convênio também entre empresas sem qualquer ligação societária. É o que ocorre, por exemplo, no caso de despesas de propaganda e publicidade cujos custos sejam compartilhados entre os fabricantes e os distribuidores de determinados produtos, ou das locadoras de automóveis que veiculem propaganda através da qual seja divulgada uma determinada marca ou modelo".

35. Lei n. 6.404/1976, art. 265: "A sociedade controladora e suas controladas podem constituir, nos termos deste capítulo, grupo de sociedades, mediante convenção pela qual se obriguem a *combinar recursos ou esforços para a realização dos respectivos objetos, ou a participar de atividades ou empreendimentos comuns*" (grifamos).

36. Em sentido contrário ao por nós defendido, v.: José Henrique Longo, "Natureza jurídica do ressarcimento no rateio de despesas", *Revista Dialética de Direito Tributário* 77/69, cit.

37. O Conselho de Contribuintes também possui julgados no sentido de que, para efeitos de rateio, as partes devem pertencer ao menos ao mesmo grupo econômico. Como exemplo, v. 2º Conselho de Contribuintes, 3ª Câmara, Recurso Voluntário n. 123.599, rela. Cons. Maria Teresa Martínez López, julgado em 7.7.2004, Acórdão n. 203-09674.

38. Vinícius Branco, "Convênios de rateio de despesas – Disciplina tributária", *Revista Dialética de Direito Tributário* 107/82, São Paulo, Dialética, 2004.

39. "Finsocial. Incidência. Base de Cálculo. As receitas obtidas a título de co-participação em despesas de propaganda, promoção e publicidade cobradas dos distribuidores do produto não integram a base de cálculo da contribuição" (Acórdão do 2º Conselho de Contribuintes n. 202-04.959/92, in Vinícius Branco, "Convênios de rateio de despesas – Disciplina tributária", *Revista Dialética de Direito Tributário* 107/82, cit.).

A legislação brasileira não impõe também nenhuma restrição ao compartilhamento e conseqüente rateio de custos e despesas entre empresa domiciliada no Brasil e empresa ou empresas domiciliadas alhures, seja na hipótese de a empresa centralizadora ser aqui domiciliada, ou não.

Aliás, cumpre-nos mencionar que o rateio internacional de custos é prática comum, tanto que a própria OCDE trata do assunto há longa data em seu relatório sobre *transfer pricing*. Devemos mencionar também a experiência de diversos países acerca do assunto, conforme registrou Luciana Rosanova Galhardo em importante trabalho sobre o assunto.[40]

### *5. Métodos de rateio*

A realização do rateio pressupõe a existência de método que permita identificar o quanto do custo ou despesa deverá ser suportado por cada parte contratante.

O método de rateio deve guardar correlação lógica com o bem, direito ou atividade compartilhada, de modo que possa haver proporção entre quanto cada parte contratante esteja suportando e quanto esteja se beneficiando com tal negócio.[41]

Diz-se que é *direto* o método de rateio quando seja possível individualizar-se para cada parte contratante o quanto esta se beneficie ou possa se beneficiar do bem, direito ou atividade e, conseqüentemente, o montante do custo ou despesa que lhe compita.[42] É o que ocorre, por exemplo, quan-

40. Luciana Rosanova Galhardo, *Rateio de Despesas no Direito Tributário*, cit., pp. 207 e ss.

41. Sobre exemplos de métodos de rateio, v. tb.: Natanael Martins, "Rateio de custos/despesas entre empresas sob controle comum – tratamento tributário aplicável", in Valdir de Oliveira Rocha (coord.), *Planejamento Fiscal – Teoria e Prática*, cit., p. 156.

42. Luciana Rosanova Galhardo, *Rateio de Despesas no Direito Tributário*, cit., p. 94; Alberto Xavier, "Aspectos fiscais de *cost-sharing agreement*", *Revista Dialética de Direito Tributário* 23/14, cit.

do o rateio tome por base o número de horas incorridas por um determinado profissional da área de contabilidade analisando as demonstrações financeiras de cada uma das partes contratantes. Ou no caso de compartilhamento de linhas telefônicas, mediante identificação de que empresa tenha promovido as ligações de quanto tempo cada uma tenha utilizado o serviço, para fins de rateio do valor da assinatura.

Há situações, contudo, em que não é possível individualizar com precisão quanto cada parte esteja beneficiando do bem, direito ou atividade compartilhada, de modo que se faz necessário socorrer-se de outros métodos que permitam, com razoabilidade, identificar-se a proporção entre uma coisa e outra. Quando o rateio se dá com base em *presunção* do benefício verificado por cada parte contratante, diz-se que o método é *indireto*. Em tal caso, o indício adotado deve guardar correlação lógica tanto com o bem, direito ou atividade compartilhada quanto com a parte beneficiária.

O método indireto sempre terá lugar quando não for possível individualizar com exatidão o benefício de cada parte contratante ou quando não houver benefício efetivo, mas unicamente potencial, por conta de o compartilhamento versar sobre bem, direito ou atividade ainda não existente ou simplesmente colocado à disposição de cada parte contratante.

Da primeira situação acima indicada, qual seja, existência de benefício, mas impossibilidade de quantificação exata, podemos citar como exemplo uma campanha de *marketing* objeto de contrato de rateio. Da segunda e terceira situações, podemos mencionar, respectivamente, os casos de rateio de custo de tecnologia em desenvolvimento, espécie de negócio largamente adotada, sobretudo em âmbito internacional, e o caso de compartilhamento de departamento de recursos humanos, em que reste acordado que as despesas correspondentes serão rateadas, sejam as atividades efetivamente utilizadas, ou não (isto é, pelo simples fato de estarem à disposição das partes contratantes).

São exemplos de critérios de rateio previstos em métodos indiretos o capital social, o patrimônio líquido, o faturamento etc.

Nestes casos, nada obstante o método ser indireto, é fundamental que o critério de rateio eleito tenha alguma relação com o benefício efetivo ou potencial decorrente do compartilhamento de bem, direito ou atividade.

## *6. Efeitos patrimoniais decorrentes do rateio de custos e despesas*

Chegou o momento de avaliarmos quais os efeitos patrimoniais decorrentes do rateio de custos e despesas, porquanto tal negócio dá lugar a uma série de mutações patrimoniais no âmbito das partes contratantes.

Pois bem, com relação à empresa centralizadora do bem, direito ou atividade compartilhada temos que a parte do desembolso com tais itens que seja de interesse exclusivo das demais partes contratantes não poderá dar lugar a um custo ou despesa dessa empresa, mas sim um direito de crédito. Deste modo, temos que a parcela do desembolso correspondente a um direito de crédito da empresa centralizadora perante as demais não onerará o resultado desta, salvo no caso de inadimplência.

Seguindo com a empresa centralizadora, temos que o valor recebido a título de reembolso do custo ou despesa rateada não corresponderá a uma receita desta.

Deveras, receita, em nosso entendimento, não é algo que meramente se movimenta, meramente transita, meramente se transmite, é o ingresso ou baixa de obrigação que resulte em aumento do patrimônio da pessoa jurídica e que não consista em contribuições ao capital ou valores destinados a reservas, na forma da legislação aplicável.

Assim, somente o ingresso que efetivamente aumente o patrimônio de uma dada pessoa jurídica, ou seja, que notadamente corresponda a signo presuntivo de riqueza, é que poderá ser considerado como receita para fins de tributação.[43]

A parcela de entradas referentes a despesas ou custos de interesse exclusivo das demais partes contratantes do rateio não integram positivamente o patrimônio da empresa centralizadora, de tal sorte que com receitas não podem ser confundidas.[44]

Por essa razão, aquilo que porventura seja reembolsado à empresa centralizadora nada lhe acrescenta, é uma mera movimentação de valores. Receita, não.

Pode acontecer de o montante recebido pela empresa centralizadora não corresponder a despesa ou custo já incorrido, mas a ser no futuro. Neste caso, num primeiro momento, o valor recebido terá como contrapartida uma obrigação da empresa centralizadora perante as demais partes contratantes, a qual considerar-se-á cumprida à medida que essa empresa incorra efetivamente nos custos e despesas rateados. Nesta situação, de igual forma, a empresa centralizadora não obterá receitas.

Finalmente, para as demais partes contratantes, no reembolso de despesa ou custo já incorrido, estas deverão registrar o valor correspondente como despesa, caso isto corresponda a um consumo de ativo, ou como custo, se referir-se à aquisição de um ativo adquirido em conjunto com as demais partes contratantes, inclusive a empresa centralizadora.

No caso de adiantamento de despesa ou custo a ser incorrido, isso dará lugar a um direito de crédito contra a empresa centralizadora, cujo adimplemento, por esta, terá como contrapartida o registro de uma despesa ou de um custo, conforme registramos acima.

43. Marcelo Knopfelmacher. "Aspectos do conceito constitucional de receita na Emenda n. 20/1998", *Revista Dialética de Direito Tributário* 100/57, São Paulo, Dialética, 2004.

44. Nesse sentido, v.: Eduardo Bottallo, "Base de cálculo do ISS e importâncias e reembolsadas ao prestador de serviços", *Repertório IOB de Jurisprudência*, 1-11.611, 1ª quin. nov./1997, n. 21/97, Caderno 1, São Paulo, IOB, p. 525.

# Espaço Discente

# A INSTITUCIONALIZAÇÃO DA COOPERAÇÃO INTERNACIONAL: UMA BREVE ANÁLISE DA EVOLUÇÃO HISTÓRICA DO SISTEMA MONETÁRIO INTERNACIONAL

LUIZ RICARDO DE MIRANDA

"Perhaps the most difficult question is how much to decide by rule and how much to leave to discretion" (John Maynard Keynes, 1942 – *Proposal for an International Currency (Clearing) Union*).

*A gênese do sistema monetário internacional. O padrão ouro ("gold standard"). As turbulências do período "entre guerras". Bretton Woods e o pós-guerra: O FMI e a nova ordem monetária internacional. A derrocada do sistema de Bretton Woods. A expansão da cooperação internacional. Obstáculos à cooperação internacional: Problemas estruturais; Conflito de competências. Conclusão.*

A palavra *revolução* evoca, na maior parte das vezes, a idéia de uma mudança brutal, normalmente de origem popular e produzida à ocasião de um evento de proporções espetaculares. Entretanto, a realidade de certas revoluções não corresponde exatamente a essa idéia. Contrariamente ao apelo emocional habitualmente atribuído a este termo, revoluções são, em sua maioria, silenciosas e desenvolvem-se gradualmente no tempo. A história do sistema monetário internacional dá-nos um exemplo claro disto.[1]

Podemos definir o sistema monetário internacional como um conjunto de regras (formais ou costumeiras) e instituições sob as quais são feitos ou recebidos pagamentos em transações efetuadas além das fronteiras nacionais.[2] Apesar da natural indução ao formalismo – acordo global obtido através de uma conferência internacional – que a noção de sistema pode sugerir, tais acordos, como Bretton Woods, não são a regra nesse âmbito, mas sim a exceção. Com maior freqüência, a modelagem do sistema monetário internacional é determi-

1. "No single event gave definition to a silent revolution: no storming of the Bastille, no Declaration of Independence, no Satyagraha campaign, no Long March. The Fund as an institution underwent surprisingly little structural change as it responded to the challenges of this decade. But in some dimensions, the world economy changed diametrically from the beginning of the decade to the end, and that drift ultimately wore a revolutionary cloak" (J. M. Boughton, *Silent Revolution: the International Monetary Funds, 1979-1989*).

2. R. Solomon, *O Sistema Monetário Internacional, 1945-1976*, p. 19.

nada por decisões individuais de cada país e, em grande medida, influenciada pela herança histórica.[3]

Ainda que os Acordos de Bretton Woods tenham efetivamente criado um novo sistema monetário internacional, é inegável tratar-se, este evento, apenas de uma etapa inserida num processo de transformação muito mais amplo, iniciado no fim do século XIX, mais precisamente com a adoção do padrão ouro (*gold standard*) pelas principais economias da época.

Seria, portanto, vã a pretensão de compreender o estado atual dos sistemas monetário e financeiro internacionais e seus desafios, sem antes promover uma breve retrospectiva de sua história.

### *A gênese do sistema monetário internacional*

A utilização de metais preciosos como moeda tem sido uma prática corrente há tempos. Durante a Idade Média, o principal metal a assumir esse *status* era a prata, muito embora outros metais, como o ouro e o cobre, fossem, em menor escala, também utilizados. Esta combinação de moedas de ouro, prata e mesmo cobre representava a base dos pagamentos nesse período.

A expansão do comércio além das fronteiras nacionais provocou a inevitável internacionalização das moedas, processo facilitado pelo seu próprio valor intrínseco. Esta internacionalização das moedas, cujo transporte e manuseio permaneciam tarefas bastante difíceis, foi paralelamente acompanhada do desenvolvimento da atividade bancária e da proliferação das moedas escriturais.[4]

Devido à variedade de metais preciosos que preenchiam os requisitos de moeda durante esse período, seria natural (como de fato ocorreu) que, em certos países, vigorassem diferentes estatutos monetários. Alguns desses países, no século XIX, permitiam mesmo a circulação simultânea de ouro e prata; donde a denominação bimetalismo.[5]

No início do século XIX, os britânicos eram os únicos que adotavam o padrão ouro (*gold standard*). Os Estados alemães, o Império Austro-Húngaro, a Escandinávia, a Rússia e o Extremo Oriente optavam pelo padrão prata, enquanto outros países, como a França, adotavam o bimetalismo, realizando a comunicação entre os dois primeiros sistemas.[6]

3. B. J. Eichengreen, *A Globalização do Capital: uma História do Sistema Monetário Internacional*, p. 29.

4. "Il faut distinguer deux formes de monnaies: la monnaie manuelle ou fiduciaire et la monnaie scripturale. La monnaie manuelle ou fiduciaire correspond aux pièces métalliques et aux billets. (...) Une autre forme de monnaie apparaît en même temps que le billet de banque, et peut-être antérieurement: la monnaie scripturale. Celle-ci n'existe qu'à travers les inscriptions (écritures) dans les comptes des banques" (S. Brana e M. Cazals, *La Monnaie*, p. 12). "A intensificação das expedições terrestres ou marítimas e a melhora gradual do sistema viário levam os comerciantes a se deslocarem com maior constância, sendo incômodo e arriscado levar consigo grande quantidade de moedas (...). Em viagem, ou mesmo quando estacionados em suas cidades, os comerciantes passaram a entregar a outros comerciantes, maiores e com maiores instalações, peças metálicas para serem guardadas e posteriormente reclamadas mediante a apresentação de um papel emitido pelos que as recebiam em depósito: um recibo. Era muito mais prático, porém, manter e utilizar aqueles recibos do que, a cada operação, apresentá-los ao emissor e retirar as moedas depositadas para com elas fazer os pagamentos devidos. E, assim, os recibos passaram a circular em lugar da moeda, alongando-se cada vez mais o lapso de tempo antes de serem levados para resgate ao depositário, já agora transformado em banqueiro, um profissional das operações financeiras, isto é, das operações com moedas e seus papéis representativos" (F. Nusdeo, *Curso de Economia: Introdução ao Direito Econômico*, pp. 51-52).

5. O bimetalismo refere-se à circulação simultânea de duas moedas compostas de metais diversos, não exclusivamente moedas de ouro e prata. A Suécia, até 1772, adotou o padrão bimetálico baseado na prata e no cobre.

6. B. J. Eichengreen, *A Globalização do Capital:...*, cit., p. 33.

Porém, a circulação simultânea de dois ou mais tipos de moeda implicava um risco potencial de crise no mercado monetário. As flutuações no mercado desses metais constituíam-se, também, num elemento de instabilidade adicional, pois criavam um clima propício à ação de agentes especulativos; estes últimos, tidos como responsáveis por uma parte considerável das turbulências vividas nesse período. Apesar dessa dificuldade na gestão do bimetalismo, este sistema surpreendentemente sobreviveu até a segunda metade do século XIX.

A adoção do padrão ouro, como base do sistema monetário internacional então em gestação, pode ser atribuída a uma conjugação de fatores.

As tensões nos sistemas bimetálicos, aumentadas em parte pelo crescimento do comércio internacional, tornaram-se muito mais freqüentes ao final do século XIX. Além disso, a Guerra Franco-Prussiana acelerou a degradação econômica dos países envolvidos nesse conflito, ao mesmo tempo em que grandes descobertas no setor de mineração – notadamente na Califórnia (1848), Austrália (1851), Nevada (1859) –, intensificadas pelo avanço tecnológico do processo de extração desses minerais, também provocaram severas oscilações nos países bimetálicos.[7]

No entanto, o evento mais importante desse período, e talvez aquele que tenha contribuído de forma mais significativa para a adoção generalizada do ouro como padrão único do nascente sistema monetário internacional, foi, sem sombra de dúvida, a revolução industrial. Seu símbolo, a máquina a vapor, eliminou o obstáculo técnico até então existente na forja de moedas de ouro em peças de pequeno valor. Uma outra faceta da revolução industrial foi o formidável poderio econômico adquirido pelos britânicos, cujo Estado emergiu como principal potência da época.

O crescimento da produção em escala global abriu-lhe novos mercados, ao mesmo tempo em que suas numerosas colônias forneciam-lhe as matérias-primas necessárias ao seu desenvolvimento. No plano logístico, a sua frota naval garantia-lhe uma considerável e crescente parte do frete internacional que, por sua vez, propiciou o desenvolvimento dos setores financeiro e de seguros. Sustentada por esse crescimento extraordinário, a atividade bancária desenvolveu-se ainda mais, diversificando-se e transformando Londres no centro econômico e financeiro do mundo.[8] Diante de tais circunstâncias, compreende-se perfeitamente as razões que engendraram o processo generalizado de migração ao padrão ouro iniciado na metade do século XIX.

Portugal, tradicional parceiro comercial britânico, foi um dos primeiros países a convergirem ao padrão ouro (1854). No entanto, foi somente quando a Alemanha alinhou-se ao Império Britânico (1871), que essa dinâmica realmente se acentuou. A Alemanha, nessa época, era a principal potência industrial da Europa continental e a segunda no plano mundial.

A passagem ao ouro na Alemanha deveu-se, também, a outros motivos. A Guerra Franco-Prussiana provocara a nítida degradação das economias implicadas naquele conflito e a suspensão da conversibilidade das respectivas moedas. A adoção do padrão ouro revelou-se a melhor opção

7. M. D. Bordo e A. J. Schwartz, "Monetary policy regimes and economic performance: the historical record", p. 4; B. J. Eichengreen, *A Globalização do Capital:...*, cit., p. 36.

8. "La progression des 'overseas and foreign banks' est spectaculaire: elles étaient dix dans la city en 1842, elles sont soixante en 1867 et cent trente-cinq à la veille de la Première Guerre mondiale. (...) Dans les quarante années qui ont précédé 1914, 40% de l'épargne britannique, qui représentait elle-même 25% du PNB, étaient placés à l'étranger. A la veille de la Première Guerre, c'est la moitié de son épargne que le Royaume-Uni investissait à l'extérieur. Certaines années, 82% des émissions nouvelles à Londres étaient destinés au financement d'investissements étrangers" (M. Lelart, *Le Système Monétaire International*, pp. 12-13).

àquele país, cujo objetivo era intensificar a relação comercial com os britânicos. Além disso, vale lembrar que o Império Britânico era a principal fonte de financiamentos externos durante esse período.

A iniciativa alemã causou, por sua vez, um grande impacto no mercado monetário. A eliminação de seus enormes estoques de prata e sua respectiva substituição por ouro significaram um violento golpe no já instável mercado da prata. Assim, a convergência da Alemanha ao ouro engendrou uma reação em cadeia de outros países[9] interessados em compartilhar do mesmo padrão de seus principais parceiros comerciais e financeiros.

Foi desta forma que, ao final do século XIX e início do século XX, deu-se a emergência de um novo sistema monetário internacional baseado no ouro.

## *O padrão ouro ("gold standard")*

Contrariamente ao que poderíamos imaginar, o padrão ouro não foi uma invenção bem elaborada do gênio humano; muito pelo contrário. A sua implementação foi, na verdade, um evento acidental na história monetária da Grã-Bretanha.

O padrão ouro foi o produto de uma ação das autoridades monetárias britânicas, então sob a direção de *Sir* Isaac Newton, que, ao fixarem o preço da prata em ouro a um nível excessivamente baixo, provocaram o quase desaparecimento de moedas de prata em circulação. Esse processo não foi, contudo, imediato. Mesmo se esta medida tomou efeito em 1717, seus episódios finais ocorreram apenas em 1774, quando as autoridades daquele país aboliram o curso forçado das moedas de prata em transações acima de 25 libras, e, em 1821, quando o curso forçado dessas moedas foi também definitivamente abolido nas transações de pequeno valor.[10]

Caso precisássemos resumir, em poucas palavras, as bases do padrão ouro, diríamos que os pilares centrais desse sistema eram duas regras: a fixação do peso das peças de ouro ou do preço do ouro em moeda nacional; a livre conversibilidade.[11]

Para compreendermos o funcionamento desse sistema no plano internacional, convém recorrermos ao mecanismo elaborado por David Hume já no século XVIII.[12]

O modelo elaborado por Hume,[13] conhecido como *Price specie flow mechanism*, é evidentemente bastante simplificado em relação à realidade. Seu ponto de partida é um mundo exclusivamente baseado na circulação de ouro e onde o papel dos bancos é considerado desprezível. No mecanismo descrito por Hume, o nível de reservas de ouro é diretamente afetado pelas trocas comerciais. A partir disso, quando uma mercadoria é comercializada, o respectivo pagamento opera uma transferência de ouro do país importador ao país exportador. O efeito óbvio dessa ação é a diminuição das reservas de ouro do primeiro, acompanhada do aumento das reservas de ouro do segundo. Essa perda de ouro no país deficitário desencadeia uma

9. "Thus, when Germany went over to gold in 1871, using the reparations received from its victory over France Franco-Prussian War, it brought Denmark, Norway, Holland and Sweden and the members of Latin Union in its train. And once this influential had joined together on the gold standard, other countries were drawn to follow" (M. D. Bordo e B. J. Eichengreen, "The rise and fall of barbarous relic: the role of gold in the international monetary system", p. 6).

10. B. J. Eichengreen, *A Globalização do Capital:...*, cit., pp. 29-35.

11. M. D. Bordo, A. J. "Monetary policy regimes and economic performance:...", cit., p. 3.

12. D. Hume, "On the balance of the trade".

13. "La relation de Hume reposait sur plusieurs hypothèses: il fallait que les prix varient avec la quantité de monnaie en circulation, et que les flux de marchandises réagissent aux variations de prix. Mais l'élasticité de la demande était plus forte au siècle dernier. De même, la théorie quantitative de la monnaie (MV=PQ), selon laquelle la vitesse de circulation de la monnaie (V) et la quantité des biens disponibles 9Q) étaient estables, se trouvait davantage verifiée" ( M. Lelart, *Le Système Monétaire International*, p. 15).

série de eventos autocorretivos: a diminuição da quantidade de moeda em circulação e a queda dos preços internos. Inversamente, naquele país superavitário, assistimos ao aumento da quantidade de moeda em circulação e a alta dos preços dos produtos no âmbito nacional. A conclusão lógica, a partir desse esquema, é a inversão das posições comerciais e o reequilíbrio do sistema.

Apesar de sua utilidade, notadamente durante o período inicial do padrão ouro, para que o mecanismo concebido por Hume mantivesse sua precisão, ele deveria incorporar dois outros aspectos[14] já presentes no final do século XIX: os fluxos internacionais de capitais e a ausência de fornecimento internacional de ouro em escala global.[15]

Com efeito, o rápido desenvolvimento das trocas internacionais ao longo do século XIX engendrou a multiplicação dos meios de pagamento e o crescimento ainda maior da atividade bancária. Com isso, os bancos centrais, paulatinamente, passaram a desenvolver mecanismos próprios para ajustar os desequilíbrios das balanças de pagamentos. Por sua vez, essas intervenções, feitas através da diminuição e aumento dos meios em circulação, alteravam os preços e restabeleciam o equilíbrio financeiro.

O instrumento geralmente utilizado pelos bancos nesse caso era o "taux d'escompte auquel le Département bancaire prête aux banques et approvisionne l'économie en liquidités. De ce fait, les investissements vont coûter plus cher, l'activité va se ralentir, les importations vont se réduire".[16] Dessa maneira, prevendo perdas de ouro, o banco aumentava a mencionada taxa, provocando a redução da quantidade de moeda em circulação e o retorno do equilíbrio.

No entanto, a alta dessa taxa num dado país não era isenta de conseqüências sobre um outro, especialmente sobre aquele ou aqueles dos quais o primeiro absorvia fluxos financeiros ou reservas de ouro. A partir disso, não é difícil de se imaginar o risco sistêmico potencial provocado por uma hipotética reação em cadeia dos países atingidos por essa ação. Essa problemática tornava clara, portanto, a necessidade de uma coordenação entre os bancos centrais.

Diante de sua preeminência, o único banco central capaz de ordenar o sistema nessa época era o Banco da Inglaterra.[17]

Até a metade do século XIX, as taxas dos bancos centrais eram definidas a partir das taxas de juros praticadas no mercado. Assim, ao invés de antecipá-las, os bancos centrais limitavam-se a segui-las. Em 1870, o Banco da Inglaterra tentou inverter essa prática e os bancos centrais dos diferentes países seguiram a sua liderança de forma coordenada, ajustando mundialmente as condições de crédito.[18]

Apesar de bem-sucedido por quatro décadas, esse sistema não era, contudo,

14. Isto ocorreu apenas ao final da Primeira Guerra Mundial, quando o celebre relatório Cunliffe (1918) atualizou o mecanismo de Hume.

15. B. J. Eichengreen, *A Globalização do Capital:...*, cit., p. 52.

16. M. Lelart, *Le Système Monétaire International*, p. 15.

17. "Au sommet de l'édifice, il suffisait à la Banque d'Angleterre de corriger toute tendance globale au dérèglement, par la manœuvre du taux d'escompte (bank rate) ou par le réglage du volume des crédits consentis à un pays étranger particulier, pour procurer la stabilité du taux de change" (H. Bourguinat, *Finance Internationale*, p. 533).

18. "An alternative to the view that the gold standard was managed by central banks in symmetrical fashion is that it was managed by the Bank of England (Scammel 1965). By manipulating its bank rate, it could attract whatever gold it needed; furthermore, other central banks adjusted their discount rates to hers. (...) There is also evidence which suggests that two other European core countries, France and Germany, had some control over discount rates within their perspective economic spheres (Tullio and Wolters 1996)" (M. D. Bordo e A. J. Schwartz, "Monetary policy regimes and economic performance:...", cit., p. 7).

isento a turbulências. Algumas crises financeiras puseram-no em xeque, exigindo a adoção de ações coordenadas mais profundas, como, por exemplo, a concessão de empréstimos diretos de um banco central a outro. Em diversas ocasiões (1890; 1907), mesmo o Banco da Inglaterra encontrou-se em dificuldades e foi oportunamente socorrido pela união do Banco da França e outros bancos centrais. Essa cooperação, ainda que episódica, revelou-se crucial nos momentos de crise e mostrou-se essencial para a manutenção do sistema.

Mas o sucesso não pode ser atribuído apenas a esse mecanismo bem elaborado de ajuste.

O padrão ouro apareceu e desenvolveu-se num momento histórico propício e bem peculiar. A revolução industrial, a emergência da Grã-Bretanha e os sucessivos anos de crescimento econômico contribuíram de maneira decisiva para a estabilidade sistêmica. Nesse sentido, a abertura comercial e o crescimento do multilateralismo não foram apenas resultados da estabilidade do câmbio do padrão ouro. Na verdade, eles constituíram-se na sustentação de seu mecanismo de ajuste.

Porém, o pilar central desse sistema não é outro senão a confiança. O compromisso da conversibilidade[19] era, efetivamente, a chave desse sistema. Conseqüentemente, ele foi logicamente eleito prioritário pelos bancos centrais. Tanto isto é verdadeiro que discussões a respeito da hipotética possibilidade de desvalorização monetária antes de 1924 eram bastante raras e os riscos cambiais, nessa época, eram extremamente reduzidos.[20]

Dessa maneira, não se pode dizer apenas que este sistema funcionava. Ele era, na verdade, muito bem-sucedido. Os preços permaneceram estáveis durante todo esse período; as taxas de câmbio quase fixas. Além disso, esta estabilidade foi acompanhada de uma expansão considerável do comércio mundial: o comércio exterior da Inglaterra e da França multiplicou-se por quinze durante o século XIX.[21]

### *As turbulências do período "entre guerras"*

O período conhecido como entre guerras inaugurou uma nova fase na história do sistema monetário internacional. Assim, se o sucesso do padrão ouro pode ser atribuído a uma conjunção de circunstâncias extremamente favoráveis ao seu desenvolvimento, o desmoronamento do *gold standard* pode igualmente ser atribuído à mudança desse panorama ao longo do tempo.

Como pudemos observar, o padrão ouro era um sistema baseado na credibilidade de uma moeda dominante (a libra); regulado por um mecanismo de ajuste fundado na manipulação das taxas de desconto, nas trocas internacionais e na coordenação entre os países; desenvolvido durante um momento de prodigioso crescimento econômico.

Ainda que algumas transformações na esfera dos sistemas financeiros tenham se efetivado anteriormente, pode-se afirmar que a Primeira Guerra Mundial foi o evento iniciador do processo de desmoronamento do padrão ouro.

O emprego do ouro no crescente comércio de armas provocou sérios efeitos no pilar central do sistema monetário internacional. Países centrais, como a Grã-Bretanha, a Alemanha e a França, inicialmente credores, rapidamente transformaram-se em devedores, e medidas restritivas à conversibilidade foram então adotadas.

Nessas circunstâncias, a suspensão da conversibilidade foi normalmente aceita e percebida como uma medida temporária (como já o fora, aliás, em outras ocasiões

19. M. D. Bordo e F. E. Kydland, "The gold standard as a rule".

20. B. J. Eichengreen, *A Globalização do Capital:...*, cit., p. 58.

21. M. Lelart, *Le Système Monétaire International*, pp. 19-20.

como as Guerras Napoleônicas). No entanto, a guerra provocara mudanças muito mais profundas nas relações de força no âmbito mundial. Mercados anteriormente dominados pelos países europeus, América Latina e Ásia, após 1914, passaram a ser disputados e, muitas vezes, conquistados por Estados Unidos e Japão, respectivamente.[22]

Estas mudanças, adicionadas aos custos da reconstrução e aos problemas provocados pelas reparações de guerra, constituíram-se em obstáculos consideráveis à recuperação das economias diretamente envolvidas no conflito mundial.

Apesar disso, esses países progressivamente conseguiram restabelecer a conversibilidade de suas moedas. Assim, após a estabilização monetária, a Alemanha e a Polônia (1924), a Áustria (1923) e a Grã-Bretanha (1925) retornaram ao padrão ouro. Na França, o retorno ao ouro (1926) foi emblematicamente considerado o renascimento desse sistema.

O período imediatamente posterior ao restabelecimento do *gold standard* (1924 a 1929) naturalmente se caracterizou por um forte crescimento econômico, acompanhado do correlativo aumento global das demandas de crédito.

Segundo a lógica do padrão ouro, qualquer expansão da liquidez internacional paralelamente pressuporia o proporcional aumento das reservas internacionais. No entanto, numa economia mundial em forte expansão, a penúria de recursos minerais fez-se sentir, provocando um paradoxal efeito deflacionista.[23]

Além disso, a falta de coordenação entre os países centrais do sistema – notadamente a França, a Alemanha, a Grã-Bretanha e os Estados Unidos – à ocasião do restabelecimento do *gold standard* nos três primeiros, acentuou os desequilíbrios financeiros do período imediatamente posterior. Enquanto a Grã-Bretanha e os Estados Unidos fixaram a paridade monetária nos mesmos níveis do período anterior à guerra, a França, ao restabelecer a paridade do franco, decidiu fazê-lo segundo o valor então presente, o que provocou a sua desvalorização em relação à libra e ao dólar. O resultado disso foi a absorção pela França e pela Alemanha[24] de quase todo aumento de reservas monetárias ao longo da segunda metade da década de 1920.

Em tal cenário de desequilíbrio financeiro, ausência de coordenação, escassez de reservas, alto endividamento e forte desemprego, a recessão instalou-se na periferia da economia mundial, ganhou força, assumiu a forma de depressão e propagou-se em escala global.

Não obstante a determinação dos países centrais na defesa do padrão ouro, o inevitável desmoronamento do sistema ocorreu em 1931, quando a Grã-Bretanha desvalorizou a libra.

A ruína do padrão ouro pode, assim, ser atribuída à mudança de circunstâncias que, até então, haviam sido a base de seu desenvolvimento. Contudo, apesar da importância que se possa conferir a cada um dos aspectos inicialmente assinalados, cremos que três deles contribuíram decisivamente para a derrocada do sistema.

Aplicando-se o mecanismo de ajuste amplamente utilizado durante o período anterior à Primeira Guerra, teríamos, como resposta para uma balança de pagamentos

22. "Por exemplo, a participação dos Estados Unidos nas importações dos argentinos cresceram de 15% em 1913 para 25% em 1927, ao passo que a do Reino Unido caiu de 31% para 19%" (B. J. Eichengreen, *A Globalização do Capital:...*, cit., p. 104).

23. Este problema foi mencionado em diversas ocasiões: Conferência de Gênova (1922), Liga das Nações – The First Interim Report of the Gold Delegation (1930) (M. D. Bordo e A. J. Schwartz, "Monetary policy regimes and economic performance:...", cit., pp. 13-16).

24. A concentração de reservas na Alemanha decorreu da combinação de dois fatos: os investimentos americanos – durante este período, a Alemanha foi o principal destinatário – e as altas taxas de juros praticadas pelo *Reichsbank* (B. J. Eichengreen, *A Globalização do Capital:...*, cit., p. 101).

deficitária, a promoção de medidas deflacionárias de restrição ao crédito com o intuito de reduzir custos. Dessa forma, sendo os salários o principal componente dos custos, a penalização dos empregados era, de fato, uma prática bastante recorrente naquele período.[25]

Porém, no pós-guerra, o panorama econômico e político era completamente diferente. Devido às transformações sociais, como o crescimento do sindicalismo, o avanço dos partidos dos trabalhadores, a expansão dos direitos sociais, os governantes haviam se tornado mais suscetíveis às pressões políticas, ao mesmo tempo em que o temor de falência generalizada ameaçava o setor industrial.[26] Estas mudanças diminuíram consideravelmente a margem de manobra dos governantes, tornando as ações de combate às crises bem menos flexíveis.

Além disso, indicamos a ocorrência de um fato nem um pouco anódino: o gradual deslocamento, ao longo dos anos, do centro do poder econômico da Grã-Bretanha aos Estados Unidos.[27]

De fato, os Estados Unidos, no final do século XIX, já se posicionavam como a maior economia mundial, não obstante seu perfil eminentemente agrícola e seu sistema bancário ainda rudimentar. Em contraposição, a Grã-Bretanha, enfraquecida pela sucessão de acontecimentos produzidos ao longo daquele período, mostrava-se incapaz de coordenar os mecanismos de ajuste necessários ao restabelecimento do equilíbrio monetário internacional. A principal vítima dessa conjugação de elementos foi, sem sombra de dúvida, a cooperação internacional.

Devido a um conjunto de motivos – liderança britânica; identidade de objetivos de grande parte dos países; período de crescimento vertiginoso – a cooperação desempenhara plenamente seu papel durante a época do apogeu do padrão ouro. Contudo, durante o período entre guerras, este panorama alterou-se drasticamente e a cooperação internacional, outras vezes providencial, condicionou-se aos interesses nacionais.[28]

A primazia dos interesses nacionais em detrimento da defesa do sistema monetário internacional, adicionada à série de elementos anteriormente assinalados, afetou o coração do padrão ouro – a credibilidade do compromisso das autoridades monetárias em defesa da conversibilidade –, o que acabou provocando a inexorável ruína desse sistema.

### *Bretton Woods e o pós-guerra*

O apogeu da libra durante a época gloriosa de crescimento, vivida no final do século XIX, efetivamente conheceu um inegável enfraquecimento após a Primeira Guerra. De fato, ao longo do período entre guerras, observou-se o processo de corrosão da liderança britânica, que foi progressivamente sobrepujada pela afirmação dos Estados Unidos como novo líder mundial.

Assim, se o período entre guerras pode muito bem ser caracterizado como

25. B. J. Eichengreen e P. Temin, "The gold standard and the great depression", p. 2.

26. "O mundo industrializado já havia passado por outros períodos recessivos, mas não como aquele iniciado em 1929. Os abalos foram gigantescos – entre 1929 e 1932, a produção industrial nos Estados Unidos caiu 48% e na Alemanha a queda foi de 39%. As estatísticas de desemprego registraram um pico equivalente a 25% da força de trabalho nos Estados Unidos; na Alemanha, o desemprego na indústria atingiu 44%" (B. J. Eichengreen, *A Globalização do Capital:...*, cit., p. 108).

27. "Kindleberger expanded the focus of the economic literature to encompass the world depression. He emphasized the role of missing hegemon: No longer London, not yet New York. But why was a hegemon needed? It was to manage the gold standard as it had been managed from London before the Great War" (B. J. Eichengreen e P. Temin, "The gold standard and the great depression", p. 6).

28. Diante da incompatibilidade entre as diversas interpretações a respeito da crise, a perspectiva de uma cooperação internacional não era viável durante esse período (B. J. Eichengreen, *A Globalização do Capital:...*, cit., p. 113).

um momento de transição, à ocasião da Conferência de Bretton Woods, este processo transicional encontrava-se plenamente concluído.

Diante de países concretamente destruídos pela guerra, os Estados Unidos e o dólar naturalmente assumiram um papel central na nova ordem monetária internacional, relegando à libra e à Grã-Bretanha uma função secundária nesse novo sistema.

### *O FMI e a nova ordem monetária internacional*

O panorama econômico internacional ao final da Segunda Grande Guerra era, como dito, efetivamente catastrófico e as principais economias mundiais, exceção feita à americana, haviam sido literalmente devastadas pelo conflito. Tanto a Europa, quanto o Japão encontravam-se num estado de verdadeira indigência industrial e financeira; a maior parte da infra-estrutura outrora existente estava arruinada.

A Conferência de Bretton Woods desenrolou-se em tal cenário de desastre e os principais dirigentes mundiais da época ainda tinham em mente a profunda desordem econômica do período entre guerras. Objetivava-se exatamente evitar a repetição das iniciativas nacionalistas, consideradas responsáveis pela crise dos anos 1930.[29]

Com este intuito, decidiu-se pela criação de uma nova ordem monetária internacional fundada numa moeda forte – o dólar – conversível em ouro, dentro de um quadro de intensa cooperação. Esta última seria, a partir de então, institucionalizada na figura de uma organização internacional, o Fundo Monetário Internacional (FMI), a quem a gestão do sistema seria confiada.

Não obstante fosse naturalmente influenciado pelas experiências do passado, o novo sistema monetário exibia algumas peculiaridades que o diferenciavam do extinto padrão ouro. Foi assim, misturando velhas idéias com novas disposições, que o novo sistema tomou forma e irrompeu.

A fim de conjugar o pleno emprego, prioridade britânica, e a liberalização do comércio, objetivo americano,[30] o ouro, a conversibilidade e o regime de câmbio fixo foram restaurados, sendo, no entanto, a eles incorporados outros elementos que tornariam o novo sistema, ao menos em teoria, mais flexível aos choques.

O sistema de Bretton Woods distanciava-se assim de seu predecessor (*gold standard*) em três pontos fundamentais: o regime de câmbio fixo tornou-se ajustável; controles dos fluxos de capitais foram adotados; uma instituição recém-criada, o FMI, foi incumbida da gestão do sistema.[31]

Como se pôde ver anteriormente, o padrão ouro (*gold standard*) era um regime cujas características centrais resumiam-se basicamente a dois pontos: a ancoragem das moedas ao ouro e a livre conversibilidade.

Não obstante sua relevante presença no novo sistema, ao ouro foi relegado um papel secundário se comparado àquele atribuído ao dólar: a pedra fundamental do sistema. Em contraste com o antigo regime, no novo sistema, a conversibilidade direta de cada moeda em ouro (*gold standard*) foi, na prática, substituída[32] por uma

29. M. D. Bordo e H. James, "The International Monetary Fund: its present role in historical perspective", p. 13.

30. Na Carta do Atlântico (1941) e no Acordo de ajuda mútua (1942), os britânicos comprometeram-se a restabelecer a convertibilidade da libra e aceitaram o princípio da não discriminação comercial, disposições desejadas pelos americanos. Em contrapartida, os americanos comprometeram-se a oferecer ajuda financeira aos britânicos e a respeitar sua prioridade: o pleno emprego.

31. B. J. Eichengreen, *A Globalização do Capital:...*, cit., p. 131.

32. Ao final da Segunda Guerra os Estados Unidos detinham 60% das reservas mundiais de

conversibilidade em etapas "à deux paliers" (*gold exchange standard*), transformando-se o dólar numa via obrigatória para o acesso ao ouro.[33] Dessa maneira, ao se prever a livre conversibilidade do dólar em ouro e a paridade das outras moedas em relação ao ouro ou ao dólar,[34] na realidade, o novo regime conferiu à moeda americana o papel de pivô do sistema, em torno do qual todas as outras moedas gravitavam.

Por outro lado, esta paridade "fixa", variável no interior de uma banda de 1%, tornava-se ajustável até o limite de 10% para que "desequilíbrios fundamentais"[35] pudessem ser corrigidos.

Diante de tais diferenças, percebe-se que o regime de câmbio estabelecido em Bretton Woods não passava de uma referência longínqua ao extinto padrão ouro.[36]

Outra novidade do novo sistema foi a permissão para a adoção de controles a fim de limitar os movimentos internacionais de capitais. A volatilidade dos fluxos de capitais no âmbito global foi vista como um elemento desestabilizador durante o período entre guerras e considerada um dos fatores responsáveis pela derrocada do antigo sistema. Para corrigir tal problema, controles foram criados. Eles, em tese, protegeriam os países dessa volatilidade, facilitando a defesa monetária em caso de ataques especulativos. A conjugação dessas disposições tornaria o sistema hipoteticamente mais flexível e adaptado à absorção de eventuais choques.

O terceiro elemento que diferenciava Bretton Woods de seu predecessor e que permanecia sua principal inovação foi, de fato, a criação de uma organização internacional (FMI), a quem foi atribuída a gestão de todo o sistema.

Pôde-se perceber, de maneira bastante clara, o papel que fora desempenhado pela cooperação internacional ao longo do período anterior à Primeira Guerra – época do apogeu do padrão ouro – e, em contrapartida, as conseqüências nefastas provocadas pela sua ausência durante a época subseqüente.

De fato, mesmo se a estimarmos episódica, a cooperação internacional, sob a liderança britânica, mostrou-se decisiva em momentos de crise, assegurando, no início do século, o equilíbrio do sistema baseado no ouro. Em contraste com o período que o precedera, o entre guerras reforçou a importância da cooperação internacional através de um contra-exemplo. A derrocada do padrão ouro foi atribuída, entre outros fatores, à falta de cooperação entre os países, o que ocasionou a quase completa ausência de coordenação entre as economias centrais para fazer face aos desequilíbrios financeiros deste período. Essa prática redundou na adoção generalizada de políticas nacionalistas equivocadas e, em última instância, na ruína do sistema.

Estes fatos estavam bastante vivos na memória dos dirigentes mundiais à ocasião da Conferência de Bretton Woods; a cooperação internacional, um tema já recorrente em conferências econômicas,[37] foi assim alçada ao primeiro lugar das prioridades.

ouro (R. Solomon, *O Sistema Monetário Internacional*, cit., p. 33).

33. "Telle était la ase de cette convertibilité à deux paliers (H. Bourguinat, 1972): possibilité de passage de chaque monnaie au dollar et, seulement à partir de celui-ci, à l'or" (H. Bourguinat, *Finance Internationale*, p. 535).

34. Art. IV dos Estatutos do FMI, em 1944.

35. Em tese, essa alteração seria feita após uma consulta ao FMI e, tratando-se de maiores margens, ela dependeria da aprovação de ¾ dos países pertencentes ao Fundo e detentores de direito de voto.

36. H. Bourguinat, *Finance Internationale*, p. 530.

37. "Measures of currency reform will be facilitated if the practice of continuous cooperation among central banks of issue, or banks regulating credit policy in the several countries can be developed. Such cooperation of central banks, not necessarily confined to Europe, would provide opportunities of coordinating their policy, without hampering the freedom of the several banks" (Resolução n. 3 do Relatório da Comissão Financeira da Conferência de Gênova – 1922).

A idéia central por traz da criação do FMI era exatamente a crença segundo a qual a promoção da cooperação monetária internacional permanecia sendo a forma mais efetiva para se alcançar os objetivos econômicos dos Estados-membros e seu bem-estar comum. Conseqüentemente, bem mais que um aspecto permanente do FMI como instituição, a promoção da cooperação internacional no âmbito econômico e financeiro tornou-se, na realidade, a sua própria *raison d'être*.[38]

Estas foram, *grosso modo*, as grandes linhas do sistema monetário internacional estabelecido na Conferência de Bretton Woods: um sistema baseado em três elementos considerados, ao menos em tese, complementares e harmônicos.

### *A derrocada do sistema de Bretton Woods*

Acabamos de ver que, em linhas gerais, o sistema monetário internacional estabelecido em Bretton Woods apoiava-se em três elementos complementares: taxas de câmbio fixas, entretanto, ajustáveis; controles à movimentação internacional de capitais; uma instituição internacional encarregada da gestão sistêmica.

Segundo seu mecanismo de funcionamento, os controles de capitais assegurariam a proteção e a flexibilidade indispensáveis à promoção de ajustes ordenados num regime de taxas de câmbio fixas. Além disso, a supervisão e o fornecimento de recursos financeiros suplementares pelo FMI dar-lhe-iam o toque final e propiciariam o equilíbrio desejado. Realmente mais flexível em relação ao seu predecessor, esse novo sistema permitiria aos países-membros perseguir o objetivo do pleno emprego sem que para tanto tivessem que recorrer a políticas de desvalorização competitivas.[39]

Porém, não obstante as boas intenções de seus idealizadores, na prática, estes três elementos não exibiram a harmonia e o desempenho pretendidos.

O sistema de taxas "fixas ajustáveis" revelou-se uma contradição em si mesmo e mudanças nas paridades foram bastante raras nos países industrializados.[40]

Dos três elementos principais do novo sistema, os controles de capitais foram o único a funcionar de forma mais ou menos regular. No entanto, mesmo estes se tornaram pouco eficazes quando as pressões do mercado financeiro, em crescente desenvolvimento e integração, intensificaram-se. Estas pressões acelerar-se-iam ao final dos anos 1960 e contribuiriam, de maneira decisiva, para a ruína do sistema.

Quanto ao FMI, a sua tão propalada supervisão mostrou-se desprovida de poder diante de países naturalmente muito mais comprometidos com seus problemas domésticos. Além disso, seus recursos financeiros rapidamente se revelaram limitados para fazer face aos problemas de pagamento e aos custos da reconstrução do pós-guerra.[41]

38. M. Guitian, "The unique nature of the responsibilities of the International Monetary Fund", pp. 6-7.

39. "The basic conception of IMF's role that it would oversee exchange rate relationships in a 'fixed, but adjustable' exchange rate system. Since the purpose was to enable members to pursue domestic full employment objectifs without constraint by balance of payments or resort to 'beggar-thy-neighbor' exchange rate policies, members to undertake not to alter their exchange rates without IMF approval, which was to be given only in the event it were determinate that there was 'fundamental disequilibrium' in balance of payments. When there was no 'fundamental disequilibrium', countries could borrow from IMF to tide them over temporary imbalances members" (A. O. Krueger, "Whither the World Bank and the IMF?", p. 7).

40. B. J. Eichengreen, *A Globalização do Capital:...*, cit., p. 132.

41. Ficou evidenciada, com isso, uma nítida subestimação pelos americanos dos estragos causados pela guerra às economias européias e japonesa.

A resposta para essas questões surgiu somente em 1947, quando as bases do Plano Marshall forma lançadas. Entre 1948 e 1952 os Estados Unidos concederam 11,6 bilhões de dólares aos países europeus e lhes emprestaram outros 1,8 bilhões; ou seja, uma soma superior a quatro vezes os direitos de saque detidos por aqueles países junto ao FMI. Ao Japão, as cifras atingiram 950 e 250 milhões de dólares, respectivamente entre doações e empréstimos.[42]

Paralelamente à ajuda financeira, os europeus criaram a União Européia de Pagamentos (*Union Européenne de Payements* – UEP) – gerida, em parte, pelo BIS (*Bank for International Settlements*) – e a Organização Européia de Cooperação Econômica (*Organisation Européenne de Coopération Économique* – OECE). Em essência, os objetivos dessas novas instituições eram, respectivamente, estabelecer um sistema de compensação de créditos entre os países-membros e reforçar a cooperação entre os países europeus por meio da reunificação econômica.

A concorrência regional da OECE, do BIS e da UEP, no âmbito da cooperação regional, e do Plano Marshall, no âmbito do financiamento dos déficits dos países atingidos pela guerra, inegavelmente enfraqueceram a posição do FMI.

Contudo, a principal fraqueza do sistema de Bretton Woods situava-se, na verdade, no pilar central sobre o qual todo o sistema monetário fora edificado: a preeminência do dólar e sua vinculação ao ouro.

Já em 1947 Robert Triffin, economista belga e professor na Universidade de Yale, denunciava a fraqueza congênita do mecanismo de câmbio fixo criado em 1944; donde o nome "dilema de Triffin".[43] Segundo Triffin, um sistema baseado numa moeda dominante – no caso, o dólar – poderia causar um efeito extremamente perverso na medida em que o país emissor se sentiria isento de qualquer obrigação relativa aos déficits da balança de pagamentos.

O dilema de Triffin tomou forma concreta exatamente quando esta tendência de desequilíbrio entre moedas cruzou-se com a intensa demanda de dólares observada no pós-guerra.[44] Este problema agravou-se ainda mais devido a um fenômeno já presente durante os anos do padrão ouro, no entanto, reforçado pelo sistema de Bretton Woods: a importância assumida pelas moedas nas reservas de câmbio ao lado do metal.[45]

O resultado inexorável da combinação desses dois elementos foi a crescente acumulação de dólares como reserva de câmbio pelos bancos centrais estrangeiros e, conseqüentemente, o financiamento do déficit americano através desse mecanismo.

Contanto que não houvesse dúvidas acerca do compromisso da conversibilidade do dólar em ouro, a manutenção dessa estratégia não representava maior perigo. Porém, a partir dos anos 1950, este panorama modificou-se sensivelmente.

A Europa e o Japão, outrora devastados pela guerra, gradualmente restabeleceram-se economicamente,[46] enquanto que

42. R. Solomon, *O Sistema Monetário Internacional*, cit., p. 29.

43. R. Triffin, *Gold and the Dollar Crisis: the Future of Convertibility.*

44. Robert Triffin exprimiu elegantemente o dilema do sistema monetário internacional existente: o mundo dependia dos déficits americanos para aumentar suas reservas, no entanto, a continuação desse processo não seria sustentável no longo termo diante do compromisso da convertibilidade e do nível das reservas americanas. Por outro lado, a abolição dos déficits americanos privaria o mundo de sua principal fonte de financiamento, o que causaria efeitos catastróficos no comércio e na atividade econômica mundial (R. Solomon, *O Sistema Monetário Internacional*, cit., p. 47).

45. "La part de l'or qui était de 91% en 1937 était effectivement tombée à 51% en décembre 1958 et 44,35% en septembre 1970" (H. Bourguinat, *Finance Internationale*, p. 540).

46. "La production industrielle de l'Europe occidentale progressa de près de 10% par an pendant la durée du Plan Marshall (1947-1951). Au Japon, où

os Estados Unidos, envolvidos no plano da política internacional em sucessivas guerras, experimentaram suas primeiras dificuldades concretas na balança de pagamentos.

O cruzamento dos déficits americanos no tempo provocou crescentes pressões sobre a conversibilidade do dólar. Este processo intensificou-se ao longo dos anos, apesar das tentativas americanas para defender suas reservas. Foi assim que, em 1960, o passivo americano no exterior ultrapassou pela primeira vez suas reservas em ouro.

Diante do nítido descompasso entre os valores oficial e paralelo do ouro em relação ao dólar, os países industrializados criaram o "*gold pool*": um mecanismo de cooperação cujo objetivo era suavizar as pressões sobre o dólar. Porém, a reticência do governo americano, sempre disposto a seguir seus objetivos econômicos e políticos em detrimento do dólar, colocou um ponto final nessa iniciativa.

A adoção de limites à conversibilidade do dólar momentaneamente retardou o colapso do sistema, mas após a supressão da conversibilidade (agosto de 1971) e a desvalorização do dólar, no final do mesmo ano, a passagem a um sistema de câmbio flutuante tornou-se apenas uma questão de tempo (1973).[47]

### *A expansão da cooperação internacional*

A história do sistema monetário internacional permite-nos reafirmar o papel fundamental ocupado pela cooperação internacional no âmbito de seu funcionamento. Consoante essa tendência, a progressiva relevância de sua presença, a partir da consolidação do padrão ouro em escala global, não pode ser vista como uma mera coincidência temporal.

O mecanismo de ajuste desenvolvido ao longo dos anos para regular os desequilíbrios nas balanças de pagamentos dos países industrializados pressupunha a coordenação entre os diferentes bancos centrais. De outra forma, ações isoladas poderiam colocar o sistema todo em risco.

Dessa maneira, a partir de 1870, o Banco da Inglaterra iniciou um trabalho de coordenação, harmonizando as ações no âmbito internacional.

Pode-se indagar, no entanto, acerca da genuinidade da natureza cooperativa dessa medida. O que parece ter havido, durante esse período, foi muito mais o exercício da irresistível liderança econômica e financeira britânica, que um exemplo concreto de cooperação.

la pesanteur de l'occupation américaine était allégée par son assistance, un reprise soutenue fut amorcée après l'application du plan Dodge visant à juguler l'inflation en 1949, et s'accéléra de façon spectaculaire pendant la guerre de Corée lorsque l'industrie japonaise fut sommée de répondre aux besoins des forces des Nations Unies. (...) Avec une croissance européenne dépassant de moitié celle des Etats-Unis et une croissance japonaise lui étant trois fois supérieure, les Etats-Unis n'étaient plus certains de leur suprématie industrielle" (B. Eichengreen e P. B. Kenen, "L'organisations de l'économie internationale depuis Bretton Woods: un panorama", pp. 25-31).

47. "Two of the founders' key assumptions are no longer valid. The fixed but adjustable exchange-rate system ended in August 1971 when President Nixon closed the gold window, ending the US commitment to keep the dollar price of gold at $ 35 per ounce. In March 1973, major countries agreed that the fixed exchange-rate system would not be restored. Thereafter, currency values would be determined in various ways ranging from freely floating exchange rates at one end to firmly fixed exchange rates at the other.

By 1973, many countries had removed exchange controls on both trade and capital movements. The international economy faced a new challenge – to reconcile growth, low inflation and high employment with open trading arrangements and international capital mobility. The oil shocks of the 1970s and the mistaken economic policies in many countries that produced large deficits and inflation increased the difficulty of achieving these goals and objectives. Nothing in the founding mission or the accumulated experience of the IMF prepared it to deal with these evolving challenges" (United States Congress, International Financial Institution Advisory Commission, *Meltzer Report*, pp. 24-25).

Na verdade, o incidente considerado como emblemático do início da história da cooperação internacional foi a crise de insolvência do Baring, em 1890. Ela colocou o Banco da Inglaterra numa situação extremamente delicada e somente foi contornada graças à ação conjunta dos Bancos da França e da Rússia que lhe emprestaram, respectivamente, 3 milhões e 1,5 milhões de libras em ouro. Na realidade, este gênero de colaboração financeira não era inédito, mas tratou-se, pela primeira vez, de uma ação conjunta cuja causa expressa era a estabilidade do sistema monetário internacional.[48]

Depois desse evento, a cooperação internacional ganhou força e, não obstante seu caráter ocasional, revelou-se crucial nos momentos de turbulência. Assim, a despeito de hesitante em alguns momentos (período entre guerras; crise do dólar dos anos 1970), a institucionalização da cooperação internacional no pós-guerra pode sim ser entendida como um reforço dessa tendência cooperativa.[49] Desde então, observou-se uma ampliação de seu conteúdo e uma multiplicação de seus atores.

Acreditamos que a criação do FMI e suas posteriores transformações foram o resultado de um processo de evolução natural do sistema monetário internacional, cuja gênese e posterior desenvolvimento proporcionaram aos países industrializados uma extraordinária expansão econômica durante o período compreendido entre o fim do século XIX e o início do século XX.

Outra característica bastante nítida desse sistema – e que perdurou até a metade do século XX – foi o quase completo desprezo aos países não industrializados, também chamados de "periféricos".[50]

Devido ao perfil extremamente variado de seus membros, tais países agrupavam-se em torno de uma única característica comum: localizar-se no exterior (ou na periferia) da zona considerada de risco sistêmico. Isto explica a quase ausência de políticas de cooperação destinadas a ajudar os países situados além das fronteiras do grupo de países centrais no período que precedeu a Segunda Guerra.

Todavia, este estado de coisas alterar-se-ia radicalmente no pós-guerra em função de dois eventos de natureza diversa: um de ordem econômico-financeira, outro política.

Já nos anos 1950, a conjugação de uma série de medidas ocasionou a criação dos euromercados.[51] A partir disso, passando pelas infrutíferas tentativas americanas de regulá-los nos anos 1960[52] e pelo processo oposto nos anos 1970,[53-54] chega-

48. Empréstimos entre os Bancos da França e da Inglaterra já haviam sido anteriormente concedidos em 1839 e retribuídos em 1947. Em 1882 o *Riksbank* sueco também concedeu um empréstimo a um Banco Dinamarquês (B. J. Eichengreen, *A Globalização do Capital:...*, cit., p. 62).

49. Banque Centrale Europeenne, "Les évolutions récentes de la coopération internationale", p. 56.

50. Apesar da sua imprecisão e seu caráter pouco técnico, o emprego dessa terminologia não é acidental. A definição de países periféricos – assim como de terceiro mundo – é dotada de um conteúdo de conotação negativa. Tendo sido a ordem monetária internacional dirigida por (e para) os países industrializados, por oposição, os países periféricos seriam todos aqueles não pertencentes ao restrito grupo dos países centrais.

51. A. Scannavino, *Les Marchés Financiers Internationaux*, pp. 10-11.

52. "*La réglementation Q* instaurée en 1958, qui plafonnait les taux de rémunération des dépôts (...) fut si vivement ressentie dans la seconde moitié des années 60 qu'elle occasionna une forte désintermédiation (...)" (A. Scannavino, *Les Marchés Financiers Internationaux*, p. 12). "La *taxe d'égalisation des taux d'intérêt* (Interest Equalization Tax) de juillet 1963 créée par le gouvernement du Président Johnson allait établir une retenue à la source sur les intérêts des capitaux prêtés par les résidents américains à l'étranger. En 1964, intervenaient les *restrictions volontaires aux exportations de capitaux* (Voluntary Foreign Capital Restraints) qui étaient des engagements à ne pas accroître les sorties de capitaux" (H. Bourguinat, *Finance Internationale*, p. 65).

53. "Décloisonnement. La réglementation efface la frontière entre monnaie et actifs financiers. La définition et la signification des agrégats moné-

mos ao extraordinário desenvolvimento dos mercados financeiros, processo, desde então, intensificado pelo progresso tecnológico.[55]

O efeito dessa incrível sinergia entre os mercados financeiros e o avanço tecnológico foi a integração dos centros financeiros, ampliando, de passagem, os limites das finanças internacionais além das fronteiras físicas dos países industrializados.

A principal conseqüência desse formidável desenvolvimento do mercado financeiro internacional foi a passagem de um sistema controlado pelas instâncias oficiais a um sistema financeiro dominado pelas forças do mercado.[56] Alguns dos países ditos "periféricos", outrora restritos a fontes de financiamento bastante limitadas, passaram, com isso, a abrir progressivamente suas economias e a financiar seu desenvolvimento diretamente nesse mercado.[57]

Em decorrência dessa ampliação da esfera financeira internacional aos mercados, a partir de então, chamados "emergentes" e do significativo envolvimento econômico dos países industrializados nesses mercados, a cooperação internacional expandiu-se também a estes, acompanhando o alargamento das fronteiras do risco sistêmico.

Todavia, se o aumento da velocidade dos fluxos internacionais de capitais proporcionou a multiplicação dos meios de financiamento, ele provocou, igualmente, a maior volatilidade desses fluxos, potencializando o risco de crises financeiras. Ao mesmo tempo em que reformas estruturais apenas parciais esconderam o mau funcionamento desses novos mercados, suas vertiginosas taxas de crescimento dissimularam o crescente desnível existente entre a "esfera real" e a "esfera financeira" dessas economias.[58] O inexorável cruzamento dessas variantes provocou sucessivas crises financeiras nos mercados emergentes, especialmente durante os anos 1990.

taires doivent être revues. Les anciennes limites entre les différents segments du marché: marché monétaire, marché du crédit à moyen terme, marché financier disparaissent tandis que se met en place un marché intégré de capitaux. La déréglementation abolit la spécialisation des acteurs. La distinction entre banques commerciales et banques d'affaires devient floue comme celle entre opérations strictement bancaires et activités financières voisines. L'opposition traditionnelle entre agents de change et intermédiaires financiers disparaît. A travers d'importants mouvements de fusion d'établissements, on assiste à une globalisation des fonctions financières. Désintermédiation. La déréglementation modifie la nature de certaines activités. La possibilité pour certains emprunteurs de lever directement des capitaux en émettant des titres sur le marché fait reculer l'intermédiation bancaire classique" (M. Drouin, *Le Système Financier International*, p. 102).

54. "Après la disparition du régime de Bretton Woods, un certain nombre de pays industrialisés ont assoupli et enfin levé ces dispositifs, ainsi que les réglementations et restrictions relatives à leurs marchés de capitaux et du crédit. Amorcé aux États-Unis et en Allemagne, le processus s'est amplifié lorsque le Royaume-Uni et le Japon ont commencé à libéraliser leurs contrôles, respectivement en 1979 et en 1980. En Europe continentale, la libéralisation totale des mouvements des capitaux est intervenue dans le cadre du marché unique, entré en vigueur en 1990 dans presque tous les États membres de l'UE, marquant la première phase de l'Union économique et monétaire et remplissant ainsi une condition préalable à l'adoption de l'euro" (Banque Centrale Europeenne, "Les évolutions récentes de la coopération internationale", p. 56).

55. Referimo-nos, aqui, especificamente às novas tecnologias de informação e comunicação (NTIC).

56. Banque Centrale Europeenne, "Les évolutions récentes de la coopération internationale", p. 56.

57. "Selon la Banque Mondiale, les flux nets internationaux de capitaux en direction des pays non membres de l'OCDE sont passés de 98 milliards de dollars en 1990 (62 milliards en 1985) à 300 milliards en 1997 (estimation provisoire). Cela s'est accompagné d'une prédominance progressive de flux privés (près de 85% des flux totaux en 1997), par l'intermédiaire des investissements directs, des prêts bancaires, des émissions obligataires et des investissements de portefeuille" (P. D'Arvisenet e J.-P. Petit, *Economie Internationale – La Place des Banques*, p. 99).

58. Segundo o *Bank of International Settlements* (BIS), o montante das transações financeiras foi cinco vezes maior que o valor das trocas de bens e serviços (S. D. Gaspera, "Trente ans de déréglementation financière", p. 68).

Foi assim que a contaminação da crise mexicana de 1994/1995, o chamado "efeito tequila", fez-se sentir, não apenas na América Latina, mas também em outros países mais distantes. Da mesma maneira, a crise asiática, iniciada com a desvalorização do "bath" tailandês, em julho de 1997, propagou-se, num primeiro momento, aos países da região, atingindo, após, todos os mercados de capitais no mundo. Em seguida, foi a vez da crise russa: entre 15 de julho e 15 de outubro de 1998, a bolsa de Moscou sofreu perdas da ordem de 80%, a brasileira 57%, a de Frankfurt 37% e a de Paris 32%.[59] Em janeiro de 1999, o Brasil foi obrigado a desvalorizar a sua moeda e adotar o câmbio flutuante, mesma disposição adotada pelo governo turco em fevereiro de 2001. Ao longo de 2001, a situação da Argentina degradou-se e o país mergulhou numa profunda crise financeira e econômica.[60]

Nessas ocasiões, operações de socorro financeiro foram capitaneadas pelo FMI e, não obstante as fervorosas discussões e controvérsias acerca do conteúdo de seu receituário programático,[61] constituíram-se em exemplos concretos de cooperação. A esse respeito, é extremamente interessante ressaltar o papel desenvolvido pela condicionalidade nesses programas.[62] Através desse instrumento, as políticas de ajuste preconizadas pelo FMI foram aplicadas com um grau de efetividade raramente visto em outros exemplos de relação cooperativa no âmbito internacional.

A expansão da cooperação à "periferia" da economia internacional não se limitou, no entanto, às economias ditas "emergentes" e aos motivos de ordem econômico-financeira.

O processo de descolonização,[63] ocorrido especialmente na África e na Ásia, alçou ao primeiro plano as questões relativas à pobreza e ao subdesenvolvimento, ao mesmo tempo em que a guerra fria acirrou a divisão já existente entre países capitalistas e socialistas.

Nos planos político e científico, o desenvolvimento da economia do desenvolvimento[64] fez ecoar os problemas do desenvolvimento no mundo, integrando-os às discussões em torno das ações de cooperação.

Utilizada como um possante instrumento na corrida pelo alinhamento político dos países não-alinhados ou realmente como uma respeitável arma na luta contra a pobreza e o subdesenvolvimento, a cooperação internacional expandiu, assim, o seu raio de ação para nele incluir, além dos já citados países emergentes, os países menos avançados (PMA – *Les Pays les Moins Avancés*) e os países socialistas em transição à economia de mercado.

Também nesse âmbito, os exemplos de iniciativas de cooperação são os mais

59. Id. ibid., p. 70.

60. L. R. de Miranda, *Le Processus de Libéralisation Financière: les Leçons du Brésil, du Chili et de l'Argentine*, pp. 13-14.

61. "(...) Stiglitz (2000), for example, supports critics of the IMF who argue '...the IMF's economic 'remedies' often make things worse – turning slowdowns into recessions and recessions into depressions'. Some academic work also reaches this conclusion. Bordo and Schwartz (2000), for example, conclude, '...the recent spate of [IMF] rescues may be the case of the medicine doing more harm than good' (...)" (M. Hutchison, "A cure worse than the disease? Currency crises and the output costs of IMF-supported stabilization programs").

62. "In the terminology of the International Monetary Fund, 'conditionality' refers to the policies the Fund expects a member to follow in order to be able to avail itself of credit from the Fund" (J. Gold, *Conditionality*).

63. Além da vitória dos aliados sobre o nazismo, o término da Segunda Guerra Mundial marca o início do processo de descolonização que se encerra em 1975, quando a Angola, última colônia portuguesa na África, conquista sua independência (J.-L. Dufour, *Les Décolonisations de 1945 à nos Jours*, p. 5).

64. "Il est généralement admis que l'économie du développement est née après la Seconde Guerre mondiale, bien que l'on puisse en trouver des fondements plus anciens dans la pensée économique" (E. Assidon, *Les Théories Economiques du Développement*, p. 3).

variados. Limitando-nos somente àquelas iniciativas de cooperação estabelecidas pelo FMI, destacamos as mais importantes: nos anos 1970, os chamados empréstimos concessivos (*soft loans*); de 1975 a 1983, em função da crise do petróleo, a *Oil facility*; de 1976 a 1981, vimos o aparecimento de uma outra facilidade temporária de crédito, o *Trust Fund*; a partir dos anos 1980, época em que se iniciaram os chamados "programas de ajuste estrutural", destacamos a SAF – *Structural Adjustement Facility* (1986) e seu reforço temporário, a ESAF – *Enhanced Structural Adjustement Facility* (1988); ambos substituídos pelo PRGF – *Poverty Reduction and Growth Facility*, em 1999.

### *Obstáculos à cooperação internacional*

Ao longo dessa breve exposição, pudemos notar o avanço gradual e constante da cooperação internacional em matéria monetária até sua institucionalização por intermédio dos Acordos de Bretton Woods. Muito mais que a criação de uma instituição que tem na promoção da cooperação internacional a sua própria *raison d'être*,[65] esses acordos criaram um ambiente específico ao seu estabelecimento.[66] Além disso, observamos a notável expansão de seu raio de ação e a multiplicação das matérias a ela sujeitas.

Em tese, esses avanços teriam o condão de evitar a ocorrência de crises nos sistemas monetário e financeiro internacionais. Todavia, não obstante essas boas intenções, tais crises mostraram-se recorrentes durante toda a segunda metade do século XX. Após o colapso do sistema inaugurado em Bretton Woods (1973), diversas crises sucederam-se, notadamente nos chamados países periféricos: a do petróleo, cujos efeitos nefastos perduraram até o final da década de 1980; a da dívida; as sucessivas crises nos mercados emergentes, que provocaram choques profundos nos mercados emergentes ao longo de toda a década de 1990.

Na verdade, após 1973, apesar de verificada, até com certa regularidade, a ocorrência de crises localizadas nos países centrais, dificilmente identificamos turbulências neles originadas que gerassem preocupações quanto à segurança do sistema. Chegou-se mesmo a indagar se "le coeur du système financier mondial pourrait-il se révéler aussi vulnérable que sa périphérie?".[67]

A resposta a essa questão foi definitivamente dada em 2008, quando a crise dos chamados "*subprimes*" eclodiu no coração do mercado financeiro internacional, contaminando, de maneira devastadora, todas as outras praças.

Extrapola os limites desse trabalho a análise do tratamento técnico dado a essa crise. No entanto, seu oportunismo permite-nos detectar sérias falhas na cooperação internacional. A bem da verdade, a despeito da sua institucionalização e da inegável extensão e ampliação de seu conteúdo, sérios problemas ainda persistem no seu estabelecimento.

A esse respeito, a análise histórica do desenvolvimento do sistema monetário internacional revela-nos alguns fatos alta-

65. "The first purpose of the International Monetary Fund is to 'promote international monetary cooperation through a permanent institution which provides the machinery for consultation and collaboration on international monetary problems'" (J. M. Boughton, *Silent Revolution:...*, cit., p. 186).

66. "(...) a cooperação, diversamente do comportamento individual, não aparece naturalmente na sociedade. Não há nessa afirmação qualquer concepção hobbesiana de natureza humana, mas simplesmente o reconhecimento de que existem condicionantes sociais a dificultar seu comportamento. Essa condicionante é, basicamente, o receio do comportamento estratégico da contraparte. Se assim é – e essa parece ser uma presunção no mínimo razoável –, então, basta ao Direito criar condições para que desapareça esse receio para que a cooperação encontre campo fértil" (C. Salomão Filho, *Regulação da Atividade Econômica*, p. 100).

67. BIS, *78th Annual Report*, p. 4.

mente relevantes para a determinação das reais feições da cooperação internacional.

Para tanto, descartaremos, em nossa avaliação, as hipóteses de cooperação ditas *ex-post*, quer dizer, a cooperação como medida de socorro. Isso não implica, de forma alguma, numa relativização de sua importância, mas por tratar-se de hipóteses em que o estímulo à cooperação é excepcionalmente natural, tais casos afastam-se do objeto desse trabalho. Ademais, os exemplos, nesse caso, afloram nas mais variadas formas.

Interessamo-nos muito mais pela investigação de uma outra hipótese de cooperação dita *ex-ante*: de caráter prévio, permanente e, sobretudo, não natural; cujos exemplos históricos são bem mais raros.

Traduzindo nosso propósito em termos reais, diríamos que ao nosso trabalho importa muito mais a ineficiência de ações cooperativas que precederam e, de certa forma, redundaram na crise dos *subprimes*, que as medidas emergenciais de cooperação a serem adotadas para conter o seu avanço e remediá-la.

***Problemas estruturais***

Como já salientado, durante os anos de predomínio britânico, o que parece ter havido foi muito mais o exercício de uma irresistível liderança conferida por seu poderio econômico e financeiro, que de fato uma iniciativa genuinamente cooperativa. Aliás, o mesmo pode-se dizer a respeito do período subseqüente, quando a liderança americana substituiu a britânica.

Isso não significa que as desprezemos, porém, somos forçados a admitir que essa complexa mistura entre cooperação e liderança incontrastável criou uma nítida assimetria relacional entre os cooperados, contaminando o próprio caráter cooperativo.

Pois bem, ao estabelecerem as bases do novo sistema monetário internacional, os governantes da época naturalmente repetiram as receitas que, até então, haviam feito prova. Sob este prisma, a institucionalização da cooperação internacional sob os moldes de outrora nada mais fez que cristalizar um equívoco estrutural.

Com efeito, a estrutura institucional das organizações internacionais criadas em Bretton Woods reflete perfeitamente essa assimetria de poder. Contrariamente ao que ocorre em outras organizações internacionais universais, o sistema decisório das organizações de Bretton Woods não segue o tradicional critério de "un État, une voix", corolário do princípio da igualdade e uma das bases do direito internacional, mas sim o sistema de voto ponderado.[68]

No caso específico do FMI, a cada membro são atribuídos "(...) un minimum de deux cent cinquante droits de vote auxquels viennent s'ajouter une voix supplémentaire pour chaque tranche de 100.000 DTS de quote-part versée".[69] Detentor de 17% dos direitos de voto, os Estados Unidos podem, portanto, exercer em algumas matérias (por exemplo: revisão de cotas-partes) um real direito de veto, tendo em vista serem necessários 85% dos votos à sua aprovação. Ao longo do tempo, esse equívoco estrutural causou efeitos perversos sobre a cooperação internacional.

Em função da sua posição dominante, alguns membros, especialmente os Estados Unidos, sempre se portaram como se as proposições prudenciais não lhes concernissem. Conseqüentemente, sucumbir à tentação consubstanciada no "dilema de Triffin" foi apenas um exemplo entre tantos outros que puderam ser observados durante o pós-guerra.

68. "Le Fonds et la BIRD sont les principaux exemples d'organisations internationales où le vote s'opère suivant un principe de pondération, alors que dans la plupart des cas tous les membres jouissent d'un droit de vote égal" (J. Gold, "Le Fonds Monétaire International et le droit international: une introduction", p. 9).

69. P. Lenain, *Le FMI*, p. 95.

Seria extremamente fácil atribuir apenas ao laxismo dos membros majoritários a culpa pelo mau funcionamento do sistema. Este também deve ser imputado à própria estrutura institucional, tal como foi criada. No caso americano, a cooperação tornou-se uma opção atrativa somente quando coincidente com seus interesses individuais. Aplicada tal assimetria de poder no modelo teórico do "dilema do prisioneiro",[70] teríamos, não o conhecimento prévio das respostas alheias por um dos competidores, o que já seria em si uma grande vantagem, mas a entrega das chaves da própria prisão a ele. Ou seja, em casos semelhantes, inexiste dilema, a escolha sempre será feita a partir do interesse individual.

Incontornável, portanto, o paradoxo da situação criada: concebeu-se uma organização internacional, cuja finalidade era a promoção da cooperação, mas cuja estrutura institucional a desestimulava.

Nesse âmbito, tanto o já longínquo malogro do "*gold pool*", quanto a recente crise financeira (*subprimes*) são exemplos claros de opção pelo individualismo em detrimento da cooperação. No caso da crise dos *subprimes*, o que se presenciou não foi uma prova da impotência estatal diante da irresistível e imprevisível força do mercado. Tratou-se, na realidade, da eclosão de uma crise há muito anunciada,[71] cujas causas foram convenientemente negligenciadas pelas autoridades americanas ao longo dos anos.

No entanto, os problemas encontrados pela cooperação no âmbito internacional não se exaurem nesse exemplo paradoxal de desestímulo.

Os Acordos de Bretton Woods possuíam a particularidade de ser o primeiro tratado a constituir formalmente um "código de conduta" aplicável às transações econômicas entre Estados. O funcionamento desse sistema resumia-se a dois princípios básicos: o reconhecimento da independência nacional na formulação das políticas internas e a submissão dessas ao "código de conduta" previamente adotado pelos Esta-

70. *Nota 38*: "O *dilema do prisioneiro* é um dos primeiros métodos teóricos sobre o qual se estruturou a moderna teoria dos jogos. Sua estrutura é bastante simples: imagina-se dois prisioneiros, a serem interrogados pela prática do mesmo crime, e suponha-se que cada um deles é dito que se confessar e delatar o outro será perdoado, e o outro terá a pena máxima (por hipótese, 20 anos), enquanto que, se ambos confessarem e delatarem, ambos terão a pena básica do crime (por hipótese, 10 anos). Por outro lado, se nenhum dos dois confessar serão aplicadas penas de 5 anos para cada um, relativas ao crime mais simples (por hipótese, o único que é possível demonstrar sem a confissão)" (C. Salomão Filho, *Regulação da Atividade Econômica*, p. 97).

71. "De manière plus générale, le niveau très faible de l'épargne des ménages — qui est étroitement lié à l'évolution du marché du logement — demeure un sérieux sujet de préoccupation. Depuis la fin des années 90, les prix du logement aux États-Unis ont augmenté rapidement, quoique de manière très variable selon les États. Selon des estimations des services du FMI, 18 États au moins, qui représentent plus de 40% du PIB des États-Unis, enregistrent aujourd'hui un boom du logement (graphique 1.11) et, selon certaines mesures, les implications au niveau national sont telles que — pour la première fois depuis 1970 — le marché national du logement est en forte expansion aussi. La hausse des prix a soutenu l'augmentation des emprunts hypothécaires, qui sont passés d'environ 3% du PIB en 2000 à près de 8% du PIB au début de 2005, dont environ un tiers sous la forme d'une ponction nette sur le patrimoine, ce qui explique le déficit de financement du secteur des ménages — l'excédent des dépenses des ménages par rapport à l'investissement résidentiel et des biens de consommation durable par rapport à l'épargne brute des ménages. Par ailleurs, une part croissante des nouveaux emprunts hypothécaires sont financés de manière plus risquée, notamment par des amortissements négatifs et des instruments à taux flottant. Si les booms des prix du logement ne se terminent pas nécessairement par des crises, les récentes hausses des prix du logement font craindre que le marché soit de plus en plus exposé à une correction. Si le niveau élevé des prix du logement s'explique en partie par des données fondamentales — parmi lesquelles une augmentation des revenus, de la richesse et de la population — il tient aussi au niveau aujourd'hui très faible des taux d'intérêt, qui ne sera probablement pas permanent" (FMI, *Perspectives de l'Economie Mondiale, septembre 2005*, pp. 21-22).

dos.[72] Esse sistema apresentava, ao menos em tese, um bom equilíbrio entre os elementos técnicos e políticos que o compunham. Especificamente quanto ao FMI, não é incorreto afirmarmos, portanto, que o traço comum das atividades era a promoção e a salvaguarda do mencionado código.

Entretanto, esse panorama alterou-se drasticamente a partir dos anos 1970. Ainda que no plano estrutural o FMI tenha pouco mudado, as transformações no cenário político-econômico internacional provocaram o colapso do sistema de Bretton Woods e, conseqüentemente, a modificação do conteúdo do mencionado "código de conduta". As novas regras, dotadas de menor precisão, nitidamente representaram a passagem de um sistema anteriormente equilibrado a um sistema muito mais discricionário.

Essa mudança incidiu diretamente na relação existente entre os domínios das políticas econômicas internas e externas, provocando questionamentos quanto aos limites da ação institucional. O exemplo mais contundente desta deriva foi a evolução da condicionalidade[73] contida nos programas de ajuste financeiro elaborados pelo FMI.

O cruzamento dessa tendência à discricionariedade, do afrouxamento da regulação e da forte concentração de poder no âmbito institucional provocou um efeito de captura da organização por seus principais membros.[74]

O nítido emprego político das organizações de Bretton Woods, especialmente a partir dos anos dos anos 1970, pode facilmente ser notado através da análise de suas atividades, sobretudo a concessão de empréstimos. Princípios outrora básicos, como a eqüidade e a neutralidade política, foram pouco a pouco abandonados. Do critério técnico de suas decisões, restou apenas uma apagada aparência, um resquício longínquo, talvez atribuído à manutenção do mesmo procedimento formal. Observou-se, assim, uma progressivamente penetração da política num ambiente concebido para ser, ao menos inicialmente, naturalmente técnico.

72. M. Guitian, "The unique nature of the responsibilities of the International Monetary Fund", p. 12.

73. Ainda que o primeiro acordo contendo condições date de 1954 (*stand-by arrangement* celebrado com o Peru) e o aparecimento dos primeiros *perfomance criteria* seja registrado em 1957 (*stand-by arrangement* celebrado com o Paraguai), o emprego habitual de condições e *perfomance criteria* vulgariza-se apenas mais de uma década após. Prova concreta disso é a progressão dos empréstimos submetidos a forte condicionalidade em relação ao total emprestado pelo FMI. Durante esse período: passa-se de 25%, entre 1975 e 1979, a 59%, entre 1980 e 1984, atingindo 66% na segunda metade da década de 1980. Quanto aos *performance criteria*, eles passam de uma média de 5 por programa, em 1983, a 8, em 1986, atingindo finalmente a casa decimal antes do final daquela década.

74. "The public-interest theory of regulation hypothesizes that government intervention corrects market inefficiencies to maximize social welfare (*e.g.*, Feldstein (1972a 1972b), Schmalensee (1979), and Joskow and Noll (1981)). However, as Stigler (1971), Peltzman (1976, 1989), and Becker (1983) argue, regulation may sometimes be the outcome of private interests who use the coercive power of the state to extract rents at the expense of other groups. Hence, regulation may reduce social welfare if it increases the benefits to one particular group. We investigate the determinants and consequences of usury laws through the guidance of the public and private interest theories. (...) According to the public-interest theory, regulation is supposed to help underserved or disadvantaged groups and is therefore intended to be inclusive. (...) Our results relate to the literature on the economics of regulation and complement research on the political economy of financial regulation. Peltzman (1965) and Kroszner and Strahan (1999) argue that financial regulation is determined by private interests. Rajan and Zingales (2003) propose an interest group theory of financial development, where both incumbent financiers and industrialists oppose financial development because it breeds competition. Braun and Raddarz (2004) show that the relative strength of interest groups determines the level of financial system sophistication.

"Feijen and Perotti (2006) show that weak democratic institutions allow incumbent interest groups to capture financial regulation and Perotti and Volpin (2006) provide evidence that entry in financially dependent sectors is higher in countries with better investor protection" (E. Benmelech e T. J. Moskowitz, *The Political Economy of Financial Regulation: Evidence from US State Usury Laws in the 19th Century*, pp. 1-4).

Efeito colateral dessa equivocada estrutura, suas decisões são normalmente influenciadas por fatores como o "peso" do Estado demandante (avaliado pelo número de cotas detidas, ou pelo tamanho de sua economia); sua representatividade executiva no *staff* da organização; sua proximidade econômica ou política com os principais membros da organização.[75] Este último, um aspecto de especial relevância, tendo em vista o já mencionado sistema de ponderação de voto.

Já em 1967, o Reino Unido beneficiou-se de um *stand-by arrangement* desprovido de carga condicional. Uma decisão ilustrativa de certa parcialidade se considerarmos que, após 1964, este permaneceu sendo o único exemplo de crédito *stand-by*, concedido pelo FMI, absolutamente isento de condições.[76] Outro exemplo de tratamento privilegiado foi o dispensado ao México e a outros países da América Latina à ocasião da crise da dívida (um benefício certamente explicado pela estreita ligação desses países com os Estados Unidos).[77]

Essa iniqüidade apenas intensificou-se ao longo dos anos. A progressiva intensificação da condicionalidade, de certa maneira, exerceu um efeito catalisador sobre o emprego de critérios políticos na tomada de decisões. Ainda que, de forma geral, as recomendações do FMI respeitem uma mesma orientação filosófica, seus membros não são incitados a segui-las com a mesma energia.[78] Medidas relacionadas a temas, como controle de despesas militares, luta contra a corrupção, combate a práticas antidemocráticas e reformas estruturais, são facilmente impostas a pequenos países ou aos politicamente isolados, mas normalmente flexibilizadas, quando se trata de membros de grande expressão.[79]

Esse sentimento de favoritismo ganhou força ao longo dos anos, gerando uma inevitável divisão entre os membros.[80] Ao mesmo tempo, intensificou-se a percepção de instrumentalização política (captura) da

75. R. Barro, J.-W. Lee, "IMF programs: who is chosen and what are the effects?", p. 10.

76. "From 1964 on, the only upper-tranche stand-by arrangement without a performance clause was for the United Kingdom in November 1967. Stand-by arrangements for 1964-67 are summarized in 'Fund Policy with Respect to Use of Its Resources and Stand-by Arrangement,' SM/68/128 (July 23, 1968). The last time that the Fund permitted an upper-tranche drawing without a stand-by arrangement and not linked to a specialized facility or emergency assistance was for Egypt in March 1968 (de Vries, 1976, vol. 1, p. 319)" (J. Boughton, *Silent Revolution:...*, cit., p. 558).

77. "Third, and perhaps most disturbing, the IMF has not devoted much energy to getting concerted lending programs for the smaller debtor countries, but only for the larger countries (*e.g.*, Argentina, Brazil, and Mexico). Almost no debtor country with an outstanding debt below $5 billion has been able to get any concerted lending from its commercial bank creditors, as shown in Table 6 in Sachs and Huizinga (1987). The smaller and politically weaker debtor countries have apparently had to make much larger net resource transfers than have their larger fellow debtor countries" (J. Sachs, "Conditionality, debt relief, and the developing country debt crises", p. 12).

78. "When the Fund consults with a poor and weak country, the country gets in line. When it consults with a big and strong country, the Fund gets in line. When the big countries are in conflict, the Fund gets out of the line of fire" (P. Volker e T. Gyohten, *Changing Fortunes: the World's Money and the Threat to American Leadership*).

79. H. James, "From grandmotherliness to governance: the evolution of IMF conditionality".

80. "As a result there has emerged a growing chasm between shareholders and stakeholders, between those who determine IMF policies and decisions and those to whom those decisions and policies are applied. Thus, instead of a cooperative institution to which all members contribute and from which they may borrow from time to time, a distinction has emerged between creditor countries that have the power to make the rules and debtor and prospective debtor countries, which are subject to those rules" (A. Buira, "The Bretton Woods institutions: governance without legitimacy?", pp. 18-19). "(...) The resulting division of the Fund's membership into borrowers and non-borrowers has exacerbated the problem of conditionality by making one group of members overwhelmingly interested in making access easier, and the other group in making it more limited (Kafka, 1991)" (J. Polak, "The changing nature of IMF conditionality", p. 13).

organização.[81] Por fim, floresceu um espírito de desconfiança, que acabou solapando a própria legitimidade institucional.

### *Conflito de competências*

Além da questão estrutural, outros problemas obstaculizaram o estabelecimento da cooperação internacional no âmbito monetário e financeiro.

Fundada na cooperação econômica internacional, a ordem econômica inaugurada no pós-guerra podia ser descrita através de um esquema teórico-organizacional bem claro. Em torno da Organização das Nações Unidas (ONU), o eixo central do sistema, articular-se-ia um subconjunto de organizações de vocação econômica, dotadas de competências bem determinadas e complementares.[82] No projeto original, três organizações gravitariam em torno desse centro: o Fundo Monetário Internacional (FMI), o Banco Internacional para a Reconstrução e o Desenvolvimento (BIRD) e a Organização Internacional do Comércio (OIC).[83] As duas primeiras encarregar-se-iam precipuamente do fornecimento de ajuda a seus membros, respectivamente em caso de desequilíbrios conjunturais e estruturais, ao passo que à terceira seria atribuída a missão de liberalizar o comércio.

Nascidas na Conferência de Bretton Woods, as duas primeiras não presenciaram, no entanto, o nascimento da terceira. Isto porque os estatutos da OIC, adotados pela Carta de Havana, em 1948, nunca chegaram a ser ratificados pelos Estados Unidos, devido à oposição de seu Senado.[84] Não obstante esse déficit em relação ao projeto original, confiava-se na boa cooperação entre as duas organizações de Bretton Woods.

Todavia, como já salientado, em razão de uma subestimação dos custos da reconstrução dos países atingidos pela guerra, o FMI e o BIRD viram suas competências serem pouco a pouco usurpadas durante este período. Rivalizados, tanto no nível regional, quanto global, essas organi-

81. "Much of the contemporary hostility toward IOs reflects a growing recognition that the benefits of the values advanced by IOs – centralization and independency – are not distributed equally among states. There is a growing awareness, particularly as IOs centralize their own power as well as concentrate the power of their most powerful members, that institutionalization may not have truly 'leveled the playing field' as advertised, even though the relative powers of rich and poor or West and 'other' are undoubtedly 'more equal' than before, when the bulk of today's states were deemed entirely outside the domain of 'civilized' law. Some of the scepticism about the value of IOs as 'neutral' venues for regulation or discourse stems from post-modern doubts about the law's neutrality" (J. E. Alvarez, "International organizations: then and now", p. 345).

82. "While the Fund is an adjustment institution whose short-term loans are directed to financing deficits that are either inherently temporary or intended to be temporary because of the adoption of adjustment policies, the World Bank is a development institution whose long-term loans are directed to the promotion of development. (...) The Bank's and the Fund's provinces are therefore rather clearly demarcated, the Bank providing long-term project finance to promote development and the Fund providing short-term balance of payments finance to cover temporary overall deficits" (J. Williamson, "The lending policies of the International Monetary Fund", p. 617).

83. "Les organisations économiques mondiales s'agrègent autour de l'Organisation des Nations Unies – auxquelles leur charte confère la mission de développer la coopération internationale économique. (...) Dans l'esprit des fondateurs de l'ordre international qui devait naître après la seconde guerre mondiale, ce sous-ensemble s'articulerait, en son centre, autour de l'assemblée générale, du conseil économique et social, et de leurs organes subsidiaires. Trois organisations devaient graviter autour de ce centre.

La conférence de Bretton Woods en juillet 1944 donna naissance à deux d'entre elles: le Fonds monétaire international (FMI); et la Banque internationale pour la reconstruction et le développement (BIRD). Les objectifs de ces deux institutions se voulaient complémentaires, puisqu'il s'agissait de venir en aide aux Etats membres qui rencontraient soit des difficultés conjoncturelles, soit des difficultés structurelles. (...) Un troisième élément, l'Organisation internationale du commerce (OIC) devait compléter l'élaboration de cet ordre" (D. Carreau e P. Juillard, *Droit International Economique*, pp. 24-25).

84. Id. ibid., p. 25.

zações desempenharam um papel apenas secundário nessa época.[85]

A visível intensificação da cooperação internacional no pós-guerra acompanhou as mudanças ocorridas na esfera financeira e política ao longo dos últimos cinqüenta anos. Durante esse período, assistimos à expansão do multilateralismo e à multiplicação das instâncias de cooperação. A partir de então, outros organismos (G5, G7, OCDE) passaram a concorrer na coordenação política dos países industrializados. Assim, quando o dólar apresentou problemas (1982 e 1985), quando a França enfrentou uma grave crise na balança de pagamentos (1982), ou, ainda, quando as economias Japonesa e Alemã encontravam-se desequilibradas (1977-1978 e 1987), a cooperação foi estabelecida a partir de Conferências do G7 e G5, restando ao FMI um papel mais uma vez secundário nas discussões.[86]

Não bastasse essa incômoda concorrência, que, de certa forma, aumentou os obstáculos à cooperação, um outro elemento veio acrescentar-se a esse já conturbado panorama.

A expansão da cooperação internacional aos chamados países periféricos produziu uma correspondente ampliação da atividade institucional,[87] apesar da inexistência de mandato para tanto.[88] O resultado prático dessa transformação foi o desaparecimento da linha divisória outrora existente entre as competências institucionais do FMI e do BIRD.[89]

85. "Face a l'ampleur insoupçonnée de la pénurie de dollars, le plan Marshall a confié aux États-Unis la tâche de réunir les financements, alors que celle-ci incombait au FMI. et à la Banque mondiale. Les difficultés inattendues de coordination entravant la transition vers la convertibilité des comptes courants, ont entraîné l'intégration de l'Union européenne des paiements (UEP) au système de Bretton Woods, et son administration par les pays européens plutôt que par le FMI.. (...) Le Fonds et la Banque constituaient les pourvoyeurs évidents des ressources dont l'Europe avait besoin, le premier dans la mesure où les besoins traduisaient un financement de la balance de paiements, le second dans la mesure où ils reflétaient la nécessité de financements à long terme. Et pourtant les principales archives de cette époque mentionnent à peine les Institutions issues des accords de Bretton Woods et leur rôle à cette époque fut relativement limité. Le FMI. interdit aux pays bénéficiaires d'aides au titre du plan Marshall de recourir aux ressources du Fonds, prétextant qu'ils devaient conserver intacts leurs droits de tirage pour les utiliser lorsque le système monétaire fonctionnerait normalement et non pour financer les besoins exceptionnels de la reconstruction" (B. Eichengreen e P. B. Kenen, "L'organisations de l'économie internationale depuis Bretton Woods:...", cit., pp. 14-20).

86. "(...) the Fund participated only at the pleasure of the countries' officials and had no real standing to guide the process. The Fund did promote the strategy, in part by providing an analytical framework and an internationally consistent database" (J. M. Boughton, *Silent Revolution:...*, cit., p. 186).

87. "The Fund was conceived as a monetary institution charged with supervising international monetary arrangements. Its lending powers were designed to support its ability to contribute to that end by helping its members respond to payments deficits without measures destructive national or international prosperity (...) In the 1970s the Fund became much more a lender of last resort, avoided except in extremis, in consequence of the interaction between the ill-repute with which it had come to be regarded in many of the major capital importing countries and the ready availability of loans from commercial banks" (J. Williamson, "The lending policies of the International Monetary Fund", pp. 607-608).

88. "The Fund has not been given power to act in these fields. It has not been established to give guidance on social and political priorities, nor has its voting system been designed to give it the moral authority to oversee priorities of a noneconomic nature. Its functions have to be kept narrowly technical if it is to be effective in the exercise of its role as a promoter of the adjustment process. For this purpose, the Fund has to accept that the authorities of a country are the sole judges of its social and political priorities" (D. Finch, *IMF Conditionality*, pp. 77-78).

89. "The division of labor became blurred after 1974. (...) because those deficits were largely structural in character, payments adjustments demanded structural change. But supervision of a program of structural change involves Fund intrusion into questions of investment priorities, microeconomic efficiency, and the structure of incentives, all of which have traditionally been the preserve of the Bank. In the late 1970s, the Bank, for its part, concluded that, since the main constraint on more acceptable

Conquanto a mera concorrência entre os diferentes organismos responsáveis pela cooperação internacional não se consubstancie num mal em si mesmo, a configuração atual revela-nos evidentes inconsistências. Alguns deles não são suficientemente representativos a ponto de ser-lhes atribuído mandato tão amplo para a formulação de políticas globais. Outros, não obstante de caráter universal, não possuem estrutura adequada para a realização de tal tarefa. Finalmente, outros, embora de representação universal e estruturalmente capazes, não possuem mandato formal para tanto, carecendo, como os primeiros, de legitimidade funcional.

Diante de tal indefinição, observou-se a intensificação do processo de captura política desses organismos e o acirramento dos conflitos de competência. Ao mesmo tempo, cresceram as demandas por regulação do caótico sistema financeiro internacional.

A conjugação desses diversos vetores, embora muitas vezes aparentemente opostos, dá-nos boas indicações de alguns elementos que, necessariamente, devem ser considerados para a composição de uma resultante final.

O primeiro desses vetores relaciona-se à própria natureza do tema. Não nos parece, pela sua extensão – regulação do sistema financeiro internacional –, que esta tarefa possa ser realizada solitariamente por um organismo. Trata-se, na realidade, de um tema cuja transversalidade naturalmente exige o concurso de vários agentes. Caso contrário, teme-se que a concentração de poder provoque um processo inercial de expansão institucional que culmine, por sua vez, na formação de uma mega instituição detentora de competência quase ilimitada.

A diversidade de organismos não nos parece ser, portanto, um óbice à regulação; mas, sim, um pressuposto. Por outro lado, de nada adianta a mencionada diversidade sem a devida coordenação entre tais organismos. Particularmente quanto a este aspecto, observa-se um fato curioso: enquanto a cooperação entre Estados é fortemente incitada, pode-se dizer que, entre organismos internacionais, ela ainda é um tanto tímida. Na verdade, exceção feita aos já mencionados casos de socorro financeiro, raros são os exemplos concretos de cooperação perene entre organismos internacionais.[90]

Em sede local, a cooperação entre os agentes do mercado, conquanto não natural, pode ser estimulada pelo Estado, cuja autoridade irresistível impõe-lhes condutas e formata estruturas. A inexistência de uma figura dotada de tal superioridade no âmbito internacional é, de fato, um complicador, mas não se constitui num obstáculo insuperável. Isto porque nada impede que a competência para coordenar as ações neste âmbito seja atribuída a um desses organismos. Aliás, isto já foi realizado com relativo sucesso em alguns episódios, notadamente durante a crise asiática (1997), quando o FMI capitaneou as ações de socorro financeiro que tiveram a participação do BIS, do Banco Mundial e de outros organismos regionais.

rates of development was once again the balance of payments, fulfilment of its responsibilities required it to provide facility to support coherent programs os structural adjustment aimed at earning or saving foreign exchange. Thus, the traditional frontier between Fund and bank was breached from both directions. (...) the former distinctions between the roles of the Fund and the Bank – macro versus micro, demand versus supply, adjustment versus development, financial versus real, program versus project loans, short term versus long term – have been severely eroded" (J. Williamson, "The lending policies of the International Monetary Fund", pp. 617-619).

90. Ainda que o primeiro acordo de colaboração entre o FMI e o Banco Mundial date de 1966 e que suas sucessivas revisões tenham reafirmado esse propósito, o verdadeiro ponto de partida de sua colaboração foi criação dos SAF (*Structural Adjustment Facility*), em 1986. A respeito da colaboração entre o FMI e o Banco Mundial consultar, entre outros: FMI, World Bank, *Strengthening IMF-World Bank Collaboration on Country Programs and Conditionality – Progress Report*.

Apesar disso, um outro problema ainda persistiria: pouco consenso ainda existe quanto à escolha do organismo responsável por essa "coordenação interorganizacional".

Do ponto de vista técnico, parece-nos desejável que tal escolha recaia, naturalmente, sobre um organismo universal, perene e dotado de estrutura técnica e material para a realização desta tarefa. Nessa medida, excluiríamos, tanto as Conferências Internacionais, quanto as organizações regionais; seja porque algumas não possuem estrutura material ou perenidade, ou porque a composição das outras não tem alcance global.

Em nossa visão, a despeito dos problemas institucionais, a organização mais indicada para desempenhar essa tarefa continua sendo o FMI. Trata-se de uma organização internacional especializada das Nações Unidas, de caráter universal, perene, de vocação econômica, dotada de meios técnicos, econômicos, experiência e instrumental adequado para realização desta tarefa. Além disso, a sua competência originária, caracterizada por natural extensão e profundidade, e a celeridade de seu processo de tomada de decisões são atributos que lhe favorecem nessa corrida.

Para tanto, seria, no mínimo recomendável, a realização de algumas alterações estruturais, seja para readequar seus estatutos a suas "novas" funções, seja para garantir maior legitimidade diante de seus membros.[91]

## *Conclusão*

A evolução histórica da cooperação internacional amalgama-se, em certa medida, com aquela do próprio sistema monetário internacional. Dessa forma, qualquer investigação acerca da primeira passa necessariamente pelo estudo da segunda.

Apesar de sua tão propalada defesa, confessamos certo ceticismo quanto à real compreensão acerca da importância da cooperação internacional pelos governos da época do *gold standard*.

Parece-nos bastante reveladora, a esse respeito, a comparação entre o oportunismo que estimulou a cooperação estabelecida sob a direção britânica, durante a época considerada o apogeu do padrão ouro, e a completa ausência de coordenação durante o período subseqüente, o entre guerras. Nesses dois episódios, foram, na realidade, os interesses nacionais, respectivamente em harmonia e contrários às medidas de cooperação, que ditaram o comportamento dos dirigentes nacionais.

Tendo em vista este fato, a institucionalização da cooperação internacional constituiu-se na saída mais lógica para resolução deste problema. Vimos, no entanto, que esta institucionalização no pós-guerra cristalizou uma inapropriada assimetria relacional, que, por sua vez, engendrou uma nítida corrosão da legitimidade institucional.

Isto não quer dizer que o conceito de institucionalização da cooperação internacional tenha sido equivocado, mas somente que algumas escolhas realizadas à ocasião de sua materialização o foram. Ou seja, a sua má implementação não pode, de maneira alguma, contaminar a essência de um conceito em tese correto.

No que concerne às crises, devemos lembrar que a cooperação internacional, por si só, não basta para preveni-las. Trata-se, apenas, de um importante instrumento que deve ser manuseado com prudência e cuidado para implementação de políticas adequadas. Em síntese, de nada adianta um bom instrumento que veicule políticas equivocadas.

Além disso, não se pode sumariamente desprezar o conteúdo determinista de certas teses. Talvez as crises sejam, de fato,

91. A respeito da reforma do FMI: E. M. Truman, "International Monetary Fund Reform: an overview of the issues"; United States Congress, International Financial Institution Advisory Commission, *Meltzer Report*.

inerentes ao sistema capitalista; portanto, inevitáveis.[92] Nesse caso, nossa busca por respostas seria justificada tão-somente pelo nosso incansável, pretensioso e malogrado desejo de tudo controlar.

Independentemente das convicções que nos animem, isto não pode servir de justificativa para nos esquivarmos de nossos equívocos. Ainda que não possamos determinar, com precisão, se tais crises teriam ou não ocorrido sob outras circunstâncias, o que consistiria em pura especulação, parece-nos correta a afirmação segundo a qual ao menos a gravidade de seus efeitos teria sido menor, caso uma melhor cooperação entre os países tivesse ocorrido.

Nesse âmbito, revela-se inevitável a conclusão de que a falta de cooperação foi, senão o único componente constante das crises observadas ao longo da história, o elemento essencial à intensificação de seus efeitos.

Poderíamos, aqui, como de fato fizemos, indicar uma série de motivos que, embora não exaustivos, contribuíram decisivamente para o fracasso da cooperação internacional em cada um dos casos de crise, inclusive dessa última. Todavia, nenhum desses motivos é solitariamente capaz de explicar tal lapso.

Na verdade, o estabelecimento da cooperação no âmbito internacional é um tema complexo demais para ser decorticado num só trabalho. Além de elementos de caráter técnico, ele depende de ponderações relativas à política e ao direito internacional, que nos remeteriam a questões atinentes à própria essência e fundamentos desses temas.

No âmbito político, o seu estabelecimento pressupõe um frágil equilíbrio, sujeito às intempéries econômicas e às determinantes do poder. A exemplo disso, os anos de domínio americano não foram, de fato, os mais adequados à consecução dos objetivos cooperativos. Diante da mencionada assimetria de poder verificada nesse período, questionamos a própria natureza cooperativa das ações empreendidas. Indagamo-nos, no entanto, qual teria sido a configuração da cooperação internacional, caso a mesma estrutura institucional fosse aplicada num contexto multipolar.

De qualquer maneira, a perenidade e a efetividade da cooperação internacional requerem um maior comprometimento dos Estados.[93] Em seu curso geral, proferido na *Académie de Droit International*, em 1998, o Professor Pastor Ridruejo observa uma transformação no direito internacional a partir de uma análise fundada nos fatos, na norma e nos valores. Mais precisamente quanto a estes últimos, pondera que o direito contemporâneo teria se tornado mais humano, destacando quatro valores que orientariam essa evolução: moralismo, humanismo, socialização e democratização.[94]

92. "Chaque fois, une longue période de vive expansion du crédit a coïncidé avec une phase de croissance de plus en plus euphorique de l'économie réelle et des marchés financiers, suivie par une crise inattendue et une phase de repli prolongée. Dans chaque cas, ou presque, une découverte économique ou une innovation financière, présentée comme ouvrant une 'ère nouvelle', justifiait une vive expansion du crédit, avant d'être inévitablement désignée, lors du retournement, comme la source de tous les maux" (BIS, *78th Annual Report*, pp. 3-4).

93. "Bien que l'importance et les mérites des normes et des codes soient de plus en plus reconnus, leur développement et leur mise en oeuvre, ainsi que l'évaluation de leur respect par les différents pays, ont suscité des interrogations et des défis, dont la plupart sont liés au caractère récent et facultatif de l'exercice. (...) Un aspect important réside dans le fait qu'elle s'efforce de tenir compte de l'asymétrie existant entre la nature internationale du système financier et le caractère national des décisions de politique économique. Cette volonté se manifeste par l'adoption de cadres transparents et fondés sur des règles, qui réduisent la marge de liberté d'action au niveau national et limitent ainsi, en principe, les cas où une coordination au niveau international de décisions concrètes s'avère nécessaire" (Banque Centrale Europeenne, "Les évolutions récentes de la coopération internationale", pp. 62-65).

94. J. A. Pastor Ridruejo, "Le droit international à la veille du vingt et unième siècle: normes faits et valeurs", pp. 9–308.

Na prática, a conjugação desses valores preconiza a aplicação de um componente característico desse "novo" direito internacional: a cooperação.

Vivemos, no entanto, num período de transição, em que fundamentos de duas épocas distintas se misturam e cuja resultante parece-nos ainda um tanto incerta.

De qualquer modo, acreditamos que a institucionalização da cooperação internacional representa um marco no direito internacional e um caminho sem volta para os Estados. Resta apenas saber qual será a sua feição no futuro.

São Paulo, 2008.

### *Referências bibliográficas*


ALVAREZ, José E. "International organizations: then and now", *American Journal of International Law*, vol. 100, n. 2, abr./2006, pp. 324–347.

ASSIDON, Elsa. *Les Théories Economiques du Développement*. Paris, La Découverte, Coll. Repères, 2000, 124 p.

BARRO, Robert J., e LEE, Jong-Wha. "IMF programs: who is chosen and what are the effects?", *NBER Working Paper* n. 8.951, Cambridge, MA, NBER, 2002, 48 p.

BENMELECH, Efraim, e MOSKOWITZ, Tobias J. *The Political Economy of Financial Regulation: Evidence from US State Usury Laws in the 19th Century*, p. 1, *http://www.nber.org/papers/w12851*.

BORDO, Michael D., e SCHWARTZ, Anna J. "Monetary policy regimes and economic performance: the historical record", *NBER Working Paper* n. 6.201, Cambridge, MA, NBER, 1997, 128 p.

BORDO, Michael D., e JAMES, Harold. "The International Monetary Fund: its present role in historical perspective", *NBER Working Paper* n. 7.724, Cambridge, MA, NBER, 2000, 57 p.

BORDO, Michael D., e KYDLAND, Finn E. "The gold standard as a rule", *NBER Working Paper* n. 3.367, Cambridge, MA, NBER, 1990, 50 p.

BOUGHTON, James M. *Silent Revolution: the International Monetary Funds, 1979 1989*. Washington, FMI, 2001, 1.067 p.

BOURGUINAT, Henri. *Finance Internationale*. Paris, PUF, 1999, 774 p.

BRANA, Sophie, e CAZALS, Michel. *La Monnaie*. Paris, Dunod, 1997, 128 p.

BUIRA, Ariel. "IMF financial programs and conditionality", *Journal of Development Economics*, vol. 12, issues 1-2, Washington, fév.-avr./1983, pp. 111-136.

______. "The Bretton Woods institutions: governance without legitimacy?", *CSGR Working Paper* n. 180/05, University of Warwick, Coventry, UK, nov./2005, 33 p.

CARREAU, Dominique, e JUILLARD, Patrick. *Droit International Economique*. Paris, LGDJ, 1998, 720 p.

D'ARVISENET, Philippe, e PETIT, Jean-Pierre. *Economie Internationale – La Place des Banques*. Paris, Dunod, 1999, 412 p.

DROUIN, Michel. *Le Système Financier International*. Paris, Armand Colin, 2001, 191 p.

DUFOUR, Jean-François. *Les Marchés Emergents*. Paris, Armand Colin, Coll. Synthèse, 1999, 94 p.

DUFOUR, Jean-Louis. *Les Décolonisations de 1945 à nos Jours*. Paris, Armand Colin, Coll. Synthèse, 2000, 96 p.

EICHENGREEN, Barry J. *A Globalização do Capital: uma História do Sistema Monetário Internacional*. São Paulo, Ed. 34, 2000, 288 p.

______, e BORDO, Michael D. "The rise and fall of barbarous relic: the role of the gold in the international monetary system", *NBER Working Paper* n. 6.436, Cambridge, MA, NBER, 1998, 85 p.

______, e KENEN, Peter B. "L'organisation de l'économie internationale depuis Bretton Woods: un panorama", *Cinquante Ans après Bretton Woods*. Paris, Economica, Coll. CEPII, 1995, pp. 11-54.

______, e TEMIN, Peter. "The gold standard and the great depression", *NBER Working Paper* n. 6.060, Cambridge, MA, NBER, 1997, 45 p.

FINCH, C. David. "Adjustment Policies and Conditionality", in John Williamson (ed.). *IMF Conditionality*. Washington, Institute for International Economics, 1983.

GASPERA, Sandrine Della. "Trente ans de déréglementation financière", *Bourse et Marchés Financiers Cahiers Français* n. 301, mar.-avr./2001, pp. 64–72.

GOLD, Joseph. "Conditionality", *Pamphlet Series* n. 31, Washington, FMI, 1979.

______. "Le Fonds Monétaire International et le droit international: une introduction", *Série de Brochures* n. 4, Washington, FMI, 1966, 27 p.

GUITIAN, Manuel. "The unique nature of the responsibilities of the International Monetary Fund", *Pamphlet Series* n. 46, Washington, FMI, 1992, 72 p.

HUME, David. "On the balance of the trade (1975)", in *Essays Moral, Political and Literary*. vol. I, Londres, Longmans, Green, 1898, pp. 330-345.

HUTCHISON, Michael M. "A cure worse than the disease? Currency crisis and output costs of IMF-supported stabilization programs", *NBER Working Paper* n. 8.305, Cambridge, MA, NBER, 2001, 51 p.

JAMES, Harold. "From grandmotherliness to governance: the evolution of IMF conditionality", *Finance & Development*, vol. 35, n. 4, Washington, déc./1998.

JEANNENEY, Sylviane G. *Monnaie et Finances*. Paris, PUF, 1998, 305 p.

KRUEGER, Anne O. "Whither the World Bank and the IMF?", *NBER Working Paper* n. 6.327, Cambridge, MA, NBER, 1997, 93 p.

LELART, Michel. *Le Système Monétaire International*. Paris, La Découverte, Coll. Repères, 2003, 124 p.

LENAIN, Patrick. *Le FMI*. Paris, La Découverte, Coll. Repères, 2002, 124 p.

NUSDEO, Fábio. *Curso de Economia: Introdução ao Direito Econômico*. São Paulo, Ed. RT, 2008, 383 p.

PASTOR RIDRUEJO, José Antonio. "Le droit international à la veille du vingt et unième siècle: normes faits et valeurs", *Académie de Droit International – Recueil des Cours 1998*, t. 274 da Coleção, Holanda, A. W. Sijthoff, Leyde, 1999, pp. 9-308.

POLAK, Jacques J. "The changing nature of IMF conditionality", *Working Paper* n. 41, OCDE, 1991, 81 p.

SACHS, Jeffrey. "Conditionality, debt relief, and the developing country debt crises", *NBER Working Paper* n. 2.644, Cambridge, MA, NBER, 1988, 69 p.

SALOMÃO FILHO, Calixto. *Direito Concorrencial: as Estruturas*. São Paulo, Malheiros Editores, 2007, 400 p.

______. *Regulação da Atividade Econômica: Princípios e Fundamentos Jurídicos*. São Paulo, Malheiros Editores, 2008, 239 p.

SCANNAVINO, Aimé. *Les Marchés Financiers Internationaux*. Paris, Dunod, 1999, 126 p.

SOLOMON, Robert. *O Sistema Monetário Internacional: 1945-1976*. Rio de Janeiro, Zahar, 1979, 410 p.

TRIFFIN, Robert. *Gold and Dollar Crisis*. New Haven, Yale University Press, 1960.

TRUMAN, Edwin M. *International Monetary Fund Reform: an Overview of the Issues*. Washington, Institute for International Economics, 2005, 93 p.

VOLKER, Paul, e GYOHTEN, Toyoo. *Changing Fortunes: the World's Money and the Threat to American Leadership*. New York, Times Books, 1992.

WILLIAMSON, John. "The lending policies of the International Monetary Fund", *IMF Conditionality*, Washington, Institute for International Economics, 1983, pp. 605-660.

### *Institucionais*

Banque Centrale Européenne. "Les évolutions récentes de la coopération internationale", *Bulletin mensuel de la BCE*, Banque Centrale Européenne, fév./2002, pp. 55-67.

Bank for International Settlements. *78th Annual Report*. Basel, BIS, 2008.

Fonds Monetaire International. *Perspectives de l'Economie Mondiale*. Washington, IMF, 2005.

Fonds Monetaire International, Banque Mondiale. *Strengthening IMF-World Bank Collaboration on Country Programs and Conditionality Progress Report*. Washington, FMI, 2002, 25 p.

United States Congress - International Financial Institution Advisory Commission: MELTZER, Allan H.; BERGSTEN, C. Fred; CALOMIRIS, Charles W.; CAMPBELL, Tom; FEULNER, Edwin J.; HOSKINS, W. Lee; HUBER, Richard L.; JOHNSON, Manuel H.; LEVINSON, Jerome I.; SACHS, Jeffrey D.; TORRES, Esteban Edward. *Meltzer Report*. 2000, 174 p.

# Jurisprudência Comentada

## AINDA O CONCEITO DE BENEFÍCIO PARTICULAR: ANOTAÇÕES AO JULGAMENTO DO PROCESSO CVM N. RJ-2009/5.811

Erasmo Valladão A. e N. França

*1. Introdução (colocação do problema). 2. Interpretação sistemática da LSA. 3. Investigação histórica e direito comparado: 3.1 Direito francês; 3.2 Direito alemão; 3.3 Direito brasileiro. 4. Conclusão.*

*Incorporação da Duratex S/A pela Satipel Industrial S/A – Benefício particular ao acionista controlador – Processo RJ-2009/5.811*

Reg. n. 6.594/2009

Relator: SEP

Trata-se de incorporação da Duratex S/A pela Satipel Industrial S/A. A Superintendência de Relações com Empresas – SEP relatou que a relação de substituição atribuída às ações ordinárias e preferenciais detidas pelos acionistas minoritários da Duratex (2,54467001 ações ordinárias da Satipel/ação ordinária e preferencial da Duratex detida pelos não controladores) é 16,67% menor que aquela atribuída às ações ordinárias detidas pelo acionista controlador da Duratex (3,05360401 ações ordinárias da Satipel).

Na opinião da SEP, a operação beneficia os controladores da Duratex de modo particular, provocando o impedimento de voto previsto no art. 115, § 1º, da lei societária.

O Diretor Marcos Pinto concordou com o entendimento da SEP, concluindo que: (i) os controladores da Duratex não poderão votar na deliberação da assembléia geral relativa à incorporação pela Satipel; (ii) em operações em que se estabeleçam relações de troca distintas para ações de diferentes espécies ou classes, todos os acionistas beneficiados estarão impedidos de votar; e (iii) na hipótese referida no item anterior, caso todos os acionistas com direito a voto estejam impedidos de votar, a companhia poderá convocar assembléia especial de preferencialistas para deliberar sobre a operação.

A Presidente Maria Helena Santana acompanhou o voto do Diretor Marcos Pinto.

Para o Diretor Eliseu Martins, a Duratex, na essência, adquire a Satipel e, na forma, ocorre o contrário. O Diretor observou que a operação, na incorporação, inclui alteração na proporção entre as ações da adquirente em poder de seus controladores e as em poder dos demais acionistas. Como estes se agrupam em dois conjuntos, os dos minoritários no controle e o dos preferencialistas, o Diretor considera que, em tese, caso fosse juridicamente possível, esses dois grupos deveriam deliberar separadamente. Em não sendo possível, o Diretor Eliseu Martins também acompanhou o voto apresentado pelo Diretor Marcos Pinto.

Para o Diretor Eli Loria, a operação apresentada, no que tange à diferenciação de relação de substituição entre acionistas detentores de ações ordinárias, mais do que configurar benefício particular ao acionista controlador da Duratex, nos termos do art. 115, § 1º, da lei societária, configura uma ilegalidade. Para o Diretor, trata-se de infração ao disposto no art. 15, § 1º, que veda a existência de classes de ações ordinárias na companhia aberta, bem como de infração ao disposto no art. 109, § 1º, ambos da lei societária, que determina direitos iguais aos titulares de ações de mesma classe.

Quanto à migração das ações preferenciais da Duratex em ações ordinárias da Satipel, o Diretor Eli Loria entendeu que a mesma poderá ocorrer no momento da incorporação. Entretanto, como a diferença de valor não é calculada por critérios objetivamente verificáveis, tais como diferenças de dividendos ou diferentes cotações das ações no mercado, a operação dependerá de aprovação da maioria dos acionistas detentores de ações preferenciais reunidos em assembléia especial.

Assim, o Diretor Eli Loria concluiu que o direito do minoritário à OPA referido no art. 254-A da lei societária não configura um direito a prêmio para o acionista controlador em todas as reestruturações societárias e, portanto, a operação sob análise não poderá se concretizar nos moldes propostos sob pena de restar configurada infração à lei societária.

O Diretor Otavio Yazbek também apresentou voto, concluindo que, embora considere, nos termos do voto apresentado pelo Diretor Marcos Pinto, haver benefício privado na operação proposta, há uma questão ainda preliminar, de forma, que impediria a realização da operação. Neste sentido, entende não ser possível a diferenciação entre as relações de troca de ações ordinárias pertencentes a controladores e minoritários no âmbito de operações de incorporação, e acompanha o voto do Diretor Eli Loria, sustentando que a operação em questão não pode sequer ser realizada nos termos em que foi apresentada à CVM.

Ao final da discussão, vencidos os Diretores Eli Loria e Otavio Yazbek, nos termos de seus votos, o Colegiado deliberou, por maioria, nos termos do voto apresentado pelo Diretor Marcos Pinto, que (i) os controladores da Duratex não poderão votar na deliberação da assembléia geral relativa à incorporação pela Satipel; (ii) em operações em que se estabeleçam relações de troca distintas para ações de diferentes espécies ou classes, todos os acionistas beneficiados estarão impedidos de votar; e (iii) na hipótese referida no item anterior, caso todos os acionistas com direito a voto estejam impedidos de votar, a companhia poderá convocar assembléia especial dos acionistas detentores de ações preferenciais para deliberar sobre a operação.

*Manifestação da Área Técnica*

*Para: GEA-3 Relatório de Análise/CVM/SEP/GEA-3/n. 061/09*

*De: Juliana Vicente Bento*

*Data: 3.7.2009*

*Assunto: Incorporação da Duratex S/A pela Satipel Industrial S/A*

*Processo CVM RJ-2009/5.811*

Senhor Gerente,

1. Trata-se de incorporação da Duratex S/A ("Duratex" ou "Companhia") pela Satipel Industrial S/A ("Satipel" ou "Incorporadora").

### *Histórico*

2. Em 22.6.2009, a Duratex e a Satipel divulgaram Fato Relevante acerca da associação entre as duas companhias (fls. 01/04), nos seguintes principais termos:

a) a Itaúsa – Investimentos Itaú S/A e Companhia Ligna de Investimentos, controladores respectivamente da Duratex e da Satipel, assinaram contrato irrevogável e irretratável de associação entre as empresas visando unificar as suas operações;

b) a associação entre Duratex e Satipel tem por objetivo reforçar as vantagens competitivas baseadas na adoção das melhores práticas de gestão e na potencialização de culturas e competências empresariais que, aliadas a uma maior capacidade de inovação tecnológica e de desenvolvimento de produtos, resultará na criação de uma empresa global, com ganhos de escala em mercados cada vez mais disputados e preparada para continuar sua bem sucedida trajetória de crescimento sustentável;

c) a empresa resultante será ainda mais atraente para seus colaboradores, em função de sua dimensão e representatividade;

d) a operação será implementada por meio de reorganização societária na qual a Satipel incorpora a Duratex, cujos acionistas receberão ações ordinárias a serem emitidas pela Satipel;

e) serão emitidas 348.785.970 ações ordinárias a serem atribuídas aos acionistas da Duratex na seguinte proporção: (i) 3,05360401 ações de emissão da Satipel por ação ordinária da Duratex detida pelos controladores e, (ii) 2,54467001 ações de emissão da Satipel por ação ordinária e preferencial da Duratex, detida pelos demais acionistas;

f) a depender do resultado das *due diligences* na Duratex e Satipel, as relações de substituição de ações ordinárias e preferenciais da Duratex por ações ordinárias da Satipel podem ser ajustadas;

g) a operação será submetida à aprovação dos acionistas da Duratex e da Satipel, em Assembléias Gerais Extraordinárias a serem oportunamente convocadas, para apreciação do Protocolo e Justificativa de Incorporação (a ser oportunamente preparado e divulgado) e aprovação do aumento de capital da Satipel na forma acima estabelecida;

h) a ações da companhia incorporadora a serem emitidas participarão integralmente dos resultados do exercício social em curso;

i) as companhias oportunamente divulgarão, tão logo elaborado, o Protocolo e Justificativa de Incorporação, bem como novo Fato Relevante contendo as informações requeridas pela Instrução CVM n. 319.

j) a companhia resultante será denominada Duratex S/A, com ações listadas no Novo Mercado da BM&FBovespa, com *free float* acima de 40% do capital e o compromisso de manter os mais elevados padrões de governança corporativa;

k) a estrutura societária das empresas antes e após a incorporação está representada a seguir:

– **Situação Atual** (em milhões de ações e participação %):

⟶ desconsideradas as ações mantidas em tesouraria

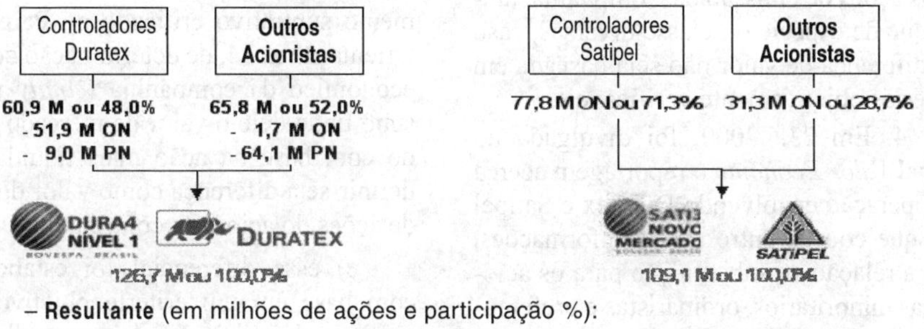


– **Resultante** (em milhões de ações e participação %):

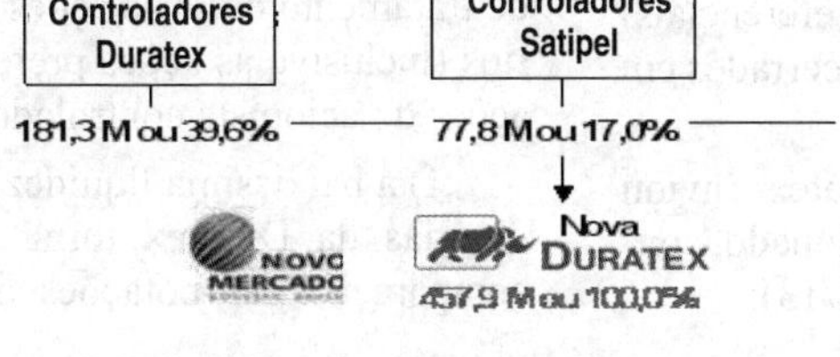

l) o Conselho de Administração da empresa resultante será composto por nove membros dos quais 4 (quatro) indicados pelos controladores da Duratex, 2 (dois) pelos controladores da Satipel e 3 (três) membros independentes. O Presidente do Conselho de Administração será Salo Davi Seibel e o Presidente Executivo será Henri Penchas; e

m) as ações de ambas as empresas continuarão a ser negociadas de forma independente até a efetivação da incorporação que será oportunamente divulgada ao mercado.

3. Nesta mesma data (22.6.2009), foi encaminhado à Duratex o Ofício/CVM/SEP/GEA-3/n. 335/09 (fls. 05/09), solicitando informar, por meio do Sistema IPE, quais os critérios utilizados para a fixação das relações de substituição fixadas na operação, bem como se os acionistas controladores da Duratex S/A votarão na assembléia que irá deliberar acerca da mencionada incorporação, uma vez que a CVM já teria se manifestado no sentido de que os acionistas controladores estarão impedidos de votar, na forma do art. 115, § 1º, da Lei 6.404/1976, em operações de incorporação em que a relação de troca atribuída às ações de emissão da Companhia por eles detidas seja diferente daquela estabelecida às demais ações de emissão da Companhia, ainda que de espécie ou classe diversas, caso tal diferença de valor não seja baseada em critérios objetivamente verificáveis.

4. Em 23.6.2009, foi divulgada no jornal *Valor Econômico* reportagem acerca da operação envolvendo Duratex e Satipel em que consta, entre outras informações, que a relação de substituição para os acionistas minoritários, ordinaristas e preferencialistas, foi estabelecida com base na média das cotações (das ações preferenciais) registradas nos 45 dias úteis encerrados em 15.6.2009 (fls. 10/11).

5. Em 25.6.2009, a Duratex enviou resposta ao ofício acima mencionado, conforme abaixo resumido (fls. 12/13):

a) foram adotados como base da relação de substituição das ações preferenciais da Duratex por ações ordinárias da Satipel valores que foram fruto de negociação entre partes independentes, e cuja escolha se refletiu de forma bastante positiva nas cotações das ações envolvidas a partir da divulgação da operação;

b) com base neste valor, e sempre de forma objetiva, definiu-se um diferencial correspondente à diferença de direitos em caso de operações envolvendo o controle da companhia, nos termos do art. 254-A da lei societária e na alínea "c" do art. 5º do estatuto social da Duratex, que assegura às ações preferenciais o mesmo direito das ações ordinárias dos acionistas minoritários, ou seja, 80% do valor recebido pelo acionista controlador;

c) na relação de substituição de ações estabelecida, esse valor objetivamente determinado no texto legal sofreu ainda uma redução, favorável aos acionistas minoritários, que irão receber ações da Satipel (com o novo nome de Duratex S/A) com base em uma relação de substituição correspondente a 83,33% daquela aplicável ao acionista controlador da Duratex, que passou a compartilhar esse controle com o bloco controlador da Satipel;

d) não se aplicou no caso o procedimento subtrativo criticado no Parecer de Orientação n. 34, de determinação do valor econômico da companhia (*equity value*), subtraindo dele o valor de mercado apurado com base na ação mais líquida, para definir-se a diferença como valor do bloco de ações do acionista controlador;

e) esse diferencial foi estabelecido com base em um critério objetivo, qual seja, aquele previsto na lei para a distinção de tratamento entre as ações dos minoritários (inclusive as ações preferenciais) e as ações do acionista controlador; e

f) a baixíssima liquidez das ações ordinárias da Duratex torna inaplicável a comparação das cotações de valores de mercado das duas espécies de ações da companhia.

6. Em 26.6.2009, foi encaminhado à Duratex o Ofício/CVM/SEP/GEA-3/n. 339/09 (fls.14/18), por meio do qual:

a) solicitou-se esclarecimentos quanto à aparente divergência com relação ao critério de estabelecimento da relação de substituição dos acionistas minoritários, ordinaristas e preferencialistas divulgado na reportagem de 23.6.2009 e na resposta ao Ofício/CVM/SEP/GEA-3/n. 335/09; e

b) lembrou-se que, segundo o Parecer de Orientação n. 34, (i) a justificativa, com base no art. 254-A da Lei n. 6.404/1976, para a diferença entre as relações de substituição estabelecidas para os acionistas controladores e para os acionistas minoritários, ordinaristas e preferencialistas, *não* seria suficiente para afastar o impedimento de voto do acionista controlador por benefício particular; (ii) tal justificativa seria válida no âmbito de uma OPA por alienação do controle *porque a lei assim o determina*; e (iii) o impedimento de voto por benefício particular somente estaria afastado se a diferença de relação de troca se baseasse em critérios objetivamente verificáveis (como fluxo de caixa descontado ou as diversas cotações em mercados organizados), e *não* na justificativa de que as ações detidas pelo acionista controlador têm valor maior que as ações não integrantes do bloco de controle, nos termos do referido art. 254-A, conforme mencionado em sua resposta ao Ofício/CVM/SEP/GEA-3/n. 335/09, de 22.6.2009.

7. Em 30.6.2009, a Duratex enviou resposta ao ofício acima citado (fls. 19/21), nos seguintes principais termos:

a) a evolução dos valores de mercado das ações das duas companhias nos últimos pregões foi apenas um dos fatores considerados, em conjunto com outros fatores de natureza negocial, na relação de substituição, fixada de forma totalmente independente, como se disse anteriormente;

b) cabe esclarecer que tal relação de substituição de ações da Duratex por ações da Satipel, que se refletiu de forma positiva no entendimento do mercado, a partir da divulgação da operação, não diz respeito à relação interna entre a substituição de ações da Duratex do grupo controlador e dos acionistas minoritários, até mesmo em função da baixa liquidez das ações ordinárias dessa companhia, que impediria o uso das mesmas cotações como critério objetivo de distinção;

c) nessa linha, é válido recordar o conceito próprio ao Parecer de Orientação n. 5, segundo o qual o estabelecimento de distinções de tratamento societário entre ações de espécies diferentes supõe a existência de significativos índices de negociabilidade de ambas, o que torna aplicável no caso a busca de outros critérios objetivos para estabelecer a distinção adotada entre ações do grupo controlador e ações dos minoritários;

d) por esta razão, adotou-se como base para definir a relação de substituição entre ações do bloco de controle da Duratex e dos acionistas minoritários a diferença de tratamento prevista no art. 254-A da Lei n. 6.404/1976, que define *a priori* um valor para o prêmio de controle, ainda algo superior àquele adotado no caso concreto, conceito esse refletido no art. 5º, alínea "c" do estatuto social da companhia, tudo dentro do contexto do Parecer de Orientação n. 34;

e) quanto ao texto do dito Parecer de Orientação n. 34, onde se concluiria que tal justificativa seria em qualquer caso válida apenas no contexto de uma oferta pública de compra de ações ("OPA"), é preciso considerar que o conceito em questão há de ser entendido no contexto em que foi elaborado, já que no parágrafo imediatamente anterior ao referido se alude – o que é o motivo central do parecer – ao tratamento diferenciado entre ações da "Sociedade *Holding*" e dos acionistas minoritários, se aquela não tem outros ativos que justificassem essa distinção;

f) aqui, ao contrário, a situação é bem diversa, e a negociação que resultou nas relações de troca não se deu entre a dita Sociedade *Holding* e a sua controlada, mas entre a Duratex e outra sociedade totalmente independente, qual seja, a Satipel;

g) não se justifica que se afaste esta distinção apenas porque não se verificou a ocorrência de uma OPA, quando a lei simplesmente se limitou a reconhecer uma distinção essencial preexistente, qual seja, o valor adicional do bloco de controle;

h) aplicar o conceito do Parecer de Orientação n. 34 dessa forma envolve um equivoco lógico relevante: dizer que não ocorreu a OPA e por isto o critério não pode ser adotado deixa de lado que, se ocorresse uma OPA, o critério objetivamente exigido seria exatamente este (*i.e.*, o desconto de 20% ou, o que resulta no mesmo, o acréscimo de 25%);

i) não é possível, assim, negar a objetividade ou a possibilidade de sua verificação se o critério seguido é exatamente o critério da lei;

j) existe uma diferença fundamental que o Parecer de Orientação n. 34 considera a cada passo e que não pode deixar de ser reconhecida no exame deste caso: uma coisa é a valorização do prêmio de controle em bases superiores ao valor de mercado das ações, procedimento que se torna arbitrário se feito aprioristicamente sem a existência de uma OPA (e foi o que ocorreu no caso concreto que ensejou a edição do dito ato administrativo); outra, bem diversa, e que nada tem de apriorística, sendo totalmente objetiva (a ponto de, a rigor, prescindir de verificação), é o reconhecimento pela lei de um fato preexistente, qual seja o valor legitimamente atribuído ao prêmio de controle, definido pelo legislador em 25% do valor das ações dos minoritários, a partir da experiência internacional, e aceito pelo legislador ao ensejo da edição da Lei n. 10.303/2001;

k) com efeito, não se pode negar a objetividade do critério legal que atribui às ações de controle um prêmio não superior a 25% (já que é esta, a contrário senso, a dicção da lei, ao exigir uma oferta aos minoritários por valor "no mínimo igual a 80%" do valor pago às ações do acionista controlador);

l) uma coisa, enfim, é dizer-se que o prêmio de controle não vale mais que o preço de mercado das ações de uma companhia aberta se isto não for objetivamente verificado numa OPA (situação tratada pelo principio referido do Parecer de Orientação n. 34 e que em nada se identifica com o caso concreto); outra, bem diversa, é reconhecer-se que as ações integrantes do bloco de controle, por força de lei, fazem jus a um diferencial de preço de 25% aceito pela própria lei, em relação às demais ações. No primeiro caso, não há critério objetivamente verificável que afaste o tratamento do Parecer de Orientação n. 34; no segundo, a objetividade do percentual da distinção advém do próprio texto legal, e é disto que se trata na hipótese ora concretamente considerada;

m) dito de outra forma, no primeiro caso teórico, censurado pela CVM, presume-se *a priori* que um potencial adquirente irá pagar pelas ações integrantes do mesmo um ágio substancial; no segundo – que é o caso em questão – sabe-se objetivamente que em qualquer caso uma OPA não poderá ser menos favorável do que o critério também objetivo de distinção aqui adotado; e

n) em tais circunstancias, entende a companhia que o critério seguido na distinção da relação de troca entre ações integrantes do bloco de controle e as demais ações, mais do que objetivamente verificável, é aquele indicado pela lei, e por isto atende às exigências do Parecer de Orientação n. 34.

***Análise***

8. Inicialmente, cabe destacar que esta operação insere-se no Plano Bienal, tendo em vista que se trata do Evento de Risco 4, item 4, ação de alta intensidade, em função de a Duratex classificar-se no Grupo 1 e a Satipel, no Grupo 2.

9. Com relação à incorporação da Duratex pela Satipel, destacam-se os seguintes aspectos:

a) trata-se de operação entre partes independentes;

b) foram estabelecidas duas relações de substituição: uma para os acionistas controladores da Duratex (resultante de negociação entre partes independentes) e outra para os acionistas minoritários da Companhia, ordinaristas e preferencialistas (baseada no critério previsto no art. 254-A da Lei n. 6.404/1976 para os casos de ofertas públicas por alienação de controle); e

c) a relação de substituição atribuída às *ações ordinárias e preferenciais* detidas pelos acionistas minoritários da Duratex (2,54467001 ações ordinárias da Satipel/ação) é 16,67% menor que aquela atribuída às *ações ordinárias* detidas pelo acionista controlador (3,05360401 ações ordinárias da Satipel/ação).

10. Em resumo, verifica-se que, na presente operação, existem *diferentes relações de troca*:

a) *para uma mesma espécie de ações*, uma vez que as ações ordinárias detidas pelo controlador farão jus a uma relação de troca mais vantajosa que aquela atribuída às ações ordinárias detidas pelos acionistas minoritários; e

b) *entre espécies de ações*, já que as ações ordinárias detidas pelo controlador farão jus a uma relação de troca mais vantajosa que aquela atribuída às ações preferenciais detidas pelos acionistas minoritários.

11. Na presente operação, a meu ver, os acionistas controladores da Duratex serão particularmente beneficiados com a incorporação da Duratex pela Satipel, na medida em que a eles foi atribuída uma relação de substituição mais vantajosa que aquela fixada aos demais acionistas ordinaristas da Companhia.

12. Assim sendo, nos termos do art. 115, § 1º, da Lei 6.404/1976, entendo que os acionistas controladores da Duratex estariam impedidos de votar na assembléia que deliberará acerca da sua incorporação pela Satipel, não havendo na lei societária em vigor dispositivo que afaste tal impedimento de voto.

13. No entanto, tendo em vista que a CVM já se manifestou acerca da interpretação do citado art. 115 por meio do Parecer de Orientação CVM n. 34/2006, caberia verificar a eventual aplicabilidade, à presente operação, das recomendações contidas no referido Parecer de Orientação, inclusive acerca da possibilidade de afastamento do impedimento de voto pelos acionistas controladores da Duratex.

14. Em resumo, segundo o Parecer de Orientação CVM n. 34/2006:

a) o impedimento de voto por benefício particular previsto no § 1º do art. 115 da Lei n. 6.404/1976 somente estaria afastado se a diferença de relação de troca se baseasse em critérios objetivamente verificáveis; e

b) a justificativa, com base no art. 254-A da Lei n. 6.404/1976, para a diferença entre as relações de substituição estabelecidas para os acionistas controladores e para os acionistas não integrantes do bloco de controle *não* seria suficiente para afastar o impedimento de voto do acionista controlador por benefício particular. Tal justificativa seria válida no âmbito de uma OPA por alienação do controle porque a lei assim o determina.

15. A respeito das conclusões apresentadas no citado no Parecer de Orientação CVM n. 34/2006, é relevante citar que os exemplos lá descritos *possuem características diferentes da operação ora anali-*

*sada*, sobretudo por se referirem a operações entre partes relacionadas, em que o acionista controlador confirma o sobrepreço de suas ações ao votar na assembléia de incorporação, sem que esse sobrepreço seja objeto de uma negociação com outra parte independente, caracterizando-se o benefício particular previsto no art. 115, § 1º, da Lei 6.404/1976.

16. Quando questionada acerca dos critérios utilizados para estabelecer as relações de troca, a Companhia (vide itens "d", "e" e "f" do parágrafo 7º, retro):

a) informou que a diferença do valor entre as ações ordinárias detidas pelo acionista controlador e as ações ordinárias e preferenciais pertencentes aos acionistas minoritários foi estabelecida com base em um *critério objetivo*, qual seja, aquele previsto no art. 254-A da Lei n. 6.404/1976 e na alínea "c" do art. 5º do estatuto social da Duratex (que assegura às ações preferenciais o mesmo direito das ações ordinárias dos acionistas minoritários, ou seja, 80% do valor recebido pelo acionista controlador em caso de Oferta Pública por alienação de controle); e

b) argumentou que a manifestação contida no Parecer de Orientação CVM n. 34/2006 no sentido de que a justificativa, com base no art. 254-A da Lei n. 6.404/1976, para a diferença entre as relações de substituição estabelecidas para os acionistas controladores e para os acionistas minoritários não seria suficiente para afastar o impedimento de voto do acionista controlador por benefício particular referia-se à situação em que as relações de troca foram negociadas entre uma Sociedade *Holding* e a sua controlada, o que não ocorre no presente caso, já que a negociação ocorreu entre a Duratex e outra sociedade totalmente independente, qual seja, a Satipel.

17. Assim sendo, considerando as características específicas da presente incorporação, *entendo* que se faz necessário que o Colegiado da CVM se manifeste sobre esse tipo de operação com diferentes relações de substituição, em especial se o impedimento de voto do acionista controlador (previsto no § 1º do art. 115 da Lei n. 6.404/1976) estaria afastado em casos de negociação entre partes independentes, em que a relação de substituição atribuída aos acionistas não integrantes do bloco de controle (ordinaristas e preferencialistas) seja calculada com base no art. 254-A da Lei n. 6.404/1976 (ou seja, com um deságio de no máximo 20% em relação à relação de substituição atribuída ao controlador), concluindo (ou não) que se está diante de critérios objetivamente verificáveis.

18. Cabe lembrar que a alienação de controle de companhia aberta não está sujeita à aprovação dos acionistas com direito a voto em assembléia geral, tendo a Lei n. 6.404/1976, em seu art. 254-A, garantido aos acionistas ordinaristas não integrantes do bloco de controle o direito de alienar suas ações em oferta pública que garanta preço no mínimo igual a 80% do valor pago às ações com direito a voto dos acionistas controladores (tal direito pode ser estendido aos acionistas preferencialistas não integrantes do bloco de controle pelo estatuto social da companhia).

19. Diversamente ocorre nos casos de incorporação, em que a operação é matéria de assembléia geral de acionistas, em que estes poderão (ou não) aprová-la, não lhes tendo sido garantido pela lei societária qualquer percentual mínimo em relação ao valor negociado pelo acionista controlador, mas tendo sido vedado, pelo § 1º do art. 115 da Lei n. 6.404/1976, que o acionista particularmente beneficiado vote na assembléia que deliberará acerca da operação.

***Considerações adicionais***

20. Caso as relações de substituição fossem calculadas com base nas cotações médias ponderadas das *ações ordinárias e preferenciais da Duratex e ordinárias da Satipel*, seriam obtidos os seguintes valores (fls. 22/28):

| | 60 pregões anteriores à divulgação da operação | 45 pregões anteriores à divulgação da operação | 30 pregões anteriores à divulgação da operação |
|---|---|---|---|
| Ações ON da Duratex | 3,608493 | 3,5139094 | 3,4784874 |
| Ações PN da Duratex | 3,0327513 | 2,9420382 | 2,9416232 |

21. Da tabela acima, verifica-se que a relação de troca fixada na operação para as ações ordinárias e preferenciais dos acionistas minoritários no valor de 2,54467001 ações ordinárias da Satipel/ação é menos vantajosa que aquela que seria obtida se calculada utilizando a média ponderada das cotações de mercado por qualquer dos períodos acima (cabe lembrar que segundo a matéria divulgada em 23.6.2009, mencionada no parágrafo 4º, retro, a relação de substituição foi estabelecida com base na média das cotações das ações preferenciais da Companhia registradas nos 45 dias úteis encerrados em 15.6.2009).

22. Ressalte-se ainda que tal assunto (qual seja, a aplicabilidade das recomendações do Parecer de Orientação CVM n. 34/2006 em situações em que houve negociação entre partes independentes) foi objeto de análise pela SEP no âmbito do Processo CVM RJ-2008/10.832, que tratou da incorporação de ações do Unibanco *Holdings* S/A e do Unibanco – União de Bancos Brasileiros S/A pela Itaú Unibanco *Holding* S/A, atual Banco Itaú *Holding* Financeira S/A e que foi encaminhado ao Colegiado para deliberação, ainda pendente.

23. Naquele caso, *diferentemente do presente*, foi atribuída a mesma relação de substituição a todas as ações ordinárias (tanto as detidas pelo acionista controlador, quanto pelos minoritários), que, por sua vez, era diferente daquela estabelecida às ações preferenciais.

24. Por fim, cabe destacar que a operação de incorporação da Duratex pela Satipel divulgada em 22.6.2009 *encontra-se em andamento*, de forma que a CVM tem a oportunidade de atuar preventivamente, antes da assembléia geral de acionistas da Duratex que deliberará acerca da operação e que ainda não foi convocada, caso o Colegiado assim entenda.

***Conclusão***

25. Assim sendo, tendo em vista a existência de benefício particular ao acionista controlador da Duratex (parágrafos 11 e 12, retro), entendo que este estaria impedido de votar na assembléia geral que deliberará acerca da incorporação de que se trata, nos termos do art. 115, § 1º, da Lei n. 6.404/1976, a não ser que a CVM manifeste-se no sentido de que tal impedimento estaria afastado em casos de negociação entre partes independentes, em que a relação de substituição atribuída aos acionistas não integrantes do bloco de controle (ordinaristas e preferencialistas) seja calculada com base no art. 254-A da Lei n. 6.404/1976 (ou seja, com um deságio de no máximo 20% em relação à relação de substituição atribuída ao controlador), concluindo (ou não) que se está diante de critérios objetivamente verificáveis.

Isto posto, *sugiro* o encaminhamento do presente processo à Superintendência-Geral, para posterior envio ao Colegiado da CVM, para manifestação de seu entendimento, sobretudo acerca da impossibilidade de voto do acionista controlador da Duratex na assembléia que deliberará sobre a sua incorporação pela Satipel.

Atenciosamente,

JULIANA VICENTE BENTO – Analista.

***Razões de Voto do Diretor MARCOS PINTO***

*1. Introdução*

1.1 Foi recentemente divulgada ao mercado a incorporação da Duratex S/A ("Duratex") pela Satipel Industrial S/A ("Satipel"). Essa incorporação prevê uma relação de troca mais favorável para as ações dos controladores da Duratex: 3,05360401 ações de Satipel para cada ação dos controladores, 2,54467001 para cada ação dos demais acionistas.

1.2 Questionada a respeito dessa disparidade, a Duratex informou que a relação de troca das ações dos controladores foi negociada de forma independente pelas duas companhias. Já a relação de troca aplicável aos demais acionistas foi fixada com base no prêmio de controle admitido pelo art. 254-A da Lei n. 6.404, de 15 de dezembro de 1976.

1.3 A SEP entende que a relação de troca mais favorável aos controladores da Duratex gera para estes um benefício particular. Daí conclui que os controladores estarão impedidos de votar na assembléia geral que deliberar a respeito da incorporação, conforme prevê o art. 115 da Lei n. 6.404, de 1976.

*2. Benefício Particular*

2.1 O art. 115, § 1º, da Lei n. 6.404, de 1976, deixa claro que "o acionista não poderá votar nas deliberações (...) que puderem beneficiá-lo de modo particular". É preciso determinar, portanto, se a incorporação da Duratex pela Satipel confere um benefício particular aos acionistas controladores. Em caso afirmativo, os controladores da Duratex estarão impedidos de votar.

2.2 Como se viu acima, a relação de troca prevista para a incorporação é mais vantajosa para os acionistas controladores, pois confere a eles um prêmio em relação aos demais acionistas. É óbvio, portanto, que a incorporação beneficia o controlador de modo distinto dos demais acionistas, o que é suficiente para caracterizar o benefício particular, de acordo com o art. 115, § 1º.

2.3 Infelizmente, a clareza desse dispositivo legal vem sendo obscurecida por controvérsias jurídicas. É que muitos sustentam, com base no direito estrangeiro e investigações históricas, que a expressão benefício particular tem um significado bem mais restrito do que o texto legal deixa transparecer.

2.4 Nessa concepção, benefícios particulares são apenas as vantagens atribuídas aos acionistas enquanto sócios da sociedade.[1] Não constituem benefícios particulares, desse ponto de vista, vantagens que não decorram da relação societária propriamente dita, como as advindas de eventuais contratos celebrados entre o acionista e a companhia.

2.5 Pessoalmente, não vejo como sustentar essa restrição diante do texto legal.[2] De qualquer forma, o presente caso escapa dessa polêmica, pois a relação de troca mais favorável é, sem sombra de dúvida, uma vantagem atribuída aos controladores da Duratex enquanto acionistas da companhia. Portanto, há benefício particular até mesmo na interpretação mais restritiva do art. 115, § 1º.

2.6 Nem se diga, invertendo o raciocínio, que a lógica acima deveria levar ao

1. *Nesse sentido*, p. ex.: E. V. França. *Conflito de Interesses nas Assembléias de S/A*, São Paulo, 1993, p. 70.

2. Concordo, portanto, com a posição do Diretor Marcelo Trindade no IA RJ-2001/4.977, julgado em 19.12.2001. Nada me convence de que devamos ficar amarrados a uma interpretação histórica particular de qualquer conceito jurídico, sobretudo quando a realidade mudou radicalmente, tornando a interpretação ultrapassada. Para sermos fiéis ao próprio texto da lei, precisamos adaptar nossas interpretações às novas condições históricas, pois o real significado da norma depende tanto do texto quando do contexto em que está inserido.

impedimento de voto dos demais acionistas da Duratex, pois eles também são afetados pela relação de troca. Esse sofisma pode ser facilmente respondido: embora cada acionista tenha interesse em definir uma relação de troca mais favorável para si próprio, apenas o controlador está recebendo tratamento especial.

2.7 Portanto, não tenho dúvida alguma de que o art. 115, § 1º, da Lei n. 6.404, de 1976, é aplicável a este caso. Concordo, por conseguinte, com a análise da SEP: os controladores estão impedidos de votar na deliberação a ser tomada pela assembléia geral da Duratex acerca da incorporação pela Satipel.

*3. Eficiência Econômica*

3.1 As considerações feitas acima – e, sobretudo, a clareza da lei a respeito do assunto – parecem-me suficientes para resolver este caso. Mas talvez seja interessante analisar a questão também do ponto de vista econômico, pois muitas interpretações restritivas do art. 115, § 1º da lei estão apoiadas em considerações dessa natureza, ainda que implicitamente.

3.2 Freqüentemente se ouve o seguinte argumento: se o controlador for impedido de votar, a companhia e o país serão prejudicados, pois operações eficientes do ponto de vista econômico deixarão de ser realizadas. Disso resultaria uma perda de riqueza, não só para a companhia, mas para a comunidade como um todo.

3.3 Esse argumento não resiste a uma análise cuidadosa. Uma operação é eficiente, segundo o critério mais aceito, se pelo menos uma pessoa for beneficiada por ela e nenhuma for prejudicada.[3] Aplicando esse conceito, não vejo como o impedimento de voto possa barrar operações eficientes, pois os acionistas não deverão se opor a essas operações, já que nada perdem com elas, por definição.[4]

3.4 É certo que o impedimento de voto do controlador gera custos de transação, notadamente o tempo e recursos despendidos para informar os acionistas minoritários, estimulá-los a comparecer à assembléia e convencê-los da eficiência da proposta. Mas esses custos não são obstáculos significativos; caso contrário, companhias sem controlador não conseguiriam funcionar, nem aprovar operações societárias.

3.5 Há ainda o risco, freqüentemente lembrado pelos controladores, de que os minoritários venham a abusar de sua posição para extrair vantagens indevidas da companhia. Todavia, esse risco é obviamente menor do que o risco que seria incorrido caso o controlador pudesse votar em casos como o presente, em que é patente o seu benefício particular.

3.6 O risco de abuso por parte dos minoritários é menor porque eles não formam um grupo coeso e não agem necessariamente em conjunto. A dispersão da propriedade acionária dificulta a coordenação, enfraquecendo-os diante do controlador e da administração. Portanto, o risco de abu-

3. Esse é o critério clássico de otimização de Pareto. Para uma análise rigorosa desse e outros critérios de eficiência: J. Coleman, "Efficiency, Exchange, and Auction: Philosophic Aspects of the Economic Approach to Law", *California Law Review*, v. 68, 1984, p. 221.

4. Mesmo se utilizarmos um critério menos conservador de eficiência, o resultado não será muito diferente. Segundo o critério de Kaldor-Hicks, que também é bastante usado, uma operação é eficiente se os ganhos por ela gerados forem suficientes para compensar as perdas. Não é necessário que essa compensação ocorra: basta que ela seja possível para que o critério seja atendido. Com base nesse critério, é até possível argumentar que a regra do impedimento de voto pode barrar certas operações eficientes, quais sejam, operações cujos benefícios particulares gerados para o acionista controlador sejam suficientes para compensar as perdas sofridas pelos demais acionistas. Porém, isso significa admitir uma espécie de expropriação privada do acionista minoritário pelo controlador. Embora essa expropriação possa até gerar acréscimo de riqueza no curto prazo, seu impacto no longo prazo é péssimo, pois desestimula os investimentos no mercado de capitais.

so por parte da minoria é bem menos significativo.[5]

3.7 Façamos uma análise isenta: quando o risco de abuso é maior? Quando se impede o controlador de votar, como fez a Lei n. 6.404, de 1976, deixando a decisão nas mãos de acionistas minoritários dispersos, que não têm qualquer benefício particular? Ou quando se deixa o controlador decidir sozinho acerca de uma proposta que o beneficia particularmente em relação aos demais acionistas?[6]

3.8 Essas considerações me trazem à função mais importante da regra do impedimento de voto em casos de benefício particular. Na medida em que preserva a igualdade entre os acionistas, proibindo o acionista beneficiado de votar, o § 1º do art. 115 alinha os interesses de todos os sócios, reduzindo custos de agência.

3.9 Se todos os acionistas forem afetados igualmente por uma deliberação, todos terão incentivos para votar de acordo com o interesse da companhia. Mas se um acionista for particularmente beneficiado, é grande o risco de que ele venha a privilegiar seu próprio interesse.

3.10 Poderíamos cogitar, é claro, de uma análise *ex post* dos efeitos da deliberação. Ou seja: deixaríamos o acionista votar e verificaríamos, posteriormente, os benefícios ou prejuízos que isso causou. Todavia, essa alternativa não é nada recomendável num sistema jurídico como o nosso, cujo processo judicial é lento e não-especializado.

3.11 Além disso, não consigo perceber o que a análise *ex post* agregaria para o julgador, já que a proposta em discussão já é conhecida antes da assembléia. Aliás, informações não disponíveis e efeitos não previsíveis na data da assembléia dificilmente poderão ser levados em conta para sancionar a conduta do controlador, pois o direito brasileiro é refratário à responsabilidade objetiva.

3.12 Por outro lado, o risco de deixar o controlador votar seria imenso. Como já disse em outras ocasiões, a CVM e o Judiciário não estão em boa posição para reprimir e reparar o abuso de poder de controle em operações societárias. Isso gera fortes incentivos econômicos para que os controladores se beneficiem às custas da companhia e dos acionistas minoritários.[7]

3.13 Não se trata aqui – deixe-se bem claro – de presumir a culpa ou a má-fé do acionista controlador, mas de reconhecer um truísmo: os agentes do mercado tendem a responder a incentivos econômicos e privilegiar os próprios interesses. É papel do sistema jurídico controlar esses incentivos.

3.14 Por tudo isso, acho irrepreensível a regra prevista no art. 115, § 1º, da Lei n. 6.404, de 1976. Impedindo o acionista de votar em operações que puderem beneficiá-lo de modo particular, essa regra alinha os interesses dos acionistas e reduz custos de agência, porém sem barrar operações eficientes.

### *4. Negociação Independente*

4.1 Para justificar a relação de troca proposta, a Duratex busca apoio no art.

5. Além disso, sabemos que a administração indicada pelo controlador tem enorme influência sobre o resultado das assembléias gerais, pois controla não só o fluxo de informações como o processo de convocação da assembléia. Tudo isso sem mencionar os pedidos públicos de procuração, que podem ser integralmente reembolsados pela companhia. Para um relato da força da administração em companhias com propriedade acionária dispersa: L. Bebchuk, "The Myth of the Shareholder Franchise", *Virginia Law Review*, v. 93, 2007, p. 675.

6. Por fim, não se pode esquecer que os custos e riscos apontados acima podem ser evitados de uma maneira muito simples: eliminando o benefício particular. Se a operação em questão for realmente benéfica para a companhia, ela será eficiente mesmo se os benefícios particulares forem eliminados e a igualdade entre os acionistas for preservada. Nesse caso, o acionista controlador estará livre para votar.

7. Nesse sentido, o memorando que submeti à apreciação do colegiado em 30.5.2008, sobre incorporações de controladas.

254-A da Lei n. 6.404, de 1976. Na leitura da companhia, esse artigo reconhece que os controladores têm direito a um prêmio de 25% em relação aos acionistas minoritários. Nada mais natural – argumenta – do que prever esse prêmio numa incorporação.

4.2 Este argumento comete dois equívocos graves, um de natureza formal, outro substancial. O equívoco formal consiste em equiparar a incorporação a uma alienação de controle, hipótese já afastada por este colegiado. A incorporação não é uma alienação de controle e, salvo nos casos de fraude à lei, não dá ensejo à oferta prevista no art. 254-A.[8]

4.3 Mas há ainda um equívoco substancial gravíssimo no raciocínio da companhia: ele converte um direito conferido pela lei ao acionista minoritário em um benefício para o controlador. O art. 254-A não diz que as ações do minoritário valem 20% menos do que as ações do controlador. Ele dá ao minoritário o direito de vender suas ações por esse preço.

4.4 A interpretação proposta pela Duratex subverte toda a lógica do art. 254-A, convertendo o *tag along* dos minoritários em um *drag along* para o controlador. Em termos econômicos, o entendimento da companhia cria uma opção de compra para o acionista controlador, quando a lei prevê uma opção de venda para o acionista minoritário.

4.5 Se levássemos o raciocínio proposto pela companhia ao limite, chegaríamos à conclusão absurda de que os titulares de ações sem direito a voto não deveriam receber nada na incorporação, pois o art. 254-A não lhes dá o direito de vender suas ações em caso de alienação de controle. Obviamente, essa interpretação não pode prosperar.

4.6 A Duratex argumenta, em contrapartida, que o prêmio implícito na relação de troca foi objeto de uma negociação entre duas companhias independentes, com intervenção das respectivas administrações, o que asseguraria sua comutatividade. Esse argumento não me convence, por duas razões.

4.7 Em primeiro lugar, eventual negociação independente não afasta a necessidade de aprovação da operação pela assembléia, nem elimina o benefício particular atribuído ao controlador. Se a operação for mesmo comutativa e o benefício particular for justificado, os demais acionistas certamente aprovarão a operação. Mas, em qualquer caso, o procedimento legal precisa ser realizado: a assembléia deve deliberar, sem o voto do acionista particularmente beneficiado.

4.8 Em segundo lugar, a ausência de relação de controle entre a Duratex e a Satipel não significa que o prêmio implícito na relação de troca foi realmente negociado de maneira independente. Para a Satipel, importava apenas o valor total da contraprestação a ser oferecida aos acionistas da Duratex, não como esse valor virá a ser distribuído entre eles.

4.9 O objeto da negociação independente foi o valor relativo das duas companhias ou a relação média de substituição, pois é isso o que determina a diluição percentual dos acionistas de Satipel. O prêmio conferido aos controladores de Duratex não foi submetido a uma verdadeira negociação: ele foi fixado com base no art. 254-A, o que é inadmissível.

4.10 Diante desses fatos, não vejo como afastar a conclusão do relatório de análise da SEP, segundo o qual o controlador da Duratex está impedido de votar na assembléia geral relativa à incorporação da companhia pela Satipel. Essa é, sem dúvida, a conclusão correta à luz do art. 115, § 1º, da Lei n. 6.404, de 1976.

8. Processo CVM RJ-2008/4.156, decidido em 17.6.2008.

*5. Espécies ou Classes Distintas*

5.1 As considerações acima se aplicam, sem grandes alterações, a incorporações que estabeleçam relações de troca distintas para ações de diferentes espécies. Nesse caso, todos os acionistas contemplados pela relação de troca mais favorável estarão recebendo um benefício particular e estarão, por conseguinte, impedidos de votar.[9]

5.2 Caso a relação de troca distinta beneficie todos os acionistas com direito a voto, impedindo-os de votar, a companhia poderá aplicar por analogia o disposto no art. 136, § 1º, da Lei n. 6.404, de 1976, submetendo a operação à aprovação de uma assembléia especial.[10]

5.3 Na minha opinião, esse procedimento de legitimação só poderá ser afastado caso a distinção da relação de troca seja baseada em um critério objetivamente mensurável e facilmente verificável, a saber, diferença no fluxo esperado de dividendos ou na cotação das diversas classes de ações, caso todas sejam líquidas.[11]

*6. Conclusão*

6.1 Por todo o exposto, concluo que:

i) os controladores da Duratex não poderão votar na deliberação da assembléia geral relativa à incorporação pela Satipel;

ii) em operações em que se estabeleçam relações de troca distintas para ações de diferentes espécies ou classes, todos os acionistas beneficiados estarão impedidos de votar;

iii) na hipótese referida no item anterior, caso todos os acionistas com direito a voto estejam impedidos de votar, a companhia poderá convocar assembléia especial para aprovar a operação.

6.2 Por fim, gostaria de deixar registrado meu apoio à iniciativa da SEP de manifestar seu entendimento acerca deste caso antes da assembléia geral. A mim sempre pareceu mais adequado deixar as regras claras ao mercado *ex ante* do que punir *ex post* agentes que, por interpretação equivocada da lei e sem má-fé, tenham infringido as regras do mercado de capitais.

Rio de Janeiro, 28 de julho de 2009.

MARCOS BARBOSA PINTO

***Declaração de Voto do Diretor ELI LORIA***

A Superintendência de Relações com Empresas ("SEP") apresenta seu Memo/CVM/SEP/GEA-3/n. 175/09, de 3.7.2009, tratando da incorporação da Duratex S/A ("Duratex") pela Satipel Industrial S/A ("Satipel"), resumida e analisada no RA/CVM/SEP/GEA-3/n. 061/09, de 3.7.2009 (fls. 29/37).

A SEP destaca que a operação ocorreu entre partes independentes e que a relação de substituição atribuída às ações ordinárias e preferenciais detidas pelos acionistas minoritários da Duratex (2,54467001 ações ordinárias da Satipel/ação ordinária e preferencial da Duratex detida pelos não controladores) é 16,67% menor que aquela atribuída às ações ordinárias detidas pelo acionista controlador da Duratex (3,05360401 ações ordinárias da Satipel).

A SEP, em linha com as conclusões da citada análise GEA-3, conclui pela existência de benefício particular ao acionista controlador da Duratex e indaga "acerca do eventual afastamento do impedimento de voto em casos de negociação

9. Conforme decidiu a CVM no Parecer de Orientação n. 34, de 18.8.2006.

10. Para as razões que justificam esse procedimento, confira-se o voto do Diretor Pedro Marcilio nos Processos CVM RJ-2006/7.204 e 7.213, decididos em 17.10.2006.

11. Conforme decidiu a CVM no Parecer de Orientação n. 34, de 2006. Quanto à diferenciação com base no valor de mercado, gostaria de deixar claro que se deve tomar por base a cotação das ações antes da divulgação da operação, para que não se dê ensejo a uma profecia auto-realizável.

entre partes independentes, em que a relação de substituição atribuída aos acionistas não integrantes do bloco de controle (ordinaristas e preferencialistas) seja calculada com base no art. 254-A da Lei n. 6.404/1976, concluindo (ou não) que se está diante de critérios objetivamente verificáveis".

Nesse ponto vale esclarecer que o Parecer de Orientação CVM n. 34, de 18.8. 2006, buscou explicitar critérios em operações de unificação de espécies de ações e de migração de companhias listadas em segmentos tradicionais de negociação na Bolsa de Valores de São Paulo – Bovespa para o segmento especial denominado Novo Mercado (e potencialmente também para aquele denominado de Nível 2).

O citado Parecer segue tratando da "adequada oportunidade de participação dos acionistas não-controladores no processo decisório, especialmente quando importarem em tratamento diferenciado entre acionistas titulares de ações de mesma espécie e classe".

A operação apresentada, entretanto, no que tange à diferenciação de relação de substituição entre acionistas detentores de ações ordinárias, no meu entender, mais do que configurar benefício particular ao acionista controlador da Duratex, nos termos do art. 115, § 1º,[12] da lei societária, configura uma ilegalidade.

Trata-se de infração ao disposto no art. 15, § 1º,[13] que veda a existência de classes de ações ordinárias na companhia aberta, bem como de infração ao disposto no art. 109, § 1º,[14] ambos da lei societária, que determina direitos iguais aos titulares de ações de mesma classe.

A ação ordinária na companhia aberta é de classe única e, portanto, possui características únicas, não podendo existir classes diferentes de ações ordinárias tal como a lei societária permite às ações preferenciais.

Desta forma, todas as ações ordinárias devem ser tratadas igualmente, não se admitindo que as ações dos acionistas não controladores tenham um tratamento diverso daquele dado às ações detidas pelos acionistas controladores, não sendo o tratamento não isonômico passível de legitimação nem mesmo em uma assembléia em que somente votem os ordinaristas minoritários.

A propósito, lembro o disposto no art. 1º, II, da Instrução CVM n. 323/2000 que define hipóteses de exercício abusivo do poder de controle, consideradas em seu art. 2º como infração grave, para os efeitos do art. 11, § 3º, da Lei n. 6.385/1976.

> Art. 1º. São modalidades de exercício abusivo do poder de controle de companhia aberta, sem prejuízo de outras previsões legais ou regulamentares, ou de outras condutas assim entendidas pela CVM: (...); II – a realização de qualquer ato de reestruturação societária, no interesse exclusivo do acionista controlador;

Por outro lado, a incorporação é uma operação em que uma ou mais sociedades, de tipos iguais ou diferentes, são absorvidas por outra que lhes sucede em todos os direitos e obrigações, declarando o art. 219, II,[15] extinta a companhia pela incor-

12. "Art. 115. (...). § 1º. O acionista não poderá votar nas deliberações da assembléia-geral relativas ao laudo de avaliação de bens com que concorrer para a formação do capital social e à aprovação de suas contas como administrador, nem em quaisquer outras que puderem beneficiá-lo de modo particular, ou em que tiver interesse conflitante com o da companhia."

13. "Art. 15. As ações, conforme a natureza dos direitos ou vantagens que confiram a seus titulares, são ordinárias, preferenciais, ou de fruição. § 1º. As ações ordinárias da companhia fechada e as ações preferenciais da companhia aberta e fechada poderão ser de uma ou mais classes."

14. "Art. 109. Nem o estatuto social nem a assembléia-geral poderão privar o acionista dos direitos de: (...). § 1º. As ações de cada classe conferirão iguais direitos aos seus titulares."

15. "Art. 219. Extingue-se a companhia: I – pelo encerramento da liquidação; II – pela incorporação ou fusão, e pela cisão com versão de todo o patrimônio em outras sociedades."

poração, tratando-se da inserção do patrimônio líquido da incorporada no patrimônio da incorporadora.

Extinta a incorporada remanesce a incorporadora acrescida do patrimônio da incorporada e assumindo seu passivo.

Note-se que nos termos do art. 224, III, da LSA, o protocolo de incorporação incluirá os critérios de avaliação do patrimônio líquido e a incorporação somente poderá ser efetivada se o valor do patrimônio líquido determinado pelos peritos for, ao menos, igual ao montante do capital a realizar, lembrando que a CVM poderá estabelecer normas de avaliação e contabilização aplicáveis às operações de fusão, incorporação e cisão que envolva companhia aberta (art. 226, § 3º).

A Exposição de Motivos ao projeto de lei societária, já apontava a importância das operações de incorporação e da repercussão que tais operações podem ter sobre os direitos e interesses de sócios e credores, apontando como saída para o eventual desalinhamento de interesses, entre a maioria e a minoria, a completa informação sobre o protocolo, a justificação e o valor de reembolso no caso dos acionistas minoritários preferirem usar do direito de retirada.

É consabida a evolução legislativa do direito de retirada em casos de incorporação e a redação atual do art. 137 da Lei n. 6.404/1976 (dada pela Lei n. 10.303/2001) prevê a sua não incidência em casos em que a espécie ou classe tenha liquidez e dispersão no mercado, considerando liquidez o fato da ação integrar índice geral representativo de carteira de valores mobiliários, admitido à negociação no mercado de valores mobiliários, e dispersão, quando o acionista controlador detiver menos da metade da espécie ou classe de ação.

No caso concreto, a Duratex esclareceu em Comunicado ao Mercado de 22.6.2009 (disponível no *site* da CVM) que os acionistas preferencialistas não terão direito de retirada, uma vez que essas ações integram o Índice Bovespa e que os acionistas controladores detêm menos da metade dessa espécie de ação. Os acionistas detentores de ações ordinárias dissidentes, inscritos nos livros da Companhia até 19.6.2009, inclusive, terão direito de recesso e ao reembolso de suas ações (R$ 13,35).

Importante ressaltar que a incorporação obriga a todos os acionistas, nos termos do art. 227. De outra feita, a oferta pública de aquisição de ações decorrentes do disposto no art. 254-A da LSA é de aceitação facultativa pelos acionistas não controladores.

Assim, a utilização do parâmetro de 80% de diferença de valor entre ações de controladores e de não-controladores somente pode ser empregada no âmbito do art. 254-A[16] sendo totalmente equivocada a equiparação de institutos diversos, incorporação e alienação de controle. Note-se que o art. 254-A dá os 80% como valor mínimo a ser oferecido aos acionistas ordinaristas minoritários.

Quanto à migração das ações preferenciais da Duratex em ações ordinárias da Satipel, entendo que a mesma poderá ocorrer no momento da incorporação. Entretanto, como a diferença de valor não é calculada por critérios objetivamente verificáveis, tais como diferenças de dividendos ou diferentes cotações das ações no mercado, a operação dependerá de aprovação da maioria dos acionistas detentores de ações preferenciais reunidos em assembléia especial).[17] No caso, a companhia

16. "Art. 254-A. A alienação, direta ou indireta, do controle de companhia aberta somente poderá ser contratada sob a condição, suspensiva ou resolutiva, de que o adquirente se obrigue a fazer oferta pública de aquisição das ações com direito a voto de propriedade dos demais acionistas da companhia, de modo a lhes assegurar o preço no mínimo igual a 80% (oitenta por cento) do valor pago por ação com direito a voto, integrante do bloco de controle."

17. Ver Processo CVM n. RJ-2007/0947 – Iochpe-Maxion S/A tratado na reunião do Colegiado realizada em 22.5.2007, com votos divergentes apenas quanto ao quesito de quais acionistas prefe-

anota que "a baixíssima liquidez das ações ordinárias da Duratex torna inaplicável a comparação das cotações de valores de mercado das duas espécies de ações da companhia".

Enfatizo que em uma incorporação não se pode falar em prêmio de controle. A obrigação decorrente do art. 254-A tem por finalidade a proteção ao acionista minoritário e não se confunde com tratamento não isonômico em operação de incorporação.

Concluindo, entendo que o direito do minoritário à OPA referido no art. 254-A da lei societária não configura um direito a prêmio para o acionista controlador em todas as reestruturações societárias e, portanto, a operação sob análise não poderá se concretizar nos moldes propostos sob pena de restar configurada infração à lei societária.

É como Voto.

Rio de Janeiro, 28 de julho de 2009.

ELI LORIA – Diretor.

### *Declaração de Voto do Diretor OTAVIO YAZBEK*

1. A presente declaração de voto acompanha, em linhas gerais, a posição defendida pelo Diretor Eli Loria no mesmo caso, em que se discute a proposta de incorporação da Duratex S/A pela Satipel Industrial S/A.

2. Sem prejuízo, gostaria de aproveitar o ensejo para registrar alguns aspectos que me parecem demandar maior atenção. Isso porque entendo que, nos termos em que proposta, a operação de incorporação ora analisada consagra uma inversão de alguns pressupostos das operações desta natureza. A partir daí, frise-se, ela ameaça desbordar para o campo contra o qual o Diretor Marcos Barbosa Pinto já alertava em seu voto no Processo Administrativo CVM n. RJ-2008/4.156.

3. Assim, como destaca o Diretor Eli Loria, é equivocada a equiparação pura e simples entre as operações de alienação de controle, às quais se aplica o disposto no art. 254-A da Lei n. 6.404, de 15.12.1976 ("Lei n. 6.404/1976"), e as incorporações de sociedades (arts. 223 e ss. do mesmo diploma).

4. A alienação de controle é negócio pactuado entre o controlador, ou seja, aquele que detém ações em quantidade suficiente para outorgar tal poder, e o terceiro interessado em adquirir aquelas ações. É negócio eminentemente bilateral, em que as partes têm liberdade para dispor sobre seus interesses. É, também, o campo em que se evidencia, de forma mais evidente, a diferença existente entre as ações que integram o chamado "bloco de controle" e as ações pertencentes aos acionistas minoritários.

5. E é justamente como forma de proteção para esses minoritários que a Lei n. 6.404/1976 estabeleceu, inicialmente em seu art. 254, revogado pela Lei n. 9.457, de 5.5.1997, e, posteriormente, no art. 254-A, incluído pela Lei n. 10.303, de 31.10.2001, o que se convencionou chamar de "*tag along*". Trata-se, em uma breve descrição, do direito, outorgado aos acionistas minoritários "detentores de ações com direito a voto" (na atual dicção do dispositivo), de também alienarem suas ações por um preço equivalente a, pelo menos, 80% do preço pago por ação integrante do bloco de controle.

rencialistas poderiam votar na assembléia especial. Na ocasião em posição minoritária acompanhei o Diretor Pedro Marcilio que divergiu do Relator, nos termos de seu voto apresentado na reunião do Colegiado de 25.9.2006 (Processo n. RJ-2006/6.785 – Telemar): "só poderão votar, na Assembléia, os titulares de ações preferenciais e ordinárias que, ao final da Reestruturação Societária venham a ser titulares de um percentual de ações igual ou inferior ao que já detenham quando da Assembléia, excluindo-se do processo de votação todos os acionistas que, sendo titulares de ações preferenciais e ordinárias, venham a aumentar sua participação no capital social, com a aprovação da Reestruturação Societária, pois isso lhes conferiria um 'benefício particular'".

6. A rigor, ante a possibilidade de perda de liquidez dessas ações, decorrente de mudança significativa como é a alienação do controle da sociedade, se estabelece, para os minoritários, uma possibilidade de saída. Até por reconhecer que, em operações desta natureza, o bloco de controle deve ser valorado de forma distinta daquela pela qual se valorariam as ações dispersas em mercado (o chamado "prêmio de controle"), o legislador permitiu a diferenciação de preços na oferta pública ("OPA") que se fará para tal fim.

7. A operação de incorporação é, do ponto de vista formal, completamente distinta da alienação de controle. Trata-se, com efeito, de verdadeira mudança estrutural, por intermédio da qual uma determinada sociedade absorve outra, que se extingue. Em uma descrição ainda mais esquemática, na incorporação uma sociedade poderá: (i) ter seu patrimônio transferido para outra sociedade, extinguindo-se na seqüência (se for a incorporada); ou (ii) ter seu capital aumentado, em razão da recepção do patrimônio da incorporada, com a conseqüente emissão de ações para os antigos acionistas desta (se for a incorporadora).

8. Se, na alienação de controle, o acionista permanece na mesma empresa, que apenas terá novo acionista controlador, na incorporação ele será "transplantado" para uma nova sociedade, em conjunto com todos os demais acionistas. O valor da parcela a ser transplantada (e do aumento de capital na incorporadora) será definido a partir da correspondente avaliação patrimonial e, a rigor, distribuído conforme as proporções detidas.[18] No presente caso se está aventando justamente a possibilidade de repartir-se o patrimônio entre os acionistas de forma distinta daquela que era a sua distribuição originariamente, na sociedade incorporada.

9. Entendo, na mesma linha do que entende o Diretor Eli Loria, não ser possível essa verdadeira "redistribuição" de patrimônio entre controlador e minoritários. Quando se está tratando de alienação de controle propriamente dita, as posições do controlador e dos minoritários são naturalmente distintas – política e economicamente – e assim serão apreçadas. Na incorporação, pela própria natureza da operação, não há como fazer diferenciações desta ordem – as posições majoritárias e minoritárias serão transferidas para a nova sociedade, mantidas as proporções. Vale destacar que, por motivos de ordem lógica, essa proporcionalidade não vigora, nos mesmos termos, quando há diferentes espécies de ações, não havendo como adotar uma mesma racionalidade para a definição das relações de troca de ações ordinárias e de ações preferenciais.

10. De qualquer maneira, creio ser importante deixar registrado que não me parece razoável, nesse tipo de arranjo, falar em um verdadeiro "prêmio de controle", mesmo porque, pela operação descrita, este prêmio seria, em última instância, pago às expensas dos demais acionistas.

11. Ademais, entendo que a adoção de mecanismos como os acima descritos traria ainda outra distorção: se o art. 254-A estabelece um direito para o acionista minoritário, a operação ora proposta representaria, para ele, uma imposição.[19] No primeiro caso é possível aceitar a oferta e alienar as ações ou, alternativamente, permanecer na sociedade. Neste segundo, mesmo que haja discordância o minoritário será "tragado" para os quadros da sociedade incorporadora, no que se poderia

18. Para a lógica da manutenção das proporcionalidades, cf. Raul Ventura, *Fusão, Cisão, Transformação de Sociedades – Comentário ao Código das Sociedades Comerciais*, Almedina, 2006, p. 78; bem como as observações de Arnoldo Wald em "Considerações sobre a aquisição e alienação de controle societário: o Estudo da Jurisprudência", in *RT* 691, especialmente na p. 21.

19. Isso sem prejuízo do eventual direito de recesso (que, aliás, inexiste no presente caso), nos termos do art. 137 da Lei n. 6.404/1976, cujo valor será definido nos termos do inc. IV do art. 225.

chamar, em expressão que alguns agentes do mercado já vêm adotando, de um verdadeiro "*drag along*". Creio que por mais este motivo não se podem confundir situações bastante distintas, inclusive quanto aos seus efeitos jurídicos. Não sem perda de transparência.

12. Aqui se poderia, naturalmente, objetar que nada impede a realização da operação em etapas, iniciando-se com a aquisição do controle, acompanhada da correspondente OPA para os acionistas minoritários, e, posteriormente, deliberando-se a incorporação da sociedade controlada. Ainda outros arranjos podem surgir. De qualquer maneira, porém, entendo que a adequada observância dos regimes estabelecidos para as formas adotadas tende a ser vantajosa para os participantes do mercado e para o público investidor, não por mero formalismo, mas para permitir a estes que se beneficiem das proteções que vigoram no âmbito de cada instituto.

13. Daí porque, embora considere, nos termos do voto do Diretor Marcos Pinto, haver benefício privado na operação proposta, acompanho o voto do Diretor Eli Loria, entendendo que tal operação não pode sequer ser realizada nos termos em que apresentada a esta autarquia.

Rio de Janeiro, 28 de julho de 2009.

OTAVIO YAZBEK – Diretor.

***Comentários por***

ERASMO VALLADÃO A. E N. FRANÇA

## *1. Introdução (colocação do problema)*

Recentemente, no julgamento do caso Duratex (acima transcrito), voltou à baila o controvertido conceito de benefício particular, tendo um dos ilustres Diretores daquela autarquia feito as seguintes considerações:

> 2.1 O art. 115, § 1º, da Lei n. 6.404, de 1976, deixa claro que "o acionista não poderá votar nas deliberações (...) que puderem beneficiá-lo de modo particular". É preciso determinar, portanto, se a incorporação da Duratex pela Satipel confere um benefício particular aos acionistas controladores. Em caso afirmativo, os controladores da Duratex estarão impedidos de votar.
>
> 2.2 Como se viu acima, a relação de troca prevista para a incorporação é mais vantajosa para os acionistas controladores, pois confere a eles um prêmio em relação aos demais acionistas. É óbvio, portanto, que a incorporação beneficia o controlador de modo distinto dos demais acionistas, o que é suficiente para caracterizar o benefício particular, de acordo com o art. 115, § 1º.
>
> 2.3 Infelizmente, a clareza desse dispositivo legal vem sendo obscurecida por controvérsias jurídicas. É que muitos sustentam, com base no direito estrangeiro e investigações históricas, que a expressão benefício particular tem um significado bem mais restrito do que o texto legal deixa transparecer.
>
> 2.4 Nessa concepção, benefícios particulares são apenas as vantagens atribuídas aos acionistas enquanto sócios da sociedade.[20] Não constituem benefícios particulares, desse ponto de vista, vantagens que não decorram da relação societária propriamente dita, como as advindas de eventuais contratos celebrados entre o acionista e a companhia.
>
> 2.5 Pessoalmente, não vejo como sustentar essa restrição diante do texto legal.

É curioso que um dispositivo legal como o art. 115, § 1º, da Lei de S/A, que desperta tanta polêmica doutrinária e sobre o qual controverteram, *expressando diferentes opiniões*, juristas do porte de Fábio Konder Comparato, Luiz Gastão Paes de Barros Leães, Modesto Carvalhosa e Calixto Salomão Filho, seja reputado tão claro assim e que este modesto escri-

20. "*Nesse sentido*, p. ex.: E. V. França. *Conflito de Interesses nas Assembléias de S/A*, São Paulo, 1993, p. 70".

ba, cujo nome veio citado de forma criptografada, seja acusado de obscurecê-lo "com base no direito estrangeiro e investigações históricas".

Será que é mesmo tão claro assim?

Repita-se um trecho da citação feita mais acima: "Não constituem benefícios particulares, desse ponto de vista, vantagens que não decorram da relação societária propriamente dita, como as advindas de eventuais contratos celebrados entre o acionista e a companhia. 2.5 Pessoalmente, não vejo como sustentar essa restrição diante do texto legal".

Como se vê, um contrato celebrado entre o acionista e a companhia constituiria, segundo a posição esposada nesse voto, uma hipótese de benefício particular. Por conseqüência, toda vez que estiver em pauta numa deliberação a aprovação de um contrato a ser realizado entre a companhia e determinado acionista, estará este impedido de votar.

Já que não agrada ao eminente prolator do voto em questão a interpretação histórica e de direito comparado, vejamos se a interpretação *sistemática* da lei autorizaria essa conclusão.

## 2. Interpretação sistemática da LSA

Leia-se o que dispõe o art. 117, § 1º, alínea "f", da Lei de S/A:

> Art. 117. (...).
>
> § 1º. São modalidades de exercício abusivo de poder:
>
> (...);
>
> f) contratar com a companhia, diretamente ou através de outrem, ou de sociedade na qual tenha interesse, *em condições de favorecimento ou não equitativas*.

Como se percebe, a lei autoriza, *a contrario sensu*, que o acionista controlador contrate com a companhia, desde que em condições normais e eqüitativas.[21] A prevalecer a tese sustentada no voto citado, entretanto, ter-se-ia a seguinte – e absurda – situação: o acionista controlador, *fora do crivo da assembléia – às escuras*, para usar uma imagem forte – pode contratar com a companhia, mas, *sob o crivo da assembléia* – às claras – não poderia votar na aprovação de um futuro contrato que fosse realizar com aquela (se o estatuto, por exemplo, exigisse que contratos de determinado valor devessem ser previamente aprovados pela assembléia). Faz algum sentido isso?

Mas não é só. A interpretação sistemática da lei também leva à conclusão de que o diretor pode contratar com a companhia, desde que em condições razoáveis ou eqüitativas:

> Art. 156. É vedado ao administrador intervir em qualquer operação social em que tiver interesse conflitante com o da companhia, bem como na deliberação que a respeito tomarem os demais administradores, cumprindo-lhe cientificá-los do seu impedimento e fazer consignar, em ata de reunião do Conselho de Administração ou da diretoria, a natureza e extensão do seu interesse.[22]
>
> § 1º. Ainda que observado o disposto neste artigo, o administrador somente pode contratar com a companhia em condições razoáveis ou eqüitativas, idênticas

21. Insatisfeito com a solução dessa norma – mas ao mesmo tempo reconhecendo que *legem habemus* – Comparato anotou: "A nova lei de sociedades por ações não se omitiu a respeito. Considerou modalidade de abuso de poder, pelo controlador, 'contratar com a companhia, diretamente ou através de outrem, ou de sociedade na qual tenha interesse, em condições de favorecimento, ou não eqüitativas'. *Deveria, no entanto, ter exigido a prévia autorização da assembléia geral, sem o voto do controlador*" (*O Poder de Controle na Sociedade Anônima*, 5ª ed., Rio de Janeiro, Forense, 2008, com notas de texto de Calixto Salomão Filho, p. 403, destaques nossos).

22. Note-se que, ao regrar as operações do administrador com a companhia, a lei nem utiliza a expressão benefício particular, mas apenas interesse conflitante (o que, de resto, conforme bem observado por Luiz Antonio de Sampaio Campos, em *Direito das Companhias*, vol. I, Rio de Janeiro, Forense, 2009, p. 1.155, constitui demonstração eloqüente de que constituem conceitos diversos, como será demonstrado mais adiante).

às que prevalecem no mercado ou em que a companhia contrataria com terceiros.

§ 2º. O negócio contratado com infração do disposto no § 1º é anulável, e o administrador interessado será obrigado a transferir para a companhia as vantagens que tiver auferido.[23]

Indo além na interpretação sistemática, verifica-se que os administradores de um grupo de fato também podem, *a contrario sensu*, favorecer sociedade coligada, controladora ou controlada, desde que mediante pagamento compensatório adequado:

> Art. 245. Os administradores não podem, em prejuízo da companhia, favorecer sociedade coligada, controladora ou controlada, cumprindo-lhes zelar para que as operações entre as sociedades, se houver, observem condições estritamente comutativas, ou com pagamento compensatório adequado; e respondem perante a companhia pelas perdas e danos resultantes de atos praticados com infração ao disposto neste artigo.

Em todas as hipóteses citadas, portanto, mesmo sabendo que o acionista controlador e os administradores *determinam a vontade da companhia*, a lei lhes dá liberdade de ação, desde que pautem sua conduta pelo caráter da eqüitatividade, razoabilidade, comutatividade, sem proibir a prática do ato ou condicioná-lo à autorização de qualquer outro órgão.[24]

Por que razão estaria o acionista, então, seja controlador ou não, impedido de votar *às claras*, perante o crivo da assembléia geral, na aprovação de um contrato que vá realizar com a companhia? Não faz nenhum sentido, com a devida vênia. E a interpretação que leve a inconsistências não deve ser prestigiada, conforme o ensinamento de Carlos Maximiliano: "179. *Deve o Direito ser interpretado inteligentemente*: não de modo que a ordem legal envolva um *absurdo*, prescreva inconveniências, vá ter a conclusões inconsistentes ou impossíveis".[25]

A investigação histórica e o direito comparado, assim, como se passa a demonstrar, longe de obscurecer, *esclarecem* o sentido da nossa lei.

### *3. Investigação histórica e direito comparado*

Apenas para relembrar. O art. 115, § 1º, objeto da polêmica doutrinária, tem os seguintes dizeres:

> § 1º. O acionista não poderá votar nas deliberações da assembléia geral relativas ao laudo de avaliação de bens com que concorrer para a formação do capital social e à aprovação de suas contas como administrador, nem em quaisquer outras que puderem *beneficiá-lo de modo particular*, ou em que tiver interesse conflitante com o da companhia.

Na primeira vez em que aparece essa hipótese de proibição de voto em nosso direito, a palavra utilizada não era "benefício", mas sim "vantagem". Eis o que dizia o art. 15, § 10, da Lei 3.150, de 1882 – a nossa primeira Lei de S/A:

> Não podem votar nas assembléias geraes: os administradores, para approvarem seus balanços, contas e inventa-

23. A anulação do negócio, portanto, não decorre do fato do administrador não ter se abstido de votar, conforme previsto no *caput*, mas sim da violação do disposto no § 1º, ou seja, ter contratado com a companhia em condições não razoáveis ou iníquas (nesse sentido, cf. Luiz Gastão Paes de Barros Leães, *Estudos e Pareceres sobre Sociedades Anônimas*, São Paulo, Ed. RT, 1989, p. 32; Calixto Salomão Filho, *O Novo Direito Societário*, 3ª ed., São Paulo, Malheiros Editores, 2006, pp. 146-147; e, ainda, do autor deste artigo, "Conflito de interesses de administrador na incorporação de controlada", em *Temas de Direito Societário, Falimentar e Teoria da Empresa*, São Paulo, Malheiros Editores, 2009, pp. 334-360).

24. Tais hipóteses demonstram, outrossim, que o legislador, ao se referir a interesse conflitante, no art. 115, § 1º, proscreve apenas os conflitos *substanciais* de interesse, não os meramente *formais*.

25. Carlos Maximiliano, *Hermenêutica e Aplicação do Direito*, Rio de Janeiro, Freitas Bastos, 1951, p. 205 (destaques do original).

rios; os fiscaes, os seus pareceres; e os accionistas, a avaliação de seus quinhões, ou quaesquer vantagens estipuladas nos estatutos ou contracto social.

Muito bem. A referida lei, na verdade, retirou essa expressão – vantagem –, da lei francesa, a primeira Lei de S/A que adotou o modelo liberal, a saber, a Lei de 24 de julho de 1867.

### *3.1 Direito francês*

No seu art. 4º, a Lei francesa de 24 de julho de 1867 assim determinava:

> Art. 4º. Quando um sócio faz um aporte que não consiste em numerário, ou estipula para seu proveito vantagens particulares, a primeira assembléia geral determina o valor do aporte ou a causa das vantagens estipuladas. A sociedade não é definitivamente constituída senão após a aprovação do aporte ou das vantagens, dada por uma outra assembléia geral após uma nova convocação. A segunda assembléia geral não poderá estatuir sobre a aprovação do aporte ou das vantagens senão após um relatório que será impresso e colocado à disposição dos acionistas no mínimo cinco dias antes da reunião desta assembléia.[26]

Esta é a origem da nossa expressão benefícios particulares ou vantagens particulares. A maioria da doutrina francesa entendia que a vantagem particular residia em qualquer cláusula que rompesse a igualdade entre os acionistas, mesmo que não importasse em vantagens patrimoniais. Por exemplo, a cláusula que dispensasse determinados acionistas de outorgar preferência aos demais no caso de venda de suas ações. A Corte de Cassação Francesa, num aresto de 1935, todavia, decidiu a questão dizendo que uma tal cláusula, "não pode ter nenhuma influência relativamente ao direito dos outros acionistas sobre o fundo social e seus produtos" –, não constituindo, assim, uma vantagem particular no sentido do art. 4º da Lei de 1867 – e, portanto, não estando sujeita ao procedimento de aprovação por uma segunda assembléia. Entendeu, assim, a Corte de Cassação francesa que vantagem particular era única e exclusivamente aquela que outorgasse uma *vantagem patrimonial* a um acionista.[27]

O procedimento de avaliação para aprovação das vantagens particulares foi mantido na Lei Societária de 1966 e hoje é objeto dos arts. L.225-8, L.225-12 e L.225-14 do *Code de Commerce*.

Dominique Schmidt entende que vantagem particular é aquela que rompe o interesse comum dos sócios de extrair um enriquecimento pessoal da riqueza social, que reside precisamente no patrimônio social e nos seus produtos. Um direito sobre o patrimônio social e seus produtos não constitui uma vantagem particular, todavia, se não há realmente uma vantagem, ou seja, um *favor* ao beneficiário – *que recebe mais do que dá*.[28] Deve haver, portanto, um elemento de *liberalidade*. No mesmo sentido se manifestam outros doutrinadores: Paul Le Cannu;[29] Maurice Cozian, Alain Viandier e Florence Deboissy;[30] e Philippe Merle.[31] Todos salientam, outrossim, que a

26. Tradução livre do original: "Art. 4º. Lorsqu'un associé fait un apport qui ne consiste pas en numéraire, ou stipule à son profit des avantages particuliers, la première assemblée générale fait vérifier la valeur de l'apport ou la cause des avantages stipulés. La société n'est définitivement constituée qu'aprés l'approbation de l'apport ou la cause des avantages, donnée par une autre assemblée générale après une nouvelle convocation. La seconde assemblée générale ne pourra statuer sur l'approbation de l'apport ou des avantages qu'aprés un rapport qui sera imprimé et tenu à la disposition des actionaires cinq jours au moins avant la réunion de cette assemblée".

27. Cf. Dominique Schmidt, *Conflits d'Interêt dans la Société Anonyme*, nova versão, Paris, Joly Editions, 2004, n. 92, pp. 99-100.

28. "C'est à dire faveur pour le bénéficiaire qui reçoit plus qu'il donne" (ob. cit., n. 95, p. 103).

29. *Droit des sociétés*, 2ª ed., Paris, Monchrestien, 2003, n. 607, p. 367.

30. *Droit des sociétés*, 18ª ed., Paris, Litec, 2005, n. 463, p. 218.

31. *Droit Commerciale – Sociétes Commerciales*, 11ª ed., Paris, Dalloz, 2007, n. 262, p. 290.

vantagem particular é aquela dirigida a *acionistas determinados*, quebrando, assim, o princípio da igualdade entre os sócios.

Não há vantagens, no direito francês, outrossim, quando as estipulações se refiram a "operações correntes e concluídas em condições normais" (art. L.225-39 do *Code de Commerce*).

Especificamente com relação à incorporação de controlada – objeto do Parecer de Orientação n. 34, da CVM –, Dominique Schmidt, sob a epígrafe "Cumulação ou não-acumulação de procedimentos",[32] critica um julgado da Corte de Douai, de 7.7.1994 – que parece ser o único sobre a matéria –, que entendeu não consistir essa hipótese em uma "vantagem particular", mandando aplicar apenas as regras do procedimento da incorporação (e não as da "vantagem particular", que requereriam a proibição de voto da controladora).

Esclarecendo melhor a questão da cumulação ou não-cumulação de procedimentos, aventada por Dominique Schmidt. A lei prevê determinadas hipóteses para prevenir a ocorrência de conflito de interesses. No art. 115, § 1º, da nossa Lei de S/A, existem algumas hipóteses em que o acionista está proibido de votar: no laudo de avaliação dos próprios bens, na aprovação das próprias contas e de um benefício particular. Para outras hipóteses, porém, a lei prevê outros procedimentos, caso do art. 264 da Lei de S/A, que cuida de incorporação de controlada.

A questão que Dominique Schmidt põe com relação ao Direito Francês é pertinente ao nosso mesmo. Será que é possível cumular o procedimento previsto no art. 115, § 1º, relativo a benefício particular, com aquele do art. 264 da Lei de S/A? O referido julgado da Corte de Douai entendeu que, na incorporação de controlada, a *holding* controladora podia votar e não haveria nessa hipótese uma vantagem particular, mandando aplicar apenas as regras do procedimento da incorporação e não as regras daquela (da vantagem particular), que requereriam a proibição de voto da *holding*.

Para Dominique Schmidt, haveria vantagem no fato de a controladora, como acionista, apreender a totalidade do patrimônio social da controlada, atribuindo aos demais acionistas desta última apenas ações dela, *holding*: enquanto que, para o tribunal, a atribuição da integralidade do patrimônio social é realizada no proveito da sociedade controladora mais como incorporadora do que como acionista (diríamos que é uma operação societária, ou um ato de organização, para usar a terminologia alemã); Dominique Schmidt reconhece que a decisão facilita as incorporações, mas, a seu ver, em prejuízo dos minoritários cujos interesses, todavia, foram considerados no direito bursátil francês (através de avaliação, informações, etc.).

Já Cozian, Viandier e Deboissy, que também citam o mencionado julgado, entendem que inexiste vantagem particular quando ela é criada pela lei: "en revanche, lorsque l'avantage est instituée par la loi, il n'y a pas avantage particulier".[33]

### *3.2 Direito alemão*

No direito alemão existe também a mesma expressão "benefício ou vantagem particular" – *Sondervorteil*. E com uma singularidade que o aproxima até muito mais do nosso direito: a mesma palavra – *Sondervorteil* – é utilizada, conforme a situação, tanto para caracterizar um benefício *lícito* como um benefício *ilícito*.

O § 26 da *Aktiengesetz* (Lei Acionária alemã de 1965), que trata das *Sondervorteile* e das despesas por ocasião da fundação da sociedade, diz, no seu inciso 1, que toda *vantagem particular* concedida a um determinado acionista ou terceiro deve ser

32. Ob. cit., n. 97, pp. 106-107.

33. Ob. e loc. cits.

fixada no estatuto com a indicação do beneficiado – aqui, portanto, cuida-se da vantagem lícita, expressamente permitida pela lei. A fixação no estatuto faz com que os acionistas sejam esclarecidos do benefício concedido a um deles, que rompe com o princípio da igualdade, mas também é feita sobretudo para que os credores sejam advertidos de que há uma vantagem particular, que às vezes é muito difícil de ser avaliada. Por exemplo, os benefícios de aposentadoria outorgados a acionistas fundadores. Como é que se vão avaliar tais benefícios? Quantos anos eles vão viver? Isso interessa sobretudo aos credores, porque o que estiver sendo tirado do patrimônio social vai afetar, naturalmente, a sua garantia.[34]

Já o § 243, 2, primeira parte, da *Aktiengesetz*, que trata da anulação das deliberações, diz o seguinte: "A anulação [da deliberação] pode também fundar-se no fato de um acionista, mediante o exercício do voto, ter tentado obter, para si ou para terceiros, *vantagens particulares* em detrimento da sociedade ou de outros acionistas e a deliberação for idônea a servir a essa finalidade"[35] – aqui se trata, portanto, da vantagem abusiva, ilegal.

Quanto à vantagem lícita, deve ser fixada no estatuto, sob pena de ineficácia.[36] Tal vantagem é entendida também como sendo de natureza patrimonial e como uma *liberalidade*,[37] muito embora haja quem sustente que o direito de indicar um membro do conselho de supervisão (*Aufsichtsrat*), por exemplo, constituiria uma vantagem particular.[38]

No que diz respeito à matéria de proibição de voto, diz o § 136, 1, da AktG: "(*Exclusão do direito de voto*) – Ninguém pode exercer o direito de voto, por si ou por outrem, quando for tomada uma deliberação a respeito de sua própria exoneração, ou de sua liberação de uma obrigação, ou do exercício de um direito que a sociedade deva fazer valer contra o votante".[39]

Foi eliminada, desde a AktG de 1937 – apenas para as sociedades por ações –, a regra que proibia ao acionista de votar relativamente a negócios jurídicos, nomeadamente contratos, que fosse realizar com a sociedade, sobretudo em razão de preocupações com os grupos societários, onde a sociedade controladora está quase sempre em potencial conflito com os interesses das controladas.[40]

Por isso, a maioria dos doutrinadores alemães entende que, nessa hipótese, há inteira liberdade para votar, com pelo menos a exceção de um grande comercialista: Karsten Schmidt – que faz, porém, a se-

34. Cf. Uwe Hüffer, *Aktiengesetz*, 7ª ed., München, Beck, 2006, n. 1, p. 142.

35. Tradução livre do original: "Die Anfechtung kann auch darauf gestützt werden, dass ein Aktionär mit der Ausübung des Stimmrechts für sich oder einen Dritten Sondervorteile zum Schaden der Gesellschaft oder der anderen Aktionäre zu erlangen suchte und der Beschluss geeignet ist, diesem Zweck zu dienen".

36. Hüffer, ob. cit., p. 143.

37. "Vantagens particulares são disposições gratuitas da sociedade por ocasião da constituição, pelas quais é concedida aos titulares uma pretensão obrigacional" ("Sondervorteile sind aus Anlass der Gründung gewährte unentgeltliche Zuwendungen der Geselschaft, auf die den Berechtigten ein schuldrechtlich Anspruch gewährt wird"; Thomas Raiser e Rudiger Veil, *Recht der Kapitalgesellschaften*, 4ª ed., München, Franz Wahlen, 2006, pp. 85-86). Karsten Schmidt refere-se a qualquer "vantagem patrimonial" ("Vermögensvorteile", cf. *Gesellschaftsrecht*, 4ª ed., Köln, Carl Heymanns, 2002, p. 790). Cf. ainda os exemplos trazidos por Hüffer, ob. e loc. cit., n. 3.

38. Hüffer, ob. e loc. cit., n. 3.

39. "(*Ausschluss des Stimmrechts*). – Niemand kann für sich oder für einen anderen das Stimmrecht ausüben, wenn darüber Beschluss gefasst wird, ob er zu entlasten oder von einer Verbindlichkeit zu befreien ist oder ob die Gesellschaft gegen ihn einen Anspruch geltend machen soll."

40. É por isso que a segunda parte do inciso 2, do § 243, da *Aktiengesetz*, na qual evidentemente se inspirou o art. 245 da nossa Lei de S/A, diz: "Esta regra não se aplica [ou seja, não se anula a deliberação] quando a deliberação conceder aos outros acionistas uma *compensação adequada* às suas perdas" ("Dies gilt nicht, wenn der Beschluss den anderen Aktionären einen angemessener Ausgleich für ihren Schaden gewährt").

guinte ressalva: "aa) Sob a *proibição de voto* em razão de negócio consigo mesmo recaem: – Negócios jurídicos individuais, especialmente, portanto, contratos da sociedade com um sócio, *não* porém atos de organização, sobre os quais todos os sócios necessariamente devem decidir conjuntamente (por exemplo, a nomeação e a contratação como órgão, a aceitação de entradas por ocasião de aumento de capital, a aceitação de parcelas de patrimônio por meio da fusão ou cisão, ou a conclusão de um 'contrato de empresa'"[41-42] (destaque em itálico do original).

Mais adiante, ao cuidar especificamente das sociedades anônimas, reitera o ilustre mestre: "Contrariamente ao disposto no § 47, IV, 2, da Lei das Sociedades Limitadas, todavia, o § 136, I, da Lei de Sociedades por Ações não proíbe, literalmente, o exercício do voto quando se vier a deliberar sobre a realização de um negócio jurídico com o acionista. Essa proibição de voto contida na antiga redação do § 252, III, do Código Comercial, foi eliminada pela Lei de Sociedades por Ações de 1937, porque uma jurisprudência restritiva havia deixado estiolar a proibição, que perdera todo o seu significado. Tal jurisprudência tinha fundamentos, porém, sobretudo no direito dos grupos societários, que se resolveram nos §§ 219 e seguintes da vigente Lei de Sociedades por Ações. É correto que uma empresa com a maioria das ações possa e deva, como acionista, votar, quando um 'contrato de empresa' deva ser fechado entre a companhia e tal empresa. Mas isso não se baseia no fato de que não exista uma proibição de voto para os negócios consigo mesmo, mas sim na natureza jurídica do 'contrato de empresa' como uma decisão de organização (*Organisationsentscheidung*), na qual todos os acionistas participam".[43]

Uma coisa, portanto, é o *negócio consigo mesmo*; outra, diversa, são os *atos de organização*, em relação aos quais *todos os acionistas* – com direito de voto, evidentemente – devem participar, como é o caso da incorporação de sociedades.

### *3.3 Direito brasileiro*

Já se viu que, na primeira vez que a lei brasileira cuidou da questão do benefício particular, usou a expressão "quaesquer vantagens", com evidente influência da lei francesa, expressão que remanesceu por ocasião da edição do Decreto 434, de 1891, que regulou por quase cinqüenta anos as sociedades anônimas entre nós.

Em 26 de setembro de 1940, foi promulgado o Decreto-lei n. 2.627 – que revo-

41. Os "contratos de empresa" (*Unternehmensverträge*) consistem em convenções através das quais se constituem os grupos societários de direito na Alemanha, tanto os grupos de subordinação, como os de coordenação (v. a propósito, Comparato, ob. cit., pp. 360 e 407).

42. Tradução livre do original: "aa) Unter das Stimmverbot wegen Insichgeschäfts fallen – Individualrechtsgeschäfte, also insbesondere Verträge des Verbands mit einem Mitglied, *nicht* dagegen Organisationsakte, über die alle Miglieder notwendig gemeinsam entscheiden sollen (z. B. die Bestellung und Anstellung als Organ, die Übernahme von Stammeinlagen bei der Kapitalerhöhung, die Übernahme von Vermögensteilen durch verschmelzende oder spaltende Umwandlung oder der Abschluss eines Unternehmensvertrags) ..." (ob. cit., p. 609).

43. Tradução livre do original: "Im Gegensatz zu § 47 IV 2 GmbHG verbietet § 136 I AktG die Stimmabgabe allerdings im Wortlaut nach nicht, wenn über die Vornahme eines Rechtsgeschäfts mit dem Aktionär zu beschliessen ist. Dieses noch in § 252 III 2 HGB a. F. enthaltene Stimmverbot wurde durch das AktG 1937 beseitigt, weil eine restriktive Gerichtspraxis das Verbot zur Bedeutungslosigkeit hatte verkümmern lassen. Diese Gerichtspraxis hatte aber vor allem konzernrechtliche Gründe, die sich im geltenden Aktienrecht durch §§ 219 ff. AktG erledigt haben. Es ist richtig, dass ein mit Aktienmehrheit beteiligtes Unternehmen als Aktionär mit abstimmen darf und muss, wenn ein Unternehmensvertrag zwischen der AG und diesem Unternehmen abgeschlossen werden soll. Aber dies beruht nicht darauf, das es kein Stimmverbot bei Insichgeschäften gibt, sondern auf der Rechsnatur des Unternehmensvertrags als einer Organisationsentscheidung, an der alle Aktionäre mitwirken" (ob. cit., pp. 850-851).

gou o Decreto 434 –, cujo art. 82 dizia o seguinte:

> O acionista não pode votar nas deliberações da assembléia geral relativas ao laudo de avaliação dos bens com que concorrer para a formação do capital social, nem nas que venham a beneficiá-lo de modo particular.

Valverde aponta como fonte desse dispositivo o art. 142 do Decreto 434,[44] (que reproduziu a redação do supracitado art. 15, § 10, da Lei 3.150, de 1882, e de idêntico dispositivo do Decreto 164, de 1890). Benefício particular parecia ser uma fórmula mais abrangente do que a utilizada no aludido art. 142, que se referia a "quaesquer vantagens estipuladas nos estatutos ou contracto social".[45]

A Lei de S/A em vigor, como se demonstrará mais adiante, utiliza indiferentemente as expressões "benefício particular" e "vantagens particulares".

Duas expressões da lei, todavia, são objeto de controvérsia na doutrina.

44. *Sociedades por Ações*, vol. II, 3ª ed., Rio de Janeiro, Forense, 1959, p. 66.

45. A estreiteza dessa fórmula é que parece ter aconselhado a nova redação alvitrada pelo legislador. O Decreto-lei 2.627, p. ex., passou a permitir a criação de partes beneficiárias, que poderiam ser atribuídas a fundadores, acionistas ou terceiros, como remuneração de serviços prestados à sociedade, a qualquer tempo, pela assembléia geral (arts. 31 e 32), independentemente de previsão nos estatutos originários da sociedade. No Decreto 434 não havia dispositivo semelhante, embora Carvalho de Mendonça opinasse pela possibilidade de criação desses títulos pela assembléia geral, no curso da vida da sociedade (ob. cit., p. 314). A fórmula "quaesquer vantagens estipuladas nos estatutos ou contracto social", portanto, poderia não ser suficientemente ampla para apanhar um caso desses que, embora não estipulado originariamente nos estatutos, seguramente atribuiria um "benefício particular" ao acionista eventualmente agraciado com a emissão de parte beneficiária. O insigne Carvalho de Mendonça, comentando o art. 142 do Decreto 434, já havia apontado a dificuldade de conciliar a interpretação dos arts. 6º, 10 e 20 do mesmo diploma legal, os quais cuidavam das "vantagens" a que se referia aquele primeiro dispositivo (*Tratado de Direito Comercial Brasileiro*, vol. III, Rio de Janeiro, Freitas Bastos, 1945, p. 313 e nota 2).

O § 1º, do art. 115, da Lei de S/A, diz que o acionista não pode votar nas deliberações que puderem *beneficiá-lo de modo particular* ou em que ele tenha *interesse conflitante com a companhia*. Por uma questão elementar de hermenêutica – a lei não pode conter palavras ou expressões inúteis –, há que distinguir deliberações em que há benefício particular daquelas em que há conflito de interesses.

No que consiste o benefício particular? Quase todos os doutrinadores dão, geralmente, os exemplos de Miranda Valverde, que diz o seguinte: "Se – para exemplificar – a assembléia geral resolve atribuir (art. 87, parág. único, g) uma bonificação a determinados acionistas, por este ou aquele motivo não poderão eles, como diretamente interessados, tomar parte nessa deliberação. *Esta, com efeito, virá beneficiá-los de modo particular, quebrando, ainda que justo seja o tratamento, e a lei o permita, a regra de igualdade de tratamento para todos os acionistas da mesma classe ou categoria* (art. 78). A vantagem conferida a um ou mais acionistas, comumente, consiste em uma participação nos lucros líquidos da sociedade, durante certo tempo, ou no direito, algumas vezes extensivo aos herdeiros, de receber determinada soma, por mês, ou anualmente, a título de pensão ou aposentadoria. Representa quase sempre, a recompensa pelos trabalhos ou serviços prestados pelo acionista à companhia".[46]

Benefício particular, portanto, é a vantagem *lícita*, que pode ser concedida a um ou mais acionistas. Está aí para confirmá-lo o disposto no art. 84, IV, da Lei 6.404, que, ao cuidar do prospecto, diz: "Art. 84. O prospecto deverá mencionar, com precisão e clareza, as bases da companhia e os motivos que justifiquem a expectativa de bom êxito do empreendimento, e em especial: (...); VI – as vantagens particulares – *veja-se que a lei usa, como sinô-*

46. Ob. cit., p. 67 (grifos nossos).

*nimo de benefício particular, a palavra vantagem* – a que terão direito os fundadores ou terceiros, e o dispositivo do projeto do estatuto que as regula".

O acionista não pode votar, porque está-se-lhe concedendo um *favor*, que muitas vezes, inclusive, é difícil de avaliar, representando algo aleatório. Repita-se o exemplo da aposentadoria: concede-se a vantagem de aposentadoria para o acionista fundador, extensiva aos herdeiros. Como vai se aferir se isto é comutativo ou não? O acionista estaria se outorgando um prêmio. Da mesma forma, emitem-se partes beneficiárias, que concedem direito aos lucros, aos acionistas fundadores, pelo prazo de dez anos? A quanto montarão esses lucros?

Há de haver, assim, um *favor* ao beneficiário, *na sua condição de acionista, que recebe mais do que dá* – Valverde e diversos outros autores acentuam o caráter *contratual* desse ato, em favor do interessado, *rompendo o princípio da igualdade entre os sócios*. Ou, de qualquer forma, uma situação em que não seja possível aferir, de antemão, o caráter *comutativo* do ato, como na hipótese do direito aos lucros futuros – que poderão até não existir. Como quer que seja, a lei permite tais vantagens, tratando-se, pois, de negócios lícitos.

E quando ocorre o conflito de interesses? Ocorre quando o acionista busca uma vantagem *ilícita*. A mesma distinção que se faz no direito alemão. É o que diz o *caput* do art. 115 (com evidente inspiração no § 243, 2, da *Aktiengesetz*, mais acima citado): "O acionista deve exercer o direito a voto no interesse da companhia; considerar-se-á abusivo o voto exercido com o fim de causar dano à companhia [– *voto ad emulationem* –], ou de obter, para si ou para outrem, *vantagem a que não faz jus* e de que resulte, ou possa resultar, prejuízo para a companhia ou para outros acionistas".

Esta é, pois, a distinção, em nosso entender. O benefício particular é a vantagem lícita, que pode ser outorgada estatutariamente, mas que impede o acionista beneficiário de votar, porque representa um *favor* ou algo *aleatório*. Tem, geralmente, um caráter de liberalidade, mesmo quando se trata de compensar serviços prestados.

Quando o acionista, porém, busca uma vantagem ilícita, abusiva, com o exercício do voto, em detrimento, atual, ou mesmo potencial, da companhia ou outros acionistas, caracteriza-se o conflito de interesses.

Relembre-se que, quando se trata de negócio jurídico *em condições eqüitativas, razoáveis, de mercado, comutativas*, a lei permite expressamente que o mesmo seja realizado *com o concurso da declaração de vontade do acionista* ou *administrador* com quem será realizado (arts. 117, § 1º, "f", 156, §§ 1º e 2º, e 245 da Lei de S/A).

Como se vê, tanto as "investigações históricas", como o "direito estrangeiro", ajudam – e em muito – a esclarecer o sentido da nossa lei. Não se concebe, aliás, num mundo globalizado, um direito estanque.[47]

47. Relembrem-se as imorredouras lições de Tullio Ascarelli sobre direito comparado e história do direito: "2. Funções do Direito Comparado. O direito comparado representa o meio para ampliar nossa experiência jurídica no espaço, meio semelhante ao que a história representa quanto ao tempo; permite-nos, através do enriquecimento de nossa experiência, entender e avaliar melhor os diversos sistemas jurídicos, e, pois, reconstruir os traços fundamentais do direito na civilização atual ou em determinada época histórica, e as linhas básicas do seu desenvolvimento; auxilia-nos a compreender as relações entre as normas jurídicas e a subjacente realidade social; dá-nos as razões das diferenças jurídicas; leva-nos à modéstia e à tolerância que decorrem do ampliamento da experiência. (...). 6. Valor educacional do direito comparado. Através dessa reconstrução integral e desse alargamento da experiência jurídica, é que o estudo do direito comparado preenche uma função, quer no progresso jurídico nacional e internacional, quer para o melhor conhecimento do fenômeno jurídico, facultando encarar o direito na sua unidade internacional. O estudo do direito no âmbito de apenas um país ou apenas quanto a um povo revela-se, sempre, insuficiente, já à vista da própria 'humanidade' da história e do direito, que deve, por isso, ser estudado num plano universal. O estudo do direito comparado acaba, ademais, por mostrar, como talvez

## *4. Conclusão*

O que se conclui do que se expôs até aqui?

Conclui-se que o benefício particular é aquele em que há ou um negócio *gratuito* ou um *negócio aleatório* em favor do acionista (ou ainda de terceiros, como dispõe o art. 84, inciso VI), vale dizer, em que não há *comutatividade*.[48]

A noção de comutatividade, em direito, é utilizada normalmente para distinguir os contratos *comutativos* dos *aleatórios*, como subclasse dos negócios *onerosos*.

Segundo o grande e saudoso mestre Caio Mário da Silva Pereira, "são *comutativos* os contratos em que as prestações de ambas as partes são de antemão conhecidas, *e guardam entre si uma relativa equivalência de valores*. Não se exige a igualdade rigorosa destas, porque os bens que são objeto dos contratos não têm valoração precisa. Podendo ser, portanto, estimadas desde a origem, os contratantes estipulam a avença, e fixam prestações que aproximadamente se correspondem".[49]

No mesmo sentido, Orlando Gomes: "Nos *contratos comutativos*, a relação en-

nenhum outro, o jogo contínuo das relações entre as premissas econômicas, sociais, históricas, morais, de um lado, e a solução jurídica, de outro. O estudo do direito comparado proporciona a possibilidade de colher ao vivo, numa experiência concreta, o direito no seu ambiente social e de verificar todas as influências recíprocas entre direito e meio, de vê-las, por assim dizer, em ação; de acompanhar a tradução em termos jurídicos do problema econômico e social, e colher o real alcance econômico e social do problema jurídico. Permite, assim, distinguir, no estudo dos diversos direitos, a substância da solução jurídica, e o que poderia dizer-se o peculiar aspecto técnico da solução. 7. Direito comparado e história do direito. Por esse caminho é possível descobrir os traços gerais do direito e da evolução jurídica, comuns aos diversos países, e os particulares ou transitórios. A utilidade da função do direito comparado revela-se justamente neste terreno. Um dos maiores historiadores modernos, Henri Pirenne, dedicava, anos atrás, um ensaio, magistral, à utilidade das investigações comparativas no terreno histórico. 8. Direito comparado e construção dogmática. Atrevo-me a acrescentar que essa utilidade não é menor no terreno dogmático. A tarefa mais difícil da investigação dogmática consiste, justamente, em separar, dentre as várias características de um instituto, as que lhe são essenciais, em colocálas como fundamento da construção dogmática e, por isso, como premissa da aplicação analógica. O fim e a justificação da investigação dogmática consistem justamente no fato de que ela constitui um instrumento para resolver os novos problemas que a vida vem sempre propondo, mantida a continuidade entre as soluções já aceitas e as que são propostas quanto aos novos problemas. Justamente por isso, a maior dificuldade na construção dogmática está na escolha dos vários dados jurídicos, para individuar os que, no seu desenvolvimento, melhor podem permitir alcançar a solução dos novos problemas, observada a continuidade e a necessária harmonia com as soluções aceitas nos casos resolvidos anteriormente. Ao preencher essa função, o estudo do direito comparado revela-se de utilidade singular, sob um duplo aspecto. Em primeiro lugar, na construção de um instituto dentro de um determinado sistema, isoladamente considerado. O reconhecimento do direito comparado permite-nos, realmente, como já lembrei, apreender melhor os diversos direitos, isoladamente considerados; perceber o alcance e as razões das suas soluções; descobrir as 'premissas implícitas' que lhes são peculiares. 9. A construção dogmática baseada na comparação. Sociologia e dogmática no direito comparado. Em segundo lugar, o estudo do direito comparado permite a construção dos vários institutos, no terreno desse direito, isto é, consideradas as características de cada instituto não relativamente a determinado sistema, mas em muitos sistemas e, por isso, segundo características internacionalmente constantes, distinguindo as características comuns das particulares. O estudo do direito comparado pertence aos estudos históricos e sociológicos do direito; visa, antes de mais nada, ao conhecimento do direito efetivamente aplicado, da *law in action*; não o descobrimento da regra jurídica que, consoante um determinado sistema, seria de aplicar ao caso" (Tullio Ascarelli, *Problemas das Sociedades Anônimas e Direito Comparado*, São Paulo, Quorum, 2008, reimpr., pp. 34 e 42-44).

48. E aqui dou um passo adiante com relação à palestra que proferi no auditório da CVM, publicada sob o título "O conceito de benefício particular e o Parecer de Orientação 34 da CVM", em *Temas de Direito Societário, Falimentar e Teoria da Empresa*, cit., pp. 568-580, onde trabalhei com o conceito de *eqüitatividade*, menos preciso em direito do que o de *comutatividade*.

49. *Instituições de Direito Civil*, vol. III – *Contratos*, 11ª ed., rev. e atual. de acordo com o Código Civil de 2002, por Régis Fichtner Pereira, Rio de Janeiro, Forense, 2004, p. 68 (itálico do original).

tre *vantagem* e *sacrifício* é equivalente, havendo certeza quanto às prestações".[50]

Daí porque (repito o que disse na palestra já mencionada, proferida no auditório da CVM, à qual remeto o leitor) não me parece ocorrer "benefício particular" nas hipóteses enfocadas no Parecer de Orientação n. 34, *em que se acha de antemão excluída pela lei*, a toda evidência, qualquer caráter de *permitida liberalidade* a quem quer que seja na relação de substituição das ações da incorporada pelas da incorporadora, como se verifica das disposições inequivocamente cogentes do art. 264 da Lei de S/A, sendo possível apurar de plano, outrossim, se a operação é *comutativa* ou *aleatória*. E somente nas hipóteses de negócio *gratuito* ou *aleatório*, como se demonstrou, há benefício particular que proíbe o acionista de votar.

De qualquer forma, se de um lado o art. 115, § 1º, cuida de hipóteses gerais, de outro lado o art. 264 cuida *especificamente* de incorporação de controlada ou de ações de controlada, *constituindo "lex specialis" sobre a matéria*, que não pode ser postergada. Tais operações constituem indiscutivelmente, outrossim, *atos de organização*, como os qualifica a doutrina alemã, em que todos os acionistas com direito de voto, em princípio, devem votar, pois está em jogo o destino da companhia.

Na incorporação de controlada, ou de ações de controlada, o controlador, evidentemente, pode votar, bastando ler o que diz o § 3º do aludido art. 264:

§ 3º. Se as relações de substituição das ações *dos acionistas não controladores*, previstas no protocolo de incorporação, forem menos vantajosas que as resultantes da comparação prevista neste artigo, *os acionistas dissidentes* da deliberação da assembléia geral da controlada que aprovar a operação, poderão optar, no prazo previsto no art. 230, entre o *valor do reembolso* fixado nos termos do art. 45 e o valor apurado em conformidade com o disposto no *caput*, observado o disposto no art. 137, inciso II.

Se o controlador não votasse, com efeito, não se atingiria o quórum previsto no art. 136, inciso IV, para as operações de incorporação ("metade, no mínimo, das ações com direito a voto") e não se compreenderia, minimamente, a previsão de *direito de recesso*...

A lei aqui, portanto, não adotou a estratégia de *legitimação*, alvitrada no Parecer de Orientação n. 34, mas sim a de *saída*;[51] se aquela primeira estratégia é a recomendável – e não estou entrando aqui nesse mérito –, só poderia ser adotada, a nosso ver, *de lege ferenda* e não *de lege lata*.

*De lege lata*, o art. 264 não prevê qualquer impedimento de voto, seja do controlador, seja dos acionistas titulares de ações ordinárias – e nem outorga voto aos titulares de ações preferenciais, pelo que se nos afigura que o Parecer n. 34 extravasa dos lindes da lei.[52]

Já no que toca ao caso Duratex, também não me parece que o caso seria de benefício particular, só pelo fato de ter sido

50. *Contratos*, 26ª ed., rev. e atual. por Antonio Junqueira de Azevedo e Francisco Paulo de Marino Crescenzo, Rio de Janeiro, Forense, 2007, p. 88 (itálico do original).

51. Sobre as estratégias em questão, confira-se o já clássico *The Anatomy of Corporate Law*, de Reinier Kraakman *et alii*, Oxford University Press, New York, 2004. A estratégia de "saída" consiste na permissão do recesso; a de "legitimação", *grosso modo*, em deixar votar somente o acionista ou administrador independente, desinteressado, não ligado ao controlador.

52. De se notar que a situação dos minoritários nas operações de incorporação de controlada foi objeto de expressa preocupação dos eminentes autores do anteprojeto da Lei de S/A, como demonstra a exposição de motivos: "A incorporação de companhia controlada requer normas especiais para a proteção de acionistas minoritários, por isso que não existem, na hipótese, duas maiorias acionárias distintas, que deliberem separadamente sobre a operação, defendendo os interesses de cada companhia". Mas a estratégia adotada foi, repita-se, a de *saída*.

estabelecido um valor maior para as ações de controle – já que é a própria lei que reconhece isso, sendo, assim, se se quiser, um benefício *legal* e não *contratual*.[53-54] O que ocorre é que, sendo a incorporação uma operação em que ocorre transferência de patrimônio, soa estranho que, na mesma operação, seja atribuído valor diverso às ações, como anotado no voto do ilustre Diretor Otavio Yazbek.

São Paulo, 29 de setembro de 2009.

53. Trago para cá as palavras insuspeitas do Prof. Fábio Konder Comparato, ao criticar acerbamente a emenda Lehman, que assegurava igualdade de tratamento aos minoritários, no revogado art. 254 da Lei de S/A: "Trata-se de verdade elementar que o *status* do acionista controlador não se confunde com o de não-controlador; que ações ordinárias não são eqüipolentes a ações preferenciais sem voto; que a situação de poder soberano [*do acionista controlador*] só mesmo no terreno da demagogia confusa se põe em pé de igualdade com o estado de subordinação ou sujeição [*dos acionistas minoritários*]. Vai-se então impedir que, numa civilização que reduz todos os bens ou valores a mercadorias, as diferenças não se meçam em termos pecuniários?" (ob. cit., p. 310).

54. Parece que, hoje, ser acionista controlador virou um estigma. Ao invés de se adotar uma posição equilibrada entre os interesses dos minoritários e do controlador, este último vai sendo encarado quase que como um marginal da vida societária.

# CONVOCAÇÃO SIMULTÂNEA DE ASSEMBLÉIA OU REUNIÃO DE SÓCIOS NO DIREITO BRASILEIRO

MARCELO VIEIRA VON ADAMEK

*1. O caso concreto (resumo do litígio). 2. As questões debatidas no acórdão (pontos de interesse). 3. A convocação simultânea de assembléia ou reunião de sócios: 3.1 Assembléias de condôminos, de associados e de credores; 3.2 Assembléia geral de sócios em cooperativas; 3.3 Assembléia geral de acionistas; 3.4 Assembléia ou reunião de sócios no regime do Código Civil; 3.5 Síntese. 4. A solução dada ao caso concreto. 5. Bibliografia.*

*TJMG, AI n. 1.0480.05.076607-4/001(1) de Patos de Minas, 17ª Câmara Cível, Rel. Des. Irmar Ferreira Campos, v.u., j. 9.2.2006, DJE 30.3.2006.*

*Agravo de Instrumento. Ação Cautelar. Liminar. Convocação de Assembléia. Formalidades.* Dispensam-se as formalidades previstas no § 3º, do art. 1.152, do CC/2002 quando todos os sócios comparecerem ou se declararem, por escrito, cientes do local, data, hora e ordem do dia, conforme se aduz da redação do art. 1.072, § 2º, do mesmo diploma legal.

ACÓRDÃO

Vistos, relatados e discutidos estes autos de Agravo de Instrumento n. 1.0480.05.076607-4/001 da Comarca de Patos de Minas, sendo Agravante(s): Hélio Bernardes Dias e Agravado(a)(s): Expresso Leãozinho Ltda. e Outro,

Acorda, em Turma, a 17ª Câmara Cível do Tribunal de Justiça do Estado de Minas Gerais rejeitar as preliminares e negar provimento ao recurso.

Presidiu o julgamento o Desembargador Eduardo Mariné da Cunha (2º Vogal) e dele participaram os Desembargadores Irmar Ferreira Campos (Relator) e Luciano Pinto (1º Vogal).

O voto proferido pelo Desembargador Relator foi acompanhado, na íntegra, pelos demais componentes da Turma Julgadora.

Produziu sustentação oral, pelo agravante, o Dr. Luiz Barra Cordeiro e, pelos agravados, o Dr. Bernardo Ribeiro Câmara.

Belo Horizonte, 9 de fevereiro de 2006.

Des. Irmar Ferreira Campos – Relator.

VOTO

***O Sr. Desembargador Irmar Ferreira Campos***: Trata-se de agravo de instrumento interposto por Hélio Bernardes Dias contra decisão de f. 28/32 que, nos autos da medida cautelar inominada interposta pelo agravante em face de Expresso Leãozinho Ltda. e Eli Bernardes Dias, deferiu parcialmente a liminar suspendendo os efeitos do edital de convocação apenas quanto à condição de não representação do autor por intermédio de advogado, autorizando o mesmo a se fazer representar por pessoa capaz, indeferindo as demais providências cautelares solicitadas.

Assevera a parte agravante que a exceção do art. 1.072, § 2º, do novo Código Civil, dispensa as formalidades de convocação (publicações dos editais), mas não dispensa o intervalo de cinco dias, para a segunda convocação, conforme prevê o art. 1.152, § 3º, do mesmo diploma legal.

Alega que o administrador da sociedade não tem o poder de suprimir a exigência de intervalos entre as convocações.

Assevera que o fato das duas assembléias terem sido marcadas para o mesmo dia, qual seja, 29.11.2005, gera a nulidade absoluta do ato.

Requer a concessão do efeito suspensivo, para suspender a realização da reunião de sócios (29.11.2005) e, ao final, a cassação da decisão vergastada, no tocante ao indeferimento da suspensão dos efeitos do ato convocatório, com a declaração da nulidade absoluta.

À f. 40 indeferi o efeito suspensivo pleiteado pela parte recorrente.

A parte contrária apresentou resposta às f. 53/64, alegando preliminarmente a instrução deficiente do agravo e a prejudicialidade parcial do mesmo, tendo em vista a realização da Assembléia em 29.11.2005.

Conheço do recurso, presentes os pressupostos de sua admissibilidade.

*Preliminar*:

A alegação de que o recurso não foi devidamente instruído, não merece acolhida, uma vez que a inicial da cautelar, necessária à exata compreensão da lide, encontra-se nos autos às f. 10/18.

O argumento de perda do objeto também não merece acolhida, pois no caso de provimento do agravo a Assembléia poderá ser declarada nula.

Por tais razões, rejeito as preliminares argüidas pela parte recorrida e passo a analisar o mérito.

*Mérito*:

Entendo que a irresignação da parte agravante não merece prosperar.

O cerne do presente agravo é a possível irregularidade da convocação que não respeitou todas as formalidades estatuídas no novo Código Civil.

A propósito da regularidade de tal convocação, o art. 1.072, § 2º, do CC/2002, assim prevê: "Art. 1.072. As deliberações dos sócios, obedecido o disposto no art. 1.010, serão tomadas em reunião ou em assembléia, conforme previsto no contrato social, devendo ser convocadas pelos administradores nos casos previstos em lei ou no contrato. (...). § 2º. Dispensam-se as formalidades de convocação previstas nos § 3º do art. 1.152, quando todos os sócios comparecerem ou se declararem, por escrito, cientes do local, data, hora e ordem do dia".

O art. 1.152, § 3º, do diploma legal supracitado dispõe: "Art. 1.152. Cabe ao órgão incumbido do registro verificar a regularidade das publicações determinadas em lei, de acordo com o disposto nos parágrafos deste artigo. (...) § 3º. O anúncio de convocação da assembléia de sócios será publicado por três vezes, ao menos, devendo mediar, entre a data da primeira inserção e da realização da assembléia, o prazo de oito dias, para a primeira convocação, e de cinco dias, para as posteriores".

Sendo assim, não constato qualquer irregularidade de dita convocação, lembrando que o próprio agravante, ao ingressar com a ação sob exame demonstrou ciência inequívoca do local, data, hora e dia da assembléia, concluindo-se pela sua regularidade, como bem disse o MM. Juiz da causa, *in verbis*: "No caso presente o autor está ciente de sua convocação para reunião que se realizará no dia 29.11.2005 às 13h em primeira convocação e às 14h em segunda convocação, conforme consta da inicial. Diante disto, tendo acusado por escrito a ciência do evento dispensam-se as publicações com as antecedências de oito e cinco dias como diz o § 2º do art. 1.072 c/c art. 1.152, § 3º do CC. Sob este aspecto indefiro o pedido de concessão de liminar para suspensão dos efeitos do ato convocatório".

A parte agravada juntou às f. 155/159 a ata de reunião de sócios realizada no dia 29.11.2005, expondo que o agravante compareceu àquela reunião, devidamente representado por seu procurador, Evandro Luiz Barra Cordeiro.

Não se pode deixar de observar que o Processo Civil contemporâneo vem afirmando, cada vez com maior intensidade, o princípio da instrumentalidade das formas, segundo o qual se deve privilegiar a verdade material, o conteúdo do processo, em detrimento do formalismo.

Com efeito, mesmo que o ato objeto de discussão tivesse desrespeitado alguma formalidade deveria ser mantido em respeito ao princípio supramencionado.

Neste sentido segue o seguinte dispositivo legal: "O ato não se repetirá nem se lhe suprirá a falta quando não prejudicar a parte" (CPC, art. 249, § 1º).

De se trazer, a respeito, a doutrina de Humberto Theodoro Júnior: "Embora se reconheça a importância das formas para garantia das partes e fiel desempenho da função jurisdicional, não vai o Código, na esteira das mais modernas legislações processuais, ao ponto de privar sempre o ato jurídico processual de efeito apenas por inobservância de rito, quando nenhum prejuízo tenham sofrido as partes. O princípio que inspirou o Código, nesse passo, foi o que a doutrina chama de princípio da instrumentalidade das formas e dos atos processuais, segundo o qual o ato só se considera nulo e sem efeito, se, além da inobservância da forma legal, não tiver alcançado a sua finalidade. (...) Mas em qualquer caso, mesmo quando haja expressa cominação de nulidade para a inobservância de forma, o juiz não decretará a nulidade nem mandará repetir o ato ou suprir-lhe a falta: a) se não houve prejuízo para a parte (art. 249, § 1º); b) quando puder decidir do mérito a favor da parte a quem aproveite a declaração de nulidade" (*Curso de Direito Processual Civil*, vol. I, 3ª ed., p. 308).

Depreende-se do seguinte julgado do STJ: "A concepção moderna do processo, como instrumento de realização da Justiça, repudia o excesso de formalismo, que culmina por inviabilizá-la" (4ª Turma, REsp 15.713-MG, Relator o Ministro Sálvio de Figueiredo Teixeira, votação unânime, publ. *DJU* de 24.2.1992, p. 1.876).

Quando o ato que se busca anular não acarreta prejuízo às partes, a sua eventual invalidação incorre em inequívoca ofensa ao princípio processual da instrumentalidade das formas que, segundo Lopes da Costa: "se harmoniza com outros dois: o da economia e o da celeridade processual" (*Manual Elementar de Direito Processual Civil*, atualizado por Sálvio de Figueiredo Teixeira, 3ª ed., Forense, p. 63).

Estou convicto de que o ato cuja nulidade o agravante pretende ver decretada, enquadra-se na hipótese do art. 1.072, § 2º, do CC/2002 e não há falar em desrespeito a qualquer formalidade legal.

Por tais razões, nego provimento ao agravo e mantenho inalterada a decisão objurgada.

Custas *ex lege*.

Des. Irmar Ferreira Campos.

***Comentário de***
*Marcelo Vieira von Adamek*[1]

## *1. O caso concreto (resumo do litígio)*

1. Pelo que se depreende do relatório do acórdão sob comentário, o sócio de so-

1. O autor agradece a leitura crítica e as observações feitas pelo seu orientador, Prof. Dr. Erasmo

ciedade limitada propôs medida cautelar inominada para obstar a realização de reunião de sócios convocada pela administração social ou, alternativamente, suspender a restrição imposta no edital de convocação à representação de sócio no conclave por advogado.

2. Em primeira instância, a medida liminar foi parcialmente concedida: o juiz da causa, socorrendo-se da regra do art. 1.072, § 2º, do CC, entendeu que o sócio, ao se declarar por escrito, em juízo, ciente do local, data, hora e ordem do dia da reunião, teria assim suprido e dispensado as formalidades de convocação previstas no art. 1.152, § 3º, do mesmo Código, razão pela qual não haveria motivo para obstar a sua realização; afastou, tão-somente, a restrição à representação de sócio por procurador legitimado e habilitado (CC, art. 1.074, § 1º; e EA, art. 7º, VI, *d*).

3. Inconformado com a concessão parcial da liminar, o sócio interpôs recurso de agravo perante o Tribunal de Justiça de Minas Gerais, argumentando que "a exceção do art. 1.072, § 2º, do novo Código Civil, dispensa as formalidades de convocação (publicação de editais), mas não dispensa o intervalo de cinco dias, para a segunda convocação, conforme prevê o art. 1.152, § 3º, do mesmo diploma legal"; "que o administrador da sociedade não tem o poder de suprimir a exigência de intervalos entre as convocações"; e "que o fato das duas assembléias terem sido marcadas para o mesmo dia (...) gera a nulidade absoluta do ato".

4. O agravo foi processado sem a concessão de tutela antecipada recursal (CPC, art. 527, III) e, ao final, foi conhecido e improvido. Entendeu a Turma Julgadora que, no caso concreto, o sócio estava inequivocamente ciente do local, data, hora e ordem do dia da reunião, e que a sua convocação simultânea – isto é, para a realização em primeira convocação e, se o caso, em segunda convocação no mesmo dia – não atritaria com a regra do art. 1.152, § 3º, do Código Civil. Além disso, acrescentou que o princípio processual da instrumentalidade das formas busca "privilegiar a verdade material, o conteúdo do processo, em detrimento do formalismo" e, portanto, "mesmo que o ato objeto de discussão tivesse desrespeitado alguma formalidade deveria ser mantido em respeito ao princípio supramencionado".

5. Eis, em síntese, os fatos relevantes para os comentários que seguem.

## *2. As questões debatidas no acórdão (pontos de interesse)*

6. O verdadeiro cerne da questão jurídica objeto do recurso de agravo consistia apenas em saber se era possível a simultânea convocação da mesma reunião de sócios – de modo que, eventualmente frustrada a instalação na primeira oportunidade pela ausência de *quorum*, se pudesse então procurar instalá-la logo em segunda chamada, quando o *quorum* é menos elevado – e, caso positivo, se, entre a ocasião da primeira convocação frustrada e a tentativa de instalação em segunda, deve mediar intervalo de 5 (cinco) dias.

7. Antes de enfrentar esses pontos que, a nosso ver, constituíam o real cerne da controvérsia enfrentada no aresto sob comentário, parece de todo conveniente fazer alguns registros preliminares, até porque, nesta altura, estamos aceitando o quadro fático da causa tal como posto na decisão judicial, desconhecendo outros pormenores (como a existência de outros sócios). Daí a boa cautela de apresentar algumas observações preliminares.

8. A primeira delas é a de que a regra de dispensa das formalidades de convocação previstas no art. 1.152, § 3º, do Código Civil, a qual se encontra alocada no capítulo "Das Sociedades Limitadas" (CC, art.

Valladão Azevedo e Novaes França, o qual, mesmo ocupado com inúmeros afazeres, sempre se mostra disponível e disposto a auxiliar seus alunos.

1.072, § 3º), incide nos casos em que "*todos* os sócios" comparecerem ou se declararem, por escrito, cientes do local, data, hora e ordem do dia.

8.1 Portanto, o só fato de um sócio ir a juízo – e, com isso, declarar-se por escrito ciente da convocação do conclave na petição inicial da medida cautelar que, por efeito da citação, se tornará de conhecimento da sociedade – não implica, necessariamente, em suprir os vícios do ato de convocação, pois outros sócios podem haver, além do autor da demanda e o eventual sócio-administrador da sociedade, e, se tal fosse o caso, mesmo o sócio, que se declarou ciente, continuaria a ter, em tese, interesse de agir em juízo para questionar a realização de conclave viciado.[2]

8.2 De toda sorte, diante da manifestação de ciência do sócio (que aqui se presume tempestiva e feita sob condições nas quais se podia efetivamente divisar em sua conduta efeito sanatório) foram prudentes as decisões liminares do juiz de primeira instância e do relator do agravo, que não suspenderam os efeitos da convocação e não impediram, de antemão, a realização do conclave. É que a suspensão da convocação da assembléia ou reunião (medida de caráter satisfativo e de efeitos irreversíveis) deve ser reservada àqueles casos em que a própria convocação porta em si, ou denuncie vício insanável a inquinar qualquer deliberação que, com base nela, se venha a tomar.[3] Não era esse o caso versado no aresto, pois não era possível saber se os demais sócios também se declararam cientes da prática do ato e tampouco se poderia adrede excluir que, independentemente da prévia declaração de ciência, todos viessem a comparecer ao conclave, hipótese em que, de toda forma, a instalação da assembléia ou reunião poderia ocorrer validamente (CC, art. 1.072, § 2º, 2ª parte).[4]

2. Afinal, os vícios de convocação da assembléia ou reunião acarretam a anulabilidade da assembléia geral e, conseqüentemente, de todas as suas deliberações. É o que ensina a nossa melhor doutrina (v.: Erasmo Valladão Azevedo e Novaes França, *Invalidade das Deliberações de Assembléia das S/A*, n. 19.1, p. 88, e "Apontamentos sobre a invalidade das deliberações conexas das companhias", *RDM* 112/23) e o confirma a jurisprudência (cf.: TJRS, 7ª CC., Ap. 70015561665, Rel. Des. Alzir Felippe Schmitz, v.u., j. 15.2.2007; TAMG, 3ª CC., Ap. 295.362-6, Rel. Juiz Dorival Guimarães Pereira, v.u., j. 2.8.2000; TAMG, 4ª CC., Ap. n. 371.222-7, Rel. Juiz Paulo Cézar Dias, v.u., j. 9.4.2003; e TJDF, 1ª T. Cível, Ap. 2004.07.1.011181-7, Rel. Des. Antoninho Lopes, v.u., j. 10.1.2007). Justamente por isso, tem o sócio interesse em preservar a legalidade interna e evitar o surgimento de ato jurídico suscetível de invalidação posterior. Diversamente, a falta de convocação, sem suprimento, é causa de nulidade da assembléia.

3. É o que bem explica Ovídio A. Baptista da Silva, ao tratar da suspensão cautelar de convocação de assembléia geral: "Assim como é perfeitamente admissível a suspensão de uma deliberação tomada em assembléia geral, mais facilmente se compreende que o juiz do processo cautelar ordene a suspensão de uma assembléia geral já convocada, sempre que seja verossímil o direito invocado pela parte mostrando que a finalidade para a qual a assembléia fora convocada é ofensiva da lei ou dos estatutos, ou contrato social, ou até mesmo porque deixaram de observar-se formalidades preliminares capazes de inquinarem de vício irremediável a futura deliberação" (*A Ação Cautelar Inominada no Direito Brasileiro*, § 58, p. 447). Ainda sobre o tema, confira-se: Luiz Fernando C. Pereira, *Medidas Urgentes no Direito Societário*, n. 4.2, pp. 178-184; e José Waldecy Lucena, *Das Sociedades Limitadas*, 5ª ed., n. 21, p. 603.

4. A nosso ver, a interpretação teleológica e sistemática da regra do art. 1.072, § 2º, do CC, deve levar à conclusão de que, se todos os sócios forem tempestiva e regularmente notificados por intermédio do Cartório de Registro de Títulos e Documentos ou, *a fortiori*, judicialmente, também as formalidades de convocação previstas no art. 1.152, § 3º, do mesmo diploma legal, deveriam ser reputadas dispensadas. Afinal, a reunião ou assembléia de sócios é *reunião privada*, de tal modo que, se todos os sócios foram cientificados de forma inequívoca, com a correlata certificação da entrega da convocação, não há razão para cogitar de vício. Com efeito, não há razão alguma para imaginar que a publicação de anúncio em jornal (providência custosa que costuma ser efetivada em tablóides desprovidos de qualquer circulação efetiva) possa gozar de maior grau de cognoscibilidade para o sócio do que a convocação comprovadamente entregue em suas mãos – hipótese em que o recibo passado pelo sócio no ato de entrega da convocação pelo oficial do cartório ou pelo oficial de justiça, ou

8.3 Vale acrescentar que, mesmo se o juiz tivesse antevisto algum possível vício na convocação simultânea da assembléia ou reunião de sócios (o que, como adiante se procurará evidenciar, não existia), ainda assim não seria o caso de obstar a possibilidade de instalação do conclave na 1ª oportunidade; quando muito, apenas a instalação em 2ª chamada poderia ser questionada, pois *utile per inutile non vitiatur* (CC, art. 184).[5]

8.4 Alternativamente, e se fosse o caso de conceder liminar, o juiz poderia, ao invés de obstar o conclave, permitir a sua realização e preventivamente suspender os *efeitos* de qualquer deliberação nela tomada – alternativa essa que se colocaria ainda que o pedido da parte fosse de suspensão da *realização* do encontro (CPC, art. 805). Mas, bem visto, nem essa era a hipótese do caso, inclusive porque suspender a eficácia era algo que o juiz poderia sempre fazer, antes ou depois do conclave, ausente que estava, no caso concreto, o risco de perecimento do direito das partes.

9. A segunda observação preliminar a ser aqui feita é a de que não foi feliz a invocação de julgado e lição de processualista a respeito do princípio de instrumentalidade da formas e das regras de conservação e sanação dos atos processuais, visto que o sistema de invalidades em direito societário tem as suas particularidades próprias; constitui sistema especial.[6]

10. Por isso, ainda quando, no ponto em tela, exista simetria entre as teorias das invalidades no direito societário e no direito processual civil (direito público), não se deve baralhá-las ou contribuir para a sua confusão. Isto porque, como bem anotava José Frederico Marques, "a regulamentação jurídica das nulidades processuais *não se identifica*, assim, com aquela contida no CC para os atos jurídicos de direito privado. O ato processual tem os seus aspectos peculiares, o que torna imperativa uma disciplina legal própria para a sanção jurídica das nulidades processuais. A disciplina legal e o tratamento sistemático das nulidades processuais diferem, *em muito*, das normas e preceitos dogmático-jurídicos que regem as nulidades dos negócios jurídicos de direito privado".[7]

11. Feitas essas observações preliminares, tornamos a salientar que o cerne da questão jurídica debatida no acórdão sob comentário era apenas definir se era possível a convocação simultânea da assembléia geral e, caso positivo, se entre a tentativa frustrada de primeira instalação e a segunda, deveria mediar 5 (cinco) dias.

12. De todo conveniente, pois, tratar do problema da convocação simultânea de assembléia ou reunião de sócios no direito brasileiro.

a declaração (com fé pública) por parte do oficial de justiça certificando a entrega do documento e a recusa do sócio-destinatário em dar recibo (CPC, art. 143, I), deveria ter o mesmo efeito da declaração de ciência de que trata o art. 1.072, § 2º, 2ª parte, do CC. O convite através de carta registrada é meio usual de convocação para as sociedades limitadas e, em certas situações, até mesmo para sociedades anônimas, no direito italiano (CC it., arts. 2.366 e 2.484), no direito suíço (OR §§ 696, 2, 700, 1, e 809, 4), no direito francês (CCom fr., arts. L. 223-27 e L. 225-104, e D. n. 67-236, de 23.3.1967, arts. 38 e 129), no direito português (CSC, arts. 248º, 3, e 377º, 7) e no direito argentino (LSC, art. 159) – sendo que, também no direito brasileiro, o mesmo foi adotado para as pequenas companhias (LSA, art. 294). Funciona bem.

5. Inversamente, porém, o vício no edital de primeira convocação, quando não suprido pela renovação, projeta-se à convocação subseqüente, de caráter complementar e, portanto, àquela geneticamente vinculada (cf.: Pontes de Miranda, *Tratado de Direito Privado*, t. L, 3ª ed., 2ª reimp., § 5.321, p. 267; e Trajano de Miranda Valverde, *Sociedades por Ações*, vol. II, 2ª ed., n. 433, p. 92).

6. Cf.: Erasmo Valladão Azevedo e Novaes França, *Invalidade das Deliberações de Assembléia das S/A*, cit., n. 5, p. 21, "Invalidades das deliberações sociais", *RAASP* 57/48, e "Apontamentos sobre a invalidade das deliberações conexas das companhias", *RDM* 112/22.

7. José Frederico Marques, *Instituições de Direito Processual Civil*, vol. II, 4ª ed., n. 478, p. 300. A lição transcrita, evidentemente, aplica-se não só às nulidades, mas às invalidades em gênero.

### *3. A convocação simultânea de assembléia ou reunião de sócios*

13. A convocação simultânea dos sócios, através de edital único, para participar de *distintas* assembléias gerais, ordinária e extraordinária, a se realizarem cumulativamente no mesmo local, data e hora, instrumentadas em ata única, encontra expressa previsão no texto da nossa lei acionária (LSA, art. 131, parágrafo único); da mesma forma, a doutrina admite possam ser simultaneamente convocadas, através de edital único, *distintas* assembléias ou reuniões a se realizarem no mesmo dia e local, porém sucessivamente, com intervalo de apenas algumas horas entre elas. Não é de tais hipóteses que iremos nos ocupar.

14. O que se pretende verificar, tão-somente, é se seria possível, através de edital único, publicar anúncios de primeira e segunda convocação de uma *mesma* assembléia ou reunião de sócios, de tal modo que, não sendo possível a sua instalação na primeira oportunidade, por ausência de *quorum*, a mesma possa validamente se realizar na ocasião designada em segunda convocação, no mesmo ou noutro dia previamente indicado no anúncio único. A segunda convocação, prenunciada no mesmo edital, é apenas condicional, para a eventualidade de a reunião não poder ser desde logo realizada em primeira chamada.

15. Dita prática encontra paralelo nas assembléias de condomínios (coletividade não-personificada), de associações e de credores em processo concursal (item 3.1), mas é preciso averiguar a sua adequação no âmbito do direito das sociedades, em especial nas sociedades cooperativas (item 3.2), nas sociedades por ações (item 3.3) e, por fim, nas demais sociedades reguladas no Código Civil, nomeadamente nas sociedades limitadas (item 3.4).

#### *3.1 Assembléias de condôminos, de associados e de credores*

16. A convocação simultânea de assembléia para instalação sucessiva é prática que, de há muito, tem sido adotada no âmbito dos condomínios edilícios e das associações. Tanto para aqueles como para estes, não existe nenhuma regra, no Código Civil ou em lei extravagante, que expressamente a autorize, mas, de igual modo, também não há nenhuma proibição de que assim se faça.

17. Com efeito, nas associações, cabe aos estatutos sociais disciplinar a forma de convocação dos órgãos colegiados (CC, arts. 54, V, e 60). Nos condomínios edilícios, a mesma matéria deve ser tratada na convenção (CC, arts. 1.334, III, e 1.350; e Lei n. 4.591/1964, art. 9º, § 3º, *h*, e 24). Em qualquer caso, porém, mesmo à falta de expressa autorização nos estatutos ou na convenção, a convocação simultânea do órgão deliberativo tem sido admitida pela doutrina e pela jurisprudência, precisamente porque atende às prescrições existentes nas respectivas leis de regência e não ofende a nenhuma outra regra ou princípio.[8]

18. Na Lei de Recuperação de Empresas e Falência (Lei n. 11.101/2005, art. 36), diversamente, o legislador pátrio taxativamente autorizou a convocação simultânea da assembléia de credores, devendo constar, do edital de convocação, "local, data e hora da assembléia em primeira e em segunda convocação, não podendo esta ser realizada menos de 5 (cinco) dias depois da primeira". Trata-se de regra equilibrada e sensata.

19. E, para as sociedades, o mesmo sucede?

#### *3.2 Assembléia geral de sócios em cooperativas*

20. A Lei n. 5.674, de 16 de dezembro de 1971 – lei especial de regência das so-

8. Cf. (em relação ao condomínio edilício): Francisco Eduardo Loureiro, *Código Civil Comentado* (obra coletiva), coord. Cezar Peluso, p. 1.230; J. Nascimento Franco, *Condomínio*, n. 90, p. 76 (o qual, no entanto, lembra que tal forma de convocação é válida "se a convenção permitir"); e Sílvio de Salvo Venosa, *Código Civil Comentado*, vol. XII, p. 494.

ciedades cooperativas – claramente admite a convocação simultânea da assembléia geral para deliberar, sucessivamente, em primeira, segunda ou terceira convocações. Desde que os estatutos sociais (os quais devem necessariamente indicar "as formalidades de convocação das assembléias gerais", nos termos do art. 21, V, da citada lei) permitam e o fato esteja indicado no edital, pode haver a convocação simultânea da mesma assembléia geral, com intervalo de 1 (uma) hora entre cada tentativa de instalação do órgão. É o que se extrai do art. 38, § 1º, da lei especial.[9]

### *3.3 Assembléia geral de acionistas*

21. A Lei das Sociedades por Ações (Lei n. 6.404, de 15 de dezembro de 1976), por sua vez, contém regra expressa que, a nosso ver, impede a convocação simultânea da mesma assembléia geral, para reunir-se, conforme o caso, em primeira ou segunda convocação. A lei acionária brasileira prevê expressamente que, não se instalando a assembléia geral em primeira convocação, só então novos editais de convocação deverão ser publicados. É o que se extrai do disposto no art. 124, § 1º, I, da LSA ("não se realizando a assembléia, *será publicado novo anúncio*, de segunda convocação").[10] Diante desta clara regra, não se vê, como consentir na convocação sucessiva da assembléia geral,[11] nem mesmo com apoio em suposta praxe *contra legem*,[12] pois, repita-se, a nossa lei acionária exige a publicação de novo anúncio, de segunda convocação.

22. Note-se, ademais, que a resolução da questão – sobre a admissibilidade ou não da convocação simultânea da mesma assembléia – depende exclusivamente do direito posto: é errôneo procurar, no tipo societário ou na projeção da empresa que

9. O art. 38, § 1º, da Lei das Cooperativas (Lei n. 5.674/1971), tem a seguinte redação: "As Assembléias Gerais serão convocadas com antecedência mínima de 10 (dez) dias, em primeira convocação, mediante editais afixados em locais apropriados das dependências comumente mais freqüentadas pelos associados, publicação em jornal e comunicação aos associados por intermédio de circulares. Não havendo no horário estabelecido, *quorum* de instalação, as assembléias poderão ser realizadas em segunda ou terceira convocações desde que assim permitam os estatutos e conste do respectivo edital, quando então será observado o intervalo mínimo de 1 (uma) hora entre a realização por uma ou outra convocação". Previu o legislador *quoruns* de instalação distintos para primeira, segunda e terceira convocações: "Art. 40. Nas Assembléias Gerais o *quorum* de instalação será o seguinte: I – 2/3 (dois terços) do número de associados, em primeira convocação; II – metade mais 1 (um) dos associados em segunda convocação; III – mínimo de 10 (dez) associados na terceira convocação ressalvado o caso de cooperativas centrais e federações e confederações de cooperativas, que se instalarão com qualquer número".

10. O art. 124, § 1º, da LSA, prescreve: "Art. 124. A convocação far-se-á mediante anúncio publicado por três vezes, no mínimo, contendo, além do local, data e hora da assembléia, a ordem do dia, e, no caso de reforma do estatuto, a indicação da matéria. § 1º. A primeira convocação da assembléia geral deverá ser feita: I – na companhia fechada, com 8 (oito) dias de antecedência, no mínimo, contado o prazo da publicação do primeiro anúncio; *não se realizando a assembléia, **será publicado novo anúncio**, de segunda convocação*, com antecedência mínima de 5 (cinco) dias (...)". Ao contrário da lei acionária anterior, a atual aboliu a regra geral de terceira convocação, exceção feita à hipótese de deliberação por *quorum* reduzido em companhia aberta na situação especial prevista no art. 136, § 2º, *in fine*, da LSA.

11. A clareza da lei não deixa margem a questionamentos, de modo que a doutrina é uníssona ao destacar a inadmissibilidade da convocação simultânea (v.: Antonio Jesus Marçal Romeiro Bchara e Lucas Ênio de Rezende, *Comentários à Lei das Sociedades por Ações*, orgs. Geraldo de Camargo Vidigal e Ives Gandra da Silva Martins, p. 380; J. C. Sampaio de Lacerda, *Comentários à Lei das Sociedades Anônimas*, vol. 3, p. 52; José Edwaldo Tavares Borba, *Direito Societário*, 8ª ed., n. 149, p. 374; Modesto Carvalhosa, *Comentários à Lei das Sociedades Anônimas*, 2º vol., 3ª ed., pp. 665-666; Roberto Papini, *Sociedade Anônima* e *Mercado de Valores Mobiliários*, 4ª ed., n. 14.3.3, p. 201; Rubens Requião, *Curso de Direito Comercial*, 2º vol., 25ª ed., 2ª tir., n. 385, p. 179; e Wilson de Souza Campos Batalha, *Comentários à Lei das Sociedades Anônimas*, vol. II, p. 598).

12. Sem verberá-la claramente, Alfredo de Assis Gonçalves Neto registra que "pela letra da lei, a segunda convocação só pode ser promovida se frustrar-se a reunião na primeira. No entanto, é comum ser feita a chamada para as duas convocações no mesmo anúncio, normalmente com um espaço de horas entre uma e outra" (*Lições de Direito Societário*, vol. II, n. 75, p. 162). A praxe é ilegal.

ordinariamente ele busca estruturar, caminhos para a construção de soluções.

22.1 Prova de que o tipo societário não é determinante, nesta matéria, pode ser encontrada em nossa própria lei acionária anterior, que não regulava expressamente a convocação simultânea da assembléia em primeira e segunda convocações (DL n. 2.627/1940, art. 88, § 1º), mas que, ainda assim, a praxe veio a consagrá-la, por não incorrer em violação a qualquer preceito.

22.2 Outros países continuam a admiti-la para sociedades anônimas. Assim, por exemplo, no direito italiano, desde antes da Reforma de 2003, admite-se a convocação sucessiva da assembléia geral de acionistas (CC it., art. 2.369).[13] O mesmo ocorre no direito português (CSC, art. 383º, *4*)[14] e no direito argentino (LSC, art. 237),[15] dentre outros.

23. E, no Código Civil, qual é a disciplina?

### *3.4 Assembléia ou reunião de sócios no regime do Código Civil*

24. As deliberações de sócios, na sociedade limitada, são tomadas em reunião *ou* em assembléia, conforme previsto no contrato social (CC, art. 1.072, *caput*).

24.1 Para as sociedades com mais de dez sócios, é necessária a realização de assembléia, que deve observar as regras de funcionamento previstas na lei (CC, art. 1.072, § 1º); para aquelas cujo número de sócios for de dez ou menos, as deliberações poderão ser tomadas em assembléia ou reunião de sócios – para as quais o contrato social pode conter disciplina de funcionamento mais flexível (p. ex., estipulando que a convocação será feita através de notificação aos sócios), aplicando-se, porém, nas suas omissões, as regras legais previstas para a assembléia (CC, art. 1.072, § 6º).[16]

24.2 De regra, a assembléia ou reunião torna-se dispensável quando todos os sócios decidirem, por escrito, sobre a ma-

13. O art. 2.369 do Código Civil italiano, no que interessa ao tema, dispõe: "Art. 2.369. Seconda convocazione e convocazioni successive [1] Se i soci partecipanti all'assemblea non rappresentano complessivamente la parte di capitale richiesta dall'articolo precedente, l'assemblea deve essere nuovamente convocata. [2] Nell'avviso di convocazione dell'assemblea può essere fissato il giorno per la seconda convocazione. Questa non può aver luogo nello stesso giorno fissato per la prima. Se il giorno per la seconda convocazione non è indicato nell'avviso, l'assemblea deve essere riconvocata entro trenta giorni dalla data della prima, e il termine stabilito dal secondo comma dell'articolo 2366 è ridotto ad otto giorni. (...) [6] Lo statuto può prevedere eventuali ulteriori convocazioni dell'assemblea, alle quali si applicano le disposizioni del terzo, quarto e quinto comma (...)". A regra é tradicional e já existia no Código Comercial italiano de 1882 (cf.: Giancarlo Frè e Giuseppe Sbisà, *Società per Azioni*, t. I, 6ª ed., p. 619).

14. O art. 383º, 4, do Código das Sociedades Comerciais prescreve: "Art. 383º. *Quorum* (...). 4. Na convocatória de uma assembléia pode logo ser fixada uma segunda data de reunião para o caso de a assembléia não poder reunir-se na primeira data marcada, por falta de representação do capital exigido pela lei ou pelo contrato, contanto que entre as duas datas medeiem mais de quinze dias; ao funcionamento da assembléia que reúna na segunda data fixada aplicam-se as regras relativas à assembléia da segunda convocação".

15. O art. 237 da Lei das Sociedades Comerciais (Ley 19.550), no ponto, dispõe: "Artículo 237 (...). La asamblea en segunda convocatoria por haber fracasado la primera deberá celebrarse dentro de los treinta días seguientes, y las publicaciones se efectuarán por tres días con ocho de anticipación como mínimo. El estatuto puede autorizar ambas convocatorias simultáneamente, excepto para las sociedades que hacen oferta pública de sus acciones, en las que esta facultad queda limitada a la asamblea ordinaria. En el supuesto de convocatorias simultáneas, si la asamblea fuere citada para celebrarse el mismo día, deberá serlo con un intervalo no inferior a una hora de la fijada para la primera (...)".

16. O contrato social pode, para as reuniões de sócios, estabelecer regras específicas sobre convocação (competência e modo), *quorum* de instalação, ordem e registro dos trabalhos. Não pode, porém, sob hipótese alguma, dispensar a convocação dos sócios – decorrência lógico-necessária do princípio majoritário (CC, art. 1.072, § 5º), pois absurdo seria que o sócio pudesse ficar vinculado a decisão para a qual sequer foi chamado a se manifestar – e o registro dos trabalhos em ata – como condição de eficácia das deliberações sociais.

téria que seria objeto dela (CC, art. 1.072, § 3º).[17] A lei exige a assinatura de "todos os sócios", não bastando, à evidência, apenas a daqueles que congreguem a maioria necessária à aprovação da matéria.

25. A assembléia de sócios – e a reunião de sócios, à míngua de disciplina contratual diversa no contrato social – instala-se com a presença, em primeira convocação, de titulares de no mínimo ¾ (três quartos) do capital social e, em segunda, com qualquer número (CC, art. 1.074). Para a sua realização, a lei exige a convocação dos sócios através da publicação de editais pela imprensa: "O anúncio de convocação da assembléia de sócios será publicado por 3 (três) vezes, ao menos, devendo mediar, entre a data da primeira inserção e a da realização da assembléia, o prazo mínimo de 8 (oito) dias, para a primeira convocação e de 5 (cinco) dias, para as posteriores" (CC, art. 1.152, § 3º).[18]

26. Na disciplina geral do Código Civil, como se vê, não existe expressa regra que proíba ou autorize a convocação simultânea da mesma assembléia através de edital único, desde logo designando datas e horários distintos para a realização do conclave em primeira convocação ou, se frustrada essa, em segunda convocação.

27. A primeira leitura do art. 1.152, § 3º, do Código Civil, por isso, parece sugerir que tal não poderia ocorrer. Mas, bem vistas as coisas, não há essa vedação.

27.1 Com efeito, a convocação simultânea da assembléia de sócios não viola o art. 1.152, § 3º, do Código Civil, pois: (*1º*) no caso de convocação simultânea, desde que, entre a data da primeira inserção e a da realização da assembléia, medeie o prazo de 8 (oito) dias para a realização do conclave em primeira chamada, estará a convocação, *ipso facto*, também sendo feita com mais de cinco dias da data designada para a 2ª convocação, dando-se, pois, pleno cumprimento à regra; (*2º*) a *ratio legis* do preceito é apenas evitar que a assembléia possa vir a se realizar sem que os sócios sejam informados com a devida antecedência, em tempo para se informar sobre os assuntos constantes da ordem do dia e em condições de tomar parte do encontro; (*3º*) o intuito da regra não é, portanto, garantir o intervalo mínimo entre os dois conclaves, mas garantir que ninguém seja convocado para participar de conclave sem a antecedência mínima fixada na lei.[19] Só isso.

27.2 A antiga lei acionária brasileira (DL n. 2.627/1940) continha, em seu art. 88, § 1º, regra praticamente idêntica à do art. 1.152, § 3º, também exigindo o intervalo de 8 (oito) dias, em primeira convocação, e 5 (cinco) dias, nas subseqüentes convocações,[20] o que não impediu o surgimento da praxe das convocações simultâneas.

27.3 Nisso, aliás, não se detecta nenhum contra-senso. Nos vários países em que a convocação simultânea é expressamente admitida (item 22.2, supra), os respectivos legisladores nem por isso deixaram de prever a antecedência com que os anúncios devam ser publicados em segun-

17. Diz-se "de regra", porque há casos em que o legislador exige a observância do método assemblear (como, p. ex., no caso do art. 1.085 do CC) e, nesses casos, a realização da assembléia não pode ser substituída por ato equivalente.

18. O legislador pátrio repetiu a criticável redação da antiga lei acionária, utilizando o verbo "mediar". Assim, entre o dia da convocação e o da realização do conclave, excluídos, deve haver o intervalo de dias indicado na norma.

19. Diversamente, porém, Romano Cristiano entende que os distintos prazos de antecedência previstos no art. 1.152, § 3º, do CC, "são a prova mais eloqüente de que o legislador pátrio exige que se faça normalmente a primeira convocação (com medição de oito dias); e que, se a assembléia não puder ser realizada por falta de *quorum* de instalação, se faça posteriormente a segunda convocação (com mediação de cinco dias)" (*Sociedades Limitadas*, n. 3.1, p. 278).

20. O § 1º do art. 88 do DL n. 2.627/1940 prescrevia: "§ 1º. Entre o dia da primeira publicação do anúncio de convocação e o da realização da assembléia geral mediará o prazo de oito dias, no mínimo, para a primeira convocação, e de cinco dias para as convocações posteriores".

da convocação: a regra vale, desde que não tenha havido convocação simultânea.

28. Ao invés do silêncio – do qual não se pode extrair a proibição (CF, arts. 5º, II, e 170) –, decerto melhor teria andado o legislador se tivesse permitido a convocação por meios mais modernos, seguros e menos custosos; e que, além disso, tivesse regulado o tema às claras, permitindo a convocação simultânea e apenas proibindo a instalação do conclave no mesmo dia da primeira chamada (como consta, por exemplo, da equilibrada regra do art. 36 da Lei de Recuperação de Empresas e Falência). Mas, repita-se, como nem isso é vedado no regime do Código Civil, segue-se que até esse critério não pode ser proscrito.

29. Embora a maioria da doutrina pátria tenha se cingido a criticar (a justo título) o meio de convocação imposto pelo legislador, alguns poucos estudiosos foram além e enfrentaram o tema da convocação simultânea. Alfredo de Assis Gonçalves Neto, por exemplo, bem destaca que "o mesmo edital pode prever, simultaneamente, as datas de primeira e de segunda convocação para a realização da assembléia geral ou reunião, economizando, com isso, o número de inserções em jornal".[21] Jorge Lobo, de igual modo, sustenta que "o anúncio de convocação poderá prever, desde logo, local, dia e hora para realização da reunião ou assembléia, em segunda convocação, caso não se realize em primeira".[22] Julgamos que têm eles razão.

30. Conclui-se, pois, que, de acordo com a disciplina geral do Código Civil, é viável a simultânea convocação da mesma assembléia ou reunião de sócios para reunir-se sucessivamente em primeira ou segunda convocação. Nisso não há nenhum maltrato à lei federal.

31. Esta mesma conclusão, esclareça-se, aplica-se também às sociedades limitadas supletivamente regidas pelas normas da sociedade anônima (CC, art. 1.053, parágrafo único), para as quais *não tem aplicação* o disposto no art. 124, § 1º, I, da LSA. Isto porque, em relação à convocação de assembléia, não há omissão no Código Civil – a disciplina é dada pelos seus arts. 1.072 e 1.152 –, de modo que não cabe recorrer à lei acionária; a aplicação subsidiária da lei acionária só se legitima no silêncio do capítulo das sociedades limitadas e, no ponto, não existe qualquer lacuna.[23]

### *3.5 Síntese*

32. Pelo que ficou acima exposto, pode-se afirmar que, no direito brasileiro, a convocação sucessiva de assembléia: (*1º*) por não ser vedada, é admitida nos condomínios edilícios e nas associações; (*2º*) tem expressa autorização na lei concursal para a assembléia de credores, contanto que respeitado o intervalo de cinco dias entre os conclaves (Lei n. 11.101/2005, art. 36); (*3º*) é também expressamente admitida para as sociedades cooperativas (Lei n. 5.674/1971, art. 38, § 1º), desde que os estatutos sociais autorizem e o edital de convocação o indique, respeitado o intervalo mínimo de uma hora entre cada tentativa de instalação; (*4º*) é claramente vedada para as sociedades anônimas, na medida em que a lei acionária exige a publicação de novo anúncio, de segunda convocação (LSA, art. 124, § 1º, I); e (*5º*) por não ser vedada, é admitida para as sociedades limitadas, qualquer que seja a sua regência supletiva – aplicando-se essa mesma inferência para as reuniões de sócios, desde que o contrato social não contenha disciplina diversa.

33. O quanto antes, porém, urge sobrevenha alteração legislativa para elimi-

21. Alfredo de Assis Gonçalves Neto, *Direito de Empresa*, n. 652, p. 602.

22. Jorge Lobo, *Sociedades Limitadas*, vol. I, n. 10.6.6.3, p. 291.

23. Alfredo de Assis Gonçalves Neto também entende que "não parece possível a aplicação subsidiária da lei do anonimato, já que o assunto encontra regulação expressa no Código Civil" (*Lições de Direito Societário*, vol. I, 2ª ed., nota 412, p. 274).

nar, da disciplina da sociedade limitada, a necessidade de obrigatória convocação da assembléia através da publicação de editais, substituindo-a por meios mais modernos, e igualmente seguros, de cientificação (inclusive com a previsão de ciência ficta do sócio, desde que a correspondência venha a ser dirigida para o endereço constante do contrato social ou outro que, em substituição, venha a ser informado por escrito à administração social).

### *4. A solução dada ao caso concreto*

34. Dilucidado, pois, o autêntico cerne da questão jurídica posta no acórdão sob comentário e verificado, assim, que a convocação simultânea do conclave para sucessivas tentativas de instalação nada tinha de ilegal, conclui-se que bem agiram os julgadores ao negar a liminar na extensão inicialmente pleiteada e, em que pese o desvio incorrido na fundamentação do aresto, acertaram ao rejeitar a pretensão do agravante, em julgamento final. Trilhando rota tortuosa (e assaz freqüentada por aqueles que pretendem encontrar, nos institutos da ciência instrumental do processo civil, até mesmo a resposta para problemas que são apenas de direito material), o aresto chegou, ainda assim, à conclusão correta.

### *5. Bibliografia*


ASSIS GONÇALVES NETO, Alfredo de. *Lições de Direito Societário*. vol. I, 2ª ed., São Paulo, Juarez de Oliveira, 2004.

_____. *Lições de Direito Societário*. vol. II, São Paulo, Juarez de Oliveira, 2005.

_____. *Direito de Empresa*. São Paulo, Ed. RT, 2007.

BAPTISTA DA SILVA, Ovídio A. *A Ação Cautelar Inominada no Direito Brasileiro*. Rio de Janeiro, Forense, 1979.

BATALHA, Wilson de Souza Campos. *Comentários à Lei das Sociedades Anônimas*. vol. II; Rio de Janeiro, Forense, 1977.

BCHARA, Antonio Jesus Marçal Romeiro; e REZENDE, Lucas Ênio de. *Comentários à Lei das Sociedades por Ações* – orgs. Geraldo de Camargo Vidigal e Ives Gandra da Silva Martins. Rio de Janeiro, Forense Universitária, 1999.

BORBA, José Edwaldo Tavares. *Direito Societário*. 8ª ed., Rio de Janeiro, Renovar, 2003.

CARVALHOSA, Modesto. *Comentários à Lei das Sociedades Anônimas*. 2º vol., 3ª ed., São Paulo, Saraiva, 2003.

CRISTIANO, Romano. *Sociedades Limitadas, de Acordo com o Código Civil*. São Paulo, Malheiros Editores, 2008.

FRANÇA, Erasmo Valladão Azevedo e Novaes. *Invalidade das Deliberações de Assembléia das S/A*. São Paulo, Malheiros Editores, 1999.

_____. "Apontamentos sobre a invalidade das deliberações conexas das companhias", *Revista de Direito Mercantil – RDM* 112/19-35. São Paulo, Malheiros Editores.

_____. "Invalidades das deliberações sociais", *Revista do Advogado – RAASP* 57/48-57. São Paulo, AASP.

FRANCO, J. Nascimento. *Condomínio*. São Paulo, Ed. RT, 1997.

FRÈ, Giancarlo; e SBISÀ, Giuseppe. *Società per Azioni*. t. I, 6ª ed., Bologna, Zanichelli.

LACERDA, J. C. Sampaio de. *Comentários à Lei das Sociedades Anônimas*. vol. 3, São Paulo, Saraiva, 1978.

LOBO, Jorge. *Sociedades Limitadas*. vol. I, Rio de Janeiro, Forense, 2004.

LOUREIRO, Francisco Eduardo. *Código Civil Comentado* (obra coletiva) – coord. Cezar Peluso. São Paulo, Manole, 2007.

LUCENA, José Waldecy. *Das sociedades Limitadas*. 5ª ed., Rio de Janeiro, Forense, 2003.

MARQUES, José Frederico. *Instituições de Direito Processual Civil*. vol. II, 4ª ed., Rio de Janeiro, Forense, 1971.

MIRANDA, Pontes de. *Tratado de Direito Privado*. t. L, 3ª ed., 2ª reimp., São Paulo, Ed. RT, 1984.

PAPINI, Roberto. *Sociedade Anônima e Mercado de Valores Mobiliários*. 4ª ed., Rio de Janeiro, Forense, 2004.

PEREIRA, Luiz Fernando C. *Medidas Urgentes no Direito Societário*. São Paulo, Ed. RT, 2002.

REQUIÃO, Rubens. *Curso de Direito Comercial*. 2º vol., 25ª ed., 2ª tir., São Paulo, Saraiva, 2008.

VALVERDE, Trajano de Miranda. *Sociedades por Ações*. vol. II, 2ª ed., Rio de Janeiro, Forense, 1953.

VENOSA, Sílvio de Salvo. *Código Civil Comentado*. vol. XII, São Paulo, Atlas, 2003.

# Pareceres

## SOBRE O CONCEITO DE OPERAÇÃO DE CÂMBIO ILEGÍTIMA

LUIZ GASTÃO PAES DE BARROS LEÃES

*PARECER: 1. Exposição e consulta. 2. Sobre o conceito de "operações de câmbio ilegítimas". 3. O princípio da reserva legal e da tipicidade normativa. 4. Sobre a revogação do Decreto n. 23.258/1933. 5. Conclusão.*

***PARECER***

### *1. Exposição e consulta*

*1.1* A sociedade brasileira Alfa ("Alfa") realizou com a sociedade Beta ("Beta"), sediada no exterior, um acordo de investimentos por meio do qual Beta abriu uma linha de crédito para a Alfa.

*1.2* Os recursos mutuados por Beta à Alfa correspondem ao produto da venda, no Brasil, em moeda nacional, de títulos estrangeiros anteriormente detidos por Beta e transferidos à sociedade brasileira Alfa. Dessa forma, Beta transferiu títulos estrangeiros a Alfa, financiando o seu pagamento, ou seja, mediante compra e venda a prazo. Alfa, por sua vez, os vendeu no Brasil a sociedades brasileiras, recebendo à vista os recursos em moeda nacional, conforme fluxograma abaixo:

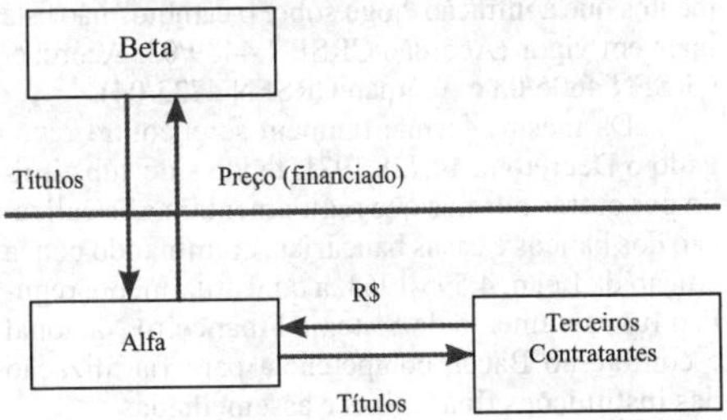


*1.3* Não houve celebração de câmbio nesta segunda parte da operação, pois, como dito, a sociedade brasileira Alfa transferiu a prazo os títulos estrangeiros então detidos pela empresa Beta.

*1.4* A amortização dos valores mutuados por Beta se deu de três formas.

A primeira consistiu no pagamento direto à Beta, com o produto da venda, recebido no exterior, de ativos adquiridos por Alfa no Brasil e pagos em moeda nacional. A segunda consistiu na celebração de instrumentos de dação de crédito em pagamento, através das quais Beta aceitou substituir créditos que detinha contra a empresa Alfa por outros créditos contra empresas residentes no País, originalmente devedoras de Alfa. Tal qual as operações de transferência de títulos, as dações em pagamento não cursaram no mercado de câmbio, pois não importaram efetiva remessa de recursos à Beta.

Por fim, a terceira forma de amortização dos valores mutuados consistiu na realização de dação em pagamento de créditos detidos por Alfa contra Beta decorrentes de empréstimos concedidos a esta última por Alfa, cujo respectivo desembolso de recursos se deu via Transferências Internacionais de Reais (TIRs) em favor de Beta.

*1.5* Os recebimentos e pagamentos acima foram contabilizados em rubricas do Passivo – Exigível a Longo Prazo – Beta Ltd. ou do Ativo – Realizável a Longo Prazo – Beta Overseas Ltd.

*1.6* Conforme intimação que nos foi presente, o Bacen entendeu que, à exceção das TIRs (que cursaram no mercado de câmbio), as demais operações seriam irregulares, já que os "recursos provenientes de empréstimo contraído no exterior foram convertidos em moeda nacional pelo 'artifício' da compra e venda de títulos internacionais e parcialmente liquidados por meio de dação (em pagamento) de créditos em pagamento, restando caracterizada operação ilegítima de câmbio capitulada no art. 2º do Decreto n. 23.258, de 19.10.1933".

*1.7* Em outras palavras, a acusação baseia-se no entendimento de que as operações de compra e venda a prazo de títulos e as dações de crédito em pagamento constituiriam "artifícios" para remeter recursos para e do Brasil sem cursá-los no mercado de câmbio.

A acusação entendeu ainda que Alfa teria agido por conta e ordem de Beta, pressuposto do art. 2º do Decreto n. 23.258/1933, capitulação legal indicada pelo Bacen, *in verbis*:

> **Art. 2º**. São também consideradas operações de câmbio ilegítimas as realizadas em moeda brasileira por entidades domiciliadas no país, por conta e ordem de entidade brasileiras ou estrangeiras domiciliadas ou residentes no exterior.

*1.8* Nesse contexto, a Consulta tem por escopo indagar acerca da capitulação legal indicada pelo Bacen, bem como da necessidade de cursar no mercado de câmbio as operações questionadas pela autarquia (*i.e.*, transferência de títulos estrangeiros a residentes no país no âmbito de operações de compra e venda a prazo e operações de dação de crédito em pagamento celebradas com credora estrangeira).

*1.9* Para a correta compreensão dos quesitos que seguem, cumpre tecer duas breves considerações acerca do Decreto n. 23.258/1933, capitulação legal indicada pelo Bacen.

A primeira diz respeito aos limites da definição de "operação ilegítima de câmbio" introduzida pela referida norma.

*1.10* O conceito de "operações ilegítimas", para efeitos do art. 2º do Decreto n. 23.258/1933, está explicitamente delimitado no próprio preâmbulo do Decreto n. 23.258/1933, que assim estabelece:

> Atendendo *a que são consideradas operações legítimas as realizadas de acordo com as normas traçadas pela Lei n. 4.182, de 1920, Decreto n. 14.728, de 1921*, e circulares da extinta Inspetoria Geral dos Bancos, do Gabinete do Consultor da Fazenda e do Banco do Brasil (Secção de Fiscalização Bancária);

*1.11* O Decreto n. 4.182/1920 estabelecia que o governo instituiria a fiscalização dos bancos, para o fim de prevenir e coibir o "jogo sobre o câmbio", assegurando apenas as operações legítimas e o Decreto n. 14.728/1921, por sua vez, aprovava o regulamento para a fiscalização dos bancos e casas bancárias.

Por conseguinte, o conceito de "operações ilegítimas" introduzido pelo Decreto n. 23.258/1933 foi claramente delimitado, podendo-se afirmar que "operações ilegítimas" são aquelas que se afastam, a teor do preâmbulo do Decreto n. 23.258/1933, das normas dos (já revogados) Decretos ns. 4.182/1920 e 14.728/1921.[1]

1. A respeito do Decreto n. 4.182/1920, cumpre notar que o Conselho de Recursos do Sistema Financeiro Nacional (CRSFN) decidiu em diversos julgamentos que a infração "jogo sobre o câmbio" não está mais em vigor (Acórdão/CRSFN 4489/03, Acórdão/CRSFN 4606/03 e Acórdão/CRSFN 4723/04).

Da mesma forma, também se encontra revogado o Decreto n. 14.728/1921, tendo sido substituído por outras normas que regulamentam a fiscalização dos bancos e casas bancárias, culminando com a edição da Lei n. 4.595/1964, a qual atualmente regula o funcionamento do Sistema Financeiro Nacional e confere ao Bacen competência para fiscalização das instituições financeiras e assemelhadas.

*1.12* A segunda consideração a respeito da capitulação legal indicada pelo Bacen refere-se à sua revogação expressa, ocorrida em 1991, através do Decreto Presidencial s/n., de 25 de abril de 1991, *in verbis*:

> Art. 4º. Declaram-se revogados os Decretos relacionados no Anexo.
>
> Anexo
>
> (...).
>
> 23.258, de 19 de outubro de 1933.

*1.13* Em 14 de maio de 1998, sete anos após a revogação expressa, foi editado um novo Decreto s/n., que assim dispôs:

> Art. 1º. Fica reconhecida a *nulidade* do art. 4º do Decreto de 25 de abril de 1991, na parte em que revogou o Decreto n. 23.258, de 19 de outubro de 1933 (grifou-se).

*1.14* De acordo com a Exposição de Motivos – EM n. 278/MF, de 8.5.1998, o Decreto n. 23.258/1933 foi recepcionado pela Constituição Federal de 1988 como lei ordinária e, portanto, não poderia ser revogado por um decreto, razão pela qual era preciso reconhecer a nulidade do art. 4º do Decreto de 25 de abril de 1991, na parte em que revogou o Decreto n. 23.258/1933.

*1.15* Feitas essas considerações, passa-se aos quesitos.

*(a) Sobre a revogação do Decreto n. 23.258/1933:*

*1.* Se um determinado ato é praticado quando a norma que o proibia (1ª norma) já se encontrava revogada por uma legislação posterior (2ª norma), é indiscutível que o administrado que o praticou não deve sofrer os efeitos punitivos da norma anterior que o proibia, justamente porque esta, à época, não produzia mais efeitos no ordenamento. Esta conclusão seria diferente caso, posteriormente, a 2ª norma viesse a ser declarada nula por uma 3ª norma? Isto é, é admissível que este administrado agindo em conformidade com o direito até então vigente possa sofrer os efeitos punitivos da 1ª norma só porque a 2ª norma que a revogou fora mais a frente declarada nula? Por outras palavras: o direito brasileiro admite a repristinação de normas punitivas?

*2.* Se o erro de proibição, desde que justificável, isenta o agente de pena, não é razoável supor que o administrado que agiu em conformidade com a legislação à época vigente, posteriormente revogada, também deve, com mais razão, ficar isento de qualquer punibilidade?

*(b) Sobre o conceito das "operações ilegítimas" de que trata o Decreto n. 23.258/1933:*

*1.* O conceito de "operações ilegítimas", para efeitos do art. 2º do Decreto n. 23.258/1933, pode ser ampliado pelos inspetores do Bacen para além das operações realizadas de acordo com as normas traçadas pelas leis que ensejaram a publicação do Decreto n. 23.258/1933 (*i.e.*, Decreto n. 4.182, de 1920, Decreto n. 14.728, de 1921, e circulares da extinta Inspetoria Geral dos Bancos, do Gabinete do Consultor da Fazenda e do Banco do Brasil – Secção de Fiscalização Bancária)?

*2.* As operações questionadas no processo podem ser consideradas "operações ilegítimas" à luz do conceito estabelecido no art. 2º do Decreto n. 23.258/1933?

*3.* Pode o administrado ser punido pela prática da infração de operação ilegítima de câmbio, mesmo diante do fato de que a infração última a que as operações ilegítimas tentavam coibir – o jogo sobre o câmbio – não mais existe no sistema jurídico brasileiro?

*(c) Sobre as operações de compra e venda de títulos estrangeiros entre residente no Brasil e no exterior:*

*1.* A regulamentação nacional proíbe a aplicação em títulos estrangeiros por parte de residentes no País?

*2.* São proibidas as transferências de títulos entre estrangeiros e nacionais que não envolvam movimentação financeira no momento inicial?

*3.* Transferências de títulos entre estrangeiros e nacionais que não envolvem movimentação financeira são consideradas operações de câmbio?

*4.* Existe, no ordenamento jurídico pátrio, obrigatoriedade de liquidação de operações de compra e venda de títulos por meio de remessa de recursos ao exterior?

*(d) Sobre a venda de títulos estrangeiros por e para partes residentes no Brasil:*

*1.* Há no ordenamento vigente, hoje e à época das operações questionadas (de abril de 1997 a dezembro de 1998) alguma regra que (1) proíba a detenção por residente no Brasil de títulos estrangeiros; (2) proíba a negociação particular desses títulos por partes igualmente residentes no Brasil, em moeda nacional?

*2.* Operações de compra e venda de títulos estrangeiros, no Brasil, entre partes nacionais, em moeda brasileira, podem configurar infração cambial?

*3.* Um residente no País que adquiriu títulos no exterior (e pagou-os com recursos obtidos em operação de crédito no exterior ou, então, adquiriu tais títulos a prazo sem que tenha realizado qualquer pagamento em um primeiro momento) e, em seguida, vendeu os títulos no Brasil a residente no Brasil e recebeu os recursos no País realizou operação de câmbio ou operação ilegítima de câmbio para os fins do Decreto n. 23.258/1933?

*(e) Sobre as operações de dação em pagamento, realizadas para quitar parcialmente o financiamento obtido através da compra e venda a prazo dos títulos, conforme relatado no Processo Administrativo Bacen n. Pt. 050130152:*

*1.* Há alguma implicação cambial em uma operação de dação em pagamento, na qual o devedor nacional é substituído por devedores igualmente nacionais, mantendo-se como credora uma parte residente no exterior, sem modificação da relação contratual no que se refere à questão da moeda?

*2.* Há, com a operação acima, alguma implicação ou modificação das posições de divisas e disponibilidades na balança internacional?

*3.* Existe alguma vedação legal a que um residente no País pague uma dívida contraída com um credor domiciliado no exterior através da cessão de crédito que tem contra terceiro também residente no País? A operação poder ser caracterizada como operação ilegítima de câmbio prevista no art. 2º do Decreto n. 23.258/1933?

## 2. Sobre o conceito de "operações de câmbio ilegítimas"

***2.1*** Feita a Consulta, passemos às respostas. O Banco Central do Brasil abriu processo administrativo contra a sociedade brasileira Alfa, sob a alegação de realização, por parte desta, de *operações de câmbio ilegítimas*, na forma do art. 2º do Decreto n. 23.258, de 19 de outubro de 1933, irregularidade essa que teria como sanção a aplicação de multa pecuniária prevista no art. 6º do mesmo diploma legal, *in verbis*:

> Art. 2º. São também consideradas operações de câmbio ilegítimas as realizadas em moeda brasileira por entidades domiciliadas ao país, por conta e ordem de entidades brasileiras ou estrangeiras domiciliadas ou residentes no exterior.
>
> (...).
>
> Art. 6º. As infrações dos arts. 1º, 2º e 3º serão punidas com multas correspondentes, no máximo, ao dobro do valor da operação, e no mínimo de cinco contos de reis, nos termos do art. 5º, § 1º, letra *b*, da Lei n. 4.182, citada.
>
> Parágrafo único. Àqueles que se opuserem aos exames de que trata o art. 4º, serão aplicadas as penas estatuídas no art. 70, letra *a*, alínea 3ª, do Decreto n. 14.728, de 1921.

*2.2* O conceito de *operação de câmbio legítima* (ou *ilegítima*), para efeito dos artigos do Decreto n. 23.258/1933, decorre, como vem expressamente consignado no preâmbulo do citado diploma, das normas estabelecidas pela Lei n. 4.182, de 13 de novembro de 1920, e pelo Decreto n. 14.728, de 16 de março de 1921, aliás, citadas nos dispositivos acima transcritos, *in verbis*:

> (...) são consideradas *operações legítimas* as realizadas de acordo com as normas traçadas pela Lei n. 4.182, de 1920, Decreto n. 1.478, de 1931, e circulares da extinta Inspetoria Geral dos Bancos, do Gabinete do Consultor da Fazenda e do Banco do Brasil (Secção de Fiscalização Bancária);

Logo, são consideradas *operações ilegítimas* as realizadas em desacordo com as normas estabelecidas nos diplomas citados.

*2.3* A Lei n. 4.182, de 1920, estabelecia que o Governo instituiria a fiscalização dos bancos, para o fim de prevenir e coibir o "*jogo sobre o câmbio*", assegurando apenas as operações legítimas (art. 5º), e o Decreto n. 14.728, de 1921, por sua vez, aprovava o regulamento para a fiscalização dos bancos e casas bancárias, inclusive em relação às operações cambiais que viessem a efetuar, considerando "proibidas as *liquidações por diferença* das operações sobre letras de câmbio e moeda metálica" (Capítulo V, art. 39). O conceito de "operações de câmbio ilegítimas", introduzido pelo Decreto n. 23.258/1933, foi, portanto, baseado nas normas traçadas nos dois diplomas citados, cuja observância determinaria a legitimidade ou não das referidas operações, sendo vedadas aquelas que se liquidassem por diferença.

*2.4* Combinando o art. 5º da Lei n. 4.182/1920 com os arts. 34 e 39 do Decreto n. 14.728/1921, podemos concluir, portanto, que seriam reputadas *operações de câmbio legítimas* aquelas que fossem realizadas por instituições financeiras que (a) dispusessem de uma posição cambial junto às autoridades monetárias e (b) que obedecessem aos seguintes requisitos: (i) os contratos de câmbio identificassem os nomes das partes contratantes; (ii) as operações fossem reais e (iii) não estipulassem a liquidação exclusivamente pela diferença entre o preço ajustado e a cotação à época do vencimento. *A contrario sensu*, seriam consideradas *ilegítimas* as operações de câmbio que (a) não transitassem por entidade financeira autorizada, (b) não identificassem os nomes dos contraentes, (c) fossem irreais e (d) se liquidassem por diferença, configurando o *jogo sobre o câmbio* a que a legislação se refere.[2]

*2.5* Impunham ainda os arts. 35 e 36 do Decreto n. 14.728/1921 que todas as operações cambiais realizadas pelas instituições habilitadas deveriam ser informadas às autoridades monetárias, sendo que estas, quando a conveniência pública o impusesse, *poderiam* sujeitar à *aprovação prévia* (i) todas as operações de compras de cambiais e (ii) todas as remessas por meio de saques, letras, cheques, telegramas, cartas de crédito, ou quaisquer outras formas, que se destinassem a exportar valores ou transferir fundos para o exterior.

*2.6* Nesse sentido, o art. 1º do Decreto n. 23.258/1933 completaria, dizendo que, tendo o Governo "centralizado no Banco do Brasil tudo quanto se refere ao mercado cambial, conforme faz certo o Decreto n. 20.451, de 28 de setembro de 1931":

> Art. 1º. São consideradas operações de câmbio ilegítimas as realizadas entre bancos, pessoas naturais ou jurídicas, domiciliadas ou estabelecidas no país, com quaisquer entidades do exterior, quando tais operações não transitem pelos bancos habilitados a operar em câmbio, mediante prévia autorização da fiscalização bancária a cargo do Banco do Brasil.

2. Cf. "Jogo sobre o câmbio", estudo datado de 24.9.2001, publicado em nossos *Pareceres*, vol. II, São Paulo, Editora Singular, pp. 1261 ss.

*2.7* Arrematando a questão, o mesmo Decreto n. 23.258/1933 ainda acrescentaria que:

> Art. 2º. São também consideradas operações de câmbio ilegítimas as realizadas em moeda brasileira por entidades domiciliadas no país, por conta e ordem de entidades brasileiras ou estrangeiras domiciliadas ou residentes no exterior.

*2.8* Como se observa, do exame dos dispositivos citados, o chamado "*jogo sobre o câmbio*", entendido como a nota identificadora das operações de câmbio ilegítimas, seria uma *operação diferencial*, ou seja, uma operação cambial em que a liquidação se faria necessariamente por diferença, sem a entrega real dos valores negociados, à margem das instituições habilitadas e sem autorização das autoridades financeiras.

*2.9* Ora, os chamados "*contratos diferenciais*", mormente quando tivessem por objeto câmbio e moeda, sempre mereceram restrições por parte do ordenamento jurídico brasileiro, antes mesmo do Código Civil de 1916. Já dispunham o Decreto n. 1.359, de 20 de abril de 1893, que baixou o regulamento para o exercício das funções dos corretores de fundos públicos e operações de bolsa (art. 121), o Decreto n. 354, de 16 de dezembro de 1895, que reorganizou a corporação dos corretores de fundos públicos (art. 9º), e o Decreto n. 2.475, de 13 de março de 1897 (art. 94), que o regulamentou, que

> as liquidações das operações da Bolsa poderão ser realizadas pela efetiva entrega dos títulos e pagamento dos preços, ou pela prestação da diferença entre a cotação da data do contrato e a da época da liquidação. São excetuadas desta disposição as operações sobre letras de câmbio e moedas metálicas que *somente* serão liquidáveis pela entrega efetiva dos títulos e espécies.

*2.10* Esses dispositivos serviram de inspiração ao art. 1.479 do Código de 1916, que, na espécie, acompanhou a orientação adotada pelo Código Civil alemão de 1900, o qual, no § 764, equiparando ao jogo o contrato diferencial (*Differenzgeschät*) sobre mercadorias, títulos e valores, estende a este a disciplina do jogo e da aposta (*ist der Vertrag als Spiel anzusehen*), retirando-lhe a pretensão e a exigibilidade.[3] Assimilando igualmente ao jogo, a lei civil brasileira definiu o contrato diferencial como aquele "em que se estipule a liquidação, *exclusivamente*, pela diferença entre o preço ajustado e a cotação". Inexistindo, *ab origine*, a vontade efetiva de alienar ou adquirir efeitos, as operações em tela se reduziriam a meras apostas de valores, de onde a equiparação ao jogo.

*2.11* Advirta-se que ao equiparar o contrato diferencial ao jogo, submetendo-o às disposições constantes dos arts. 1.477 e 1.478, a Lei Civil de 1916 não determinava propriamente a sua nulidade, mas lhe emprestava uma eficácia reduzida destituída de pretensão e de ação, como se fora uma obrigação natural. Foi a legislação especial relativa à fiscalização bancária, atrás citada, que tornaria as operações sobre câmbio, quando "liquidáveis por diferença", não apenas destituídas de exigibilidade, mas literalmente "*proibidas*", e, por conseqüência, nulas (Lei n. 4.182/1920, art. 5º, § 2º; Decreto n. 14.728/1921, art. 39).

*2.12* Em suma, para fins da legislação fiscalizadora em apreço, para que uma operação de câmbio fosse considerada ilegítima, e, como tal, proibida, deveria conter os seguintes elementos informativos: (a) revestir caráter aleatório; (b) prever liquidação apenas e exclusivamente por diferença; e (c) promover uma troca de

3. "§ 764. (*Differenzgeschäft*) Wird ein auf Lieferung von Waren oder Wertpapieren lautender Vertrag in der Absicht geschlossen, dass der Unterschied zwischen dem vereinbarten Preise und dem Börsen- oder Marktpreise der Lieferungszeit von dem verlierenden Teile an den gewinnenden gezahlt werden soll, so ist der Vertrag als Spiel anzusehen. Dies gilt auch damn, wenn nur die Absicht des einen Teiles auf die Zahlung des Untershields gerichtet ist, der andere Teil aber diese Absicht kennt oder kennen muss."

divisas fictícia. Dotadas desses elementos informativos, essa operação se equipararia aos jogos, por força dos dispositivos do Código Civil, consubstanciando operação diferencial (jogo sobre o câmbio), não apenas privada de pretensão e de ação, mas negócio ilícito, pois expressamente vedado por lei.

*2.13* Por via de conseqüência, não seriam considerados propriamente diferenciais, para os fins dessa legislação fiscalizadora, os contratos de bolsa ou de câmbio em que as partes se posicionassem sob a perspectiva de uma álea normal, expondo-se a uma eventualidade recíproca de perdas ou de ganhos, e que, principalmente, pudessem ser liquidados, *alternativamente*, ou pela efetiva entrega dos bens negociados, ou pela prestação da diferença.

*2.14* Cumpre observar que, no sistema alemão, uma relevante derrogação do § 764 foi logo estabelecida pelo § 58 da *Borsengesetz* de 27 de maio de 1908. Ao disciplinar as operações a termo, a lei alemã que regula as operações de bolsa expressamente as excluiu da possibilidade de se valer da exceção da *Differenzeinwand*, ou seja, da exceção do jogo (que o Código estende aos contratos diferenciais), para se subtrair da obrigação decorrente da operação.

*2.15* O motivo para essa exclusão residiria no fato de que, nos verdadeiros contratos diferenciais, a liquidação *exclusivamente* por diferença seria ajustada pelas partes num mesmo e único contrato – prática raríssima nos recintos das bolsas. Nas operações de bolsa de ativos financeiros e de mercadorias, a liquidação por diferença ou se opera (i) através dos mecanismos de liquidação da instituição, mediante operações contrapostas e independentes, com distintos figurantes, ou (ii) é ajustada *alternativamente*, com a possibilidade da entrega do efeito mercantil. Nesses dois casos, não haveria falar em *contrato diferencial* propriamente dito, mas sim em *liquidação por diferença*. Em síntese, não seriam diferenciais, propriamente ditas, as operações que previssem, alternativamente, a entrega efetiva de bens, ou que se liquidassem mediante a realização de negócios jurídicos contrapostos.

*2.16* Daí porque a equiparação ao jogo dos contratos sobre títulos de bolsa, mercadorias e valores, constante do art. 1.479 do Código de 1916, sempre foi alvo de severas críticas na nossa doutrina, pois a sua aplicação era específica e reduzida. Vários foram os pronunciamentos que podemos trazer à colação, desde a ressalva feita por J. X. Carvalho de Mendonça, M. I. Carvalho de Mendonça e Rodolpho Araújo, de que os contratos a termo não configurariam ajustes caracterizados pelo risco total de um jogo, já que teriam por escopo exatamente minimizar os riscos do mercado (e, como tal, não consubstanciariam autênticos contratos diferenciais), até as ponderações mais recentes de Oscar Barreto Filho e Nelson Eizirik, ao examinarem as operações de *hedging*.[4]

*2.17* Estes últimos consideraram inaplicável, se não mesmo derrogado, o art. 1.479 em relação a essas operações, que prevêem a liquidação por diferença, sem serem contratos diferenciais em sentido próprio. E é com base também nessa distinção que as operações que têm por objeto os riscos de câmbio, como os contratos a futuro, *caps*, *floors*, *swaps* e *hedgings*, desfrutariam de incontestável validade jurídica e teriam livre trânsito no mercado.

*2.18* Daí também o motivo pelo qual o novo Código Civil atento a essas confusões e a esses reclamos suprimiu, de vez, o princípio da equiparação ao jogo dos con-

4. José Xavier Carvalho de Mendonça, *Tratado de Direito Comercial Brasileiro*, vol. IV, Liv. IV, Ed. Freitas Bastos, 1934; Manuel Inácio Carvalho de Mendonça, *Contratos no Direito Civil Brasileiro*, t. II, 3ª ed., Rio de Janeiro, 1955, pp. 803 ss.; Rodolpho Araújo, "Do contrato diferencial", in *Revista Forense* 112/30, jul./1947; Oscar Barreto Filho, "As operações a termo sobre mercadorias (*hedging*)", *Revista de Direito Mercantil* 19/28; Nelson Eizirik, "Negócio jurídico de *hedging*", *Revista de Direito Mercantil* 90/14.

tratos sobre títulos de bolsa, mercadorias ou valores, que constava do art. 1.479 do Código anterior. Nesse sentido, introduziu o art. 816, que dispõe exatamente o oposto, determinando que as disposições relativas às dívidas de jogo ou de aposta dos arts. 814 e 815

> não se aplicam aos contratos sobre títulos de bolsa, mercadorias ou valores, em que se estipulem a liquidação exclusivamente pela diferença entre o preço ajustado e a cotação que eles tiverem no vencimento do ajuste.

*2.19* Em suma, a figura do "jogo sobre o câmbio", criada como ilícito típico pelo Decreto n. 23.258, de 1933, à vista das normas traçadas pela Lei n. 4.182, de 1920, e pelo Decreto n. 14.728, de 1921, foi prevista porque os contratos sobre títulos, mercadorias e valores, em que se estipulasse a liquidação *exclusivamente* por diferença, tinham sido equiparados aos jogos e às apostas pelo art. 1.479 do Código Civil de 1916. Ficavam, porém, fora dessa equiparação os contratos em que se estipulasse, de maneira alternativa, a liquidação por diferença ou pela entrega efetiva do bem, ou estivessem vinculados a outros negócios autônomos, que permitiam a compensação referida. Eliminada, agora, a equiparação ao jogo dos negócios que se liquidam pela diferença, por força do art. 816 do novo Código Civil (que, no império do Código anterior, dava ensejo à referida confusão entre contratos diferenciais propriamente ditos e negócios diferenciais impróprios), cumpre concluir que foi definitivamente banida do nosso ordenamento jurídico a vetusta figura do "jogo sobre o câmbio".

*2.20* Na realidade, a figura do "jogo sobre câmbio" como *ilícito típico*, já era dada por extinta em nosso meio, por força da *revogação* da legislação cambial e bancária acima citadas, como veremos mais adiante. Por ora, faz-se necessário destacar com mais detalhe a questão da tipicidade, ou da legalidade estrita, que permeia toda legislação administrativa sancionatória, visto que foram enquadradas pela intimação do Banco Central nos ilícitos típicos, previstos como operações de câmbio ilegítimas pelo Decreto n. 23.258/1933, determinadas operações realizadas pela sociedade brasileira Alfa, objeto da presente consulta.

### *3. O princípio da reserva legal e da tipicidade normativa*

*3.1* O poder da Administração seria inane e ineficiente se não fosse coercitivo e não estivesse aparelhado de sanções para o caso de desobediência à ordem legal da autoridade competente. Essa atividade punitiva da Administração está, porém, subordinada ao princípio da *legalidade*, que fundamenta toda a sua atuação (CF, art. 37, *caput*), e, como tal, ao princípio da *tipicidade* (CF, art. 5º, XXXIX), segundo o qual não há crime sem que lei anterior o defina, nem pena, sem prévia cominação legal (consagrando o aforismo *nullum crimen, nulla poena sine lege*, de Farinácio, divulgado por Feuerbach).

*3.2* A expressão tipicidade, hoje incorporada à doutrina e à lei, significou, no correr dos tempos, conceitos que gradualmente se transformaram. Inicialmente, expressava o entendimento que Ernst Beling conferia à palavra *Tatbestand* (hipótese de fato ou fato-tipo), contida no § 59 do Código Penal alemão, como sendo a figura material do fato, sob o aspecto puramente descritivo. As críticas a essa concepção foram aceitas por Beling, que, alguns anos mais tarde, reformulou a sua teoria, incluindo a consideração do *Leitbild* (modelo legal), ao lado *Tatbestand*. Logo, a expressão passou a assumir uma nova significação, aludindo à necessidade de ser levada em conta também no tipo a existência dos elementos normativos que indicariam a antijuridicidade do fato, introduzindo a idéia do *tipo do injusto*, ou do *injusto típico*.

*3.3* Daí salientar Miguel Reale que, na esfera punitiva, quando se afirma que não há crime sem tipicidade, o que, no fundo, se está a exigir é a rigorosa correspondência do comportamento examinado, tanto ao "tipo de conduta" como ao "tipo de crime" previstos no modelo legal: "A *tipicidade fática* é, sem dúvida, um dos elementos essenciais à estrutura do delito, mas não é pensável sem correlação com a *antijuridicidade* e a *culpabilidade* que integram o modelo normativo; a compreensão concreta da conduta delituosa resulta de sua subordinação à totalidade do modelo penal. Donde se conclui que, de conformidade com os valores a que servem, ora os modelos jurídicos são *modelos cerrados* ou categoremáticos, com preciso e inextensível repertório de significados, como são os do Direito Penal, ou os do Direito Processual no concernente, por exemplo, aos tipos de recurso; ora são *modelos abertos*, como os sincategoremáticos. É preciso notar, porém, que mesmo os modelos cerrados, se não podem sofrer acréscimo em seu repertório, nem por isso deixam de sofrer variações semânticas, através do projetar-se de sua estrutura no tempo, comportando, assim, um maior ou menor grau de elasticidade".[5]

*3.4* Assim, ao examinar o comportamento do administrado para apurar se cabe ou não repressão, cumpre à Administração verificar se o mesmo, quando concretamente realizado, se subsume – com rigorosa correspondência – ao tipo incriminado e penalmente sancionado, ainda que se admita uma certa elasticidade "semântica" nessa adequação. Pois de há muito foi afastada a tese daqueles que pretendem que a aplicação do comando constitucional da reserva legal se limita exclusivamente ao crime, considerado em sentido estrito – o que justificaria distinguir a *tipicidade* rígida do Direito Penal de uma *taxatividade* elástica, que imperaria no Direito Administrativo.

5. Miguel Reale, *O Direito como Experiência, Introdução à Epistemologia Jurídica*, São Paulo, Saraiva, 1968, pp. 185-186.

*3.5* Nem é preciso, no particular, recorrer ao inciso XXXIX, do art. 5º, da CF, que consagra o princípio da reserva legal, para toda e qualquer atividade punitiva, bastando fazer menção ao inciso II do mesmo art. 5º da Lei Maior, que consagra o *princípio da estrita legalidade*, marco da atividade administrativa de qualquer natureza e segundo o qual não há espaço para qualquer hipótese integrativa que permita ampliar a extensão de seus dispositivos (CF, art. 37, *caput*).

*3.6* Advirta-se que, em matéria punitiva, o princípio da legalidade não se baseia apenas no conceito de reserva de lei, mas de *reserva de lei qualificada*. Quer dizer, não se limita à exigência de uma lei formal anterior, como fundamento da sanção, mas requer que esse diploma estabeleça a "definição" dos atos vedados, como decorrência do princípio constitucional de segurança jurídica para tutela de direitos e liberdades, que a ação punitiva pode atingir. Por conseqüência, todo e qualquer esforço hermenêutico, no campo de uma norma sancionatória, só pode se desenvolver a partir de tipos delituosos enunciados pela lei, devendo a eles rigidamente se circunscrever.

*3.7* É o que cumpre observar quando se examina o ilícito definido pela lei como "jogo sobre o câmbio". A figura da infração penal-administrativa em referência contém em si, além do aspecto material, os elementos subjetivos e normativos do tipo. A conduta reprovável que a lei prevê e descreve como "operação cambial ilegítima" seria a operação de troca de divisas em que a liquidação se fizesse necessariamente por diferença, sem a entrega real dos valores negociados e à margem das instituições habilitadas. Essa conduta seria reprovável porque se revestiria de caráter puramente fictício, na medida em que os valores não seriam efetivamente cambiados, mas apenas utilizados como referência para fins de liquidação, o que os equipararia ao jogo e à aposta.

*3.8* Não pode o intérprete ampliar, por analogia, o espectro das operações cambiais "ilegítimas", estendendo-a a operações que não se enquadram rigidamente na hipótese-de-fato prevista na lei, nem revelam os elementos normativos que, aliados aos elementos subjetivos próprios, correspondem ao tipo legal. A aplicação do modelo sancionatório da legislação em tela pressupõe uma rigorosa correspondência do ocorrido com o tipo do ilícito definido como "jogo sobre câmbio". Daí porque, quando o Decreto n. 23.258, de 1933, aumenta as hipóteses de operações de câmbio consideradas "ilegítimas", o novo fato punível, contemplado no art. 2º do texto legal, deve reproduzir pontualmente os mesmos elementos normativos e subjetivos que integram o injusto típico previsto na legislação em pauta.

*3.9* No caso, o dispositivo apenas acrescenta que seriam "também" operações de câmbio ilegítimas as realizadas em moeda brasileira por entidades domiciliadas no País, *por conta e ordem* de entidades brasileiras ou estrangeiras domiciliadas no exterior, encobrindo troca de divisas não cursada no mercado de câmbio. As entidades domiciliadas no País agiriam, no caso, *nomine suo*, mas realizando as operações no interesse de entidades brasileiras ou estrangeiras domiciliadas no exterior. Nada impede, aliás, que o façam. Passam, porém, a ser reputadas ilegítimas, se as operações em moeda nacional contêm as mesmas características básicas do ilícito tipificado como "jogo sobre o câmbio".

*3.10* Com efeito, segundo a legislação vigente, as pessoas físicas ou jurídicas, residentes ou domiciliadas no exterior, podem livremente manter depósitos em moeda corrente nacional em bancos do País e livremente utilizá-los, inclusive remetê-los para o exterior (Decretos n. 32.285/1953, 42.820/1953 e 55.762/1957). Acrescenta o art. 57 do último diploma citado – que aprovou o segundo e último regulamento das normas cambiais – que, quando os recursos em moeda nacional, depositados em bancos locais, provierem exclusivamente de ordens em moeda estrangeira ou de venda de câmbio poderão, inclusive, "ser convertidos na divisa de origem e transferidos para o exterior, independentemente de qualquer autorização". A Carta Circular n. 5, de 1969, do Banco Central estabelecia ainda a mecânica a ser observada pelo banco a respeito de contas de residente no exterior, mecânica essa que permanece reproduzida no Regulamento do Mercado de Comércio Internacional (RMCCI) aprovado pelo Banco Central.

*3.11* Vejam o caso em exame. Alfa, domiciliada no País, realizou com Beta, sediada no exterior, uma operação de financiamento por meio do qual Beta abriu uma linha de crédito a prazo para Alfa, mediante a entrega de títulos estrangeiros para serem, por esta, vendidos no Brasil a investidores nacionais, recebendo à vista os recursos em moeda brasileira decorrentes dessa venda. Não houve celebração de contrato de câmbio nessa parte da operação, nem poderia haver, pois, como dito, Alfa adquiriu a prazo os títulos estrangeiros então detidos por Beta. Como se sabe, no nosso sistema valutário, conforme expressamente referido no art. 17 do Decreto n. 42.820, de 16 de dezembro de 1957, "é livre o ingresso e a saída de papel-moeda nacional e estrangeiro, *bem como de ações e de quaisquer outros títulos representativos de valores*".

*3.12* Por outro lado, a amortização dos valores mutuados, na forma acima descrita, pela Beta se daria de três formas distintas. Na primeira, Alfa efetuou o pagamento diretamente à Beta mediante o produto da venda, recebido no exterior, de ativos financeiros adquiridos por Alfa no Brasil e pagos e recebidos em moeda nacional. Na segunda, Beta recebeu, a título de dação em pagamento, créditos originalmente detidos por Alfa contra terceiros residentes no Brasil, em moeda nacional. Tal qual as operações de transferência de títulos, as cessões não cursaram, nem poderiam cursar, no mercado de câmbio, pois os créditos transferidos eram em moeda nacional. Por fim, a terceira forma de amortização dos títulos mutuados consistiu no pagamento mediante a cessão de créditos detidos por Alfa contra Beta, decorrentes de empréstimos concedidos a esta última pela própria Alfa, mediante a transferência internacional de reais (CC5) em favor da Beta.

*3.13* Em nenhuma dessas operações se poderá falar em operação cambial ilegítima, já que nenhuma delas importou em transferência de divisas. Com efeito, no financiamento a prazo, tal como acima descrito, as transferências dos títulos (*Argentine Global Bonds*, *T-Bills*, *México UMS 26s* e *Quotas do Fundo Guimel – Clase NI*), por parte de Beta, para serem vendidos por Alfa no mercado brasileiro, não importaram em operação de compra e venda de moeda estrangeira, nem sequer operação em moeda nacional entre as empresas. Por conseqüência, as transferências dos títulos não foram cursadas no mercado de câmbio, nem poderiam sê-lo, visto que não implicavam em transferência de moeda, nacional ou estrangeira, mas, sim, de ativos não-monetários. Em suma, não houve nem entrada, nem saída de moeda entre a entidade domiciliada no País e a entidade sediada no exterior, de sorte que não ocorreu nenhuma operação cambial ilegítima, pois nem sequer houve operação cambial. Do mesmo modo, a venda desses títulos no Brasil por Alfa, em moeda nacional, não importaram, em nenhum momento, em transferência – entrada ou saída – de divisas, que demandasse a realização de operação de câmbio, sujeita aos controles administrativos.

*3.14* No que toca às formas de amortização dos valores mutuados por Beta à Alfa, via a entrega de títulos estrangeiros, conforme acima descritas, também cabe acentuar que igualmente não importaram em operação de câmbio, em nenhuma oportunidade. Na primeira hipótese, a Alfa efetuou pagamento diretamente à Beta com o produto da venda, recebida no exterior, de ativos adquiridos no Brasil e pagos em moeda nacional. Na segunda, celebraram-se instrumentos de dação em pagamento de créditos que Alfa detinha contra empresas domiciliadas no País, que a Beta recebeu em substituição aos créditos que ela, Beta, tinha contra a Alfa. Na terceira hipótese, a amortização dos valores mutuados se operou através da dação *pro soluto* de créditos detidos pela Alfa contra Beta, decorrentes de empréstimos concedidos a esta última por Alfa, cujo respectivo desembolso se deu por via de transferências internacionais de reais (TIRs).

*3.15* Em síntese, não há qualquer regra que proíba a entrada de títulos estrangeiros no Brasil, nem a negociação particular desses títulos por partes residentes no País. Ademais, nem o ingresso no Brasil desses títulos, nem a compra e venda dos mesmos em moeda nacional, no Brasil, importam em operação de câmbio. A tradição dos títulos não provocou translação de moeda, mas de ativo financeiro não-monetário, o que é diferente. E a venda desses títulos no mercado interno foi realizada exclusivamente em moeda nacional.

*3.16* Por outro lado, para quitar o financiamento que lhe foi aberto por Beta, Alfa ou procedeu ao pagamento de forma normal, com recursos obtidos com a venda de ativos adquiridos no Brasil, exonerando-se do débito (CC, art. 304), ou o solveu mediante a dação em pagamento de créditos em moeda nacional, de que era titular contra terceiros residentes no País, ou contra a própria credora, a sociedade Beta, sediada no exterior. No caso de Beta, a Alfa era credora em decorrência de empréstimos que lhe concedera, mediante a transferência internacional de reais. A *datio in solutum* não é propriamente um modo de extinção das obrigações distinto do pagamento, configurando-se apenas como um meio supletivo de solução direta, com os mesmos legítimos efeitos (CC, art. 356).

*3.17* Nem mesmo nas dações em pagamento cogitou-se de troca ou substituição de moedas, títulos ou valores de um país pelo de outro, que pudessem afetar as posições de divisas e as disponibilidades na balança internacional. Em nenhuma dessas fases, ocorreu um encontro de dívidas recíprocas – mesmo no caso de dação em pagamento de crédito oriundo do empréstimo em moeda nacional transferida pelo mecanismo do CC5 – em que se pudesse vislumbrar uma compensação privada de divisas, capitulada e punida expressamente pela legislação como "jogo sobre o câmbio" – ilícito que, aliás, já se encontra definitivamente revogado em nosso Direito, como se verá.

## 4. Sobre a revogação do Decreto n. 23.258/1933

*4.1* Com efeito, a Lei n. 4.182, de 13 de novembro de 1920, instituiu no País a fiscalização dos bancos e casas bancárias "para o fim de prevenir e coibir o jogo sobre o câmbio, assegurando somente as operações legítimas" (art. 5º, *caput*), tendo o Decreto n. 14.728, de 16 de março de 1921, aprovado o regulamento para o serviço de fiscalização dessas operações cambiais e bancárias instituído pela lei. Com base nos diplomas citados, em 19 de outubro de 1933, foi baixado o Decreto n. 23.258, que veio oferecer uma definição legal às "operações de câmbio ilegítimas", criando o ilícito-tipo do "jogo sobre o câmbio".

*4.2* Ora, com o advento da Lei n. 1.807, de 7 de janeiro de 1953, regulamentada pelo Decreto n. 32.285, de 19 de fevereiro de 1953, que realizou a primeira consolidação das regras relativas a câmbio em nosso País, e com a edição da Lei n. 4.595, de 31 de dezembro de 1964, que instituiu o Sistema Financeiro Nacional e conferiu ao Banco Central, por ela criado, competência para a fiscalização das instituições financeiras e assemelhadas, toda essa legislação relativa a câmbio e à fiscalização bancária foi tacitamente revogada – ou seja, *ab-rogada* – por esses diplomas posteriores, que passaram a regular inteiramente a matéria nela tratada, de forma absolutamente incompatível com a legislação pretérita (Lei de Introdução ao Código Civil, art. 2º, § 1º, *in fine*).

*4.3* Pois a lei derroga-se ou ab-roga-se, como dizia o *Digesto* (Livro L, tít. XVI, *de Verborum significatione*, frag. 102). Revogação é gênero, de que são espécies a ab-rogação e a derrogação. Derroga-se a lei quando se suprime parte dela; ab-roga-se, quando se a suprime totalmente. O dispositivo da Lei de Introdução, acima citado, dispõe que "a lei posterior revoga a anterior (...) quando regule inteiramente a matéria de que tratava a lei anterior", partindo do princípio de que, no decurso do tempo, por contrariedade de preceitos, as leis posteriores valem mais do que as anteriores: *Posteriores leges plus valent quam quae ante eas fuerunt* (*Digesto*, Livro I, tít. IV, *de Constitutionibus principum*, frag. 4).

*4.4* De qualquer forma, ab-rogado ou não, por força dessas disciplinas globais sobre idêntica matéria, em 25 de abril de 1991, o Presidente da República, no uso das atribuições que lhe confere o art. 84, inciso IV, da Constituição de 1988, expressamente *revogou*, entre outros vários decretos do Executivo, o Decreto n. 23.258, de 19 de outubro de 1933, que havia definido e punido as "operações de câmbio ilegítimas" (arts. 1º e 6º), com base nas "normas traçadas pela Lei n. 4.182, de 1920, e pelo Decreto n. 14.728, de 1931".

*4.5* Posteriormente, esse Decreto Presidencial s/n., de 1991, seria declarado *nulo*, "na parte em que revogou o Decreto n. 23.258, de 19 de outubro de 1933", pelo Decreto Presidencial, também s/n., de 14 de maio de 1998. De acordo com a Exposição de Motivos – EM n. 278/MF, de 8.5.1998, que o acompanhava, o Decreto n. 23.258/1933 teria sido recepcionado pela Constituição Federal de 1988 como lei ordinária e, portanto, não poderia ter sido revogado por um mero decreto, de nível hierarquicamente inferior. Nesse sentido, o Decreto Presidencial de 1998, teria vindo simplesmente *reconhecer* a nulidade do art. 4º do Decreto de 25 de abril de

1991, na parte em que revogou o Decreto n. 23.258/1933. Segundo essa Exposição de Motivos, o Decreto n. 23.258/1933 revestiria, na verdade, "força de lei", pois teria sido editado pelo Chefe do Governo Provisório da República, usando das funções legislativas que o Decreto n. 19.398, de 11 de novembro de 1930, expressamente lhe atribuíra (art. 1º).

*4.6* A matéria, no entanto, é controversa. A nosso ver, há argumento sólido para se sustentar que o Decreto Presidencial de 1991 poderia revogar – como entendemos que revogou – o Decreto n. 23.258/1933. Este último diploma fora expedido de maneira discricionária pelo Chefe do Governo Provisório, no exercício de funções legislativas sem fundar-se nos pressupostos taxativos e restritos que a Constituição de 1988 (que pretensamente o recepcionaria) estabeleceu a fim de imprimir validade aos atos administrativos "com força de lei". Atos desse naipe, na Constituição em vigor, estarão sempre sujeitos ao crivo do Congresso e do Judiciário, podendo ambos impugná-los por inobservância dos pressupostos constitucionais de urgência ou de interesse público relevante (art. 62).

*4.7* Daí porque, caso esse diploma ainda tivesse sobrevida (o que negamos, pelas razões acima apontadas), não poderia ter sido recepcionado pela Carta de 1988, por inconciliável com o novo regime constitucional. No máximo, ele se revestiria da natureza de um simples decreto – e de decreto de execução – destinado simplesmente a aclarar os mandamentos dos diplomas a que expressamente se reporta, ou seja, da Lei n. 4.182/1920 e do Decreto n. 14.728/1931, como de fato se depreende de sua simples leitura. Revestindo, assim, a mesma autoridade hierárquica – a de decreto – o ato presidencial teria legitimidade para revogar a norma anterior.

*4.8* De qualquer forma, ainda que o Decreto Presidencial de 1991 não pudesse ter revogado o Decreto n. 23.258/1933, a sua nulidade – ou melhor, a sua invalidade – declarada pelo Decreto Presidencial de 1998 não fulminaria os *efeitos* que porventura tivessem produzido antes de ser impugnado pela Administração. De fato, ao particular, não se impõe a obrigação de fiscalizar a conduta do Poder Público, havendo sempre motivos legítimos do administrado para acreditar na validade do ato emanado da Administração. Essa confiança decorre da chamada *presunção de legitimidade* que abona todos os atos administrativos, em virtude do princípio da *segurança jurídica*, entendido como princípio de proteção da boa-fé dos administrados, que encontra supedâneo nos próprios princípios constitucionais de legalidade, moralidade, impessoalidade e publicidade que informam a atividade administrativa (CF, art. 37, *caput*).

*4.9* Cumpre advertir que a distinção entre atos nulos e anuláveis, consagrada no campo do direito privado, não se adapta bem ao sistema das invalidades dos atos administrativos. À míngua de uma sistematização legal a respeito, existem três diferentes posições na doutrina brasileira em relação à invalidade dos atos administrativos.

*4.10* Para alguns, o sistema dicotômico vigente no direito comum deveria ser aplicado no direito administrativo, posto que a distinção entre atos nulos e anuláveis não envolve apenas matéria jurídica de direito privado, mas da teoria geral de direito, perfeitamente conciliável com o direito público. Mas admitem que, mesmo assim, requer adaptações (Tito Prates da Fonseca e Oswaldo Aranha Bandeira de Mello). Diverge dessa opinião Seabra Fagundes, para quem a teoria dualista das nulidades vigente na legislação civil não corresponde às invalidades perceptíveis nos atos administrativos, nem quanto aos tipos de vício, nem quanto aos efeitos deles, não só porque os atos administrativos são abonados pela presunção de legalidade, como não haveria lugar no campo administrativo para os atos anuláveis, que se assentariam na ocorrência do interesse privado na manutenção do ato irregular. Por fim, outros entendem que o vício acarreta sempre a nulidade do ato administrativo em desconformidade com a norma, só se podendo falar em ato válido ou inválido, nunca em anulabilidade do ato administrativo (Hely Lopes Meirelles).[6]

*4.11* Ora, os atos administrativos considerados inválidos (nulos) são aqueles que, em princípio, não poderiam gerar os efeitos jurídicos a que estavam preordenados, mas que, praticados pela Administração, podem produzir *efeitos*, ou seja, realizar modificações na ordem jurídica. "Podem produzi-los, como acentua Celso Antônio, até mesmo, *per omnia secula*, se o vício não for descoberto ou se ninguém os impugnar": "É errado, portanto, dizer-se que os atos nulos não produzem efeitos. Aliás ninguém cogitaria da anulação deles ou de declará-los nulos se não fora para fulminar os efeitos que já produziram ou que podem ainda vir a produzir. De resto, mesmo depois de invalidados produzem uma série de efeitos".[7]

*4.12* Praticado em desacordo com a ordem jurídica, o ato administrativo padece, desde logo, de invalidade, a qual, uma vez reconhecida pela própria Administração, ou pelo Judiciário, opera *ex tunc*, desfazendo todos os vínculos que se constituíram sob o pálio do decreto anterior, conduzindo à reposição das coisas ao *status quo ante*. Essa regra, porém, é de ser atenuada e excepcionada com relação aos administrados alcançados pelos efeitos incidentes do ato anulado ou invalidado. De há muito o princípio da legalidade da Administração tem sido contrastado com o princípio da boa-fé ou da confiança (*Vertrauensschutz*) que os administrados têm na ação do Estado, quanto à sua correção e conformidade com as leis, tendo Almiro do Couto e Silva observado, com muita pertinência, em artigo notável, que, "no Direito Público, não constitui uma excrescência ou uma aberração admitir-se a sanatória ou o convalescimento do nulo. Ao contrário, em muitas hipóteses o interesse público prevalecente estará precisamente na conservação do ato que nasceu viciado mas que, após, pela omissão do Poder Público em invalidá-lo, por prolongado período de tempo, consolidou nos destinatários a crença firme na legitimidade do ato. Alterar esse estado de coisas, sob o pretexto de restabelecer a legalidade, causará mal maior do que preservar o *status quo*. Ou seja, em tais circunstâncias, no cotejo dos dois sub-princípios do Estado de Direito, o da legalidade e o da segurança jurídica, este último prevalece sobre o outro, como imposição da justiça material".[8]

*4.13* Assim, se o Decreto Presidencial de 1991, que revogou o Decreto n. 23.258/1933, estava tisnado pelo vício de ilegitimidade – o que, aliás, contestamos – à Administração caberia reconhecê-lo e decretá-lo, já que os atos administrativos são referendados pela presunção de legalidade. Se só o fez anos depois, em 1998, através de novo Decreto Presidencial, cabe ao Poder Público respeitar os efeitos porventura produzidos por atos dos administrados praticados em boa-fé nesse interregno.

*4.14* Em outras palavras, se ainda se pudesse sustentar que a legislação relativa ao jogo sobre o câmbio, regulamentada pelo Decreto n. 23.258/1933, fora revogada de maneira ilegítima pelo ato presidencial, os atos dos administrados praticados entre 1991 e 1998 em conformidade com o direito em que, de boa-fé, acreditavam estar vigente, não poderão ser capitulados de ilícitos, conforme a legislação indevidamente

6. Oswaldo Aranha Bandeira de Mello, *Princípios Gerais de Direito Administrativo*, vol. I, Rio de Janeiro, Forense, pp. 578 ss.; Tito Prates da Fonseca, *Revista Direito* 13/45-69; Seabra Fagundes, "Revogação e anulamento do ato administrativo", *Revista de Direito Administrativo* 2/482; Hely Lopes Meirelles, *Direito Administrativo Brasileiro*, 25ª ed., São Paulo, Malheiros Editores, 2000, p. 189.

7. Celso Antônio Bandeira de Mello, *Elementos de Direito Administrativo*, Ed. RT, 1987, p. 96.

8. Almiro do Couto e Silva, "Princípios da legalidade da Administração Pública e da segurança jurídica no Estado de Direito contemporâneo", in *Revista de Direito Público* 84/46 ss., out.-dez./1987.

revogada. Ou dizendo a mesma coisa de outra maneira, as operações de câmbio que, à vista do Decreto n. 23.258/1933, seriam reputadas jogos, colheriam seus jurídicos efeitos, se realizados enquanto a Administração não reconheceu e declarou o suposto vício do Decreto Presidencial de 1991.

*4.15* Essa conclusão ainda mais se impõe quando se atenta para o fato de que o Decreto n. 23.258/1933 reveste-se de caráter punitivo, e o ordenamento jurídico brasileiro repudia não só a repristinação de norma punitiva (Lei de Introdução, art. 2º, § 3º), como consagra o princípio da reserva legal, que impede que a lei nova mais grave (*gravior*) seja aplicada ao fato acontecido durante a vigência da lei mais branda (*lex mitior*): *poenalibus causas benignius interpretandum est* (Código Penal, art. 2º, parágrafo único). É claro que, se o Decreto Presidencial de 1991, que revogou o diploma punitivo de 1933, foi devidamente anulado pelo Decreto Presidencial de 1998 por ilegitimidade comprovada, não se poderia, a rigor, falar em repristinação.

*4.16* Nessa circunstância, o decreto revogado de 1933 não teria sido propriamente ressuscitado pelo decreto anulatório, reassumindo sua integral vigência, já que esta, em verdade, nunca a teria perdido, dada a suposta nulidade do diploma revogador de 1991. Mas os efeitos produzidos nesse período, que se incorporaram ao patrimônio dos administrados de boa-fé, estes, de toda a forma, e inegavelmente, deverão ser respeitados, isentando os seus autores da punibilidade prevista na lei primitivamente revogada.

## 5. Conclusão

*5.1* Nessas condições, considerando respondidos os quesitos que nos foram formulados na Consulta transcrita na seção preambular, podemos concluir, dizendo que, segundo o melhor Direito, se encontra definitivamente revogado o Decreto n. 23.258/1933, sendo ainda certo que as operações de que tratam o diploma em tela não têm qualquer relação com as operações objeto da Intimação DECIC/GTR-JA-2006/57, no Processo Administrativo n. Pt. 0501301527 do Banco Central do Brasil contra a empresa Alfa. As transferências de títulos entre estrangeiros e nacionais, de que tratam os autos não são e nem poderiam ser cursadas via estabelecimento bancário. Não há qualquer regra que proíba a detenção por residente no Brasil de títulos estrangeiros, nem que vede a negociação particular desses títulos por partes igualmente residentes no País.

*5.2* As operações de compra e venda dos títulos no Brasil, por isso que realizadas em moeda nacional, não podem configurar infração cambial. Nem são ilegítimas as dações em pagamento para solver parte do financiamento a prazo obtido com os títulos. As obrigações pactuadas nos respectivos instrumentos de dação foram celebradas em moeda nacional, não implicando, em nenhum momento, troca ou substituição de moedas, não afetando as posições de divisas e as disponibilidades na balança internacional.

*5.3* Acresce dizer que a empresa Alfa não agiu "por ordem e conta" de qualquer pessoa (embora nada a impedisse de fazê-lo), atuando, tanto na compra e venda dos títulos, quanto nas dações *pro soluto* celebrados com empresa Beta, em seu próprio nome e com seus próprios recursos. Nem mesmo quando procedeu à venda à vista dos títulos em território brasileiro, para levantar os recursos previstos no "financiamento" ajustado, pois a fez *nomine suo* e por sua conta e risco. Nem sequer nas dações em pagamento, para a amortização do financiamento, operou por conta e ordem de terceiros. De qualquer forma, não há, em nenhum dos atos analisados, desconformidade entre a declaração de vontade e a ordem legal, seja em relação ao resultado daquele, seja em razão da técnica de sua realização, que permita falar, na espécie, em simulação absoluta, ou dissimulação ou simulação relativa, que inquinaria de defeituosos os atos descritos, capitulando-os no ilícito do "jogo sobre câmbio".

*5.4* Em suma, por todas as razões expostas, somos do parecer de que a Autoridade administrativa, a que está afeto o processo em causa, deve acolher a defesa apresentada pela empresa Alfa, pelos justos motivos que a informam, e promover o arquivamento do feito.

*Sub censura*, é a nossa opinião.

* * *

# RDM 149/150

***DOUTRINA***: CONSIDERAÇÕES SOBRE O SISTEMA FINANCEIRO. CRISES. REGULAÇÃO E RE-REGULAÇÃO – Haroldo Malheiros Duclerc Verçosa • ***ATUALIDADES***: O CONTRATO DE REPRESENTAÇÃO COMERCIAL: ANÁLISE DAS QUESTÕES CONTROVERTIDAS NO ÂMBITO DA DOUTRINA E DA JURISPRUDÊNCIA – Marcelo Gazzi Taddei • CONTRATO E INTERVENÇÃO INSTITUCIONAL: UMA ANÁLISE CRÍTICA DO CONTRATO DE CONCESSÃO – Vinícius Marques de Carvalho • *INCOTERMS* E TÉCNICA CONTRATUAL – Emmanuel Jolivet • *AFFECTIO SOCIETATIS*: UM CONCEITO JURÍDICO SUPERADO NO MODERNO DIREITO SOCIETÁRIO PELO CONCEITO DE FIM SOCIAL – Erasmo Valladão Azevedo e Novaes França e Marcelo Vieira von Adamek • A AÇÃO CAUTELAR DE AFASTAMENTO DE ADMINISTRADOR DE SOCIEDADE LIMITADA – Cristiano Gomes de Brito • AQUISIÇÃO DAS PRÓPRIAS AÇÕES E PARTICIPAÇÃO RECÍPROCA – Amir Achcar Bocayuva Cunha e João Pedro Barroso do Nascimento • DO PRINCÍPIO DA DIGNIDADE DA PESSOA JURÍDICA – Vinícius Jose Marques Gontijo • POSSIBILIDADE DE UTILIZAÇÃO DE CRÉDITOS ORIUNDOS DE ADIANTAMENTO SOBRE CONTRATO DE CÂMBIO E ADIANTAMENTO SOBRE CAMBIAIS ENTREGUES COMO LASTRO DE LETRA DE CRÉDITO DO AGRONEGÓCIO – Renato Macedo Buranello, Fábio Giorgi Infante e Danny Soares P. de Oliveira e Silva • RESPONSABILIDADE CIVIL POR DANO DECORRENTE DA PRÁTICA DE ATO LÍCITO: O DANO EMERGENTE DO PROTESTO CAMBIÁRIO – Joyceane Bezerra de Menezes e Unie Caminha • IMPORTAÇÕES PARALELAS NO BRASIL: A PROPRIEDADE INDUSTRIAL NOS QUADRANTES DOS PRINCÍPIOS CONSTITUCIONAIS – Paula A. Forgioni • INTERVENÇÃO DO ESTADO NA LIBERDADE CONTRATUAL: ANÁLISE DA TEORIA DA UTILIDADE NEGOCIAL – Unie Caminha e Elisberg Francisco Bessa Lima • A REGULAÇÃO E A CONSTITUIÇÃO BRASILEIRA DE 1988 – Giovani Clark • REGIME DE PARTICIPAÇÃO DE CAPITAL ESTRANGEIRO EM EMPRESAS DE COMUNICAÇÃO SOCIAL ELETRÔNICA: NOTAS SOBRE O PROJETO DE LEI N. 29/2007 E ÂMBITO DE APLICAÇÃO DO ESTATUTO DA IGUALDADE ENTRE BRASIL E PORTUGAL DE 1971 – Fabrício Bertini Pasquot Polido • CONSIDERAÇÕES ACERCA DO RATEIO INTERNACIONAL DE CUSTOS E DESPESAS – Renato Nunes • ***ESPAÇO DISCENTE***: A INSTITUCIONALIZAÇÃO DA COOPERAÇÃO INTERNACIONAL: UMA BREVE ANÁLISE DA EVOLUÇÃO HISTÓRICA DO SISTEMA MONETÁRIO INTERNACIONAL – Luiz Ricardo de Miranda • ***JURISPRUDÊNCIA COMENTADA***: AINDA O CONCEITO DE BENEFÍCIO PARTICULAR: ANOTAÇÕES AO JULGAMENTO DO PROCESSO CVM N. RJ-2009/5.811 – Erasmo Valladão A. e N. França • CONVOCAÇÃO SIMULTÂNEA DE ASSEMBLÉIA OU REUNIÃO DE SÓCIOS NO DIREITO BRASILEIRO – Marcelo Vieira von Adamek • ***PARECERES***: SOBRE O CONCEITO DE OPERAÇÃO DE CÂMBIO ILEGÍTIMA – Luiz Gastão Paes de Barros Leães

MALHEIROS EDITORES

# Revista de Direito Mercantil

## industrial, econômico e financeiro

vol.
153/154
jan./jul. 2010

M